《克拉玛依年鉴（2021）》编纂委员会

主　任：赵文泉　石　岗

副主任：许学巍　阿合买提·巴拉提

委　员：蒋德平　郝海军　姜　惟　王多俊　吕永庆　李显坤　朱　洪　芦治国　梁武军
陈　飞　张振俊　邢德文　李新华　唐　勇　孙运玉　尹文忠　王咏剑　唐跃培
于鹏飞　刘旭捷　高　彬　李　云　曾宪新　骆富强　李忠新　秦玉明　王新民
乔万军　常　洪　廖　帆　李国强　祁崇淮　孙志刚　苏　伟　何　江　马　军
赵　谧　张国军　李　军　王朝晖　石　勇　郭建辉　李　忠　马　骏　蒋斌华
李　彦　蔡国标　吴建华　叶尔布拉提·热加甫　赵　晖　欧阳华　胡　林
张新江　孟海涛　杨述军　王　炜　侯建平　曹俊梅　赵文芳　马顺宇　杜　毅
曹　震　宋彩虹　陈建革　罗定杰　张红艳　付梅莉　史胜波　王世朝　王晓佳
郝兴国　安熠哲　闫兴福

《克拉玛依年鉴（2021）》编辑部

主　　编：许学巍　阿合买提·巴拉提

副 主 编：尹文忠　刘保宏　刘新慧　牟建平　王占东

执行副主编：陈　鹏　赵孝勤

编　　辑：张　静　苏晓龙　邹　峰　邬国贤　龙　燕　余　钰　梁笑迎　贺丹妮　李　江

序

国务院办公厅2015年8月印发的《全国地方志事业发展规划纲要（2015—2020年）》（以下简称《规划纲要》）要求，到2020年要做到地方综合年鉴一年一鉴，公开出版，实现省、市、县三级综合年鉴全覆盖。《规划纲要》还要求，坚持存真求实，正确处理质量与进度的关系，将精品意识贯穿于年鉴编纂出版工作全过程。2015年12月，中国地方志指导小组办公室启动中国年鉴精品工程，将其与先期实施的中国志书精品工程视为姊妹工程，一道作为加强地方志质量建设的重要抓手。

实施中国年鉴精品工程有助于推动中华优秀传统文化传承发展。近年来，在党中央、国务院的高度重视和关心支持下，全国地方志事业发展迎来最好的发展时期。年鉴编纂发端于欧洲，鸦片战争后被引入我国，在我国走过了100多年的发展历史。在长期的编纂中，年鉴在内容和形式上不断发展，逐渐演变成为适合反映中国国情、具有鲜明中国特色的一种文化载体，并在改革开放后出现了快速发展的局面。2006年5月，国务院《地方志工作条例》颁布施行，明确将地方综合年鉴纳入地方志工作范畴，年鉴工作走上了有法可依的轨道。《规划纲要》出台，为从依法编鉴转变到依法治鉴指明了方向。2016年12月，中国地方志指导小组印发《全国年鉴事业发展规划（2016—2020年）》，更进一步明确了到2020年全国年鉴事业的任务书、时间表、路线图。经过多年的发展，年鉴工作已经成为地方志工作的重要组成部分，成为中华民族优秀文化传统的有机组成部分，其存史、资政、育人作用日益彰显。实施中国年鉴精品工程，是年鉴工作者紧扣时代脉搏、坚持创新发展的一项重要举措，对于坚定文化自信，传承弘扬好中华优秀传统文化意义重大。

实施中国年鉴精品工程有助于为全面建成小康社会提供更多智力支持和历史借鉴。党的十八大作出全面建成小康社会的战略部署。党的十八届五中全会提出到2020年如期实现全面建成小康社会的目标要求。完成《规划纲要》确定的目标任务是年鉴工作者的神圣使命，更是年鉴工作者以自身力量为全面建成小康社会献上的厚礼。一方面，可以更好地利用年鉴这种年度资料性文献，及时记录各地区在全面建成小康社会伟大征程中每年取得的新成绩和新经验、出现的新情况和新问题、涌现的优秀人物和典型事迹等；另一方面，可以更好地积累地情、国情资料，为推动经济社会发展和深化改革提供智力支持，为推进国家治理体系和治理能力现代化提供历史借鉴。

实施中国年鉴精品工程有助于全面推进地方志事业转型升级。地方志不是单纯修志编鉴工作，而是全体方志人“修志问道，以启未来”的一项事业，这项事业包含着巨大的时代担当与使命追求。地方志工作要在“五大建设”总体布局和“四个全面”战略布局中发挥与其自身价值、功能相匹配的作用，就要因时而谋、乘势而上、顺势而为，全面推进地方志事业转型升级。转型升级，当下最重要的目标就是完成“两全”目标，包括“年鉴全覆盖”目标；长远的目标就是基本形成地方志编修体系、理论研究和学科建设体系、质量保障体系、资源开发利用体系、工作保障体系“五位一体”的地方志事业发展综合体系，包括“五位一体”的年鉴事业发展综合体系。中国年鉴精品工程是一项探索工程，也是一项创新工程，是推进地方志事业转型升级的重要内容。通过实施中国年鉴精品工程，不仅有助于确保年鉴质量，不断编纂出版具有鲜明时代特征、年度特点和地域特色的精品年鉴，也有助于推动年鉴工作适应经济社会发展形势和时代需要，不断改革创新，与时俱进。

多年来，在中国地方志指导小组办公室的指导和全国各级地方志工作机构的共同努力下，年鉴种类数量快速增长，年鉴成果粲然可观，为实施中国年鉴精品工程奠定了坚实的基础。实施中国年鉴精品工程，就是要在全国地方志系统起到示范作用，进一步培育精品意识，打造精品年鉴，以点带面，在提高年鉴质量方面探索出一条切实可行之路，使这项探索工程和创新工程能够积累经验，发挥引领作用。

“万山磅礴，必有主峰；龙衮九章，但挈一领。”实施中国年鉴精品工程，是筑牢地方志事业特别是年鉴事业发展根基之举，其意义与价值不言而喻。但编修出年鉴精品佳作，绝非朝夕之功，需要付出长期艰辛的努力。希望通过实施中国年鉴精品工程，能够进一步推进年鉴质量建设，使年鉴真正成为传承中华民族优秀传统文化的重要载体，成为展示中国国情、地情的重要窗口，成为“为当代提供资政辅治之参考、为后世留下堪存堪鉴之记述”的资源宝库，在全面建成小康社会过程中作出更大贡献。

是为序。

中国社会科学院原副院长

中国地方志指导小组原常务副组长　李培林

编辑说明

一、《克拉玛依年鉴》是以马克思列宁主义、毛泽东思想、邓小平理论、“三个代表”重要思想、科学发展观、习近平新时代中国特色社会主义思想为指导，坚持辩证唯物主义和历史唯物主义的立场、观点和方法，在中共克拉玛依市委员会领导下，由市人民政府主办、克拉玛依市委史志办（市档案馆）承编的年度资料性文献，旨在全面、系统、真实地记载克拉玛依区域内经济社会发展基本情况，为克拉玛依经济建设、政治建设、文化建设、社会建设和生态文明建设服务。《克拉玛依年鉴》创办于1998年，以年为周期，逐年出版，《克拉玛依年鉴（2021）》为第24卷。

二、《克拉玛依年鉴（2021）》设有专记、大事记、市情概览、中共克拉玛依市委员会、市人民代表大会、市人民政府、政协克拉玛依市委员会、纪委监委、民主党派・工商联、群众团体、法治、军事、经济管理、油气勘探开发、油气生产保障、工程技术服务、炼化销售、交通运输、信息化建设、商贸服务业、金融业、旅游业、农业・农村经济、经贸合作、地方企业、城乡建设、生态环境、教育、科学技术、文化体育、卫生健康、脱贫攻坚、社会生活、安全生产与应急管理、市辖区建设、驻市生产建设兵团团场、人物・荣誉、附录等38个类目。全书共有条目2039个，使用图片近300幅。

三、《克拉玛依年鉴（2021）》采用分类编辑法，类目、分目、条目组成框架结构的主体部分。在部分分目中，增加二级分目的层次。全书条目标题统一用黑体加【 】表示，个别包含多方面资料的条目则在段首加插楷体标题提示，方便读者查阅。

四、《克拉玛依年鉴（2021）》所用稿件均经过撰稿单位审核，所使用国民经济和社会发展统计资料均按克拉玛依市统计局统计公报口径。

五、《克拉玛依年鉴（2021）》中，中国石油天然气集团公司、中国石油天然气股份有限责任公司、中国石油新疆油田分公司、中国石油西部钻探工程公司、中国石油独山子石化分公司、中国石油克拉玛依石化分公司、中国石油集团工程设计有限责任公司新疆石油工程设计有限公司、中国石油工程建设公司新疆石油工程建设有限责任公司、新疆维吾尔自治区在第一次出现时用全称，其余简称集团公司、股份公司、新疆油田公司（或油田公司）、西部钻探公司（或西部钻探）、独山子石化公司（或独石化）、克拉玛依石化公司（或克石化）、新疆石油设计公司、新疆油建公司、自治区；中共克拉玛依市委员会简称市委、克拉玛依市人民政府简称市政府。

六、《克拉玛依年鉴（2021）》配备双重检索系统，书前有详细目录，书后配有索引。索引按照汉语拼音字母顺序排列，索引范围详及类目、分目、条目、表格、人物。

克拉玛依市行政区划图

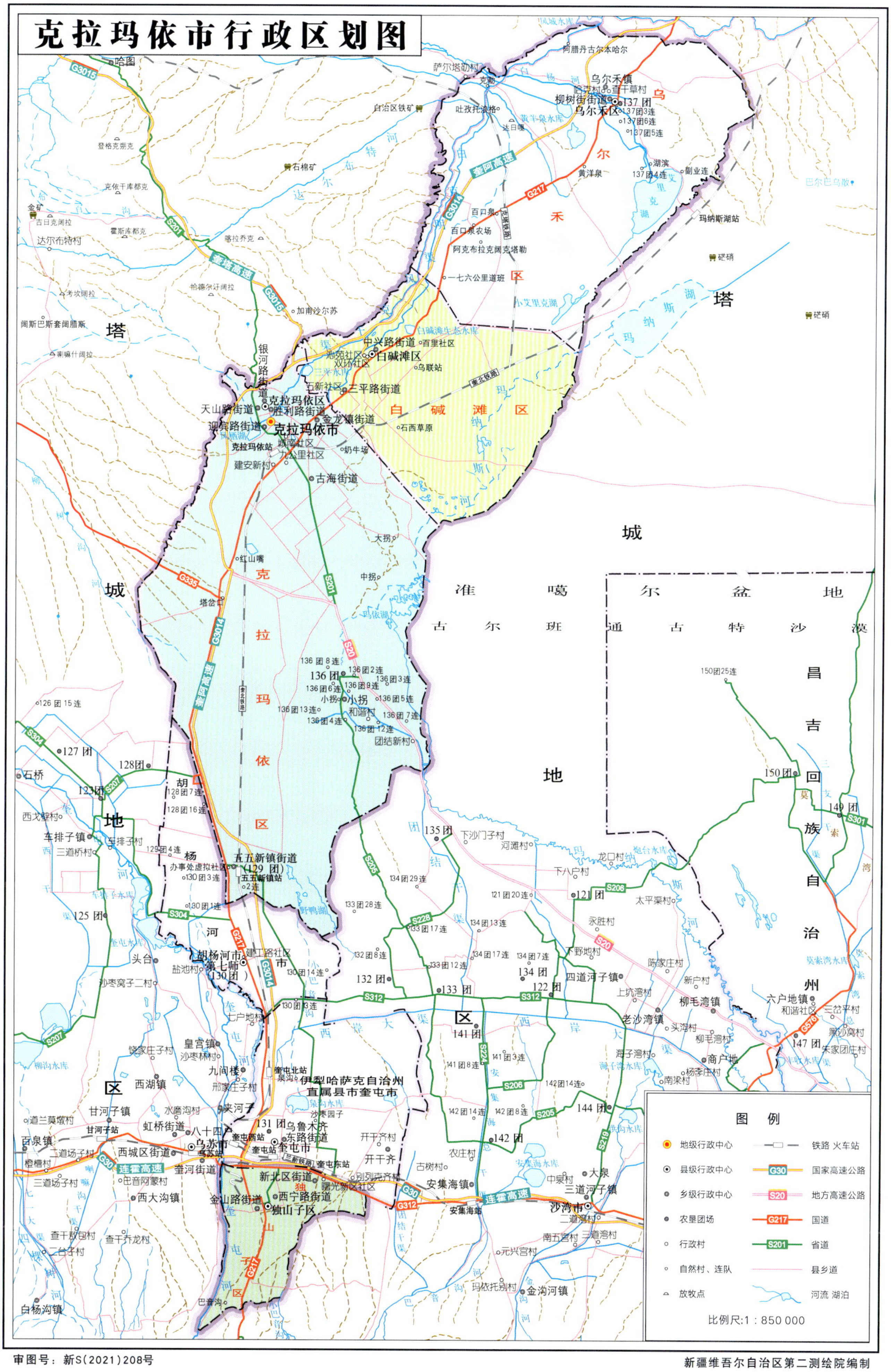

审图号：新S(2021)208号

新疆维吾尔自治区第二测绘院编制

数字2020

◆全市实现地区生产总值886.9亿元，较2019年增长2.3%（按不变价格计算）。
◆全市外贸进出口额1.96亿美元，较2019年增长178.8%；其中出口1.66亿美元，增长240.5%。
◆全市城镇居民人均可支配收入46963元，增长2.9%；农牧民人均纯收入31344元，增长11.96%。
◆全市高新技术企业71家，较2019年增长20.34%，占全疆比重9.0%。
◆全市民用汽车保有量达到15.7万辆，较2019年增长2.4%。
◆全市环境空气质量优良率88.5%，空气质量在全疆排名第三。

俯瞰中心城区（李浩然 摄）

克拉玛依名片

- 全国文明城市
- 全国优秀创新城市
- 全国“双拥”模范城
- 全国法治政府建设示范市
- 国家园林城市
- 国家环境保护模范城市
- 国家卫生城市
- 国家健康城市示范点
- 国家智慧城市建设首批试点城市
- 中国最安全城市
- 中国人居环境范例奖
- 全国工业旅游示范点

城记 ☆ 疫情防控

2020年，面对突如其来的新冠肺炎疫情，克拉玛依市投入防疫资金6.3亿元，建立核酸检测实验室、购置设备、培训人员，落实早发现、早报告、早治疗等措施，完善防控体系，构筑立体化疫情阻击网，取得阶段性胜利。疫情防控期间，通过落实减税降费、社保减免、公积金缓缴等优惠政策，累计为企业减负超过40亿元，金融支持各类市场主体超过140亿元，上万家市场主体从中受益。同时，克拉玛依市积极响应党中央和自治区党委的号召，派出219名优秀骨干医务人员先后奔赴武汉、乌鲁木齐、喀什等地，与各方力量凝聚一心、协同用力，出色完成抗击疫情任务。

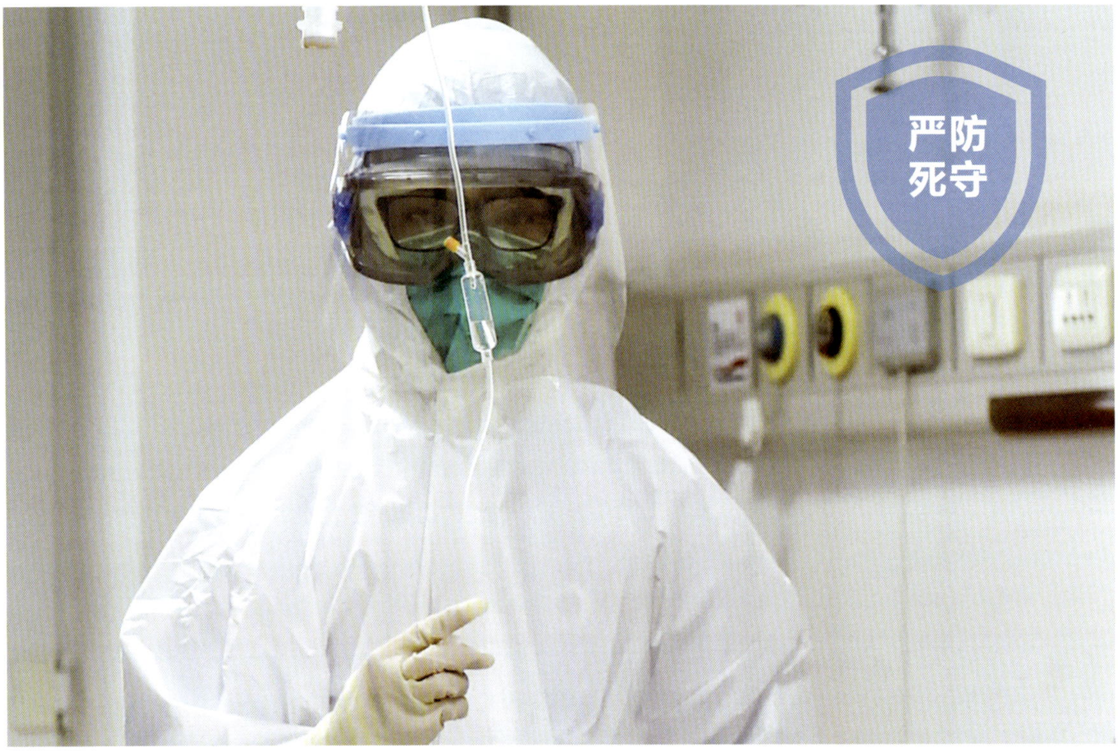

2月19日，市中心医院医学观察区内，医护人员为有发热等情况的患者服务（姚继东 摄）

2月6日，在市政府机关楼内，市城投鹏基物业公司工作人员对公共区域消毒（闵勇 摄）

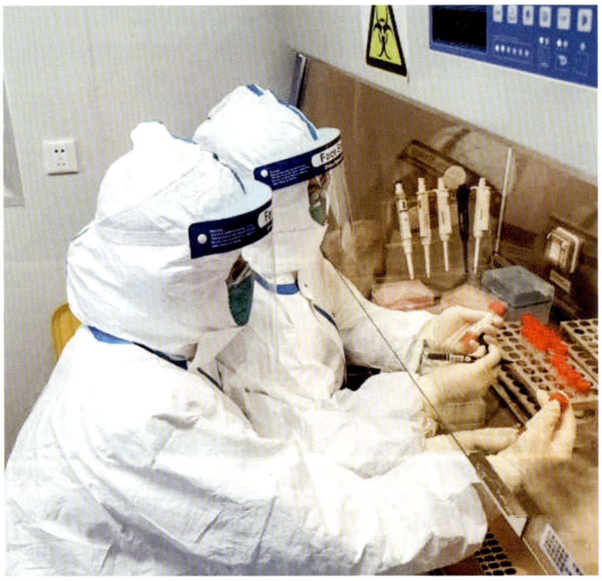

2月20日，市疾控中心党员突击队队员在进行病毒检测（市卫健委 供图）

2 月 12 日，克拉玛依石化公司又一批员工顶风冒雪上岗，替换已坚守岗位十多天的同事 （杨中建　摄）

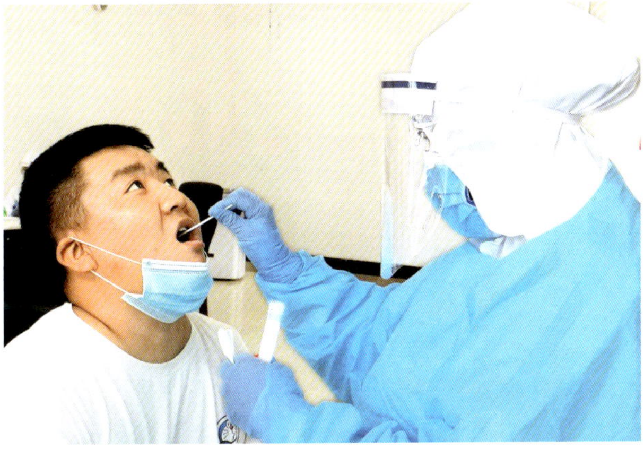

7 月 22 日，克拉玛依市医务人员采集咽拭子样本（核酸检测） （市第三人民医院　供图）

2 月 13 日，一场大雪让疫情防控期间的克拉玛依区大街小巷格外寂静 （李浩然　摄）

8 月 4 日，社区志愿者在小区大门口督促通行车辆司机扫码测温 （王梅　摄）

8 月 21 日，迎宾街道龙尚社区“访惠聚”工作队在辖区交通道口检查车辆通行 （王梅　摄）

2月5日，克拉玛依市驰援湖北医疗队护理人员中的7名党员组成党小组。党员们在党旗前集体宣誓做最美逆行者（李梦鸽　摄）

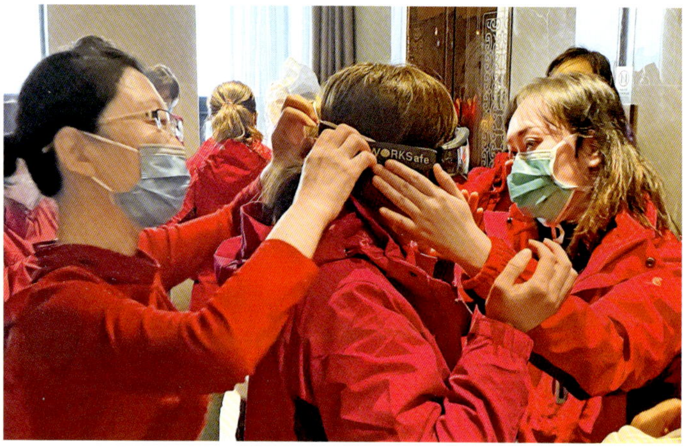

2月5日，克拉玛依市驰援湖北医疗队加强防护培训，随时准备前往抗疫一线（市防疫指挥部　供图）

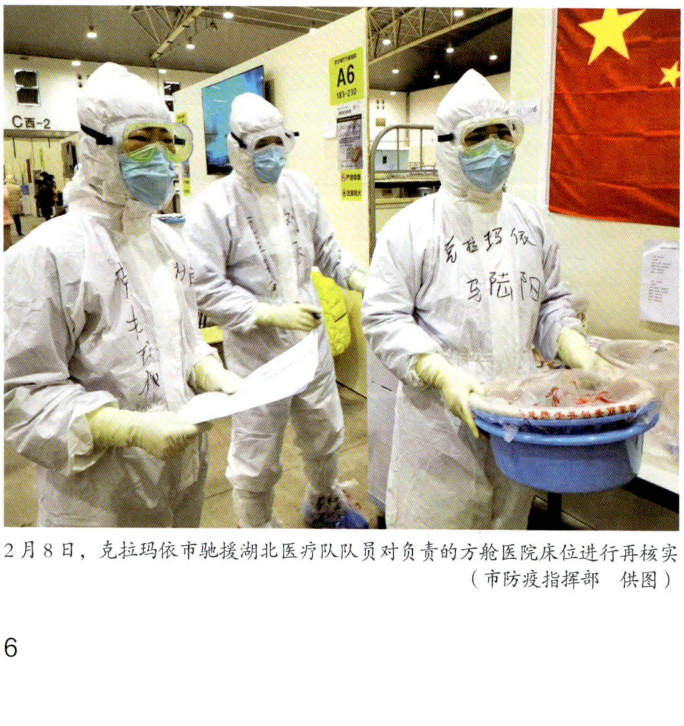

2月8日，克拉玛依市驰援湖北医疗队队员对负责的方舱医院床位进行再核实（市防疫指挥部　供图）

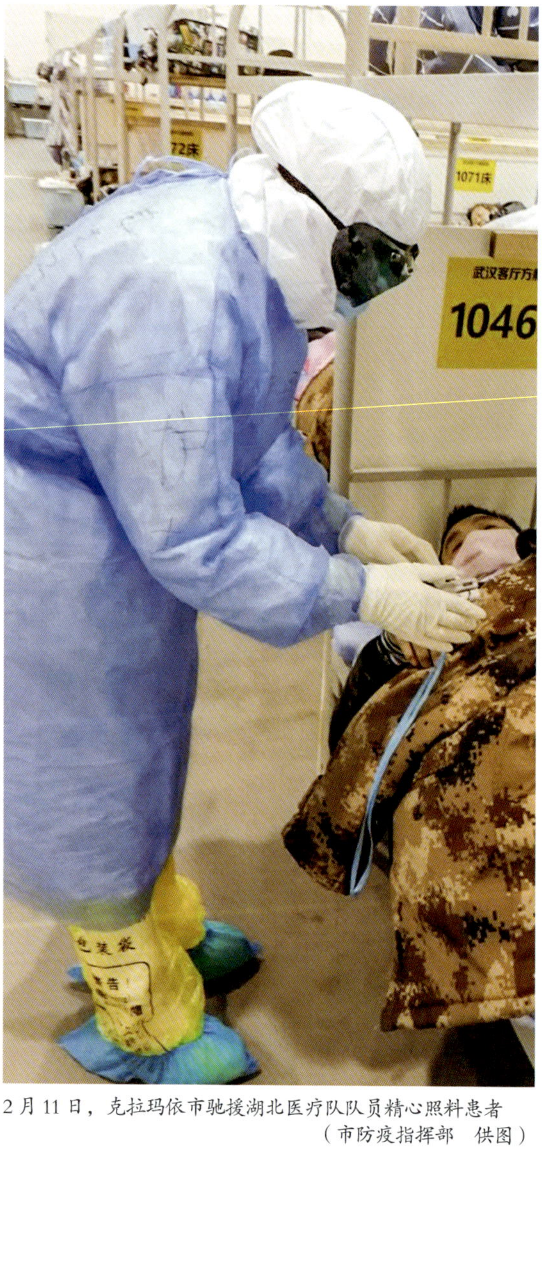

2月11日，克拉玛依市驰援湖北医疗队队员精心照料患者（市防疫指挥部　供图）

2月8日，克拉玛依市驰援湖北医疗队队员身着写有姓名的防护服，抱着战胜疫情的信心和决心进入方舱医院　（市防疫指挥部　供图）

3月11日，上海市支援克拉玛依市的口罩生产原材料在克拉玛依会展中心卸车（彭召勇　摄）

2月1日，从哈萨克斯坦采购的防疫物资运抵克拉玛依市（石磊　摄）

8月16日晚，克拉玛依市主城区油建路与天山路的交叉口，市水务公司抢险队员抢修供水管线，确保疫情防控期间居民生活用水（闵勇　摄）

2月10日，克拉玛依市主城区南泉供热总站工作人员检查锅炉运行情况，确保疫情防控期间稳定供热（姚勇　摄）

疫情防控期间，克拉玛依区熟食品加工企业不停工不停产、加班加点，保障熟食品供应。3月2日，工作人员推出新鲜出炉的糕点（戴旭虎　摄）

3月25日，独山子区穗丰粮油贸易有限责任公司员工在清点面粉，保障独山子区粮油供给（姚继东　摄）

2月26日，满载生活物资的卡车抵达克拉玛依市（闵勇　摄）

8月8日，市腾飞粮油购销储备有限责任公司厂区，由党员组成的疫情防控突击队分散到各装车、卸货现场协助工作，守护市民的“面袋子”“油瓶子”
（闵勇　摄）

疫情防控期间，社区志愿者为病患送医，照顾他们的生活。3月1日，爱心出租车免费接送市民就医
（戴旭虎　摄）

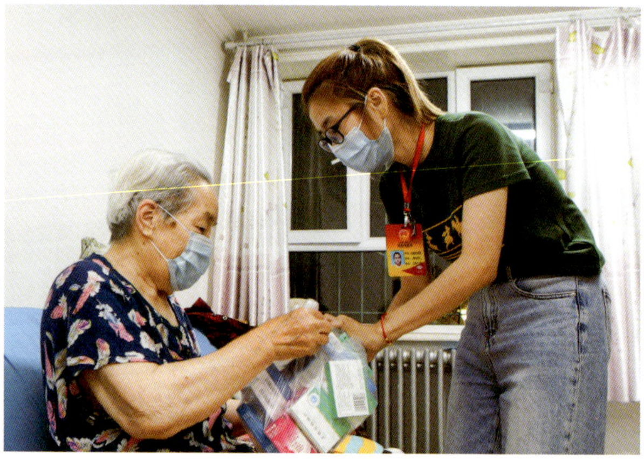

疫情防控期间，各社区成立关心关爱服务小组，服务残疾、独居老人。8月11日，红旗社区工作人员为老人送药
（闵勇　摄）

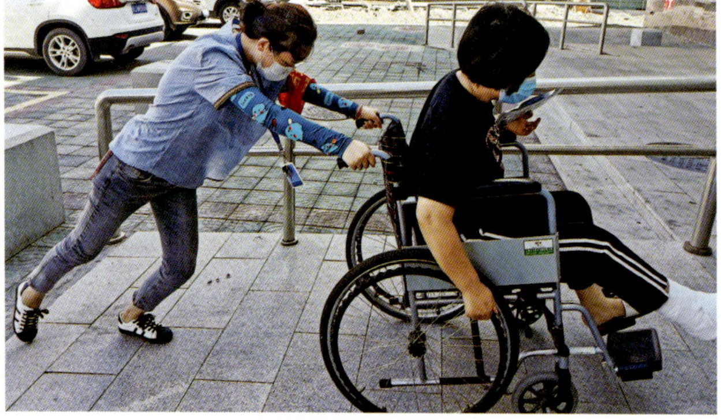

8月6日，远征社区工作人员推着一位脚踝骨折的居民进入医院换药
（夏萍　摄）

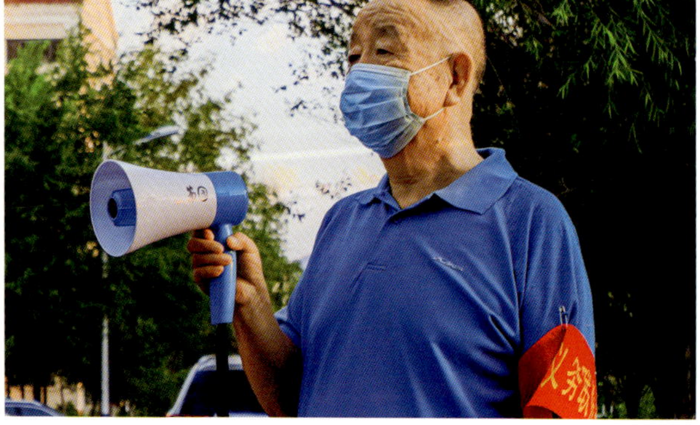

8月7日，“铁老汉”服务小分队穿梭在小区各楼栋间，向居民宣传疫情防控政策
（全鑫　摄）

2月6日，社区志愿者核对居民采购信息，保障市民的“菜篮子”供应　　（胡杨　摄）

疫情防控期间，风华社区成立电动摩托车送菜志愿者队伍，服务社区居民。8月2日，志愿者为居民配送订购的蔬菜　　（闵勇　摄）

3月11日，克拉玛依市迎来首架“复工包机”，4家企业的150名员工返岗　　（闵勇　摄）

3月17日，克拉玛依市两家企业获得政府发放的稳岗返还资金
（市人社局　供图）

8月31日，大学城工程教育基地施工现场，工人们紧张施工
（蒋剑　摄）

5月15日，为提振消费信心，克拉玛依市、区两级政府向市民发放2000万元电子消费券。图为市民用电子消费券购物　　（戴旭虎　摄）

3月16日，位于217国道旁的云游物流有限责任公司仓储区内，工作人员在卸货　　（李浩然　摄）

3 月初，克拉玛依市开始全面复工复产复课。3 月 16 日，独山子中学的学生佩戴口罩认真听课 （同毓梅 摄）

8 月下旬，全市逐步复工复产复课复市，独山子区居民走进超市购物 （李璇 摄）

3 月 14 日，复工复产后的克拉玛依农业综合开发区菜农迅速种植大棚蔬菜，以保障市民生活需求 （田国建 摄）

城记☆脱贫攻坚

克拉玛依市的建立，离不开全疆乃至全国各族人民的大力支持。自1958年建市以来，克拉玛依始终将对全疆各地州县市的帮扶作为应尽义务。至2020年，克拉玛依（含驻市央企）累计投入资金5亿多元，从技术、产业、医疗、教育、消费等方面帮扶全疆6个地州的44个县（区、市）、新疆生产建设兵团4个师的19个团场走出困境，其中9个国家级贫困县市实现脱贫。2001年，克拉玛依市开始选派教育管理干部、骨干教师赴阿勒泰地区、克孜勒苏柯尔克孜自治州阿克陶县等地支教；从2004年开始开办疆内初中班，2007年开办疆内高中班，对口择优招收和田地区、博尔塔拉蒙古自治州等贫困地区学生。2017年以来，全市累计为南疆四地州深度贫困地区劳动力4838人提供就业帮扶服务。

同时，为全面贯彻和落实党的第十九次全国代表大会精神，市委、市政府在扶贫帮困、关心城镇特殊困难群体工作中，坚持政府救助与企业帮扶、家庭自救与社会帮扶、资金救助与服务帮扶、应急救助与日常帮扶相结合，持续创新帮扶救助思路，切实加大帮扶救助力度，实现应保尽保，取得良好社会效果。

2020年11月24日，克拉玛依区劳务用工保障基地项目（一期）工程施工现场，建筑工人正在加紧施工 （闵勇 摄）

2000年7月1日，新疆石油管理局投资2005万元与其他援建单位共同建设的托里县最大水利工程——多拉特水库竣工投用 （资料图）

消费扶贫

2019年9月，独山子石化公司助力察布查尔锡伯自治县、泽普县、叶城县发展特色农产品，帮助群众增收 （独山子石化公司　供图）

2019年秋，莎车县艾力西湖镇18村的村民将克拉玛依石化公司采购的消费扶贫核桃装车 （米尔夏提·尼加提　摄）

就业帮扶

2018年，来自南疆的玉素尹·库安尼亚孜（右二），在技术人员指导下学习车削加工操作技术 （闵勇　摄）

2017年12月25日，来自喀什市阿瓦提乡的伊敏江·麦麦提敏夫妇在就业的阳光物业公司餐厅黑板上练字 （克拉玛依日报社　供图）

2020年3月24日，来自南疆的依马穆·麦提热依穆夫妇在克拉玛依找到工作，安下家 （努尔买买提·艾山　摄）

2009 年 5 月 11 日，在克拉玛依就读的疆内初中班学生在学校食堂享用午餐　　（戴旭虎　摄）

2017 年 3 月，白碱滩区教育局骨干教师到泽普县送教送学　　（市教育局　供图）

2003 年 11 月 5 日，独山子石化公司扶贫建设的察布查尔锡伯自治县希望小学举行开学升国旗仪式　　（市教育局　供图）

2019 年 11 月 29 日，中国石油大学（北京）大学生志愿服务基地在阿克苏地区新和县塔什艾日克镇中心小学挂牌成立　　（石油大学　供图）

2007 年 9 月 6 日，克拉玛依区欢送赴阿克陶县支教教师　（市教育局　供图）

2016 年 9 月 7 日，在克拉玛依就读的疆内初中班学生结束假期，安全返校　（市教育局　供图）

2019 年 6 月，来自喀什市的小学生研学夏令营在市康城小学举行开营仪式　（市教育局　供图）

2017 年 7 月，克拉玛依区委托培训学校在喀什市举办服装缝纫技能培训班　（李麟　摄）

2016 年 12 月，克拉玛依区在喀什市多来特巴格乡举办为期 25 天的中式面点技能培训班　（克拉玛依区　供图）

2017 年，独山子区在疏勒县为 50 名贫困户子女开办地毯制作工艺培训班　（独山子区　供图）

2018 年 1 月 27 日，白碱滩区在泽普县举办落地企业项目签约暨“千企帮千村”精准扶贫捐赠活动　（白碱滩区　供图）

2018 年 4 月，新疆油田公司援助泽普县创办依克苏乡托万恰卡村制衣厂　（新疆油田公司　供图）

2020 年 5 月 10 日，克拉玛依区委托相关企业在喀什市英吾斯坦乡进行乳鸽养殖技术培训（克拉玛依区　供图）

2019 年，克拉玛依区昆仑路街道为喀什市阿瓦提乡 4 个村援建拱棚种植示范区（克拉玛依区　供图）

医疗帮扶

2019年，在疏勒县开展医疗帮扶活动的独山子区人民医院骨干医师为患者诊治 （独山子区 供图）

2019年，克拉玛依区抽调副主任医师以上临床医生组成医疗队，到喀什市各级医疗机构开展“传帮带”活动（克拉玛依区 供图）

爱心捐助

2014年11月26日，克拉玛依日报社发起“油城情暖阿克陶”爱心捐助活动。图为工作人员整理捐赠物资 （戴旭虎 摄）

2013年7月11日，中国石油集团工程设计有限责任公司新疆设计院赠送的电脑运抵库车县比西巴格乡中学 （资料图）

2009 年，小拐乡牧民搬进有供水、供电、供暖系统的新居生活　（郭宁　摄）

1996 年，克拉玛依市实施"温暖工程慈善行"，扶贫帮困　（资料图）

2009 年，克拉玛依市在第三中学、第十中学创办校园"慈善爱心屋"，为贫困学生提供日常生活物品　（资料图）

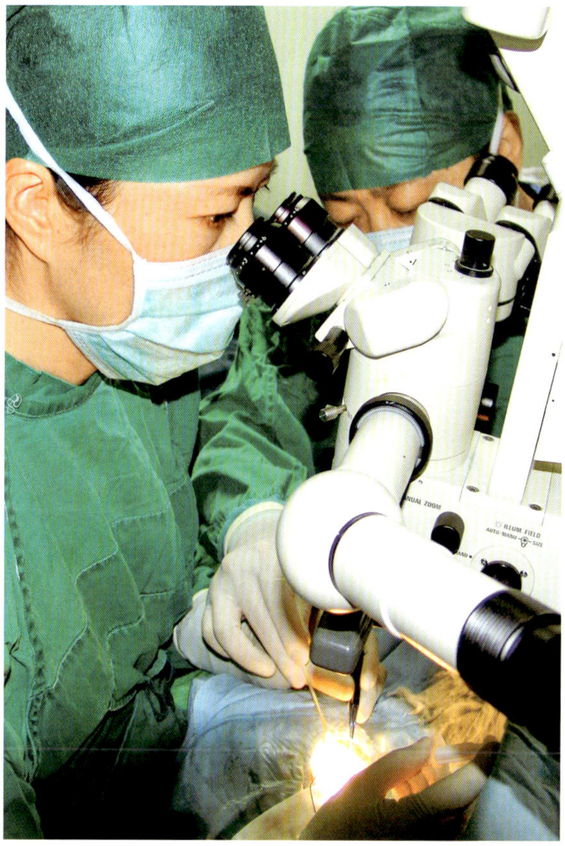

2005 年，克拉玛依市为贫困白内障患者开展免费手术活动　（资料图）

2009年1月13日，乌尔禾乡孩子坐上免费乡村公交车。当天，乌尔禾区城乡公共交通一体化班车开通，公交路线覆盖全乡 （江池 摄）

2015年1月26日，克拉玛依市第十一次提高城市低保标准、第十次提高农村低保标准。2016年，克拉玛依实现城乡低保统筹 （吴晓燕 摄）

2006年，克拉玛依市对义务教育阶段的贫困学生实行“两免一补”，解决贫困家庭孩子上不起学的问题 （市教育局 供图）

2010年9月，贫困学生在爱心超市选购物品　　（闵勇　摄）

2009年9月，由白碱滩区政府提供就业岗位的低保人员在认真工作　　（资料图）

2011年11月，无业残疾家庭领取基本生活费　　（戴旭虎　摄）

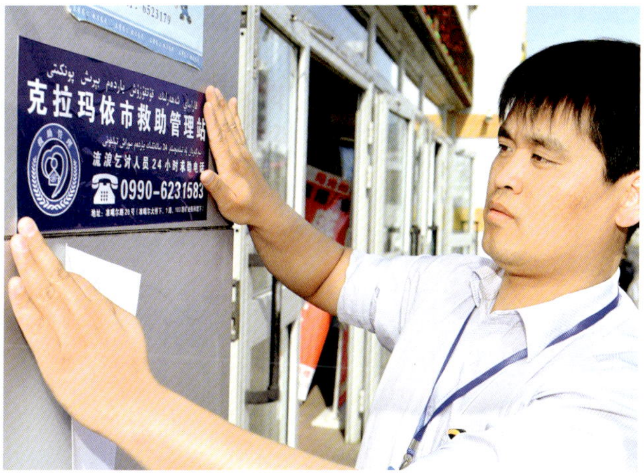

2016年4月12日，市救助站工作人员在人员密集场所张贴救助信息卡　　（市民政局　供图）

城记 ☆ 依法治疆

2020年8月21日，中央全面依法治国委员会办公室公布第一批全国法治政府建设示范地区和项目名单，克拉玛依市位列其中，是自治区唯一获得首批“全国法治政府建设示范市”荣誉的城市。

多年来，市委、市政府贯彻落实新时代党的治疆方略，围绕社会稳定和长治久安总目标，推进全面依法治市和普法治理工作，全市法治化水平明显提升。2016年以来，克拉玛依市制定《克拉玛依市养犬管理条例》《克拉玛依大风灾害防御条例》等7部地方性法规和政府规章，保障全市经济社会协调发展。

11月25日，市民在政务服务大厅公共法律服务窗口进行法律咨询　（努尔买买提·艾山　摄）

11月12日，市中级人民法院就一起3.5亿元巨额合同纠纷进行调解　（贺雨萌　摄）

10月29日，市司法局就某小区业主不服行政部门规划许可申请行政复议案组织复议听证会　（韩淑萍　摄）

10 月 30 日，市人民检察院就一起司法救助案举行公开听证会　　（市人民检察院　供图）

6 月 30 日，克拉玛依市举办党政法律顾问团聘任仪式（韩淑萍　摄）

10 月 16 日，在独山子区第五社区“法官工作室”，驻社区工作队队员为居民提供法律服务　　（努尔买买提·艾山　摄）

2 月 6 日，市区交警大队交警在吉祥路风情街夜查　（田国建　摄）

城记 ☆ 团结稳疆

2020年，克拉玛依市全面贯彻落实党的民族宗教政策，常态化开展“民族团结一家亲”和民族团结联谊活动。全市25567名干部职工与25649户各族群众家庭结对认亲，结亲干部为群众办实事好事1.4万余件，捐款76.6万余元，惠及各族群众3万户次，举办以“民族团结一家亲”为主题的各类活动1.2万场次。全年完成民族团结“细胞工程”交友、结对8万对。

9月12日，克拉玛依市被命名为自治区级民族团结进步示范市，乌尔禾区被命名为自治区级民族团结进步示范区，新疆油田公司被命名为自治区级民族团结进步示范企业。

4月13日，市民从南苑社区居委会“红色”宣传墙前经过。南泉、南苑社区工作队和居委会在办公楼的两个墙面上设计了包含“红色教育”和民族团结内容的宣传墙（努尔买买提·艾山　摄）

3月20日，“细胞工程”结对亲戚柳静与妮鲁帕尔·司马义一起开心逛超市（闵勇　摄）

1月2日，市区芳草家园社区居委会工作人员及工作队队员，为居民及结对亲戚端上热气腾腾的腊八粥，共庆腊八节（蒋剑　摄）

6 月 5 日，市区风华社区党组织邀请结对亲戚在克拉玛依区党群服务中心开展主题党日活动 （马艺菡　摄）

11 月 25 日，陈俊江给结对亲戚阿合拜讲解技术难点 （刘奇武　摄）

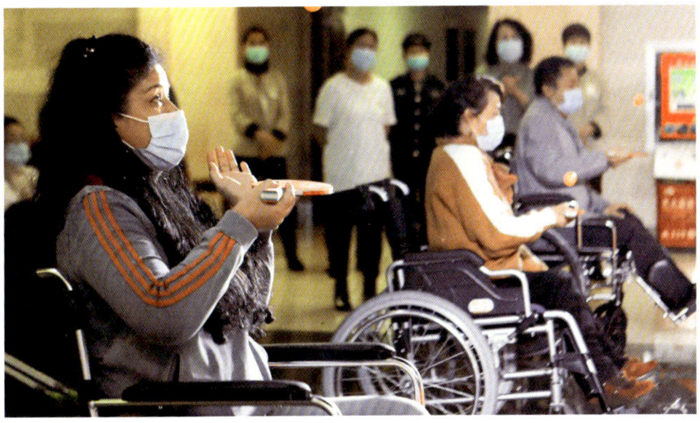

11 月 4 日，市肢体残疾人协会在市残疾人服务中心举办“拥抱阳光，让爱飞翔”民族团结一家亲活动 （努尔买买提·艾山　摄）

7 月 25 日，市区石油小区居民古丽妮萨·库德热提带着孩子们一起为小区值班的工作人员送上绿豆汤 （彭召勇　摄）

1 月 20 日，第五届克拉玛依市道德模范、首届克拉玛依市文明家庭、2019 年克拉玛依市“最美克拉玛依人”评选结果相继揭晓。连续 14 年资助 4 名少数民族贫困学生，当选克拉玛依市道德模范的陈志兰接受现场采访 （蒋剑　摄）

城记☆文化润疆

2020年，克拉玛依市公共文化服务体系日趋完善，实施“城市书屋”“社区书房”等系列文化惠民项目，开展非物质文化遗产展示、各种节庆活动，与南疆部分地县进行公益研学、新农村建设交流等，将中华优秀传统文化、革命文化、社会主义先进文化融入各族人民生活的方方面面，促进各民族广泛交往、全面交流、深度交融，教育引导各族干部群众树立正确的国家观、历史观、民族观、文化观、宗教观，让中华民族共同体意识植根心灵深处，增强对伟大祖国、中华民族、中华文化、中国共产党、中国特色社会主义的认同。

11月底，克拉玛依市青年导演冯志斌执导的手机电影《铁老汉的夏天》获第28届金鸡百花电影节·33届中国电影金鸡奖·新影像单元优秀奖。图为电影《铁老汉的夏天》海报（资料图）

6月30日，市第三中学20名来自南疆贫困县的学生在市博物馆开展“一城一魂”品格力量公益研学（努尔买买提·艾山　摄）

5月31日，市区风华社区组织30多名中小学生及家长在市博物馆参观，了解克拉玛依历史（努尔买买提·艾山　摄）

12 月 25 日，保洁人员在清扫火车站前社会主义核心价值观宣传景观小品周围环境卫生　（闵勇　摄）

7 月 8 日，《习近平谈治国理政》（第三卷）中英文版在市新华书店首发　（徐珊　摄）

10 月 1 日，乌尔禾区乌尔禾镇各族百姓为祖国庆生　（闵勇　摄）

11 月 7 日，克拉玛依区纪委监委驻前进社区工作队和社区开展“非遗进社区　文化有传承”葫芦彩绘活动　（李海鑫　摄）

12 月 29 日，世界魔鬼城景区被文化和旅游部确定为国家 AAAAA 级旅游景区。图为工作人员准备迎接游客　（乌尔禾区　供图）

城记☆富民兴疆

2020年，克拉玛依市全面统筹疫情防控和经济社会发展，加快经济社会恢复运行，全市规模以上工业企业稳定生产；全年地方固定资产投资增长139.1%；招商引资到位资金159.5亿元，增长20.2%。聚焦“一主多元”产业体系建设，推动经济高质量发展，石油石化产业提质增效，新疆油田公司全年完成油气当量1559万吨，创历史新高，克拉玛依、独山子两大石化公司原油加工量增长5.6%；信息产业持续提速，全面启动5G网络建设，全市重要公共场所实现全覆盖，全年信息产业实现增加值6.5亿元，增长7.2%。

12月16日，新疆油田公司在准噶尔盆地南缘的风险探井呼探1井获得重大突破（闵勇 摄）

11月10日，独山子石化公司9万吨/年聚苯乙烯GPPS扩能改造项目中间交接，进入联动试车阶段（吴长占 摄）

5月，克拉玛依石化公司启动“提质增效”专题劳动竞赛。图为技术人员现场讨论“提质增效”措施（克拉玛依石化公司 供图）

10月15日，自治区首届专业化应急救援技能竞赛在克拉玛依市举行。全疆32支专业化应急抢险救援队参与15个项目的角逐
（努尔买买提·艾山　摄）

10月16日至18日，新疆首个集“展、洽、销”为一体的“云端展会”——2020克拉玛依投资贸易洽谈会（线上）在克拉玛依市成功举行，签约总金额87.28亿元
（闵勇　摄）

10月29日，五工台至克拉玛依高速公路主线部分通车
（李浩然　摄）

城记 ☆ 长期建疆

2020年，克拉玛依市坚定不移深化改革开放，全面推进创新驱动发展，全面加强政府自身建设，切实增强履职尽责能力。"放管服"改革向纵深推进，全市2490项政务服务实现"最多跑一次"全覆盖；"克拉玛依市深化商事制度改革做到便民利民可复制"受到国务院大督查通报表扬，营商环境持续改善；国企改革加快推进，央企退休人员社会化管理及资产移交完成率实现两个100%。

11月19日，克拉玛依市商事制度改革受到国务院通报表扬。近年来，克拉玛依市以打造全疆"最多跑一次"试点城市为契机，持续深化商事制度改革，实现"便民、利民、可复制"工作目标 （崔文娟 摄）

7月1日，市国资委党委组织国资系统12家国有企业在市会展中心举行"党旗映天山"主题党日活动 （彭召勇 摄）

6月28日，克拉玛依市、新疆油田公司召开油地协调发展联席会议，以统一思想，推动油地协调联动机制的落地落实　（闵勇　摄）

6月28日，市辖4个区部分街道党工委书记就“街道如何履行好‘访惠聚’驻村工作主体责任”展开探讨　（市“访惠聚”办公室　供图）

10月16日，自治区宣讲团到克拉玛依市解读宣贯第三次中央新疆工作座谈会精神　（戴旭虎　摄）

7月2日，市人力资源和社会保障局组织全市11名领军人才，成立专家服务团，开展乡村基层服务活动　（彭召勇　摄）

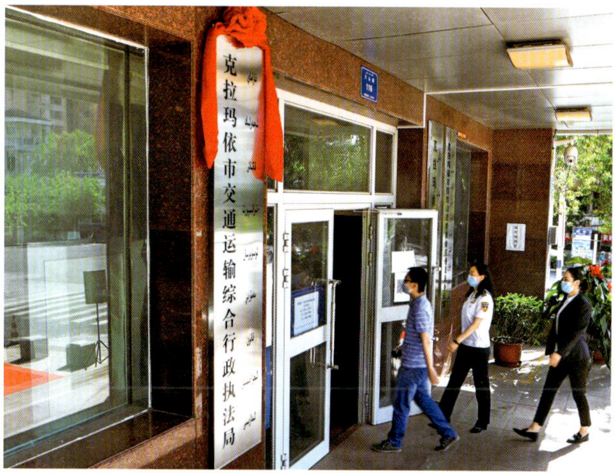

6月30日，市交通运输综合行政执法局揭牌，承担辖区道路运政、城市客运、地方海事等交通运输行政执法管理　（闵勇　摄）

12 月 24 日，市区友谊桥南侧，环卫工人努丽曼在打扫创文明城市景观小品附近的路面。2011 年以来，克拉玛依市已连续三届获得“全国文明城市”称号
（艾力牙　摄）

克拉玛依市持续深化“放管服”改革，营造良好的营商环境。8 月，受益于此的雪拓公司口罩生产线快速上马（闵勇　摄）

10 月 20 日，上海市高层次专家人才服务团到克拉玛依市开展智力支援活动
（何威风　摄）

12 月 5 日至 6 日，城市基层党建项目专家评审组在市党群服务中心对全市 3 类 46 个项目进行结项评审（蒋剑　摄）

10 月 23 日，以“科技赋能共谋发展”为主题的 2020 年川克科技合作工作推进会在克拉玛依市举行　（努尔买买提·艾山　摄）

目　录

专　记

大事记

市情概览

中共克拉玛依市委员会

市人民代表大会

市人民政府

政协克拉玛依市委员会

纪委监委

民主党派·工商联

群众团体

法 治

军　事

经济管理

油气勘探开发

油气生产保障

油气工程技术服务

炼化销售

交通运输

信息化建设

商贸服务业

金融业

旅游业

农业·农村经济

经贸合作

地方企业

城乡建设

生态环境

教　育

科学技术

文化体育

卫生健康

脱贫攻坚

社会生活

安全生产与应急管理

市辖区建设

驻市新疆生产建设兵团团场

人物・荣誉

附 录

索　引

科学精准防控　筑牢抗“疫”防线

——克拉玛依市抗击新冠肺炎疫情

2020 年，面对突如其来的新冠肺炎疫情，克拉玛依市坚决贯彻“坚定信心、同舟共济、科学防治、精准施策”的总要求，始终坚持“人民至上，生命至上”基本原则，以坚定信心、顽强意志、果断措施，与全市各族人民同心协力，打出精准高效“组合拳”，截至 12 月份，取得了疫情防控战的阶段性胜利。

一、织密扎紧防控网络，筑牢抗击疫情的铜墙铁壁

克拉玛依市严格按照自治区“四个不发生”“防治控保稳”和八项预警机制等系列安排部署，落实“四早”措施、完善防控体系，构筑立体化疫情阻击网。

关口前移，将防控关口前移到定点医院发热门诊、机场、火车站、客运站、检查卡点等场所，充分发挥预检分诊点、发热门诊“哨点”作用，增强早期监测预警能力。重点防控，发挥疾控排头兵作用，建立“人、物同防”“多病共防”工作机制。联防联控，坚持早发现、早报告、早隔离、早治疗，落实落细精准防控举措，建立联防联控机制，成立综合流调组，开展现场流调、大数据分析和信息统计等工作，关口前移、源头把控，对密切接触者、次密切接触者进行全面

3 月 3 日，独山子区教师通过网络直播给学生上课

（独山子区　供图）

追踪排查，切断传播渠道，确保无遗漏，全市累计流调核查密切接触者6890人次，覆盖率100%。

积极应对秋冬季新冠肺炎疫情防控，常态化落细落实疫情防控八项监测预警机制，强化对高风险地区和境外人员的监测，坚决筑牢外防输入内防反弹的严密防线。

二、快速提升检测能力，构建“早发现”的防控机制

核酸检测是精准防控有效手段，克拉玛依市全力高效统筹调度，迅速提升检测能力，切实做到“应检尽检、愿检尽检”。

2020年，累计投入防疫资金6.3亿元。全市4家医院和5家疾控机构建立9个核酸检测实验室，配置核酸提取仪40台、PCR扩增仪65台、生物安全柜30台及其他配套设备，组建620人核酸检测梯队和1080人采样梯队，全面落实重点人群“应检尽检”和一般人群“愿检尽检”，实施全市人员全覆盖核酸大检测。市、区两级政府坚持把提升核酸检测能力作为“早发现”重要手段，用50天时间完成全市核酸检测能力倍增计划，具备核酸检测能力的实验室从年初的1个增至9个，日检测能力从500管提高到6.2万管，完成人员检测543.1万人次，环境监测点位44.78万次。开展卫生系统培训专项行动，共有417人参加流调培训，614人参加消杀培训，1080人参加采样培训，完成52名师资人员及711名核酸检测人员考核工作（567人考核合格），623人完成生物安全取证培训，开展实战演练、桌面推演180场次，参与人数3000余人次。核酸检测能力全面提升为疫情常态化防控筑起“防护墙”。

三、把好疫情防控“哨点”，全面做好常态化疫情防控

全市医疗机构严格落实疫情防控要求，始终绷紧疫情防控这根弦，充分发挥“哨点”作用，压实责任、筑牢屏障。

市委、市政府积极推进全市发热门诊和定点发热留观医院建设，组建36支医疗救治梯队，做好分类、分层培训和考核管理。充分发挥医疗机构“前哨”作用，各级医疗机构强化预检分诊、发热门诊管理，落实首诊负责制；持续加强医护人员防护以及重点科室、重点部门和重点环节院感管理，牢固树立“院内零感染目标”；建立市定点发热留观医院，配齐配全医疗设备和负压救护车。坚持中西医结合，充分发挥中医药“治未病”作用，累计发放中药方剂70余万份，发放中药香囊1850个，免煎颗粒33.8万副，新冠预防汤剂3.7万副，科学施治，为救治工作奠定坚实基础。

四、健全物资保障体系，全力满足疫情防控需求

着力健全完善疫情防控物资保障体系，补短板、强弱项，不断加大疫情防控物资保障和供应力度。

建立疫情防控物资储备固定库和流动库，能够基本满足全市3个月疫情防控用量，有

2月6日，新疆天业集团向克拉玛依市捐赠8吨消毒液。图为工人们卸下消毒液（王斐 摄）

效提高疫情应对能力。成立医疗物资保障工作组，建立《市疫情防控物资保障应急预案》《市卫生应急物资储备管理制度》《市卫生应急物资使用调配制度》等管理制度预案，明晰工作流程，构建科学、高效的物资保障体系。用好疫情防控特别国债、专项债券等资金，加快应急项目建设，及时购置防护用品、医疗设备、检测试剂等疫情防控物资。全市累计采购医用外科口罩240万只、医用N95口罩25万只、医用防护服38万件、医用隔离衣21万件、核酸检测试剂49.2万份、84消毒液45吨、负压救护车3辆等，为坚决打赢疫情防控阻击战提供有力支撑。

五、深化爱国卫生运动，提高全民卫生疫情防控水平

克拉玛依市坚持预防为主的卫生和健康方针，大力开展爱国卫生运动，推动医防结合，努力把问题解决在萌芽之时、成灾之前。

以文明城市建设创建为契机，全面开展环境卫生专项整治行动，广泛普及科学防病知识、倡导健康生活方式。落实群防群控工作机制，以“周三城乡大清洁，垃圾大清运”、周末卫生大扫除等活动为契机，发挥街道、部门和家庭作用，对人员密集场所进行清洁、消毒和通风，对农贸市场、工地、福利院、养老院、监所等

3月20日，克拉玛依区胜利路街道前进社区、工作队开展卫生清理活动（克拉玛依日报社　供图）

重点场所开展科学精准消杀，累计出动消毒车辆16848台次，清理卫生死角80659个，重点场所消毒面积6178万平方米，喷洒消毒液3563吨。广泛普及科学防控知识，做好社会心理关爱服务，利用新媒体发布知识信息1070条，累计发放宣传材料31.2万份，心理援助热线服务3608人次，心理应激疏导1426人次，指导和帮助各族群众提高自我防护能力。

六、火线驰援疫情防控一线，共抗疫情彰显大爱无疆

克拉玛依市积极响应党中央和自治区党委号召，在全市范围内抽调骨干，广大医护工作者积极响应，主动申请参加援助医疗队，共219名优秀骨干医务人员先后奔赴武汉、乌鲁木齐、喀什等地抗击疫情。针对湖北突如其来的疫情，火速集结20名优秀医务人员驰援武汉开展疫情防控；7月份乌鲁木齐发生聚集性疫情后，派出159名医务人员赴乌鲁木齐参与医疗救治和检测工作；10月份又组建一支40人的检测队赴南疆疫情防控一线，共同携手抗击疫情。医疗队弘扬“敬佑生命、救死扶伤、甘于奉献、大爱无疆”崇高精神，在重大考验中践行初心使命、诠释对党忠诚，与驰援地各方力量凝聚一心、协同用力，出色完成任务。

七、齐心协力共克时艰，多举措保障复工复产

克拉玛依市制定《新型冠状病毒防疫期间企业有序复工加大生产保障措施三十条》，不断加大复工复产保障力度。建立企业防控物资复工复产专库，由市城投公司会同各商会、协会共同采购，搭建企业疫情防控物资供需信息平台，汇总

企业需求，解决企业困难，最大限度地保障新复工企业疫情防控物资落实到位。

强化复工复产分类服务，聚焦石油石化上产稳产。克拉玛依在原有企业复工复产组基础上，又成立以书记、市长为组长的克拉玛依油气炼复工复产领导小组，下设人员有序返疆协调、物流物资运输协调、工程前期协调3个专项工作组，服务石油石化企业恢复生产；建立企业辅导员制度，辅导员负责协助企业科学制订复工复产计划，督促企业落实疫情防控工作规范，协调复工复产过程中生产要素保障，指导企业办理复工复产相关手续，重点解决独石化公司、克石化公司、国家能源集团克拉玛依公司等一批企业的生产资料保障问题。

强化交通运输保障，对疆内货运车辆实行“防疫零检查”，日进货量1.8万余吨，对疆外货运车辆，按照防输入管理要求，实行集中管理，日进货量500余吨。优化对外地运输车辆服务，创新“一餐一水一问候”暖心礼包，安排定点住宿、提供简餐服务、落实车辆维修力量，切实做到了“来时有问候，停留有防控，走时送温暖”。

强化对中小企业的金融服务，市财政局安排3000万元资金，制定支持政策，专项用于保供企业费用补贴、贷款利息补贴和担保贷款风险补偿，贴息比例高达50%，担保风险补偿比例100%。及时为中小企业办理贷款1.25亿元，及时帮扶多家企业渡过难关，实现全面复工复产，促进企业稳定可持续发展。

阔步走进新时代

——第二次中央新疆工作座谈会以来取得的辉煌成就

第二次中央新疆工作座谈会以来，在以习近平同志为核心的党中央坚强领导下，克拉玛依市上下一心、埋头苦干，实现社会大局持续稳定、经济发展质量不断提升、民生福祉逐步改善、各项事业全面进步的良好局面。

一、依法治市，社会大局持续稳定

“治政之要在于安民。”平安是人民幸福安康的基石，是经济发展的前提。第二次中央新疆工作座谈会召开以来，伴随着平安克拉玛依建设不断深

12月4日，交警在南新路路段处理违停车辆。11月底，市交警支队在全市范围内持续开展不文明道路交通违法行为专项整治行动

（努尔买买提·艾山　摄）

入，全市各族群众获得感、幸福感、安全感逐年提升。2019年，全市15个乡镇（街道）实现“自治区优秀平安乡镇（街道）”全覆盖。2020年，克拉玛依市荣获“自治区优秀平安市”荣誉称号。“平安克拉玛依”成为一张亮丽的城市名片。围绕社会稳定和长治久安总目标，克拉玛依市不断强化普法治理工作，全市法治化水平明显提升。2020年，克拉玛依市成为全疆唯一荣获首批“全国法治政府建设示范市”称号的城市。在“七五”普法阶段，全市共建成法治宣传教育电子大屏幕280个、法治主题公园4个、法治文化广场3个、法治文化街4个、法治文化园地或画廊17个、法治文化墙66个、法治文化景观58个、法治宣传栏382个、法律图书角127个。

二、一主多元，经济发展持续向好

克拉玛依市紧紧围绕党中央治疆方略特别是新疆工作总目标，一套班子全力以赴保稳定，一套班子集中精力抓发展，在稳定红利不断释放的同时，努力推动全市经济高质量发展。

2014—2020年，是克拉玛依市转型步伐最快、城市面貌变化最大、民生福祉改善最明显的时期。七年来，全市地区生产总值从2014年的847.5亿元增长至2020年的886.9亿元，三次产业占比由2014年的0.6：75.7：23.9，调整优化为2020年的2.0：67.4：30.6；一般公共预算收入由2014年的73.5亿元增长至2020年的79.3亿元，增长7.9%；全社会固定资产投资由2014年的334.8亿元增长至2020年的378.8亿元，增长13.1%；城镇居民人均可支配收入由2014年的30250元增长到2020年的46963元，增长55.25%。

主业基础不断夯实。克拉玛依具备1600万吨油气当量生产能力，1600万吨炼油加工能力和132万吨乙烯生产能力。2017年11月，准噶尔盆地玛湖地区发现油藏，现在已成为国内原油最重要的上产基地，“十三五”期末累建产能超过560万吨，至“十四五”期末将可再新建产能813万吨，实现年产量500万吨以上并稳产10年，同时玛湖凹陷还具备再发现十亿吨以上储量的资源条件，因此玛湖油田也被国内外媒体一致誉为“第二个克拉玛依油田”。

新兴产业不断壮大。克拉玛依坚持一主多元发展思路，在做大做强石油石化主业基础上，全力推进“非油”产业发展，重点在旅游、商贸物流、信息、金融四大产业方面下功夫，加快构建具有克拉玛依特色的现代化经济体系。旅游产业方面，围绕全疆最佳商务旅游区的目标定位，打造“荒野之旅·时尚之都”，深化旅游供给侧结构性改革，大力发展会展经济，旅游业实现井喷式增长，独库大本营游客服务中心、大秦帝国影视城等重点旅游项目建成投用，世界魔鬼城成功创建国家AAAAA级旅游景区，全市重点景区免费开放。七年来累计接

12月11日，新疆油田公司玛湖油区艾湖2井区AHHW2042井钻井现场，钻井和固井压裂进行联合作业（闵勇 摄）

待游客4094.66万人次；累计实现旅游收入327.21亿元。商贸物流方面，加强与俄罗斯、中亚等丝绸之路沿线国家经贸交流合作，共有十余家企业在哈萨克斯坦等15个国家和地区开展业务，七年来累计实现对外投资额约1.2亿美元，外经收入稳居全疆首位。加快融入自治区“口岸经济带”建设，吸引顺丰速运、易路商贸等一批企业落户发展，中亚商品交易中心、中国石油新疆区域招标和采购中心、北京ET保税中心等一批重点商贸项目入驻，成功引进俄罗斯、巴基斯坦及中亚国家特色商品，商贸物流业得到快速发展。七年来累计实现进出口贸易额20.1亿美元。信息产业方面,作为自治区“天山云谷”计划核心基地，建成了西北地区规模最大云计算基地，为自治区厅局及周边地州提供云计算数据服务合作项目达39个，全面启动5G网络建设，全市重要公共场所实现全覆盖。云计算产业园区国际互联网数据专用通道开通，成为西北地区第一条验收通过的国际互联网数据专用通道。新疆移动云计算和大数据中心获评“国家绿色数据中心”。七年来信息产业累计实现增加值37.3亿元，年均增长6.5%。金融产业方面，加快建立健全绿色金融政策体系，建立绿色项目库，推出收费权质押、绿色信用担保等融资产品，发行新疆首单绿色金融债券5亿元。昆仑银行、中国石油专属财险国内外业务不断扩大，与人民银行乌鲁木齐中心支行合作，启动自治区小微企业金融服务示范区建设。国民村镇银行等金融企业成功增资扩股，资产体量和营业收入稳步提高。

改革开放逐步深化。“放管服”改革向纵深推进，75件套餐式个人和企业审批服务事项实现“一件事、一次办”，“深化商事制度改革做到便民利民可复制经验”受到国务院大督查通报表扬，营商环境持续改善。

三、利民惠民，民生福祉逐步改善

克拉玛依市坚持以人民为中心的发展思想，持续加大民生投入力度，每年民生支出均超过公共预算支出的80%，努力让稳定发展成果更多更好地惠及各族群众。

1998年开始，克拉玛依市实施社会保险制度改革，完善社会保障体系。2010年，已经退岗的原石油企业“五七工、家属工”，通过补费参保纳入自治区基本养老保险统筹。

就业创业持续稳定。七年来，全市累计新增就业人数4.26万余人，就业专项资金累计支出11.98亿元，企业吸纳本地劳动力达到70%以上，城镇登记失业率长期控制在1%以内，“零就业家庭”动态为零。全面落实社保降费和失业保险补贴政策，完善养老、医疗、工伤、生育保险和城乡低保、社会救助等制度，上调低保户、困难户的补助标准，提升城乡居民医疗保险额度，率先在全疆开展照护险业务，实现跨省跨地区异地就医结算。截至2020年末，全市养老、

5月27日，市民流连在花丛中　（克拉玛依区　供图）

6 月 28 日，旅游大巴车有序驶进乌尔禾，为乌尔禾农牧民增收带去机遇 （李浩然 摄）

医疗保险参保率稳定在 95% 以上，覆盖城乡社会保障体系基本建成，人人享有社会保障的目标基本实现。

高品质教育稳步推进。七年来，持续深化教育转型变革，构建适合学生多元化、个性化发展的课程体系，全市高考成绩稳居全疆前列，学科竞赛成绩令人瞩目。克拉玛依市荣获“普通高中新课程新教材实施国家级示范区”。高等教育加快推进，中国石油大学（北京）克拉玛依校区、新疆医科大学克拉玛依学院落地开学，克拉玛依职业技术学院入选全国百强职业院校，新疆第二医学院成功获批，成为新疆第二所医学类本科院校，全市高校在校学生超过 1.7 万人。

全力保障城乡住房需求。建设经济适用住房 71083 套、公租房 4053 套、农村抗震安居住房 692 套，实施棚户区改造 2373 套，实现全市低保住房困难家庭 100% 享受住房保障，农村危房鉴定及迁建 100% 覆盖，累计为 9 万余户城乡家庭改善了住房条件。实施老旧住宅小区改造工程，截至 2020 年底，共投资 23.78 亿元，修缮完成 149 个小区、2309 栋住宅楼，惠及居民 7.4 万余户。

人居环境持续改善。2018 年以来，先后实施玫瑰园、古海生态公园、217 国道绿化等 97 项绿化工程，新增绿地面积 3825.49 亩。截至 2020 年底，全市建成区绿地率达到 39.8%，绿化覆盖率达到 43%，人均公园绿地面积达到 12 平方米，各项指标在全疆处于领先水平。

综合环境质量大幅提升。截至 2020 年末，克拉玛依大气环境质量优良天数比例为 88.5%，空气质量在全疆地（州、市）排名第三；全市饮用水水源地水质达标率符合或优于 III 类标准，水质达标率 100%，达到自治区约束性指标要求；全市土壤质量处于清洁（安全）级。

四、共建共享，民族团结之花盛开

七年来，克拉玛依各族干部群众铸牢中华民族共同体意识，树牢“三个离不开”思想，增强“五个认同”，沿着总书记指引的方向，团结一心、奋勇前进。深入开展“民族团结一家亲”和民族团结联谊活动。2016 年以来，全市 2.55 万名干部职工与 2.56 万户各族群众结对认亲。开展主题突出、形式多样的民族团结联谊活动近 26.2 万场次。大力开展帮扶活动，办各类实事好事 17.8 万件，及时解决各族群众遇到的实际困难，把民族团结工作做到各族群众心坎里。扎实开展民族团结进步创建活动。截至 2020 年底，全市共有 150 个市级示范点、176 个区级示范点，18 个市级民族团结进步教育基地。开展油地共创共建，发挥中央驻市企业创建优势，将勘探、钻井、采油、炼化等各产业链全部打造成示范点。此外，还全面实施“微创”行动。将创建工作延伸到新兴组织、景区（场馆）和家庭，推动全域创建，充分调动创建工作的积极性和主动性。截至 2020 年底，创建各级各类民族团结进步示范岗位 1115 个、示范科室 1323 个、示范班组 447 个、

3月8日，红山社区组织辖区各族居民参加庆“三八”徒步活动
（李浩然　摄）

示范楼栋882个、示范单元330个、示范大院52个、示范社会组织32个、示范长廊2个。

五、夯基垒台，党建工作落地见效

克拉玛依市以全国城市基层党建示范市建设为契机，以全域视野推动改革创新，构建共建、共治、共享基层治理新格局，不断夯实党的执政基础。

强化引领明方向。出台《关于紧紧围绕社会稳定和长治久安总目标加强城市基层党建工作的实施意见》等“1+6”文件，提出加强和改进党建工作具体措施，把推进城市基层党建工作作为党委（党组）书记抓基层党建述职评议中工作实绩评定重要内容。从基础工作、基本制度、基本能力入手，制定城市基层党建15项重点工作任务、党支部标准化规范化27条对照标准，坚持因地制宜，在所辖4个区分别打造“领航党建”“智慧党建”“融合党建”“全域党建”品牌，差异化推动全市城市基层党建工作创新发展，促进“全领域建强、全区域提升”。加强市、区、街道、社区党建组织四级联动，逐级建立党建联席会议制度。全市划分438个治理网格，实体网格党支部75个，功能性党支部310个，配备专职网格员2136人、兼职网格员2.6万人。3.4万名在职党员到居住地社区报到，积极参与社区建设。

把握关键开新局。将街道体制改革和为街道赋权扩能作为抓基层党建“先手棋”，明确街道党工委抓全面从严治党、领导基层治理等六项职能，精简原有13个内设机构，统一设置“两办四中心”，并将13个街道进行分类管理，为街道增编16%，配备党建工作专职副书记和组织员。将理顺社区治理架构体系作为重点，在107个社区统一设立“两委两中心”；坚持倾向基层，1879名社区聘用人员全部纳入岗位与等级相适应的“三岗十八级”薪酬体系，加大从优秀社区工作者招录公务员、事业编比例，激发基层新动能。

精准服务筑平台。按照布局体系化、功能综合化、服务实体化要求，建立“1+4+N”党群服务体系，已建设市级党群服务中心一个、区级党群服务中心4个，街道、社区、商圈、市场等党群服务中心（站点）150个，形成融党群活动、教育培训、服务群众于一体的党建工作阵地和服务平台。党群服务中心每月推出主题党日活动菜单，为全市党组织和党员群众提供“点单式”服务，开展微朗读、微党课、微故事、微分享“四微”学用集中展示活动，定期举办“先锋行·党建大课堂”，推进党建工作水平的整体提升。截至2020年底，在城区每0.5平方千米就有一个党群服务中心（站点），形成“10分钟服务圈”，有效提升城市基层党建整体效应。

聚众心 汇众力 助脱贫

——克拉玛依市脱贫攻坚工作

打赢脱贫攻坚战是党对人民的庄严承诺。克拉玛依汇聚各方力量，聚焦打赢脱贫攻坚战，坚持精准扶贫精准脱贫基本方略，认真对标对表“两不愁三保障”，坚决落实“七个一批”“三个加大力度”重要举措，协作喀什市、泽普县、疏勒县等地如期摘帽，为决胜全面建成小康社会、决战脱贫攻坚做出积极贡献。

一、高站位部署推动，完善机制，压实责任

克拉玛依牢固树立脱贫攻坚全疆“一盘棋”思想，着眼全局、科学决策，认真对照《自治区区内协作扶贫考核办法》抓好贯彻落实。

成立书记、市长为组长的领导小组，落实双组长制和五级书记抓扶贫工作责任制；党委发挥总揽全局、协调各方作用，建立各负其责、各司其职的责任体系，压紧压实脱贫攻坚政治责任；各牵头单位、责任单位分别完善脱贫攻坚制度措施，制定目标规划，细化任务指标，明确责任分工，强化督导检查，坚持定期考察调研、定期分析研判、定期督导检查、定期报告和年度考核验收。

二、多维度精准施策，深度帮扶，确保实效

克拉玛依坚持任务牵引、多措并举，切实提升脱贫攻坚成效。

一是强化扶贫资金落实。严格落实扶贫资金预算，2017至2020年克拉玛依市投入扶贫资金8007万元，其中向阿克陶县提供1200万元扶贫资金援助，用于1000名公益岗位人员工资发放；组织企业、爱心人士捐款156.6万元。建立健全资金管理使用制度，加强对扶贫资金监督监管，坚持资金跟着项目走，项目跟着需求走，扶贫资金重点向住房安全、饮水安全倾斜，向深度贫困乡村、建档立卡贫困户倾斜。每年对扶贫资金进行专项审计，提高扶贫资金使用率，确保扶贫资金专款专用。

二是强化人才支援帮扶。2017年以来，克拉玛依市共选派扶贫干部、教师、医生594人次，深入喀什地区“一市两县”（喀什市、泽普县、疏勒县）开展基层干部、职工、技术人员培训，实施教育帮扶、医疗帮扶和科技帮扶。累计义务巡诊、送医送药4330人次，

2016年12月16日，独山子区商贸公司与疏勒县阿纳（石榴）干红酒业有限公司签订合作协议

（独山子区 供图）

培训医务人员460人次，培训干部职工、电焊、驾驶员、缝纫、汽车修理、地毯制作等技术人员23819人次，全面提升当地教师和医务人员医疗水平，为贫困群众就业创业提供技术支撑。

三是强化产业合作帮扶。充分发挥产业资源优势，加大对喀什地区“一市两县”产业合作帮扶力度，修建卫星工厂9个，引进扶持鸿源钢构公司、衣服制作、筷子生产、畜牧云、七色花等8家企业在喀什地区“一市两县”建厂投产，引入资金1500余万元，实现541名建档立卡贫困人员家门前就业；修建温室大棚、冷藏冷库等基础类设施产业项目197个，拓展经济辐射面，受益贫困村562个，受益贫困群众57101人；拓宽产业帮扶渠道，积极协助当地贫困群众发展旅游产业、庭院经济、种养殖业和林果业等特色产业经济，帮助210户贫困家庭增加经济收入。

四是强化消费扶贫措施。政府机关各食堂预算管理支出的10%用于采购贫困地区农副产品，各级工会按照每人每年300元经费标准购买贫困地区农副产品，各单位预留一定比例退休人员慰问经费采购贫困地区农副产品，鼓励中央企业和地方国有企业、个体工商户预留一定比例慰问经费采购贫困地区农副产品。截至2020年10月底，全市从“832”消费扶贫平台完成线上消费扶贫806.38万元，完成线下消费扶贫103.398万元，共计909.778万元。

2019年11月18日，克拉玛依市民间公益组织——油苗公益在南疆贫困地区开展公益活动，为贫困儿童捐赠价值近8万元的羽绒服

（董耀辉　摄）

五是强化携手奔小康帮扶。全市7个街道、22个社区与喀什地区“一市两县”乡镇、村签订帮扶协议书，开展结对帮扶，工作交流、信息资源共享、人才培训成效明显。组织企业、社会组织和爱心人士为喀什地区“一市两县”37个深度贫困村捐款140余万元，为191名大学生提供经济资助；捐赠各种衣物44537件，书籍5500余本，23000余人受益。

六是深化社工组织帮扶。通过政府购买服务形式引导至善社工、尚善社工和天山心家园社工组织等前往阿克苏市、墨玉县、泽普县等南疆贫困地县开展助力脱贫攻坚活动，深入乡村、学校开展以“石榴籽家园”“一千零一夜”“智慧小课堂”“壹乐园·儿童服务站”“护蕾”“心灵港湾”“妇女维权”“学生防艾”“平安课堂”“宝贝守护”“安全稳定”为主题的形式多样、丰富多彩的宣传辅导活动，集中开展大讲堂、小课堂等2500余场，受益人数48000余人；开展入户走访、“面对面”“一帮一”心理辅导，帮助心理有障碍人员走出心理阴影。坚持扶智与扶志结合，通过各种渠道筹集资金600余万元，发放各种宣传资料38000余份，为贫困地区的儿童、妇女和贫困人群提供了物质和精神帮扶，教育引导妇女和儿童爱党爱国、感党恩、听党话、跟党走，筑牢社会稳定和长治久安总目标的思想基础。

七是扎实推进转移就业扶

贫。出台《克拉玛依市南疆地区有组织转移就业安置务工人员管理办法》《克拉玛依市南疆四地州有组织转移就业劳动力有关住房保障、配偶随迁、子女就学、户籍落户的管理办法》《南疆输出地政府驻克拉玛依市工作站管理办法》《克拉玛依市脱贫攻坚工作带队干部管理细则》等20多项配套制度。成立领导小组和专班，层层压实责任，为劳动力转移安置就业提供可靠的制度保障。2017年以来，累计安置南疆四地州深度贫困地区劳动力4838人，其中建档立卡贫困劳动力3000人，富余劳动力转移1838人，就业稳定率保持在95%以上，80%转移就业人员年人均收入超过4万元（含社保），保障每月最低工资不低于2000元（吃、住费用和社保除外），保证就业稳定、生活稳定、思想稳定、收入稳定、队伍稳定，实现一人就业一家脱贫目标。其经验成果于2020年7月2日和7月6日分别在中央电视台新闻频道和《朝闻天下》栏目进行了长达2分多钟的报道，引起了强烈反响。截至2020年底，400余人已通过自己的努力成功转岗，月工资达到7000元左右，实现举家迁移落户、孩子入学入托、购房买车等目标，走上致富道路。

八是扎实开展脱贫攻坚“大排查”。对标对表“两不愁三保障”标准，市、区成立“大排查”专班，对小拐乡、乌尔禾镇“五村一牧场”农村户籍人口开展脱贫攻坚“大排查”。全市共有农业户籍人口964户2652人，其中小拐乡538户1417人，乌尔禾镇426户1235人；人均年纯收入27996元，低保家庭人均收入7500元以上；两个乡镇88名持证残疾人中有30名符合条件的残疾人领取两项补贴，农业户籍人口均实现不愁吃、不愁穿。全市农业户籍学生全部在城区就读，由校车或政府派专车接送，除享受“两免一补”政策外，上学期间均享受伙食补助，实现义务教育有保障，无失学辍学情况。全市农业户籍家庭成员参加基本医疗保险、大病保险、大病救助三项制度实现全覆盖；小拐乡有卫生院1个，村卫生室3个，乌尔禾镇有卫生院1个，农村卫生院实现全覆盖；农村居民参加城乡居民医疗保险标准为1450元/年，参保率100%。同时，建立城乡统一的大病救助制度，大幅提高城乡医疗保险报销比例和额度，实现基本医疗有保障，没有因住院费用过高导致生活困难人员。全市农村住房732户，其中抗震安居房702套，自建房30套。经住建部门认定，农村住房均符合国家抗震安居房建设标准，实现安全住房有保障，无住危房户。全市农村户籍家庭以自来水入户方式供水，环保部门定期进行水质监测，水质达标率100%，实现安全饮水有保障。

2020年5月，红有软件公司党委向喀什地区麦盖提县库木库萨尔乡托万哈迪勒克村捐款10万元，用于精准扶贫　（红有软件公司　供图）

三、汇众力勇于担当，持之以恒，扶贫济困

作为党和国家部署的一场重大战役，脱贫攻坚凝聚着克拉玛依的各方力量。

新疆油田公司始终对周边及南疆地区开展扶贫助困工作。

2019年12月16日，乌尔禾区在乌尔禾镇举办两村股份经济合作社颁证暨分红大会（乌尔禾区　供图）

自1958年起，尚处于起步发展阶段的新疆油田公司，就开始通过各种方式承担社会责任。公司党委发挥自身优势，通过直接赠予、基建项目、救灾援助、产业扶贫、就业扶贫、教育扶贫、医疗扶贫、消费扶贫、“教育一元捐”等多种方式进行帮扶，持续时间之长、投入力度之大、帮扶形式之多、涉及内容之广，在全国也尚属少见。跨越准噶尔盆地至天山北麓，再至叶尔羌河流域，持续帮扶6个地州在内的44个县（区、市）、4个师及19个团场走出困境、脱贫摘帽，民生福祉惠及112.9万人，其中帮助近12万贫困人口实现脱贫。据统计，自1958年起，新疆油田公司先后选派143名优秀挂职干部、驻村干部深入扶贫助困一线，投入扶贫资金累计超过4亿元。2017年，新疆油田公司助力国家级贫困县托里县脱贫摘帽。2018年，新疆油田公司帮扶国家级贫困县泽普县5个村完成脱贫摘帽。2020年，新疆油田公司帮助国家级贫困县叶城县10个村完成脱贫任务。

独山子石化公司连续8年选派233人次赴南疆泽普县4个村开展“访惠聚”工作、担任叶城县8个深度贫困村第一书记，带动群众改善民生、增收致富。2020年采购对口扶贫地区察布查尔县大米50吨、苗木47.3万株、红花油4万桶，全年消费扶贫1100万元，超额完成300万元任务。

克拉玛依石化公司2015年向莎车县派出驻村工作队，2018年又增加驻村第一书记。2020年，选派29名干部，投入700万元，高质量完成安居房达标和庭院经济建设、千亩核桃示范田援建等重点工程。截至9月30日，驻村工作队入驻的艾力西湖镇3个村、恰尔巴格乡6个村的所有贫困户均实现脱贫，所有村人均收入超过6000元，有的村已达上万元。

扶危济困，责能致远。克拉玛依将慎终如始、再接再厉，大力推进乡村振兴战略实施，为全面建成小康社会不懈奋斗。

2017年4月，在克拉玛依石化公司定点扶贫村莎车县艾力西湖镇，驻村“访惠聚”工作组成员察看援建的大棚（克拉玛依石化公司　供图）

1 月

1 月 1 日，克拉玛依市正式启用全国统一的新版《国家基本医疗保险、工伤保险和生育保险药品目录》。

1 月 2 日，克拉玛依市举行“不忘初心、牢记使命”主题教育集体学习研讨暨市委理论学习中心组 2020 年首次集体学习，认真学习习近平总书记在中央政治局专题民主生活会上的重要讲话。

1 月 9 日 10 时 50 分，由中国南方航空公司执飞的 CZ8167 航班载着 103 名乘客从克拉玛依机场顺利起飞，向目的地——俄罗斯新西伯利亚进发。这标志着克拉玛依—新西伯利亚两地间首条国际航线成功通航。

1 月 18 日，克拉玛依市首届专业技术人才认定高级职称证书颁发仪式举行。7 名企事业单位优秀人才获得首届专业技术人才认定高级职称资格证书。

1 月 20 日，第五届克拉玛依市道德模范、首届克拉玛依市文明家庭、2019 年克拉玛依市“最美克拉玛依人”颁奖典礼在市广播电视台举行。

1 月 22 日，克拉玛依市疾控中心开始进行针对新型冠状病毒的流行病学调查工作。

1 月 24 日，克拉玛依市开始全面加强疫情防控用品价格监管。市场监督管理局向各全市药品和医疗用品经营企业、商户发布疫情防控期间价格行为提醒告诫书，要求广大经营者不得在疫情防控期间串通涨价、囤积居奇、哄抬物价。并成立 6 个执法组对各药品店、餐饮业、商超等相关场所开展不间断巡查监管工作。

1 月 25 日，克拉玛依市向社会各界公布新型冠状病毒感染肺炎定点救治医院与发热门诊名单。

1 月 26 日，克拉玛依新型冠状病毒感染肺炎疫情防控指挥部发布第 1 号通告。要求广大市民自觉遵守疫情防控相关要求，加强个人防护，尽量避免参加聚会和集体活动，做到不信谣、不造谣、不传谣。农（集）贸市场和各类经营场所要加强病媒生物防治、通风管理，做到每日清洗消毒。

2 月

2 月 4 日，由克拉玛依市 4 家医院 20 名护理人员组成的首支驰援湖北医疗队正式出征。

2 月 14 日，农发行克拉玛依市分行向克拉玛依市腾飞粮油购销储备有限责任公司发放应急市级成品粮储备及调销贷款 1500 万元，用于疫情防控期间的粮食应急储备。完成融汇农业公司、龙达城建公司等 3 家企业应急贷款的用信、审批工作，贷款总金额约 3800 万元。

2 月 16 日，新疆油田公司 2020 年第一口新开产能井 MH16008 井顺利完井。

是月，中央农办、农业农村部等五部门联合公布全国乡村治理示范村镇名单，克拉玛依市乌尔禾区乌尔禾镇查干草村获“全国乡村治理示范村”称号。

是月，克拉玛依市委、市政府建立企业复工复产指导员制度，由市、区两级抽调专门人员，深入企业协调解决实际问题，具体指导企业复工复产工作。

3 月

3月1日，新疆油田公司西北缘玛湖凹陷玛湖26井获高产工业油气流，该井射孔后5毫米油嘴自喷日产油44立方米，日产气2300立方米。

3月2日，克拉玛依市成为全疆首个通过政务外网开展工程建设项目线上审批的地区。建设单位足不出户即可通过访问工程建设项目审批系统申办项目行政审批。

3月11日，中国国际航空公司CA9609航班由兰州飞抵克拉玛依，以包机航班形式运送企业职工返岗复工。这是克拉玛依市首架“复工包机”。

3月13日，克拉玛依市第一个无菌移动口罩工厂正式落户会展中心。

3月14日，克拉玛依市出台《克拉玛依市新型冠状病毒防疫期间企业有序复工加大生产保障措施三十条》。

是日，新疆油田公司召开上产动员视频会，启动“大干100天、日产上36000吨”上产会战。会战持续到6月。

3月17日，为贯彻落实生态环境部《关于统筹做好疫情防控和经济社会发展生态环保工作的指导意见》，克拉玛依市生态环境局对符合条件的40家企业建立首批监督执法正面清单企业名录。

是日，克拉玛依市驰援湖北医疗队20位队员抵达乌鲁木齐地窝堡国际机场。

是日，克拉玛依区公安分局天山路派出所成功破获一起吸食、贩卖毒品案件，抓获犯罪嫌疑人1名，缴获新型毒品“娜塔莎”“头发”（也称为“花”）共计2.381千克。其中，新型毒品“头发”属全疆首次发现。

3月19日，中共克拉玛依市第十一届委员会第九次全体会议举行。

是日，克拉玛依市与新疆交通建设投资控股有限公司、新疆交通建设集团有限公司、新疆旅游投资集团有限公司签署战略合作协议，四方将在交通、市政、旅游等方面展开多层次合作。

3月20日，克拉玛依市召开十一届市委第八轮巡察动员部署会。正式启动第八轮巡察工作。

3月23日，工程技术研究院设计并跟踪指导的玛2井区Ma20024_H、Ma20025_H井全程滑溜水加砂再获成功。各项技术指标均达国际领先水平。

是日，克拉玛依市中小学全面开学复课。

3月25日，克拉玛依市被自治区命名为首批“全疆优秀平安地州市”。全疆仅有两个地市获此殊荣。

是日，来自喀什地区叶城县和莎车县的建档立卡贫困家庭劳动力乘坐专列抵达克拉玛依，他们将赴白碱滩区（克拉玛依高新区）就业并开启新生活。

3月26日，新疆油田公司克拉美丽气田滴西323石炭系气藏开发前期评价井滴西328井获高产工业气流，5毫米油嘴试气获油压25.2兆帕，日产气6.2万立方米。为克拉美丽气田石炭系火山岩气藏产能建设有序接替奠定基础。

3月27日，西部钻探钻井液分公司参钻的亚洲陆上第一深井轮探1井获集体特等功荣誉。1月19日，由钻井液分公司南疆项目经理部提供技术服务的亚洲陆上第一深井轮探1井获工业油气流，日产原油133.46立方米、天然气4.87万立方米，实现8000米以下超深层勘探新突破。这标志着西部钻探公司的超深井抗高温水基钻完井液工艺技术达到行业国际先进水平。轮探1井是中国石油股份公司的一口风险探井，位于新疆库车境内，该井于2018年6月29日开钻，钻至井深8882米，超越珠穆朗玛峰的高度，成为亚洲陆上第一深油井。

3月28日，克拉玛依市在风城水库至三平水库输水管道工程施工现场举行全市重点项目集中开工仪式。全市共有重点项目61个，年度总投资370.1亿元，涵盖工业产业、基础设施、公共服务等多个领域。

3月30日，克拉玛依市举行重大招商引资项目签约仪式。市区两级政府与天盛控股集团有限公司、西安通用航空科技集团、新疆交通建设投资控股有限公司、新疆海文华纳石油物资有限公司等企业签订战略合作框架协议、投资协议，共签约18个项目，金额达110.62亿元。

是日，克拉玛依河正式通水。

3月31日，新疆油田公司召开干部大会，宣布集团公司党组关于新疆油田公司主要领导任免决定：霍进任新疆油田公司党委书记、总经理，新疆石油管理局有限公司执行董事、总经理；免去陈新发兼任的新疆油田公司党委书记、党委委员、总经理，新疆石油管理局有限公司执行董事、总经理职务；支东明兼任新疆油田公司安全总监。

是月，克拉玛依市公安机关作为全疆第二家电子居住证试点单位，于3月底推广使用电子居住证。电子临时居住登记凭证、电子居住证由本人基本信息、照片、二维码组成，与传统证件具有同等效力，具备申领便捷、使用安全的特点。办理电子居住证后，居民可以通过“新疆公安”手机App向窗口单位出示电子居住证办理相应事务。无使用互联网或者手机App条件的申请人，可在居住地社区警务室打印电子居住证二维码，通过“新疆一码通”扫码验证后办理相关事务，不再受实体证件的制约。

4月

4月1日，克拉玛依市首个供应链服务平台——“链路中北亚”服务平台正式上线运营，可为化工企业提供“一站式”服务。该平台由克拉玛依广盛互联网产业供应链服务公司自主研发，是集化工产品现货交易、供应链金融、支付结算、物流、仓储等服务于一体的化工产品现货交易平台。

4月7日，克拉玛依市召开座谈会，欢迎抵达克拉玛依的第三批上海对口援克干部人才。第三批上海对口援克干部人才共25名，其中上海市宝山区委常委、副区长，克拉玛依市委副书记、上海市对口支援克拉玛依市前方指挥部总指挥袁罡等4人为第二批留任。座谈会上，市委组织部宣读了对张炜等21名新一批上海援克干部人才的任职文件。

4月9日，国务院向驻市央企——独山子石化公司发来感谢信，就独山子石化公司在疫情期间为全国物资保障调配工作做出的突出贡献提出表扬。1月23日至4月9日，独山子石化公司根据国务院要求，生产医用口罩及防护服原材料聚丙烯S2040共4.59万吨，出厂4.48万吨，产量和出厂量创历史同期最高纪录。

4月10日，克拉玛依市生态环境局对克拉玛依市瑞恒公司1200头能繁母猪配套保育及育肥猪场扩建项目、克拉玛依市康瑞达养殖专业合作社万头标准化育肥猪场新建项目、绿成公司奶牛养殖基地二期建设工程3个项目的环境影响报告书进行告知承诺制批复。这是克拉玛依市开展建设项目环评告知承诺制审批试点以来的首批建设项目。此次3个项目审批共用32个工作日。

4月13日，克拉玛依市生态环境局完成固定污染源排污许可清理整顿工作，完成清理分类排污单位931家，核发重点管理排污许可证14家，登记管理63家。此次清理整顿工作按照实事求是、分类处置原则推进，对应于2019年底“持证上岗”的33个行业排污单位进行摸底调查，引导排污单位规范排污行为，推动排污许可证“一证式”管理制度不断完善。

是日，克拉玛依市印发《关

于印发自治区关于应对新冠肺炎疫情影响强化稳就业举措的具体实施意见的通知》，自2021年1月1日起，全市失业保险金月标准由市最低工资标准85%提高到90%，调整为1297元/月，月增长72元。这是继2018年失业保险金月标准调整以来的又一次上调。

4月15日，克拉玛依市11条举报、咨询、投诉类政府服务热线正式并入“12345”政府服务热线。市民凡涉及政府服务的咨询、投诉、举报，只需拨打“12345”即可。“12345”政府服务热线将秉承100%受理、100%转办、100%答复的服务标准，为市民提供专业的政务便民服务。

4月25日，克拉玛依市正式推行车检电子标签，市民通过全国统一的互联网交通安全综合服务管理平台或“交管12123”手机App就可以申领、查看和使用机动车检验标志电子凭证，该电子凭证和纸质凭证具有同等效力。

4月26日，克拉玛依市独山子区出台《独山子区残疾人基本辅助器具适配补贴（暂行）办法》，对具有独山子区户籍、持有残疾人证且有辅助器具需求残疾人，可根据辅助器具适配适补贴目录来确定适配辅助器具目录和档次，并根据类型分为全额补贴类和部分补贴类。独山子区残疾人申请全额补贴类辅助器具，可予以100%补贴；残疾人申请部分补贴类辅助器具，按照低保残疾人、非低保无固定收入残疾人、其他残疾人三个类别，分别给予100%、50%和30%的补贴。

4月29日，克拉玛依市举行重大招商引资项目签约仪式，共有涉及油气服务、科技、农业、信息等多个领域在内的15个项目成功签约，总金额达23.42亿元。

4月30日，克拉玛依市首台“商事登记证照一体机”在农行启用。当天，农业银行克拉玛依石油分行（石油新城支行）举行企业登记注册代理网点揭牌仪式，并现场启用克拉玛依市首台“商事登记证照自助一体机”。商事登记证照自助一体机投入使用后，申请人可就近自助打印企业和个体工商户A3正本、A4副本的标准格式全套营业执照，方便快捷。

是月，克拉玛依市乌尔禾区绿源肉联有限责任公司牛羊屠宰加工（冷藏）一体化项目破土动工。项目位于乌尔禾区北艾公路以南、龙脊路和绿禾路十字路口以东3千米处。项目总投资5000万元。

是月，由克拉玛依市公安局治安管理支队和中国石油新疆培训中心共同研发的新疆首个“保安员从业资格证在线考试系统”正式并轨上线并投入使用。

5月

5月1日，《克拉玛依市接待农民工“讨薪”首问负责制》正式施行。

5月8日，克拉玛依市县处级以上领导干部“学习贯彻党的十九届四中全会精神”培训班开班。按照中央和自治区党委要求，将于5月至6月举办7期培训班，分期分批对全市县处级以上领导干部和乡镇（街道）党政正职进行集中轮训。

5月12日，自治区文化和旅游厅、自治区发展和改革委员会公布第一批70个自治区乡村旅游重点村，克拉玛依市乌尔禾区查干草村入选。

是日，克拉玛依市打击治理电信网络新型违法犯罪中心（简称市反诈中心）正式成立。

5月14日，新疆油田公司重点预探井车排24井在二叠系佳木河组三段压裂后喜获百吨高产，6毫米油嘴日产油150.5立方米、日产气1.66万立方米。标志着准噶尔盆地沙湾凹陷西斜坡油气勘探获重大突破。

5月17日，2020年“中国旅游日”新疆克拉玛依会场系列活动启动仪式在克拉玛依一号井景区举行。

5月19日，克拉玛依市人力资源和社会保障局会同市财政局联合印发《关于做好职业技能提升行动专账资金使用管理工作的通知》，对全市各类企业职工在岗或脱产参加岗前、安全技能、岗位技能提升、转岗转业等培训提供补贴，最高可享受6000元培训补贴。

5月20日，克拉玛依市克拉玛依区社会矛盾纠纷多元调处化解中心揭牌成立。

5月29日，克拉玛依市乌尔禾区乌尔禾影视城正式开业。乌尔禾影视城是国家AAA级旅游景区，位于乌尔禾区白杨河大峡谷库克赛路段以北15千米处。

是月，新疆维吾尔自治区工伤保险信息系统在克拉玛依市率先试运行。

6月

6月1日起，《克拉玛依市石油工业遗产保护条例》正式实施。这是继《克拉玛依市城乡规划条例》《克拉玛依市养犬管理条例》《克拉玛依市大风灾害防御条例》后，克拉玛依市出台的第四部地方实体性法规。

6月4日，修订后的《克拉玛依市城乡规划条例》公布实施。4月23日，克拉玛依市第十四届人大常委会第二十九次会议审议通过《克拉玛依市人民代表大会关于修改〈克拉玛依市城乡规划条例〉的决定》；5月14日，新疆维吾尔自治区第十三届人大常委会第十六次会议审查批准。

是日，克拉玛依市召开2020年投资与贸易促进工作会。会议总结2019年投资与贸易促进工作，宣读《招商引资常态化工作机制》，解读《2020年克拉玛依市招商引资工作考核办法》和《2020年招商引资目标任务分解方案》。

6月6日，由天盛控股集团投资的“新疆地标，城市骄傲”暨“亚欧之心”和“亚欧首府”项目奠基仪式在城南商务区举行。两个项目合计投资约35亿元。

是日，由中国铁塔股份有限公司克拉玛依市分公司专门为送餐企业推出的智能换电柜项目正式投用。在市区已建成7个换电站。送餐员可就近到换电站通过手机扫码付费替换充满电的蓄电池。

6月12日，独库公路博物馆开馆仪式在克拉玛依市独山子区独库公路“零千米”处举行。博物馆占地1700余平方米，展出与独库公路有关的文物实物1000余件、文献资料1000余件（套）。

是日，克拉玛依市委与中国延安干部学院签订战略合作框架协议，双方将在干部教育培训、教学资源开发、师资队伍建设、课题研究等领域开展合作。

6月13日，2020“荒野之旅　独库有路”独库公路通车仪式在克拉玛依市独山子区独库之路“零千米”处举行。

是日，克拉玛依市蓝天救援队揭牌正式开始运行。2012年11月18日，克拉玛依市蓝天救援队正式授旗，已有正式认证队员15名，是克拉玛依市唯一获批注册的公益救援组织。

6月16日，克拉玛依经停兰州至宁波航线开通。航线每周3个航班。其中宁波至克拉玛依全程7小时5分，克拉玛依至宁波全程6小时45分。

6月24日，克拉玛依市集中开展“防疫有我，爱卫同行”城乡环境卫生整洁行动。

6月25日至27日，“和谐家园·颐中华府”2020克拉玛依车、房展暨端午文化集市在克拉玛依市会展中心举办。展会期间，共销售汽车292辆，达成购房意向商品房82套，家装建材区成交额1320万元，特色商品及文化集市销售额23.5万元。

6月28日，中国石油大学（北京）克拉玛依校区为2020届全体毕业生举行毕业云典礼。这是中国石油大学（北京）克拉玛依校区自2016年开办以来首批毕业生，共计435名。

6月30日，克拉玛依市交通运输综合行政执法局正式揭牌。新组建的克拉玛依市交通运输综合行政执法局整合原市道路运输管理局、市客运管理办公室和地方海事局执法职责，承担全市辖区道路运政、城市客运、地方海事、农村公路路政、工程质量安全监督管理等交通运输行政执法管理职能，是克拉玛依市交通运输局管理的行政执法机构。

是日，克拉玛依市举行党政法律顾问团聘任仪式，通过在全国范围公开选聘，确定7名优秀律师为法律顾问，与12位公职律师共同组成克拉玛依市党政法律顾问团。

7月

7月1日，克拉玛依市克拉玛依区经二路—机场快速路建成通车。经二路—机场快速路总长9.8千米，工程总造价约2.5亿元，于2019年5月开工，历时14个月建成。起点距离克拉玛依火车站不到2千米，终点直达克拉玛依飞机场，为双向六车道，是从克拉玛依区直通机场的快速专线。

是日，克拉玛依市医保电子凭证进入试运行阶段。全市医保参保人员可凭手机上医保电子凭证在新特药店医保定点零售药店刷码结算买药。

是日，克拉玛依市各街道（乡镇）、社区（村）同步举行庆祝中国共产党成立99周年“党旗映天山”主题党日活动。全市党员干部群众17000余人参加活动。

7月7日，中共中央总书记习近平给中国石油大学（北京）克拉玛依校区毕业生回信。

是日，按照自治区要求，克拉玛依市退休人员基本养老金上调。

7月8日，克拉玛依市洁净能源国家实验室（筹）中试基地正式启用。该基地由克拉玛依市人民政府和白碱滩区（克拉玛依高新区）人民政府共同投资，总占地71808平方米；由克拉玛依市与中科院大连化物所联合共建，是全国唯一一个能源化工领域规模最大、配套最全科技研发平台和技术孵化加速器，由克拉玛依市先进能源技术创新有限公司负责运营。

是日，费托合成产物加氢改质关键技术工业示范及下游产业链研究中试项目，在克拉玛依市白碱滩区（克拉玛依高新区）石化园区内洁净能源国家实验室（筹）中试基地中试成功。该项目由中国科学院大连化学物理研究所、克拉玛依华澳特种油品技术开发有限公司等5家单位共同研究开发，是国家重点项目。

7月9日，克拉玛依市廉政教育馆正式投用。

8月

8月21日，中央全面依法治国委员会办公室发布《关于第一批全国法治政府建设示范地区和项目命名的决定》，克拉玛依市被命名为“全国法治政府建设示范市”，成为新疆唯一获此殊荣的城市。

8月23日，克拉玛依市举办以“科技战疫　创新强国”为主题的网络科技活动周活动，活动由克拉玛依市科技局牵头，市委宣传部、市卫生健康委、市农业农村局、市科协共同举办。

8月26日，第七届新疆创新创业大赛（克拉玛依赛区）暨第五届克拉玛依创新创业大赛决赛落幕，这是克拉玛依市首次全程采用云端比赛方式进行的双创大赛，共有76家企业报名参赛。

是月，克拉玛依市顺利通过国家卫生城市复审，这是克拉玛依市自2003年成功创建国家卫生城市后，第四次通过复审。同时，克拉玛依区小拐乡、乌尔禾区乌尔禾镇荣获“国家卫生乡镇”称号。

9月

9月4日，在第四届“中国创翼”创业创新大赛自治区总决赛中，克拉玛依市推荐创业项目获创新组一等奖、二等奖和两个优秀奖。

9月6日，克拉玛依市按照先高中后初中最后小学顺序，分批次陆续开学复课。于6日首批复课高中学校共10所，232个班级，7658名学生。

9月8日，新疆油田公司与托里、泽普两地企业签订2020年《消费扶贫项目合同》，金额1600万元。新疆油田公司自2018年开始实施“消费扶贫”项目，3年已累计向托里、泽普两县投入消费扶贫资金近3500万元。

9月9日，全国扫黑办特派督导组进驻克拉玛依市开展督导检查。

是日，2020年“创客中国”新疆中小企业创新创业大赛闭幕。克拉玛依市选送的20个项目中有7个项目获奖。其中新疆汇翔激光科技有限“面向复杂零件的激光熔覆再制造系统研发项目”获一等奖。

9月13日，克拉玛依市召开第三批中央单位对口支援克拉玛依干部人才总结表彰暨欢送座谈会。

9月15日，新疆油田公司和西部管道公司签订《王家沟油库及相关储运设施业务划转协议》，标志着王家沟油库正式移交新疆油田公司管理。

9月19至25日，克拉玛依市集中开展2020年克拉玛依市全国科普日“云上科普周”活动。

9月28日，新疆首个A1级通用机场在乌尔禾区正式开建。机场位于乌尔禾区中心城区以南，临近217国道。飞行区等级为3B，跑道长度1500米，宽度30米，首期规划建设3000平方米机库，预留5000平方米机库建设空间，新建21个站坪停机位，新建一座2267平方米航站综合楼。项目总投资17011万元。

是月，克拉玛依市出台《克拉玛依市扶持中小微企业和个体工商户复工复产政策》，制定并落实扩大失业保险保障范围相关措施。

是月，克拉玛依市出台《克拉玛依市关于进一步加大创业担保贷款贴息力度全力支持创业就业的通知》，加大创业担保贷款贴息力度。

10月

10月4日，克拉玛依市城市建设投资发展有限责任公司与新疆交通建设投资控股有限公司举行股权合作签约仪式，双方将对克拉玛依市城投城市建设开发有限责任公司增资扩股。

10月7日，克拉玛依市独山子区与阿克苏地区库车市签订《关于推进独库公路旅游产业发展友好合作协议》，共同打造独库黄金旅游线路。

10月12日，克拉玛依市召开干部大会，传达学习贯彻第三次中央新疆工作座谈会精神特别是习近平总书记重要讲话精神，传达学习贯彻自治区党委九届十次全会精神。

10月15日，克拉玛依市治超非现场执法试点工作启动。

10月15日至17日，新疆维吾尔自治区首届专业化应急救援技能竞赛在克拉玛依市新疆油田四培训中心举行。来自全疆32支专业化应急抢险队伍400余名选手参赛。

10月16日，中共克拉玛依市第十一届委员会第十次会议举行。会议传达学习第三次中央新疆工作座谈会精神，审议通过《中共克拉玛依市委员会关于深入学习宣传贯彻落实第三次中央新疆工作座谈会精神，奋力开创新时代克拉玛依工作新局面的决议》。

是日，在自治区2020年脱贫攻坚宣传暨表彰工作会议上，克拉玛依市本土企业新疆广陆物业服务有限责任公司获得2020年自治区脱贫攻坚“组织创新奖”，荣康物业有限责任公司被评为自治区2020年“千企帮千村”精准扶贫先进民营企业。

10月16日至18日，新疆首个集“展、洽、销”于一体的“云端展会”——克拉玛依投资贸易洽谈会将在克拉玛依市举办。

10月17日，克拉玛依市召开第十批中央和国家机关、中央企业援疆干部人才欢迎大会，欢迎第十批14名中央和国家机关、中央企业援疆干部人才。2011年，克拉玛依市被中央组织部确定为中央和国家机关、中央企业对口支援城市。9年来，已先后有54名中央和国家机关、中央企业援疆干部人才来克支援。

10月18日，在2020（线上）克拉玛依投资贸易洽谈会上，克拉玛依新科澳石油天然气技术股份有限公司与新疆桑达通信建设有限公司签订战略重组协议，重组后更名为新科澳物联智能科技有限公司。

10月20日，在全国双拥模范城（县）命名表彰大会上，克拉玛依市第五次蝉联“全国双拥模范城”荣誉称号。

是日，克拉玛依市举行上海市“高层次人才专家服务团”开展智力支援活动启动会议。

10月23日，克拉玛依市政府、自治区科技厅与四川省科技厅共同召开川克科技合作推进会。会上，克拉玛依市与四川省科技厅签订新一轮合作协议，国家技术转移西南中心克拉玛依分中心在克拉玛依市揭牌。

10月23日至25日，克拉玛依市首届钢琴艺术节在市青少年科技活动中心剧场举行。

10月28日，经新疆维吾尔自治区第十三届人民代表大会常务委员会第十九次会议审查批准，经过修订后的《克拉玛依市制定地方性法规条例》由市人民代表大会常务委员会公布施行。

10月29日，全长206.692千米的五工台至克拉玛依高速公路主线已全部通车。乌鲁木齐往来克拉玛依节约时间近1个小时。

10月30日，26集原创动漫《克拉和玛依》在中央电视台少儿频道首播。这是新疆本土创作的具有完全自主版权的第一部动画系列剧。

是月，“创新创意引领红色　旅游规模集聚发展——克拉玛依一号井红色旅游发展典型案例”入选全国“红色旅游发展典型案例”。

11月

11月1日，克拉玛依市第七次全国人口普查正式启动。

11月2日，2020年全国行业职业技能竞赛——第二届油气开发专业集输工职业技能竞赛暨集团公司智能油田挑战赛在克拉玛依市中国石油新疆培训中心实训厂房内举行。

11月8日，中国石油集团公司重点风险探井——呼探1井完钻，井深7601米，打破准噶尔盆地7500米最深井纪录，成为准噶尔盆地最深探井。10月26日，呼探1井完成精细控压固井，填补新疆油田公司精细控压固井空白。

11月9日，2020年克拉玛依（南京）城市推介会在南京市举行。近50家江苏省、南京市化工企业和克拉玛依市10家石油石化企业参会。

11月11日，新疆油田公司与华为技术有限公司签署战略合作框架协议。双方将重点在企业数字化转型、油气生产物联网建设、人工智能应用平台建设以及人才培养等领域开展合作。

11月13日，克拉玛依市人民政府与国家开发银行新疆维吾尔自治区分行、新疆油田公司、昆仑天玺商业保理有限公司共同签订政银企战略合作协议。

11月23日，克拉玛依市警税联合办案分中心在市公安局经济犯罪侦查支队成立。

11月24日，克拉玛依市区西郊新城广州路（昆仑路—幸福路）建设工程全面完工。工程全长1115米，为双向四车道沥青混凝土路面，由地方企业皓泰公司施工。

是月，百吨级重质油高压悬浮液相加氢中试项目在克拉玛依市独山子区中试成功。

12月

12月4日，新疆油田公司玛湖1井区最大地面建设工程——采油二厂玛湖1转油站一体化集输工程正式投产。玛湖1转油站及配套工程于2019

年8月开工，是集原油预处理、天然气增压及油田注水为一体自动化水平较高的油气转输站。

是日，历时一年的“中国石油首届一线生产创新大赛”总决赛在四川遂宁举行。中国石油集团公司共组织1321支队伍、11865名一线技术技能人员开展攻关项目2901项。克拉玛依石化公司“催化裂化装置立管输送催化剂过程稳定性控制”项目获得一等奖。

12月14日，中国科学院新疆分院与克拉玛依市人民政府签署战略合作框架协议，双方将在科技创新、高层次人才培养、高层次人才引进等方面开展合作。

12月16日，新疆油田公司在准噶尔盆地南缘中段、呼图壁县境内风险探井呼探1井获得重大突破，在7367～7382米井段试获高产工业油气流。日产天然气61万立方米、原油106.3立方米。

12月23日，新疆油田公司举行“院士专家工作站”揭牌仪式，标志着新疆石油石化行业首个院士专家工作站建立。11月11日，新疆油田公司“院士专家工作站”获得新疆维吾尔自治区科学技术协会批准。首批引入罗平亚、李根生两位工程技术领域院士专家团队进站，重点开展钻井与压裂工作液、人工智能钻井参数优化与设计等研究。

12月24日，以独山子油田遗址、新疆第一口油井、石油工人俱乐部、蒸馏釜及配套设施、档案资料为核心物项的独山子炼油厂，被确定为第四批国家工业遗产，这也是工信部批复的新疆第二处国家工业遗产。

12月29日，文化和旅游部发布公告，克拉玛依市世界魔鬼城景区达到国家AAAAA级旅游景区标准，被确定为国家AAAAA级旅游景区。2013年，克拉玛依市启动世界魔鬼城创建国家AAAAA级旅游景区计划，经过7年努力，景区软硬件设施逐渐完善，游览项目逐渐增多，管理制度逐渐健全。

12月30日，自治区卫生健康委员会正式批准市人民医院（中医医院）为三级中西医结合医院。按照《自治区中医民族医药健康服务“十三五”发展规划》要求和市委、市政府对区域卫生规划设置，2017年6月3日，克拉玛依市首个中医医院在市人民医院正式挂牌成立，填补了克拉玛依市卫生领域没有中医医院的空白。

是月，小拐乡和谐村荣获首批“自治区民主法治示范村”称号。

是年，克拉玛依市广播电视台电视《同穿“一双鞋”的好兄弟》获得中国新闻奖二等奖，这是克拉玛依市广播电视台在2017年获得中国新闻奖三等奖的基础上又一次重大突破，是广播电视台建台40余年来获得的最高奖项。

市情概览

自然理

【位置境域】 克拉玛依市地处新疆维吾尔自治区北部，坐落于准噶尔盆地西北边缘和加依尔山南麓之间。位于北纬45° 18′ 33" ～ 46° 04′ 00",东经84° 34′ 37" ～ 86° 01′ 19"。东与塔城地区沙湾县、和布克赛尔蒙古自治县相邻，南与塔城地区乌苏市接壤，西与塔城地区托里县、和布克赛尔蒙古自治县相连，北与塔城地区和布克赛尔蒙古自治县毗邻，伊犁哈萨克自治州奎屯市将市辖独山子区隔开，形成飞地。市区距自治区首府乌鲁木齐市公路里程313千米，飞机航程280千米。境域东西最大距离110.3千米，南北最大距离240.3千米，总面积7733平方千米。

地质奇观　　（田国建　摄）

【地形地貌】 克拉玛依市地处准噶尔盆地西北边缘，加依尔山南麓，轮廓形状呈斜条状，南北长、东西窄，地势西北高、东南低。地形多为广阔平坦的戈壁滩。独山子区以南属天山山麓，克拉玛依区、白碱滩区（克拉玛依高新区）、乌尔禾区西北属山地，其余属准噶尔盆地范畴。地貌细分为湖积平原，冲积平原，湖积、冲积平原上的沙丘，风蚀桌状平原等类型。克拉玛依西北缘由构造剥蚀低山及丘陵地形组成，地面荒漠，覆盖薄层残积碎石，洪积扇坡降1/30 ～ 1/70，地表覆盖砾质洪积物；独山子以南为天山北麓低山地带，地表有薄层（山麓为厚层）黄土状母质覆盖，洪积—冲积扇宽度约30千米，坡降1/70左右，顺坡面较平坦，母质为洪积—冲积物，土层薄。湖积平原在克拉玛依分布最广，多分布在东部，轻微风蚀，有风蚀洼地，薄层泥炭被吹蚀，有零星半固定、固定丛草沙丘滩；冲积平原主要分布在伊犁哈萨克自治州奎屯市至克拉玛依区前山涝坝之间；湖积、冲积平原主要分布在奎屯河及玛纳斯河河间平原北部，北抵小拐一带；风蚀桌状平原主要分布在乌尔禾的东北部。境内最高点位于独山子境内、巴音沟西侧山上，海拔约1335米，最高山峰独山子山海拔1283.4米；最低点位于白碱滩区（克拉玛依高新区）北面芦苇地，海拔259米。

【气候特点】 克拉玛依市属温带大陆性气候，寒暑差异悬殊，干旱少雨，春秋多风，蒸发量大，冻土深。四季中，冬夏两季漫长，春秋两季为过渡期，换季不明显。

【水文】 克拉玛依市境内无独立水系流域河道，境内河道均为过境或跨境河道。境内河道属玛纳斯河、奎屯河、白杨河等三大流域。其中玛纳斯河流域面积5211平方千米，境内流域面积占0.02%；奎屯河流域面积1945平方千米，境内流域面积占0.01%；白杨河流域面积2116平方千米，境内流域面积占1.03%。境内最大河流为入境河流白杨河，发源于准噶尔盆地西北缘谢米尔斯台依山区，海拔2000～2600米，属内陆河流，河流全长160千米，河流由北向南流入克拉玛依市，年均流量7.7米^3/秒，经乌尔禾城区注入艾里克湖，流经克拉玛依境内60千米，是克拉玛依市重要的地表水源。奎屯河是天山北麓乌鲁木齐以西第二条大河，全长70余千米，河流发源于天山山脉，年径流量为6.38亿米^3/秒，是独山子区第一水源地。玛纳斯河发源于北天山中段依连哈比尔尕山乌代肯尼河的43号冰川，全长420千米，是准噶尔内陆区冰川规模最大的一条河流，在克拉玛依市过境长度约100千米，过境河流为玛纳斯河的下游河段。地下水资源量约为2.59亿立方米，主要分布在境内北部和南部，独山子区、乌尔禾区和克拉玛依区小拐乡区域，年可利用量1.40亿立方米，有可利用养殖水面30平方千米，主要分布在境内乌尔禾区。

【土壤】 克拉玛依境域内土壤分为10个土类、22个亚类、5个土属、7个土种。其中草甸土主要分布在河滩、低河阶、湖积平原、冲积扇缘等地区；盐化草甸土主要分布在克拉玛依市新农场周围、百口泉以东、乌尔禾西北、小拐东及一三〇团西南一带；林灌草甸土主要分布在白碱滩以东及艾兰诺尔、百口泉以北，白杨河河谷、小拐以北的玛纳斯河旁；湖积灰土主要分布在克拉玛依市石化园区西南及新疆油田分公司供水公司农场北面；沼泽土处于地势低洼的平地，根据腐殖质累积状况和潜育程度，克拉玛依地区的沼泽土划为草甸沼泽土亚类，主要分布在干涸的艾里克湖和克拉苏河滩地内；固定风沙土分布在农八师一三六团西北；半固定风沙土主要分布在农七师一二九团至小拐乡的广大地区，克拉玛依市新农场及白碱滩以东也有零星分布；龟裂土分布在前山涝坝至红山嘴以北一带。

【植被】 克拉玛依域内大部分地区为戈壁荒漠，气候具有干旱、少雨、多风、温差大等特征，植被一般比较稀少、矮小，多属能耐干旱、抗风沙、抗盐碱的藜科类植被。有梭梭、沙枣、骆驼刺、苦豆子、柽柳等常见植物230余种。克拉玛依植被较好的地区是白杨河流域，河流两岸的河滩地带生长着大片胡杨林和多枝柽柳。在小拐、大拐、乌尔禾等地区，因地势低、土质细、经常积水，生长着大片芦苇、芨芨草等。独山子地区由于地处天山北麓，降水较多，气候较湿润，从山上到山下，植被呈垂直分布景象，山的最下层为荒漠植被类型，山上生长着阔叶树，海拔1500米处有高大挺拔的云杉林。克拉玛依植被类型划分为：森林、灌丛、草甸、荒漠、栽培植被及无植被地段。植被覆盖率基本稳定在14%左右。

【动物】 克拉玛依市主要野生动物有鹅喉羚（黄羊）、野兔、野猪、盘羊、狐狸、蜥蜴、野鸡、天鹅、麻雀等28种。

【矿藏资源】 克拉玛依市境内

分布于乌尔禾魔鬼城内的天然沥青矿是国内独一无二的矿业景观
（克拉玛依日报社 供图）

已探明地下矿藏有石油、天然气、煤、天然沥青、油砂、湖盐、芒硝、高岭土、建筑用凝灰岩、黏土、白垩、砂石、砖瓦用黏土、地下水等。其中石油、天然气矿藏储量最多。

建置区划

【建置沿革】

中华人民共和国成立前 自汉代开始，新疆地区正式成为中国版图的一部分。汉神爵二年（前60年），西汉政府在乌垒城（今新疆轮台）建立西域都护府，统辖天山南北广大地区，今克拉玛依市境归其统辖。隋代，市境为西突厥铁勒等部之地。唐初，市境为西突厥五咄陆部胡禄屋等部游牧之地。唐显庆二年（657年），唐平定西突厥汗国，在其地设盐泊都督府（地址在今克拉玛依市区附近），归安西大都护府治下的昆陵都护府管辖。长安二年（702年），归北庭都护府管辖。唐末，今市境一带为葛逻禄等回鹘别部游牧地，后为喀喇汗王朝东北境。南宋建炎四年（1130年），辽宗室耶律大石率部西迁叶密立（今额敏县），今克拉玛依辖境为其领地。绍兴二年（1132年），西辽建立后属西辽。嘉定十一年（1218年），成吉思汗击灭西辽政权，今市辖境为蒙古汗国辖地。成吉思汗分封诸子时，今克拉玛依地区为窝阔台封地。淳祐十一年（1251年），蒙哥汗即位后，设别失八里行尚书省，今克拉玛依一带归其管辖。元至大二年（1309年），今克拉玛依一带属察合台汗国。明代，瓦剌蒙古土尔扈特部在此游牧，明崇祯元年（1628年），土尔扈特部西迁后，属准噶尔部游牧地。清乾隆二十年（1755年），清朝平定准噶尔部，重新统一新疆。乾隆三十六年（1771年），土尔扈特部返回祖国，含今克拉玛依市区和沿加依尔山前以及乌尔禾、艾里克湖及其以北属北路旧土尔扈特地区，由伊犁将军节制的塔尔巴哈台参赞大臣［乾隆二十九年（1764年）］管辖，南部独山子属东路旧土尔扈特，由乌鲁木齐都统节制的库尔喀喇乌苏办事大臣［乾隆三十七年（1772年）改为领队大臣］管辖。乾隆四十三年（1778年），清政府在玛纳斯河流域设绥来县（今玛纳斯县），属迪化直隶州管辖，辖区包括今克拉玛依百口泉、夏子街、大拐、中拐、小拐等地区。光绪十二年（1886年），库尔喀喇乌苏直隶厅设立，仍辖今市境南部一带，属镇迪道管辖。光绪十四年（1888年），塔尔巴哈台直隶厅成立，辖区包括今市境北部地区。市境东部大拐、中拐、小拐一带则仍属绥来辖区，归迪化府管理。1913年，塔尔巴哈台、库尔喀喇乌苏直隶厅改置为县，仍分辖市境南、北二部。1916年，裁撤塔尔巴哈台参赞大臣，设塔城道（20世纪20年代初改称第五行政区，1940年改称塔城专区），下辖塔城、乌苏、沙湾3县，今克拉玛依市境一带统归其管辖。其后，今市境相继隶属第五行政区、塔城专区管辖，中华人民共和国成立前，分属沙湾县、乌苏县（今乌苏市）、克烈半县（今托里县）、和丰县（今和布克赛尔蒙古自治县）管辖。

中华人民共和国成立后1955年2月，为适应乌苏县独山子石油工业发展需要，新疆省人民委员会批准成立独山子矿区行政工作委员会。1956年，依据自治区人民委员会《关于工矿区政权设置的决定》，成立县级建制的独山子镇，行政工作委员会改为镇人民委员会，直辖于自治区人民委员会。今市境其余各地当时仍为邻县管辖区：乌尔禾一带属和布克赛尔蒙古自治县，大拐、中拐、小拐属沙湾县，黑油山、白碱滩一带属托里县，五五新镇、共青镇一带属乌苏县。1956年，克拉玛依油田进入大规模开发和建设时期，石油工业的迅速发展和油田人口的不断增加，使一个新兴的石油工业城市初具雏形。1957年1月24日，新疆维吾尔自治区人民委员会第14次会议决定设立克拉玛依市，并报请国务院批准。1958年5月29日，国务院批准设立克拉玛依市（县级市），从塔城专区所属托里县、乌苏县、沙湾县及和布克赛尔蒙古自治县划出相连部分，作为克拉玛依市的行政区划，包括克拉玛依、独山子、六十户、乌尔禾、百口泉、红山嘴、前山涝坝、白碱滩、小拐、中拐、大拐等地，受自治区人民委员会直接领导。1958年6月17日，自治区人民委员会决定撤销独山子镇，克拉玛依市下设独山子区和乌尔禾区，并在克拉玛依、大拐、中拐、小拐设立3个街道办事处。1982年，克拉玛依市由县级市升格为设区的地级市，下设4个区：独山子区、克拉玛依区、白碱滩区（克拉玛依高新区）、乌尔禾区。1984年，克拉玛依市改为自治区直辖的不设区的县级市，下设街道办事处、乡和独山子镇。1990年1月8日，克拉玛依市恢复为设区的地级市，下辖4个区：克拉玛依区、独山子区、白碱滩区（克拉玛依高新区）、乌尔禾区，2个乡：乌尔禾乡、小拐乡，6个街道办事处：天山路、胜利路、金龙镇、五五新镇、三平镇、百口泉。

【行政区划】 2020年，克拉玛依市下辖克拉玛依、独山子、白碱滩、乌尔禾4个区，共有14个街道、106个社区，1乡1镇（小拐乡、乌尔禾镇）、5个行政村。全年完成对全市12条地州界、2条区界巡检工作，维护24块界桩和标志物。完成第二次全国地名普查数据库完善工作，对存在问题的数据进行修改，并添加2014年后新增地名。向自治区上报《中华人民共和国标准地名大词典》（新疆卷）克拉玛依词条，指导各区修改完善《中华人民共和国标准地名志》市属词条释文，完善地名词典第二至第八部分编纂工作并向自治区上报。完成第二次地名普查成果转化及“记忆之城”地名文化建设工作。命名2020年度市辖区“平安边界”。完成克拉玛依市与伊犁哈萨克自治州（塔城地区）联合检查工作并向自治区民政厅上报联合检查报告。召开5次地名专家论证组会议，对4个小区和38条道街路名称、1处桥梁、3处景观进行命名，并对1个地名和1条道路进行更名处理。完成克拉玛依市地名地址库建设并进入试运行阶段。完成2020版《克拉玛依市城区图》《克拉玛依城市地图集》编审工作。

【地名由来】 “克拉玛依”系维吾尔语和哈萨克语中“黑油”的音译，得名于市区东北角一群天然沥青丘黑油山，克拉玛依市是全国唯一以石油命名的城市。原名青石峡（今克拉玛依市区黑油山及其附近区域），最早标有这一名称及其地理位置的是清光绪三十二年（1906年）刊行的《旧刊新疆舆图》；1951年黑油山石油地质勘查后，根据维吾尔语和哈萨克语，音译为“克拉玛依”“喀热玛依”或“喀拉玛依”，正式行文中多使用“黑油山”；1956年，将“黑油山”油田按照维吾尔语音译习惯正式改称为“克拉玛依”油田；1956年，新华社发布消息，宣布“克拉玛依地区是个很有希望的大油田”，引起巨大轰动，此后“克拉玛依”即作为固定地名被沿用至今。

经济社会发展

【概况】 2020年，克拉玛依市完成一般公共预算收入79.3亿元，下降25%。全社会固定资产投资增长1.2%。实现社会消费品零售总额95.6亿元，下降20.6%。城镇居民人均可支配收入46963元，增长2.9%。农村居民人均可支配收入31344元，增长12%。

【产业结构】 2020年，克拉玛依市实现地区生产总值886.9亿元，按可比价计算，增长2.3%；其中第一产业增加值17.3亿元，增长4.6%；第二产业增加值598.0亿元，增长3.8%；第三产业增加值271.6亿元，下降0.5%；三次产业结构比例为2.0：67.4：30.6。

【全面深化改革】 2020年，克拉玛依市“放管服”改革向纵深推进，75件套餐式个人和企业审批服务事项实现“一件事、一次办”，办结时限在2019年的基础上再压缩50%，全年新增各类市场主体6310家。“深化商事制度改革做到便民利民可复制经验”受到国务院大督查通报表扬，营商环境持续改善。国企改革加快推进，央企退休人员社会化管理及资产移

11月24日，位于市区南郊的“三通一达”快递公司分拣中心，快递包裹经过消毒杀菌后，再按区域分类派送　（李浩然　摄）

交完成率实现两个100%。积极参与丝绸之路经济带核心区建设，综合交通枢纽项目主体完成，乌尔禾通用航空机场开工建设，克拉玛依—五工台高速公路建成通车。克服疫情防控影响，新开通克拉玛依—兰州—宁波航线，加密往返北京、西安、阿克苏等航线班次，对外开放辐射能力进一步提升。西部钻探、新疆炼建等企业深度参与中亚、非洲油气业务市场，带动全市外贸进出口额增长154.4%，增速位列全疆第一。

【科技创新】 2020年，克拉玛依市聚焦石油石化产业链，深化“产学研用”体系建设，重质油悬浮床液相加氢、费托蜡生产特种油品、混合二甲苯循环分离等中试技术验证成功，打破国外核心技术垄断。沪克、川克科技合作领域进一步拓展，新疆油田公司设立院士专家工作站，中国（克拉玛依）知识产权保护中心获批组建。全市高新技术企业数量达71家，增长37%。万人发明专利拥有量位居全疆前列。丝绸之路创新发展研究院、中国科学院大学中亚学院项目正式启动。

【就业安置】 2020年，克拉玛依市聚焦就业关键环节，全年累计发放各类就业补贴2.1亿元，惠及企业、个体工商户4255家。大力开展就业见习、公益性岗位托底安置。搭建“爱上克”创业培训平台，筹建大学生创业实训基地，鼓励和引导高校毕业生面向基层就业和自主创业。全年累计发布各类就业岗位23829个，实现城镇新增就业5637人，高校毕业生登记就业率达96.8%，超额完成自治区下达的任务指标。

【教育事业】 2020年，克拉玛

依市中国石油大学（北京）克拉玛依校区118名毕业生选择留在新疆基层一线工作，获得习近平总书记回信鼓励，在全国高校中产生强烈反响。新疆第二医学院成功获批，成为新疆第二所医学类本科院校，为克拉玛依市区域医疗中心建设提供人才支撑。学前教育布局进一步优化，加快推进风云、鼎泰、森香水岸、西南科技等幼儿园建设，平安苑幼儿园投入使用。教育转型改革红利持续释放，克拉玛依市荣获“普通高中新课程新教材实施国家级示范区”。全市高考综合上线率达98.5%。

【公共卫生】 2020年，克拉玛依市“互联网医院”正式上线，累计服务1.5万人次。市中心医院获批组建自治区级医疗中心，并成功创建国家级博士后创新工作站。市人民医院升级为三级中西医结合医院。大病保险起付线标准降低至2.1万元，5万元以下报销比例提升至60%。疫苗管理全程可溯，各类免疫规划疫苗接种率达95%以上。全面开展爱国卫生运动，持续推进全民健康体检和家庭医生签约服务，群众健康生活意识逐步提高。

【民生保障】 2020年，克拉玛依市全市低保住房困难家庭100%享受住房保障，特困人员城乡居民医疗保险费全部由政府代缴。全面实施全民参保计划，基本养老保险参保率达98%。全年累计发放失业补助金1346万元，发放救助资金1365万元，救助困难群众19418人次，牢牢兜住民生底线。

3月20日，在全民爱国卫生运动期间，雅典娜社区工作人员在雪莲宾馆站台打扫卫生 （努尔买买提·艾山 摄）

2020年克拉玛依市辖区基本情况统计表

表1

指标	计量单位	合计	克拉玛依区	独山子区	白碱滩区	乌尔禾区
市区面积	平方千米	7735.20	400.31	3833.40	1272.36	2229.13
建成区面积	平方千米	77.59	22.43	47.16	6.20	1.80
绿化覆盖面积	平方千米	6313.80	1706.99	3216.57	1325.83	64.41
规模以上工业法人企业	个	92	46	8	33	5
工业总产值（当年价）	万元	1913615	784079	486226	549228	94082
社会消费品零售总额	万元	955773	613006	149368.5	184873.3	8525.2
全社会固定资产投资	万元	1705165	825428	252590	282034	345113

中共克拉玛依市委员会

综　述

【决策督查】 2020年，市委办公室完善督查“137”工作机制，即：每日梳理自治区党委主要领导重要批示、上级党委重要文件和会议要求，根据市委主要领导要求，每日向相关市领导和市直部门下发工作提示或督查通知督促落实；每3天分析梳理、补充完善《自治区党委常委会会议有关议定事项在克拉玛依市贯彻落实情况》《党中央、自治区党委文件在克拉玛依市贯彻落实情况》《自治区党委视频会议精神在克拉玛依市贯彻落实情况》《市委决策会议定事项落实情况大表》等8张督查大表；每周跟进汇总相关单位、部门办理推进情况，常态化推动党委重大决策部署在全市各级各部门不折不扣落实落地。全年累计编写供市委参阅各类汇报材料40余份；累计督办工作任务729项。每季度开展1次习近平总书记关于新疆工作重要讲话和指示批示精神贯彻落实情况“回头看”检查，组织相关部门单位逐一梳理印证，逐项深化落实。

（黄旭东）

【督查督办】 2020年，市委办公室全年累计办理自治区党委督办事项40余件，下发工作提示、督查通知26期，跟进市委督办事项405件。新冠肺炎疫情发生以来，市委办公室作为市疫情防控工作指挥部综合协调组，协助指挥部建立每周一疫情防控工作领导小组（指挥部）会议制度，做好会议材料收集及会议工作要求跟踪落实。每日严格按照督查工作流程推进各项疫情防控工作，确保上下一致、政令畅通。全年累计督办自治区督导组、自治区指导组、自治区党委督查室、自治区兵团纪检监察系统第四联合督导组、市委主要领导批示落实情况反馈问题1655项，均已完成整改，整改率100%。每周梳理汇总《自治区党委督查通知在克拉玛依市贯彻落实情况》《市委主要领导批示件落实情况大表》《市委主要领导工作安排和要求落实情况大表》，每周向市委领导反馈市委重点工作推进情况。

（黄旭东）

【基层减负专项清理】 2020年，市委办公室统筹推进文山会海、督查检查考核、“一票否决”创建活动、评比达标表彰等基层减负各方面工作。根据自治区党委“2020年度较2019年度发文开会数量只减不增”要求，全市全年计划制发文件1000份、召开会议305场。为保持精文减会刚性约束，严格执行年度文件会议计划，落实源头管理，完善负面清单，坚持每月对账、按季清账、动态监测，确保数量较上年只减不增。对全市各级各部门2020年拟开展13项督查检查考核事项进行规范；对全市各级各部门“一票否决”考核项目、创建表彰活动以及微信、

QQ 等工作群及政务 App 进行清理整顿。

（黄旭东）

【建议和提案办理】 2020 年，市委办公室共收到人大建议 9 件、政协提案 13 件，涉及领域主要包括维护社会稳定、高质量发展、医疗教育、人才培育、精神文明建设等方面。按照工作要求，全面加强与承办单位在“办前”“办中”和“办后”联系，及时督办建议、提案办理具体情况。截至 10 月底，相关人大建议、政协提案全部办理完毕，办复率 100%，代表和委员对办理结果均表示满意。

（黄旭东）

【信息报送】 2020 年，市委办公室全年共收集各类信息 1.9 万余条。其中收集整理全市四大班子厅级领导工作动态信息 8000 余条；向自治区党委信息室上报信息 957 篇，被自治区党委办公厅采用 90 篇，多篇信息得到自治区党委领导批示和好评。

（肖铮）

重要会议

【市委十一届九次全体会议】 2020 年 3 月 19 日，市委召开第十一届委员会第九次全体会议。会议学习习近平总书记关于扶贫工作重要论述和习近平总书记在决战决胜脱贫攻坚座谈会上重要讲话精神。

（李玉）

【市委十一届十次全体会议】 2020 年 10 月 16 日，市委召开第十一届委员会第十次全体会议。会议传达学习第三次中央新疆工作座谈会精神特别是习近平总书记重要讲话精神，传达学习自治区党委九届十次全会精神，听取和讨论市委常委会工作报告，审议通过《中国共产党克拉玛依市第十一届委员会第十次全体会议关于深入学习宣传贯彻落实第三次中央新疆工作座谈会精神 奋力开创新时代克拉玛依工作新局面的决议》。

（李玉）

【市委十一届十一次全体会议】 2020 年 12 月 22 日，市委召开第十一届委员会第十一次全体会议。全会深入学习贯彻党的十九届五中全会精神特别是习近平总书记重要讲话精神，认真贯彻落实自治区党委九届十一次全会部署，审议通过《中共克拉玛依市委员会关于制定克拉玛依市国民经济和社会发展第十四个五年规划和二〇三五年远景目标的建议》。书面审议市委常委会关于 2020 年党建工作情况报告。

（李玉）

【全市干部大会】

重要会议精神学习传达大会 2020 年 10 月 12 日，市委召开全市干部大会，会议传达学习贯彻第三次中央新疆工作座谈会精神特别是习近平总书记重要讲话精神，传达学习贯彻自治区党委九届十次全会精神。市委书记赵文泉主持大会并讲话。市委、市人大常委会、市政府、市政协主要领导及全市四级调研员以上领导干部、

3 月 19 日，中共克拉玛依市第十一届委员会第九次全体会议召开

（李浩然　摄）

各企事业单位和驻市央企负责人参加会议。

市领导班子考核大会　2020年12月28日，市委召开全市干部大会，自治区年度（绩效）考核组对市领导班子和领导干部进行2020年度（绩效）考核，市委书记赵文泉代表市委、市政府领导班子作2020年度工作报告。

（李玉）

群众工作

【群众工作组织体系健全】 2020年，克拉玛依市、区两级分别成立群众工作服务中心，作为专门群众工作机构，配齐配强工作力量，统筹群众工作组织开展，健全完善市、区、街道（乡镇）、社区（村）四级群众工作组织体系。

（郑加福　杨阳）

【群众工作制度完善】 2020年，克拉玛依市委群众工作服务中心推进工作制度化、规范化建设，制定《克拉玛依市群众工作联席会议制度》《克拉玛依市群众工作常态化调研工作制度》《克拉玛依市群众工作管理考核办法》等制度，健全完善工作联动、定期调研督导、考核管理等工作机制。

（郑加福　杨阳）

【群众困难和问题协调解决】 2020年，克拉玛依市落实责任清单制度，妥善解决“四就（救）、帮扶”问题806件。开展就业帮扶工作，帮助实现就业144人；解决低保救助55户164人，救助子女困境儿童62户99人，累计发放各类救助资金102.87万元；协调教育部门解决93名子女入学转学，实现适龄儿童、学生应入尽入；开通医院救治绿色通道54次。

（郑加福　王轶杰）

【开展“和群众在一起”活动】 2020年，克拉玛依市组建18支服务队和229支小分队，深入基层解决民生问题和困难诉求；按照服务群众月报机制，各服务队、小分队每月将服务群众情况汇总形成小结，报送市委群众工作服务中心掌握。截至2020年底，服务队出动64391人次，走访入户20249户次，解决开关跳闸、闸门损坏、解答政策、政策宣传、受理救助、福利业务、解答政策心理辅导、配偶随迁就业、子女入学入托、低保户入户关爱、法律援助等问题17227个，受益群众150108人次。

（郑加福　王轶杰）

党组织建设

【概况】 截至2020年底，克拉玛依市共有基层党委279个，党总支166个，党支部2878个。共有党员61993名，其中离退休、内退职工党员22375名，少数民族党员7471名，女性党员21545名，具有大专及以上文化程度党员40733名，35岁及以下党员10269名，农牧民党员159名，非公有制经济单位在岗职工党员4912名，入党申请人、入党积极分子、发展对象比例为7∶2∶1。全年发展党员1780名，其中女性814名，少数民族248名，35岁及以下1328名，大专及以上文化程度1464名，生产工作一线1524名。

（郝超）

【“不忘初心、牢记使命”主题教育】 2020年6月，克拉玛依市委制定履行全面从严治党任务清单和2020年任务安排，督促各区委、各部门单位党组（党委）全覆盖制定《主体责任清单和任务安排》。12月，制定《2020年党委（党组）书记抓基层党建工作述职评议考核实施方案》，提出11个共性考核项目、26个差异化考核项目。开展主题教育检视问题整改工作，市委班子带头对照问题清单，形成29个制度文件和成果。市委常委结合分管工作，形成526个具体成果和措施。各党委（党组）围绕问题清单整改1032个问题。督促指导11家单位结合巡察反馈问题召开专题民主生活会，对准备不充分、查摆问题不深刻、相互批评没辣味的1家单位，责令重开。

（王世朝　刘俊　刘小攀）

【党支部标准化规范化建设】2020年6月，克拉玛依市委印发《关于印发〈关于推进全市党支部标准化规范化建设的实施意见〉的通知》，从基础工作、基本制度、基本能力入手，提出12项工作任务和27项具体标准，对党支部建设进行规范。制定《党支部标准化规范化工作手册》，针对发展党员、基层党组织换届、党费收缴使用和管理、组织生活开展等172项程序112个模板，制定统一规范工作要求、流程及文件模板。

（王世朝　刘俊　刘小攀）

【完善和规范党组设置】2020年7月8日，克拉玛依市委常委会会议研究通过关于调整市应急管理局等4个单位党组设置的请示，变更党组2个。其中中共克拉玛依市应急管理局党组改设为中共克拉玛依市应急管理局委员会，党委由5名委员组成，其中党委书记1名；中共克拉玛依市住房和城乡建设局（市城市管理行政执法局）党组更名为中共克拉玛依市住房和城乡建设局党组；中共克拉玛依市民宗局党组成员由3名调整为5名。撤销党组1个，撤销中共克拉玛依市工程建设管理局党组。9月14日，市委常委会会议研究通过关于成立中共克拉玛依市先进科技联合研究院党组和中共克拉玛依市城市综合服务中心党组的请示，成立党组2个：成立中共克拉玛依市先进科技联合研究院党组，党组由3名成员组成，其中党组书记1名；成立中共克拉玛依市城市综合服务中心党组，党组由3名成员组成，其中党组书记1名。11月18日，市委常委会会议研究通过关于撤销市道路运输管理局等2个单位党组的请示，撤销党组2个：撤销中共克拉玛依市道路运输管理局党组；撤销中共克拉玛依路政管理、地方海事局党组。

（王世朝　刘俊　刘小攀）

【党员队伍建设】2020年，克拉玛依市注重在农牧民、少数民族、大学生中发展党员，全年发展党员较上年度增长20%。在疫情防控期间，严格按照规定的疫情防控一线发展党员5个范围，重点从医务人员、公安民警、社区工作人员等群体中发展党员96名。指导各区调整组织体系，开展业务培训，全部完成14738名退休党员组织关系转接工作。加强与驻其他各省、区、市新疆籍人员服务管理工作组党委联动，对克拉玛依籍在其他省市务工的409名党员加强联系和服务。

（王世朝　刘俊　刘小攀）

【党建研究】2020年，市委组织部组织申报自治区党建课题7个，谋划推动市党建研究会换届，初步探索构建了以党建专家、特邀研究员、党建专兼职人才3方面力量为主的“党建智库”。

（王世朝　刘俊　刘小攀）

【基层党建考核】2020年12月，克拉玛依市开展2020年度党委（党组）书记抓基层党建述职评议考核，对93名党委（党组）书记抓基层党建情况进行评议考核，强化党委（党组）书记履行管党治党政治责任。

（王世朝　刘俊　刘小攀）

【抗击新冠肺炎疫情表彰】2020年10月，克拉玛依市启动自治区抗击新型冠状病毒肺炎疫情表彰推荐工作，统筹考虑疫情防控期间实际表现、不同行业类别、四类推荐对象不交叉不重复等因素，研究提出拟推荐优秀共产党员10名（按要求备选5名）、先进基层党组织15个（按要求备选10个），书面征求纪委监委、政法、公安、安全、审计等15个部门意见开展考察。将拟推荐名单提交市委常委会研究审定，并按照自治区要求进行公示，待自治区确定人选和表彰。

（王世朝　刘俊　刘小攀）

【城市基层党建】 2020年4月，克拉玛依市印发《克拉玛依市城市基层党建工作项目化推进实施方案》《2020年克拉玛依市城市基层党建工作项目管理办法》。5月，组织召开2020年城市基层党建工作推进会暨项目发布会，发布课题调研项目22个、创新示范项目10个、共驻共建项目12个。组建项目评审指导组，对4个市辖区城市基层党建项目进行3轮调研指导。12月，项目评审指导组对全市城市基层党建项目进行集中结项验收评审，全市46个项目评分均超过80分，优秀率达43.48%。开展城市基层党建理论研究，在中国共产党新闻网刊发市委书记谈城市基层党建理论文章2篇，课题《城市基层党建引领基层治理的实践与思考》荣获新疆党建研究会2019年度课题优秀成果一等奖。

（严博　王瑾）

【区域化党建】 2020年4月，克拉玛依市印发《克拉玛依市加强街道“大工委”、社区“大党委”建设的十条措施》，明确主要职能，规范组织设置，推行“专职+兼职”委员设置模式，建立资源、需求和项目“三项清单”，建立联席会议制度，推行双向服务机制，共享优势资源，推进单位、行业、区域党建互联互动。全市13个街道、107个社区全部实行街道“大工委”、社区“大党委”制，吸纳驻区单位、联点单位、新兴组织等2660家单位、422个党组织参加。

（王瑾）

【社区工作者职业化建设】 2020年，克拉玛依市配强社区工作力量，全市社区工作者人数达2610人（其中行政编制37人、事业编制594人），每个社区平均24人，全市平均每70户居民配备1名社区工作者。68个社区实现党组织书记和居委会主任“一肩挑”，1979名社区聘用工作人员全部纳入“三岗十八级”薪酬体系。在上海举办城市基层党建主题培训班2期，每期培训50人。举办社区党建培训班5期，累计培训350名基层党组织书记和党务工作者。

（李雷　王瑾）

【网格党建】 2020年，克拉玛依市加强社区网格党组织建设，按照街道党工委—社区党委（党总支）—网格党支部—楼寓党小组架构全面梳理社区党组织架构体系，推行网格化管理，全市共划分网格438个，实体网格党支部75个，功能性党支部310个；配备专职网格员2136人、兼职网格员2.6万人，构建起街道、社区、网格、楼栋四级网格防控体系。市委政法委、市委组织部、市住建局联合印发《克拉玛依市域治理网格管理实施意见》，在克拉玛依区、独山子区和白碱滩区（克拉玛依高新区）分别选树3个社区市域治理网格示范点，同步建立网格党支部、楼宇党小组，实现治安隐患、物业管理、矛盾纠纷等问题在网格中解决。

（李雷　王瑾）

【物业服务企业党建】 2020年4月，克拉玛依市印发《克拉玛依市强化党建引领提升物业服务质量的指导意见》。全市物业服务企业68家，其中成立党组织的物业服务企业22家，成立率32%；打造党建引领物业试点社区15个，社区共向物业服务企业派遣党建工作指导员46名；31个物业服务项目已实现社区与物业服务企业工作人员交叉任职。整合物业管理区域173个，成立业主委员会165个，成立率95.4%，年增长40%；业主委员会有党员659人，占比59%，年增长20%；业主委员会主任为党员的114人，成立功能性党组织146个。155个业主委员会实现与社区的交叉任职，年增长74%；召开物业联席会议1000余次，物业服务企业参与社区民情分析会1700余次，解决物业纠纷2000余件。

（王瑾）

【党组织和党员“双报到”】2020年，克拉玛依市坚持党组织和党员回社区“双报到”，组织动员广大党员在居住社区和单位联点社区发挥先锋模范作用，全市372个机关企事业单位党组织和3.4万余名在职党员到社区“双报到”全覆盖，9100名社区服务突击队员值守一线，党员报到率提高至98.06%，积分率94.95%。疫情防控期间，印发《关于充分发挥基层党组织和广大党员作用 切实做好新型冠状病毒感染的肺炎疫情防控工作的通知》，组织动员广大党员以志愿者身份下沉一线，市直机关785名党员干部和4个市辖区直机关884名党员到社区（村）报到；市党群服务中心面向全市招募志愿者1万余名，全市累计组建215支党员突击队，161支青年突击队，充实一线疫情防控力量。

（杨旭）

2月26日，独山子石化公司组织党员突击队抢运下游医用口罩生产企业所需原料聚丙烯S2040 （种玉忠 摄）

【整顿软弱涣散党组织】2020年，克拉玛依市针对2019年集中整顿的软弱涣散基层党组织开展“回头看”，16个软弱涣散基层党组织摸排出31个问题，制定85条整顿措施，全部整改到位；对全市112个社区（村）全覆盖走访调研、摸底排查，确定后进社区党组织11个，确定整顿对象11个，“一村一策”制定整顿方案，落实区级领导、街道领导包干、第一书记驻点、区以上机关单位结对“四个一”整顿措施，压实整顿责任。将整顿软弱涣散基层党组织工作与扫黑除恶专项斗争紧密结合，严格落实社区（村）干部调整区级联审和社区（村）党组织书记由区委组织部备案管理举措，坚决遏制黑恶势力、宗教极端势力对基层政权侵蚀。

（包延年）

【基础保障投入】2020年，克拉玛依市加强财政保障力度，把社区工作经费纳入财政预算管理，全市社区每年工作运作经费、服务群众专项经费、党建经费平均在35万元以上；社区阵地面积平均达到800平方米，新建社区阵地在1000平方米以上。5个村级组织运转经费和服务群众专项经费均分别为20万元、10万元。每村预留现金3000元左右，用于日常小额支出和紧急必要支出，加大村级阵地建设投入力度，村级阵地均不低于400平方米。

（尼格尔·吐尔逊）

【非公经济和社会组织党建】2020年4月，克拉玛依市印发《关于市委组织部加挂市委非公有制经济组织和社会组织工作委员会牌子的通知》，挂牌后市委组织部其他机构编制事宜维持不变。开展“三有”（有固定经营场所、有10名以上员工、有生产经营活动）非公有制企业、社会组织“两个覆盖”清零行动。采取“六建一管”［单独组建、联合组建、挂靠组建、行业组建、区域联建、派员帮建和社区（村）兜底管理］模式，做到应建尽建、应建快建。截至2020年底，全市625家“三有”非公有制企业、480家社会组织和68家有党员的非“三有”非公有制企业共建立党组织546个，实现党的组织在“三有”非公有制企业和社会组织中全面覆盖。优选667名专兼职党建工作指导员，全面铺开党建指导工作，实现非公有制企业和社会组织党的工作全覆盖。

（康超　余佳亮　杨越婷）

【市党群服务中心建设】 2020年，克拉玛依全市共有150个党群服务中心（站点），全年新增中心（站点）19个，城区每0.5平方千米就有一个党群服务中心（站点），打造“10分钟服务圈”，提升城市基层党建整体效应。市党群服务中心克服疫情防控影响，全年共开展活动392场，累计服务党员群众14085人次，迎接22批次193人参观考察交流。

（杨晶晶　唐江）

【党员教育】 2020年，市委组织部落实《中国共产党党员教育管理条例》《2019—2023年自治区党员教育规划》，印发《关于贯彻落实〈2019—2023年自治区党员教育培训工作规划〉的具体措施》，规范实体培训、注重教材建设、突出特色学用活动，全年举办基层党组织书记培训班、党务工作者培训班、党员培训班、疫情防控视频培训、中共十九届五中全会精神专题培训班等各类培训152期，培训52765人次。落实中央开展的“党课开讲啦”“学习身边榜样”活动以及自治区开展的“党旗映天山”主题党日活动，组织中共十九届五中全会、第三次中央新疆工作座谈会精神学习，印发《关于在“党旗映天山”主题党日中开展“四微”学用活动的通知》，在全疆率先推出党员教育“四微”（微朗读、微党课、微故事、微分享）学用活动。10月22—23日，自治区党员教育“四微”学用活动现场会在克拉玛依市召开，中组部党员教育中心主任到会指导。制定《落实自治区〈关于在党员教育培训工作中开展“四微”学用活动的通知〉的方案》，深入推进“四微”学用活动融入主题党日、“三会一课”等活动，开展“四微”学用活动1272场，参与31706人次；集中展示活动4场，推出精品案例50个；竞赛活动31场，参赛1180人次；产生“四微”作品526部，113名身边榜样被宣传推广，20余万人次参与学习。组织“四微”优秀案例网上投票评选活动，7.8万人参与，收到投票5.8万张。推出新媒体“微党课”《我是共产党员，我承诺》，全市12.4万名党员干部群众承诺带头防控疫情。组织“我是共产党员，我选择冲在前面”开放式线上主题党日活动，全市上万名党员参加线上学习和讨论。持续建设党员教育平台，党员（远程）教育站点组织学习6705场，参加69727人次，全年站点每月学

5月15日，市委史志办（市档案馆）党员干部在白碱滩区（克拉玛依高新区）党群服务中心开展主题党日活动　（市委史志办　供图）

习完成率均达到100%。推动党员教育站点进机关，社区、村党员教育站点统一挂牌。开展“党员教育之星”评选活动，13人被评选为自治区“党员教育之星”。党员教育智能管理平台增加党员教育课件489部，库内总量达22类2378部。持续打造“红色小油泡”党建微信品牌，全年编发微信193期849篇，开设栏目15个，推出各类视频50余部，播发各类人物故事150余个。启动独山子独库公路博物馆网上展馆建设。报送各类信息、视频251篇（部），被国家级媒体、平台采用52篇（部）。全年制作上报各类党员教育电视片、宣传片63部（集），超额420%完成自治区制片任务。23部作品被全国、自治区媒体平台采用播发，在自治区开展的各类展播中荣获十佳作品奖5个、优秀作品奖2个、好作品奖2个，获奖总量比2019年提高3倍。“四微”学用活动教学片《开启党员教育“微时代”》作为教材向全区推广。克拉玛依市委组织部荣获自治区资源建设先进单位。

（罗能）

干部队伍建设

【干部育选管用】 2020年，克拉玛依市贯彻落实新时代党的组织路线，完善干部“育选管用”工作机制，健全“素质培养、知事识人、选拔任用、从严管理、正向激励”五大体系，持续加强领导班子和干部队伍建设。常态化识别干部政治素质，运用干部人事档案专审、“两面人”专项考核、巡察、审计等工作成果，完善84卷530份领导班子及领导干部负面清单和政治素质档案。制定《克拉玛依市贯彻落实〈2019—2023年全国党政领导班子建设规划纲要〉实施方案》，提出领导班子政治建设、理论武装、结构配备、监督管理等方面43条贯彻落实措施。坚持突出政治标准，强化基层导向，全年调整市委管理干部462人次［提拔（晋升）260人次］，其中，重用在乡镇、街道、政法和公安部门、“访惠聚”驻村、驻村管寺、其他省市工作组等岗位干部151人次，占比58.1%。1月，集中提拔（晋升）29名连续驻村且表现优秀的干部。完成6名市人大常委会委员补选工作。新选派49名处级干部参加“访惠聚”驻村等工作，选派23名干部在市、区党政机关和驻市央企之间双向挂职，跨地区、跨领域交流任职干部34人，退休20人。制定《关于加强在疫情防控工作中考察识别领导班子和领导干部的通知》，选派108名处级干部到集中医学观察点工作，从市属医院选派179名专业技术干部赴武汉和乌鲁木齐开展疫情援助工作。建立干部疫情防控期间表现台账，掌握491名县处级干部和386名科级及以下表现优秀干部的政治表现，提拔（晋升）102名在疫情防控工作中表现突出的干部。加强优秀年轻干部队伍建设，开展优秀年轻干部队伍

5月29日，克拉玛依市“党旗映天山”开放式主题党日——全市第一期“四微”学用集中展示活动在白碱滩区（克拉玛依高新区）金龙镇街道友好社区体育馆拉开帷幕
（彭召勇　摄）

调研工作，分层分类完善350余名优秀年轻干部组成的动态信息库。向自治区推荐10名优秀年轻干部参加专题培训，选派30名优秀年轻干部参加市级中青班。选派优秀年轻女干部到群团挂职，选派9名优秀年轻干部到驻市央企挂职，指导各区委调整11名优秀年轻干部到街道（乡镇）担任党政正职。扩大选人用人视野，注重从驻市央企、垂管单位、企事业单位选拔优秀干部，大力选拔使用优秀年轻干部，提拔2名博士研究生到县处级岗位。通过调整优化，干部队伍来源、年龄和专业结构得到改善。协调23名干部在市、区党政机关和驻市央企之间双向挂职，制定《市委选派到驻市央企挂职干部管理办法》，指定专人定期与挂职干部及挂职单位沟通交流，形成企地挂职干部工作情况中期报告。推动规范国有企业领导职数，配备充实新成立的涉及经济发展、城市精细化管理、社会综合治理的14个事业单位领导班子。推进市、区领导班子换届工作，组建人事安排专班，全面梳理工作清单、问题清单和材料清单，完成207份涉及换届人事和435份换届选举材料的起草工作。组织实施市委管理干部职级晋升工作，晋升175人次。受自治区党委组织部委托，组织实施市委管理干部晋升二级巡视员工作11人次、各区党政正职晋升一级调研员工作7人次。

（倲世金）

【干部教育培训】 2020年，市委组织部加强干部教育培训工作宏观指导，根据《2018—2022年自治区干部教育培训规划》精神，编写《克拉玛依市关于〈2018—2022年自治区干部教育培训规划〉实施情况中期评估报告》，明确当前和今后一段时期干部教育培训重点任务、重点计划、重点项目以及具体指标。组织开展新疆工作座谈会精神集中轮训，培训县处级以上干部和街道（乡镇）党政正职1200余人次。全年市、区两级共举办各类培训班242个，培训干部56641人次。完成上级调训75人次，其中地厅级领导干部11人次，县处级干部48人次，乡镇（街道）干部16人次。针对疫情防控期间全市干部疫情知识不足情况，联合各有关部门组织对市、区、街、社、公共服务人员进行疫情防控知识培训，累计培训4.12万人次。全年上海资金支持克拉玛依赴沪培训班次12个、培训551人次；邀请上海医疗、教育、人力资源、科技金融等领域专家9人次到克拉玛依授课；到上海跟班学习23人次；举办10场双休日讲座，共有4250人次收看。与中国延安干部学院签订战略合作协议，在教学资源共享、师资队伍建设、课题研究开发等方面开展全方位深层次合作，每年选派100名干部赴学院参加培训。这是中国延安干部学院第一次与地级市建立战略合作关系。

（冯瑞喜　张龙）

【干部日常监督】 2020年，市委组织部严格落实领导干部个人有关事项报告制度。累计查核领导干部个人有关事项报告265人，诫勉8人，批评教育16人，责令作出书面检查1人。对1名领导干部家庭财产情况进行查核验证。扎实开展个人有关事项报告专项整治工作，聚焦五个方面突出问题，逐一梳理2019年以来个人有关事项报告查核处理情况，建立专项整治工作台账，对1名领导干部查核认定处理结果进行重新认定，对填报不一致人员进行逐人谈话。印发《克拉玛依市领导干部个人有关事项报告查核处理情况通报》，制定《克拉玛依市领导干部个人有关事项报告重点查核处理内部操作规程（试行）》，完善工作措施，规范工作程序。完善举报受理查核工作机制，制定《克拉玛依市委组织部“12380”举报受理工作规程（试行）》，规范举报受理核查处理工作程序，分析举报内容，提出工作建议。

落实《组织人事部门对领导干部函询回复采信反馈办法》，通过函询采信回复等方式向被举报人和单位党组织书记反馈结果。有效运用审计强化干部日常监督，按照聚焦权力集中、资金密集、资产聚集重点部门、重点人员以及审计全覆盖原则，加大任中审计力度，增强经济责任审计针对性。全年共对10名领导干部开展经济责任审计，统筹实施1名领导干部自然资源资产离任审计，实施离任交接项目19个。强化因私出国（境）监督管理，严格按照应备尽备工作要求，做好新增人员登记备案，定期自查干部登记备案信息库，截至2020年底，市委组织部共登记备案人员895人（含离退休人员），统一保管269名领导干部持有的因私出国（境）证件382本。

（武文亮　陈武魁）

【选人用人监督】 2020年，市委组织部结合巡察开展选人用人工作专项检查，共对10家单位开展选人用人专项检查，发现问题39条，有针对性地提出整改建议34条。印发《关于开展选人用人工作自查的通知》，在全市范围内开展选人用人工作自查，对部分单位进行重点督导检查，并将检查发现的5个方面16个问题印发各区对照梳理、整改纠正。有效运用“一报告两评议”成果，对53家市属单位开展干部选拔任用工作“一报告两评议”，针对评议分值偏低的4家单位和2名认可度偏低的新提拔干部，要求单位党委（党组）对评议结果进行分析，并视情况对新提拔干部进行教育或处理。做好巡视及选人用人专项检查迎检工作，对照自治区党委巡视组和自治区党委组织部工作要求，逐条梳理涉及干部监督工作8个方面12项具体工作开展情况，统一装订工作资料，按时提供给巡视和选人用人专项检查组，配合巡视组到独山子区、乌尔禾区开展专项巡视。

（武文亮　陈武魁）

【干部考核】 2020年，印发《市委管理领导班子和领导干部2020年度（绩效）考核工作方案》《克拉玛依市公务员2020年度考核工作方案》，开展市委管理的领导班子和领导干部2019年度（绩效）考核工作，会同市纪委监委机关、市委办公室等31家绩效考核主体责任单位对44项绩效考核指标进行了考核。考核期间，召开干部大会92场次，收回民主测评表2352份，个别谈话1788人（处级以上507人，科级及以下1281人），考核定等“优秀”班子30个，“优秀”领导干部231人，“一般”班子3个，“基本称职”1人，“不确定等次”3人。牵头组织全市72家公务员（参公）单位开展公务员年度考核工作，督促指导各单位按照相关要求成立考核委员会。按照自治区要求，在严格控制优秀比例基础上，全市共4645名公务员（参公人员）参加考核，获得“优秀”等次1025人，占22%，其中处级领导干部实际参加考核396人，优秀等次175人，占44.19%；各区科级领导干部实际参加考核677人，优秀等次228人，占33.68%；一般干部实际参加考核3549人，优秀等次614人，占17.3%。基本称职等次4人，占0.09%；不称职等次13人，占0.28%；不确定等次245人，占5.27%；未参加考核9人。做好自治区党委对市领导班子和领导干部2020年度（绩效）考核对接服务工作，及时与自治区党委组织部对接，提前谋划迎接自治区党委对市领导班子和领导干部2020年度(绩效）考核工作，督促全市29家绩效考核主体责任单位主动与自治区对口考核单位对接，及时对照考核细则开展自检自查、查漏补缺，并全面掌握2020年度自治区各考核项目来全市实地考核情况。自治区党委考核组驻克期间，组织召开全市干部大会，统筹安排各级领导干部考核谈话，做好各类文字材料和文件的撰写、整理、报送工作。

（彭韬）

【干部人事档案】 2020年，市委组织部推进干部人事档案信息化工作，制定全市干部人事档案信息化建设方案，开展干部档案数字化工作；截至2020年底，共完成档案数字化1789卷，其中市委管理干部545卷、科级干部829卷。完成干部档案系统集成，数据导入，实现市委、区委管理干部远程调阅。全年共完成档案转递158卷，库内调整267卷，接收档案374卷。针对档案材料收集短板，加强材料收集主动性和对已收集、应收集材料的掌握，根据掌握情况对材料移交责任单位进行催缴，全年共收集材料30146份。针对档案材料填写错误、不规范等问题，加强对材料内容审核，从源头杜绝信息不准确材料和虚假材料入档。完成退休库整理，对退休人员档案进行整合，重新编号、集中摆放、黏贴标签，核准电子数据库和实体档案库。根据实体库摆放情况编制电子数据库，解决退休档案难以查找问题。严格落实查借阅管理制度，全年共提供查阅2025卷，复印材料2398份7351页。集中力量完成专项工作，全年共完成183名干部任前审核初审，完成233名近三年新提拔干部档案审核，完成巡视巡察迎检工作。举办全市干部人事档案工作人员、联络员培训班，对档案审核、档案信息化以及干部档案收集整理、档案造假处理等进行辅导。

（孟珺）

公务员管理

【公务员招录】 2020年，克拉玛依市招录公务员89名，完成克拉玛依考点驻疆部队退役士兵参加南疆乡镇公务员招录笔试工作，办理5名优秀村（社区）干部考录公务员录用手续，完成2019年招录156名公务员南疆双语支教任务。申报7名选调生招录计划，制定选调生轮训方案，在市、区两级党政机关分级轮训2019年招录的19名选调生。

（王永政　彭勇　郭润牛　王龙）

【公务员分类改革和职务与职级并行】 2020年，克拉玛依市全面推行公务员分类改革和职务与职级并行制度，完成市公安局执法勤务警员、警务技术职务序列转职级序列工作，对综合管理类、执法勤务类、警务技术类职位类别、职位数、职级职数进行划分和测算；完成市区法检两院员额法官、检察官、司法行政人员、司法辅助人员职位分类工作，完成书记员转法官、检察官助理工作；制定第二批机关（单位）职级职数设置报批备案方案；全市共晋升职级1002人次。

（王永政　彭勇　郭润牛　王龙）

【参照公务员管理单位申报备案】 2020年，克拉玛依市推进参照公务员管理单位申报备案工作，向自治区党委组织部提出38家单位不再实行参照管理、115家单位继续实行参照管理、27家单位申请新列入参照管理范围意见建议。按照自治区党委组织部安排部署，完成市公安局网络监控处置中心列入参照管理范围申报工作。

（王永政　彭勇　郭润牛　王龙）

【公务员调任辞退手续办理】 2020年，克拉玛依市委组织部共审批办理公务员调任62人、公务员登记313人；审核办理5名公务员辞职手续，24名公务员到龄退休、12名公务员（工作人员）提前退休手续；完成77名公务员（参照管理工作人员）转隶工作，对3名超编人员进行妥善安置。从党政机关、事业单位选调14名工作人员补充至各驻外办事机构。办理工作人员调动204人。

（王永政　彭勇　郭润牛　王龙）

【公务员表彰】 2020年，克拉玛依市共有两人荣获第四届自治区“人民满意的公务员”称号，独山子区人力资源和社会保障局荣获第四届自治区“人民满意的公务员集体”称号。全年共为2017—2019年连续三年考核优秀的146名公务员记三等功并进行表彰。

（王永政　彭勇　郭润牛　王龙）

人才选用

【人才开发】 2020年，克拉玛依市引进急需紧缺高层次人才417人，线上人才引进平台注册企事业单位251家，为新疆医科大学厚博学院、市中心医院等104个引才单位发布岗位需求1637个，签订就业协议371人。组织开展上海市“高层次专家人才服务团”智力支援活动，柔性引进专家人才8名。进驻克拉玛依市石油石化、人工智能、信息技术、旅游等行业企业，开展培训讲座19场次，现场技术指导13场次，达成项目合作意向14个，参与企事业单位65个，参与人员达2700人。2020年领军拔尖人才共发表论文137篇，承担各类课题项目159个，完成各级技术成就135个，专利28个，获得各级奖项43个，帮带青年人才416人；28个工作室120名成员共发表论文90篇，承担各类课题项目121个，完成各级技术成就66个，专利15个，获得各级奖项18个；组织开展基层服务、技术交流等活动199场次，实现企业产值增长8100万元。

（李艳丽）

【人才培训培养】 2020年，克拉玛依市共举办各类人才培训班次10期，将11月定为全市“人才工作专题教育月”，共举办16场“人才工作专题教育月”活动，覆盖各领域人才940人。开展第一批全市“领军、拔尖人才”和“双创杰青”选拔培养评估工作，创新推出“五个一百”能力素质提升工程，实施“沪克访问学者”选派计划，全年重点培训各领域骨干人才500余人，选派23名干部人才到上海对口部门跟班学习，持续推动首席技师选拔培养等系列人才工程，培养培训各领域人才3万余人。坚持“项目化”推进基层人才培养模式，共系统打造可推广基层人才培养项目18个。注重加强人才数据库建设，建成全市高层次人才服务管理系统，807名高层次、急需紧缺人才已入库管理。提出“才聚油城132”政策体系思路，针对5个层次急需紧缺人才开展“一人一策、一事一议”认定工作，通过认定方式直接认定人才51人。

（万陆陆）

【人才引进】 2020年，克拉玛依市加强全市人才引进和柔性引才力度，全年引进各领域人才1416人，其中高层次人才270人；全年共聘请21名国内外知名专家担任市级“特聘专家”，为全市30个产业和项目提供有力智力支撑。分类开展市区两级重点人才优化整合工作，梳理确定市区两级重点人才计划35个。

（万陆陆）

【人才政策落实】 2020年，克拉玛依市优化人才服务环境，市党政领导带头联系专家158名，市、区两级党委直接管理专家1027名，共受理各类人才电话来访200余次；市本级投入人才发展专项资金1858万元，开展各项人才服务项目80余人次，为人才提供落户安居、子女入学、配偶就业等服务。申报国家和自治区重点人才工程，建成1个院士工作站、3个自治区级科研创新平台，入选国家百千万工程1人、自治区突出贡献青年专家公示名单5人、“天池计划”3人、少数民族特殊培养计划10人、“天山青年计划”10人、“天山雪松计划”4人。

（万陆陆）

【援疆工作】 2020年，克拉玛依市组织召开第九批和第十批上海援疆干部人才以及中央和国家机关、中央企业援疆干部人才欢送表彰会和欢迎大会。印发《克拉玛依市委贯彻落实〈关于做好省市援疆前方指挥部体制调整后有关工作的意见（试行）〉的十五条措施》，从加强组织领导、完善考核机制和改进服务管理3个方面详细制定15条落实措施。制定《关于做好中央和国家机关、中央企业援疆干部人才服务管理工

12 月 11 日，教育部离退休干部局、教师工作司及部分直属高校人员在中国石油大学（北京）克拉玛依校区召开“高校银龄教师支援西部计划”调研座谈会（石油大学　供图）

作的实施方案》，从推进谈心谈话工作制度化、抓好援疆干部人才日常管理、成立全市中央和国家机关及中央企业援疆干部人才自管会加强自我管理3个方面，落实自治区援疆干部人才服务管理工作专题调度会议精神。坚持实行组织部门与受援单位半月沟通联系工作机制，全年向市委、市政府领导报送工作专报7期。举办援疆干部人才任前专题培训班2期。对援疆干部人才信息“一人一档”动态跟踪管理，坚持推动援疆党政干部“项目化”开展重点工作，梳理省市援疆干部项目9个，推动援疆党政干部聚焦中心工作持续发力。实施援疆专业技术人才帮带提升工程，25名援疆干部人才共结对帮带提升118名全市干部人才。先后组织赴上海的业务培训和跟班学习项目15个，参加培训590余人次。坚持通过援疆渠道开展柔性引才，全年共引进上海医疗康复领域、科技金融领域、高层次人才专家团等各类人才26人，为克拉玛依送来技术服务和智力支持，其中12人成为市专家服务基地长期合作专家、1人成为市级特聘专家。坚持用心做好援疆干部人才关心关爱工作，配合上海援克前方指挥部组织开展一次全覆盖谈心谈话，全年处理援疆干部人才各项诉求和事宜313件，得到援疆干部人才一致好评。

（万陆陆）

“访惠聚”驻村工作

【政策宣讲】 2020年，克拉玛依市面向全市各族群众全方位、立体式宣讲党的十九届五中全会和第三次中央新疆工作座谈会精神、党的各项惠民政策、新疆“四史”、疫情防控形势和相关要求，累计参与群众66.7万人次。

（李翔）

【疫情防控】 2020年，克拉玛依市统筹协调80个临时党支部、91支党员先锋突击队、9100突击队员、1703名服务基层党员干部，以及辖区2660

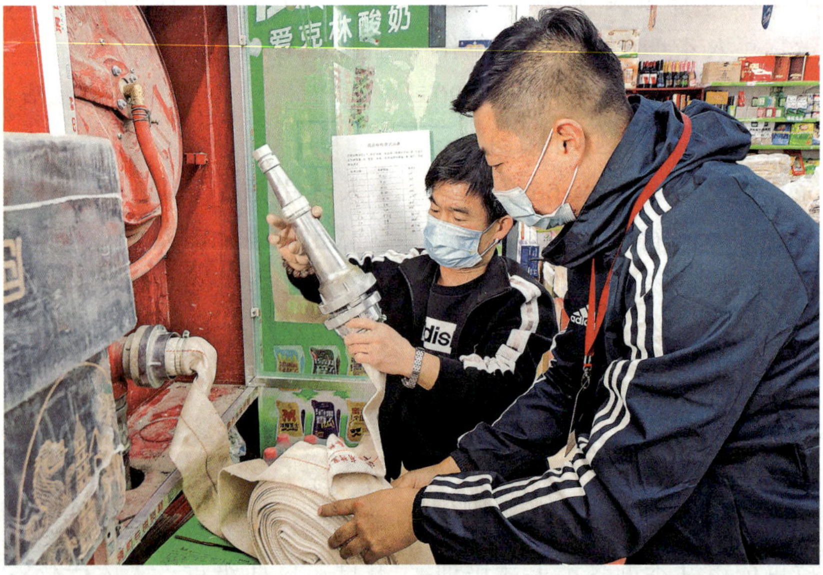

11 月 9 日，市委史志办（市档案馆）、市医疗保障局驻克拉玛依区龙尚社区工作队组织开展消防知识培训（张梦笛　摄）

家“大党委”成员单位、新兴组织等力量落实疫情防控举措，压实责任，筑牢屏障。

（李翔）

【长治久安】 2020年，克拉玛依市全年排查治理安全隐患3975个，化解矛盾纠纷6714件。慰问困难群众7519户次、发放慰问金额135.45万元，为群众办实事、好事5200件。打造市级民族团结进步示范社区（村）19个，区级民族团结进步示范社区（村）47个，全年开展“民族团结一家亲”“文化四市”等各类活动1771场次，参与群众8.53万人次。

（李翔）

【干部轮换】 2020年，克拉玛依市完成2批次274名驻村干部轮换，着力抓班子、带队伍，协助储备社区（村）干部562人，调整社区（村）党组织书记37人，培训社区（村）干部2500余人次，培养入党积极分子1041人，发展党员420名。

（李翔）

【宣传表彰】 2020年，克拉玛依市在“新疆访惠聚”微信平台刊发稿件243条，同比增长15.7%；在“新疆访惠聚”抖音平台发布视频222条，报送量位列全疆第1名；在自治区“访惠聚”驻村工作简报刊发信息7篇，同比增长133%；选树“5个100”典型7个；在中央级、自治区级媒体平台刊发外宣信息稿件共608条，其中长征社区党建引领社区治理“大合唱”经验做法刊发在《人民日报》头版，市住建局驻佳福社区工作队精准施策、助力脱贫攻坚典型事例，先后在央视1频道《新闻联播》、央视13频道《朝闻天下》播出。全年全市共有23个社区（村）、工作队获得国家和自治区级先进集体荣誉称号；共有16名社区（村）工作者、驻村干部获得国家和自治区级先进个人荣誉称号。

（李翔）

宣　传

【理论教育】 2020年，克拉玛依市组织全市各级党组织学习习近平新时代中国特色社会主义思想、党的十九届五中全会精神、第三次中央新疆工作座谈会精神特别是习近平总书记重要讲话精神，深入贯彻《中国共产党宣传工作条例》，组织各级党组织学好用好《习近平谈治国理政》第一、第二、第三卷，常态化开展“三本白皮书”、《简明新疆地方史》等重要著作学习，引导全市广大党员干部铸牢中华民族共同体意识。强化理论武装，坚持以市委理论学习中心组学习为引领，推动各区、各单位对标开展理论学习中心组学习，在学懂、弄通、做实上下功夫。弘扬和践行社会主义核心价值观，弘扬民族精神和时代精神，丰富爱国主义教育实践载体，深化全民国防教育。

（丁龙）

【主题宣讲】 2020年，克拉玛依市深入推进习近平新时代中国特色社会主义思想进万

6月4日，克拉玛依市举办2020年宣讲员大赛“决胜小康　奋斗有我”主题赛　（彭昱　摄）

家，重点围绕党的十九届五中全会和第三次中央新疆工作座谈会精神特别是习近平总书记重要讲话精神开展形式多样的主题宣讲活动。推进“三本白皮书”主题宣讲，组建备课专班，梳理形成20个宣讲专题，组织备课和宣讲员培训。全年开展重大主题宣讲活动1924场，受众人数超5.5万人。打造克拉玛依“玫瑰花宣讲”品牌“宣讲名嘴”队伍，统一设计品牌徽标（LOGO）、团徽、团旗，推动形成体现克拉玛依特色的宣讲品牌。选派宣讲员参加自治区“云”宣讲大赛，获自治区“金牌宣讲员”称号；举办克拉玛依市宣讲员大赛，分设“凝心聚力 决战脱贫攻坚”“决胜小康 奋斗有我”“点赞我的国 制度和治理”“聚焦总目标 奋进新时代”四个主题赛事，通过以赛促训方式提升基层宣讲水平和能力。

（孙祺）

【对外宣传报道】 2020年，克拉玛依市重点围绕习近平新时代中国特色社会主义思想、全面建成小康社会、决战决胜脱贫攻坚、党的十九届五中全会、第三次中央新疆工作座谈会、自治区党委“1+3”工作部署等重大主题，做好系列报道。全国“两会”召开前期，人民日报社主管主办新闻期刊《民生周刊》以4个专题报道克拉玛依市民生改善成果。7月6日，克拉玛依安置南疆富余劳动力转移人员助力脱贫攻坚取得显著成效相关报道在中央电视台《新闻联播》播出；7月11日，《人民日报》头版刊载《脚踏实地勇担使命——习近平总书记给中国石油大学（北京）克拉玛依校区毕业生回信引发热烈反响》，在全国引发强烈反响；12月9日，《新疆克拉玛依胜利路街道长征社区——党建引领社会治理大合唱》作为城市基层党建和社会基层治理典范，在《人民日报》进行专题报道。截至2020年12月，《人民日报》、新华社、中央电视台、中央人民广播电台、《新疆日报》、新疆广播电视台等中央及自治区主要新闻媒体持续在头版头条等重要时段、重要版面刊播克拉玛依市落实总书记重要回信精神主题信息92条（篇），新媒体单条（篇）信息浏览量多条（篇）破10万人次，累计浏览量超百万人次。

（李忠顺）

【精神文明创建】 2020年，克拉玛依市以全国文明城市创建为重点，开展各类群众性精神文明创建活动。克拉玛依区小拐乡小拐村被评为全国文明村镇；市中心医院等2个单位新入选全国文明单位，中国石油新疆油田分公司等15个单位继续保持全国文明单位荣誉称号；陈志兰家庭、鲁海洋家庭成功当选全国文明家庭，肉孜麦麦提·巴克家庭继续保持全国文明家庭荣誉称号；市第八小学继续保持全国文明校园荣誉称号；北京师范大学克拉玛依附属学校被评为全国未成年人思想道德建设先进单位。开展文明城市整改攻坚，围绕环境卫生、交通秩序、服务态度等方面顽瘴痼疾，动员全市上下全员参与、全面整改、全域提升。推进克拉玛依区、乌尔禾区“新时代文明实践中心”建设，学习借鉴疆内疆外城市先进经验和做法，推进新时代文明实践中心、所、站、点建设。截至年末，全市共有5个村镇、112个单位、2户家庭、36所学校被评为自治区文明村镇、文明单位、文明家庭、文明校园。

（赵成刚）

【文化艺术创作】 2020年，克拉玛依市围绕全面建成小康社会、“建党100周年”，举办全市舞蹈大赛、优秀原创戏剧小品剧本征集活动、“红心永向党 携手奔小康”庆祝克拉玛依生日3D主题美术和摄影展、《荒原筑梦——克拉玛依城市工匠纪实（一）》最美朗读者评选等，通过活动聚集优秀人才、储备好节目好素材。通过第八批签约作家、艺术家聘任和重点文艺作品创作扶持，创作长篇报告文学《父辈的丰碑》、诗集《生命的石油》、油画《战疫情——守护》等17部文艺作品。微电影《铁老汉的夏天》获得第28届金鸡百花电影节暨第33届中国电影金鸡奖·新影像单元优秀作品奖。

（龙君）

【群众性文化活动】 2020年，克拉玛依市共举办元旦、春节等重要节点文化惠民活动112场次；举办“福”字主题书法摄影展，发放自治区“万村千乡文化惠民行动”春联和自制春联6000余套；开展“我们的中国梦”——文化进万家活动355场次、参与群众53870人次；开展“认好中国字、写好中国字、说好中国话、读好中国书”活动和全民阅读活动，推荐阅读书单12期；通过“东风工程”免费赠阅出版物项目和农家书屋建设，向基层赠书报刊30万册；组织开展“红色传承光影述说”优秀电影展映展播60场次，观影人数5066人次。疫情防控期间，先后推出“战疫情，我们在行动”“战疫情，我们有艺力”“团结艺心　共战疫情”三轮主题创作活动，展出文艺工作者和文艺爱好者疫情防控创作487幅（个）。

（龙君）

【疫情防控专题报道】 2020年，克拉玛依市利用宣传报道、主题宣讲等深入诠释疫情防控政策，宣传解读卫生健康和疫情防控知识，讲述一线感人事迹，展现各族群众万众一心、众志成城精神面貌。抓好党员领导干部对习近平总书记关于统筹推进常态化疫情防控和经济社会发展工作重要讲话、重要指示精神学习理解；抓好群众理论动员，开展疫情防控“云宣讲”，向基层编发疫情防控知识手册6期4600余册、疫情防控海报2200余张。持续强化宣传报道，全市各媒体累计发布疫情防控相关信息2.5万余条，中央及自治区主要新闻媒体转载克拉玛依市疫情防控宣传信息近千条。持续做好社会面宣传，累计发放宣传资料47万份、张贴海报近16万张、悬挂横幅6500余条。加强涉疫情舆情分析研判，探索工作模式，编写《舆情信息》70期，刊发辟谣信息42条次。抓好文化服务，开展主题文艺作品创作展示，展出原创文艺作品487幅（个），推出线上展览13期，累计浏览量近32万人次，转发分享超17万人次。

（刘志强）

1月6日，书法爱好者在吉祥苑社区为居民书写春联

（秦晨　摄）

统　战

【党外知识分子情况】 2020年，克拉玛依市共有无党派人士341人，其中副厅级干部2人、正处级干部2人、副处级干部15人。各级政协委员中党外政协委员76人，占政协委员总数的28%。市人大代表中党外人大代表47人，占代表总数的10.8%。

（张文军）

【非公有制经济党建工作】 截至2020年底，克拉玛依市共有市场主体87893个，其中私营企业8363家，个体工商户20282户，在非公企业中共成立369个党组织（其中党委22个、党总支22个、党支部325个），单独成立党组织的非公企业158家，党员4352名，党的工作覆盖率达100%。

（张文军）

【新的社会阶层基本情况】 2020年，克拉玛依市有社会组织352个，其中：社团195个、民办非企业157个，从业人员约3万人；主要非公企业3236家，其中技术管理人员约1万人；党政机关及事业单位、国有企业网站42家、从业人员157人。民营企业网站151家、个人网站1家，从业人员631人。其中登记在册新的社会阶层人员1517名，初步确定100名重点联系对象。

（张文军）

【侨胞、侨眷基本情况】 2020年，克拉玛依市有归侨侨眷及其他侨属身份4243人。全市在海外侨胞及留学生1604人，遍布世界54个国家和地区，主要集中在北美、中亚和澳大利亚。

（张文军）

【侨务侨联工作】 2020年，克拉玛依市做好“三侨一台”考生身份认定等相关优惠政策落实；做好群众来信来访工作。全年共办理涉侨信访5人次；完成“最多跑一次”政务服务事项确认及进驻政务大厅；联系海外华人华侨携手抗击疫情，为克拉玛依市购买127箱约26万元的疫情防控物资；开展走访慰问困难归侨侨眷和重点人士眷属。全年走访慰问归侨侨眷、海外华人华侨侨属76户，发放慰问款物约4.3万元；做好克拉玛依市重点海外华侨华人关爱联系工作；开展慰问抗击疫情医务人员，对克拉玛依市中心医院、人民医院和独山子人民医院3家医院33位医护工作者进行慰问；组织克拉玛依市5所中学351位高中学生参加第二十一届世界华人中学生作文大赛；组织克拉玛依市各级侨务侨联干部和归侨侨眷参加“侨心向党·圆梦中国”主题征文活动;开展“喜迎国庆，情溢中秋”——克拉玛依市第三届临书临印临画展暨“侨与祖国、翰墨情深”书画展。结合第七次全国人口普查的契机，开展一次全市侨情普查，建立侨务资源信息库；继续做好留学生信息统计分析；对克拉玛依区、白碱滩区（克拉玛依高新区）、独山子区部分街道、社区进行基层走访和工作调研，摸清侨情底数和基层工作现状，发现问题并及时梳理提出解决意见。加强对克拉玛依市归侨侨眷入户走访工作，全年走访侨眷家庭62户132人；加强基层侨联组织建设。全年指导并推进市文化馆、杨鸣山艺术馆创建“中国侨联文化交流基地”，独山子区“创艺空间”创建“侨胞之家”示范点，为3个示范点争取自治区侨联工作经费13万元。

（张文军）

【台胞台属情况】 2020年，克拉玛依市有台胞5人，其中定居台胞2人，常住台胞3人。台属33人。

（张文军）

【对台工作】 2020年，克拉玛依市学习贯彻习近平新时代中国特色社会主义思想和习近平总书记关于对台工作重要论述，切实把思想和行动统一到中央的分析判断和决策部署上来；抓好惠台措施落实，加强对克拉玛依市台胞、台属、台企关爱服务，解决1户台胞子女入学问题；加强与在克拉玛依市台胞台属联系，走访慰问台胞4户。

（张文军）

【党外人士工作】 2020年，克拉玛依市完善与党外人士谈心交友制度。到年底已经完成计划的100%。疫情防控期间支持克拉玛依市各民主党派、无党派人士以不同方式参与疫情防控，市委统战部在国庆和

10 月 17 日，市委统战部在独山子区组织召开全市党外代表人士第四季度学习会
（市委统战部　供图）

中秋节看望与慰问疫情防控期间有突出贡献的民主党派人士 26 名。在民主党派、党外知识分子中持续开展“不忘合作初心　继续携手前行”主题教育，通过赠阅学习书籍、召开座谈会议、开展两次季度学习会等形式加深对习近平新时代中国特色社会主义思想理解认同，及时学习第三次中央新疆工作座谈会精神和中共十九届二中、三中、四中、五中全会精神，筑牢同心同行同向思想基础。制定《克拉玛依市新的社会阶层人士统战工作联席会议制度》。按照自治区首批新的社会阶层人士工作试点城市工作要求，完成克拉玛依市新的社会阶层联谊会注册。向市委报告筹备工作情况，申请成立克拉玛依市新的社会阶层联谊会。

（张文军）

【留学人员联谊会】 2020 年，克拉玛依留学人员联谊会共有会员 114 人。会员分布在石油石化、医疗、金融、教育等行业。

（张文军）

网信管理

【制度建设】 2020 年，市委网信办制定《中共克拉玛依市委员会网络安全和信息化委员会办公室领导班子工作规则》《克拉玛依市网络名人队伍建设实施方案》《克拉玛依市互联网信息办公室信息化项目评审专家劳务报酬支付标准》。

（成文星）

【网络宣传】 2020 年，市委网信办组织克拉玛依市北师大附属学校 1000 余名师生通过网络视频直播方式开展青少年网络安全教育。为全市 100 余名重点新闻网站平台、中小微互联网企业管理人员进行《互联网内容生态治理规定》专题培训。制作普法动漫视频作品《网暴不是网曝！》，获自治区“互联网不是法外之地”普法作品征集活动最佳创意三等奖。

（成文星）

【互联网党建】 2020 年，市委网信办指导市互联网协会党支部撰写的《强化党建引领　探索协会发展新路径》获得“2019 年度全国网络社会组织党建工作典型案例”荣誉。在全市互联网领域开展“四微”学用活动，共收集作品 56 部，评选优秀作品 17 部。组织“初心在线　砥砺奋进”党建知识网络竞赛活动，全市互联网领域共 173 名党员、从业人员参加。组织开展“2020 · 网信专家线上巡回讲”活动，全市互联网领域 119 名党员参加。

（成文星）

【网络安全】 2020 年，市委网信办以“网络安全宣传周”为契机，集中开展校园日等 6 个主题日活动和 2 轮网络安全进社区、进校园、进企业、进机关宣传活动，发放网络安全宣传单、宣传折页 2.5 万余份、张贴海报 5000 张，制作 H5、宣传视频 5 个，网站、微信公众号、抖音等平台共发布各类网络安全宣传作品 21 个、阅

10月26日，克拉玛依市开展“油城固网—2020”网络安全实战攻防演习
（市委网信办　供图）

读量3万余人次、转发量4382人次、点赞量17823人次，开展“油城固网—2020”克拉玛依市网络安全实战攻防演习。会同市公安局、市工信局从管理和技术层面入手，对全市44家重要信息系统单位及中小微企业开展2次网络安全联合执法检查，共发现高危安全漏洞798个，中危安全漏洞565个，被木马感染服务器3台，查杀疑似木马病毒文件65个，整改率100%。

（成文星）

【网络社会建设】 2020年，市委网信办在全市开展网络中国节“我与端午的记忆”图文视频征集活动，共收集260部作品，评选优秀作品35部。举办全市网络大V座谈会，初步建立网络大V队伍，明确2021年网络大V工作任务。荣获2020年“益路同行　助力脱贫”网络公益行动先进单位称号，所指导的“兰色E网梦家园”网络公益项目被评为2020年“益路同行　助力脱贫”网络公益行动优秀项目。开展“我们的节日”网上宣传活动，获得2020年新疆争做中国好网民工程优秀项目，选送作品获得优秀作品奖。

（成文星）

【信息化建设】 2020年，市委网信办联合工信、公安、财政、机要保密等单位部门89名专家，完成18个信息化项目评审工作，审核通过项目14个，涉及项目投资金额7868.5万元。将全市各单位部门征集的80名专家纳入信息化领域评审专家库，推进克拉玛依市信息化工作，发挥专家集体咨询调研作用。联合市应急管理局、油城数据公司、中国移动雄安新区研究院组成联合调研组，在全市范围内开展“十四五”信息化规划和“城市大脑”数据中心调研工作。深入了解克拉玛依市“十三五”期间信息化建设工作落实情况，为克拉玛依市“十四五”信息化规划编制积累丰富、翔实基础分析数据。

（成文星）

机构编制

【“三定”工作】 2020年，克拉玛依市首次将“三定”（职能配置、内设机构、人员编制）规定落实情况纳入市级领导班子年度（绩效）考核范围，制定“三定”规定履行情况考核细则，推动机构编制管理规范化、法定化。发挥统筹协调作用，厘清自然资源、林业和草原、文化广播电视和旅游、市场监督管理等涉及职责交叉部门的职责分工，促进各部门履职尽责。抓好县处级事业单位调整工作，调整优化市社会治安综合治理办公室基层工作指导中心等34家事业单位，探索性地首次以“三定”规定形式，拟订市维稳指挥中心等4家县处级事业单位“三定”规定。指导各区盘活用好现有编制资源，召开2020年机构编制工作重点工作座谈会，对各区科级事业单位改革给予指导，调整优化各区事业单位布局结构。结合实际，制定印发市中心医院、市人民医院（中医医院）、市第二人民医院（康复医院）3家公立医院机构编制方案，明确内设机构设置、人员编制和领导职数，调整隶属关系，理顺管理体制，优化资源配置，持续推动公立医院去行政化。

（蒋昊楠）

【综合行政执法改革】 2020年，克拉玛依市根据中央和自治区关于设区的市与市辖区原则上只设一个执法层级要求，按照减少执法层级、整合执法队伍、提高执法效率原则，探索跨领域跨部门综合行政执法改革，推进综合行政执法改革工作。印发《克拉玛依市交通运输综合行政执法局机构编制方案》并组织实施，归并整合道路运输管理局、客运管理办公室等交通运输执法机构，组建市交通运输综合行政执法局，将原分散的交通运输领域行政执法权统一交由市交通运输综合行政执法局行使，实行以市级为主的执法体制，整合精简执法队伍，实现一支队伍管执法，打破全市交通运输领域“九龙治水”怪圈，解决多头多层重复执法等问题。开展文化市场、市场监管、农业领域综合行政执法改革落实情况评估工作，全面了解各区综合行政执法机构设置、编制配备、执法职能整合调整情况，发挥改革评估“指挥棒”作用，督促各区对评估中发现的问题与不足进行整改。

（蒋昊楠）

【乡镇和街道机构改革】 2020年，克拉玛依市根据中央、自治区和市委关于深化乡镇和街道机构改革推进基层综合行政执法工作部署，衔接全市城市基层党建、“放管服”改革、综合行政执法改革等工作，统筹优化乡镇和街道管理体制，强化乡镇和街道党（工）委领导核心作用，协调推进基层综合行政执法改革，印发实施《克拉玛依市深化乡镇和街道机构改革 推进基层综合行政执法实施方案》，把坚持和加强党的领导作为提升基层治理水平根本保证，强化乡镇和街道党（工）委领导核心作用，在乡镇和街道设党建办公室、党群服务中心，推进区域化党建工作，做好服务党组织和党员群众工作，延伸基层党建触角。结合全市经济社会发展和市域社会治理现代化试点工作，在规定限额内统筹优化乡镇和街道机构设置，乡镇统一设置“五办六中心”[五办为党政办公室、党建办公室、经济发展办公室、社会事务办公室、综合执法办公室，六中心为农业（畜牧业）发展服务中心、文体广电旅游服务中心、社会保障（民政）服务中心（退役军人服务站）、农村合作经济（统计）发展中心（财政所）、村镇规划建设发展中心（生态环境工作站）、综治中心（网格化服务中心）]，为促进乡镇经济发展和城镇化建设提供机构编制保障；街道统一设置“两办四中心”[两办为党建办公室、综合协调办公室（综合执法办公室），四中心为党群服务中心、社会事务（统计）服务中心（退役军人服务站）、综治中心、城市网格化服务中心]，形成“两办”后台统筹协调、“四中心”前台服务群众组织架构，提高公共服务和公共管理水平。组建乡镇和街道执法机构，在市场监管、文化市场、城市管理领域采取相对集中监督检查方式开展综合行政执法工作，由乡镇和街道统一指挥、统一调度、统一管理，提升基层综合执法水平。

（蒋昊楠）

【事业单位改革试点】 2020年，克拉玛依市根据自治区事业单位改革工作领导小组办公室《关于在阿克苏地区、昌吉州、克拉玛依市开展事业单位改革试点工作的通知》精神，在全疆率先开展事业单位改革试点，成立以市委书记为组长的事业单位改革工作领导小组，组织召开机构编制重点工作座谈会，谋划部署改革试点工作。

在自治区党委编办指导帮助下，拟订《克拉玛依市深化事业单位改革试点实施方案（送审稿）》《克拉玛依市事业单位机构编制管理办法》和《事业单位机构编制框架方案》。

（蒋昊楠）

【重点领域编制配备】 2020年，克拉玛依市根据职能任务需要，加大编制调剂力度，全力保障全局工作和重大民生用编亟需。为各区增加200余名中小学教职工编制并完成重新分配，筹措事业编制200余名成立新疆医科大学厚博学院转设工作筹备办公室，为优化全市教育结构提供编制资源支撑。通过增加市疾病预防控制中心人员编制、完善市国资委所属事业单位设置等助力公共卫生事业、教育事业、国有企业等领域持续发展。

（蒋昊楠）

【权责清单事项梳理完善】 2020年，克拉玛依市按照自治区关于权责清单工作部署，以原有权责清单事项为基础，对照党政机构最新“三定”规定，结合法律法规立改废释情况，梳理完善市级权责清单事项4449项。配合自治区党委编办开展权责清单事项补充完善工作，补充和完善市、区两级权责清单事项511项，其中修改99项、新增412项。推进权责清单和“三定”规定有机结合，在“三定”规定中未做明确的职责任务，通过权责清单作为补充，两者互相印证，规范职能配置，明确职责边界，规范和约束部门履职行为。

（蒋昊楠）

【统一社会信用代码赋码和事业单位法人登记管理】 2020年，市委机构编制委员会办公室开展统一社会信用代码赋码工作和事业单位法人登记管理工作，为各相关单位正常运行提供保障。严格落实疫情防控要求，采取电话、邮件、传真等“非接触”“不见面”方式办理业务，同时实行错峰办理、预约办理，多渠道为各单位提供服务，做到数据网上跑、群众少跑路，确保业务办理和疫情防控“两不误”。印发《关于做好2019年度全市事业单位法人年度报告公示工作的通知》，对年检对象、时间安排、操作流程、上报材料等做详细说明和要求，制定相关标准，提供示范文本供各事业单位参考，完成2019年度市本级86家事业单位法人年度报告工作，公示率达100%。

（蒋昊楠）

【制度建设】 2020年，市委机构编制委员会办公室推动《中国共产党机构编制工作条例》（以下简称《条例》）纳入党校培训主体班次课程，推动将各单位“三定”规定执行情况纳入巡视巡察、领导班子年度（绩效）考核、选人用人专项检查等监督范围，形成制度执行合力。以《条例》为基本遵循，完善《条例》配套制度，制定《中共克拉玛依市委员会机构编制委员会工作规则》《中共克拉玛依市委员会机构编制委员会办公室工作细则》等24项工作制度，形成《市委机构编制委员会办公室工作规范手册》，规范工作程序和监督机制。

（蒋昊楠）

政策研究

【深化改革】 2020年，克拉玛依市按照中央和自治区部署，实施8个方面26条55项改革任务。承接落实自治区党委推进高质量发展综合改革、深化“数字克拉玛依”专项改革、持续推进“基层一张表”专项改革试点3项改革试点任务。根据中央、自治区党委安排，开展党的十八届三中全会以来全面深化改革落实情况总结评估工作。

（胡玲）

【“高质量发展”综合改革试点】 2020年，克拉玛依市按照“一年建规则，两年有突破，三年见成效”工作目标，推动建立宏观调控有度、产业发展有效、微观主体有活力高质量综合改革协调推进机制，完善市场资源配置机制、创新要素集聚机制、营商环境优化机制。构建“一主多元”现代化产业体系，推动园区体制机制改革，推进生态环境保护和污染防治，主动融入丝绸之路经济带核心区建设，发掘经济发展内生动力，推进经济高质量发展。深化“放管服”改革，持续优化营商环境，通过推进“最多跑一次”改革进入2.0版，推行跨部门“双随机、一公开”联合监管，建立营商环境评价体系，优化提升政府服务质量。10月16日，国家发改委发布首部营商环境评价领域报告《中国营商环境报告2020》中，克拉玛依市企业投资项目承诺制入选“一省一案例”专栏。11月20日，在国务院通报表扬的第七次大督查发现的43例典型经验做法中，克拉玛依市“深化商事制度改革，做到便民利民可复制”位列其中，为新疆唯一受表扬地（州、市）级经验做法。

（胡玲）

【“数字克拉玛依”综合改革试点】 2020年，克拉玛依市推进城市大数据平台建设，通过加快推进重点信息项目、全面推广智慧民生应用、发展壮大信息产业，构建数字政府、打造数字社会、发展数字经济，提升城市数字化水平和市民办事便捷性，提高信息产业发展水平。

（胡玲）

【“基层一张表”专项改革试点】 2020年，克拉玛依市将“基层一张表”专项改革试点作为贯彻中央基层减负决策部署重要抓手，通过强化数据共享，解决“共享难”问题；推进系统整合，解决“重复录”问题；运用专业技术，解决“多头报”问题；开发报表系统，解决“报表繁”问题。报表管理系统已具备人员查询、统计分析、表格审批、报表自动生成等多种功能，基层常用12张统计报表已实现自动填报。实现让数据多“跑腿”，让基层干部少“跑路”。

（胡玲）

【决策咨询】 2020年，市委政策研究室（改革办）围绕市委、市政府中心工作，研究分析国内外经济形势和政策，搜集、整理、分析国内外和自治区理论研究动态、典型经验和经济社会发展信息，为领导决策提供参考；组织参与疫情防控、社会经济发展重大问题的调研，开展有关政策体系和产业研究，推动政策、措施制修订工作；组织《坚持稳中求进，坚持新发展理念，稳步推进克拉玛依经济高质量发展》等材料编写；编辑市委政研室《信息参阅》5期。

（胡玲）

机关党建

【概况】 2020年，市委直属机关工委直接管辖80个单位268个基层党组织，其中党委27个、党总支10个、党支部231个。党员总数4078人，其中女性党员1438人、少数民族党员555人、退休党员1095人，大专及以上学历3517人。

（肖云海）

【政治机关建设】 2020年，市委直属机关工委深入学习贯彻习近平总书记在中央和国家机关党的建设工作会议上重要讲话精神，印发《关于“强化政治机关意识，走好第一方阵”扎实推进克拉玛依市委重点工作部署落实的工作方案》，把强化政治机关意识作为首要政治任务和政治责任，教育引导机关5000余名党员干部坚定不移地始终对党忠诚。开展“让党中央放心、让人民群众满意的模范机关”创建活动，通过重温入党誓词、党员过“政治生日”、党员领导干部讲党课、落实“三会一课”、召开组织生活会等组织活动，教育引导机关党员干部把增强“四个意识”、坚定“四个自信”、做到“两个维护”体现在坚决贯彻落实全面从严治党部署要求上，体现在履职尽责、做好机关党建工作上。

（肖云海）

【学习贯彻习近平新时代中国特色社会主义思想】 2020年，市委直属机关工委把学习贯彻习近平新时代中国特色社会主义思想作为首要政治任务，持续推动“不忘初心、牢记使命”制度落实落地，指导督促市直机关各部门理论学习中心组学习研讨500余次，提高“关键少数”示范领学作用。落实政治理论“学习日”制度，配发《习近平关于“不忘初心、牢记使命”论述摘编》、《习近平谈治国理政》（第三卷）、《新中国70年》等书籍6000余份（册），推进机关党员干部常态化学习。举办“打造书香机关，争做悦读青年”阅读马拉松挑战赛，组织党章、国家法律、党内法规等系列知识问答，用新思想、新理论、新知识武装头脑、指导实践、推动工作。

（肖云海）

【党建服务大局】 2020年新冠肺炎疫情发生以来，市委直属机关工委组织机关各级党组织和党员干部捐款52万余元支援疫区，选派1000余名党员干部到企业、社区帮助复工复产和疫情防控，居家党员干部参加所在社区疫情防控教育、便民生活代办、帮扶困难群众等志愿者服务25000余人次。

（肖云海）

【管党治党责任落实】 2020年，市委直属机关工委成立市直机关党建共建工作小组，印发《关于成立市直机关党建共建小组的通知》《关于成立市直机关党的建设指导工作小组的通知》，组建7个党建共建工作小组，通过6月、11月全覆盖集中指导督促和日常一对一、点对点指导督促方式，累计发现并整改问题287个，动态掌握党组（党委）、机关党委、党总支、党支部抓机关党建工作情况，有效推进机关党建工作主体责任落实。加大基层党组织标准化、规范化建设，完善机关党组织书记述职评议考核评价体系，全年举办机关基层党组织书记培训班3期140人。

（肖云海）

7月14日，市新华书店大厅，《习近平谈治国理政》第三卷中英文版在一楼显著位置“学习强国”专架展出，供市民翻阅、学习和选购

（闵勇 摄）

【正风肃纪】 2020年，市委直属机关工委持续推进全面从严治党要求在市直属机关贯彻落实。组织党员干部认真学习贯彻《中国共产党纪律处分条例》《关于新形势下党内政治生活的若干准则》等党纪党规，通过知识竞赛、微信答题等方式测试学习情况，教育党员干部筑牢拒腐防变的思想防线。全年审结派驻纪检监察组移送案件16件，其中建议给予党纪政务轻处分12人，重处分4人。全年协助审理市本级案件32件，参与扫黑除恶线索回头看工作，查阅案件25件，配合开展处分决定宣布工作3场次，梳理2016年至2020年案卷105件。开展“清风满天山”讲故事比赛，共征集作品42件，9名选手参加市直机关“清风满天山”讲故事比赛，4人分

获二等奖和三等奖。

（肖云海）

【基层党组织建设】 2020年，克拉玛依市直机关各部门设置机关党委的，由原来的15家增至27家。市委直属机关工委指导各单位党支部选优配强党支部书记，落实党支部书记由单位主要负责人担任，提升市直机关基层党组织党建工作质量。深入贯彻《中国共产党党员教育管理工作条例》《中国共产党党内功勋荣誉表彰条例》，鼓励基层党委开展表彰工作。截至年末，市委直属机关工委拨付和使用留存党费18.4万元，16家基层党委共表彰先进基层党组织16家，优秀党务工作者43名，优秀党员141名。

（肖云海）

【群团组织工作】 2020年，市委直属机关工委指导机关基层党组织协助部门党组（党委）加强对机关工会、共青团等群团组织领导。规范设置群团组织，指导完成10个基层工会、5个团组织调整设置，实现在机构改革中与党组织同步设立、调整，为党建带团建、群建提供组织保障。联合市总工会、慈善总会举办市直机关“云马建家园——与我同行·情暖油城”健步走活动，为克拉玛依40户80岁以上失能、低保、独居老人家庭安装适老化辅具。

（肖云海）

党校工作

【培训教学】 2020年，中共克拉玛依市委员会党校（行政学院）（简称市委党校）举办县处级和科级领导干部“学习贯彻党的十九届四中全会精神”集中培训班、支部书记示范班、中青年干部培训班和党员培训班等各类培训班103个，培训人数1.6万人次；教师前往市属、油田企业单位宣讲115场次，听众1.1万人次；向市总工会、白碱滩区（克拉玛依高新区）教育工委、白碱滩区（克拉玛依高新区）委党校、克拉玛依区委党校、市公安局、市委政法委、南林社区、和平社区等单位送教86场次，受众约7000人。

（罗海青）

【教学改革】 2020年，市委党校在课程设置上突出理论教育和党性教育核心地位，结合新疆和克拉玛依实际，将党的治疆方略与新疆工作总目标作为重要内容，加强区情、市情教育；在原有教学模块基础上增加“党的十九届四中全会精神”“知识讲座”单元，设置微课程和微党课分享和学院论坛，增加学员间相互交流机会，帮助学员开阔视野、开拓思路。中青班培训模式首次采取封闭式管理，在克拉玛依培训期间，学员需在校内住宿，采取军事训练、统一住宿方式，严格班级管理。做实、做细党性分析活动，中青班对开展党性分析活动目的和意义、方法和步骤、重点和原则等做详细说明，提出明确要求。

（罗海青）

【搭建教学载体】 2020年，市委党校将习近平新时代中国特色社会主义思想教育贯穿党员教育培训始终。更新培训内容、改进培训方法，结构化研讨、模拟教学、现场教学等新型教学模式运用，深入挖掘全市红色教育资源和现场教学点，依据不同培训主题，适时纳入对应主题现场教学，将党群服务中心党建展厅、克拉玛依红色记忆展览馆等一批新教学点纳入培训课堂。启动“3+1”（3个小时专题课+1个小时互动交流研讨）教学模式，首次应用在党员培训中，将教师引导解读和学员实践体会有机结合，促进教学相长、学学相长。针对在抗击新冠肺炎疫情中涌现出的各行业先进典型，打造集讲授式教学、榜样示范式教学、互动式教学于一体的新型教学模式——访谈式教学。

（罗海青）

【科研活动】 2020年4月，市委党校出台《中共克拉玛依市

6 月 22 日，市委党校举办“正确认识新疆若干历史问题”专题讲座
（常现文　摄）

委员会（行政学院）科研管理办法》，提升科研管理工作制度化、规范化水平。全年举办 6 场教研活动，推动教师教学水平提升。

（王春红）

【专题调研】 2020 年，市委党校成立两个专题调研组，分赴全市 10 个街道 17 个社区就基层党建（党务）工作、群众工作现状开展调研，形成调研报告，转化教学专题成果，《基层党员干部纪律规矩意识培养的实效性探究》课题，获 2019 年度新疆维吾尔自治区优秀纪检监察调研报告三等奖。通过对调研成果进行加工整理，形成 14 个符合当前形势、回应基层关切的新专题，在群众工作培训班中获得基层干部好评，并陆续进入中青班、党支部书记示范班等班次，走出了一条专题开发新路。

（王春红）

【克拉玛依学刊】 2020 年，市委党校共收稿 1965 篇，合格 1872 篇，初审文章 1872 篇，发专家外审 300 余篇，编辑 110 篇，刊发文章 69 篇。其中基金项目类文章 33 篇［其中国家级 11 篇、省部级 11 篇、高（党）校级 11 篇］；副教授及教授（含第二作者）19 篇，博士（独著或第一作者）13 篇，本地作者稿 5 篇（其中本校作者稿 3 篇），约稿 11 篇。

（张泽红）

【师资队伍建设】 2020 年，市委党校组建专题调研、备课小组，组织教师观摩自治区党校专家授课、选派教师到自治区党校参加各类培训班培训学习，以组织部、街道社区等部门实践锻炼等方式，培养教师梯队。严格按照干部选拔制度要求，提拔科级干部 2 人，轮岗调整科级干部 5 人，引进急需人才 3 人。与中国延安干部学院、上海市区两级党校合作，通过师徒结对、跟班学习和挂职锻炼等方式，培养学科带头人和青年骨干教师，为开发精品课、提升教学科研能力发挥引领带头作用。

（童成莲）

【基础设施建设】 2020 年，市委党校迁建项目于 4 月 9 日完成监理招标，5 月 18 日完成 EPC 总承包招标，7 月 1 日开始施工。至年底，体育馆 4.2 米梁模板钢筋绑扎完成 50%；行政楼二层顶板安装完成 50%；综合教学楼完成剪力墙混凝土浇筑；图书楼完成一层混凝土浇筑；报告厅 2.3 ～ 5 米处钢筋绑扎完成 50%；学员中心完成一层混凝土浇筑。

（葛世平）

党史地方志编研

【《中共克拉玛依市委员会史志办 2019—2022 年党史工作规划》制定印发】 2020 年，克拉玛依市委史志办根据《自治区党委办公厅关于转发〈中共新疆维吾尔自治区委员会党史和文献研究院 2019—2022 年工作规划〉的通知》精神，围绕 2019

至2022年重大纪念活动和重要时间节点，结合克拉玛依市实际，牵头制定《中共克拉玛依市委员会史志办2019—2022年党史工作规划》，经市委常委会批准执行，明确编辑出版《中国共产党克拉玛依市历史大事记（2008—2018）》《中共克拉玛依市委重要文件选编》《克拉玛依群英谱（2002—2020）》《克拉玛依红色故事集》等重点书籍具体任务。

（张静）

【市、区两级党史大事记编撰】 2020年，克拉玛依全市党史大事记编撰工作有序推进。市委史志办针对市辖区党史基本著作和党史大事记编撰工作推进缓慢，专业力量薄弱、人员组织有难度等问题，以现场调研、座谈会、电话联系等方式指导各区党史简史和党史大事记编撰工作，先后开展现场调研指导7次、举行座谈会6次、电话指导20余次。截至年末，《中共克拉玛依市历史大事记（2008—2018）》《中共白碱滩区（克拉玛依高新区）党史大事记》已进入出版印刷阶段，《中国共产党独山子区历史大事记（1938—2018）》《中国共产党乌尔禾区历史大事记（1955—2018）》已完成初稿。

（张静）

【市辖区党史简本编撰】 2020年，克拉玛依市市辖四区按计划开展党史简本编撰工作。克拉玛依区党史简本已完成征求意见稿，独山子区党史简本进入第三稿修改阶段，白碱滩区（克拉玛依高新区）和乌尔禾区党史简本进入第二稿修改阶段。

（张静）

【《匠心逐梦·最美奋斗者——克拉玛依劳模风采录（2002—2020）》编撰】 2020年，克拉玛依市委史志办启动克拉玛依英模人物第四卷即《克拉玛依群英谱（2002—2020）》编撰工作，制定编撰方案，与市总工会联合发文征集2002—2020年市级及以上劳模资料，陆续着手进行系统整理和挖掘。截至年末，已完成初稿。

（张静）

【区、乡志编纂】 2020年，克拉玛依市区、乡志编纂工作稳步推进。截至年末，《乌尔禾区志（1995—2010）》已出版。《小拐乡志》仅有“人物”“概述”“大事记”尚未送审，《乌尔禾镇志》参选名镇志申报工作已基本完成，镇志大纲已经自治区地方志编委会审定，编修任务外包已完成。

（张静）

【《克拉玛依年鉴（2020）》编纂出版】 2020年11月18日，《克拉玛依年鉴（2020）》由中国文史出版社正式出版发行，首次实现当年编纂当年完成出版印刷任务，也是2020年全疆范围内唯一一部当年完成出版印刷任务的年鉴，全书85万字、300余幅图片。

（张静）

【市辖区年鉴编纂出版】 2020年，克拉玛依全市四区年鉴编纂工作均按计划有序推进。截至年末，市辖四区年鉴全部完成初稿，其中《克拉玛依区年鉴（2020）》《乌尔禾区年鉴（2020）》进入印刷阶段。

（张静）

【地方志业务网上申报审批办理】 2020年，克拉玛依市在全疆地方志系统率先开展网上政务申报审批办理工作，先后组织完成地方志书、地方综合年鉴行政审批网上申报流程图和申报材料模板制作，建立健全市、区两级地方志网上政务申报审批办理平台，并于年内投入运行。截至年末，市级网上政务申报审批办理平台共办理市辖区地方志书和地方综合年鉴申报事项8项。

（张静）

市人民代表大会

综　述

【概况】 2020年，克拉玛依市十四届人民代表大会召开第五次会议，收到各类意见建议94件，办结率100%。全年召开常务委员会会议6次，开展执法检查、视察、调研19次，共任免（辞）人大常委会机关和“一府一委两院”工作人员66人次。

（曹钰辉）

【人大代表构成】 截至2020年12月31日，克拉玛依市十四届人民代表大会实有代表230名，缺额22名。其中少数民族52名、女性70名。

（曹钰辉）

【人事任免】 2020年，克拉玛依市人大常委会共任免（辞）人大常委会机关和“一府一委两院”工作人员66人次，其中市人大常委会机关14人次，市人民政府22人次，市监察委员会1人次，市中级人民法院15人次，市人民检察院14人次。

（曹钰辉）

重要会议

【市十四届人大五次会议】 2020年1月15—17日召开。会议听取和审议市人大常委会、市人民政府、市中级人民法院和市人民检察院工作报告。审议克拉玛依市2019年国民经济和社会发展计划执行情况及2020年计划草案报告、克拉玛依市2019年财政预算执行情况和2020年财政预算草案报告。会议审查批准各项工作报告，通过各项决议。会议选举王伟、王玉多、石勇（苗族）、张新锁、段莉（女）、常富江为克拉玛依市第十四届人民代表大会常务委员会委员。会议通过关于设立克拉玛依市第十四届人民代表大会教育科学文化卫生委员会、城乡建设环境与资源保护委员会、社会建设委员会决定。会议通过克拉玛依市第十四届人民代表大会教育科学文化卫生委员会主任委员、副主任委员、委员名单，主任委员买买提·尤里瓦斯（维吾尔族），副主任委员王晓耕，委员王研充、吐尔逊阿依·铁木尔（女、维吾尔族）、冷文、张明玉、黄秉燕（女）、隋卓明。会议通过克拉玛依市第十四届人民代表大会城乡建设环境与资源保护委员会主任委员、委员名单，主任委员郜瑞宏，委员王天德、刘炜、张毅、娜仁（女，蒙古族）、路学成。会议通过克拉玛依市第十四届人民代表大会社会建设委员会主任委员、副主任委员、委员名单，主任委员常锋英（女），副主任委员迪力夏提（维吾尔族），委员丁燕（女）、孙燕（女）、李宁（女）、张立春、陈实、赵江、哈丽旦·艾则孜江（女，维吾尔族）、常富江。大会共收到议案1件，经大会议案审查委员会审查，确定将《关于制定〈克拉玛依市社会信用条例〉》

1月17日，在市十四届人大五次会上，与会代表表决通过会议报告、决议 （戴旭虎 摄）

确定为市十四届人大五次会议议案。大会收到代表对全市各方面工作提出建议、批评和意见94件，其中由议案转为建议、批评和意见26件，会后交市人民政府及有关部门办理，并负责答复代表。

（曹钰辉）

【市十四届人大常委会会议】2020年，克拉玛依市第十四届人民代表大会常务委员会共举行会议6次。

第二十八次会议 1月17日，市十四届人大常委会举行第二十八次会议。会议通过人事任免事项。

第二十九次会议 4月23日，市十四届人大常委会举行第二十九次会议。会议听取和审议市人民政府关于提请审议批准克拉玛依市提前下达部分2020年新增地方政府债务限额议案说明；听取市人大常委会财政经济工作委员会关于提请审议批准2020年提前下达部分新增地方政府债务限额议案审查报告；表决克拉玛依市人民代表大会常务委员会关于批准2020年提前下达部分新增地方政府债务限额议案决议（草案）；审议克拉玛依市人民代表大会常务委员会关于依法做好疫情防控工作决定（草案）；听取市人大常委会关于对《克拉玛依市人民代表大会代表建议、批评、意见办理办法（修订草案）》说明；审议市人大常委会关于修改《克拉玛依市城乡规划条例》决定（草案）；审议市人民政府关于提请审议《克拉玛依市社会信用条例（草案）》议案；审议关于补选财政经济委员会委员议案（草案）；会议通过人事任免事项。

第三十次会议 6月28日，市十四届人大常委会举行第三十次会议。会议审议《克拉玛依市人民代表大会代表议案处理办法》（草案）；审议市人大常委会关于修改《克拉玛依市制定地方性法规条例》决定（草案）；听取和审议克拉玛依市人民政府关于提请审议批准提前下达2020年第3批地方政府专项债务新增限额议案；听取市人大常委会财政经济工作委员会关于提请审议批准克拉玛依市提前下达2020年第3批地方政府专项债务新增限额议案审查报告；表决克拉玛依市人大常委会关于批准《关于提请审议批准克拉玛依市提前下达2020年第3批地方政府专项债务新增限额议案》决议（草案）；听取和审议市人民政府关于2019年克拉玛依市级决算草案报告；听取市人大常委会财政经济工作委员会关于克拉玛依市2019年市本级财政决算草案审查结果报告；表决克拉玛依市人民代表大会常务委员会关于批准克拉玛依市2019年市本级财政决算草案决议（草案）；听取和审议市人民政府关于2019年度市本级预算执行和其他财政收支情况审计工作报告；听取和审议市人民政府关于克拉玛依市2019年环境状况和环保目标完成情况报告；听取和审议市人民政府关于贯彻实施《克拉玛依市石油工业遗产保护条例》准备工作情况报告。会议颁发立法专家顾问聘请证书。围绕食品安全管理工作进行专题询问。通过了人事任免事项。

第三十一次会议　7月17日，市十四届人大常委会举行第三十一次会议。会议传达自治区人大常委会“深入学习贯彻习近平总书记关于坚持和完善人民代表大会制度重要思想、加强和改进人大代表工作交流会”精神;开展“代表讲堂”专题讲座；通过人事任免事项。

第三十二次会议　10月22日，市十四届人大常委会举行第三十二次会议。会议听取和审议市人大常委会关于市十四届人大五次会议议案办理情况报告；审议市人大常委会关于市十四届人大五次会议建议、批评和意见办理情况报告（书面）；审议市人民政府关于2020年上半年国民经济和社会发展计划执行情况报告（书面）；审议市人民政府关于2020年上半年财政预算执行情况报告（书面）；听取和审议市人民政府关于2020年本级财政预算调整情况报告；听取市人大常委会财政经济工作委员会关于2020年克拉玛依市本级财政预算调整情况审查报告；表决克拉玛依市人民代表大会常务委员会关于批准2020年克拉玛依市本级财政预算调整情况决议（草案）；听取和审议市人民政府关于提请审议批准克拉玛依市2020年新增地方政府债务限额、疫情防控特别国债资金议案；听取市人大常委会财政经济工作委员会关于2020年新增地方政府债务限额、疫情防控特别国债资金审查报告；表决克拉玛依市人民代表大会常务委员会关于批准2020年新增地方政府债务限额、疫情防控特别国债资金决议（草案）；听取和审议市人民政府关于全市住宅电梯安全运行及管理情况报告；听取和审议市人民政府关于自然资源国有资产管理工作情况报告；听取和审议市人民政府关于全市公共卫生安全管理工作报告；听取和审议市中级人民法院关于诉讼服务中心建设工作情况报告；听取市人大常委会关于《克拉玛依市大气污染防治条例（草案）》审议结果报告；审议和表决《克拉玛依市大气污染防治条例（草案修改稿）》（二审）。围绕公共卫生安全管理工作进行专题询问。通过人事任免事项。

第三十三次会议　12月25日，市十四届人大常委会举行第三十三次会议。会议举办法治讲座；听取和审议市人民政府关于2019年度审计查出问题整改情况报告；听取和审议市人民检察院关于刑事检察工作情况报告；听取和审议市人民政府关于《中华人民共和国律师法》贯彻实施情况报告；听取市人大常委会执法检查组关于《中华人民共和国律师法》检查报告；听取和审议市人民政府关于食品安全专题询问问题整改情况报告；听取和表决市人大常委会代表资格审查委员会关于对补选克拉玛依市第十四届人民代表大会代表资格审查报告；听取关于市人大常委会工作报告（草案）起草情况说明；审议和表决市人大常委会工作报告（草案）；听取关于克拉玛依市第十四届人民代表大会第六次会议主席团和秘书长等名单草案说明；审议和表决克拉玛依市第十四届人民代表大会第六次会议有关事项：审议和表决关于召开克拉玛依市第十四届人民代表大会第六次会议决定（草案），审议和表决克拉玛依市第十四届人民代表大会第六次会议议程（草案），审议和表决克拉玛依市第十四届人民代表大会第六次会议主席团和秘书长名单（草案），审议和表决克拉玛依市第十四届人民代表大会第六次会议主席团常务主席名单（草案），审议和表决克拉玛依市第十四届人民代表大会第六次会议副秘书长名单（草案），审议和表决克拉玛依市第十四届人民代表大会第六次会议各代表团召集人名单（草案）；通过人事任免事项。

（曹钰辉）

【人大代表工作现场交流会】 2020年12月9日，克拉玛依市人大召开贯彻习近平总书记关于坚持和完善人民代表大会制度重要思想、加强和改进人大代表工作现场交流会。部分全国人大代表、自治区人大代表及市、区两级人大代表参加会议。会议要求，各区、各街道（乡镇）、社区和人大代表要多层次多角度宣传会议精神，把各级人大代表和人大干部思想统一到市委中心工作和48号文件贯彻落实上来，形成推动人大各项工作强大动力。各级人大要按照市人大常委会总体部署，制订好市人大常委会2021年代表工作计划、运行方案、具体措施，将大会确立目标任务落到实处。各级人大要统筹安排好各项代表工作，要把代表工作融入全市常态化疫情防控、文明创建和推进经济社会发展工作大局中。

（曹钰辉）

执法检查

【农产品质量安全法执法检查】 2020年6月中旬，克拉玛依市人大常委会根据自治区人大常委会办公厅《关于开展农产品质量安全法执法检查通知》，配合自治区人大常委会执法检查组对克拉玛依市农产品质量安全连续第三年开展执法检查，采取听取汇报、座谈交流、

6月15日，市人大常委会听取《中华人民共和国土壤污染防治法》贯彻实施情况专题汇报
（市人大常委会　供图）

随机抽查、查阅资料等方式，深入城区生鲜超市、蔬菜批发市场、农产品快速检测室、熟食品加工基地、养殖种植企业、学校食堂等13个执法检查点位进行检查。同时向自治区汇报克拉玛依市2020年农产品质量安全法执法检查情况。

（曹钰辉）

【贯彻实施《中华人民共和国野生动物保护法》情况执法检查】 2020年6月初，克拉玛依市人大常委会按照自治区人大常委会《关于开展〈全国人民代表大会常务委员会关于全面禁止野生动物非法交易、革除滥食野生动物陋习、切实保障人民群众生命健康安全决定〉和〈中华人民共和国野生动物保护法〉检查通知》要求，统一组织市、区两级人大联动，采取以会代训方式开展培训，并采取听取政府专项汇报、座谈讨论、实地察看、随机抽查、明察与暗访相结合、开展问卷调查等方式进行针对性检查。6月15—20日，市、区两级人大联合执法检查组，分三路对辖区四个区实施“全覆盖”检查，先后检查全市5个农贸市场、7家物流企业、2个动物收容站（点）、12家餐饮店。通过检查，对克拉玛依市宣传和贯彻落实相关政策法规情况以及存在问题有了较为全面了解。

（曹钰辉）

【贯彻实施《中华人民共和国土壤污染防治法》情况执法检查】 2020年6月15日至19日，克拉玛依市人大常委会按照自治区人大常委会《关于开展2020年天山环保执法检查通知》工作安排，对全市贯彻

实施《中华人民共和国土壤污染防治法》情况开展执法检查，通过检查发现存在着法律法规宣传普及不到位、重点行业土壤保护水平有待提升、执法检查力度有所欠缺、各部门间监管合力还需要加强等问题；针对问题提出加大宣传教育引导力度、突出重点行业、持续提升土壤保护水平、突出监管重点、持续加大执法检查力度、健全工作机制、压紧压实土壤污染防治责任等建议。

（曹钰辉）

视察调研

【克拉玛依市建设项目推进情况专题调研】 2020年，克拉玛依市人大常委会按照市委关于疫情防控和经济发展统一部署，制定出台《关于疫情防控常态化形势下促进经济社会发展意见》，以市、区两级人大联动方式，组织对全市复工复产以及重点建设项目推进情况进行专项调研。4月29日至5月10日，市、区两级人大成立联合调研组，通过实地走访、现场察看，对辖区内建设项目开复工准备、人员组织、材料和资金到位，以及项目推进和常态化疫情防控措施落实情况进行全面了解，对调研中发现问题当场指出并反馈政府有关部门，督促协调解决和落实。

（曹钰辉）

【食品安全专题调研和专题询问】 2020年，克拉玛依市人大常委会在连续两年对食品安全进行执法监督检查基础上，继续将食品安全作为年度监督工作重点，于第二季度组织开展食品安全专题调研和专题询问。市人大常委会组织研究制定了《市人大常委会开展食品安全专题询问工作实施方案》，组织市人大代表，先后深入各区实地走访察看涉及食品生产、加工、检测、消费、销售等领域40余家相关企业，根据调研情况梳理出了11个问题，并向市政府相关部门进行了反馈。6月28日，在市人大常委会第三十次会议期间，组织召开克拉玛依市食品安全专题询问会议，并通过媒体将代表询问问题和政府部门现场答复及承诺向社会公开宣传。9月邀请人大代表，通过市、区两级协调联动方式，对照前期专题询问中11个专业问题逐一进行跟踪检查，不断强化落实主体责任，推进整改落实情况，督促相关部门切实做好食品安全监管工作。

（曹钰辉）

6月，市人大常委会开展食品安全专题调研（市人大常委会　供图）

【自然资源类国有资产管理情况专题调研】 2020年，克拉玛依市人大常委会为贯彻落实《中共中央关于建立国务院向全国人大常委会报告国有资产管理情况制度意见》和《自治区党委关于自治区人民政府向人大常委会报告国有资产管理情况制度实施意见》精神，按照市人大常委会“一年综合、四年专项”工作计划，在2019年对市属国有企业资产管理情况专题调研基础上，继续开展自然资源类国有资产管理情况专题调研，9月底至10月中旬，调研组和各级人大代表积极参与，市、区两级协调联动，深入各类自然资源相关点位了解国有企业自然资源现状，对资源保护和利用等情况提出建议，帮助相关单位和部门切实管好、利用好自然资源。

（曹钰辉）

【建设项目推进及疫情防控期间政策措施落实情况调研】 2020年，克拉玛依市人大常委会为认真落实4月20日召开市十四届人大常委会第42次主任会议讨论通过《市人大常委会关于疫情防控常态化形势下促进经济社会发展意见》，根据调研方案，市、区两级人大常委会于4月29日至5月10日，分三路对本辖区内建设项目推进情况开展调研，通过实地察看，现场了解掌握建设单位和施工企业建设项目进展、疫情防控期间政策措施落实等情况。针对调研过程中发现问题提出强化项目跟踪服务，确保项目有序推进；提前做实做细工作，为项目后期运维管理打下坚实基础；加强项目招投标管理，稳定本地建筑企业队伍；加快施工队伍生活基地建设，为降低企业成本提高工人生活质量创造条件等四条建议报市委参考。

（曹钰辉）

【公共安全应急管理工作专题调研】 2020年，克拉玛依市人大常委会按照自治区人大常委会要求，5月中旬，组织和配合自治区人大常委会调研组对克拉玛依市落实自治区公共安全应急管理工作进行专题调研，并对《自治区实施〈中华人民共和国突发事件应对法〉办法》（修正）进行立法调研论证。自治区人大常委会调研组听取克拉玛依市政府工作汇报，征求相关职能部门意见和建议，实地查看克拉玛依市应急物资储备、救援和消防等场所，推动克拉玛依市应急管理体系和能力建设，完善了公共安全保障体制机制。

（曹钰辉）

【公共卫生安全管理专项调研】 2020年，克拉玛依市人大常委会为巩固克拉玛依市公共卫生安全管理和新冠疫情防控成果，做好第32次常委会会议公共卫生安全管理专题询问前期准备工作，9月组织部分常委会组成人员和人大代表对克拉玛依市公共卫生安全管理工作开展专题调研，听取市、区两级政府工作汇报，召开座谈会，征求和收集市、区两级各职能部门意见建议。实地前往各区医疗机构和商场、超市、酒店、学校等人员密集场所，抽查疫情防控措施落实情况，查找梳理问题和漏洞，为常委会依法有效开展专题询问监督工作奠定坚实基础。

（曹钰辉）

代表议案建议

【概况】 2020年，克拉玛依市十四届人大五次会议期间，各级人大代表依法履行宪法和法律赋予职责，依照法定程序建言献策，以推动克拉玛依市经济和社会各项事业全面协调发展、解决人民群众关心热点难点问题为主线，就关注和改善民生、加强城市基础设施建设、大力发展科技、教育和卫生事业等方面工作提出建议、批评和意见（以下简称建议）94件（其中经议案审查委员会审查，议案改作建议26件）。在这些建议中，经济方面17件，占18%；教科文卫方面24件，占25%；劳动人事方面10件，占11%；城建环资方面29件，占31%；社会建设方面11件，占12%；法制方面3件，占3%。

（曹钰辉）

【建议交办】 2020年，克拉玛依市人大常委会根据代表提出94件建议内容，交市委办公室督办9件，交市人大常委会办公室牵头办理1件，交市人民政府办公室督办83件，交市中级人民法院办公室牵头办理1件。截至9月，代表在大会期间所提建议已基本办理完毕，办结率100%。

（曹钰辉）

【已解决建议】 2020年，市人大代表所提建议被采纳、所提问题已解决和基本解决有54件，占建议总数57.4%。

《关于落实公共场所和人员密集场所配置急救设施及自动体外除颤仪等事宜建议》由李新东、吴长河2名代表提出。针对该建议，市政府和市卫健委对克拉玛依市公共场所配备自动体外除颤仪（AED）数量、分布及使用情况进行调查统计。结合调查统计结果，采取如下措施：市卫健委加强与各相关单位联系合作，加大对全市居民健康知识普及力度，鼓励医务人员掌握与岗位相适应健康科普知识，并在诊疗过程中主动开展健康指导；市中医医院设置治未病科室；利用“高血压病日”等各种健康主题日活动开展健康教育，引导群众养成健康文明生活方式，掌握必备健康技能，明确家庭医生对亚健康人群开展疾病预防教育与早期治疗。市卫健委会同市红十字会加强对全市各级各类单位以及全体市民院外急救技能培训工作，发挥市、区红十字会及各公立医院公益性职能，在各公益活动中加强对院外急救知识、技能宣传与教学，增强克拉玛依市各族群众院外急救意识，提升各个岗位志愿者院外急救技术水平。虽然国家及自治区尚未出台公共场所配置AED等急救设备相关要求及规范，市卫健委将配合十字会，积极建议各有关单位，调动社会资本与辖区公益机构力量，加强对人流密集区域AED等急救设备购置与投放，协调红十字会加强对投放区域内人员院外急救能力培训。

《关于对外卖行业进行规范化管理建议》由古丽米热代表提出。针对该建议，市市场监督管理局围绕克拉玛依市网络餐饮服务经营现状，摸底数、核资质，严格规范经营行为，制定下发《关于进一步加强克拉玛依市网络餐饮服务食品安全监管工作通知》，并在辖区内开展网络餐饮服务食品安全专项检查，并答复：一是网络餐饮平台会严格按照《网络餐饮服务食品安全监督管理办法》要求，在餐饮单位入网前审验餐饮单位营业执照和食品经营许可证，并在其店铺首页进行公示；二是餐饮单位从业人员和外卖配送员在就职前均要办理健康证明；三是餐饮单位使用食用油均为正规渠道购进带包装食用油，且依法履行索证索票制度，市场监管部门已全面禁止餐饮单位使用散装油脂；四是市场监管部门要求餐饮单位采购外卖一次性餐具均要索要供货商资质和合格证明材料，餐具表面要有相应标志；五是各类型餐饮单位在申请开办、注册时均要按照《新疆维吾尔自治区食品经营许可审查细则》通过资料审核后，由市场监管人员对17大项57项指标进行现场核查后，方可印发食品经营许可证开展食品经营活动。

《关于在克拉玛依市各中小学增设〈克拉玛依市中小学各类安全知识及救援、自救知识综合课程〉建议》由汪红代表提出。针对该建议，市教育局与卫健委、消防救援支队、市场监督管理局、公安局、司法局等单位经过共同研究答复：一是建立健全机制体系，建设适合学生安全教育课程。通过建立学校有效安全教育管理机制、有效安全教育体系，依托全国安全教育信息化平台丰富课程资源，建立按年级、分单元，符合学生年龄认知特点、科学、系统安全教育课程体系；二是建立健全教育科目，全面提升安全教育实效。针对学校不同年龄段成长实际，建立从幼儿园、小学、初中到高中成长体系课程，在不同年龄阶段突出不同教育主题。同时要运用发挥“国家安全教育实验区平台”作用，实现“互联网+宣传教育”，安全教育课程开设率、课时落实率及学生普及覆盖率均为100%。

（曹钰辉）

【正在解决和计划解决建议】 2020年，市人大代表所提建议正在解决，或已列入计划逐步解决有22件，占建议总数23.5%。其中有代表性建议如下：

《关于推动“全域旅游”意见建议》由查心刚、康军等10名代表提出。针对该建议，市文化体育广播电视和旅游局与独山子文体旅游局、红城文旅公司共同研究答复如下：一是整合克拉玛依市辖区旅游资源，丰富旅游要素供给，2021年4月形成旅游资源普查报告，为旅游资源评价提供直接科学资料，进而为克拉玛依市旅游资源开发规划、合理利用及其保护提供科学依据，最终为克拉玛依市全域旅游发展提供决策依据。二是在全市已有定期航线26条、通航点25个基础上，打通克拉玛依市通往疆内外重点城市空中旅游通道，旅游宣传方面，2019—2020年市文体旅游局对外旅游宣传推广采取“线上＋线下”“传统媒体＋新媒体”相结合方式开展，并侧重与新媒体合作。三是制定并出台《推进克拉玛依市文化旅游产业发展工作措施》，其中将做强一个龙头企业作为文化旅游重点工作之一。四是坚持“以文促旅、以旅兴业”培训目标，指导各区及涉旅企业开展文化旅游从业人员培训工作。

《关于解决人员密集区域及重点商业街区停车难及规范管理服务问题建议》由刘兵、孙运玉2名代表提出。针对该建议，市住房和城乡建设局与市自然资源局、市发改委答复如下：随着克拉玛依市经济社会发展和城市现代化水平提高，全市机动车保有量日益增加，城市静态交通问题加剧，特别是克拉玛依市老城区由于历史原因，停车问题越来越突出，停车场建设明显滞后于城市发展。自2010年起，克拉玛依市对新建及改造规划项目审批时，机动车配建标准，普通住宅停车指标1个车位/户，一般公建停车指标0.6～1个车位/100平方米，均已超过国家要求标准。对于利用人防工程等地下空间建设公共停车库等建议，鉴于克拉玛依市气候特点和维稳工作需要，暂时不具备推动实施条件。已在汉博广场周边、和家乐广场等位置建立多个民营停车场。交警支队加大对乱停乱放车辆处罚力度。采取批评教育、警告、处罚相结合原则，实行人性化执法。“挪车服务热线”24小时为群众解决涉及车辆被堵、车库被堵等问题，解决市民停车矛盾。

《关于制定〈克拉玛依市文明行为促进条例〉建议》由刘雁湖代表提出。针对该建议，市人大常委会召集承办单位主要领导及相关工作负责人、人大代表，共同召开代表议案、建议面对面答复会议并答复：一是制定《克拉玛依市文明行为促进条例》，对推动社会主义核心价值观融入地方立法具有重要意义，也符合党中央和全国人大常委会关于开展重点领域立法要求，市人大常委会党组要求法工委及时跟进和关注各地立法情况。二是根据地方立法程序要求，制定一部地方性法规需要时间较长，2018年市人大常委会修编五年立法规划（2017—2021），已新增《克拉玛依市大气污染防治条例》和《克拉玛依市社会信用条例》，市人大常委会2020年立法计划已经市委批准并印发，该立法项目已无法列入2020年立法计划。三是市人大常委会法工委在参考其他省市以及新疆有关地州立法实际基础上，建议将《克拉玛依市文明行为促进条例》列为2020年立法调研项目，交由有关部门先进行研究，并纳入下一个五年立法计划，报市委批准后优先立法。

（曹钰辉）

【暂无法解决和无法采纳建议】2020年，市人大代表所提建议因目前条件限制或国家政策规定等原因，留作以后解决或无法采纳18件，占办理总数19.1%。此类建议中如《关于打通自治区一体化政务服务平台和克拉玛依市各单位自有平台，实现数据互通，加速“最多跑一次”工作进展建议》《关于解决克拉玛依市基层社区卫生服务机构及医技等专业技术人员缺乏建议》《关于在克拉玛依市试行社保卡开通体育健身业务建议》《关于落实体育彩票基金返还政策等其他建议》或不符合政策，或条件不成熟暂时难以解决。各承办单位均进行认真调查研究，同时也实事求是地向代表作解释和说明。

（曹钰辉）

市十四届人大五次会议期间人大代表议案建议表

表 2

办理情况	代表性建议	办理措施	提出建议代表
已解决建议（54 件，占建议总数 57.4%）	关于落实公共场所和人员密集场所配置急救设施及自动体外除颤仪等事宜建议	市政府和市卫健委对克拉玛依市公共场所配备自动体外除颤仪（AED）数量、分布及使用情况进行调查统计。结合调查统计结果，采取如下措施：市卫健委加强与各相关单位联系合作，加大对全市居民健康知识普及力度，鼓励医务人员掌握与岗位相适应健康科普知识，并在诊疗过程中主动开展健康指导；市中医医院设置治未病科室；利用“高血压病日”等各种健康主题日活动开展健康教育，引导群众养成健康文明生活方式，掌握必备健康技能，明确家庭医生对亚健康人群开展疾病预防教育与早期治疗。市卫健委会同市红十字会加强对全市各级各类单位以及全体市民院外急救技能培训工作，发挥市、区红十字会及各公立医院公益性职能，在各公益活动中加强对院外急救知识、技能宣传与教学，增强克拉玛依市各族群众院外急救意识，提升各个岗位志愿者院外急救技术水平。虽然国家及自治区尚未出台公共场所配置 AED 等急救设备相关要求及规范，市卫健委将配合十字会，建议各有关单位，调动社会资本与辖区公益机构力量，加强对人流密集区域 AED 等急救设备购置与投放，协调红十字会加强对投放区域内人员院外急救能力培训。	李新东、吴长河
	关于对外卖行业进行规范化管理建议	市市场监督管理局围绕克拉玛依市网络餐饮服务经营现状，摸底数、核资质，严格规范经营行为，制定下发《关于进一步加强克拉玛依市网络餐饮服务食品安全监管工作通知》，在辖区内开展网络餐饮服务食品安全专项检查，并答复：一是网络餐饮平台会严格按照《网络餐饮服务食品安全监督管理办法》要求，在餐饮单位入网前审验餐饮单位营业执照和食品经营许可证，并在其店铺首页进行公示；二是餐饮单位从业人员和外卖配送员在就职前均要办理健康证明；三是餐饮单位使用食用油均为正规渠道购进带包装食用油，且依法履行索证索票制度，市场监管部门已全面禁止餐饮单位使用散装油脂；四是市场监管部门要求餐饮单位采购外卖一次性餐具均要索要供货商资质和合格证明材料，餐具表面要有相应标志；五是各类型餐饮单位在申请开办、注册时均要按照《新疆维吾尔自治区食品经营许可审查细则》通过资料审核后，由市场监管人员对 17 大项 57 项指标进行现场核查后，方可印发食品经营许可证开展食品经营活动。	古丽米热
	关于在克拉玛依市各中小学增设《克拉玛依市中小学各类安全知识及救援、自救知识综合课程》建议	市教育局与卫健委、消防救援支队、市场监督管理局、公安局、司法局等单位经过共同研究答复：一是建立健全机制体系，建设适合学生安全教育课程。通过建立学校有效安全教育管理机制、有效安全教育体系，依托全国安全教育信息化平台丰富课程资源，建立按年级、分单元，符合学生年龄认知特点、科学、系统安全教育课程体系；二是建立健全教育科目，全面提升安全教育实效。针对学校不同年龄段成长实际，建立从幼儿园、小学、初中到高中成长体系课程，在不同年龄阶段突出不同教育主题。同时要运用发挥“国家安全教育实验区平台”作用，实现“互联网＋宣传教育”，安全教育课程开设率、课时落实率及学生普及覆盖率达到 100%。	汪红

续表 2

办理情况	代表性建议	办理措施	提出建议代表
正在解决和计划解决建议（22 件，占建议总数 23.5%）	关于推动“全域旅游”意见建议	市文化体育广播电视和旅游局与独山子文体旅游局、红城文旅公司共同研究答复如下：一是整合克拉玛依市辖区旅游资源，丰富旅游要素供给，2021 年 4 月形成旅游资源普查报告，为旅游资源评价提供直接科学资料，进而为克拉玛依市旅游资源开发规划、合理利用及其保护提供科学依据，最终为克拉玛依市全域旅游发展提供决策依据。二是在全市已有定期航线 26 条、通航点 25 个基础上，打通克拉玛依市通往疆内外重点城市空中旅游通道，旅游宣传方面，2019—2020 年市文体旅游局对外旅游宣传推广采取“线上 + 线下”“传统媒体 + 新媒体”相结合方式开展，并侧重与新媒体合作。三是制定并出台《推进克拉玛依市文化旅游产业发展工作措施》，其中将做强一个龙头企业作为文化旅游重点工作之一。四是坚持“以文促旅、以旅兴业”培训目标，指导各区及涉旅企业开展文化旅游从业人员培训工作。	查心刚、康军等 10 名代表
	关于解决人员密集区域及重点商业街区停车难及规范管理服务问题建议	市住房和城乡建设局与市自然资源局、市发改委答复如下：随着克拉玛依市经济社会发展和城市现代化水平提高，全市机动车保有量日益增加，城市静态交通问题加剧，特别是克拉玛依市老城区由于历史原因，停车问题越来越突出，停车场建设明显滞后于城市发展。自 2010 年起，克拉玛依市对新建及改造规划项目审批时，机动车配建标准，普通住宅停车指标 1 个车位 / 户，一般公建停车指标 0.6 ～ 1 个车位 /100 平方米。均已超过国家要求标准。对于利用人防工程等地下空间建设公共停车库等建议，鉴于克拉玛依市气候特点和维稳工作需要，暂时不具备推动实施条件。已在汉博广场周边、和家乐广场等位置建立多个民营停车场。交警支队加大对乱停乱放车辆处罚力度。采取批评教育、警告、处罚相结合原则，实行人性化执法。“挪车服务热线”24 小时为群众解决涉及车辆被堵、车库被堵等问题，解决市民停车矛盾。	刘兵、孙运玉
	关于制定《克拉玛依市文明行为促进条例》建议	市人大常委会召集承办单位主要领导及相关工作负责人、人大代表，共同召开代表议案、建议面对面答复会议并答复：一是制定《克拉玛依市文明行为促进条例》，对推动社会主义核心价值观融入地方立法具有重要意义，也符合党中央和全国人大常委会关于开展重点领域立法要求，市人大常委会党组要求法工委及时跟进和关注各地立法情况。二是根据地方立法程序要求，制定一部地方性法规需要时间较长，2018 年市人大常委会修编五年立法规划（2017—2021），已新增《克拉玛依市大气污染防治条例》和《克拉玛依市社会信用条例》，市人大常委会 2020 年立法计划已经市委批准并印发，该立法项目已无法列入 2020 年立法计划。三是市人大常委会法工委在参考其他省市以及新疆有关地州立法实际基础上，建议将《克拉玛依市文明行为促进条例》列为 2020 年立法调研项目，交由有关部门先进行研究，并纳入下一个五年立法计划，报市委批准后优先立法。	刘雁湖
暂无法解决和无法采纳建议（18 件，占办理总数 19.1%）	关于进一步简化环评行政审批手续的建议	市生态环境局召开专题研讨会后答复：一是压缩审批时限。采取“提前介入、靠前服务、全程跟进、专人专办”等做法，提高建设项目环评审批效率。整改后环评审批平均用时少于 13 个工作日（包含 10 个工作日的法定公示时间），较国家法定的报告书 60 日、报告表 30 日审批时限压减一半以上，优于国家、自治区及全市各层级对审批时限要求。审批时效已压减到底线。二是规范审批事项、严控审批行为、强化信息公开，推进“最多跑一次”改革。三是实施环评审批正面清单，采取“豁免一批、告知承诺一批、优化服务一批”针对性措施，全力帮助企业复工复产。发布《建设项目环评告知承诺（试点）审批办事指南》，助力经济高质量发展。	李宁
	关于为龙凤小区东侧玉田路设置人行道并安装路灯的建议	市人民政府联合克拉玛依区人民政府共同调研后，答复：克拉玛依区严格落实属地管理责任，组织昆仑路街道、区住建局、区城管局、幸福社区、瑞基物业公司就玉田路无人行道、无路灯的情况，多次召开现场会进行研究。经核查，玉田路全线（北至昆仑路南至滨河北路）为测井公司所建油田道路，目前尚未移交至市住建部门，且此区域市政公用设施新建、维护职责均未移交至克拉玛依区，物业也无权负责建设。为保障龙凤小区居民出行安全，克拉玛依区将继续对接市级行业管理部门，尽快对该区域新建人行道和路灯事宜进行立项，立项后全力予以推进。	刘媛、贺雄

市人民政府

综述

【保障复工复产】2020年，克拉玛依市聚焦疫情防控期间企业复工复产难点、堵点问题，为企业纾困解难，全市96家规模以上工业企业稳定生产，全年累计实现工业增加值增长3%，稳住经济基本盘。开展“千人入千企”工作，落实减税降费、社保减免、公积金缓缴等优惠政策，累计为企业减负超过40亿元，金融支持各类市场主体超过140亿元，上万家市场主体从中受益，促进全市保供稳价和复工复产。

（高小凡）

【稳住固定资产投资】2020年，克拉玛依市发挥有效投资“稳增长”关键作用，与驻市央企一道，克服低油价影响，争取82万吨原油产能建设投资提前实施，稳住全市投资基础。启动“无疫工地”建设，设立项目服务专员，市、区两级371个项目建设稳步推进，独山子大峡谷、经二路延长线等一批重点项目建成投用，风城水库至三坪水库输水管道工程、克拉玛依医学基地等一批重点项目加快推进，全年地方固定资产投资增长139.1%，实现历史性突破。

（高小凡）

2020年，独山子大峡谷景区新增地轨滑车、独库冰雪大世界等娱乐项目（努尔买买提·艾山　摄）

【拉动市场消费】2020年，克拉玛依市聚焦群众消费需求，各大商场、商圈开展促销活动，跳蚤市场、夜市全面开放。发挥消费券乘数效应，累计发放电子消费券3265万元，直接拉动消费1.1亿元。聚焦疫情下“宅经济”消费新习惯，推动消费从传统零售向线上转变，全市外卖配送服务日均超过2万单，增长7%。在线教育、直播带货等多种新业态、新模式快速发展，促进消费提质扩容。

（高小凡）

【服务石油石化产业】2020

年，克拉玛依市建立市、油田联席会商机制，协调解决玛依格勒森林公园矿权重叠事宜，为玛湖油田上产让出有利区域，新疆油田公司全年增产原油73万吨、天然气0.7亿立方米，油气当量达到1559万吨，再创历史新高。聚焦独山子石化公司、克拉玛依石化公司原料保障、项目协调等关键环节，全力做好保障服务工作。两大石化公司累计加工原油1257万吨，增长5.6%；生产乙烯141万吨，增长27.2%。富城能源拓展油气上游业务，成功参与九1区至九5区合作开发。天利石化20万吨/年EVA、帝陛艾斯钻头生产基地及全球配送中心等一批石油化工、装备制造项目稳步推进，石油石化产业集群建设初见成效。

（高小凡）

【完善城市功能】 2020年，克拉玛依市推进“四供”（供水、供电、供气、供暖）项目维修改造，完成51个老旧小区856栋住宅楼改造，惠及居民2.4万户。新增停车泊位1.2万个，停车难问题得到缓解。深化党建引领物业管理，实现物业服务和业主委员会党组织全覆盖，物业纠纷调解率达100%。持续推进生活垃圾分类工作，实现公共机构垃圾分类设施全覆盖。

（高小凡）

【实施乡村振兴战略】 2020年，克拉玛依市推进设施农业与规模化养殖项目建设，全年耕地累计播种面积29万亩，牲畜存栏量12.4万头（只）、肉类产量8000吨、奶产量1.8万吨、禽蛋产量2000吨。深化农村集体产权制度改革，特色民宿、牧马人之家等一批村集体投资项目加快推进。农村集体土地确权颁证工作全面完成，农村集体土地承包经营权证书全部发放。全年村集体实现经营收入2600万元，增长2.2倍。

（高小凡）

【落实社情民意】 2020年1月，克拉玛依市人民政府按照市人大常委会《关于做好向第十三届全国人民代表大会第三次会议提交议案和建议、批评、意见准备工作的补充通知》，向各相关单位下发《关于做好向全国、自治区第十三届人民代表大会第三次会议提交议案和建议、批评和意见准备工作的通知》，共收集拟报国家、自治区人大审议议案、建议12件，经核对修改后报市人大审核。2月，克拉玛依市召开十四届人民代表大会第五次会议和市政协八届第四次会议，市政府收到转办人大建议、政协提案189件，其中市人大议案1件、建议83件，政协提案105件。市政府督查室牵头制作“转办及增加协办登记表”，向各承办单位征询意见，尤其是人大建议“回头看”及重点提案分办情况，形成《人大建议、政协提案分办目录清单》。截至年末，由市政府负责承办的人大议案、建议及政协提案已全部完成办理工作，各承办单位已按时完成答复。

（高小凡）

重要会议

【常务会议】 2020年，克拉玛依市第十四届人民政府共召开6次常务会议，即从市十四届人民政府第32次至第37次常务会议。

（高小凡）

第32次常务会议 2020年3月23日，市长王刚主持召开市十四届人民政府第32次常务会议，会议听取克拉玛依市2020年续建项目开复工情况，克拉玛依市公租房管理情况汇报，2019年度行政复议、行政应诉案件情况，2019年度法治政府建设情况通报，审议关于建设城南小学、初中、高中意见，关于城投公司成立供应链管理股份有限责任公司意见，关于投资成立克拉玛依宏福新材料和宏福农业公司意见，克拉玛依市政府与自治区外事办、新疆出入境边防检查总站签订战略合作协议，克拉玛依市人民政府与欧亚佳汇投资有限公司框架合作协议，关于强化党建引领物业管理、提升物业服务质量指导意见，克拉玛依市社会信用条例（草案）。

第33次常务会议 2020年4月26日，市政府党组书记、市长王刚主持召开市十四届人民政府第33次常务会议，会议审议克拉玛依市消费券发放指导意见、克拉玛依市农牧民补助奖励政策实施方案（2020年度）、克拉玛依市奶业安全保障方案（2020—2022年）、克拉玛依市贯彻落实“菜篮子”工程市长责任制若干措施及克拉玛依市“菜篮子”工程鼓励扶持细则、克拉玛依市政府与移动公司推进“5G+智慧油城”建设与云计算产业发展战略合作框架协议、克拉玛依市政府与铁塔公司关于推进5G发展战略合作框架协议、克拉玛依市政府与中科海拓（无锡）科技有限公司战略合作协议、克拉玛依市政府与新疆安元科技有限公司战略合作框架协议、《克拉玛依市优待老年人暂行规定》（修订）以及克拉玛依市强招商、促投资、稳增长措施四十条。

第34次常务会议 2020年5月16日，市政府党组书记、市长王刚主持召开市十四届人民政府第34次常务会议，审议关于提高克拉玛依市义务兵家庭优待金标准建议、克拉玛依市贯彻落实国家关于老龄化工作有关部署实施方案、克拉玛依市人民政府2020年行政立法计划及2020年度克拉玛依市政府重大行政决策事项目录有关情况报告。

第35次常务会议 2020年6月19日，市政府党组书记、市长王刚主持召开市十四届人民政府第35次常务会议，听取克拉玛依市政策落实组调整方案有关情况通报、审议克拉玛依市人民政府与中国海外控股集团有限公司战略合作框架协议、克拉玛依市政府与潜能恒信能源技术股份有限公司深化战略合作框架协议、克拉玛依市加快推进5G网络建设发展实施方案、克拉玛依市政府与中国经济信息社战略合作协议、克拉玛依市人民政府与中国科学院新疆分院合作协议、关于克拉玛依机场标准化命名意见、关于克拉玛依区街道调整意见、关于克拉玛依石化工业园区污水处理厂资产划转及PPP有关情况建议、克拉玛依市医疗卫生应急物资储备工作方案、《〈健康克拉玛依2030〉规划纲要》、克拉玛依市公用地下管线管理办法（草案）、克拉玛依市公务接待管理办法（修订）、关于组建中国（克拉玛依）知识产权保护中心相关事宜建议。

第36次常务会议 2020年7月14日，市长王刚主持召开市十四届人民政府第36次常务会议，会议听取《中国人民银行乌鲁木齐中心支行 克拉玛依市人民政府共建小微企业金融示范区工作方案》《自治区交通文明畅通提升行动2019年度克拉玛依市测评意见》反馈情况通报，会议审议关于共建克拉玛依市调研点开展调查研究合作协议、克拉玛依市政务服务大厅管理办法、克拉玛依市建筑领域技术工种职业技能培训就业行动方案（2020—2022年）、克拉玛依市商业建筑规划指标计算补充规则、克拉玛依市国有企业退休人员社会化管理服务暂行办法。

第37次常务会议 2020年11月2日，市委副书记、市长王刚主持召开市十四届人民政府第37次常务会议，会议听取2020年市政府规章、行政规范性文件清理结果的通报，克拉玛依市2020年生活垃圾分类工作进展情况，审议克拉玛依市房地产市场平稳健康发展实施方案，克拉玛依市人民政府与中国科学院广州能源研究所战略合作协议，克拉玛依市人民政府与四川省科技厅科技创新合作协议，克拉玛依科技顾问聘任管理办法，克拉玛依市人民政府与中国电信股份有限公司新疆分公司关于“十四五”信息化建设及5G网络应用发展战略合作框架协议，克拉玛依市人民政府与中国联合网络通信有限公司新疆维吾尔自治区分公司5G“互联网+”战略合作协议，关于克拉玛依市“海洋之心”水世界游泳馆、南郊污水处理厂项目实施PPP模式请示，关于克拉玛依职业中等专业学校等三所中职学校恢复办学情况报告，上海临港经济发展（集团）有限公司与克拉玛依市政府合作框架协议，克拉玛依市关于进一步支持油气现货交易业务措施（试行），关于落实自治区2020年城乡居民基本医疗保障待遇政策的意见，关于贯彻《中共中央国务院关于建立健全城乡融合发展体制机制和政策体系的意见》的实施方案，关于促进克拉玛依市畜牧业高质量发展的实施方案，克拉玛依市关于推行安全生产责任险工作实施方案，克拉玛依市与清华大学公共安全研究院、北京辰安科技股份有限公司战略合作协议。

第38次常务会议　2020年12月4日，市委副书记、市长王刚主持召开市十四届人民政府第38次常务会议，会议听取克拉玛依市财政重点工作情况，关于开展根治拖欠农民工工资工作情况，克拉玛依市清理拖欠民营企业、中小企业账款工作情况，克拉玛依市政务诚信建设情况通报。会议审议关于独山子区、乌尔禾区成立市级产业园区建议，克拉玛依市人民政府与中核医疗产业管理有限公司合作建设中亚核医疗临床应用研究中心项目战略合作框架协议，克拉玛依市与兵团第八师石河子市拟设立建制镇框架协议书，克拉玛依市人民政府与中国石油大学（北京）关于共建中国石油大学克拉玛依附属学校合作协议，关于设立克拉玛依市油服产业发展基金报告，克拉玛依市“科技小巨人”企业备案管理办法，贯彻落实《自治区党委、自治区人民政府关于进一步加强生态文明建设的实施意见》实施方案，克拉玛依市残疾人联合会相关工作实施方案，克拉玛依市第二届专利奖评审获奖名单建议，关于富城能源公司与市燃气公司股权划转意见。

第39次常务会议　2020年12月25日，市长王刚主持召开市十四届人民政府第39次常务会议，会议听取独山子地震形势分析研判及防震减灾工作情况通报，审议胡杨河市人民政府和克拉玛依市人民政府联合勘定行政区域界线协议、克拉玛依市人民政府与杭州海康威视科技有限公司战略合作协议、关于修改《克拉玛依市人民政府规章制定程序规定》（草案）说明、新疆油田公司所管基本医疗保险移交克拉玛依市统一管理协议书、关于调整克拉玛依市职工医疗保险有关政策意见。

（高小凡）

【千亿产业集群重点项目研讨会】 2020年3月18日，克拉玛依市召开棉花蓖麻从种植到生物质能源优势特色产业集群建设项目方案讨论会。该项目是克拉玛依市千亿产业集群中的重要组成部分，该产业集群项目包括棉花生物产业化、蓖麻生物能源产业化、循环林产业化、农林业废弃物“炭—气—液—肥—热—电”联产产业、现代农业产业化和现代农业研究院等6个方面，年产值可达87亿元，带动就业人数两千余人。会议中，克拉玛依市千亿产业集群工作专班针对项目方案提出要求：项目方根据克拉玛依市农业基本情况进一步完善项目建设内容，增加物流及仓储项目等。市政府相关领导以及市农业农村局、市自然资源局、市生态环境局、石河子农业大学等相关人员参加研讨会。

（高小凡）

【投资与贸易促进工作会】 2020年6月4日，克拉玛依市召开2020年投资与贸易促进工作会。会议总结全市2019年投资与贸易促进工作成绩，安排2020年重点工作，通报全市2019年招商引资到位资金完成情况及招商引资工作督查情况，宣读克拉玛依市《招商引资常态化工作机制》，解读《2020年克拉玛依市招商引资工作考核办法》及《2020年招商引资目标任务分解方案》。

（高小凡）

政策研究与决策服务

【政策研究】 2020年，市人民政府研究室牵头组织和参与《克拉玛依市贯彻落实“六保”任务实施方案》《克拉玛依市促投资、稳增长“四十条”》《克拉玛依进一步加强就业能力建设保障就业扩量提质的三十六条措施》《克拉玛依市扶持中小微企业和个体工商户复工复产政策》（36条）等政策制定，为全市复工复产提供政策支持。配合市委办、市政府办、市发改委等部门，先后撰写《克拉玛依市复工复产情况汇报》《“十四五”时期克拉玛依特殊类型地区发展规划》《克拉玛依市落实第二次新疆工作座谈会情况汇报》等上报自治区人民政府和国家调研组，其中报送自治区党委政研室《克拉玛依市统筹推进疫情防控和经济社会发展的思路建议》受到好评，并刊发在2020年自治区党委内部资料《新疆工作》第三期上。配合市委教育工委撰写完成厚博学院转设可行性论证材料。梳理编印《克拉玛依市惠民利企政策宣传册》1200余册并发各区、各单位，为推进复工复产提供帮助。

（王晶）

【专题研究】 2020年，市人民政府研究室结合疫情防控常态下企业复工复产和经济社会发展需要，组织开展克拉玛依中小企业服务平台现状及问题研究课题，对全市7家有代表性中小企业服务平台和企业孵化基地进行调研，对服务内容、服务质量、服务效果及发展情况进行分析，助力中小企业发展。完成《支持克拉玛依中小企业发展政策支撑体系研究（以税收的视角）》和《克拉玛依高新区特色产业园区建设的路径研究》两个课题研究，为促进企业发展、推进特色园区建设提供理论和路径支持。其中《克拉玛依高新区特色产业园区建设路径研究》作为2020年度重点调研课题，报自治区人民政府研究室，受到好评。

（王晶）

【决策服务】 2020年，市人民政府研究室扶持本地智库企业发展，以政府采购形式，选择3家社会智库在稳定民营企业就业、科技协作带动北疆整体经济发展、注重资本投资等方面合作开展决策咨询研究，为市委、市政府科学决策提供参谋。为加强政策研究时效性，参照自治区人民政府研究室相关做法，推出并刊发三期《调研参考》，及时将与全市经济社会高质量发展相关重要研究成果报市领导参阅，得到市政府主要领导肯定。

（王晶）

【政策梳理】 2020年，市人民政府研究室根据市委、市政府总体工作部署，搜集整理中共十八大以来党中央、国务院、国家部委和自治区党委、政府发布的相关政策文件，为制定“促投资、稳增长、重招商”政策措施提供依据。梳理中共十九大以来各业务部门上级机关发布的促进企业、产业、园区发展政策文件，整理形成涉及12个行业领域发展政策文件汇编。

（王晶）

【搭建智库平台】 2020年，市人民政府研究室与国务院发展研究中心资源与环境政策研究所合作，将克拉玛依市确定为“习近平生态文明思想实践固定调研点”；与中国经济信息社新疆分公司沟通对接，建立合作关系，将其纳入全市高端智库。培育本地智库企业，为支持培养本地智库企业发展壮大，通过前期调研，与全市7家中小企业公共服务平台开展初步合作。截至年末，本地智库企业已提交《关于改善克拉玛依规上中小企业融资环境的建议》《克拉玛依市高新技术企业创新发展情况报告》《克拉玛依市规上民营企业人力资源状况调研报告》等研究报告初稿。牵头组建本地专家库，将全市能源勘探开发、科研创新、产业发展、城市管理等领域尖端人才、技能专家作为智库资源，开展政策研究、咨询建议等方面工作，为克拉玛依高质量发展提供智力支持。

（王晶）

政务服务

【“最多跑一次”改革】 2020年，克拉玛依市按照“应进必进”“应上必上”原则完善政务服务大厅服务功能，增设“一件事一次办”专区和公共法律综合服务区，优化调整咨询服务区、自助服务区等功能配置，合理配置业务人员开展主动引导、现场咨询、帮办代办等贴心服务。截至12月31日，市政务服务大厅共进驻市、区窗口单位71家，进驻事项1656项，其中“一窗”分类受理1349项，实现网上可办率94.9%，“一窗”分类受理率81.46%，承诺“最多跑一次”事项2365项。

（卢阳）

【“互联网+”服务】 2020年，克拉玛依市依托自治区一体化在线政务服务平台提升网上政务服务能力，9月起同步使用自治区统一的App、网站，网上可办事项比例增长至94.9%。网上注册用户显著增加，截至12月31日，个人注册用户量142404个，企业注册用户量3392个。通过一体化政务服务平台、政务服务网、政务服务移动客户端办理事项有5964件。

（卢阳）

9月22日，市民在市政务服务中心有序排队办事　（崔文娟　摄）

【“一件事一次办”改革】 2020年，克拉玛依市制定《2020年克拉玛依市全面推进“一件事一次办”改革工作实施方案》，组织专班集中力量梳理整合办事流程、制定综合表单、编写办事指南、压缩办事时间，形成一整套跨部门集成并联审批程序。4月3日，克拉玛依市正式发布实施首批“一件事一次办”50件（项），以优化营商环境为重点，实现审批办结时间由过去的平均32天减少至8天，减少75%；提交材料由平均15份精简至6份，减少60%；多部门跑动4.8次减至1次，减少79.16%。6月28日，实施第二批“一件事一次办”25件（项），优化整合流程，实现“套餐式”并联服务。截至12月31日，克拉玛依市已率先在新疆政务服务网建设完成10个“一件事一次办”主题集成服务，实现“一件事一次办”套餐服务线上线下服务融合，全市“一件事一次办”总计办理19260件。

（卢阳）

【政务服务“好差评”工作机制】 2020年，克拉玛依市按照自治区《建立政务服务“好差评”制度　提高政务服务水平的实施方案的通知》要求，制定《克拉玛依市政务服务“好差评”工作制度》《克拉玛依市政务服务“好差评”工作实施方案》，依托自治区一体化政务服务平台建成“好差评”管理系统，建设现场、网站、移动端、自助机、短信、热线电话、二维码7种评价渠道，实现现场服务“一次一评”和网上服务“一事一评”，赋予办事企业和群众更多评价权和监督权。截至12月31日，现场评价好评率为99%，较2019年增长11.23%。网上服务好评率为100%。

（卢阳）

【政务服务“三减一优”工作】 2020年，克拉玛依市持续深化“放管服”改革，集中开展减材料、减环节、减时限和优化流程“三减一优”工作，实现审批服务“大瘦身”。截至12月31日，即办比例达到32.95%，时限压缩度达到50.81%，材料精简比例10.84%，办事群众满意度达到99%。

（卢阳）

【政府采购项目网上登记、备案】 2020年3月，克拉玛依市政府采购项目进场交易申请、采购文件编制、采购文件确认、信息发布等环节实现线上交易，为实现政府采购项目全流程电子化交易夯实基础。

（张燕）

【招标文件公平竞争审查机制】 2020年，克拉玛依市严格执行“三级审核、先审后发”招投标机制，即招标公告发布前实行内、外部三级审核：内部三级审核，即项目负责人审核、科室负责人审核、分管领导审核；外部三级审核即采购人审核、交易中心审核、财政部门审核，确保政府采购项目的公平、公正和公开。同时根据《公平竞争审查制度实施细则（暂行）的通知》文件精神，制定《采购公告发布及公平竞争审查表》《政府采购项目公平竞争审查及采购文件发布确认单》，明确审查范围、内容，推进公平竞争审查机制落实。

（张燕）

【重大项目招标文件会审制度】 2020年，克拉玛依市针对重大、复杂招标采购项目，在招标公告发布前，组织市政务服务中心和公共资源交易中心相关业务科室对招标文件评标标准、重要条款等内容进行会审，杜绝和减少“量身订制”及重大项目流标等现象发生，确保招标、投标活动规范高效和公开透明，保障重大项目有序推进。

（张燕）

【公共资源交易“应进必进”】 2020年2月1日起，克拉玛依市将白碱滩区（克拉玛依高新区）、独山子区、乌尔禾区土地使用权及采矿权招拍挂出让事宜纳入公共资源交易市场体系，实现“应进必进”。全年共受理国有建设用地和采矿权交易项目88宗。

（张燕）

【政府采购电子卖场建设】 2020年5月1日起，克拉玛依市实施政府采购电子卖场网上超市“全疆一张网”，做好网上超市、协议供货、定点服务及商品上架审查、交易价格动态监测等工作。全市电子卖场共招募各类供应商597家，办理全疆一张网协议361张，审核上架商品9万多个。

（张燕）

【建设工程项目“不见面开标”】 2020年3月9日起，克拉玛依市建设工程招投标项目由现场开标改为互联网远程开标，投标企业无需到交易中心即可完成开标。互联网远程开标的运用极大地节约了投标企业投标时间成本，减轻投标企业负担。全年共完成“不见面开评标”351场，交易项目240项，交易金额29.9亿元。

（张燕）

【公共资源交易】 2020年，克拉玛依市完成市本级政府采购项目69个，采购金额1.94亿元，节约资金863.06万元，节约率4.45%；发布实施招拍挂出让国有建设用地权67宗，面积166.18公顷，成交金额7.38亿元；发布实施招拍挂出让采矿权 2 宗，矿区面积 148.81 公顷，成交金额 800 万元。

（付小娟）

【政采云专家抽取系统投用】 2020 年 5 月，克拉玛依市政府采购项目开始使用政采云专家抽取系统抽取评委。政采云专家抽取系统采用云计算、大数据、数据库等专业技术手段，有效避免人工或半人工抽取评委存在的问题、风险，加强对政府采购活动全流程监督，提高政府采购工作质量。

（张艳）

【健康码应用】 2020 年，克拉玛依市按照自治区党委疫情防控决策部署，发挥智慧城市管理和技术优势，搭建健康码管理平台，发挥大数据信息化平台作用，为疫情防控精准施策提供决策依据和数据支持。

（张小婷）

人事管理

【事业单位管理】 2020 年，克拉玛依市深入推进“简政放权、优化服务”改革工作。根据国家、自治区关于深化人才发展体制机制改革有关要求，将事业单位管理岗位、专业技术岗位、工勤技能岗位部分等级变动权限及首聘、续聘、试用期满转正核准权限调整下放至各区人社局及市教育局。调整岗位结构比例，将之前设置为管理岗的中小学（幼儿园）书记、校（园）长，副书记（副校长）岗位改为专业技术岗位，并调整中小学专业技术高级、中级、初级岗位结构比例为 3∶4∶3,幼儿园为 2∶4∶4，在常态化疫情防控下创新招聘方式，开展线上招聘、网上资格审查，推行视频招聘、远程面试，实现高效招聘服务，全年招录事业单位工作人员 490 人（其中外选及高层次人才引进 348 人）。

（李艳丽）

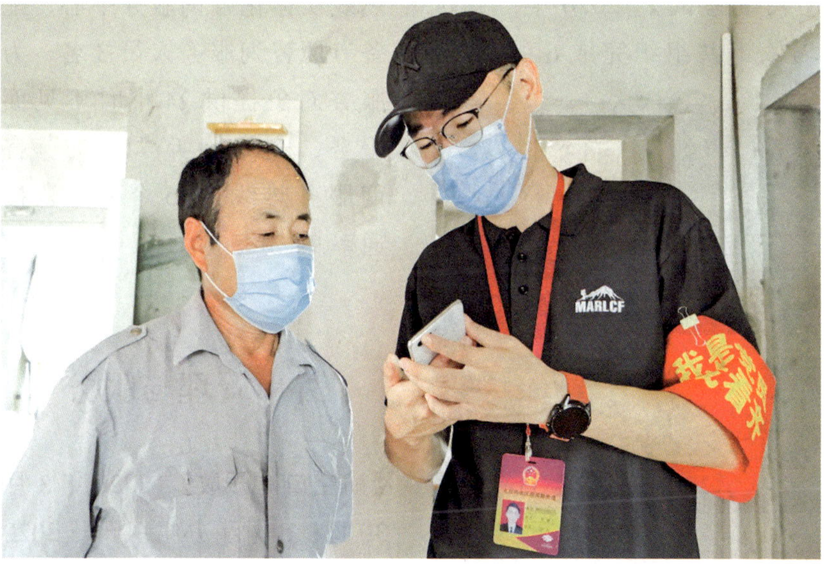

8 月 13 日，驻绿雅佳苑社区“访惠聚”工作队队员教居民使用健康码
（克拉玛依日报社　供图）

【专业技术人员管理】 2020 年，克拉玛依市实施三年职业技能提升行动，壮大全市技能人才队伍，培育新建 1 家自治区级技能大师工作室，新建克拉玛依市首个餐饮行业技能大师工作室——“白玉清技能大师工作室”；开展“新疆镶师”评审认定工作，克拉玛依市 2 人荣获第一批“新疆镶师”高级技师职业资格；开展选拔第二批克拉玛依“首席技师”，6 人符合参评条件。组织开展首次涵盖 11 个工种的第十一届职业技能竞赛，11 人授予技术能手称号、12 名选手获得技师职业资格、149 人获得高级工职业资格。推进企业技能人才自主评价工作，各区人社部门推荐的 5 家企业全部通过国家职业技能等级认定备案，企业通过自治区备案数居全疆前列，申报的 8 个职业（工种）涵盖物业管理、餐饮、幼儿服务、石油石化等区域特色产业。2020 年，共有 2542 名专业技术人员在克拉玛依市各级职称评审委员会参评，占全市总人口的 0.55%；2118 名专

业技术人员取得相应职称，其中，1697人获评初、中级职称，322人获评副高级职称。通过职称评审“绿色通道”，特殊人才认定正高级职称3人、副高级职称2人，授予研究生以上学历专业技术人才高级职称1人、中级职称18人，参加“访惠聚”等基层服务三年优秀高定一级职称4人。

（李艳丽）

【职业培训】 2020年，克拉玛依市大规模开展职业技能培训，全年开展各类职业培训124051人次，完成目标任务的326.45%。就业再就业培训3526人，完成目标任务的293.8%，其中525人通过培训获得中式烹调、中式面点、客房服务、服装裁剪、电工、焊工、仪表维修工等从业（职业）资格，3001名南疆务工人员通过培训实现全覆盖就业；技能提升培训1583人，完成目标任务的158.3%，其中高级工1525人、技师57人、高级技师1人。研究制定《关于做好职业技能提升行动专账资金使用管理工作的通知》，全年开展补贴性培训96718人次，完成目标任务的644.8%，发放职业技能提升行动专账资金3943.69万元，完成目标任务的116.3%。

（李艳丽）

【职业技能鉴定】 2020年，克拉玛依市组织实施对3个工种6个批次211人技能鉴定工作。其中钳工（五级）鉴定93人、保育员（五级）鉴定73人、保安员（五级）鉴定12人、保安员（四级）鉴定33人。办理发放各类职业资格证书294本（含技能大赛），其中本地制证133本，自治区办证161本。

（李艳丽）

【人事考试】 2020年，克拉玛依市共组织完成6项考试，参考人数31593人，均为国家、自治区统一组织考试，查处违纪考生3人，未发现高科技作弊情形。

（李艳丽）

9月26日，全国自驾游业务培训班在克拉玛依市举办 （黄锐 摄）

【行政审批和公共服务事项改革】 2020年，克拉玛依市人社局梳理行政审批和公共服务事项161项，清减行政审批和公共服务事项5项，编制完成5个行政审批及151个公共服务事项清单和办事指南。取消涉及77个公共服务事项的289项证明材料；适时完善市场主体名录库、执法人员名录库，公开执法信息和公共信用信息数据源17条。

（李艳丽）

【“12333”咨询服务热线】 2020年，克拉玛依市人社局在全疆设立首个“12333”咨询服务热线实体化咨询服务中心，配备专职咨询服务人员3名，为服务对象提供24小时不见面服务，全年接听“12333”咨询服务热线2945个，综合接通率94.21%。

（李艳丽）

外事管理与服务

【航空口岸开放】 2020年3月30日，市外事办组织召开2020年克拉玛依机场口岸工作部署会，在总结2019年机场口岸临时开放工作基础上，对2020年口岸工作进行部署。市外事办及相关单位分头对接自治区外事办、自治区口岸办、自治区发改委、新疆出入境边防检查总站、乌鲁木齐海关、民航新疆管理局、新疆机场集团，争取各行业主管部门支持。截至年末，自治区人民政府将克拉玛依机场口岸纳入新疆口岸发展“十四五”规划，并作为“十四五”期间全疆新开空运口岸向国家口岸办公室进行申报。

（周新勇）

1月12日下午，克拉玛依市游客在俄罗斯新西伯利亚市中心市场品尝当地的特色蜂蜜　（张珏　摄）

【海外物资捐赠】2020年，市外事办发挥外事资源优势，协助企业做好海外物资捐赠工作。2月，从乌克兰、加拿大、巴基斯坦等国购置医用一次性口罩3.6万只，N95口罩2640只，医用一次性手套1.72万双，医用防护服1545套，医用护目镜240副等医疗防护物资，一定程度缓解疫情防控初期医疗物资紧缺局面。4月，争取自治区口岸办支持，协助克拉玛依市企业向吉尔吉斯斯坦等3个国家城市捐赠一次性医用外科口罩10万只，防护服2000套，捐款10万余元。

（周新勇　袁瑞萍）

【医疗交流】2020年，市外事办促进中哈中医诊疗项目纳入国家发改委“一带一路”项目库。1月，克拉玛依市医疗代表团在访问哈萨克斯坦共和国期间于哈萨克斯坦共和国国家医学科学中心举行中医诊所开诊仪式，中国驻哈萨克斯坦共和国大使对克拉玛依市与哈萨克斯坦共和国开展医疗领域务实合作给予高度评价，建议克拉玛依市将该项目申报至国家发改委，争取纳入国家发改委一带一路“健康丝绸之路”重点项目库，更好服务国家周边外交。截至年末，已完成《中哈中医诊疗项目可研性报告》，该项目已在自治区发改委进行立项。疫情防控期间，通过远程医疗方式诊断、救治哈萨克斯坦共和国阿克纠宾、阿克套海外中资企业员工、哈萨克斯坦共和国公民18人。

（吴泽新）

【经贸交流】2020年1月，克拉玛依市代表团借助机场口岸临时开放之际，回访新西伯利亚市、伊斯基季姆市，出席克拉玛依—新西伯利亚旅游推介会，就双方开展跨境旅游、技术对接、商贸物流、合资办企业等事项达成共识。

（周新勇　袁瑞萍）

【科技交流】2020年3月，克拉玛依市外事办召开俄罗斯友城项目推进会，推进科技项目4项，促成新易通与俄罗斯科学院矿业研究所合作制造地震波驱油设备，在国内油田进行测试，后期该成果将在克拉玛依油田推广。

（袁瑞萍）

【服务企业】2020年，克拉玛依市外事办先后前往独山子区、白碱滩区（克拉玛依高新区）、市先进科技联合研究院、科力公司、富城能源等部门和企事业单位开展现场调研，对涉外企业海外项目安全管理情况进行检查并进行海外安全风险提示，督促各涉外企业海外项目健全安全责任管理体系，建立相应制度，提高疫情防护措施。针对部分涉外企业面临中方员工无法轮换、无法办理签证、无途径打疫苗等实际困难，克拉玛依外事办通过上报自治区外事办公室争取“一事一批”政策，协助企业办理相关手续，为3家地方企业解决赴外人员新冠疫苗接种，助力企业渡过难关。

（周新勇　袁瑞萍）

信　访

【概况】 2020年，市信访部门累计接待来访群众193批次295人次，其中个体访188批次264人次，集体访5批次31人次；政府服务热线（市长信箱）共受理市民咨询、投诉、求助、意见或建议等问题55129件（其中，来电55390件，市长信箱398件，微信1341件，由政府热线直接协调答复办结30390件，转交由各职能部门办理24739件），较2019年同期上升104.53%，受理率100%，办结率99%；信访“四率”大幅提升，其中网上信访占比92.96%（全区第五），及时受理率99.72%（全区第三），按期办结率99.75%（全区第五），参评率97.59%（全区第一），满意率99.80%（全区第二）；重复信访和信访积案专项治理提前完成阶段性目标，自治区交办的58件重复信访件已化解38件，完成目标任务的65.5%。

（刘子岩）

【网上信访】 2020年，克拉玛依市发挥“12345”政府服务热线和市长信箱渠道作用，全天候回应群众诉求，实现简单问题马上办、快速办，减少群众“访累”。疫情防控期间，“12345”政府服务热线共受理办理涉及疫情防控方面群众来电3201件。打造网上信访主渠道，实现常规诉求网上投，全市网上投诉在信访总量中（来信、来访、网上信访）占比，由年初50%提升至93%以上，超过全疆平均水平。截至年末，全市群众对信访事项办理情况参评率96.36%，满意度99.70%，排名位居全疆前列。

（刘子岩）

【矛盾排查化解】 2020年，克拉玛依市常态化开展信访矛盾排查化解活动，将55件信访突出矛盾全部纳入台账管理，至年末中联办和自治区信联办转办、交办的4件信访事项均已办结。在39件存量信访突出矛盾中，以教育稳控为目标的17件，成为化解目标的22件，已化解7件。在12件新增信访突出矛盾中，已化解2件，剩余10件仍在化解推进。

（刘子岩）

【治理重复信访和信访积案化解专项攻坚】 2020年，克拉玛依市集中力量对自治区信访联席会议前后四批核查的87件重复信访件逐一进行核查梳理，第一时间集中交办各化解责任单位，落实部门包案领导、具体责任人，每月通报各化解责任单位工作成效，对已化解重复信访事项，总结宣传相关责任单位好经验做法，促进全市信访工作水平提升，截至10月31日，全市已化解重复信访事项38件，已完成目标任务的65.5%。

（刘子岩）

【践行“枫桥经验”】 2020年，克拉玛依市结合中共十九届四中全会关于坚持和完善中国特色社会主义制度、推进国家治理体系和治理能力现代化决策部署，以及市域治理现代化试点工作，在信访工作中探索实践出具有克拉玛依地方特色的“枫桥经验”。由各区政法委牵头，统筹调配司法机关、行政部门、社会团体、企事业单位、行业协会、民间组织、志愿者服务队伍等多元主体和力量集中派驻到联合接访中心，实行一体化办公，形成信访矛盾化解工作合力，做到信访工作与人民调解、行政调解、司法调解无缝对接，诉访分离后无缝对接。矛盾纠纷调处关口不断前延。对基层发现的信访矛盾，实行“街道社区吹哨，市区职能部门报道”工作机制，市区两级信访联席会议办公室协调各职能部门将化解矛盾纠纷资源和力量向一线倾斜，推动各类信访矛盾化解在萌芽状态和事发地基层，确保矛盾不上行、不外溢。各区健全矛盾纠纷排查化解机制，在街道社区建立基层调解站、流动调解点、信访矛盾调解室。在坚持法治基础上，发挥群众自治、德治作用，建立完善“两代表一委员”“五老人员”参与信访工作制度，运用道德、习俗、公约、伦理等力量，组织信访听证、人民调解等方式，调节社会关系、化解矛盾纠纷，打造一批各具特色的社区信访工作品牌。

（刘子岩）

机关事务管理

【公共机构节能】 2020年，克拉玛依市制定《克拉玛依市节约型机关创建行动实施方案》，选取49家党政机关作为节约型机关创建示范单位，通过强化目标管理、完善制度体系、推行绿色办公、实施生活垃圾分类、开展宣传教育，在全市形成示范效应。开展2019年度公共机构能耗填报和能源资源工作目标考核自评，建立39个公共机构重点用能单位名录库。印发《克拉玛依市公共机构生活垃圾强制分类实施方案》，以市区两级党政机关为试点，配置“四分类”垃圾收集装置460余个，垃圾分类覆盖率达95%。举办以“绿水青山，节能增效”为主题节能宣传周、低碳日活动。完成市机关2号楼9层至10层LED节能灯、空调节能控制改造，比2019年每月用电量下降37.5%。完成3家自治区级、2家国家级节约型公共机构示范单位创建申报工作。参加自治区2019年度公共机构节能工作考核，位列全疆第三名。

（邵佳俊）

【资产管理】 2020年，市机关事务管理局开展办公用房测绘、信息数据梳理、统计复核审查等工作，完成市机关1号、2号楼9.89万平方米测绘工作。其中办公用房面积为34399.61平方米，服务用房面积为13766.43平方米。对市本级16家党政机关事业单位共3127平方米办公用房进行统一调配，清退超标面积216平方米。加强公房维修项目计划立项、预算上报、施工管理、竣工验收及结算审核流程管控，确保维修项目全流程风险控制到位。完成办公用房日常维护和市机关1号楼中央空调管线更换、停车场路灯线路改造等7个专项维修改造项目，完成预算支出382.71万元。加强人才公寓和集体宿舍管理维护，保障上海援疆干部入住人才公寓服务需求。

（邵佳俊）

【公务用车管理】 2020年，市机关事务管理局保障各部门用车36680辆次，总行驶里程491.81万千米，总值班27604小时，为市级“两会”等大型会议提供保障用车13辆，总计出动车辆40辆次。加快全市公务用车“一张网”信息平台建设，推介宣传并协调建立全市公务用车网上数据录入联动共享机制，通过两轮次全覆盖对全市74家党政机关事业单位人员、车辆编制及实有数量统计核定，完成1802辆公务车基础信息录入。制定出台克拉玛依党政机关事业单位《一般公务用车编制管理暂行规定》等3个配套管理制度。严格控购处置管理规定，共暂停受理或驳回车辆更新购置申请23辆，暂停受理或驳回处置车辆6辆，节约财政资金约447.12万元。全年处置公务用车33辆，移交收回统一调剂分配6辆，拍卖处置6辆，报废处置21辆。

（邵佳俊）

政协克拉玛依市委员会

综 述

【召开反映社情民意座谈会】 2020年11月25日，市政协在独山子区召开克拉玛依市政协2020年反映社情民意信息工作暨市、区政协工作座谈会。市政协党组副书记、主席包尔汉·卡哈尔主持会议。市政协领导，市政协委员和市政协机关人员，克拉玛依区、白碱滩区（克拉玛依高新区）、乌尔禾区政协领导和机关人员，独山子区委、区政协领导及区政协委员和政协机关人员参加会议。会上克拉玛依区、独山子区、白碱滩区（克拉玛依高新区）、乌尔禾区政协领导进行交流发言；4位政协委员反映社情民意。

（文强）

【决策咨询】 2020年，市政协决策咨询委员会向市委提供决策参考7期，即《关于有效应对疫情对价格走势的冲击，确保克拉玛依市中低收入人群生活质量持续稳定的建议》《关于克拉玛依石油、石化产业集群发展的建议》《关于抢抓国家政策机遇，加快推进克拉玛依高质量发展的建议》《关于"十四五"规划中国石油石化和信息文化旅游产业的意见建议》《关于推进克拉玛依市非公有制经济发展的建议》《关于"十四五"规划中农业、医疗、教育、科技、规划方面的意见建议》《关于发展煤化工产业的建议》，部分意见建议得到市委、市政府采纳。

（文强）

【社情民意信息专报】 2020年，市政协向市委报送社情民意信息专报6期。专报对"疫情防控""创建文明城市""'备案制'人员配套管理政策""玛纳斯河小拐乡段修建防洪坝"等市委、市政府关心，群众反映强烈的热点、难点问题进行调研，并提出意见建议。部分意见建议得到市委、市政府采纳。

（文强）

【重要工作简报】 2020年，市政协向市委报送重要工作简报2期，即《市、区政协主要领导赴自治区政协汇报工作》和《发挥政协优势，全力助推千亿产业集群发展》。

（文强）

【文史资料】 2020年8月，《克拉玛依文史资料》（第30辑）出版发行。《克拉玛依文史资料》（第30辑）设"历史瞬间""往事追忆""油城记忆""流金岁月""他乡情结"5个栏目，选用政协委员、离退休老干部、老同志、文史爱好者提供历史照片30幅，"三亲"史料23篇，共22万余字。

（文强）

【委员文集】 2020年8月，《百草园》（2017—2019年卷）出版发行。《百草园》（2017—2019年卷）设"散文随笔""纪实文学""诗歌""小说"4个栏目，选用新、老，市、区两级政协委员提供摄影作品15幅，文字作品 34 篇，共 28.1 万余字。

（文强）

重要会议

【市政协八届四次全委会】 2020 年 1 月 14—16 日，中国人民政治协商会议克拉玛依市第八届委员会第四次会议在克拉玛依市召开。会议听取和审议政协克拉玛依市第八届委员会常务委员会工作报告；听取和审议政协克拉玛依市第八届委员会常务委员会关于八届三次会议以来提案工作情况的报告；列席克拉玛依市第十四届人民代表大会第五次会议；听取并协商讨论政府工作报告和其他有关报告；审议通过政协克拉玛依市第八届委员会第四次会议关于常务委员会工作报告的决议；审议通过政协克拉玛依市第八届委员会提案委员会关于市政协八届四次会议提案审查情况的报告；审议通过政协克拉玛依市第八届委员会第四次会议政治决议。会议共收到提案 149 件，经审查，立案 121 件，合并处理 12 件，不予立案 16 件。

（文强）

1 月 14 日，中国人民政治协商会议克拉玛依市第八届委员会第四次会议开幕（闵勇　摄）

【市政协常委会会议】 2020 年，克拉玛依市政协共召开 4 次常委会会议。

二十一次常委会会议　1 月 15 日召开。会议听取各小组讨论情况汇报；协商有关人事事宜；审议政协克拉玛依市第八届委员会第四次会议关于八届政协常务委员会工作报告决议（草案）；审议政协克拉玛依市第八届委员会提案委员会关于八届四次会议提案审查情况报告（草案）；审议政协克拉玛依市第八届委员会第四次会议政治决议（草案）。

二十二次常委会会议　4 月 17 日召开。与会委员参观千亿产业集群展厅并听取有关情况介绍；会议传达学习习近平总书记在中共中央政治局常务委员会会议上就分析国内外疫情防控和经济运行形势，研究部署落实常态化疫情防控举措全面推进复工复产工作讲话精神；传达中共克拉玛依市十一届九次全体会议主要精神；通报市政协 2020 年《协商计划》《运行大表》；协商讨论《新时代加强和改进人民政协工作的实施办法》（征求意见稿），审议通过《政协克拉玛依市委员会全体会议工作规则》《政协克拉玛依市委员会常务委员会工作规则》《政协克拉玛依市委员会提案工作条例》《政协克拉玛依市委员会委员履职管理办法》。

二十三次常委会会议　9 月 18 日召开。市政府领导通报 1—8 月全市经济社会运行情况，市发改委通报“十四五”规划编制情况，与会 4 名政协委员就全市经济社会发展与“十四五”规划发表意见建议；会议学习《习近平谈治国理政》（第三卷）中“把人民政协制度坚持好，把人民政协事业发展好”有关内容，传达全国地方政协工作经验交流会、全国政协十三届十三次常委会会议主要精神；协商通过有关人事事宜。

二十四次常委会会议　10

月16日召开。会议传达学习第三次中央新疆工作座谈会精神、自治区党委九届十次全体会议精神以及自治区政协主席努尔兰·阿不都满金讲话精神；协商通过有关人事事宜。

（文强）

【市政协主席会议】 2020年，克拉玛依市政协召开3次主席会议。

十八次主席会　3月18日召开。会议协商市政协2020年重点提案、建议案。

十九次主席会　4月16日召开。会议协商通过市政协2020年重点提案、建议案；协商通过市政协2020年协商计划、重点工作运行大表；协商讨论《新时代加强和改进人民政协工作的实施办法》（草案）及4项制度草案；审议通过市政协八届二十二次常委会会议议程（草案）。

二十次主席会　9月16日召开。会议协商通过市政协9—12月份工作计划；审议通过市政协八届二十三次常委会会议议程；协商有关人事事宜。

（文强）

【专题会议】

迎新春茶话会　1月19日，市政协承办2020年迎新春茶话会。市政协党组副书记、主席包尔汉·卡哈尔主持会议。市委、市人大常委会、市人民政府、市政协、克拉玛依军分区、市纪委监委、市中级人民法院、市人民检察院、驻市央企领导，离退休老领导、老同志代表，各区、市属部门、国家和自治区垂管单位、市属企事业单位、人民团体、大专院校、武警支队、公安消防负责人；援疆干部、劳动模范、民族团结模范、民主党派、无党派、经济界、少数民族界、宗教界、科技界、文艺界、台胞台属、侨胞侨眷、欧美同学会及其他社会各界人士代表约200人参加会议。

政协工作会议　4月28日，市委召开政协工作会议。会议以电视电话会议形式召开，市政协党组副书记、主席包尔汉·卡哈尔主持会议，市委书记赵文泉做重要讲话。市委、市人大常委会、市政府、市政协、市纪委监委、市中级人民法院、市人民检察院领导；市委工作机构、市人大常委会办公室、市政府、市政协相关部门主要负责人；驻市自治区政协委员、市政协常委、部分市政协委员在主会场参加会议；各区区委、区委统战部主要领导、各区政协班子成员及部分区政协常委在分会场参加会议。

提案办理座谈会　4月30日，市政协召开重点提案办理工作座谈会。市政协党组副书记、主席包尔汉·卡哈尔主持会议。市委、市政府、市发改委、市政协提案委有关成员参加会议。市发改委汇报提案办理思路，与会人员交流发言，包尔汉·卡哈尔作总结讲话。

扫黑除恶和禁毒工作情况通报会　5月21日，市政协召开扫黑除恶和禁毒工作情况通报会。市政协党组成员、副主席王新主持会议。市政协班子成员、市委政法委和市公安局领导、部分常务委员和委员参加会议。听取市委政法委扫黑除恶工作开展情况和市公安局禁毒工作开展情况介绍。市政协党组副书记、主席包尔汉·卡哈尔做总结讲话。

征求意见座谈会　6月至9月，市政协召开4次“十四五”规划征求意见座谈会。市政协领导、市政府相关单位、部分专家、委员参加会议。会议围绕石油石化、文化旅游信息、农业农村生态保护、教育医疗卫生四个专题对“十四五”规划内容进行讨论，形成2期《决策咨询参考》，就全市区域中心城市建设、信息产业发展、城市发展规划等专题提出具体可行的11个方面47条对策建议，得到市委主要领导的签批和采纳，为克拉玛依市“十四五”规划纲要的编制提供了重要参考。

公益诉讼对口协商会　7月15日，市政协召开检察机关公益诉讼对口协商会。市检察院领导、相关部门负责人和部分政协委员参加会议。会上通报检察机关公益诉讼开展情况；与会部分委员发表意见建议；市政协党组成员、副主席王新做总结讲话。

提案办理协商会　9月17日，市政协召开重点提案办理协商会。市政府、市政协领导，提案承办单位和部分政协委员参加会议。市民族团结一家亲办公室汇报《关于进一步深化民族团结“细胞工程”的提案》办理情况；市发改委汇报《关于探索发展“飞地经济”的提案》办理情况；市卫健委汇报《关于健全和完善公共卫生应急体系建设，提升应对重大突发公共卫生事件能力水平的提案》办理情况；市教育局汇报《关于加强克拉玛依市中小学教师队伍建设的提案》办理情况；与会政协委员进行座谈交流和协商发言；市政府领导做重要讲话；市政协党组副书记、主席包尔汉·卡哈尔做总结讲话。

（文强）

调研视察

【“赴上海考察学习数字经济”调研】 2020年10月24—27日，市政协“赴上海考察学习数字经济”调研组就政协工作和数字经济有关情况到上海市宝山区政协、长宁区政协、中成智谷产业园、微盟公司、远景科技公司、上海软件园考察学习，通过与政协及企业座谈交流、现场考察，形成《关于赴上海考察学习数字经济有关情况的报告》，就双方开展数字经济合作，提出“坚持高位推动，加强顶层设计，将信息产业放在全局性战略高度进行谋划”“发挥石油石化数字化示范作用，创新体制机制，培育克拉玛依市数字经济企业，持续推进智慧城市建设”等5条意见建议。

（文强）

【“落实人才强市战略　推动千亿产业集群发展”调研】 2020年，市政协“落实人才强市战略，推动千亿产业集群发展”调研组，通过与千亿产业集群相关的新疆油田公司、独山子石化公司、克拉玛依石化公司、天利高新石化股份公司、天利实业总公司、贝肯能源有限责任公司、新疆金石有限责任公司、新疆正通石油天然气股份有限公司座谈交流，详细了解企业人才队伍建设基本情况。形成《落实人才强市战略，推动千亿产业集群发展的调研报告》，针对“现有人才流失情况严重”“引进人才困难重重”“人才政策亟待改进”等方面，提出“持续加强城市硬件建设”“不断提升城市软环境”“因地制宜制定人才政策”等8条意见建议。

（文强）

【“关于推进克拉玛依市非公有制经济发展”调研】 2020年，市政协“推进克拉玛依市非公有制经济发展”调研组组织部分政协委员开展专项视察工作，就非公有制经济发展存在问题和如何推动各项政策落实促进非公有制经济健康发展征集委员意见，形成《关于推进克拉玛依市非公有制经济发展的建议》，针对“推动地方经济高质量发展，进一步理顺经济循环方面存在不足”“金融服务的力度需要进一步加大”“人力资源面临较大困难”“服务意识不强，宣传力度不够，政策执行不到位”等4个方面问题，提出“加大石化工业园区内企业的关注力度，适当减免园区企业各种税费，完善园区基础设施建设，按照规划将绿化水接入厂区，降低企业费用支出”“将政府欠款清理工作作为大事来抓，全面清理各类款项拖欠行为，推进各产业链健康有序发展，对重塑企业信心至关重要”等9条意见建议。

（文强）

【“克拉玛依市生活垃圾分类工作情况”视察】 2020年，市政协“克拉玛依市生活垃圾分类工作情况”视察组，组织部分市政协委员和相关单位开展“克拉玛依市生活垃圾分类工作情况”视察工作。视察组在书面了解全市生活垃圾分类工作情况基础上，实地视察市机关2号楼、迎宾花园小区和克拉玛依区餐厨垃圾场、生活垃圾填埋场等情况，详细了解垃圾分类工作开展情况及遇到困难和问题，并提出意见建议。

（文强）

提案征集办理

【概况】 2020年，市政协共收到提案149件，经审查立案121件，合并处理12件，不予立案16件。其中，委员提案113件，党派团体等集体提案6件。提案中，促进社会和谐稳定方面，委员们共提交提案7件，占立案提案5.8%；推进经济高质量发展方面，委员们共提交提案31件，占立案提案26%；社会和民生方面，委员们共提交提案51件，占立案提案42.1%；城建和环保方面，委员们共提交提案19件，占立案提案15.7%；政治法治、文化建设等方面提案13件，占立案提案10.7%。经主席会研究，确定2件建议案和4件重点提案，分别由主席、副主席领衔督办。截至10月底，121件提案全部办结，办复率100%。

（文强）

【关于加大政策支持力度推动产业集群落地建议案】 2020年4月16日，经市政协八届十九次主席会议确定为建议案。建议案针对克拉玛依市高新区园区承载力及系统配套不足、园区招商引资政策支持力度不够、辖区产业综合竞争力不强等问题，建议：调整高新区土地规划区域，并给予一定运维费用；加大政策配套支持力度；加强对新疆油联支持。

（文强）

【关于深化民族团结“细胞工程”建议案】 2020年4月16日，经市政协八届十九次主席会议确定为建议案。建议案针对民族团结工作中存在问题，建议：弘扬传统，夯实民族团结基础；扩面提质，让民族团结连心网更密实；以上率下，让民族团结“细胞工程”走深走实；典型引领，让民族团结之花常开长盛。

（文强）

【关于推进克拉玛依市民营经济稳定发展提案】 2020年4月16日，经市政协八届十九次主席会议确定为重点提案。提案针对克拉玛依市非公有制经济产业结构比重偏低、行业结构不健全、高新产业不足及品牌支撑力弱、融资难等问题，建议：畅通民营企业服务渠道；建立市级领导干部和相关部门主要领导联系民营企业工作机制，研究解决民营经济发展中的困难；设立市财政民营经济专项资金，重点扶持具有示范作用的创新型、科技型、就业型、外向型民营企业；落实国家税收优惠政策；完善民营经济基本信用制度和信用评价体系；建立民营经济信用担保体系。

（文强）

【关于加强克拉玛依市中小学教师队伍建设提案】 2020年4月16日，经市政协八届十九次主席会议确定为重点提案。提案针对克拉玛依市教师薪资待遇与期望值差距较大、专任教师结构性缺员问题凸显、非教学任务繁重等问题，建议：在完善薪酬机制方面，调整优化经费投入结构，重点用于提高教师待遇保障；建立优秀教师激励制度，提高优秀教师收入；绩效考核分配向一线骨干教师倾斜；参照社区公益岗位，通过雇员制提高聘用教师待遇，落实雇员制教师绩效考核奖；制定配套措施解决引进人才年薪、工龄、职称认定、住房等待遇问题；解决误餐补助问题。在优化教师资源配置方面，实现教师合理流动，缓解学科结构性缺员和短期缺员问题；优化教师队伍结构，面向社会聘任教师，提高男性教师比例；建立临聘教师人才储备库，吸引其他省市65（含）岁以下教育教学经验丰富教师来克拉玛依市支教，鼓励克拉玛依市符合条件教师到乌尔禾区、白碱滩区（克拉玛依高新区）任教；建立校长后备人才梯队制度；向自治区争取招聘计划；优化教师职务评聘制度，开展教育领域重点人才评审工作，适度调整高、中、初级职级比例；建立教师退出机制；争取自治区对克拉玛依市内初班教师配备、补贴等方面支持。在创造教师乐教“环境”方面，落实《关于进一步规范中小学幼儿园检查评估考核的意见》；取消教师非教学任务。在加大交流培训力度方面，将一部分教育经费投入教师待遇提升和培训上；建立骨干教师轮岗交流机制，促进各学校均衡发展；鼓励在职教师或教育管理干部攻读教育硕士、博士。在发挥石油石化企业和上海人才援克优势方面，聘请克拉玛依市石油石化企业优秀专家为中小学名誉教师；选派教学科研骨干、优秀校长和教育管理干部到上海挂职研修和学习培训。

（文强）

【关于探索发展“飞地经济”提案】 2020 年 4 月 16 日，经市政协八届十九次主席会议确定为重点提案。提案针对克拉玛依市可充分利用上海市对口援助有利条件，发展“飞地经济”，助力克拉玛依市转型发展，建议：制定“飞地经济”发展规划；建立“飞地经济”合作机制；探索园区共建模式。

（文强）

【关于健全公共卫生应急管理体系建设提案】 2020 年 4 月 16 日，经市政协八届十九次主席会议确定为重点提案。提案针对克拉玛依市公共卫生应急管理体系建设，提升应对重大突发公共卫生事件能力，建议：修订完善应急预案体系，保持应急演练常态化；强化应急队伍建设和人员培训；建立应急救援物资储备保障机制；加强信息化网络直报系统管理；做好突发公共卫生事件应急知识宣传教育工作；强化疾病预防控制体系建设；发挥中医药在应对突发公共卫生事件中作用；加快克拉玛依市公共卫生中心（传染病医院）建设，为各类突发公共卫生事件提供医疗保障。

（文强）

市政协八届四次会议建议案和重点提案表

表 3

编号	名称	主要内容	主要提案人
J202016	《关于进一步加大政策支持力度推动产业集群落地的建议案》	调整高新区土地规划区域，并给予一定运维费用；加大政策配套支持力度；加强对新疆油联的支持	冯杰忠、马一元
WH202005	《关于进一步深化民族团结“细胞工程”的建议案》	夯实民族团结基础，让民族团结连心网更密实，让民族团结“细胞工程”走深走实，让民族团结之花常开长盛	魏鹏程
J202001	《关于推进我市民营经济稳定发展的提案》	畅通民营企业服务渠道，加大扶持民营企业力度，落实国家税收优惠政策；建立民营经济信用担保体系	唐洋
J202012	《关于探索发展“飞地经济”的提案》	制定“飞地经济”发展规划；建立“飞地经济”合作机制；探索园区共建模式	王咏剑
S202001	《关于加强我市中小学教师队伍建设的提案》	提高教师待遇保障，实现教师合理流动，优化教师队伍结构，建立激励机制，选派外出研修和学习	樊拥军、王晓佳
S202015	《关于健全和完善公共卫生应急体系建设，提升应对重大突发公共卫生事件能力水平的提案》	完善应急预案体系，加强信息化网络直报系统管理，强化疾病预防控制体系建设，发挥中医药在应对突发公共卫生事件中作用，加快克拉玛依市公共卫生中心（传染病医院）建设	郭小泉

纪委监委

重要会议

【中共克拉玛依市纪律检查委员会十一届五次全会】 2020年3月19日，市纪委十一届五次全会以电视电话会议形式召开，各区、街道（乡、镇）设立分会场。自治区纪委监委有关领导到会指导。会议深入学习贯彻习近平新时代中国特色社会主义思想，贯彻落实十九届中央纪委四次全会、自治区纪委九届五次全会和市委十一届八次、九次全会部署，总结2019年纪检监察工作，部署2020年任务。

（冯吉睿）

【地企纪检监察部门联席会议】 2020年4月23日，克拉玛依市纪委监委会同新疆油田公司、独山子石化公司、克拉玛依石化公司、西部钻探公司纪委，组织召开第1次地企纪检监察部门联席会议，中国石油纪检监察组三中心有关领导应邀出席会议。会上，共同学习中央纪委、自治区纪委关于地企联动开展协作配合相关要求，审议通过《克拉玛依市纪委监委与驻市央企纪检监察部门联席会议制度》及联席会议协调小组成员名单。会议达成共识：整合地方和驻市央企纪检监察力量，探索建立地企联动机制，通过定期会商、信息互通，资源共享、优势互补，搭建互联互通沟通对接平台。

（冯吉睿）

4月23日，市纪委监委与驻市央企纪检部门召开纪检监察工作联席会议 （昝阳斌　摄）

【自治区党委第四巡视组巡视克拉玛依市工作动员会】 2020年9月16日，按照自治区党委统一部署，克拉玛依市召开自治区党委第四巡视组巡视克拉玛依市工作动员会。自治区党委第四巡视组成员，克拉玛依市四套班子成员，人民法院、检察院党组主要负责人出席会议；其他副厅级以上干部，纪委监委和党委组织部领导班子成员，巡察办主任和巡察组组长，各部门、区党组织主要负责人，老干部代表等列席会议。

（冯吉睿）

【全市纪检监察系统2020年工作汇报会暨2021年工作务虚会】 2020年12月9日，市纪委监委召开全市纪检监察系统2020年工作汇报会暨2021年工作务虚会，各区纪委监委、机关各部室、各派驻（派出）机构分别就2020年重点工作完成情况、特色创新做法、存在问题不足、2021年工作思路进行汇报交流，市纪委监委班子成员就分管领域、分管工作进行点评，并对2021年工作思路提出意见建议。

（冯吉睿）

监督执纪

【政治监督】 2020年，市纪委监委严格落实自治区纪委监委关于聚焦“两个维护”常态化开展政治监督有关要求，对学习贯彻习近平总书记重要讲话和重要指示批示精神，党的十九届四中、五中全会，第二次、第三次中央新疆工作座谈会，以及新时代党的治疆方略特别是社会稳定和长治久安总目标等开展常态化监督，做到党中央重大决策部署到哪里、政治监督就跟进到哪里。立足“监督的再监督”定位，一体推进协作扶贫监督检查、冒名顶替上大学、盲目合村并居、人防系统腐败、农村乱占耕地建房和生态环境保护等问题整治，压实相关部门整治职责。规范党员领导干部廉政档案建设、管理和运用，每半年对全市各级党组织政治生态进行分析研判，提出意见建议。全年发现问题1016个，处理118人。

（冯吉睿）

6月13日，市纪委监委机关举行“学纪法强本领提质量”全员培训“一月一练”竞赛

（昝阳斌　摄）

【日常监督】 2020年，市纪委监委强化日常监督，全年开展谈话函询209件次，制发纪检监察建议19份。综合考虑事实证据、思想态度和量纪执法标准，统筹运用党性教育、政策感召和纪法震慑，做到纪法情理贯通融合。全市纪检监察机关运用“四种形态”处理785人次，其中第一、第二、第三、第四种形态分别占73%、20.4%、3.7%和2.9%。注重主体责任、监督责任同向发力，协助市委制定主体责任“两清单一报告”、加强党委（党组）运用监督执纪“第一种形态”制度规范，督促各级党组织强化党员干部教育、管理、监督，全市各级党组织运用第一种形态处理443人次。针对履责不力问题，依规依纪严肃追责问责党员干部22名。

（冯吉睿）

【内部督察】 2020年4月20日，市纪委监委召开全市纪检监察系统内部督查动员部署会。会议解读《自治区纪检监察系统内部督查工作办法（试行）》，传达自治区纪委九届五次全会、市纪委十一届五次全会关于内部督查工作要求，宣布《克拉玛依市纪委监委内部督查工作方案》及各督查组任务分工决定。2020年4月起，3个督查组对全市4个区纪委监委和9家派驻（派出）机构共13家单位分两个阶段开展内部督查，第三个阶段对所有督查对象整体进行内部督查“回头看”。

（冯吉睿）

【体制机制改革】 2020年，市纪委监委自觉接受自治区纪委监委和市委双重领导，先后就阶段工作、案件查办以及人事调整情况请示报告20余次。定期听取各区纪委监委、派驻机构履职情况报告，推行月报告、年考核工作机制。深化派驻机构改革，修订完善派驻监督制度体系，制定派驻机构干部管理、培训、后勤保障等7项制度，派驻机构履职能力有效提升，处置问题线索、立案数同比分别增长50.8%、9.8%。建立“监督检查室+审查调查室+派驻机构+区纪委监委”片组协作机制，推动形成“大监督”格局。探索地企联动反腐新路径，会同驻市央企纪检部门，制定地企联席会议制度，建立定期会商、信息互通、联合履职等工作机制，全年先后就9起职务违法案件联合开展审查调查。

（冯吉睿）

巡视巡察

【政治巡察】 2020年，市纪委监委健全完善巡察上下联动工作格局，创新使用交叉巡、提级巡等方式，探索实行“驻巡组合”“巡审联动”模式，提升巡察监督针对性和精准性。全年市、区两级巡察机构共巡察108家党组织，覆盖率91%，发现问题1111个。加强巡视巡察整改日常监督，建立纪委监委机关、派驻机构、巡察机构和组织部门联合督促整改机制，把督促自治区党委巡视、市委巡察反馈问题整改作为日常监督、派驻监督、巡察“回头看”重要内容，先后组织开展3轮次整改专项督查。推进巡察规范化、制度化建设，先后制定《克拉玛依市委巡察组工作考核办法》等10余项制度，编制巡察工作全链条流程图，启用巡视巡察工作数据管理系统，使各流程各环节工作有章可循、有序运行。

（冯吉睿）

【纠治“四风”】 2020年，市纪委监委严格执行中央八项规定及实施细则精神，通过开展制止餐饮浪费、违规配备使用越野车和办公用房等“四风”整治专项行动，以重点突破带动作风整体好转，全年查处问题59个、处理59人，其中给予党纪政务处分54人，分别同比增长7%、2%、50%，通报曝光典型案例7批21起。深化民生领域损害群众利益问题集中整治，紧盯城乡低保、生态环境、教育医疗等重点领域，梳理出4方面27项整改任务，督促37家责任单位对照剖析、整改落实。推进社区（村）小微权力运行制约监督，梳理3类17项97条“小微权力”清单，查处损害群众利益问题4个，处理4人。深化扫黑除恶“惩腐打伞”工作，对已查结的81个涉黑涉恶腐败和“保护伞”问题线索逐项评查，确保案件质量和办案综合效果。

（冯吉睿）

【推进“三不”机制】 2020年，市纪委监委一体推进“不敢腐”“不能腐”“不想腐”工作机制，针对腐败行为，全年立案235件、处分197人，移送司法机关10人。全市有2人主动投案，15人主动向纪检监察机关交代问题。坚持一案一剖析、一案一整改，围绕重点领域典型案件，深入分析案件背后的制度空隙、管理漏洞、监督缺位等腐败滋生因素，督促发案党组织和单位及时堵塞管理漏洞、补齐制度短板。坚持一案一警示、一案一通报，督促指导发案单位和部门召开警示教育大会，用活身边反面“教材”，以案释德、以案释纪、以案释法，引导党员干部严守纪律规矩、严明公私界限、严格家风家教。强化党规党纪教育，开展第22个党风廉政教育月活动，抓好新任108名领导干部任前廉政测试，组织举办“清风满天山”讲故事大赛，发挥市廉政教育展馆阵地作用，全年168批4752名党员干部接受廉政教育。

（冯吉睿）

廉政教育

【克拉玛依廉政教育馆正式投用】 2020年7月9日，市廉政教育馆正式投用。市委、市人大、市政府、市政协四套班子领导成员前往市廉政教育馆参观学习，同时全市第二十二个党风廉政教育月活动正式启动。克拉玛依廉政教育馆位于市纪委监委廉政教育中心（世纪大道156号），分上下两层，展馆面积1350平方米，以“全面从严治党永远在路上”为主题，展馆分为铸魂、举旗、固本、激浊、扬清、追梦6个展厅，将习近平新时代中国特色社会主义思想贯彻始终。

（冯吉睿）

【“清风满天山”讲故事大赛】 2020年7月15日，市纪委监委举办克拉玛依市“清风满天山”讲故事大赛决赛。市纪委监委在全市范围印发《克拉玛依市“清风满天山”讲故事电视大赛实施方案》，并通过网站、微信等多种方式向全市党员干部和公职人员进行宣传，来自全市各区、市委直属机关工委、教育工委、国资委、新疆油田公司12位选手入围决赛。乌尔禾区徐双凤团队讲述的《从商鞅寻找清正廉洁的家国情怀》故事，获得大赛一等奖。9月23日，自治区“清风满天山”讲故事电视大赛在新疆电视台演播厅举行决赛，来自14个地州市、自治区党委教育工委、直属机关工委、国资委16名参赛选手同台竞技，克拉玛依市选手毛忠莹、郑涛分别荣获二等奖、三等奖。

（冯吉睿）

7月10日上午，克拉玛依廉政教育馆迎来开馆后，首个预约单位组织党员、干部前来参观学习（闵勇　摄）

【召开特约监察员座谈会】 2020年，市纪委监委召开特约监察员座谈会2次，旨在增进了解、凝聚共识，为全市纪检监察工作高质量发展“出谋划策”。会议要求，特约监察员要发挥实践经验优势，当好“监督员”，及时跟进了解掌握纪检监察工作新动态、新知识、新要求，正确行使监察权力、开展精准监督；发挥业务水平优势，当好“调研员”，围绕参谋咨询、加强调研深入思考，改进监督执法工作机制、提升工作效能；发挥群众基础优势，当好“沟通员”，围绕市委中心工作，发挥桥梁作用，协助纪检监察组织开展整治侵害群众利益、整治“小微权力”腐败等重点专项工作；发挥社会公信优势，当好“宣传员”，运用自身影响力，主动向身边人、所在单位和行业宣传党中央关于全面从严治党重大决策部署、纪检监察工作实绩和成效，弘扬主旋律、传播正能量。

（冯吉睿）

民主党派·工商联

民主党派

【概况】 2020年，克拉玛依市有三个民主党派基层组织（民革、民盟、九三学社），共有成员173名。民主党派成员主要分布在科研、教育、医疗卫生等领域，包括处级干部4人，科级干部11人，人大代表、政协委员27人；60%以上具有高级专业技术职务。

（张文军）

【中国国民党革命委员会新疆克拉玛依市支部】 2020年，新疆民革区委会直属克拉玛依支部有党员25名，其中5人是克拉玛依市政协委员、2人是克拉玛依区政协委员。组织开展集中学习，先后传达学习习近平总书记在全国“两会”期间发表的重要讲话精神和全国两会精神，深入学习第三次中央新疆工作座谈会、中共中央第十九届五中全会精神。截至年末，民革克拉玛依支部5名政协委员参加市政协八届四次会议，向大会提交6份提案。陆敬义主委获新疆民革区委会颁发的“新疆民革抗击新冠肺炎疫情先进个人”荣誉。

（民革克拉玛依市支部）

【中国民主同盟克拉玛依市支部委员会】 2020年，民盟克拉玛依市支部共有盟员111人，其中调离11人、在职27人、退休73人。组织开展集中学习，先后组织学习《习近平谈治国理政》《习近平关于“不忘初心、牢记使命”重要论述选编》《习近平新时代中国特色社会主义思想学习纲要》《第三次中央新疆工作座谈会会议精神》以及全国两会精神解读。组织召开克拉玛依民盟2019年工作总结会，开展重阳节慰问克拉玛依民盟支部老盟员等活动。

（民盟克拉玛依市支部）

【九三学社克拉玛依支社】 2020年，九三学社克拉玛依市支部有社员58人，其中市政协常委1人，市政协委员4人，县级政协常委2人、委员2人，县级人大代表1人。社员主要以从事科学技术及高等教育、医药卫生等方面高、中级知识分子为主，其中博士、硕士7人，高级职称占比95%以上。2020年疫情防控期间，支社有13名社员直接参与疫情防控工作，含医疗救治一线、油田生产一线、机关服务基层、高校教育在线及律师在线咨询等；同时向“九三王选基金·抗击疫情专项”捐款，在职社员均捐款500元、300元不等。10月，九三学社克拉玛依支社荣获九三学社中央委员会颁发的“九三学社创建75周年全国优秀基层组织”荣誉称号；社员刘建中荣获“全国献血国家银奖”、陈燕荣获“市三八红旗手”、吴涛荣获新疆油田公司勘探开发研究院“科技创新奖”等荣誉称号。

（九三学社克拉玛依支社）

克拉玛依市工商业联合会(商会)

【概况】 2020年，克拉玛依市有非公有制企业（含小微企业）8645家（不含分支机构），有个体工商户27772户，市工商联（商会）有会员233家，其中企业会员183家、团体会员12家、个体会员38家。

（文艺）

【非公经济综合党委及异地商协会党建】 2020年，克拉玛依市非公经济综合党委（办公室设在市工商联党建科）下辖安徽商会党支部、河南商会党支部、陕西商会党支部、江苏商会党支部、四川商会党支部、家居建材行业协会党支部、商会联盟联合党支部7个实体支部，有正式党员29名。截至年末，7个实体支部培养8名入党积极分子、20名预备党员。

（文艺）

【商会党建】 2020年4月，市工商联指导河南商会进行支部改选，选优配强支部书记；11月，指导帮助四川商会和家居建材行业协会成立党支部；12月，指导帮助成立商会联盟联合党支部，确保直属商协会100%建立实体党支部。全年对各商会、协会2020年党建工作及往年党建活动经费开支使用情况进行检查，根据检查结果拨付2020年9万元党建活动经费。推进商协会“党建文化”建设和创新，推荐安徽商会党支部开展示范点创建工作。

（文艺）

【走访调研】 2020年，市工商联走访调研各商协会及非公企业，收集企业在复工复产及生产经营过程中面临的困难和问题，列出问题清单提交给政府相关职能部门加以解决。《克拉玛依市“奋战四个月，千人入千企”工作方案》出台后，市工商联与所负责10家规模以上企业对接，了解企业基本情况、经营状况、惠企政策兑现情况和企业困难诉求，建立走访台账和问题清单。全年走访商协会、非公企业100余次，收集企业困难诉求50余条，截至年末，问题全部得到解决或答复。针对企业复工复产过程中存在贷款难问题，市工商联收集相关企业及个体工商户贷款需求96家、需贷款金额9.6亿元，按照企业规模及贷款需求汇总整理后报送自治区进出口银行和市银监局，协调联系各大银行帮助企业贷款，助力复工复产。

（王冀炜）

【非公经济人士培训教育】 2020年，市工商联组织非公企业参与全国工商联组织的第五期民族地区小微企业经营者培训、民营企业合规经营风险防范培训和第二届民营经济法治建设峰会，并与市甘肃商会、市河南商会共同举办线上线下各类培训。

（王冀炜）

【维护民营企业合法权益】 2020年，市工商联联合市司法局组织律师、公证员志愿者成立民营企业和社会组织公益法律服务顾问团。通过法律指导、咨询服务等方式，帮助解决民营企业和社会组织法律需求，及时化解涉法矛盾纠纷。6月10日，市工商联与市中级人民法院联合举办服务和保障民营企业健康发展座谈会，会议邀请全市10余名商协会企业家代表参加，通报《关于共建联动工作机制，依法维护民营企业合法权益，促进民营企业健康发展的实施意见》，就如何保护民企权益以及涉法涉诉案件进行讨论。10月23日，市人民检察院与市工商联联合开展以“服务‘六稳’‘六保’护航民企发展”为主题检察开放日活动，邀请人大代表、政协委员、民营企业家等10余名代表走进检察机关，就保障民营企业发展、加强检察宣传、提升司法服务质量水平等方面展开座谈交流。

（王冀炜）

群众团体

市总工会

【概况】 截至2020年9月30日，克拉玛依市有基层工会组织442个（含驻市央企新疆油田公司），会员15.9万人（含驻市央企新疆油田公司）。

（蒲渊）

【九届常委会第七次会议】 2020年4月13日，市总工会召开九届常委会第七次会议，审议通过《加强和改进新时代产业工人队伍思想政治工作的贯彻落实意见》《2019年市总工会本级决算和2020年市总工会本级预算》和《2019年度工会工作报告》，安排部署2020年工作。

（蒲渊）

【劳模选树】 2020年，市总工会推荐2020年全国劳模人选9名、2020年自治区劳模人选43名，经市委常委会审议推荐，公示全国劳模人选2名、自治区劳模人选21名；推荐全国模范职工之家4个、模范职工小家3个、全国先进工会工作者2名；推荐自治区模范职工之家红旗单位1个、自治区模范职工之家8个、模范职工小家5个；推荐全国厂务公开民主管理示范单位1个、全国厂务公开民主管理先进单位1个、自治区厂务公开民主管理示范单位1个、全国推动厂务公开民主管理工作先进单位1个。在克拉玛依电视台《相约》访谈栏目、《克拉玛依日报》“工会在行动”栏目以及街道电子大屏上，宣传劳模先进事迹；开展“我们的中国梦”“工匠进校园”“最美劳动者”宣传活动。与市委史志办（市档案馆）合作，实施《匠心逐梦·最美奋斗者——克拉玛依劳模风采录》编撰出版工作。加强劳模管理服务，搭建完成全市劳模信息系统管理平台，实现劳模信息动态管理、精细管理。走访慰问劳动模范、先进班组，帮助办理劳模大病帮扶、去世劳模抚恤金相关手续，全年走访慰问帮扶719人次，发放慰

4月30日开始，克拉玛依市55名劳模风采在市区主要街道的电子大屏上滚动播出（刘杰 摄）

问、帮扶金 87.3 万元。全市 46 家市级以上劳模创新工作室累计完成 40 余项科技创新攻关项目，挖潜增效 4359 万元；4 个市级劳模创新工作室通过审核。

（蒲渊）

【劳动技能竞赛】 2020 年，市总工会号召各级工会动员企业开展劳动和技能竞赛，促进职工技能提升，推动企业复工达产，全年下拨劳动竞赛专项资金补助 806.57 万元，全市各类企业开展劳动项目 60 项；联合市人社局等 7 家政府部门成功举办市十一届职业技能竞赛。

（蒲渊）

【“安康杯”竞赛活动】 2020 年，市总工会对全市参加 2018—2019 年度“安康杯”竞赛活动单位进行评比，共推荐全国优胜单位 1 个、全国优胜班组 2 个，自治区优胜单位 1 个、自治区优胜班组 2 个、自治区优胜组织单位 1 个、自治区优秀个人 1 个；联合市应急管理局、市卫生健康委员会组织开展 2020—2021 年度“‘强意识，查隐患，促发展，保安康’安康杯”竞赛活动；制定《2020 年市总工会“安全生产月”活动实施方案》，指导各级工会组织加强安全生产宣传、开展专题警示教育、安全生产大检查等工作。

（蒲渊）

10 月 13 日，市十一届职业技能竞赛餐宴会摆台比赛　（蒋剑　摄）

【推进工资集体协商】 2020 年 3—4 月，市总工会集中开展集体协商要约活动，与市人社局对要约程序进行规范，发出要约 249 份，覆盖企业 3307 家，覆盖职工 61714 人；收到应约 191 份，覆盖企业 2958 家，覆盖职工 49382 人。

（蒲渊）

【工会法律援助】 2020 年，市总工会强化源头参与机制，开展“遵法守法 · 携手筑梦”服务农民工权益法律服务行动，在春节期间向农民工群体赠送《“遵法守法 · 携手筑梦”服务农民工法治宣传手册》1000 余册、法治宣传扑克牌 1000 余副和法治宣传春联 100 余副；制作《中华人民共和国劳动法》《中华人民共和国工会法》宣传展板。指导各区总工会建立工会法律服务工作室试点。截至年末，在克拉玛依区、独山子区、白碱滩区（克拉玛依高新区）10 家企业建立工会法律服务工作室，聘请律师担任试点单位工会法律顾问，参与工会信访接待、法治宣传、法律咨询、劳动法律监督、争议调处等工作。

（蒲渊）

【服务农民工】 2020 年，市总工会根据全国总工会《关于参与做好 2019 年度根治欠薪冬季攻坚行动的通知》要求，加大对重点地区、重点行业检查力度，经走访、排查、法律维权宣传，无重大拖欠工资隐患；制定《市总工会“战疫情　助脱贫　促发展　保稳定”保障农民工工资足额支付工作方案》，开展农民工工资支付专项检查活动，保障农民工工资足额支付。

（蒲渊）

【困难群体帮扶】 2020 年，

市总工会打造服务职工综合体，建成工会服务中心，推动形成“帮扶中心＋服务职工”模式。结合全市实际，印发《关于进一步做好城市困难职工解困脱困工作的实施方案》，坚持“统筹协调、突出重点、分级负责、精准救助”原则，建立政府主导、工会主抓、部门协同、社会参与工作体制；做好2020年度困难职工审核建档工作，在档困难职工家庭1户3人，在春节、古尔邦节、疫情防控期间按政策对该家庭开展帮扶，发放节日慰问金、疫情生活补助合计4000元；春节期间组织开展对困难职工、大病及突发意外困难职工、工伤和职业病致残职工及因公牺牲者家属慰问活动，发放慰问款物5万元；指导白碱滩区（克拉玛依高新区）总工会、独山子区总工会做好辖区困难职工档案脱困、注销工作，完成城市困难职工解困脱困工作成效第二阶段第三方评估工作。

（蒲渊）

【新兴组织建会】 2020年，市总工会下发《关于克拉玛依市新兴社会组织组建工作的工作提示》，全市有非公企业和社会组织7871家，已建会4157家，不具备建会条件3586家，待核实128家，建会率97.01%；对全市2986名南疆转移劳动力务工人员进行入会实名制登记，按照人均300元标准给予一次性补助发放。

（蒲渊）

团市委

【概况】 2020年，克拉玛依市有43个基层团委（不含驻市央企）、22个团工委、35个团总支、1077个团支部，配备专兼职团干部2985人。全市共青团员20768人，其中中学团员4036人、高校团员7476人，有少先队员39553人。

（杨帆）

【青年思想政治教育】 2020年，共青团克拉玛依市委员会学习宣传习近平新时代中国特色社会主义思想，通过制作学习导图，按期分析各领域团组织发动团员参学情况，点对点表扬先进、督促后进。第八季青年大学习活动开展以来，参学率连续13周位于全疆前列，约38万人次打卡学习。按期组织全市社区（村）团支部参与自治区每月一次视频主题团日，指导中学和高校团支部以及小学少先队规范开展主题团日活动和少先队活动课。截至10月底，克拉玛依市主题团日活动覆盖13.7万人、“红领巾爱学习”网上主题队课观看学习18万人次、少先队活动课覆盖少先队员16.91万人次。

（杨帆）

【纪念五四运动】 2020年，共青团克拉玛依市委员会策划实施“绽放战疫青春·坚定制度自信”系列教育实践活动。通过制作“五四精神、传承有我”

5月1日，小拐乡国营牧场团总支开展庭院清洁改造志愿服务活动
（杨苗苗　摄）

海报、组织青年志愿服务、慰问优秀青年代表等 7 项活动，引导团员青年看到中国特色社会主义制度优越性，增强团员青年制度自信。

（杨帆）

【培育社会主义核心价值观】 2020 年，共青团克拉玛依市委员会通过开展入团入队仪式、国旗下宣讲、民族团结联谊活动等形式，宣传社会主义核心价值观，全年编发弘扬社会主义核心价值观微信 461 条，开展“厉行节俭、反对浪费”等特色线上活动 4 场，投稿作品 537 件、参与接龙 17178 人次、原创诗文公益征集 158 篇。

（杨帆）

【少先队工作思想教育】 2020 年，共青团克拉玛依市委员会在青少年群体中组织学习宣传习近平总书记“五四”寄语、“六一”寄语、给中国石油大学（北京）克拉玛依校区毕业生的回信、致全国青联十三届全委会和全国学联二十七大贺信精神。以全国第八次少代会为契机，通过动员少先队员学习《习近平致中国少年先锋队第八次全国代表大会的贺信》精神，在全市少先队员和少先队工作者中引发热议，少先队员代表陶鹏远热议被全国少工委、《新疆日报》采用。截至年末，已向中央推报“全国优秀少先队”“全国优秀少先队集体”等 5 项荣誉。

（杨帆）

2 月 5 日，青年志愿者为封闭在家的居民上门服务　（王艺璇　摄）

【参与疫情防控】 2020 年，克拉玛依市组建青年突击队 181 支 6675 人参与疫情防控。开展“一对一”关心关爱赴乌医护队员家属活动，在团属新媒体上编发“送爱心话”微信。开展“团团陪你宅”系列活动，近万名青少年参加。全市青年团员自愿捐款 24 万余元、捐赠医用口罩 1.8 万只。向各区团委下拨疫情防控专项经费 5 万元，支持和帮助基层团组织有序参与疫情防控阻击战。做好网络舆论引导和线上服务，发布《青年突击队奋战日记》等正能量信息 123 条。

（杨帆）

【基层组织建设】 2020 年，共青团克拉玛依市委员会规范团队组织生活，落实“三会两制一课”制度，推动团员教育集中化常态化开展，下发《少先队改革方案》，强化队前教育和入队程序，增强团员及少先队员光荣感和组织归属感。构建阶梯式成长激励体系，推进分批入队试点工作，市区两级少工委双主任和少先队总辅导员配备齐全。梳理少先队组织基础信息。截至 10 月底，全市 43 所中小学成立少工委 41 所，基本实现全覆盖。发挥青年之家联系团员青年桥梁纽带作用，年内新建青年之家 1 所；截至年末，全市有青年之家 7 所。全年开展主题团日、“油城影响力对话”、创业就业指导、志愿服务等活动 72 场次，2104 人参加。开展对标定级工作，各级团组织对照评价标准，10 月底完成线下自评定级工作。

（杨帆）

【团员队伍建设】 2020年，共青团克拉玛依市委员会贯彻落实《团中央关于保持和增强团员先进性的意见》精神，加强团前教育，集中举行入团仪式，合理控制团青、团学比例，重点调控中学团员发展，加强街道（社区）、国有企业、新兴组织等非学校领域团员发展工作力度。截至年末，发展团员1292人，达到全年发展名额64.6%。推广"学社衔接"工作，进行线上培训及现场答疑，截至10月30日，克拉玛依市非升学类型毕业学生团员数1890人，本地区外申请转入团员1571人，已完成转接团员6868人，"学社衔接"率82.9%。

（杨帆）

【服务品牌建设】 2020年，共青团克拉玛依市委员会持续加强对大学生志愿服务西部计划项目管理，全年续签率达48%，创历史新高，签约人员规模首次突破百人。开展"民族团结一家亲"融情营9期，以纪念抗美援朝70周年主题教育活动为契机，通过参观独库公路博物馆、座谈交流研学心得等，培养青少年热爱党、热爱祖国、热爱人民的情怀。以"红领巾小课堂"为载体，结合实际统筹开展青少年暑期校外教育活动164项。关心关爱南疆务工青年生活和思想，开设"共青团网上国语夜校"，帮助2589名南疆务工青年学习国家通用语言。做好困难青少年群体关爱帮扶，在43所中小学团组织中开展"共青团爱心生日会"136场次，9228人次参加。

（杨帆）

【青少年权益保护】 2020年，共青团克拉玛依市委员会购买专业化社会服务护航青少年成长，通过打造共青团"阳光巴郎"青少年之家和"共青团小小石榴籽儿童服务站"项目，依托社工组织向各族青少年提供专业化、个性化服务，开展个案辅导24人次、各类活动百余场次，覆盖青少年3734人次。

（杨帆）

【青年就业创业】 2020年，共青团克拉玛依市委员会利用线上资源，为疫情防控期间需要就业帮扶应届大学生及其他待就业群体免费提供公职类就业线上课程。为青年搭建创业就业展示交流平台，全年有5名选手晋级"天塞杯"第九届新疆青年创业创新大赛。挖掘2名"新时代农村创业致富好青年"，引导他们为新时代乡村全面振兴贡献青春力量。

（杨帆）

【团（队）干部培训】 2020年，共青团克拉玛依市委员会结合自治区团委"岗位大练兵、能力大提升"活动要求，逐级开展团务知识测试、讲授主题团课、开展学习分享。在上海交通大学举办为期9天的全市基层团组织书记能力提升培训班，通过理论教学、实地考察、学员交流等多种形式，提升团干部综合能力。举办第九届少先队辅导员专业技能大赛暨2020年度辅导员培训班，少先队辅导员队伍整体素质得到提升。重视基层团干部配备，截至10月底，市区两级团干部配备率达94%。

（杨帆）

市妇女联合会

【概况】 2020年，克拉玛依市妇联下辖4个区妇联，13个街道妇联，2个乡镇妇联，108个社区妇联，5个村妇联，5个商、协会妇联，9个机关和事业单位妇委会，25个驻市企业和非公经济团体会员，1个家庭教育研究会，1个爱心妈妈协会，1个女企业家协会。

（王晓丽）

【疫情防控】 2020年3月1日，克拉玛依市火线命名戴文等16名驰援武汉女性医务工作者市级"三八红旗手"称号；在"三八妇女节"之际授予陈燕等50名奋战在医疗卫生、公安维稳和社区一线的优秀女性市级"三八红旗手"称号，授予市中心医院发热门诊护理组等20

个集体市级“三八红旗集体”称号；选树命名市级“抗疫最美家庭”28户，成功推荐艾克热木江·热西提家庭当选全国“抗疫最美家庭”。市广电中心制作播出《我在岗我最美》短视频，在“油城巾帼”设“抗疫芳华”栏目，在《克拉玛依日报》、“零距离”、电视台以“抗疫巾帼”为题开辟庆“三八”节目专栏，连载推送一线优秀妇女先进事迹和感人故事。

（王晓丽）

10月20日，市妇联成立60周年座谈会召开　（戴旭虎　摄）

【巾帼志愿行动】2020年2月，市妇联招募11名“巾帼志愿行动”家庭教育志愿者，建立“克市妇联家庭教育微信群”，通过线上微课助力疫情防控，为274名家长和一线医务工作者及其家人普及家庭教育、心理健康知识“爱心课”29场次；疫情防控期间，保障“12338”妇女维权公益热线畅通，实现24小时全天候在线化解婚姻家庭矛盾纠纷108例，调结率100%。

（王晓丽）

【市妇联成立60周年系列纪念活动】2020年，市妇联邀请老中青优秀妇女代表走进电视台《讲述》栏目，通过“三八”女子钻井队、医疗卫生、社区工作、商业服务等10个板块，系统回顾60年来全市妇女事业发展和各族妇女艰苦奋斗、爱党爱国、爱岗敬业感人事迹；召开“不忘初心再出发”——市妇联成立60周年纪念座谈会，完成《岁月芳华——克拉玛依妇联60年》史志资料5篇20章45万字。各基层妇联结合纪念活动，邀请身边老前辈走进“妇女之家”，开展微宣讲和座谈会。

（王晓丽）

【妇女就业创业】2020年，市妇联推动就业困难妇女转变就业观念和提升就业技能。支持2020年度“自治区巾帼示范基地”克拉玛依区小拐乡玛依姑娘旅游管理服务公司获得自治区妇联专项经费5万元，鼓励其通过实体经济，示范、培训、带动更多农村妇女就业增收。贯彻落实自治区妇联《20个县市区妇联与10个未摘帽贫困县妇联开展结对帮扶工作方案》要求，指导克拉玛依区和独山子区妇联共同做好与喀什地区叶城县妇联帮扶计划，督导白碱滩区（克拉玛依高新区）妇女创业就业项目做实做细。组织全市南疆转移就业妇女和未就业妇女参加读书沙龙、美容美发、美甲美睫、烹饪烘焙、裁剪缝纫、家政服务、刺绣等技能培训，通过送培训、送温暖、送活动形式开展针对性帮扶工作。

（王晓丽）

【专项课题研究】2020年，市妇联撰写完成市政协八届四次会议发言材料《关于推进家政服务行业提质扩容促进妇女就业的建议》。开展在城市转型升级背景下居民婚姻离婚率变化趋势及影响因素专题调研，撰写《克拉玛依市离婚率影响因素及对策研究》专题报告，为市委、市政府推进市域社会治理现代化提供参考；深入基层开展调研，撰写《新兴组织领域妇联组织建设问题研究》专题报告。

（王晓丽）

【家庭文明创建】 2020年5月15日，克拉玛依市命名2019年度市级“最美家庭”96户，最美楼栋（单元）15个，推荐肖刚家庭当选全国“五好家庭”、陈志兰家庭当选全国文明家庭、骆萍家庭当选全国“最美家庭”。与市纪委监委联合开展“书家训家规 树廉洁家风”硬笔书法比赛活动，各级党政机关、国有企事业单位党员干部参赛作品927幅。对首批15户民族团结进步创建“进家庭”示范户开展回头看，推进民族团结进步创建在家庭工作中落地生根，提高“示范户”在社区、单元楼栋、群众中知晓率及示范作用。召开“美丽庭院”创建工作推进会，小拐乡妇联通过国旗下宣讲、农牧民夜校、入户走访等形式，宣传“美丽庭院”评比活动，引领农牧民群众从环境整治入手，推动“美丽庭院”建设与乡村振兴工作协调发展。

（王晓丽）

【家庭教育】 2020年，市妇联依托市家庭教育研究会启动“父母成长研修营”系列学习读书活动25场，在《克拉玛依日报》社教育周刊开设《成长的奥秘》专栏，为油城各族家长普及科学育儿知识。与克拉玛依区心理协会“幸福家”家庭教育公益团队开展项目化运作，为新兴组织、行业协会妇联妇女之家提供亲子关系、情绪管理、心理疏导等家庭教育服务15场503人。为南疆转移就业妇女举办“美丽女性·幸福家庭”读书沙龙活动16场。推荐西月潭社区为全国家庭教育创新实践基地。

（王晓丽）

1月20日，第五届克拉玛依市道德模范、首届克拉玛依市文明家庭、2019年克拉玛依市“最美克拉玛依人”评选颁奖典礼 （蒋剑 摄）

【家庭服务】 2020年4月23日，克拉玛依市妇联召开市“平安家庭创建”协调会，对全市“平安家庭”创建活动进行指导。以维护妇女儿童权益保障为主线，发挥市婚姻和家庭问题调适调解服务阵地作用，畅通“12338”维权热线，线上线下开展妇女群众来电来访咨询调解服务，在自治区两次专线接听情况抽查督导中均获好评，全年接待来访169件，调结率100%。举办“暖心服务和万家”婚调委调解员专题培训。开展亲子绘本阅读、家庭教育、反家暴维权公益活动18场，心理咨询一对一服务8人次，受益妇女儿童234人次。开展法律专题讲座4场，提升妇女工作者及各族妇女群众法律素养和依法维权能力。协调司法行政部门落实解决调解员“一案一补”（对每一件调解案件给予补贴）政策。

（王晓丽）

【妇女儿童“两纲”实施】 2020年1月，市妇联召开“两纲”（妇女发展纲要和儿童发展纲要）未完成指标责任单位督导会，逐项分析原因，明确完成时限和具体要求。各成员单位克服机构调整、疫情防控影响，9月底完成全市综合统计汇总及监测情况分析。10月23日，召开全市妇儿工委2020年工作通报会，对终期评估任务进行再督导再部署。作为第四次全国妇女地位调查工作国家和自治区样本调查城市，独山子区5个社区75户家庭作为样本被抽中，市、区两级督导员、调查员克服疫情造成困难，完成入户调查、审核上传工作。

（王晓丽）

【特困妇女儿童帮扶】2020年，市妇联管好用好专项资金，规范“爱心一元捐”“春蕾女童”“恒爱行动”项目资金管理。面向全市困难家庭、重病妇女、孤残重病儿童使用“爱心一元捐”资金慰问关爱159人31万余元，为40名“春蕾女童”发放助学金23.7万元，动员执委、机关企业单位妇女干部参加“让爱成长——恒爱行动”，编织48件毛衣送到白碱滩区（克拉玛依高新区）第二十小学48名困难学生手中；“六一”儿童节期间，看望慰问辖区10名残疾、患病和家庭困难儿童并赠送价值1万元衣物；为市福利院、特殊教育学校儿童赠送价值1万元的学习生活用品。

（王晓丽）

【新兴领域妇联组织建设】2020年，市妇联以强化党建带妇建工作机制为抓手，开展新兴领域和机关事业单位妇女组织建设情况调研，对210家社会组织、92家市直系统机关和事业单位以及部分商会、协会进行调研走访，撰写《克拉玛依市妇联关于开展机关和事业单位妇女组织建设情况调研报告》和《克拉玛依市妇联关于开展社会组织中建立妇女组织和女性社会组织工作情况调研报告》。9月17日，指导联点幸福社区召开“家佳乐”商圈妇女第一次代表大会，第一届商圈妇联当选9名执委均为“家佳乐”商圈从事物业、商超、餐饮、建材等行业女性带头人。建立市妇联领导定期走访两新妇女组织直接联系点市爱心妈妈协会和市女企业家协会制度，帮助爱心妈妈协会协调解决每月例会和文体活动无固定场所困难，推荐协会骨干参加自治区妇联培训交流。

（王晓丽）

【市妇联机关党委成立】2020年12月31日，中共克拉玛依市妇联机关委员会、机关纪律检查委员会经市委直属机关工委批复同意正式成立，下设中共克拉玛依市妇联机关支部委员会、中共克拉玛依市爱心妈妈协会支部委员会、中共克拉玛依市女企业家协会支部委员会3个党支部。

（王晓丽）

【基层妇联执委轮值制度建设】2020年，市妇联落实各级妇联执委轮值制度，强化基层妇联干部身份意识，实现“妇女工作群众做”妇联改革目标。举办市妇联强基固本示范项目观摩会，各级妇联组织干部观摩学习小拐乡妇联开展的“幸福牧马人·庭院最美丽”执委轮值活动，对基层妇联执委围绕“家庭教育、妇女发展、妇女维权、家庭文明、组织建设、美丽庭院”六项任务，实施八项行动（一次政治学习、走访一个基层妇女组织、一次民主议事、一次能力培训、一次能力展示、一次党性教育、一次民族团结联谊活动、表彰一批优秀妇女骨干），组织开展活动进行现场培训，全年全市各街道妇联开展执委轮值活动7次。

（王晓丽）

市文学艺术界联合会

【概况】2020年，克拉玛依市文学艺术界联合会（以下简称市文联）下属文学艺术家协会8个，有团体会员单位6个，会员935人。其中国家级会员49人，省部级会员282人。全年组织举办文艺展演、文艺比赛10余场次，部分文艺家作品获得全国性文艺奖项。

（张越）

【开展与艺术家交朋友活动】2020年，市文联紧扣“铸牢中华民族共同体意识”主线，以各族群众为主体，引导各族艺术家和各族群众正确认识“各民族文化是中华文化的组成部分”。与各族艺术家交朋友，常态化走访互动、沟通思想、加深友谊，鼓励各族艺术家加大创作力度。

（张越）

【文艺战“疫”】 2020年，市文联组织全市文艺工作者开展“凝心聚力　共克时艰”主题文艺创作活动，共创作文艺作品近千件，涵盖诗歌、散文、书法、美术、摄影等多个门类，先后在全市主流传统媒体和新媒体推出。其中近百件文艺创作精品在天山网、《新疆日报》、自治区文联、中国石油文联等国家及省、市媒体刊登。

（张越）

【创建克拉玛依文艺公众号】 2020年，市文联探索“互联网+文艺”“互联网+文联”“互联网+协会”工作模式，按照“工作效能最大化、文艺信息共享化、传播效果立体化”目标，开办“克拉玛依文艺”公众号并上线运行。通过网络直播、H5页面、微信公众号、网站、网上展厅等多渠道，推动文艺与新技术、新产业、新模式、新媒体有机融合，拓展文艺空间。

（张越）

【入围中国电影金鸡奖】 2020年，市文联电影家协会副主席冯志斌执导的手机电影《铁老汉的夏天》入围第28届金鸡百花电影节暨第33届中国电影金鸡奖·新影像单元，并斩获优秀作品荣誉。《铁老汉的夏天》是克拉玛依市委宣传部“建党100周年”重点推出的本土文艺作品，是主旋律三部曲第一部。全片根据克拉玛依市南泉社区“铁老汉志愿队”真实事件改编，由志愿队成员本色出演。

（张越）

【第八批签约扶持工作】 2020年，市文联继续开展第八批重点文艺项目扶持工作。有30人提出33件作品扶持申请，经评审选定长篇报告文学《父辈的丰碑》、诗集《生命的石油》、摄影组照《英雄之城——克拉玛依》、小品《永不离开的工作队》、微电影《一棵开着花儿的树》等13项作品为扶持项目。截至年末，部分作品已经公开展演，受到各族群众好评。

（张越）

【文艺志愿服务】 2020年，市文联组织市书法家协会文艺志愿服务小分队在元旦、春节等重大节日期间，开展“写好中国字”“写福迎春贺新年”等活动，先后选派100余位本土书法家为各区所辖居民、企事业单位和驻地官兵书写春联1万余副。疫情防控期间，市书法家协会为广大书法爱好者举办免费线上书法培训；市舞蹈家协会文艺志愿服务小分队响应“文化进万家”号召，先后在克拉玛依市中心医院、克拉玛依市第二人民医院、白碱滩区（克拉玛依高新区）中兴路街道、金龙镇街道等10余个单位进行文艺志愿演出。

（张越）

【文艺活动】 2020年，市文联启动优秀原创戏剧小品剧本征集活动，通过文学文艺爱好者对小品、相声、情景剧、朗诵剧本的创作，展现克拉玛依各族群众建设油田、脱贫攻坚、民族团结、勤政廉政等鲜活生活和爱党爱国情怀。举办《荒原筑梦——克拉玛依城市工匠纪实（一）》最美朗读者评选活动。举办克拉玛依市第六届舞蹈大赛，创作优秀舞蹈作品，挖掘优秀舞蹈人才。

（张越）

【文艺培训与交流】 2020年，市文联做好中国摄影家协会、中国音乐家协会“深入生活　扎根人民”赴新疆采风工作。组织艺术家们参观克拉玛依市城区建设、了解人民生活，前往克拉玛依市博物馆、百里油区生产一线、世界魔鬼城等景区游览。

（张越）

10月29日，为庆祝城市65岁生日，克拉玛依市组织出租车队将3000朵市花玫瑰分发给社会各界　（彭召勇　摄）

【"庆祝克拉玛依生日"系列活动】 2020年，市文联在庆祝克拉玛依65岁生日之际，利用克拉玛依文艺微信公众号线上开展《克拉玛依之歌》（器乐版）推介和有奖竞猜活动；开展"红心永向党　携手奔小康"庆祝克拉玛依生日3D主题美术展等系列活动，推动克拉玛依文艺精品创作。

（张越）

市科学技术协会

【概况】 2020年，市科协按照《全民科学素质行动计划纲要（2016—2020）》工作目标，利用科技馆、克拉玛依科技等公众号，传播预防新型冠状病毒科普知识，组织开展第12个全国防灾减灾日、"11·9"消防日活动，提高公众防灾减灾意识和应急自救能力。组织开展"科技之冬"活动，推出"科普在行动"有奖竞答活动，举办自治区全民科学素质有奖答题活动，举办"中国科学家优秀事迹"展览，为公众搭建参与科普活动平台。实施科技志愿服务"智惠行动"，成立克拉玛依市科协、各区科协、市营养学会、市老科协等8支科技志愿者服务队伍，组建市级科普专家讲师团，为城镇居民、青少年、农村群众开展科普宣传教育提供智力支持。实施基层科普行动计划，奖补8个先进社区、4个科普教育基地、2个科技教育特色学校、2个农技协和4个农村科普带头人，支持基层科普组织开展惠民科普活动。组织开展第六届自治区科普奖推荐工作。

（钟雪晴）

【青少年科技】 2020年，市科协举办第34届克拉玛依市青少年科技创新大赛、第二届克拉玛依市青少年创意编程及智能设计大赛等7场竞赛类科技活动，参与活动青少年达1500人次，表彰奖励青少年、优秀科技辅导员477人次。推荐优秀作品参加自治区比赛，获得第34届新疆青少年科技创新大赛一等奖项目29项、二等奖项目17项、三等奖项目17项；获得第二届自治区青少年创意编程及智能设计大赛一等奖项目23项、二等奖项目35项、三等奖项目37项。组织开展2020年度"全国青少年人工智能活动特色单位"、自治区青少年科技活动特色学校和科技活动示范学校评选推荐命名等工作，克拉玛依科技馆、克拉玛依高级中学、独山子第一中学、克拉玛依实验中学、克拉玛依市第十二小学、克拉玛依市雅典娜小学、克拉玛依市青少年科技活动中心7家单位被命名为2020年度"全国青少年人工智能活动特色单位"；克拉玛依市南湖小学、克拉玛依市独山子区第一小学、克拉玛依市第十五小学被命名为第六批自治区青少年科技活动特色学校；克拉玛依市实验中学、克拉玛依市雅典娜小学被命名为首批青少年科技活动示范学校。提高青少年科技辅导员素质，组织全市150余名科技辅导员参加自治区青少年科技教育创新论坛、科技周“云课堂”及机器人教练员培训班。

（钟雪晴）

【全国科普日活动】 2020年9月19—25日，市科协与全国同步举办主题为“决胜全面小康，践行科技为民”全国科普日“云上科普周”系列活动，组织开展卫生健康科普联合“云行动”、校园科普联合“云行动”、农村科普联合“云行动”、科普阅读联合“云行动”等八大类在线科普活动，通过科普“云”课堂、科普“云”展览、科普阅读“云”分享等方式普及科学知识，集中展示科技创新、科学普及工作新成就，形成网络科普传播热点，吸引2.5万余人参与。市科协被中国科协、自治区科协授予“2020年全国科普日优秀组织单位”荣誉称号。

（钟雪晴）

【科普宣传】 2020年，市科协开展“崇尚科学、反对邪教”进社区宣讲活动，全年深入社区开展宣讲150余场。举办“中国流动科技馆”巡展活动，在白碱滩区（克拉玛依高新区）科技文化中心展出声光体验、电磁探秘、运动旋律等主题展品60件。举办科普大篷车进社区活动，展出科技互动展品20件，发放“科普口袋丛书”2000份、科普宣传手册3000份、印有“崇尚科学　反对邪教”宣传标语环保购物袋3500个。组织开展“我与科普大篷车”征文活动，并对优秀征文进行奖励。

（钟雪晴）

【学术学会工作】 2020年，市科协推进全市企业院士专家工作站建设，新疆油田公司院士专家工作站于11月11日正式获批成立；开展“最美科技工作者”推荐工作，新疆科力新技术发展股份有限公司赵波荣获自治区“最美科技工作者”称号；按照《中国科协2020年服务科技经济融合发展行动方案》及自治区科协要求，克拉玛依市开展“科创中国”试点城市申报工作，成立创建工作领导小组，制定工作方案，完成试点城市申报；依托国家、自治区级学会智力资源，围绕全市重点产业开展供需对接服务。

（陶鲸义）

【科普信息化建设】 2020年，市科协新建51个科普中国e站，并对已经建成投用的科普中国e站进行全面检查，针对存在问题进行整改。截至年末，全市建成科普中国e站219个，覆盖全市社区、学校、乡村和部分公共场所，通过信息化手段打通科学传播“最后一千米”。

（钟雪晴）

【科技馆】 2020年，市科技馆全年累计开放106天，接待6.4万人次参观，其中团队70个1000余人次。开展科普活动20余场次；4D影院、天幕影院播放20余场次。被授予“2020年青少年人工智能科普活动推广示范单位”“全国青少年科技辅导员培训基地”“2020年全国科学实验挑战赛优秀组织单位”荣誉称号。

（刘玥含）

【人工智能推广】 2020年，市科协围绕创新科技、智能未来等主题，先后举办“大疆RoboMasterEP全疆首场线下体验”与“璀璨青春·机甲逐梦”夏令营等科普活动，着力培养青少年创新精神、科学素养以及动手创作解决实际问题能力。全年举办相关活动20场次，累计受益青少年达5000余人次。

（刘玥含）

【科普展览】 2020年10月31日，中国科学技术馆“中国古代科技之光”主题展览在市科技馆向公众开放，展览面积1500平方米，精选展品84件（套），分为天文、指南针与航海、造纸术、印刷术、机械发明及纺织刺绣六大区域，展示几千年来中华民族科技发展成就和历代大匠卓越风采。围绕“科普防疫知识·共探古

10月29日，“中国古代科技之光”展览在市科学技术馆开展
（努尔买买提·艾山 摄）

代科技之光”主题，科技馆开展“主题党日”系列活动，全年接待行政机关、企事业等团队43批次，1000余人次，惠及党员群众900余人次。

（刘玥含）

市社会科学界联合会

【概况】 2020年，市社科联有团体会员55个，市属学会、协会、研究会37个；市社科联第一届委员会有委员57人、常委19人。

（郭双雄）

【理论学习】 2020年，市社科联组织学习宣传贯彻习近平新时代中国特色社会主义思想、党的十九大和十九届二中、三中、四中、五中全会精神及第三次中央新疆工作座谈会精神，发挥在全市社科联系统和社会科学工作者中政治引领作用。组织和引导全市社科联理论工作者学习研究宣传阐释习近平新时代中国特色社会主义思想、第三次中央新疆工作座谈会精神，特别是习近平总书记系列讲话精神，学习贯彻落实新时代党的治疆方略，自觉做“理论学习的先行者、理论落实的践行者和理论传播的宣传者”。

（郭双雄）

【课题研究】 2020年，市社科联组织开展克拉玛依市2020年度哲学社会科学年度课题研究工作。组织相关领域专家对83项申报课题开展四批次评审，23个紧扣重点、贴近实际课题获批立项，课题申报数量和质量创历史纪录，同时拨付经费23万元，比2019年增加21%。加强对立项课题动态管理和主动指导，重点推进年度立项课题中期评审和质量把控，召开现场座谈会3场次，督促指导4家单位调整实施方案，帮助解决存在困难，推动8项课题加快研究。严把立项课题结项关，克服疫情防控影响组织相关专家对结项成果开展三个批次结项评审，23个年度立项课题均顺利结项，其中中国石油大学克拉玛依校区承担的《克拉玛依市产业结构和人才结构匹配度实证分析研究》、克拉玛依区发改委承担的《新疆资源型城市高质量发展的瓶颈与路径创新研究》、白碱滩区（克拉玛依高新区）团委承担的《白碱滩区（克拉玛依高新区）青年创业环境研究》等8个课题获评优秀，优秀率35%。

（郭双雄）

【社科普及教育】 2020年，市社科联组织开展学习宣传习近平新时代中国特色社会主义思想、党的十九届五中全会精神、全面建成小康社会等主题社科普及活动，开展“三本白皮书”“新疆四史”“爱国主义”等主题讲座7场次。发现和吸收能讲、会讲、愿讲并热心社科普及工作的社科工作者，壮大社科专家宣讲队伍。组织开展“阅读马拉松”“新疆四史巡展”“不忘初心、牢记使命——井冈山精神主题教育展”等活动，提升社科普及效果。组织全市参加自治区社科联以脱贫攻坚为题材的“一个都不能少”

摄影展作品征集活动，选送《丰收的喜悦》《情暖南疆》《牧马人的幸福生活》等12个主题100余张照片。

（郭双雄）

【成果推广】 2020年，市社科联从全市2019年度优秀社科成果和立项课题中遴选29篇优秀社科论文，编印《围绕中心服务大局　为克拉玛依稳定发展聚智献策——克拉玛依市2019年度优秀社科研究成果选编》，为市委、市政府科学决策提供参考。组织全市社科工作者申报自治区课题项目争取资金扶持，参与自治区青年学者论坛加强外部交流。截至年末，全市组织申报自治区社科基金项目18个、自治区社科联治疆方略研究项目6个，择优推荐征文参与自治区青年学者论坛15篇，其中市委党校投稿的《〈民法典〉开启法治中国新时代》获评参加论坛交流发言，是12个交流发言人中唯一地（州、市）级代表；新疆医科大学克拉玛依学院投稿的《新疆科技工作者心理需求与离职行为》被评为年度优秀社科成果。

（郭双雄）

市残疾人联合会

【概况】 截至2020年10月底，克拉玛依市共有各类持证残疾人5933人。按行政区划分类，克拉玛依区4046人，占68.2%；独山子区879人，占14.8%；白碱滩区961人，占16.2%；乌尔禾区47人，占0.8%。按残疾类别分类，视力残疾447人，占7.5%；听力残疾819人，占13.8%；言语残疾39人，占0.7%；肢体残疾2964人，占50%；智力残疾557人，占9.4%；精神残疾723人，占12.2%；多重残疾384人，占6.4%。

（张玲）

【智能化残疾人证试点】 2020年，克拉玛依市继续推进智能化残疾人证试点工作。自2018年3月，克拉玛依市被中国残联和自治区残联确定为全疆首个智能化残疾人证试点城市以来，在中国残联和自治区残联指导和支持下，市残联推进智能化残疾人证工作。截至年末，智能化残疾人证试点工作取得成功，得到自治区残联和中国残联肯定。

（张玲）

【辅助器具适配补贴试点】 2020年，克拉玛依市坚持试点先行、典型示范，加大对全疆残疾人基本辅助器具适配补贴制度试点区独山子区指导力度。经过市、区两级残联和独山子区有关部门共同努力，4月，独山子区人民政府出台《独山子区残疾人基本辅助器具适配补贴（暂行）办法》，标志着自治区残联赋予克拉玛依市全疆首个残疾人辅助器具补贴制度建立试点区工作任务顺利完成。

（张玲）

【残疾人康复】 2020年，克拉玛依市持续推进残疾儿童康复救助工作。坚持“应救尽救，及时救助”，通过《克拉玛依日报》专版刊登残疾儿童康复救助实施办法政策解读，强化政策宣传。为86名0～16岁残疾儿童提供基本康复训练、手术和辅助器具适配等康复救助服务。开展第三十次“全国助残日”主题活动，向34人免费提供助听器、人工耳蜗电池等，价值7.1万元，为0～14岁残疾儿童提供救助资金5.9万元。推进残疾人精准康复服务工作，加强与市第二人民医院沟通协作，开展肢体残疾人康复训练评估服务，评估残疾人180名。加强残疾人康复训练与服务工作，完成残疾人康复服务2760人，残疾人精准康复服务率达86.87%，辅助器具服务率达97.94%，实现到2020年有康复需求残疾儿童和持证残疾人接受基本康复服务率达到85%以上的工作目标。

（张玲）

【辅助器具适配】 2020年，市残联开展残疾人辅助器具服务需求实名调查。根据中国残联辅具服务中心下发辅助器具2020版目录，克拉玛依市以9类123种辅助器具目录为导向，明确主要使用人群、适用参考对象，采集残疾人辅助器具需求803件。通过辅助器具实名制管理，做好辅助器具需求实名、适配实名和发放实名管理，确保辅助器具适配调查、采购、发放等各环节工作有序开展。争取自治区残疾人辅助器具服务中心免费配发精准康复服务辅助器具660件，向有需求的肢体和视力残疾人发放。

（张玲）

【残疾人教育及就业】 2020年，克拉玛依市为142名义务教育阶段在校残疾学生和困难残疾人家庭学生发放教育补助金7.1万元，为考入大中专院校5名残疾学生发放自强奖学金1.6万元。通过召开残疾人就业交流座谈会、举办残疾人就业双选会、落实奖励补助政策等多种措施，做好残疾人就业工作，全年举办残疾人就业双选会16场次，推荐安置残疾人50人（其中7名残疾人在公益性岗位就业），向13家用人单位发放超比例安置残疾人就业奖励金102.16万元。举办出纳实操、计算机操作及手工制作等职业技能培训班，培训残疾人79人次。

（张玲）

【残疾人文化体育】 2020年12月2日，“2020年度中国残疾人事业新闻人物、助残新闻人物”在京揭晓，由克拉玛依市残联上报、自治区残联推荐的克拉玛依市肢体残疾人刘桂英荣获“专家提名2020年度中国残疾人事业新闻人物”称号，是此次新疆唯一获此荣誉称号的残疾人。参与自治区残联“集善仁美　助推圆梦”优秀残疾人艺术家百人推介活动，克拉玛依市陈三红、刘亚莉和蒋剑3人入选。选送残疾人书法剪纸、雕刻作品8幅参加“以文聚力，用爱发声”新疆残疾人艺术家作品线上展览。举办“共享芬芳、共铸小康”残疾人文化周一日游和观影活动，170名残疾人走进乌尔禾体验农家乐、欣赏独山子大峡谷自然风光，320余名残疾人观看《夺冠》《我和我的家乡》等爱国主义影片。以“读好书、好读书、读书好”为主题，开展残疾人全民阅读活动。向集中使用残疾人用人单位和残疾人赠送《人民日报》《新疆日报》《求是》《今日新疆》《克拉玛依日报》等价值5.9万元报刊208份。备战全国第十一届残运会暨第八届特奥会，5名残疾人运动员入选自治区残疾人田径队和特奥轮滑队。

（张玲）

【残疾人维权】 2020年，市残联办理残疾人来信来访16件，处理“12385”残疾人服务热线工单8件，办结率100%。开展残疾人家庭无障碍改造工作，全年投入资金9.8万元，为13户残疾人家庭实施加装扶手、修建入户坡道、厨房改建等无障碍改造。其中为重肢体残疾人张新成家建设的户外无障碍坡道，被自治区残联作为克拉玛依市扶贫解困典型案例，推荐至中国残联。按照市政府关于规范性文件制定有关要求，组织开展《克拉玛依市扶助残疾人暂行规定》修订工作，形成《克拉玛依扶助残疾人办法（修订报审稿）》。

（张玲）

【残疾人社会保障】 2020年，克拉玛依市高度重视残疾人社会保障体系建设，将174名（城市户籍168人、农村户籍6人）生活困难残疾人纳入城乡居民最低生活保障范围（重度残疾人87人，其中城市户籍83人、农村户籍4人），做到动态管理、应保尽保。加强残疾人社会保障工作，做好残疾人“两项补贴”核发工作，全年发放重度残疾人护理补贴2101人次222.28万元，发放困难残疾人生活补贴25人次2.5万元；向612名无业残疾人发放基本生活费143.227万元，向274名重度残疾人发放年度慰问金

13.964 万元；走访探视重度残疾人家庭 72 人次，发放生活补助和慰问金 4 万元。

（张玲）

【扶助残疾人】 2020 年，克拉玛依市制定出台《克拉玛依市疫情防控期间残疾人帮扶解困工作方案》《克拉玛依市疫情防控期间困难群众救助和帮扶关爱工作方案》，做好疫情防控期间残疾人社会保障工作，为 77 名个体就业和自主创业残疾人发放生活困难补贴 23.1 万元，为 3 名残疾人发放个体从业扶持金 2.3 万元，为 199 名精神残疾人提供服药补贴 17.91 万元；为 363 名残疾人发放临时救助金 16.698 万元。加强对残疾人关爱扶助，为 3 家民办康复机构、3 家残疾人托养机构免费提供场地、减免房租、水电暖费用，协调民营企业和房东为 5 家自主创业残疾人减免租金 4.02 万元，指导 5 家残疾儿童定点康复机构为 62 名听力、视力、智力及脑瘫儿童开展线上康复服务工作。

（张玲）

【“十四五”规划编制工作】 2020 年，市残联根据编制“十四五”残疾人事业发展规划要求，对照《克拉玛依市残疾人事业“十三五”发展规划纲要》，开展调查研究，结合克拉玛依市实际，开展克拉玛依市残疾人事业“十四五”发展规划编制相关工作。

（张玲）

市红十字会

【概况】 2020 年，克拉玛依市根据《中华人民共和国红十字会法》有关规定，健全完善辖区红十字会组织机构。经市委机构编制委员会办公室批准，克拉玛依市独山子区红十字会、克拉玛依市白碱滩区（克拉玛依高新区）红十字会、克拉玛依市乌尔禾区红十字会相继成立。截至年末，克拉玛依市辖四区均成立红十字会组织。

（蔡玮）

【人道救助】 2020 年，市红十字会开展“2020 年度红十字博爱送万家”活动，将自治区红十字会下拨价值 35240 元的 30 件博爱箱和 80 件棉衣等“送温暖物资”发放至 110 户贫困家庭手中。疫情防控期间，红十字会累计接受社会捐赠款 994588.75 元，全部按照克拉玛依市疫情防控指挥部要求用于疫情防控工作。

（蔡玮）

【应急救护培训】 2020 年，市红十字会继续开展救护培训，向市民宣传自救和互救知识，向新入职公务员、机关工作人员普及救护知识，推动救护培训进社区、进军营、进企业、进机关，全年累计培训 1000 人次。截至年末，全市有 419 人通过培训取得救护员上岗证。

（蔡玮）

【干细胞、器官、遗体捐献】

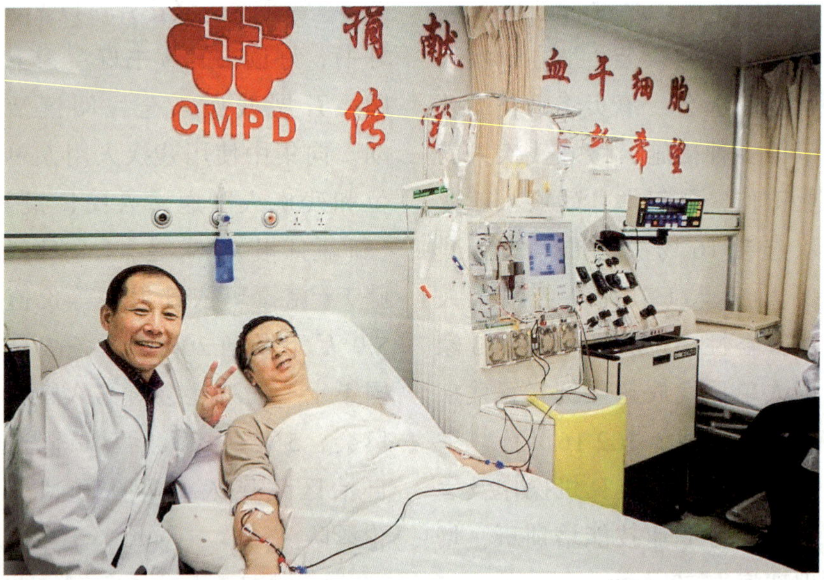

1 月 6 日，克拉玛依市志愿者杨光念捐献完造血干细胞后和医生合影
（市红十字会　供图）

2020年，克拉玛依市采集造血干细胞志愿者血样60份，实现1例造血干细胞成功捐献(第二次捐献者)；签订捐献遗体、器官、眼角膜协议书189人，实现1例眼角膜捐献和2例遗体捐献。

（蔡玮）

【应急救援队伍建设】2020年，克拉玛依市建立健全红十字应急救援队伍。市红十字会与克拉玛依市蓝天救援队签订合作协议，独山子区红十字会与独山子区天山救援队签订合作协议，克拉玛依市红十字会初步成立两支救援队伍。

（蔡玮）

【公益宣传】2020年6月14日世界献血者日期间，市红十字会以流动采血车为宣传载体，宣传血液安全与无偿献血知识，累计发放《中华人民共和国献血法》、红十字宣传手册、献血知识手册、造血干细胞知识手册等宣传资料1000余份，咨询服务近300人次。结合第73个“世界红十字日”，市红十字会联合“9·26广播电台”推出特别访谈节目——“感谢有你”暖心故事展播活动。邀请市蓝天救援队队长、黑油山养老救护志愿者、捐献造血干细胞志愿者、捐献遗体志愿者，向社会讲述他们在志愿路上感人事迹。

（蔡玮）

市慈善总会

【概况】2020年，克拉玛依全市有基层慈善协会4个，街道慈善工作委员会14个，社区慈善工作站115个，按照属地管理、分级负责原则，覆盖城乡慈善组织网络基本形成。截至年末，克拉玛依区慈善协会募集善款资金116.62万元（其中，争取上级慈善组织资金和区本级拨款33.74万元，社会募集82.88万元）；物资159034件（与下对应标明物资单位），折合价值3411661.4元。独山子区慈善协会募集善款资金1434198.55元；接收物资56995件（箱、个、公斤），折合价值308871.60元。白碱滩区（克拉玛依高新区）慈善协会募集善款资金2432385.5元；接收各企业、爱心人士捐赠物资1627件（只、公斤）折合价值519171元。乌尔禾区慈善协会募集善款资金197626.6元；接受各爱心人士及企业捐赠物资92262件（只、箱）折合价值972728元。

（刘震）

【适老化改造项目建设】2020年，市慈善总会与市晴天社会工作中心签订“城市英雄志愿者关爱计划”冠名合作协议，开展“城市英雄志愿者公益基金——关爱城市第一代建设者居家养老环境改造公益活动”，向社会各界爱心人士筹集善款26.5万元，同时福彩资金出资50万元用于适老化居家改造项目，按照每户2500元标准，为全市80岁以上失能、独居、残疾、空巢老人免费进行居家养老适老化改造。截至年末，完成全市306户居家老人适老化项目改造。

（刘震）

【物资筹募】2020年，克拉玛依市共募集慈善款物合计7600703.82元，其中募集善款5478634.2元（助老公益资金500000元，福彩助学139842.8元，存款利息收入369973.33元，项目及爱心捐款4468818.07元），物资254229只（件、公斤），价值2122069.62元。

（刘震）

【社会救助】2020年，克拉玛依市发放救助款物7132287.66元，救助困难人群4296人。其中发放救助款5057602.04元，发放救助物资249061只（件、公斤），价值2074685.62元。

（刘震）

【情暖万家】2020年，克拉玛依市开展“慈善情暖万家”送温暖活动。为全市各民族、各类困难群众送温暖1140人次，发放救助款（物）86444元。其中春节慰问困难群众110户，发放慰问金 33000 元；在六一儿童节为 400 名困难家庭学生，发放价值 9260 元生活学习用品；中秋节慰问 100 户困难群众，发放慰问金 30000 元；慰问圣桥老年公寓和儿童福利院 110 人，送去价值 14184 元生活用品。

（刘震）

【捐资助学】 2020 年，市慈善总会组织开展慈善助学 155 人，发放助学金 273042.8 元。其中：市福彩助学公益资金 139842.8 元；社会募集资金 133200 元；肖祥升民族情爱心项目救助 4 名少数民族大学生，发放救助金 24000 元；新疆广阳工程建设有限公司“广阳爱心帮扶助贫”项目救助 5 名南疆贫困学生，发放救助金 10000 元；新疆克拉玛依市润生商贸有限公司“贵州茅台 · 润生关爱”项目救助 20 名贫困学生，发放救助金 10000 元；克拉玛依市鼎泰建设（集团）有限公司“共享未来”项目救助 4 名河南籍学生，发放救助金 14000 元；河南商会“豫商善德”项目救助河南籍学生 19 名，发放救助金 74000 元；塞米 · 塞达尔助学项目救助一名贫困学生，发放救助金 1000 元；爱心人士救助南泉贫困学生 1 人 200 元。

（刘震）

【人道助医】 2020 年，市慈善总会组织开展慈善助医、救助重大疾病 2 人次，发放救助金 15000 元。其中河南商会“豫商善德”项目发放救助金 5000 元；黑走马爱心团队“黑走马”爱心项目救助 1 人，发放救助金 10000 元。

（刘震）

【孝亲敬老】 2020 年，市慈善总会组织慰问老人 1200 人次，发放救助款 1490364.98 元。其中，油泉志愿者慰问融汇为老服务中心 120 人，发放款物 5000 元；黑走马爱心团队“黑走马”项目，慰问圣桥老年公寓 95 人，发放款物 2550 元；晴天社工“城市英雄”助老项目，救助 600 人，发放救助金（物资）765000 元；市慈善总会向各区社会福利机构发放购买疫情防控物资救助 389014.98 元；市慈善总会向各区养老机构发放运转资金 328800 元。

（刘震）

【爱心助困助残】 2020 年，市慈善总会组织开展爱心助困、助残救助 1533 人次，发放救助金 581653.13 元。其中克拉玛依市鼎泰建设（集团）有限公司“共享未来”项目救助 190 户贫困家庭，发放救助金 57000 元；河南商会“豫商善德”项目慰问 4 名贫困群众，发放救助金 16000 元；克拉玛依市鼎泰建设（集团）有限公司“共享未来”项目救助 3 名贫困群众，发放救助金 78000 元；市妇联“妇女儿童帮扶”项目救助 792 人，发放救助资金 83397.6 元；克拉玛依市律师协会“法律援助”项目救助 1 人，发放救助资金 2000 元；市妇联“爱心一元捐”项目救助乌尔禾区 94 名贫困妇女，发放救助资金 199049.11 元；救助克拉玛依区 30 名贫困妇女，发放救助资金 78331.04 元；救助独山子区 14 名贫困妇女，发放救助资金 36856.77 元；救助白碱滩区（克拉玛依高新区）21 名贫困妇女，发放救助资金 22018.61 元。市慈善总会救助 3 人，发放救助资金 6000 元；市妇联“妇女儿童帮扶”项目救助 1 人，发放救助金 3000 元。

（刘震）

【疫情救助】 2020 年，市慈善总会疫情防控款项支出 2610788.35 元。定向捐赠武汉慈善总会善款（3 笔）1173155 元；向中心医院捐赠善款购置医疗设备 1392000 元；油泉志愿者团队端午佳节慰问克西、克北警务站发放救助金（款物）5000 元；市妇联“妇女儿童帮扶”项目慰问援克女医护人员，发放救助金（款物）9000 元；市企联慰问疫情防控一线工作人员，发放救助金（款物）31633.35 元。

（刘震）

人大立法

【概况】2020年，克拉玛依市人大常委会持续开展立法调查研究，通过论证评估、沟通协调，做好地方性法规草案审议、修改工作。加强惠民立法、环保立法、弘德立法、协同立法。截至年末，人大法制委员会召开7次会议，审议法规案或修改决定4件，提请常委会会议审议表决通过法规3部，其中制定颁布1部、修改2部。

（赵小平）

【《市人大常委会2020年立法工作计划》编制】2020年，市人大常委会按照五年地方立法规划，在对拟确定立法项目必要性、可行性等问题进行论证基础上，起草《市人大常委会2020年立法工作计划（初稿）》，确定2020年度拟提请审议项目、预备项目、评估项目，经市人大常委会党组同意并报请市委批准后发文施行。

（曹钰辉）

【《克拉玛依市城乡规划条例》修正】2020年，市人大常委会根据全国人大常委会法工委备案审查意见，对《克拉玛依市城乡规划条例》进行多次论证、修改、征求意见后，形成《关于修改〈克拉玛依市城乡规划条例〉的决定》，经市第十四届人大常委会第二十九次会议审议通过后，报请自治区第十三届人大常委会第十六次会议批准。随后，市人大常委会发布公告，并向自治区人大常委会法工委进行备案。

（曹钰辉）

【《克拉玛依市制定地方性法规条例》修正】2020年，市人大常委会对《克拉玛依市制定地方性法规条例》进行多次论证、修改、征求意见、统一审议后，形成《关于修正〈克拉玛依市制定地方性法规条例〉的决定（草案）》。经市第十四届人大常委会第三十次会议审议通过后，报请自治区人大常委会审查批准。

（曹钰辉）

【《克拉玛依市大气污染防治条例（草案修改稿）》修订】2020年，市人大常委会对《克拉玛依市大气污染防治条例（草案修改稿）》进行多次修改完善、征求社会各界意见，经深入讨论后采纳社会各界意见建议45条。经市第十四届人大常委会第三十二次会议审议通过，上报自治区人大常委会审查批准。

（曹钰辉）

【《克拉玛依市社会信用条例》制定】2020年，市人大常委会根据市第十四届人大五次会议“关于制定《克拉玛依市社会信用条例》的议案”，多次论证、修改、讨论《克拉玛依市社会信用条例》初稿，经市第十四届人大常委会第二十九次会议对《克拉玛依市社会信用条例（草案）》初次审议，提出14个方面的修改意见，随后就该条例制定情况向自治区人大常委会法工委汇报，并在《克拉玛依日报》上发布公告公开征求意见建议，持续跟进调研信用平台建设情况。

（曹钰辉）

【开展市域社会治理现代化地方立法课题研究】 2020年，市人大常委会根据自治区人大常委会调研组在克拉玛依市召开市域社会治理现代化地方立法座谈会上的要求，与新疆大学法学院就“克拉玛依市市域社会治理现代化地方立法”研究课题进行初步探讨，签订合作协议，成立课题组，对市域社会治理概念、政策体系等方面进行研究，提出克拉玛依市市域社会治理方面存在问题及建议。

（曹钰辉）

政法委与综治工作

【平安建设】 2020年，克拉玛依市成立平安建设工作领导小组，制定印发《2020年平安建设工作要点及领导小组工作规则》，完善平安建设考核细则，明确职责，理顺关系，确保平安建设常态化、长效化。截至年末，全市4个区、15个街道（乡、镇）实现自治区优秀平安县（市、区）、优秀平安乡镇（街道）命名全覆盖；命名平安家庭137211户、平安店铺9362家、平安单位635家；组建平安志愿者队伍180支，招募平安志愿者7997人。

（王昊）

【市域社会治理现代化试点】 2020年，克拉玛依市成立市域社会治理现代化工作领导小组，制定印发《克拉玛依市域特色工作指引》《共性工作指引》《负面清单》及《克拉玛依市市域社会治理现代化创建2020—2022年工作规划》，量化指标、明确任务，全市22家牵头单位、69家责任单位认领任务、分工负责，同步推进、同步实施。健全完善工作例会、考核奖惩、项目孵化等制度，深化“党建+网格+N”工作模式、加强基层群众自治组织规范化建设、加强大数据和人工智能应用。

（王昊）

【防范化解矛盾纠纷隐患】 2020年，克拉玛依市健全完善社会矛盾纠纷多元调处化解工作机制，专业性调解委员会为补充多元调解工作模式，成立“一站式”社会矛盾纠纷多元调处化解中心，形成访、调、检、仲、诉“五位一体”立体化、规范化社会矛盾大调解工作格局。截至年末，全市调处矛盾纠纷3514件，调解成功率连续4年保持在99%以上，实现民转刑案件、非正常上访案件两个“零发生”。

（王昊）

【政法智能化建设】 2020年，克拉玛依市深化政法跨部门大数据办案平台应用，健全完善平台运行功能、案件流转机制，提升政法机关办案效率和办案质量。平台使用以来，流转案件530件，成功率100%。推动社会治安综合治理系统实战应用，全年采集录入人、房、事、物、组织等信息数据69万余条。

（王昊）

【法治宣教】 2020年，克拉玛依市落实“谁执法、谁普法”责任制，以学习强国、法宣在线、专题讲座、教育培训和法律服务为载体，抓好国家工作人员、青少年、基层群众法治宣传教育。全年举办6期12个培训班，覆盖干部600余人；开展全民法治教育宣讲63场次、法律服务14场次；刊发疫情防控法律常识18期，宣传教育35万人次。

（王昊）

法治政府建设

【行政立法】 2020年，市司法局与市人大常委会法工委联合发布《关于征集2020年度立法项目的公告》，公开征集

2020 年立法建议项目，印发克拉玛依市 2020 年行政立法工作计划。开展行政立法调研和立法意见征求工作，向市人大提交《克拉玛依市社会信用条例（草案）》一审前议案、条例（草案）。年内完成送审《克拉玛依市社会信用条例》等地方性法规项目 3 件，《克拉玛依市地下公用管线管理办法》等政府规章项目 3 件，《克拉玛依市湖泊生地生态保护条例》等调研预备地方性法规项目 3 件，《克拉玛依市电动自行车管理办法》等调研预备政府规章 5 件。

（赵敏）

【行政执法监督】2020 年，克拉玛依市在全疆率先开展行政执法责任制和错案责任追究制及相对集中行政处罚权试点工作，落实行政执法“三项制度”，推进综合执法机构改革，组织开展清理执法监督方面政府规章和行政规范性文件。

（赵敏）

【行政行为合法性审查】2020 年，克拉玛依市完善党政机关法律顾问制度，发挥党政法律顾问团在参与党委决策、政府立法、涉法事项审核顾问作用。加强行政行为合法性审查，制定《重大行政决策管理暂行规定》，全年审核《克拉玛依市社会信用条例（草案）》等各类文件 42 件次，参与审核或审核《克拉玛依市人民政府与新疆石大科技公司“123”融合产业园合作框架协议》等框架协议、合同 63 件次。

（赵敏）

【行政诉讼办理】2020 年，克拉玛依市办理行政复议案件 4 起，复议机关维持 4 起；行政应诉案件 4 起，法院维持工伤认定结果驳回诉讼请求判决 4 起。

（李艳丽）

【行政执法工作机制建设】2020 年，克拉玛依市召开市行政执法与刑事司法联动工作联席会议，完善考核考评机制，加强两法衔接与配合；全年完成 420 名行政执法人员考试及行政执法证件换发工作；印发《克拉玛依市行政处罚自由裁量权基准指导意见》，规范行政处罚自由裁量权；疫情防控期间制定印发《关于全力做好新型冠状病毒肺炎疫情防控法治保障工作的通知》《克拉玛依市关于依法防控新型冠状病毒肺炎疫情 切实保障人民群众生命健康安全的工作方案》。

（赵敏）

【公共法律服务体系建设】2020 年，克拉玛依市推动公共法律服务实体平台、热线平台、网络平台“三大平台”融合发展。推广使用“12348”新疆公共法律服务热线、“12348 新疆法网”和“新疆掌上 12348 小程序”，坚持“线上+线下”“以案释法+法律服务”等方式拓宽群众咨询渠道。全年公共法律服务实体平台接待咨询 4473 人次，“12348”新疆公共法律服务热线共接听电话 2857 个。统筹法律服务资源，为 112 个村（社区）配备一名律师或者基层法律工作者作为法律顾问，实现村（社区）法律顾问

8 月 26 日，市疫情防控群众诉求热线话务员接听市民咨询电话

（闵勇 摄）

全覆盖。疫情防控期间，组织成立民营企业和社会组织公益法律服务顾问团，通过法律指导、咨询服务等方式，帮助民营企业和社会组织解决法律难题。与工商联联合开展服务民营企业专项“法治体检”活动，通过实地走访、座谈讨论、咨询服务等多种方式提高服务效能，推动企业安全平稳有序复工复产。

（赵敏）

【“双随机、一公开”监管】2020年，克拉玛依市下发《关于做好2020年“双随机、一公开”和跨部门联合监管工作的通知》。全市35个市级行政执法部门（含垂直管理单位）对照国务院推行“互联网+监管”中监管事项目录清单和各部门权责目录清单，形成行政检查事项清单270项。建立完善执法检查人员和检查对象名录库，截至年末，市、区两级入库执法人员585人，入库监管对象37011户。全年全市22个部门制定抽查任务，抽查总数5685户，完成检查4878户，公示检查结果4800户。有13个部门制定跨部门双随机检查任务，抽查709户，已完成检查695户，已公示检查结果629户。推行市、区联动检查和非现场检查方式，通过合并检查计划和部门联合检查，减少对市场主体干扰。全年全市制定市、区联动检查计划44个，采取非现场检查方式事项41个，占检查事项的16%。通过合并检查计划，检查户次由18211户次减少至6049户次，通过跨部门双随机将检查户次由2390户次减少至1263户次。

（王娟）

【政务公开标准化、规范化】2020年6月底，克拉玛依市在全疆率先完成并公开140家政府部门、13个街道办事处及2个乡镇人民政府涉及2000余个政务公开事项标准目录，实现市、区、乡镇（街道）三级全覆盖。

（高小凡）

7月1日，市机关事务局举办《中华人民共和国民法典》法治公开课
（市机关事务局　供图）

【政策发布解读回应全链条体系基本建立】2020年，克拉玛依市新修订《克拉玛依市人民政府工作规则》，继续将“推进政务公开”作为专门一章，对政策发布解读、回应社会关切等提出明确要求。集中统一公开现行有效的行政法规、规范性文件，并动态更新，提供在线查阅、检索、下载等服务，初步解决行政规范性文件底数不清、体系不完善等问题。

（高小凡）

【重点领域信息公开】2020年，克拉玛依市依托自治区一体化在线政务服务平台，规范公开克拉玛依市行政许可等政务服务事项办事流程、办理条件、办理材料等信息，方便群众查询、办理，提升服务效能。采用“线上线下”同步宣传公共卫生知识，及时向公众通报权威疫情防控信息5000余条。持续做好重大建设项目批准与实施领域、公共资源配置领域、社会公益事业建设领域政府信息公开。

（高小凡）

12 月 1 日，市机关事务局开展“与法同行”主题宣讲

（机关事务局　供图）

【规范政府信息公开申请】 2020 年，克拉玛依市受理公民、法人政府信息公开申请案件 7 件，均予以规范答复，未引起行政复议或行政诉讼，做到政府信息公开申请件件有落实、有回应。

（高小凡）

【政务公开载体建设】 2020 年，克拉玛依市建成市、区政府信息公开平台，统一页面设计，优化栏目设置，通过政府信息公开平台发布权威政府信息。截至年末，全市各级行政机关主办的政府网站、政务新媒体发布政府信息 13000 余条，政府网站合格率 100%。

（高小凡）

【获得“全国法治政府建设示范市”称号】 2020 年 8 月 21 日，中央全面依法治国委员会办公室发布《关于第一批全国法治政府建设示范地区和项目命名的决定》，克拉玛依市被命名为“全国法治政府建设示范市”，成为新疆唯一获此殊荣的城市。

（赵敏）

公　安

【刑事案件侦查】 2020 年，市公安局打掉 4 个恶势力犯罪集团和团伙，破获刑事案件 78 起，抓获涉案嫌疑人 97 人，查封、冻结、扣押涉案资产 1.3492 亿元、股票及理财产品 4 万元、车辆 58 台、不动产 233 处，对黑恶犯罪形成压倒性态势。围绕“命案攻坚、命案必破”目标要求，完善破案机制，做强破案主业，全年实现故意伤害致人死亡、强奸等严重暴力性犯罪案件现发现破，抓获潜逃 20 年公安部督捕命案逃犯何某，成功破获“2000 · 3 · 2”故意杀人案、利用 DNA 检验技术比中嫌疑人，破获“2003 · 11 · 30”张某被杀案。截至年末，全市破案 122 起，抓获 149 人，追缴返还受损资金 376 万元。

（陈昭君）

【经济案件侦查】 2020 年，市公安局查处非法集资类涉众型经济犯罪案件 6 起，侦破李某特大集资诈骗案（金额 2.8 亿元）、陈某某和陈某甲等 7 人非法吸收公众存款案、田某某非法吸收公众存款案、董某某非法吸收公众存款案、杜某非法吸收公众存款案等金融领域涉众型非法集资犯罪案件，做好经济犯罪案件利益诉求群体稳控、涉稳风险隐患排查化解，防范经济风险向政治安全和社会稳定领域传导。全年受理经济犯罪案件 25 起，立案 19 起，破案 20 起，刑事拘留 6 人，取保候审 14 人，逮捕 4 人，移送起诉 22 起 27 人，扣押涉案资金 420.5 万元，挽回经济损失 3420.5 万元。

（陈昭君）

【毒品案件侦查】 2020 年，市公安局破获涉毒案件 40 余起，抓获犯罪嫌疑人 60 余人，缴获合成大麻类、海洛因、冰毒等毒品 1000 余克，收缴复方地芬诺酯片 800 余瓶。

（陈昭君）

【网络犯罪案件侦查】 2020年，市公安局发现处置涉网络、电信诈骗等违法犯罪有害信息20000余条，侦破案件10余起。

（陈昭君）

【社会面治安防控】 2020年，市公安局强化市域协同防控，落实防控责任，运用社会治安防控体系建设打造数据驱动、人机协同、跨界融合智慧治理新模式，形成整体社会面治安防控格局，全市刑事、治安案件尤其是“两抢一盗”案件连续下降，社会治安状况持续向好。

（陈昭君）

【交通安全管理】 2020年，市公安局查处各类交通违法行为576095起，其中无证驾车210起、酒后驾车285起，行政拘留11人、扣留车辆234辆、扣留驾驶证750本、警告233414人、罚款3517.7429万元。全年发生一般程序交通事故102起，死亡30人，受伤86人，直接经济损失33.2万元，与2019年同期相比分别下降24.44%、38.78%、27.73%和21.83%；发生一般以上生产经营性交通事故17起，死亡10人，受伤9人，直接经济损失57800元，四项指数呈全面下降趋势。

（陈昭君）

4月10日，公安交警对外卖企业的送餐员开展交通安全教育

（田国建 摄）

【便民服务】 2020年，市公安局按期完成29项便民服务改革任务。推进公安机关体制机构改革和人民警察管理制度改革，完善户籍制度改革、出入境管理和交通管理制度“放管服”改革，公安政务服务标准化建设提档升级。

（陈昭君）

【大型活动安保】 2020年，市公安局完成各类重要安全保卫任务38起，确保警卫勤务绝对安全、万无一失。配合市疫情指挥部开展疫情防控联勤联动，根据市局疫情指挥部需要与卫生防疫、疾病预防控制、食品安全等部门横向互动、上下联动开展密接人员疫情研判、隔离工作。

（陈昭君）

【信息化建设】 2020年，市公安局在疫情防控工作中按照“外防输入、内防扩散”要求，利用大数据智能化服务支撑疫情防控工作，完善大数据支撑平台建设，开展标准化数据治理，研发疫情防控立体化防控平台及“码上通行”平台。加大社会面感知系统建设。完成三台合一接处警平台升级改造，实现各区指挥中心接警业务平稳过渡。提升通信保障能力，完成网络改造双链路备份。

（陈昭君）

【“暖警工程”】 2020年，市公安局在传统节日、重要时期慰问基层单位100余家，向一线民警、因公牺牲民警辅警家属、因公负伤致残患重大疾病及特困民警辅警、援疆民警辅警、劳动模范、派驻“访惠聚”工作队民警及家属、驻外工作民警发放慰问品价值273万元，在疫情防控中，为一线民警辅警配送中药包1000余袋。发挥民警互助储金会救急帮困作用，帮助民警解决实际困难。为14位民警办理个人生病住院理赔和大病理赔工作，理赔额度10余万元。成立市局、分局、所队三级心理健康服务机构，多批次、常态化为基层一线民警开展心理健康服务，加强对执勤一线民警进行心理疏导，确保队伍稳定。

（陈昭君）

检 察

【概况】 2020年，克拉玛依市、区两级检察院严厉打击影响社会稳定和安全秩序刑事犯罪，批捕故意杀人、故意伤害、强奸等侵犯公民人身权利案犯罪嫌疑人25人，同比下降68.8%，起诉63人，同比下降14.9%；批捕“两抢一盗”案犯罪嫌疑人22人，同比下降37%，起诉54人，同比增长8%；批捕涉“黄赌毒”案犯罪嫌疑人56人，同比下降37.71%，起诉95人，同比下降25.78%。发挥认罪认罚从宽制度化解矛盾司法优势，会同公安、法院、司法行政机关同向发力，适用人数700人，适用率达75.35%；提出确定刑量刑建议159人，法院采纳率99.37%，让犯罪嫌疑人、被告人自愿向法律低头，提高司法质效，减少社会对抗。以《中华人民共和国社区矫正法》实施为契机，联合司法行政机关开展专项监督，提出书面纠正意见14件，杜绝“纸面服刑”。截至年末，办理各类案件1077件，其中：审查逮捕案140件244人，审查起诉案466件698人，刑事、民事、行政、公益诉讼监督案311件，控告申诉案160件。

（宋伟锋）

【刑事检察监督】 2020年，克拉玛依市、区两级检察院履行法律监督职责，进一步加强对刑事立案、侦查、审判及执行活动的监督。在公安机关执法办案中心设立派驻检察室，提前介入并提出侦查意见268件次，实现从事后监督到实时监督、全程监督转变，提升刑事办案质效。监督公安机关立案3件、撤案1件。针对侦查活动提出书面纠正意见11件，同比增长175%；对应当逮捕而未提请、应当起诉而未移送的，追加逮捕4人，追加起诉13人，追加遗漏罪行9人。检察长列席法院审委会38次，职务犯罪案件判决两级院同步审查12件，针对刑事审判活动提出书面纠正意见3件。针对刑罚执行活动提出书面纠正意见6件；开展服刑人员违规领取养老金专项核查，监督纠正27人违规领取基本养老金81.19万元问题。

（宋伟锋）

【民事检察监督】 2020年，克拉玛依市、区两级检察院办理民事监督案件100件，同比增长26.58%。其中生效裁判监督76件，支持起诉21件，审判程序违法监督1件，执行监督2件；发检察建议10件，提请自治区院抗诉1件。坚持刑民并进，建立两级院及刑民业务部门线索移送机制，在刑事打击中跟进民事监督，审查办理民事虚假诉讼案件48件，列全疆首位。

（宋伟锋）

【公益诉讼检察】 2020年，克拉玛依市、区两级检察院立案审查公益诉讼案133件，同比增长125%。市委、市政府印发《关于支持检察机关依法开展公益诉讼的意见》，各区出台支持公益诉讼工作意见3份，市人大常委会听取和审议公益诉讼专项报告4次，与行政部门会签协作文件10余份，邀请市政协委员专项视察公益诉讼工作，克拉玛依区人民检察院聘任10名资深律师担任公益诉讼咨询专家，白碱滩区（克拉玛依高新区）人民检察院设立驻市场监督管理局公益诉讼检察联络室。开展公益诉讼“新三项”保护活动，针对野生动物保护领域存在问题立案8件，向主管单位发出行政诉前检察建议

11月5日，白碱滩区（克拉玛依高新区）友好社区检察官工作室的检察官在调解居民纠纷（李浩然　摄）

6件，保护野生动物生存空间；针对独山子“新疆第一口油井”遗址等3处文物保护单位未落实保护标准，向主管部门发出诉前检察建议，为“文化润疆”注入检察力量，第一口油井遗址监督案入选自治区人民检察院公益诉讼典型案例。

（宋伟锋）

【行政检察监督】 2020年，克拉玛依市、区两级检察院办理行政监督案25件，同比增长257%。其中裁判监督案8件，审判活动违法监督13件，执行活动监督2件，发检察建议2件。发挥行政检察监督“一手托两家”功能，既监督行政审判活动，又审查行政行为合法性，延伸监督触角，推进行业治理。如克拉玛依区人民检察院针对行政非诉执行案件中，有关机关执法司法行为不规范问题，分别提出监督纠正意见。

（宋伟锋）

【疫情防控期间公益检察】 2020年，克拉玛依市、区两级检察院联合有关部门开展疫情防控督查检查，立案审查公益诉讼案件32件，发检察建议28件，督促相关部门强化对疫情防控措施监督落实。

（宋伟锋）

【扫黑除恶专项斗争】 2020年，克拉玛依市、区两级检察院依法惩治严重危害社会的黑恶势力犯罪，批准逮捕涉黑恶犯罪2件14人，提起公诉10件132人，不起诉5人。全年重点审查办理肖某某等22人恶势力犯罪案、毛某某等5人恶势力犯罪案、张某某等26人组织领导参加黑社会性质组织案。主动担当行业整治法治责任，针对金融、交通、工程建设等领域存在监管问题，发出检察建议20件，接收单位均整改反馈。

（宋伟锋）

【打击职务犯罪】 2020年，克拉玛依市、区两级检察院加强与监委在职务犯罪调查、决定逮捕和审查起诉工作上衔接协调，履行逮捕、起诉、法律监督职责，保持反腐败斗争在监检环节无缝对接。全年审查逮捕监委移送案件11人，起诉11人（其中自治区人民检察院交办3人）。先后审查起诉乌鲁木齐市原副市长李某贪污、受贿案，克拉玛依石化公司信息中心原主任沈某受贿案等一批职务犯罪案件；办理司法工作人员渎职案2件2人。

（宋伟锋）

【监所检察】 2020年，克拉玛依市、区两级检察院针对交付执行、收押、出监出所、监管活动、留所服刑中的违法情形共向人民法院提出书面纠正3件，已纠正3件，同比上升200%，纠正率100%。针对监外执行和社区矫正履职不当，向有关单位提出书面纠正意见14件，发挥对监管场所检察监督职能，协同看守所开展风险评估、研判和管控，实现监管场所“三不出”。

（宋伟锋）

【社会综合治理创新】 2020年，克拉玛依市、区两级检察院探索市域社会治理新途径，设立“社区检察官工作室”，推行“金管家+红助理”工作法，将法治触角延伸到社会管理最末端。

（宋伟锋）

【未成年人合法权益保护】 2020年，克拉玛依市、区两级检察院抓好高检院“一号检察建议”贯彻落实，强化未成年人司法保护。全年起诉侵害未成年人犯罪案8人。建立未成年被害人“一站式”询问室，尽可能减少“二次伤害”。成立未成年人检察工作办公室，33名检察人员担任中小学法治副校长，开展去极端化法治宣传活动218场次，受教育师生1.5万余人。推进未成年人犯罪记录封存工作，协调对74名涉罪未成年人案件档案全面封存。推动落实侵害未成年人案件强制报告制度。建立教职员工入职查询系统，已查询848人，对有犯罪记录不符合录用条件的1人依法反馈有关部门。克拉玛依区人民检察院牵头成立“擦亮星星”未成年人司法社会服务中心，完善未成年人检察工作社会支持体系建设。

（宋伟锋）

【服务“三大攻坚战”】 2020年，克拉玛依市、区两级检察院坚持打击预防并重，防范化解金融风险，起诉金融诈骗、破坏金融管理秩序类犯罪26人。市人民检察院依法办理涉及集资参与人70余人、涉案金额2.8亿元李某集资诈骗案；研究近年金融领域犯罪案件发案规律、作案特点，向有关部门提出改进金融监管检察建议，已整改反馈。办理涉及生态环境公益诉讼案29件，发检察建议13件。独山子区人民检察院针对一起生产销售劣质柴油案造成环境污染问题，委托专业机构出具损害评估意见，提起全疆首例刑事附带民事公益诉讼得到法院支持，让违法者为恢复环境“买单”。在市委、市政府支持下，推动解决217国道金龙镇段扬尘污染严重等一批群众反映强烈的生态环境问题。先后选派10名检察人员赴墨玉县深度贫困村开展脱贫攻坚工作；对7名“因案致贫”“因案增贫”当事人予以司法救助，发放救助款12.19万元，不让涉案困难群众在奔小康路上掉队。

（宋伟锋）

【落实“捕诉一体”办案机制】 2020年，克拉玛依市、区两级检察院落实司法责任制，实行“捕诉一体”办案机制，发挥检察官联席会智囊作用，明确检察官、办案组、检察委员会办案主体责任。落实以“案件比”为核心案件质量评价体系，引导检察官为人民群众提供优质检察产品。截至年末，全市“案件比”1∶1.59，保持良好运行态势。在全疆率先完成检察官业绩考评线上运行。落实员额检察官动态管理、公务员职务职级并行制度。

（宋伟锋）

【服务和助力民营企业复工复产】 2020年，克拉玛依市、区两级检察院召开服务保障民企工作座谈会，制定依法助力企业复工复产8条措施和14条意见。两级院50余名党员干部包联近400家中小企业，走访1500余人次，及时上报和协助解决实际困难。审慎办理涉民营企业案件，营造良好营商法治环境。依法起诉破坏社会主义市场经济秩序犯罪84人，办理涉民营企业、产权保护等民事诉讼监督案件11件。独山子区人民检察院对涉案企业主李某某依法变更强制措施、提出适用缓刑意见，让4个工程项目不停工、300余名工人有活干。

（宋伟锋）

【科技强检】 2020年，克拉玛依市、区两级检察院主动承接自治区“一体化平台”“两法衔接平台”和检察工作网版统一业务应用系统三项试点工作。引进案件流程监控预警系统和未成年人已决案件查询系统，扩大科技在检察工作中应用。探索建设“一站式”检察服务公众掌上平台，满足人民群众多元化法律需求。借助克拉玛依智慧城市优质资源，完成检委会会议系统等一批信息化工程。

（宋伟锋）

【接受社会监督】 2020年，克拉玛依市、区两级检察院配合市人大常委会专项调研，向常委会专题报告公益诉讼检察工作、刑事检察工作。主动走访和邀请市人大代表、市政协委员来访视察200余人次，听取意见建议。回应人大代表高度关注的市区周边建筑垃圾随意倾倒问题，在市委、市政府支持下通过公益诉讼监督程序予以解决。开展以“未成年人保护”“服务民营企业”“国家宪法日”等为主题检察开放日活动4次，邀请144名各界人士走进检察机关。人民监督员参与检察办案活动7人次。深化检务公开，运用新闻发布会、“两微一端”等方式及时发布检察信息，公开程序性信息800件，重要案件信息82件，法律文书456份，保障人民群众知情权。

（宋伟锋）

法 院

【案件审理】 2020年，克拉玛依市中级人民法院及所辖法院受理各类案件12186件，审执结11871件，同比上升4.53%和6.99%；其中市中院受理各类案件998件，审执结975件，同比下降5.04%和4.88%。

（刘凤芹）

【刑事审判】 2020年，克拉玛依市中级人民法院及所辖法院推进扫黑除恶专项斗争，扫清邢某某集团等群众深恶痛绝的黑恶势力；延伸审判职能，向行业监管部门发出司法建议8份，依法整治行业领域乱象乱点。推进反腐败斗争，严惩一批贪污贿赂、渎职等职务犯罪，开展职务犯罪刑事裁判涉财产部分专项执行行动。依法审结故意杀人、抢劫、故意伤害等暴力犯罪和毒品犯罪案件。

（刘凤芹）

【民商事审判】 2020年，克拉玛依市中级人民法院及所辖法院受理民商事案件5026件，审结4267件，审结率84.90%。服务防范化解金融风险，依法妥善处理以“天弘利”案为代表的涉众型经济犯罪案件12件，开展涉金融案件专项执行行动，追回金融债权3700余万元。服务脱贫攻坚战，依法审结农村土地承包、股份合作、养殖等案件49件，促进农村经济社会发展；依法审结涉及困难群众生产生活案件32件，强化权益保障和救济。服务污染防治攻坚战，严厉打击破坏环境资源犯罪。服务“一主多元”发展战略，依法审结涉石油石化产业各类纠纷案560件，支持独石化、贝肯能源、华澳能源等石油石化企业在买卖、运输、仓储等方面合法诉求；依法审结涉及旅游、信息、商贸物流等产业各类纠纷123件，在AAAA级以上景区设立巡回法庭快速处置旅游纠纷，促进产业多元化发展；依法审理涉及智慧城市建设、软件开发、技术服务领域等知识产权案件10件，为城市转型升级提供优良法治服务；建立服务各领域保障机制，出台11个具体方案；深入走访企业，了解企业司法需求，帮助新华书店等13家企业恢复“造血”功能。

（刘凤芹）

【行政审判】 2020年，克拉玛依市中级人民法院及所辖法院进一步加强行政审判力度，依法审结行政案件82件，行政机关负责人出庭率100%。

（刘凤芹）

【案件执行】 2020年，克拉玛依市中级人民法院及所辖法院全年执结案件4595件，同比上升15.25%，实际执行到位率位居全疆各地州第三名。完善综合治理格局，提请市委全面依法治市委员会出台从源头

3月19日，市中级人民法院法官在疫情防控期间开展线上庭审
（贺雨萌　摄）

解决执行难规范性文件，加强与公安、国土、住建等部门执行联动，凝聚破解执行难外部合力。深化执行机制改革，推行“执行指挥中心+团队办案”运行模式，实行执行案件繁简分流、分段集约、过程管理，促进执行工作提质增效。加大执行力度，开展“夏日风暴”“秋季会战”专项执行行动，重点执结一批群众关心的涉民生、涉金融和拖欠民营企业债务案件。强化失信惩戒，对失信被执行人采取联合信用惩戒和依法曝光相结合办法，促使196名失信被执行人自动履行。召开打击拒执罪专题新闻发布会，发布拒执罪典型案例。坚持善意文明执行，灵活采取执行措施，保障“永安华府”“天池南三期”“兴博家园”等项目复工复产，为多家企业挽回经济损失1.3亿元；妥善处置791家被执行人企业，对暂有资金困难但有发展潜力企业，最大程度保障其合法权益，服务民营经济发展。强力规范执行行为，向基层法院派驻工作组长期蹲点指导，定期开展执行案件专项评查活动，狠抓质效短板和执行不规范问题。

（刘凤芹）

【法律服务】 2020年，克拉玛依市中级人民法院及所辖法院开通诉讼服务网、移动微法院，为群众提供网上诉讼服务。深化网上立案、跨域立案，切实解决群众长期反映的“立案难”问题。以“一次办好”为目标，将导诉、保全、鉴定等诉讼事务归集到诉讼服务中心办理，为群众提供“一站全办”便利服务。在市政服务大厅设立诉前服务窗口方便群众诉讼，在街道、社区设立22个法官工作室开展纠纷调解和法治宣传，向克拉玛依区社会矛盾纠纷多元调处化解中心派驻审判团队并调撤纠纷811件，助推市域治理现代化。深化“分调裁审”机制改革，落实繁简分流要求，组建13个速裁团队，适用简易和小额诉讼程序快速审结民商事案件4472件，其中3956件用时不到20天，解决纠纷效率大幅提高。维护弱势群体合法权益，审结就业、医疗、住房等民生案件278件。快立快执拖欠薪资案件470件，为劳动者追回血汗钱1260余万元。审结婚姻、抚养、赡养、继承等案件573件，维护好“一老一小”合法权益。向52名困难当事人发放司法救助金50万元，依法减免诉讼费155万元。

（刘凤芹）

【法院体制改革】 2020年，克拉玛依市中级人民法院及所辖法院深化司法责任制改革，落实案件质量评查和责任追究机制，通过案件常规评查、重点评查、专项评查，对错误和瑕疵案件坚决追责，提升法官审判质量。召开专业法官会议118次、审判委员会103次，重点研讨疑难复杂案件法律适用难题，为法官办案提供咨询。落实院、庭长带头办理重大、复杂案件改革要求，办结案件4733件，占所有案件40.6%。强化审判质效管理，制定《关于加强审判质效管理办法》，通过每季度绩效考核、每月统计通报、每周调度督促，狠抓审判质效。完善司法责任制综合配套改革，市中院在政府大力支持下妥善解决聘用制书记员待遇保障问题，稳定聘用制书记员队伍。加强员额法官单独职务序列职业保障，择优选升8人，按期晋升法官等级18人。完善科技支撑服务体系，在全疆率先建成法院到看守所之间远程开庭平台，刑事案件远程开庭189件，解决疫情造成提审难、开庭难问题。在线办理立案、送达、开庭等诉讼活动1.3万余次，让群众享受在线诉讼便利。全面应用文书智能纠错、类案推送等智慧法院建设成果，为法官办案提供更多智能辅助。

（刘凤芹）

司法行政

【概况】 2020年，克拉玛依市有克拉玛依区、独山子区、白碱滩区（克拉玛依高新区）、乌尔禾区区司法局4个，有司法所16个，律师事务所17个，公证处3个，基层法律服务所4个；有市级公共法律服务中心1个，区级公共法律服务中心4个，乡镇（街道）公共法律服务工作站15个，村（社区）公共法律服务实体平台112个。

（赵敏）

【社区矫正】 2020年，克拉玛依市建立社区矫正对象思想动态分析制度和社区矫正研判分析会制度，建立专门社区矫正教育和公益服务基地，规范教育和公益工作，扶持社会组织参与社区矫正工作。着重研判社区矫正对象脱管、漏管、再犯罪风险和应收尽收情况。实行严管、普管和宽管等级管理制度，确保不脱管、漏管。针对社区矫正工作人员和矫正对象举办专题讲座、知识竞赛、书面考试、警示教育等活动，向居民发放宣传单，推进《中华人民共和国社区矫正法》学习宣传，提高社会知晓率。

（赵敏）

【安置帮教】 2020年，克拉玛依市全面做好刑满释放人员安置帮教工作，落实社会救助帮扶措施，帮助刑满释放人员解决实际困难，防止帮教期内刑满释放人员再犯罪。

（赵敏）

【人民调解】 2020年，克拉玛依市贯彻落实自治区《关于加强人民调解员队伍建设的实施意见》，加强乡镇（街道）、村（社区）基层人民调解组织规范化建设。成立婚姻家庭纠纷人民调解委员会、退役军人事务人民调解委员会和律师行业人民调解委员会，推进人民调解向民营企业、人民团体、行业协会、新经济组织延伸。在矛盾纠纷排查方面，坚持社区（村）每周开展一次，乡镇（街道）每月开展一次，各区每季度开展一次，重点时间节点随时排查，形成矛盾纠纷排查制度化常态化。制定《关于进一步加强行政裁决的通知》《关于进一步加强行政调解工作的意见》，发挥行政机关在化解行政争议和民事纠纷中作用。通过在法院设立诉调中心，四个区设立社会矛盾纠纷多元调处化解中心等方式，推动建立行政调解与人民调解、司法调解相衔接大调解联动机制，形成调解工作合力。先后开展“根治欠薪冬季行动”“涉疫情矛盾纠纷集中排查化解专项行动”，做好社会矛盾纠纷多元预防调处化解工作。全年开展各类矛盾纠纷排查6197次，预防纠纷2711起，调解案件3256件，调解成功3212件，成功率98.6%，涉及金额7750.13万元。

（赵敏）

【律师管理】 2020年，克拉玛依市加强律师行业党组织自身建设，巩固和扩大党的组织和党的工作在律师行业全覆盖成果。完善律师管理体制，发挥“维护律师执业权利中心”和“投诉受理查处中心”作用，保障律师执业权利，加大对违法违纪律师惩戒力度。2020年，律师行业办理案件1473件，其中刑事案件106件，民商事案件1286件，非诉讼案件28件。担任法律顾问190家。

（赵敏）

【人民陪审员和人民监督员选任】 2020年，克拉玛依市加强与人民检察院、人民法院沟通协调，做好人民监督员选任管理和人民陪审员选任工作。截至年末，克拉玛依市有人民监督员16名，人民陪审员225名。

（赵敏）

【法律援助】 2020年，克拉玛依市完善个人法律费用保险制度，扩大法律援助覆盖面。将律师在公共法律服务中心值班费、人民调解案件补贴、律师参与认罪认罚案件补贴等费用纳入政府购买保险理赔范围。个人法律费用保险制度不仅覆盖现有援助对象，还将低收入人群全部纳入援助范围，实现法律援助范围和对象的延伸和拓展，提前实现司法部提出将受援人群由困难群体逐步扩大至低收入人群工作目标。加强协作配合，开展律师参与认罪认罚从宽案件办理和确保刑事案件律师辩护全覆盖。在公安看守所、法院、检察院建立法律援助工作站，制定值班制度、工作职责和工作流程，开展法律援助、参与认罪认罚、化解涉法涉诉信访和律师调解等工作。与乌鲁木齐市司法局和律师协会建立友好合作机制，为克拉玛依市增援少数民族律师，确保克拉玛依市刑事案件律师辩护全覆盖。2020年，全市法律援助指派案件895件，其中民事案件137件、刑事案件455件、认罪认罚案件303件。

（赵敏）

4月27日，市司法局与保险公司就法律费用保险项目签约，实现法律援助范围和对象的延伸和拓展 （市司法局 提供）

【国家统一法律职业资格考试】 2020年，克拉玛依市成立国家统一法律职业资格考试工作领导小组，根据司法部要求，延迟举行原定于12月19日、20日新疆维吾尔自治区、新疆生产建设兵团考区的法律职业资格考试客观题考试。2020年度国家统一法律职业资格考试时间、组织实施安排等事宜，待司法部另行公告。

（赵敏）

【法治宣传教育】 2020年，克拉玛依市组织全市1000余名县处级以上领导干部和乡镇（街道）党政正职参加8期18个培训班，学习贯彻党的十九届四中、五中全会精神，利用“学习强国”App、法宣在线无纸化学法平台及微信公众号等新媒体普法载体，培育各级领导、党员干部和国家工作人员法治信仰和法治思维。将法治教育课列入学校教学计划，常态化开展青少年法治教育。做好疫情防控普法宣传，重点宣传全国普法办《新型冠状病毒感染肺炎疫情当前防控工作有关法律知识问答》，编撰印发《疫情防控，公众不可不知的法律常识》，累计宣传35万人次。收集整理克拉玛依市及全国其他省市在疫情防控期间违法、犯罪典型案例，对案例法律要旨进行分析说明，在《克

12 月 4 日，白碱滩区（克拉玛依高新区）组织开展司法行政开放日活动
（努尔买买提·艾山　摄）

拉玛依日报》、克拉玛依零距离等新闻媒体连载刊登 21 期。开展民法典系统宣传，把民法典纳入党委（党组）理论学习中心组集体学习和干部培训的重要内容；成立民法典律师宣讲团，深入机关、学校、社区、企业、工地等开展民法典法治讲座 100 余次，参与讲座 2 万余人，开展民法典法律咨询、法律服务、法治宣传 60 余场次，为企业复工复产开展法治体检 20 余场次；利用“法宣在线”平台开展民法典无纸化答题活动，参加人数 1.7 万余人。通过自治区“七五”普法检查验收。

（赵敏）

仲　裁

【仲裁机构调整】 2020 年，克拉玛依仲裁委员会按照中办、国办《关于完善仲裁制度提高仲裁公信力的若干意见》和新疆维吾尔自治区司法厅《关于开展仲裁行业发展次序清理整顿专项行动等工作的实施方案》要求，规范各仲裁分会设立。截至年末，石河子分会和独山子分会正常运作，奎屯分会和乌苏分会争取政府批复，其他分会工作暂停。

（郑显梅）

【案件立案】 2020 年，克拉玛依仲裁委员会立案 83 件，比 2019 年同期减少 66 件。其中建设工程合同 29 件，比 2019 年同期增加 12 件；金融合同 5 件，比 2019 年同期减少 5 件；房地产合同 7 件，比 2019 年同期减少 64 件；买卖合同 12 件，比 2019 年同期减少 10 件；租赁合同 10 件，比 2019 年同期减少 1 件；股权转让合同 1 件，比 2019 年同期减少 1 件；保险合同 1 件，比 2019 年同期减少 1 件；物业合同 3 件，比 2019 年同期减少 10 件；其他合同 15 件，比 2019 年同期增加 14 件。案件涉及标的 29469.16 万元，比 2019 年同期增加 5155.66 万元。

（郑显梅）

【案件审理】 2020 年，克拉玛依仲裁委员会全年结案 77 件，其中裁决结案 51 件，调解和解结案 26 件，案件涉及标的 16548.08 万元。

（郑显梅）

克拉玛依军分区

【概况】 2020年，克拉玛依军分区牢固确立习近平强军思想根本指导，围绕备战打仗使命任务，学习贯彻习近平强军思想，开展“学做”活动和“不忘初心使命、勇于担当作为”教育整训，在重要节庆开展仪式教育。全力以赴做好疫情防控，实现分区部队“零感染”目标。抓好练兵备战工作，巩固深化国防动员准备，提升基层建设层次。克拉玛依预备役某团和克拉玛依区人武部被新疆军区表彰为安全管理先进单位。

（步全兵）

【思想政治建设】 2020年，克拉玛依军分区坚持把学习贯彻习近平新时代中国特色社会主义思想和习近平强军思想作为政治任务，党委中心组带机关理论学习12次24天，常委会学习18次。开展“不忘初心使命、勇于担当作为”教育整训，在重要节庆开展仪式教育。打造独立营营区文化氛围，邀请党政机关、人民群众到军营参观，同升国旗共唱国歌。

（步全兵）

【练兵备战】 2020年，克拉玛依军分区组织两级国防动员委员会指挥机构、战备值班分队拉动演练，同步开展半年考核课题演练和岗位练兵。

（步全兵）

【国防动员】 2020年，克拉玛依军分区联合市委、市政府组织开展新兴领域、运输投送、生产储备、应急医疗等支撑备战打仗重点领域潜力调查，将市救灾物资纳入应急力量保障体系。逐级召开第一书记党管武装工作述职会议，狠抓基层武装部规范化建设，协调成立独山子石化公司武装部，考评任命民兵干部，按编配齐专武干部，乡镇（街道）武装部部长全部参加同级党（工）委。推动编兵整组从传统石油石化行业向高新产业领域拓展。

（步全兵）

【后勤装备保障】 2020年，克拉玛依军分区组织开展物资补给、车辆驾驶、自救互救等应急应战保障能力训练，抓好物资、工程、服务采购“三采合一”改革，规范公务用车管理使用，开展随军家属困难补助费、家底经费、伙食费等专项清理清查，对分区勤务保障队营房设施、独立营营区道路进行升级改造，新建独立营蔬菜大棚、机关停车棚。

（步全兵）

【基层建设】 2020年，克拉玛依军分区配齐配强营连主官，组织对基层建设进行调研，安排党委机关人员下基层蹲连帮带，独立营一连被军区表彰为“四铁”先进单位。制定《抓建基层工作计划》和经常性工作任务清单，开展机关、基层双向讲评和机关指导基层满意度测评。组织“官兵恳谈会”“士兵接待日”活动，评选表彰好军嫂，协调办理官兵子女入园择校。全年投入330余万元为基层办实事23件。预备役某团和克拉玛依区人武部被军区表彰为安全管理先进单位。

（步全兵）

武警克拉玛依支队

【概况】 2020年，武警克拉玛依支队深入学习贯彻中共十九大、各级党委扩大会议精神，强化政治能力训练质量效果。严格落实党风廉政建设责任制，全力以赴抓好练兵备战和执勤维稳工作。部队管理股股长隋乳山被新疆武警总队评为优秀参谋，机动大队大队部班长袁志勇、特战中队副小队长谭逸、机动一中队班长杨有坡、独山子中队班长熊臻和管乐5人被评为“优秀教练员”，特战中队中士普云卫被评为“全能特战精兵”和“爆破专业尖兵”。

（郭良）

【机关党建】 2020年，武警克拉玛依支队以贯彻落实政治能力训练三十条为牵引，强化政治能力训练质量效果。严格落实党风廉政建设责任制，自觉遵守党员领导干部廉洁自律的各项要求和规定，在住房、用车、交往等方面，不搞特殊，不谋私利，不要特权。适应全面从严治党新常态，开展行业风气清理和纪检监察系统整治，硬起手腕打假治虚，始终把纪律规矩挺在前面，严格按“操作合法、程序正规、手续齐全”的要求履职尽责。严格落实民主集中制，全年调整使用干部33人、选晋警士53人。支队纪委被总队表彰为“先进纪检监察集体”。

（郭良）

6月30日，武警克拉玛依支队举行“唱红歌、颂党恩”七一主题歌咏比赛

（武警克拉玛依支队 供图）

【思想建设】 2020年，武警克拉玛依支队落实党委中心组带机关理论学习制度，推动习近平强军思想走深走实。推进“忠勇·阳光·强军”主题文化实践活动，支队“用阳光快乐的方法，带出阳光快乐的兵”经验做法被总队转发。“快乐班长”苟忠颖先进事迹在总队持续发光发热，特战中队指导员曾海庆、机动一中队班长杨有坡和保障处处长林凡云妻子梅玫3人被总队评为“三疆五美”典型。

（郭良）

【机制建设】 2020年，武警克拉玛依支队开展“学规定、查隐患、补漏洞、保安全”执勤安全教育整顿活动。推进“十三五”规划攻坚落实，重点项目建设取得实效。落实日训、周测、月考、季评制度。支队被总队表彰为“正规化执勤先进单位”，参谋部被表彰为“信息通联工作先进单位”“密码工作先进单位”。

（郭良）

【指导帮建】 2020年，武警克拉玛依支队首长机关深入一线蹲点帮建，细化大（中）队经常性工作一览表，明确“权力清单”；深化巩固基层党组织书记培训成果，开展“大练基本功、争当明白人”“学法规、明职责、当教员”活动；帮助官兵解决转业安置、子女入学、家属随军就业等实际困难，给官兵发放救助金。

（郭良）

【服务保障】 2020年，武警克拉玛依支队修订完善各类保障方案，做好战备物资储备；先后选送人员参加总队后勤专业兵培训，组织开展支队自训；完成营区市政管网接引、公寓区综合整治；严格枪弹车辆管控，全年车辆行程9万余千米，实现安全无事故；深化后勤领域重点问题清仓归零，全年完成公开招标、市场询价采购20余次，全部做到依法依规。

（郭良）

双拥工作

【概况】 2020年，克拉玛依市为退役官兵发放义务兵优待金、伤残抚恤金和军人立功奖励，妥善安置军转干部、退役士兵及转业士官，解决部队子女入学入托、随军家属就业随调、退役安置等问题，同时驻市部队主动服务地方建设，为城市建设和油田建设贡献力量。

（裴延基）

【双拥共建】 2020年，克拉玛依陆军预备役某部与银河路街道办事处、新疆油田公司采油一厂等单位签订共建协议，开展拥政爱民活动。

（赵强）

【双拥模范城创建】 2020年10月，克拉玛依市连续第五次获得“全国双拥模范城”荣誉称号。“全国双拥模范城”每4年检查评比一次。4年来，克拉玛依市先后为退役官兵发放义务兵优待金、伤残抚恤金和军人立功奖励，妥善安置军转干部、退役士兵及转业士官，实现连续20年符合政府安排工作条件的退役军人就业安置率100%；着力解决部队子女入学入托、随军家属就业随调、退役安置等问题，解除官兵后顾之忧；开展国防教育讲座，组织干部、企业员工岗位培训和中小学生军训，建成国防教育展厅，发挥爱国教育主阵地作用。驻市部队投入地方建设，参加城区改造、植树造林、油田设施维护等重点工程建设。

（裴延基）

人民防空办公室

【概况】 2020年，克拉玛依市本着“应建必建，应收必收”原则，开展人防工程审批和人防易地建设费追缴工作，推进行政服务事项改革和人防工程项目完工未验收工作。

（王萌）

【人防工程建设管理】 2020年，克拉玛依市开展人防工程建设审批。严格履行行政执法程序，追缴黑豹房产公司开发的人防易地建设费。

（王萌）

1月14日，市退役军人事务局在军营开展“书法走基层”活动
（张珏 摄）

【行政服务事项改革】 2020年，克拉玛依市人民防空办公室按照“放管服”改革要求，完成新疆政务服务网行政事项信息完善和录入工作，确定行政服务事项7项（5项行政许可，2项行政备案），均通过新疆政务服务事项管理平台发布。

（王萌）

【人防宣传教育】 2020年，克拉玛依市加强人防宣传教育，开展以“提升基层应急能力，筑牢防灾减灾救灾的人民防线”为主题的防灾减灾宣传日活动，组织消防、防震减灾人员疏散演练，在中、小学校开展防空袭演练和爱国主义教育活动。

（王萌）

【防空警报设施管理】 2020年，克拉玛依市人民防空办公室定期检查和维护防空警报设施，及时处理和修复发现的问题和故障，为2020年“9·18”警报试鸣工作提供保障。

（王萌）

【人防专业队伍建设】 2020年，克拉玛依市根据国家“人防专业队伍不得与民兵混编，需由人防部门单独组建”要求，结合克拉玛依实际，起草《克拉玛依市人防专业队伍建设方案》，组织14家有关单位上报人防专业人员。截至年末，初步组建201人的人防专业队伍。

（王萌）

【人防信息化建设】 2020年6月4日，克拉玛依市人防机动指挥、信息处理系统一期项目通过验收。该系统建成后，战时既可作为固定指挥所通信系统备份和延伸，平时可用于训练演练和执行抗灾应急救援任务，为政府处置各种突发事件提供服务。

（王萌）

【人防平战结合】 2020年，克拉玛依市人民防空办公室对人防平管工程使用实行量化管理，完成人防战备库房、准噶尔地下街及人防口部房全部出租利用。新型冠状病毒疫情防控期间，对符合条件企业减免租金，全年人防平战结合收入约41万元。

（王萌）

【人防工程质量监督】 2020年，克拉玛依市根据自治区人防工程质量监督权限下放要求，第一时间完成全市人防档案接收工作。制定并完善专家库管理规定，聘请专家开展质量监督工作，严格按照法律法规和规范标准，实现“全天候”质量监督工作机制。

（王萌）

【人防“十四五”规划编制】 2020年，克拉玛依市按照“战时防空、平时服务、应急支援”任务要求，编制完成《市人民防空事业“十四五”规划》（初稿）。

（王萌）

9月10日，市人民防空办公室工作人员巡查全市防空警报设备，为“9·18”防空试鸣做准备

（曾珍　摄）

经济管理

宏观经济调控

【“十四五”规划编制】 2020年，克拉玛依市发展和改革委员会有序推进各类编制工作，形成以规划纲要为统领，空间规划为基础，38项专项规划为支撑的克拉玛依市“十四五”规划体系。在《市委关于制定克拉玛依市国民经济和社会发展第十四个五年规划和二〇三五年远景目标的建议》指导下，完成《克拉玛依市国民经济和社会发展第十四个五年规划和二〇三五年远景目标纲要》编制工作。围绕城市转型、能源改革、应急体系建设、社会事业发展等经济社会发展热点难点问题开展35项前期课题研究工作，形成“十四五”前期课题研究汇编，为“十四五”《规划纲要》编制工作提供重要参考。通过主动向自治区汇报克拉玛依市重点项目，将轨道交通、炼化基地、机场改扩建、云计算产业园建设、通用机场建设等共15项重大项目纳入自治区“十四五”《规划纲要》中。严格按照进度督促完成38项专项规划清单，其中重点专项规划25项，保证专项规划编制质量。建立“十四五”规划项目储备库，梳理全市“十四五”规划储备项目334项，总投资2114.58亿元（不包含新疆油田公司），按照19个领域实行项目统一编号，责任落实到人，按节点跟踪管理。

（钟芳）

【丝绸之路经济带核心区建设】 2020年，克拉玛依市发展和改革委员会制定克拉玛依市丝绸之路经济带核心区2020年重点任务方案。成立国科大中亚学院项目推进专班，牵头推进国科大中亚学院项目建设。项目初步设计方案得到自治区发改委、教育厅、中科院新疆分院等部门认可，作为自治区建议纳入“一带一路”项目库项目上报国家发改委。

（钟芳）

【重大经济政策研究制定】 2020年，克拉玛依市发展和改革委员会组织草拟《克拉玛依市2019年国民经济和社会发展计划执行情况及2020年计划（草案）的报告》《克拉玛依市2020年上半年国民经济和社会发展计划执行情况的报告》；研究制定《克拉玛依市贯彻落实中央、自治区党委经济工作会议精神　推动经济高质量发展工作方案》。组织开展全市2020年全年主要经济指标完成情况和2021年主要经济指标增长情况预测工作，启动《克拉玛依市2020年国民经济和社会发展计划执行情况及2021年计划（草案）的报告（初稿）》草拟工作。研究撰写《克拉玛依市全面建成小康社会评估情况汇报》，研究制定《积极应对经济下行压力，加快推动经济社会发展任务分工方案》《克拉玛依市贯彻落实中央、自治区党委经济工作会议精神 推动经济高质量发展工作方案》《克拉玛依市2020年上半年“两套班子”中抓经济工作机制考核方案》和全年高质量发展考核方案，组织开展上半年及全年各区、各单位高质量发展考核工作。制定并下发《积极应对经济下行压力，加快推动经济社会发展任务分工方案》《奋战四个月 全面落实经济社会发展任务工作方案》《奋战四个月 十天推进十项重点工作任务取得实效行动方案》。制定《奋战四个月 全面管好营商环境的优化工作方案》。健全全市要素市场体系，推进要素市场制度建设，草拟《克拉玛依市关于构建更加完善的要素市场化配置体制机制的实施意见》。在全市范围内组织开展“千人联千企”活动，建立市区两级干部包联企业及个体工商户机制，完善干部驻企特派专员制度，形成“千名干部连点千家企业”工作局面。建立《企业困难诉求清单》，与相关职能部门协调对接，做好帮扶解困工作，帮助企业恢复生产、渡过难关。全年市四套班子领导、市级机关及区级机关干部，对全市416家规模以上企业、9219家规模以下企业、26583家个体工商户进行全覆盖走访。

（钟芳）

【投资计划管理】 2020年，克拉玛依全市累计获批上级资金62.53亿元，其中中央预算内补助资金4.03亿元，债券资金46.9亿元，疫情防控特别国债11.6亿元；较2019年全年获批上级资金23.16亿元相比，增长170%。全市获批政府债券项目46个，债券资金46.9亿元。其中一般债券项目13个，债券资金5.3亿元；专项债券项目33个，债券资金41.6亿元。全市获批疫情防控特别国债11.6亿元，支持项目21个。获批债券资金主要用于教育、文化、医疗卫生、城镇公共设施等社会民生领域。全市下达中央预算内投资项目22个，涉及城镇基础设施、老旧小区改造、公共卫生及农林等领域，项目总投资5.21亿元，获批中央预算内投资4.03亿元。1—12月全市全社会固定资产投资完成378.9亿元，同比增加1.2%；其中地方完成投资170.5亿元，同比增长139.1%；央企完成投资208.4亿元，同比下降31.2%。

（钟芳）

【项目前期管理】 2020年，克拉玛依市落实项目建设和招商引资组工作职责。组织项目专班对全市各项重点项目逐项细化工作节点，明确目标、分解任务，倒排工期、挂图作战，及时协调解决开复工过程中遇到的问题和困难；建立全市新开工项目库和储备项目库，力促全市174个新开工项目全面开工建设，推动全市107个储备项目转化为开工项目86项，开工转化率80.4%，达到自治区关于储备项目转化率不得低于30%工作要求。做好2021年全市投资项目工作。收集、整理全市2021年续建、新建、储备项目359个，项目总投资843亿元。推进一批重大项目取得突破性进展，组织完成克拉玛依机场总体规划（2020年版）编制工作，并完成总规评审；乌尔禾通用机场项目开工建设，飞行区挖填方完成；综合交通枢纽客运站建设项目主体工程及外幕墙龙骨安装工作完成。水利方面：配合市财政局争取到自治区财政厅地方专项债资金5亿元，累计争取7亿元，用于支付相应工程进度款。能源方面：组织开展克拉玛依市2020年国家补贴光伏发电项目申报工作，中核山东能源、江苏天合分别获批建设10万千瓦、5万千瓦光伏发电项目，两个项目均已开工建设。

（钟芳）

【节能管控】 2020年，克拉玛依市持续开展全市煤炭消费总量控制及独山子区煤炭削减工作；制定全社会节能监察计划，对固定资产投资项目、重点用能单位开展书面监察；深入推进节能及能耗“双控”工作，确保全面完成全市“十三五”能源消耗总量和强度“双控”目标任务；开展“城市矿产”项目延期验收与方案调整工作。

（钟芳）

自然资源管理

【管理机构改革】 2020年5月20日，克拉玛依市委机构编制委员会下发《关于调整市本级部分事业单位机构编制的通知》，对克拉玛依市自然资源局所属单位进行调整。

克拉玛依市土地储备（整理）中心、克拉玛依市不动产登记中心、克拉玛依区不动产登记中心、独山子区不动产登记中心、白碱滩区（克拉玛依高新区）不动产登记中心、乌尔禾区不动产登记中心6个事业单位，由克拉玛依市国土资源局（测绘地理信息局、不动产登记局）管理事业单位调整为市自然资源局管理的事业单位，其他机构编制事宜维持不变。克拉玛依市农业综合开发区不动产登记中心更名为克拉玛依市城郊不动产登记中心，克拉玛依市国土资源市场配置事务中心更名为克拉玛依市自然资源市场配置事务中心，克拉玛依市国土资源局（测绘地理信息局、不动产登记局）综合档案室更名为克拉玛依市自然资源局综合档案室，克拉玛依市国土资源局（测绘地理信息局、不动产登记局）勘测信息中心更名为克拉玛依市测绘地理信息服务中心，以上4个事业单位由克拉玛依市国土资源局（测绘地理信息局、不动产登记局）管理的事业单位调整为克拉玛依市自然资源局管理事业单位，其他机构编制事宜维持不变。克拉玛依市规划编制研究中心更名为克拉玛依市国土空间规划研究中心，由克拉玛依市城乡规划管理局管理的事业单位调整为克拉玛依市自然资源局管理的事业单位，其他机构编制事宜维持不变。独山子区规划编制研究中心更名为独山子区国土空间规划研究中心，由独山子区住房和规划建设局管理事业单位调整为克拉玛依市自然资源局管理事业单位，其他机构编制事宜维持不变。克拉玛依区林业有害生物防治检疫局由克拉玛依区农林水牧局管理事业单位调整为市自然资源局管理事业单位，其他机构编制事宜维持不变。独山子区林业监理站更名为独山子区林业草原服务中心，由独山子区农林水牧局管理事业单位调整为市自然资源局管理事业单位，其他机构编制事宜维持不变。独山子区林业有害生物防治检疫局由独山子区农林水牧局管理事业单位调整为市自然资源局管理事业单位，其他机构编制事宜维持不变。乌尔禾区草原林业监理站更名为乌尔禾区林业草原服务中心，由乌尔禾区农林水牧局管理事业单位调整为市自然资源局管理事业单位，其他机构编制事宜维持不变。克拉玛依市农业综合开发区管委会林管站更名为克拉玛依区林业草原服务中心，由克拉玛依市农业综合开发区管委会管理事业单位调整为克拉玛依市自然资源局管理事业单位，其他机构编制事宜维持不变。克拉玛依市农业综合开发区管委会植物种子检疫站（市农业综合开发区管委会农产品质量安全监测站）更名为克拉玛依区植物种子检疫站，由克拉玛依市农业综合开发区管委会管理事业单位调整为克拉玛依市自然资源局管理的事业单位，其他机构编制事宜维持不变。

（青格乐）

【自然资源统一确权登记】 2020年，克拉玛依市印发《克拉玛依市统筹推进自然资源资产产权制度改革实施方案》，43项改革任务有序推进；印发《克拉玛依市自然资源统一确权登记工作实施方案》，明确近4年逐步实现自然资源登记全覆盖任务和措施。全面完成宅基地和集体建设用地确权登记，登记率100%。在前期不动产一般登记3个工作日办结，“微信预约”“外网受理、内网审核”“银行抵押不见面登记”基础上，不动产登记“一窗受理”系统成功运行，在全疆率先实现登记缴费“扫码支付”供群众选择。协调解决不动产登记历史遗留问题房屋类1853户、土地类153宗。

（青格乐）

【自然资源资产有偿使用】 2020年，克拉玛依市自然资源局会同水务、林草等部门，编制完成2019年度国有自然资源资产专项报告，初步健全国有自然资源资产报告协调机制。补充完善公共服务设施的基准地价，形成标定地价、集体建设用地和农用地基准地价的初步成果。组织实施招拍挂出让国有土地78宗，面积180.57公顷，成交金额6.83亿元，较上年同期增加116.8%。

（青格乐）

【自然资源调查监测评价】 2020年，克拉玛依市自然资源局开展第三次全国国土调查统一时点更新，全过程质量管控和精准分类，工作进度和质量位居全疆前列。

（青格乐）

【自然资源合理开发利用】 2020年，克拉玛依市挖潜存量用地，持续推进中心城区西部钻探土地、大漠生态绿地收储。落实建设用地“增存挂钩”机制，自治区下达克拉玛依市2017年前批而未供土地处置任务为300.61公顷、闲置土地5.44公顷。已处置2017年前批而未供土地690.67公顷、处置闲置土地19.39公顷，超额完成自治区下达处置任务，获得10%指标奖励。

（青格乐）

【矿产资源管理】 2020年，克拉玛依市启动《克拉玛依市矿产资源规划（2021—2025年）》编制，推进绿色矿山建设。新立建筑用砂采矿权2宗，均为挂牌方式出让，采矿权登记延续9宗，采矿权变更登记1宗，采矿权注销登记6宗，采矿权转让登记1宗。办理建设项目是否压覆重要矿产资源查询手续64宗。

（青格乐）

12月7日，市自然资源局开展林草数据对接，确保国土调查成果真实
（市自然资源局 供图）

【测绘地理信息管理】 2020年，克拉玛依市自然资源局完成“多测合一”备案企业4家。完成拆迁永久性测量标志初审1个。完成测绘资质初审2家。

（青格乐）

【用地审批】 2020年，克拉玛依市深化“多审合一、多证合一”改革，压缩建设项目用地预审及选址办理时限至8个工作日，效率提高40%。通过运用政务服务网、“工改系统”，制定业务合并办理工作规则。印发《商业建筑规划指标计算补充规则》，对48个用地主体明确项目，采取“容缺受理”、规划审批“绿色通道”等措施，打通“拿地即开工”审批关节。

（青格乐）

【土地监管执法】 2020年，克拉玛依市修订《克拉玛依市城乡规划条例》，加强对城乡规划、建设管控力度。组织执法部门按计划开展土地矿产动态巡查960次，违法案件立案查处85件。2019年度全市无占耕地卫片图斑，违法图斑数量达到历年最低，于6月中旬一次性通过自治区验收，连续八年实现“零”问责。2020年一至三季度国家共下发克拉玛依市土地、矿产卫片图斑394个，经判定违法图斑8个，已全部查处到位，全部图斑通过自治区集中审核。

（青格乐）

【土地出让管理】 2020年，市自然资源局向社会发布减免划拨租赁金、无偿提供储备用地搭建临时设施等11个自然资源领域扶持政策。协助绘制全市产业链供应链地图。为3个符合政策项目减免土地出让金6643万元，减免新增建设用地有偿使用费1904万元。实施工业用地弹性出让，采用弹性年期方式供地8宗15.9公顷，降低企业初始用地成本。联系走访29家企业，宣传落实复工复产优惠政策，帮助协调解决困难问题38个。

（青格乐）

【建设用地优化】 2020年，克拉玛依市因地制宜提高城市建成区绿化覆盖率，新增城区绿地面积165.07公顷，城市建成区绿化覆盖率达43.54%。推动露天矿山综合整治，强化露天矿山生态修复，严格控制新建露天矿山项目，全市露天矿山整治工作得到自治区考评认可。加强扬尘污染源监管，全市建筑面积超过5000平方米以上56项在建建筑项目工地完成视频监控设备安装及联网工作，利用监控监测系统对建筑工地实施监管。

（龙娟）

【水资源管理】 2020年，克拉玛依市引水工程来水2.37亿立方米，白杨河来水0.5530亿立方米。全年总来水量4.40亿立方米。全市总用水量3.9516亿立方米，其中农业用水1.4673亿立方米、工业用水0.8146亿立方米、生活及生态用水1.6697亿立方米。全年依法征收水资源费3146.73万元。印发《克拉玛依市节水行动和节水型社会建设重点工作清单（2020年）》《克拉玛依市2020年供用水计划指导意见》和《克拉玛依市2020年水资源平衡调度方案和计划》，开展取用水管理（非法取水口）专项整治行动，落实取水口专项整治行动，取水设施核查登记阶段任务通过自治区水利厅审核。

（马兰）

国有资产监督管理

【概况】 2020年，克拉玛依市纳入统计的国有企业有113家，其中二级子企业72家，同比持平。资产总额507.93亿元，净资产2.65亿元。全市地方国有企业实现营业收入129.75亿元，实现利润总额3.47亿元，上缴税费6.25亿元。全年国有资产保值增值率120.61%。

（谢冰）

【风险防范】 2020年，克拉玛依市开展控制对外担保、借款等风险防控工作，发布监管

5月9日，风城至三坪水库管线施工现场　（杨飞　摄）

企业分行业资产负债率警戒线标准，对不同行业、不同类型国有企业实行分类管理，要求企业合理设定资产负债率水平和资产负债结构，动态监测企业资产负债率水平，将资产负债率控制在合理范围。因受疫情防控影响，整体经济下行，市属国企经营性应收款项回收困难，市国资委重点关注“两金”占用情况（存货和应收账款占流动资产比重），引导监管企业从清理库存、合规开展清欠工作等多方面入手，防范经营及资金链断裂风险。

（谢冰）

【资产重组】 2020年，克拉玛依市按照国有资产管理体制改革指导意见，推进国有资本调整和国有企业重组，完善国有资本有进有退、合理流动机制。鼓励引入战略投资者，加强国有企业和民营企业深度合作，推动市城投公司、新疆双华供应链股份有限公司及新疆庆源实业集团有限公司合资合作，整合资源、优化结构、延伸产业链。构建克拉玛依市研学旅行产业链闭环，成立上海井上书文化发展中心（有限合伙），打造基于文化旅游资源的研学旅行优势品牌，助力文旅产业发展。布局生物医药行业，市城投公司与民营资本合作实现企业多元化发展，推动新兴健康服务业。

（徐佳惠）

【资本运作】 2020年，克拉玛依市按照市场经济规则和现代企业制度要求，形成以管资本为主的经营性国有资产监管体制。引入新疆交建投增资扩股城投城建开发公司，形成优势互补。依托红城文旅公司，整合旅游资源和要素，通过延伸上下游产业链及开发文化市场产品，加大旅游景区二消项目策划和招商引资工作。

（徐佳惠）

【企业法人治理结构】 2020年，克拉玛依市推进监管企业完善党委会、董事会、总经理办公会议事规则，发挥企业自身管理决策作用。规范外部董事任职条件，建立外部董事人员信息库，对监管企业董事会建设情况进行规范，建立外部董事占多数规范董事会架构。发挥公司章程在企业治理中基础作用，国有独资、全资公司全面建立外部董事占多数董事会。

（徐佳惠）

【监管考核】 2020年，克拉玛依市国资委根据《克拉玛依市深化国有企业负责人薪酬制度改革实施方案》《克拉玛依市属国有企业负责人经营业绩分类考核暂行办法》，完成10家监管企业负责人经营业绩考核并向各监管企业公布考核结果、兑现薪酬。

（梁瑞琳）

财　政

【概况】 2020年，克拉玛依市一般公共预算收入79.3亿元，完成预算71.4%，下降25.0%。克拉玛依市一般公共预算支出111.2亿元，完成预算89.5%，下降7.4%。克拉玛依市一般公共预算收入加自治区返还及补助、自治区政府债券转贷等收入后，收入合计135.1亿元。减去一般公共预算支出、上解自治区、债务还本等支出135.1亿元后，实现收支平衡。

（傅洁力）

【一般公共预算执行情况】 2020年，克拉玛依市一般公共预算收入总计79.3亿元。其中税收收入55.0亿元，完成预算75.4%，下降19.0%。主要项目情况：增值税24.2亿元，下降32.4%；企业所得税3.9亿元，下降15.5%；资源税2.5亿元，下降29.3%；城市维护建设税6.4亿元，下降15.0%；城镇土地使用税7.8亿元，增长51.8%；非税收入24.3亿元，下降35.8%。上级补助收入25.2亿元，上年结余0.5亿元，调入资金12.1亿元，债券转贷收入16.3亿元，动用预算稳定调节基金1.7亿元。

2020年，克拉玛依市一般公共预算支出合计111.2亿元，完成预算89.5%，下降7.4%。

主要项目情况：一般公共服务支出 14.8 亿元，下降 11.4%；公共安全支出 14.5 亿元，下降 21.2%；卫生健康支出 12.3 亿元，增长 21.3%；社会保障和就业支出 6.7 亿元，下降 0.9%；文化体育与传媒支出 3.4 亿元，下降 20.2%；城乡社区支出 13.3 亿元，下降 19.2%；交通运输支出 3.5 亿元，下降 3.5%；资源勘探信息支出 3.4 亿元，下降 1.7%；农林水支出 2.9 亿元，增长 0.1%；节能环保支出 1.6 亿元，下降 20.3%；科学技术支出 1.4 亿元，增长 1.5%。支出下降主要原因是：调入资金、央企办社会移交单位资金和一般债券资金较上年减少导致可用财力减少。

2020 年克拉玛依市财政收入分项情况表

表 4

主要指标	绝对数（亿元）	比上年增长（%）
一般公共预算收入	79.3	-25.0
其中增值税	24.2	-32.4
企业所得税	3.9	-15.5
资源税	2.5	-29.3
城市维护建设税	6.4	-15.0
城镇土地使用税	7.8	51.8
非税收入	24.3	-35.8

2020 年克拉玛依市财政支出分项情况表

表 5

主要指标	绝对数（亿元）	比上年增长（%）
一般公共预算支出	111.2	-7.4
其中教育支出	24.2	-3.8
一般公共服务支出	14.8	-11.4
公共安全支出	14.5	-21.2
卫生健康支出	12.3	21.3
社会保障和就业支出	6.7	-0.9
文化体育与传媒支出	3.4	-20.2
城乡社区支出	13.3	-19.2
交通支出	3.5	-3.5
资源勘探信息支出	3.4	-1.7
农林水支出	2.9	0.1
节能环保支出	1.6	-20.3
科学技术支出	1.4	1.5

2020年上解上级支出8.5亿元，债务还本支出14.4亿元，地方政府债券转贷支出8.3亿元，结余1.0亿元。

（傅洁力）

【政府性基金预算】 2020年，克拉玛依市政府性基金收入6.7亿元，完成预算的138.6%，增长67.2%；政府性基金预算支出56.4亿元，完成预算的689.2%，增长180.3%。市级政府性基金收入1.7亿元，完成预算的136.3%；加上自治区债券转贷收入、上级补助收入、上年结余后，收入合计55.3亿元。市级政府性基金预算支出14.6亿元，完成预算的379.2%，调出资金支出0.7亿元，债券转贷支出28.2亿元，补助下级支出11.7亿元，年终结余0.1亿元，支出合计55.3亿元。收支相抵后，实现收支平衡。

（傅洁力）

【社会保险基金预算】 2020年，克拉玛依市社会保险基金收入23.4亿元，完成年初预算的100%；加上年滚存结余41.8亿元后，收入合计65.2亿元。克拉玛依市社会保险基金支出24.1亿元，完成年初预算的94%，加上解上级支出0.1亿元后，支出合计24.2亿元，克拉玛依市滚存结余41亿元。其中，2020年企业基本养老保险和工伤保险实行省级统筹，收入支出在自治区反映。

（傅洁力）

【国有资本经营预算】 2020年，克拉玛依市国有资本经营收入32124万元，转移支付收入928万元，克拉玛依市国有资本经营支出2356万元，调入一般公共预算29768万元，结转下年928万元，收支相抵后，当年收支平衡。市级国有资本经营收入30119万元，完成预算的100.0%，增长1243%，主要是缴纳的利润收入较上年大幅增长，转移支付收入928万元。市级国有资本经营支出2087万元，完成预算的100%，增长33%。调入一般公共预算28032万元，转移支付支出928万元，收支相抵后，当年收支平衡。

（傅洁力）

【地方政府债务情况】 2020年，自治区核定克拉玛依市新增政府债务限额47.0亿元。截至年底，克拉玛依市政府债务余额228.3亿元，其中市级债务余额154.5亿元，区级债务余额73.8亿元，债务余额均符合地方政府债务限额管理相关规定。全年自治区转贷克拉玛依市政府债券69.5亿元，其中：再融资债券11.0亿元，新增债券46.9亿元，疫情防控特别国债11.6亿元，债券资金全部按规定拨付使用，年底无结余。

（傅洁力）

【民生支出】 2020年，克拉玛依市用于民生方面支出达89.1亿元，占一般公共预算支出的80.1%。其中公共安全支出14.5亿元；卫生健康支出12.3亿元；社会保障和就业支出6.7亿元；文化体育与传媒支出3.4亿元；城乡社区支出13.3亿元；交通运输支出3.5亿元；资源勘探信息支出3.4亿元；农林水支出2.9亿元；节能环保支出1.6亿元；科学技术支出1.4亿元。

（傅洁力）

【助力复工复产】 2020年，克拉玛依市结合复工复产扶持政策落实，建立市区两级政策落实工作专班，加强组织保障。实行“日报告、周调度、旬小结”工作制度，确保各项政策落实落地。全年累计新增减税（含退税）18.72亿元，影响地方级11.9亿元。落实社保、医保降费政策，为克拉玛依市企业减负6.99亿元；落实国家降低政府性基金和行政事业性收费政策，累计减免城市市政公用基础设施配套建设费累计金额3.15亿元。

（傅洁力）

【政府金融风险防范】 2020年，市财政局组织开展互联网

3月6日，白碱滩区（克拉玛依高新区），红果实生物制品公司与全市其他行业同步恢复生产 （闵勇 摄）

金融及非法集资等各类排查5次、防范金融风险宣传活动6次，全年约谈非法放贷、违规互联网金融机构3家,关停1家。

（傅洁力）

【预算绩效管理】 2020年，克拉玛依市深入贯彻习近平总书记关于统筹抓好疫情防控和经济社会发展重要讲话、指示批示精神，全面落实自治区党委和市委各项决策部署，按照中央及自治区全面实施预算绩效管理要求，多方面强化预算绩效管理，加快“全方位、全过程、全覆盖”预算绩效管理体系建设，建立财政预算“编制、执行、公开、监督”预算绩效闭环管理工作。

（傅洁力）

【中央直达资金使用管理】 2020年，克拉玛依市收到中央直达资金15.8亿元，对预算指标下达和资金调度不及时、资金支付进度缓慢、违规使用和违规拨付资金等监控预警问题进行推送并督促整改。全年将直达资金统筹用于克拉玛依市重点领域和薄弱环节，在克拉玛依市保就业、保基本民生、保市场主体、公共卫生体系建设、基本设施建设和疫情防控等相关支出方面发挥保障作用。

（傅洁力）

【疫情防控金融保障】 2020年2月1日，克拉玛依市调整《克拉玛依市新型冠状病毒感染的肺炎疫情防控领导小组（指挥部）保障组工作方案》，医疗防控物资保障协调工作由财政局局长牵头，办公室设在市财政局。市财政局建立疫情防控采购和国库集中支付“绿色通道”，确保物资设备及各类资金直达疫情防控一线。全年累计安排克拉玛依市疫情防控资金6.3亿元。市金融办会同人民银行及银保监分局协调克拉玛依市金融机构参与疫情防控期间克拉玛依市金融服务工作，研究制定各项金融支持措施22项，引导金融机构落实各项金融优惠政策，助力企业复工复产。全年银行机构对疫情防控重点企业提供信贷支持51笔，累计金额4.3亿元，提供疫情防控资金保障服务累计金额7亿元；保险机构办理案件3458笔，赔付金额合计2130万元。

（傅洁力）

【中亚商品交易中心实现零突破】 2020年，克拉玛依中亚商品交易中心成品油交易实现零突破，交易规模逐步提升，全年完成成品油交易20.69万吨，金额11.48亿元。为打造区域油气交易中心，推动新疆油气交易中心建设奠定基础。

（傅洁力）

【完善政府性融资担保体系】 2020年，克拉玛依市正式设立政府性融资担保基金，初期规模5000万元，主要用于政府性融资担保机构风险补偿和资本金补充。10月，经自治区地方金融监管局批准，克拉玛依市新增一家国有融资担保机构，并纳入政府性融资担保体系，提升政府性融资担保能力，与其他国有担保机构形成差异化市场竞争环境。

（傅洁力）

【“双区”建设工作正式启动】 2020年12月15日，克拉玛依市召开2020年金融工作会议暨示范区创建动员大会，“双区”建设工作正式启动。“双区”建设包括小微企业金融服务示范区建设和绿色金融创新试验区建设，是克拉玛依市金融改革工作重要内容。

（傅洁力）

税 务

【概况】 2020年，克拉玛依市税务局累计组织收入238.15亿元，其中累计组织税收收入213.39亿元，同比减收41.37亿元，下降16.24%（中央级税收收入144.61亿元，同比下降15.30%，减收26.13亿元；地方级税收收入68.78亿元，同比下降18.14%，减收15.24亿元）；非税收入8.77亿元，同比下降3.41亿元，下降27.98%（教育费附加完成4.76亿元，同比下降15.77%；地方教育费附加完成3.17亿元，同比下降16.39%；残疾人就业保障金完成0.83亿元，同比下降27.94%）。全市收入规模前6位税种依次为消费税、增值税、企业所得税、城市维护建设税、资源税和个人所得税，合计完成196.34亿元，同比减收42.84亿元，下降17.91%，占全部税收收入比重92.01%。主体税种呈现全面下降；企业所得税、增值税、资源税、城市维护建设税、消费税、个人所得税同比分别下降32.79%、29.40%、29.03%、12.82%、8.44%、2.07%。

（安新丽）

【税收征管】 2020年，市税务局管辖纳税人户数36235户，其中单位纳税人10138户，个体工商户26097户；增值税一般纳税人4628户。组建大运维保障团队，提升运维能力，处理速度位于全疆前列。强化风险管理，规范税收风险管理制度和流程，完成风险应对全流程户数3520户，风险应对查补税款0.71亿元。组建审计团队，对17户企业2020年度涉税情况进行审计，入库税款及滞纳金0.97亿元。

（安新丽）

【纳税服务】 2020年，市税务局完善服务保障和应急响应机制，推广电子税务局，提供错峰预约服务，推行首问责任、一次性告知、容缺受理、“最多跑一次”等服务制度，纳税人平均办税时间减少30%。

（安新丽）

【优化税收环境】 2020年，市税务局建立税务、财政、人社等12个部门协作配合工作机制，深入分析减税降费对税收收入综合影响，在发展地方经济、促进地方税收增长、调整预算等方面为政府建言献策。强化核算分析，确保纳税人申报数据真实性和准确性。坚持线上线下结合，以办税服务厅为“主阵地”，通过导税咨询、服务体验区、“12366”纳税服务热线、实地走访、LED屏轮播、出租车和公交车顶灯宣传等方式，多渠道宣传减税降费政策。全年组织各类培训宣传活动50余场次，推送信息1.7万余条。全年开展两轮减税降费实地监督检查，走访纳税人、缴费人89户，末梢验证减税降费政策落实情况，发现并整改问题49个。

（安新丽）

【个人所得税汇算】 2020年，市税务局扎实开展个人所得税汇算清缴。通过线上线下结合方式加强宣传培训，落实分类分批分策分责实施引导及网格化管理要求，做好重点提醒和个性化提醒。全市0.39万户扣缴义务人、12.7万名纳税人完成个人所得税汇算。

（安新丽）

【“银税互动”信贷】 2020年，市税务局协调全市7家商业银行推出复工复产贷款产品，实现小微企业贷款网上“一站式”办理。全年各合作银行发放“税易贷”类贷款280笔，金额7.63亿元。

（安新丽）

【社会保险费和非税收入征管职责划转】 2020年，市税务局加强与财政、社保、医保、教育、民政等部门沟通协作，建立符合克拉玛依市实际征缴模式。借助街道、社区力量，推广微信小程序、电子税务局、网上银行和银行网点等多元化缴费方式，提升缴费效率。全年组织非税收入8.77亿元，社会保险费收入15.99亿元。

（安新丽）

金融监管

【货币政策执行情况】 2020年，中国人民银行克拉玛依市中心支行把支持防疫保供和经济社会发展放在首位，研判制约信贷投放因素，利用辖区政策工具，敦促银行机构及时调整信贷节奏，保障全辖信贷投放平稳增长。拓宽融资支持渠道，指导昆仑银行发行新疆首单疫情防控专项同业存单1.4亿元；推进债券业务发展，支持农业银行推动市城投公司发行5亿元超短期融资券，实现近10年西北地区同级别利率最低。截至12月末，全市金融机构本外币各项贷款余额838.23亿元，同比增长10.78%；辖区企业贷款加权利率4.19%，同比下降0.63个百分点。

（陈红波）

【外汇管理】 2020年，中国人民银行克拉玛依市中心支行推进外汇局单一窗口建设，畅通疫情防控与复工复产跨境业务绿色通道，推进跨境贸易投资自由化、便利化，取消特殊退汇业务登记，降低电子单证业务准入门槛，落实外商企业资本金开展股权投资便利化新政，扩大外资利用规模。深化外汇市场微观监管，高压打击外汇违法违规行为，探索建立跨境资本流动风险预警指标体系，完善本外币一体化宏观审慎监管，加强跨境资金流出入均衡管理。

（陈红波）

【征信管理】 2020年，中国人民银行克拉玛依市中心支行启动信用信息“修复通道”，指导金融机构强化疫情防控期间信息主体征信权益保护，调整到期前企业贷款及个人还款。优化征信查询服务，新增征信自助查询机，填补独山子区征信查询空白。

（陈红波）

【金融统计】 2020年，中国人民银行克拉玛依市中心支行落实金融基础数据统计制度，按要求分批、分阶段实现全辖金融数据全量逐笔统计。完成理财与资金信托新系统上线工作，确保系统数据与资管产品模板数据一致性，提高全辖理财与资金信托以及资管数据准确性。

（陈红波）

【支付清算】 2020年，中国人民银行克拉玛依市中心支行打通账户开立“应急通道”，坚持账户业务应办尽办，实施

6月23日，人民银行克拉玛依市中心支行通过FM92.6频率开展反洗钱宣传 （吴勇 摄）

"线上预约+远程审核"；建立支付清算"快速通道"，累计划拨防疫类资金2.6亿元；发挥移动支付便民作用，上线"云闪付智慧停车"项目，以智慧支付支持"乌尔禾智慧小镇"项目建设。

（陈红波）

【国库管理】 2020年，中国人民银行克拉玛依市中心支行开辟国库资金汇划"绿色通道"，对防疫救助资金实行"即到、即审、即办"，保障疫情防控资金及时准确拨付到位；推进个人所得税汇算清缴退库工作，做好储蓄国债停售期间各项服务工作。

（陈红波）

【反洗钱监管】 2020年，中国人民银行克拉玛依市中心支行强化辖区洗钱风险管理，采取差异化反洗钱监管措施，确保反洗钱资源投入高风险机构和领域。推进反洗钱宣传工作常态化，提升反洗钱监管工作有效性。

（陈红波）

【货币金银】 2020年，中国人民银行克拉玛依市中心支行督导银行机构严格做好投放与回笼现金消杀工作，保障对医院、社区及应急建设项目等重点区域现金供应，做好新版5元人民币发行，加大小面额原封新券投放力度，做好拒收现金专项整治。

（陈红波）

1月21日，克拉玛依银保监分局组织召开2020年克拉玛依银行业和保险业监督管理工作会议

（常现文　摄）

【金融消费者权益保护】 2020年，中国人民银行克拉玛依市中心支行牵头组织"金融知识普及月"等多项专题金融知识普及活动，培育低净值人群风险防范意识。成功举办"昆仑银行兰亭杯"小学生金融知识书法比赛，大中小学金融知识普及教育工作取得阶段性成效。联合多部门印发《关于全面推进金融纠纷多元化解机制的实施意见》，拓宽金融纠纷受理处理渠道。

（陈红波）

【引导银行保险机构减费让利】 2020年，中国银行保险监督管理委员会克拉玛依监管分局向银行保险机构传导减费让利政策要求，组织开展清理银行乱收费降低企业负担行动。推动保险机构将意外险、疾病险等保险责任范围扩展至新型冠状病毒感染肺炎，相关产品147个，为近3000辆营运车辆办理停复驶险期延期业务。截至年末，本地银行保险机构累计向实体经济让利1.40亿元。

（常现文）

【支持中小微企业和个体工商户复工复产】 2020年，中国银行保险监督管理委员会克拉玛依监管分局推动落实延期还本付息政策和个体工商户小额信贷政策。为2091户中小微企业和1606户个体工商户小额贷款实施延期还本，共涉及金额6.12亿元；为65户中小微企业和个体工商户实施延期付息。组织开展"百行进万企"、推广"银税互动"业务，强化小微企业金融服务。

（常现文）

【防范金融风险】2020年，中国银行保险监督管理委员会克拉玛依监管分局加大不良贷款处置力度，引导银行机构应对疫情防控影响所带来金融风险，前置处置关口，做实资产质量分类。督促重点银行机构加大不良贷款处置力度，按月对不良贷款处置进展情况进行跟踪监测。加强信贷业务全流程管控，在化解存量不良的同时有效管控新增贷款质量。本地银行机构不良贷款率和不良贷款余额均下降。开展市场乱象整治“回头看”、乱收费行为及意外险市场清理整顿专项治理活动，督促机构修订制度14个，责成内部问责309人次。

（常现文）

【政银企共建石油石化产业链金融平台】2020年11月13日，克拉玛依市人民政府、国家开发银行新疆维吾尔自治区分行、中国石油天然气股份有限公司新疆油田分公司与昆仑天玺商业保理有限公司四方举行签约仪式，签订政银企战略合作协议，为探索“政银企”协同发展路径，共同打造地方性石油石化产业供应链金融平台，加速石油石化产业与金融融合，优化资源配置，改善融资环境，拓宽中小油服企业融资渠道，推进克拉玛依市石油石化产业和地方经济社会加快发展提供助力。全年，国开行通过商业保理定向投放1亿元资金给克拉玛依市7家油服企业，预计未来五年内达成10亿元规模合作。

（傅洁力）

【多层次资本市场建设】2020年，克拉玛依市区域性股权交易市场挂牌企业突破50家，其中基础层48家、精选层4家。截至2020年末，克拉玛依市通过区域性股权交易市场累计获得融资4.2亿元。

（傅洁力）

地方审计

【概况】2020年，市审计局开展经济类审计项目18个，投资类审计项目12个，核减工程造价1587.93万元，向市委、市政府上报审计重要情况3篇。

（张银珠）

【财政审计】2020年，市审计局做好审计项目计划管理，整合审计资源，以融合式、嵌入式等方式“打包”审计项目。落实“过紧日子”要求，聚焦财政预算执行、重点民生资金、创新驱动发展和重大政策落实，加大延伸审计力度，实现85家市一级预算单位审计全覆盖，深化二、三级预算单位审计监督，发挥审计建设性作用。

（张银珠）

【企业审计】2020年，市审计局贯彻落实市委、市政府关于审计工作安排部署，规范企业经营管理，全年对西部绿洲、油城数据公司、城投公司3家企业开展审计，出具审计报告3份，移送事项2件。

（张银珠）

【经济责任审计】2020年，市审计局落实《党政主要领导干部和国有企事业单位主要领导人员经济责任审计规定》，组织实施市红十字会、市工商联、市慈善总会、驻乌鲁木齐办事处、红城文旅公司、市委直属机关工委、市发改委、市民政局、市交通局9家单位领导干部任期经济责任审计。按照《克拉玛依市领导干部离任经济责任事项交接办法》，完成11位领导干部离任经济责任事项交接工作。出具经济责任审计报告9份。

（张银珠）

【政府投资审计】2020年，市审计局坚持“突出重点、量力而行、确保质量”原则，把握投资审计工作定位，规范投资审计工作程序。组织开展政府投资项目审计专业技术人员库专家评审工作，强化聘用中介机构培训与监管。制定《工程结算项目审核档案管理办法》，规范工程结算项目审核档案管理，确保审核档案质量。

截至年末，对古海荒漠生态环境改善等12个工程实施动态跟踪审计，提高投资绩效。

（张银珠）

【审计监督】 2020年，市审计局查处被审计单位违法违纪行为，做好自治区巡视准备和配合工作，组织开展审计整改情况“回头看”，建立审计整改跟踪督导机制，逐项列出整改清单，逐项销号。全年对近五年78份审计报告中300个审计发现问题整改情况、审计决定执行情况、审计移送处理结果进行集中大检查，全面掌握审计整改落实情况。召开审计发现问题整改和巡视工作部署会，梳理分析审计中发现问题，建立问题整改台账，确保被审计单位不留“旧账”、不添“新账”。

（张银珠）

油田审计

【常规审计】 2020年，新疆油田公司审计处（审计中心）开展审计需求调查，做好各项前期论证，编制审计项目计划运行大表，强化审计项目全过程管理，确保审计项目顺利实施。年初计划开展审计项目22个，实际完成37个，超额完成计划任务68.2%。其中经济责任10个、工程竣工决算18个、专项审计9个。

（李晓艳）

【专项审计】 2020年，新疆油田公司审计处（审计中心）开展经营管理审计监督、风险排查和专项审计调查工作。做好问题易发领域和冷点领域调查剖析，查找管理漏洞，指导堵塞管理漏洞，发挥专项调查促进管理提升作用。全年开展9个专项审计调查，提出29条意见和建议，形成专题调查报告。

（李晓艳）

【国家审计】 2020年，新疆油田公司审计处（审计中心）配合审计署经济责任审计组开展对新疆油田公司审计、股份公司对新疆油田公司原总经理陈新发离任经济责任审计、风险合作产能建设项目跟踪审计迎审工作，制定详细迎审方案，收集审计组所需资料623余份，向集团迎审办报送迎审日报41期，针对审计取证单，第一时间向公司领导汇报，协调组织审计取证单说明材料讨论会。

（李晓艳）

【审计服务】 2020年，新疆油田公司审计处（审计中心）拓宽审计项目内容，以“提质增效”为核心，超规定完成绩效落实、增产措施、新技术应用等新内容。强化经营风险防控意识，在多个项目审计中，针对问题主动与被审单位领导进行问题剖析，强化基层单位主要领导风险意识、防范意识和责任意识，发挥审计增值服务作用。撰写编印《新疆油田公司审计案例汇编》《新疆油田公司审计发现问题汇编》，针对重点业务和领域开展以案促改，为被审计单位日常管理提供参考。

（李晓艳）

【审计整改】 2020年，新疆油田公司审计处（审计中心）加强审计整改，对上一年度26个审计项目中涉及86个问题整改情况进行跟踪，严格“对账销号”管理，整改率100%。强化重点问题督办。建立问题督办台账，明确整改责任，推进问题整改，提高管理水平。严格考核各单位整改质量。落实被审计单位负责人整改责任，将审计整改情况纳入各部门、各单位业绩考核范围。

（李晓艳）

【审计质量】 2020年，新疆油田公司审计处（审计中心）参与修订集团公司《内部通用审计规范第13部分：审计作业控制》；制定《新疆油田公司违规经营投资责任追究工作管理规定》《新疆油田公司审计项目管理办法》《新疆油田公司境外业务审计管理办法》。对同一单位尽量将常规审计和专项审计合并，将后续审计穿插于本年度审计项目中，减少进点次数，减轻被审计单位迎审工作量，提高审计效率，做到“一审多项”“一审多果”“一果多用”。开展审计数据仓库使用及培训工作。制定《新疆油田公司审计处（审计中心）数据仓库（审计示范应用）项目工作方案》，初步完成合同管理系统涉及相关分析模型、差旅费报销分析模型创建工作，得到集团公司审计部认可。

（李晓艳）

【审计培训】 2020年，新疆油田公司审计处（审计中心）开展内部培训11场次；组织164人次参加集团审计部4次视频讲座，邀请相关部门人员参加。通过专业性、针对性培训，提高审计从业人员专业素质，提升审计工作质量。获得集团公司优秀审计项目二等奖1项、优秀审计论文三等奖1篇。自治区内审协会优秀审计项目一等奖1项、二等奖1项，优秀审计论文4篇。

（李晓艳）

地方统计管理

【统计服务】 2020年，市统计局在完成月度经济运行综合分析报告的基础上，先后完成《2020年克拉玛依市经济运行分析预测报告》《2020年低油价对克拉玛依市经济的影响分析》《关于近期化工产品价格大幅上涨利好克拉玛依市化工企业的报告》《因乌市疫情发生有可能导致克拉玛依市两大石化公司产能下降、库存增加的预警报告》等专题分析报告。每月组织收集整理财政、税务、银行、电信、邮政、证券、保险、国家统计局克拉玛依调查队等部门和单位资料，制作、发放电子版《领导干部经济要情参考》，及时预测经济发展形势，为党政领导决策和宏观调控提供科学依据。全年完成《2020年领导干部手册》《2020年统计年鉴》《2019年克拉玛依市城市基本情况》和《克拉玛依市2019年国民经济和社会发展统计公报》等年度资料编印、发放和发布工作。

（王山）

11月1日，克拉玛依市第七次全国人口普查工作启动　（余钰　摄）

【第七次全国人口普查】 2020年3月31日，克拉玛依市印发《关于开展全市第七次全国人口普查工作的通知》，建立克拉玛依市第七次全国人口普查领导小组及其办公室，办公室设在市统计局，根据普查进度安排，市、区、街道（乡、镇）、社区（村）四级普查机构克服疫情防控影响，推进人口普查各项工作。11月1日零时普查登记工作正式启动，普查人员开展建筑物标绘、普查小区划分、小区地图绘制、户主姓名底册录入，正式登记和抽样长表登记工作，并再次入户复查、数据比对复查进行查漏补缺，确保普查数据准确完整。经过2800余名普查工作人员努力，完成人口普查登记任务。

（王山）

【统计改革】 2020年，市统计局按照机构改革要求，将各区统计局单独设置，每个街道（乡镇）设置2名专职统计岗位，为加强基层统计工作创造条件。将防范和惩治统计造假、弄虚作假列入领导干部考核内容，建立市辖各区统计部门主要负责人考核评价制度，落实统计机构负责人统计数据质量第一责任，形成防范和惩治统计造假、弄虚作假长效机制。定期向自治区统计局上报“领导干部违规干预统计工作记录台账”，监督检查统计决策部署、统计法律法规执行情况。做好各专业统计数据审核和评估工作，落实数据管理制度，通过报表质量审核、统计数据管理、发布管理，规范日常统计工作。针对经济运行中存在突出问题，重点加强工业、固定资产投资统计，关注四大央企及亿元以上地方规上工业企业生产经营情况，加强对企业投资项目验证材料报送指导培训，配合落实市油田会商机制、与驻市央企协调发展机制。

（王山）

【GDP 统一核算】 2020 年，是全国正式开展地区生产总值统一核算工作之年，克拉玛依市按照“下算一级”核算要求，在完成全市 2018 年第四次经济普查地区生产总值年报表基础上，指导、审核、完成各区年报表。以 2018 年第四次经济普查地区生产总值试算结果为节点，平滑修订全市 2002—2019 年历史数据。按照年初全年经济发展目标，初步预测全年分阶段地区生产总值完成情况，提出建议措施。完成地区生产总值季度、年度报表以及 2020 年统一核算方案培训、指导工作。

（王山）

【“妇儿两纲”监测】 2020 年，市统计局主动对接市妇联，根据“两纲”（妇女发展纲要和儿童发展纲要）监测统计职责分工和指标体系来源，将妇女儿童“两纲”监测统计指标分解到人社、教育、卫健、民政、文化、公安等部门，建立完善“两纲”监测统计报送机制，对容易出现问题指标进行针对性审核，防止出现错填、漏填现象。全年完成“妇儿两纲”监测统计工作。

（王山）

【区划代码和城乡属性代码系统维护】 2020 年，市统计局按照自治区城乡划分工作统一部署，及时协调民政部门取得调整后街道社区名单，并下发至各区（县）进行核对，重点核实本级单位地域连接情况、农业用地情况、政府驻地迁移和村级单位拆分（合并）等情况，经反复核查确认，及时更新全市区划代码和城乡属性代码，确保统计部门与民政部门数据协调一致，完成 2020 年度统计用区划代码和城乡划分代码的系统维护和质量检查等方面的工作。

（王山）

国家统计调查

【住户调查】 2020 年，国家统计局克拉玛依调查队通过每季度对各区进行实地走访，随机抽取调查点，对记账户家庭收入、人员从业情况、家庭人口数、支出等数据逐笔核实，实地了解调查员及辅调员入户频次、工作开展情况等，对发现问题给予现场纠正。全年入户访问 82 户，入户慰问 15 次，记账笔数较上年同期提升 16.5%。完成样本轮换工作，新户电子记账率稳步提升。其中国家点 142 户，电子记账率 87.5%，较老户提高 1.25 个百分点；地方点 92 户，电子记账率 92%，较老户提高 15 个百分点。

（调查队住户调查科　供稿）

【工业生产者价格调查】 2020 年，国家统计局克拉玛依调查队全年走访企业 27 次，占调查样本 75%，超过历年走访频次；创新培训方式，打破以往集中培训单一模式，让每家企业享受贵宾式台账辅导，规范基础工作；以培训会作为突破点，对企业规格品进行逐一梳理，从代表性、所占比例、发展前景等多方面进行考量，全年更换规格品（更换厂家、型号等）35个（次），新增规格品9家16个（次），删除3家6个（次）。开展四次信息要点调研，三次典型调查；撰写各类信息动态、分析等48篇。强化执法检查力度，对2家企业进行警告。

（调查队价格调查科　供稿）

【农业抽样调查】 2020年，国家统计局克拉玛依调查队随机抽选10户样方地所在村农户，了解受疫情防控影响全年种植意向，调查以网络、电话等形式进行数据收集；通过踏田实测方式，完成农作物遥感面积调查，在棉花田间手持掌上平板电脑对样方地地块划分、农作物分布情况等走访调查，与掌上平板电脑统计调查系统最新任务包数据进行核对，落实农作物种植品种及种植面积等调查内容；受疫情防控影响，棉花预计产量调查通过辅助调查员在田间进行网络传输棉花长势情况图片、现场数棉花桃数，通过网络、电话结合本地农业部门、气象部门提供相关资料，对比上年棉花实割实测调查结果，多方预计2020年棉花产量数据；在棉花实割实测调查中，通过科学打点，确定采集6个小样方地块，核实每块小样方内有效株数及成铃数，手工采摘棉花进行打包称重，科学计算衣分率，对棉花亩产完成合理推算；随机抽选10户样方地所在村农户通过入户实测棉花亩产、棉农上报App平台查询亩产及交售籽棉数据、样方地块采摘棉花亩产数据进行三方数据验证，确保棉花产量实测调查数据真实有效。

（调查队农业农村科　供稿）

【主要畜禽监测调查】 2020年，国家统计局克拉玛依调查队每季度对克拉玛依市13家大型养殖户开展走访调研，对185家中小型养殖户进行抽样走访调研，完成主要畜禽监测调查工作；完成克拉玛依市主要畜禽监测调查样本名录库摸底工作，对全市大型、中小型养殖户及养殖小区进行摸底调查，撰写畜禽养殖最新经济形势信息分析，客观反映畜禽养殖热点、难点问题，按时上报摸底数据。

（调查队农业农村科　供稿）

【流通消费价格调查】 2020年，国家统计局克拉玛依调查队完成928个居民消费、商品零售规格品信息采集，每月采价笔数2965笔，109个价格调查点价格采集、录入、审核按时上报。疫情防控期间，通过微信、电话、网络等方式进行采价，及时反映疫情对经济社会影响。2020年为价格调查基期轮换年，克拉玛依调查队通过开展基期年权数专项调查、权数测算、新旧汇总程序价格过录、数据衔接等工作，完成调查基期轮换工作。

（调查队价格调查科　供稿）

【专项调查（调研）】 2020年，国家统计局克拉玛依调查队完成全面从严治党民意调查、文明城市测评等工作，组织开展减税降费情况调研、“放管服”情况调研、消费升级动力与难点研究、中等收入群体消费能力研究等工作，撰写调研报告，反馈存在问题，提出可行性建议。

（调查队专项调查科　供稿）

【统计信息上报】 2020年，国家统计局克拉玛依调查队利用居民收支调查、流通消费价格、工业生产者价格、劳动力调查、主要畜禽监测等专业常规调查报表资料，撰写高质量进度分析与信息；围绕国家统计局新疆调查总队每季度信息上报要点，开展相关调查研究，撰写分析报告45篇；针对经济社会热点、难点问题，开展专题调研，及时对居民收支数据、消费价格数据等进行分析。在课题研究方面，全年克拉玛依调查队申报立项并完成课题6篇。

（调查队综合科　供稿）

【数据质量检查】 2020年，国家统计局克拉玛依调查队“双随机”统计执法检查取得新突破。10月份对工业生产者价格企业、小微企业、主要畜禽监测等样本企业进行双随机执法检查，检查样本企业25家，对存在统计违法行为3家企业进行立案查处，责令按期改正。加大住户数据质量检查，全年入户检查82户，入户慰问15次，并于6月、10月先后对四个区进行住户检查。对城乡居民收支调查账册进行全面检查，抽查核对机账数据统一情况，全年专业人员先后对克拉玛依市四个区146户进行入户检查。

（调查队综合科　供稿）

物价管理

【价格监测】 2020年，克拉玛依市开展市场价格日常监测工作。重点对元旦、春节等节假日期间市场价格进行监测，对商家虚假标价、模糊标价、虚构原价、虚假折扣、不履行价格承诺等价格违法行为进行查处。疫情防控期间，重点对农资市场、口罩等疫情用品、农副产品价格行情进行监测，确保疫情防控期间市场价格稳定。

（熊伟）

【价费政策】 2020年，克拉玛依市出台纾困惠企政策，降低企业用气、用电、用水成本。印发《关于理顺全市非居民用天然气销售价格的通知》，确定全市工商服务业及其他用天然气销售价格由1.80元/立方米调整到1.7363元/立方米，下调0.0637元/立方米。制定《克拉玛依市非居民用水超定额累进加价制度》，理顺全市农业用水价格，全年完成农业开发区、乌尔禾乡农业水价成本核算作。制定《关于阶段性降低非居民用气价格支持企业复工复产的通知》，非居民用天然气销售价格由1.7363元/立方米调整到1.52元/立方米，下调0.2163元/立方米，自2020年2月22日起至2020年6月30日。全市阶段性降低气价政策累计降价金额776.42万元，惠及工商业用户1797户。根据自治区发展改革委《转发国家发展改革委关于阶段性降低企业用电成本支持企业复工复产的通知》和《转发国家发展改革委关于延长阶段性降低企业用电成本政策的通知》，自2020年2月1日起至2020年12月31日，全市除六大高耗能行业用户外，其余执行工商业及其他电价类别电力用户，电费按原到户电价水平95%结算。全市阶段性降低电价政策累计降价金额4910万元，惠及工商业用户15103户。下发《关于转发自治区阶段性降低个体工商户经营场所用水价格有关事项的通知》，2020年4月10日至2020年6月30日，对全市个体工商户生产经营场所用水费用统一按原非居民用水价格（不含污水处理费和垃圾处理费）90%结算。全市阶段性降低水价政策累计降价金额11.8万元，惠及个体工商户5800户。

（钟芳）

【出租车管理费用、物业房租以及小区停车费减免】 2020年，克拉玛依市对疫情防控期间出租车管理费用、物业企业房租和小区停车费施行减免。全市减免出租汽车企业管理费和出租汽车特许经营有偿使用费178.1万元。全市对各商圈教育培训、餐饮、娱乐等四类行业713家商户，合计出租面积12.8万平方米进行不同程度房租减免，减免租金合计约536万元；对1398家商户和3栋商铺，合计出租面积24.2万平方米缓收租金2—3个月。对全市5个小区收费车位进行减免，减免车位数338个，减免金额5.5万元。

（熊伟）

【价格举报处置】 2020年，克拉玛依市做好对各区“12315”消费者举报投诉和“12345”政府热线价格和收费类投诉处置辅导工作。及时跟踪各区基层执法机构投诉举报解决进度，提升基层价格执法水平。截至年末，处理解决好市世纪家园小区停车收费问题，通过规范物业公司收费行为，得到市民肯定；对区域外消费者投诉克拉玛依市危险化学品处置费用过高情况，通过调查取证，给予投诉者合理答复，得到投诉者认可。

（熊伟）

【价格监督执法】 2020年，克拉玛依市先后开展疫情防控期间口罩等疫情防控物品价格监管、疫情防控期间工商业用户电价调价、清明期间殡葬服务用品价格监管以及头盔市场价格监管、农资市场价格监管、节日市场价格监管、明码标价监督检查等专项行动，对7家问题企业进行查处，确保全市物价平稳有序。

（熊伟）

【保供稳价】 2020年，克拉玛依市制定《克拉玛依市新型冠状病毒感染的肺炎疫情领导小组（指挥部）保障组生产生活物资组工作方案》《关于压实责任制做好防疫期间农产品稳产保供的工作方案》《关于加强疫情防控期间全市蔬菜市场保供稳价的工作方案》，疫情防控期间，全市肉类、蔬菜供应货源充足、渠道畅通、价格基本平稳。

（钟芳）

【物价补贴】 2020年，克拉玛依市启动社会救助和保障标准与物价上涨挂钩联动机制，3月至9月期间，对全市低收入群体开展阶段性“提标扩围”工作，全年全市启动物价补贴联动机制6次，涉及8695人次，累计发放临时补贴资金91.59万元。

（钟芳）

【储备肉投放】 2020年，克拉玛依市开展储备肉投放工作，全年投放储备羊肉536115.52公斤，牛肉277280.14公斤，猪肉388581.5公斤，共计补贴资金5857255.3元。

（钟芳）

市场监督管理

【概况】 截至2020年10月底，克拉玛依全市共登记各类企业9385家、农民专业合作社113家、个体工商户27772户。全市有食品生产加工单位264家，其中食品生产企业29家、食品生产加工小作坊235家。有食品经营者6879家，其中食品销售经营者3889家、餐饮服务经营者2667家、单位食堂323家。有药品经营企业226家，其中药品批发企业2家、药品连锁总部1家、零售药店223家（含连锁门店93家）。有医疗器械经营企业314家，其中三类器械经营企业182家、专营二类器械备案企业132家。

（王娟）

【严查各类违法违规行为】 2020年，全市市场监管部门累计出动执法人员10000余人次，检查各类经营者40000余户次。立案查处相关违法案件276件、办结169件，案值合计75.9万元、罚没款合计138.29万元。查扣不合格口罩21.34万只、呼吸器配件4个、滤毒器5个、滤棉207片、防护服6件、南孚电池2100粒、过期食品和假酒等生活物品497件、问题电子秤5台。向公安机关移交案件3件。

（王娟）

【落实复工复产政策措施】 2020年，克拉玛依市对12922户个体工商户和小微企业减免租金5043.11万元，其中第二轮疫情后为2055户个体工商户和小微企业减免租金899.67万元。免收2866户个体工商户检测费45.63万元。新疆广电网络克拉玛依分公司减免网络使用费3.3万户384万元。减免其他相关服务费88.36万元。

（王娟）

【个体工商户和小微企业帮扶】 2020年，市市场监督管理局收集涉及个体工商户和小微企业矛盾困难76件，均已分流至相关职能部门办理。做好“千人进千企”工作，制定工作方案，由局领导带头，选派16名科室长对20户企业落实一对一帮扶；截至年末，收集问题20个，解决5个，上报市领导小组协调15个。收到市领导小组推送问题19个，已解决12个。

（王娟）

【商事登记制度改革】 2020年11月，“克拉玛依市深化商事制度改革做到便民利民可复制”典型经验被国务院第七次大督查在全国范围通报表扬。继续实行“多证合一”登记改革，实行“二十六证合一”，并同步推行电子营业执照应用，截至年末，全市取得加载“社会统一信用代码”经营主体32641家。全面实施企业简易注销登记，全市有743家企业成功办理简易注销登记。全面推进“全程电子化+数字签章”登记，申办营业执照实现全程“无纸化、零见面、零跑趟”，将开办时间压缩至2.5个工作日内。“一件事一次办”正式开展，对牵头的43项事项办事流程、提交材料以及表单进行全面梳理，截至年末，市场监督管理局牵头办理495件。

（王娟）

【产品质量监管】 2020年，克拉玛依市印发《2020年克拉玛依市质量强市工作要点》《克拉玛依市2020年质量提升行动方案》，完成《2019年度克拉玛依市质量状况分析报告》编制。以危险化学品生产许可证获证生产企业为重点，开展企业生产质量安全风险隐患排查。对11家获证企业全覆盖进行现场检查，下达3份责令改正通知书。对5批次农资产品进行抽检，查出1个批次不合格；对9家经营者销售的160余台电动自行车进行现场监督检查，对3台问题产品进行下架；检查玩具3000余件，对无厂名厂址标识的300余件问题产品责令下架；对142批次危化品、食品相关产品、电器产品、电动自行车、口罩产品、消防产品等重点监管产品进行抽样。

（王娟）

【“两品一械”监管】 2020年，市市场监督管理局加强药品安全监管。组织开展18次问题产品市场清查，未发现问题产品。开展放射性药品、第二类精神药品、中药饮片、医疗机构制剂、药品零售企业执业药师“挂证”行为等10项专项整治或检查。完成药品、医疗器械、化妆品抽样202批次，发现3批次医疗器械质量不符合规定，已依法立案调查。全市立案查处药品、医疗器械、化妆品案件29件，罚没款金额7.12万元，监督销毁药品、医疗器械货值79.02万元。评价药品不良反应报告276份、化妆品不良反应报告46份、医疗器械不良事件报告107份、药物滥用报告52份、疑似预防接种异常反应（AEFI）15份。

（王娟）

【特种设备监管】 2020年，市市场监督管理局发挥风险分级管控和隐患排查治理双重预防机制作用，督促特种设备经营主体履行安全主体责任，及时排查化解消除安全隐患。检查锅炉108台次、压力容器7231

6月30日，市场监督管理局开展电梯安全应急演练　（蒋剑　摄）

台次、压力管道45.25千米、电梯759台次、起重机械274台次、场内专用机动车辆154台次、大型游乐设施53台次、气瓶14195只、特种设备作业人员证192本，发现隐患15处，已全部进行整改。全年开展各类锅炉定期检验494台、压力容器定期检验980台、压力管道定期检验9条、电梯定期检验1303台、起重机械定期检验365台、厂内专用机动车辆定期检验578台；开展车用气瓶安装监检298辆、压力容器产品监检54台、锅炉监检22台、压力管道监检56条、电梯监检55台、起重机械监检7台、厂内专用机动车辆监检32台、校验安全阀2024只；考核各类特种设备作业人员4355人、227个班次。

（王娟）

【计量认证和标准化管理】2020年，市市场监督管理局到期复核社会公用计量标准17项，受理计量建标考核14项，计量授权考核13项，发放计量标准考核证书12张，计量授权证书4张；2020年新增管理体系认证证书341张；有250家企业累计上报3325项标准，涵盖3869种产品。

（王娟）

【公平竞争审查】2020年，克拉玛依市落实公平竞争审查制度政策措施清理工作。制定《2020年克拉玛依市公平竞争审查制度工作要点》《克拉玛依市开展妨碍统一市场和公平竞争的政策措施清理工作方案》，将政府各部门、直属机构、垂管单位计47家单位及四个区纳入清理范围。截至年末，梳理各类政策措施20223件。

（王娟）

【打击侵权假冒】2020年，克拉玛依市落实全国“双打”（打击侵犯知识产权和制售假冒伪劣商品）办部署要求和工作任务，制定下发《2020年克拉玛依市打击侵犯知识产权和制售假冒伪劣商品工作要点》，召开克拉玛依市“双打”工作联系协调会2次。截至年末，市、区两级市场监督管理部门办结涉及“双打”案件80件，罚没款59.12万元。

（王娟）

【消费者权益保护】2020年，市市场监督管理局常态化推进消费维权工作。受理消费者投诉举报2485件，办结2336件，办结率94%，累计为消费者挽回经济损失250.53万元。

（王娟）

【广告监管】2020年，市市场监督管理局按照分级管理原则，对辖区电视台、广播电台、网络、户外LED、公交站台、DM等各类广告发布情况进行监测，共监测各类广告1.5万条次，责令停止涉嫌违法广告8条次，约谈广告主及广告媒介4人次，查处各类违法广告案件4件，罚没款2.14万元。

（王娟）

【棉花检验】2020年5月10日，市市场监督管理局投资320万元新建的棉花仪器化公检实验室开工，办公环境和棉花仪器化公检实验室面积由1200平方米增加到4500平方米，恒温恒湿及配套设备由6台（件）增加到16台（件）。截至年末，已进入设备安装和整体装修阶段，新实验室检验能力在30万吨左右。做好棉花公证检验工作，全年检验17家企业（含兵团企业4家），累计检验棉花898628包、20.26万吨。首次参加国家棉花仪器化公检驻库检验取样工作，9月25日派出18名业务骨干赴奎屯、石河子进行驻库公检，截至10月28日配合自治区纤维检测中心共同完成3000余批次监管棉入库检验，检验重量10万多吨。

（王娟）

食品安全监督管理

【概况】2020年，克拉玛依市发挥食品安全综合协调作用，召开市食品安全委员会全体会议，制定印发《克拉玛依市关于深化改革加强食品安全工作的实施方案》。完成2019年自治区人大对克拉玛依市专项检查中反馈的食品生产、经营、畜牧养殖等15项问题整改工作，做好自治区食品安全考核评议反馈7项问题整改工作，做好市人大食品安全询问系列工作，配合自治区人大来克拉玛依市开展农产品质量执法检查。开展食品安全领域损害群众利益问题、网络餐饮服务食品安全监管、学校及幼儿园食品安全问题等专项整治。累计检查食品经营者5300余户次，发现问题520余户次、4200余个，截至年末，基本完成整改。抽检食品1395批次、合格率98.8%，抽检消毒餐饮具30400份、合格率82.1%。办理食品安全行政处罚案件42件，罚没款31.06万元。

（王娟）

【食品经营市场】 2020年，克拉玛依全市有食品经营者8278户［克拉玛依区5576户、独山子区1509户、白碱滩区（克拉玛依高新区）1071户、乌尔禾区122户］，其中食品销售经营者5155户，餐饮服务经营者2796户，单位食堂327户。

（李诚）

【冷链市场】 2020年，克拉玛依市有处于营业状态冷链食品仓储单位（冷库）18家、冷链食品销售场所281家、冷链食品从业人员655人、冷链运输车辆23辆；市市场监督管理局与全市冷链领域经营企业和车辆签订责任书。截至年末，全市13个冷库和销售网点存有进口冷链食品114.36吨。

（王娟）

11月23日，市场监管人员对市场冷链食品生产经营过程中疫情防控消毒工作进行检查 （市场监督管理局 供图）

【网络餐饮服务】 2020年，克拉玛依市有美团外卖、饿了么、微速外卖、达斯罕、速特、来了吗等9家第三方餐饮服务平台；自建网络交易食品经营者1家；入网餐饮服务提供者2526家。

（李诚）

【冷链市场监管】 2020年，克拉玛依市建立冷链食品及环境检测队伍11支36人，全年累计采样检测冷链食品及环境3096管，核酸检测从业人员12710人次。冷链食品领域累计开展冷链食品相关培训88场次，累计培训从业人员4882人次，冷链食品从业人员和监管人员培训覆盖率100%，完成7轮全员培训。累计开展应急演练5场次。

（王娟）

【餐饮市场疫情防控管理】 2020年，市市场监督管理局按照市疫情防控指挥部要求，督促市场、商超、餐饮、商铺等经营主体落实测温、扫码、戴口罩、公共场所消毒等疫情防控措施，对重点场所、重点人员开展检测。严格落实“人员不聚集”预警机制，要求餐饮场所实行隔位就餐，防止重点场所人员聚集。自9月9日机制建立起，全市市场监管部门出动执法检查人员4063人次，

1 月 29 日，市场监管人员对市场经营主体疫情防控措施进行检查
（市场监督管理局　供图）

检查各类经营主体 12597 户次，其中集贸市场 289 家次，商场超市 151 家次，餐饮场所 6862 家次，零售店铺 5295 家次；发现各类问题 1791 个，当场整改 1564 个，限期整改 168 个，停业整顿 79 家，发现问题经复查全部整改完毕。对经营野生动物进行拉网式排查，未发现野生动物违规交易行为。

（王娟）

【落实食品安全党政同责】 2020 年，克拉玛依市制定印发《克拉玛依市关于深化改革加强食品安全工作的实施方案》，明确到 2035 年基本实现食品安全领域治理体系和治理能力现代化食品安全工作总体目标。按照“党政同责、一岗双责，分级负责、属地管理”原则，将食品安全工作纳入市委、市政府重要议事日程，纳入党政班子和领导干部年度绩效考核内容。市委常委会、市政府常务会（党组会议）先后 4 次听取食品安全工作情况汇报，研究解决食品安全政策措施实施过程中问题。市委、市政府主要负责人及分管市领导多次到食品药品检验所、熟食品加工基地、基层市场监管所等地开展实地调研，帮助解决食品检验专业人才引进、检验检测能力建设、基层监管能力提升等实际问题。

（李诚）

【食品检（监）测能力建设】 2020 年，根据《自治区发展改革委关于下达食品安全检（监）测能力建设项目 2016 年中央预算内投资计划的通知》，克拉玛依市食品安全检（监）测能力建设项目中央预算内资金为 1683 万元（其中 1000 万元用于新实验楼建设，683 万元用于实验室配套仪器设备采购）。5 月 26 日，实验检测中心工程食品安全检（监）测能力建设项目已完成竣工验收。10 月 30 日，市食品药品检验所全部搬迁至新实验楼工作。全年完成小麦、小麦粉、植物油、糕点、酒等样品 105 批次监测工作，合格率 100%，发放检验报告 105 份。完成餐饮服务单位消毒餐饮具抽检 405 家 4705 份，其中合格 251 家、合格率 61.9%，合格份数 3277 份、份数合格率 69.6%。

（王娟）

【食品安全领域损害群众利益问题专项整治】 2020 年，克拉玛依市市场监管局、公安局、教育局、农业农村局联合印发《关于开展深化整治损害群众利益问题工作的通知》。开展网络供餐平台监督检查，针对入网 2526 家网络餐饮服务经营者，通过线上抽检等方式进行监督检查，对部分上线经营单位营业执照、食品经营许可证及量化等级评定未公示或未及时更新现象，告知平台负责人进行整改，下发责令整改通知书 1 份。开展学校及幼儿园食品安全问题专项整治，全年出动执法人员 680 人次，检查学校、幼儿园食堂、供餐单位 165 家次；其中责令整改学校食堂、供餐单位 15 家次。联合教育局、公安分局、卫健委

3月20日，执法人员对第一中学高中部食堂开展食品安全监测
（袁晓虎　摄）

等单位进行重点监督检查4次；召开“阳光厨房”项目整改推进会1次；配合市人大检查学校食堂4所。

（李诚）

【食用农产品市场销售规范化治理】 2020年，克拉玛依市有食用农产品集中交易市场10家，销售食用农产品大型商超18家，食用农产品集中交易市场及大型商超内有现场制售食品经营单位30家。克拉玛依市市场监管局成立食用农产品市场专项工作组开展食品销售规范化治理，全年出动执法人员586人次，检查食用农产品集中交易市场88个次，检查食用农产品批发、批发兼零售市场18个次，检查销售食用农产品大型商超32家次，检查集中交易市场（含批发市场）、大型商超食用农产品入场销售者572家次，检查食用农产品集中交易市场及大型商超内现场制售类食品经营单位138家次，下发责令改正通知书16份，查处违法案件1件，指导培训1场次，培训人员52人次，发放宣传105份；拨付专项资金20万元，招标采购农残快检设备11台，划拨各区市场监管局。

（李诚）

【食品安全专项整治】 2020年，克拉玛依市开展食品安全领域常态化专项整治。检查食品经营者5300余户次，发现问题520余户次、4200余个，责令完成整改；开展培训7场、参加人数336人次，宣传《中华人民共和国食品安全法》及实施条例、《新疆维吾尔自治区食品小作坊、小餐饮店、小食杂店和食品摊贩管理条例》《餐饮服务食品安全操作规范》等相关法律法规。开展消毒餐饮具抽检，抽查餐饮单位160家，抽检餐具1600份，合格率86.4%。常态化专项整治期间，办理食品安全行政处罚案件42起，办结26起，办结案件罚没款31.06万元。

（李诚）

【固体饮料、压片糖果、代用茶等食品专项整治】 2020年，克拉玛依市根据市场监管总局《关于开展固体饮料、压片糖果、代用茶等食品专项整治的通知》要求，开展专项整治工作。重点围绕企业名称中含有“生物”“科技”“医药”“营养”等字样，获证类别为饮料、糖果、果冻、代用茶、茶制品、其他酒、蜜饯、水果制品、水产制品和其他食品生产者及委托生产者；母婴店、医院及其附近食品销售单位、相关食品生产者直销网点、线上销售渠道以及面向老年、病弱群体“保障”类店铺等食品经营者开展检查。出动执法人员283人次，执法车辆128车次，检查辖区母婴店88家次、药店238家次、保健食品店226家次，检查结果显示：全市暂未发现代用茶、压片糖果及不合格固体饮料，各经营户均能提供抽查到的特殊食品进货票据，普通食品与特殊食品分区明显，未发现虚假宣传及夸大宣传情况。

（李诚）

【"互联网＋食品监管"信息化建设】 2020年，克拉玛依市推进市场监管部门智慧监管建设，打造放心舒心消费指数系统工程，通过推进服务单位信息公开和过程可视化，增强主体责任意识、诚信自律意识和各项服务保障能力，将原"互联网＋监管"的"阳光厨房"项目改建提升为"克拉玛依市市场监管智慧平台"，制定《克拉玛依市市场监管智慧平台改建提升方案》，累计召开智慧监管平台论证会议2次，对平台建设提出具体需求。对全市食品生产企业、餐饮服务单位、小作坊、药品经营企业拟安装摄像头数量进行摸排，对智慧平台建设提出资金预算，全市有51家学校食堂视频信号已接入系统，实现实时转播，学校食堂"互联网＋明厨亮灶"覆盖率94.4%。

（李诚）

知识产权管理

【概况】 2020年，克拉玛依市专利申请量761件、授权专利546件、有效发明专利472件，万人拥有发明专利数有望突破14件，万人发明专利拥有量增速7%；商标申请762件、注册457件、有效注册量3759件，每万人拥有商标数121.25件。

（王娟）

【知识产权保护中心建设】 2020年，克拉玛依市启动中国（克拉玛依）知识产权保护中心建设工作。截至年末，完成办公场地初步规划和设计、事业机构设立、编制保护中心建设方案、统筹制定组建期计划等前期筹备工作。

（卢承信）

【知识产权奖兑现】 2020年，克拉玛依市落实《〈进一步深化创新驱动发展的若干措施〉（市场监督管理局部分）资金兑现实施细则》，对2019年度通过国家知识产权贯标和获得国家知识产权优势企业2家企业分别兑现20万和30万元一次性奖励。

（卢承信）

【知识产权认证】 2020年，克拉玛依市深入企业宣传《克拉玛依市专利奖评奖细则（试行）》和《〈进一步深化创新驱动发展的若干措施〉（市场监督管理局部分）资金兑现实施细则》，引导企业开展知识产权认证。截至年末，全市通过国家知识产权贯标认证企业新增14家，3家企业获得国家知识产权优势企业认定。

（卢承信）

【专利质押贷款】 2020年，克拉玛依市为缓解中小企业融资难、融资贵问题，拓宽中小企业融资渠道，实现知识产权等无形资产市场价值，促进知识产权与金融资本深度融合。协调银行针对中小企业开展专利质押贷款业务。经市市场监督管理局沟通协调，自治区市场监督管理局（知识产权局）为克拉玛依市首批开展专利质押融资6家企业提供87万元专利质押贴息补助，克拉玛依市政府根据关于印发《〈进一步深化创新驱动发展的若干措施〉（市场监督管理局部分）资金兑现实施细则》的通知要求，向这6家企业提供43.5万元贴息补助。截至年末，全市企业实现专利质押贷款7.367亿元，质押专利件数67件，受益企业20余家。

（卢承信）

【克拉玛依市第二届专利奖评审】 2020年，克拉玛依市组织开展全市第二届专利奖评审活动，受理申报专利奖33项，比上届增加73.7%，涉及领域较上届明显拓宽，有装备制造、石油化工、油气田开发、医疗卫生、节能环保以及市政工程等。其中地方民营企业占比达64%，比上届增加36%；发明专利占比92.6%，比上届增加26%。截至年末，完成评审工作，评出15项专利作为第二届专利奖获奖项目。

（卢承信）

【申报中国专利奖】2020年，克拉玛依市组织辖区企业（包括驻市央企）申报“第二十二届中国专利奖”，经审核推荐3项专利参评。7月，国家知识产权局公布“第二十一届中国专利奖”获奖名单，克拉玛依市2019年推荐的驻市央企新疆油田公司“一种岩石脆性的测井方法和装置”专利获得金奖，是新疆第二次获此殊荣。

（卢承信）

社会信用建设

【信用信息归集】2020年，克拉玛依市加强信用信息归集管理工作。截至年末，全市信用信息平台数据源接入单位111家，征集各类信用数据646万条，已建立企业、个体工商户信用档案4.71万家（含企业1.1095万家，个体工商户3.6004万家，不含注销吊销5.0184万家），企业信用建档率99%。收集入库50.1807万人基础信用信息（含常住人口30.4102万人，流动人口19.6894万人，不含死亡、迁出、注销人口6.5785万人），为监理师、教师等重点人群8077人建立个人信用档案。

（马建）

【信用信息服务】2020年，克拉玛依市信用信息网络平台“克拉玛依诚信网”访问量突破597万人次，全年为社会提供企业信用查询101.57万次，为相关行政事务管理提供各类信用查询4222次，实现平台公共信用信息及公共评价共享单位57家。对外公示“双公示”信息3.3587万条，为全市深化“放管服”改革奠定信息基础。

（马建）

【信用分级分类监管】2020年，克拉玛依市加强市场主体信用监管，将信用评价结果推送至市市场监管局“双随机、一公开”平台。截至年末，完成对全市10456家企业信用评价，全市有A级守信企业302家、D级失信企业629家。

（马建）

【信用信息产品应用】2020年，克拉玛依市推动信用信息、第三方信用报告等信用产品在行政管理事项中应用，扩大信用影响，提高市场主体自觉守信意识，营造公平、公正、诚信经营的市场环境。截至年末，在政府招投标、项目投资承诺制、科技项目管理等领域应用信用报告4971份，为行业管理提供重要监管依据。

（马建）

【建立信用承诺制度】2020年，克拉玛依市发布《克拉玛依市推进信用承诺制工作实施方案》，将信用承诺根据应用领域和需求划分为审批替代型、主动公示型、行业自律型、信用修复型四大类，完成四类信用承诺模板制定，明确单位职责和使用规范。在克拉玛依诚信网开设信用承诺公示专栏，通过承诺公开，加强社会监督，促进企业增强自觉守信守约意识，同时为事中事后监管提供依据保障。截至年末，公示信用承诺1755项。

（马建）

【完善失信联合惩戒机制】2020年，克拉玛依市根据《关于加强和规范守信联合激励和失信联合惩戒对象名单管理工作的指导意见》和国家各部委签署的相关信用联合奖惩备忘录，结合实际，完成信用联合奖惩“三清单”（对象清单、行为清单和措施清单）梳理汇总工作。依托克拉玛依市联合奖惩平台，录入清单目录，以清单作为各职能部门开展信用联合奖惩工作制度依据，推动实现联合奖惩闭环管理。

（马建）

【健全信用修复机制】2020年，克拉玛依市根据国家发改委关于信用修复要求，制定完成全市信用修复流程规范，并在市政公共服务中心信用服务窗口受理信用修复业务，方便企业及个人信用修复。在克拉玛依诚信网开设“信用修复”专栏，面向社会提供信用修复线上申请、资料提交和审核修复等服务。与市场监管局协调解决企业信用信息公示系统（市场监管局）和信用中国网站（发改委）协同开展信用修复工作。截至年末，为76家企业和601人进行信用修复。

（马建）

【社区诚信建设】 2020年，克拉玛依市依托社区诚信管理系统，推进社区诚信建设，截至年末，基本完成居民公约签订工作，全市有75个社区完成社区诚信平台规则录入，产生居民信用信息1077条，其中守信行为信息693条，失信行为信息384条；通过社区平台完成个人信用修复补救601人次。推广应用“信易玫瑰”手机App，开展个人守信激励。截至年末，信易App居民下载量为85765人，完成守信激励1762人次；入驻商户数267家。

（马建）

【政务诚信建设】 2020年，克拉玛依市组织编制完成覆盖市政府14个部门、4个区319条数据项政务诚信信息目录。依托克拉玛依市诚信综合管理平台，归集包括市委组织部、编办、市直机关工委、市政府办、市工信局、市信访局、市住建局、市人社局、政务服务和公共资源交易中心、水务公司、各区相关部门在内25个信息源部门政务诚信信息293259条。基于信息目录，构建完成针对市级部门、各区政务诚信监测指标模型2套，公职人员信用评价指标模型1套。依托信用大数据平台，基本完成政务诚信监测可视化页面开发，监测模块包括33个市级部门、4个区当前月政务诚信监测指数，4个区近6个月政务诚信监测指数变化情况，全市及各区、各部门当前月高效履职率、合同履约率，公职人员诚信状况，各单位及人员公共事业欠缴费情况，信源单位数据接入情况等方面。

（马建）

【构建信用服务环境】 2020年，克拉玛依市推动将信用评分嵌入各业务系统，在“信易贷”方面，在贷款申请中引入信用评价参考，帮助守信企业和守信个人提高贷款效率，有效降低企业融资贷款成本，控制贷款风险。疫情防控期间，联合中国建设银行克拉玛依石油分行为小微企业、个体提供信用贷款服务；依托社区诚信建设，启动“信易＋生活”应用，为守信者打折优惠，拓展信用应用场景。

（马建）

【信用贷款帮扶】 2020年，克拉玛依市联合建设银行为小微企业、个体工商户提供信用贷款服务，通过将332家信用评价结果良好企业推送至银行，为企业复产复工争取信用贷款。截至年末，为小微企业及个体工商户办理信用贷款总额1.25亿元。

（马建）

【重点领域信用建设】 2020年，克拉玛依市将医疗卫生、教育、旅游、家政服务等领域列为重点推广领域，制订行业领域信用建设工作方案，加强与行业主管部门沟通协调，指导和督促行业领域完善信用制度标准，推动开展行业领域信用体系建设。

（马建）

【地方信用立法】 2020年，克拉玛依市为解决当前社会信用体系建设重点难点问题，构建以信用为基础新型监管机制，推进地方信用立法工作。3月，《克拉玛依市社会信用条例（草案）》通过市十四届人民政府第32次常务会审议，并报市人大进行第一次审议，截至年末，草案进入修改完善阶段。

（马建）

建筑市场监管

【工程建设项目审批制度改革】 2020年，市住建局精简审批环节，将审批时限由300余个工作日压缩至115个工作日以内，其中社会投资小型工程项目压缩至65个工作日以内，保障工程建设项目审批制度改革工作顺利推进。

（皮玲）

【建筑工程企业复工复产】 2020年，克拉玛依市强化建筑企业落实疫情防控期间复工复产扶持政策，减免城市市政公用基础设施建设配套费项目47项，惠及37家建筑业企业，合计减免金额2.89亿元。

（皮玲）

【工程消防设计审查验收】 2020年，克拉玛依市制定下发《克拉玛依市建筑工程消防设计审查验收问题专项排查整治工作实施方案》，成立市专项整治领导小组，梳理工程项目2332项，排查出消防问题项目237项，下发提示、督办24份，建立周调度、日通报工作机制，督促整改落实。截至年末，完成237项整改工作，完成率100%，整改进度得到自治区住建厅通报表扬。

（皮玲）

【整顿和规范建筑市场秩序】 2020年，克拉玛依市有建筑监理企业5家，建筑业企业187家。制定《建筑市场综合执法检查工作方案》《建筑市场管理工作要点》，开展建筑市场联合执法检查，下发停工整改、限期整改通知书14份，在克拉玛依市建筑市场信用管理平台记录6家企业不良行为23条。推进绿色建筑，完成审图项目464项，新增绿色建筑面积185.34万平方米。

（皮玲）

【施工现场安全管理】 2020年，市住建局推进数字化工地建设，通过“视频监控+专项整治”“市区联动+分级约谈”“质量观摩会+安全开放日”等方式，检查建筑工地334项次，整改问题隐患811处，全年未发生较大及以上质量安全事故。

（皮玲）

【建筑业信用体系建设】 2020年，市住建局采集企业信用信息，加强信息归集管理。全年施工及监理企业信息登记入库343家，完成良好行为491条、人员信息13036条、一般不良行为236条、严重不良行为11条信息采集，构建“一处失信、处处受限”联合惩戒机制。下发《关于进一步加强克拉玛依市建筑施工企业信用评价结果运用的通知》，在招标文件中设置信用分值，推进信用体系建设。

（皮玲）

【推行装配式建筑】 2020年，市住建局贯彻落实自治区有关装配式建筑政策要求，推进装配式建筑发展。全年全市装配式建筑项目面积35.52万平方米，占新建建筑面积比例15.54%，其中政府投资工程建筑面积为18.04万平方米，均为钢结构装配式建筑。

（皮玲）

【招投标管理】 2020年3月，市住建局全面实现“不见面”网上开标工作，完成“不见面”开评标266场，中标金额达126.99亿元。推进招投标电子交易平台和电子辅助评标软件应用，实现线下无项目，及时对围标、串标、弄虚作假骗取中标等违法违规行为进行排查，查处围标、串标及弄虚作假行为线索30个，涉及招标项目10个，涉及投标单位29家，完成行政处罚30起，罚款金额1222.17万元。截至年末，完成招标公告审核备案357项，监督开评标292场，总交易金额130.69亿元，营造公平竞争投标环境。

（皮玲）

油气勘探开发

综　述

【生产经营指标完成情况】 2020年，中国石油新疆油田公司（简称新疆油田公司）生产原油1320万吨，较上年增产73万吨；天然气30亿立方米，较上年增产0.9亿立方米。实现总收入394.3亿元，较上年减少22.77%；缴纳税费39.4亿元，较上年减少48.96%。节能4.6万吨标准煤、节水53万立方米。

（许超）

【油气勘探】 2020年，新疆油田公司南缘中段呼探1井获重大突破，在白垩系清水河组试获天然气61万立方米、原油106.3立方米，形成盆地勘探油气并举新格局。准东地区勘探取得历史性突破，康探1井在二叠系芦草沟组发现规模勘探新层系，在二叠系上乌尔禾组两层获百吨高产，展现盆地规模增储东西并进新局面，《准噶尔盆地阜康凹陷风险探井康探1井重大突破》获中国石油天然气集团有限公司油气勘探重大发现成果特等奖。吉木萨尔页岩油新增石油三级储量逾亿吨，《准噶尔盆地吉木萨尔凹陷页岩油勘探重要成果》获中国石油天然气集团有限公司油气勘探重大发现成果一等奖。沙湾凹陷二叠系勘探连获突破，车排24井获百吨高产、发现佳木河组三段高效勘探新层系；沙探2井在风城组、上乌尔禾组均获工业油气流，有望形成规模增储区。玛湖凹陷风城组勘探获重要突破，克81井区整装提交石油控制储量逾亿吨；玛页1井直井分层压裂后获得高产，展现规模接替新领域。盆1井西凹陷石西16井在石炭系两层均获高产油气流，前哨4井在三工河组获得高产，开辟天然气勘探新领域。油藏评价与滚动勘探捷报频传，红831_X、滴西331、石034等多井分获高产，展现高效增储良好前景。加强矿权管理，新增采矿权12个。

（许超）

【油气生产】 2020年，新疆油田公司推广玛131示范区钻井提速模板，升级“水平井+体积压裂”技术体系，玛湖、吉木萨尔页岩油钻井综合提速14.5%，压裂平均协同效率提高55%。优化产能结构和方案部署，推广“大井丛、平台式、工厂化”和“批钻批压、批焖批开”建产模式，全年新建原油产能302.6万吨，新井产油48.4万吨。开展百日原油上产会战，8月下旬日产水平达38866吨，创历史新高。围绕控制递减率和提高采收率两条主线，全过程优化注水注汽，含水上升率控制在0.9%，稠油油汽比稳定在11∶100；加大压裂、上返补层、长停井复产等进攻性措施力度，增油55万吨；攻关推广砾岩油藏化学驱、超稠油SAGD、火驱工业化应用等重大开发试验，产油169万吨。全油田绝对油量

5月2日，工人在玛湖油区新井进行压裂作业。3月14日，新疆油田公司启动“大干100天，日产上36000吨”上产会战　（闵勇　摄）

递减率控制在7.7%、同比减缓0.2个百分点。呼图壁储气库库存量突破百亿立方米，调整工程（一期）12口井全部投产，最大调峰能力达2800万立方米，保障北疆及西二线天然气平稳供应。建成投产玛河气田、81号天然气深冷提效工程和页岩油联合站等7座场站，地面系统保障能力和运行效益得到提升。

（许超）

【经营管理】 2020年，新疆油田公司编制“十四五”发展规划。推进提质增效专项行动，控减投资51.7亿元、降本增效37.7亿元。加强资产轻量化、运行成本管控，单位操作成本、桶油完全成本分别控降1.88美元、3.08美元。深化“两金”管控专项行动，应收账款和存货分别完成年度指标118%、100%。推行集中招标和框架招标，完成招标454项、金额116.4亿元，节约7亿元。推进综合管理体系向基层延伸，强化重大事项法律论证和纠纷案件管理，梳理优化业务流程329项，制修订规章制度69项。

（许超）

【改革创新】 2020年，新疆油田公司围绕建设世界一流企业目标，深化“油公司”模式研究和顶层设计，推进三项制度改革，开展新型油田作业区试点，优化精简二级、三级组织机构212个，控减员工1359人；完成退休人员社会化管理、客运业务分离移交，上线运行财务、人事共享业务，推进发电业务退出。组建西部原油销售中心，加强区域原油统购统销，平稳接管王家沟油库，保障油田生产后路畅通。推进“大科技”工程，投入科研经费4.9亿元，实施科技攻关200余项。健全完善科技大联合体系，与华为技术有限公司、中国石油大学（北京）签订战略合作协议，建成院士专家工作站、页岩油勘探开发自治区重点实验室。加强技术集成与推广应用，规模化应用中高渗砾岩油藏化学驱技术，采收率提高20个百分点；推广全程滑溜水连续携砂等措施，节约投资9亿元。推进智能油田建设，上线运行重点探区勘探开发生产指挥等7套系统，百口泉采油厂、陆梁油田作业区、风城油田作业区物联网完成改造，全油田油气生产物联网覆盖率达60%。全年获省部级及以上科技成果17项、授权专利179件、国家专利金奖1件。

（许超）

【驻疆企业协调】 2020年，新疆油田公司发挥驻疆企业协调组组长单位职能作用，疫情防控期间，协调驻疆企业构建区域联防联控、信息互通、物资互助立体式“防护网”，编报驻疆企业疫情防控工作日报100余期，向新疆维吾尔自治区人民政府反映驻疆企业复工复产的原料短缺、产品运输梗阻、员工返厂率低等问题，助力企业顺利达标达产；配合新疆维吾尔自治区人民政府，组织召开现场办公会议，协调解决驻疆企业重点难点问题17项。定期向新疆维吾尔自治区党委政府和中国石油天然气集团有限公司报告驻疆企业改革发展稳定工作动态19篇，1篇获集团公司主要领导批示，2篇获得自治区政府领导批示。

（许超）

规划计划

【提质增效】 2020年，新疆油田公司规划计划处编制新疆油田公司2020年提质增效专项行动方案，制订6大类31项措施。全年实现控降投资51.7亿元、降本增效37.7亿元，完成提质增效专项任务。

（肖冠飞）

【生产销售管理】 2020年，新疆油田公司生产原油1320万吨、天然气30亿立方米，连续六年实现油气产量“双超”计划指标。其中原油超产15万吨、同比净增73万吨，超产量、净增量居集团公司首位。牵头完成西部原油销售中心组建，实现哈萨克斯坦原油、新疆油田公司原油、塔里木油田原油、吐哈油田原油和长庆油田原油集中统购统销。将王家沟油库、王化原油管道、天然气支线、成品油支线划归新疆油田公司管理，增加油田运销系统运行完整性和灵活性。把握油气市场态势和价格走势，建立油气销售优化模型，密切跟踪生产动态和库容变化，超前制定产销平衡预案。

（肖冠飞）

【统计服务】 2020年，新疆油田公司规划计划处修订《统计工作管理办法》《综合统计报表制度》，增补《统计公报》内容，新增月度《综合统计摘要》，编制《油气增产措施效果评价体系统计分析研究》，向现代服务型统计转变。自集团公司2008年重组后连续13年荣获统计先进单位称号、荣获克拉玛依市统计工作优秀企业称号。

（肖冠飞）

【“十四五”规划】 2020年，新疆油田公司启动新疆油田“十四五”时期规划编制工作，涵盖1个总体规划纲要、19个专项规划及5个专业规划和24个基层单位规划。制定2025年原油产量1580万吨，天然气31亿立方米目标，明确油田公司“十四五”时期发展战略定位、建设举措。

（肖冠飞）

【后评价工作】 2020年，新疆油田公司规划计划处完成54项简化后评价，开展吉木萨尔页岩油勘探开发一体化、“十二五—十三五”时期准噶尔盆地勘探等4项详细后评价，总结经验18条、提出建议11条，为新疆油田公司提高效益提供借鉴。荣获集团公司后评价工作先进单位荣誉称号。

（肖冠飞）

【土地管理】 2020年，新疆油田公司规划计划处利用多方式盘活低效负效土地，开展生产办公基地土地置换、九家湾油库区域土地及地面资产政府征收、防水卷材厂土地挂牌出让等工作。完成三供一业（供水、供电、供暖和物业）移交、剥离企业办社会职能、离退休业务移交、客运公司转隶等企业改革工作中土地移交办理事宜。

（肖冠飞）

生产运行

【原油产运销协调】 2020年，新疆油田公司加强油气生产动态过程管理。坚持“日监控、旬核实、月监督”机制，强化过程管控，不定期发布产量运行曲线，督促油气生产单位严控上产进度。发挥油气上产服务小组作用，管理前移，深入现场，推进跨年井、新井投产，协调解决重点区块生产、水平衡、作业队伍等问题。

（常娜）

【天然气生产协调管理】 2020年，新疆油田公司计划检修天然气处理装置26套，计划检修209天。按照“少放空，检修、改造、隐患治理同步”原则，强化上下游沟通和系统平衡，历时157天完成，较计划提前52天，天然气增产4646万立方米，减少放空883万立方米。克服储气库调整工程对注气不利影响，强化动态分析、挖掘单井注采能力，积极沟通调整注气计划，第八周期完成注气18.26亿立方米，超计划2.16亿立方米。开展现场调研，加强与上级部门沟通对接，完成一期调整工程剩余6口新井进系统排液试气，降低钻井液、压井液对储层伤害，单井最大日采气能力达140万立方米，调峰能力增加600万立方米。优化资源流向，储气库最大日调峰能力达到2804万立方米设计能力，提升储气库保供能力，截至年底，周期累计采气14.5亿立方米。

（常娜）

【供用水管理】 2020年，新疆油田公司油田生产用水9108万立方米，其中清水2094万立方米、污水7014万立方米；压裂用水459.1万立方米，其中采出水37.6万立方米、压裂反排液4.5万立方米、地下水400万立方米、地表水17万立方米。全年开展水土保持项目232项，其中钻井工程131项、地面工程101项；缴纳水土保持补偿费781万元。

（常娜）

【发供电管理】 2020年，新疆油田公司油田生产用电量18.93亿千瓦时，其中上市业务18.76亿千瓦时、未上市业务0.17亿千瓦时；克拉玛依电厂全年发电量15.2亿千瓦时，其中自用电量7387万千瓦时、售电量14.36亿千瓦时。全年累计成交电量12.62亿千瓦时，节约电费3371万元。开展钻井压裂“电代油”工作，建立玛湖油田“电代油”示范区。

（常娜）

【用地管理】 2020年，新疆油田公司生产运行处从方案设计阶段提前介入，结合现场钻机运行需求，推进征地手续办理，保障油田产能建设顺利实施。围绕玛湖500万吨上产、南缘天然气勘探部署、页岩油地面工程等公司重点项目开展征地协调工作。全年勘探开发计划部署新钻井数912口，新建产能256.19万吨，截至年底，完成征地井数1477口，完成计划162%。

（常娜）

【地方关系建设】 2020年，新疆油田公司生产运行处组织公司高层领导对各涉油地区走访交流26次，形成“月走访、周对接”工作模式。两次疫情防控期间，协调克拉玛依、和丰、福海等涉油县市给予政策支持，完成335口钻井、11项地面配套工程先行用地，为产能建设工作实施提供保障。根据自治区自然资源厅《关于进一步对接生态保护红线评估调整意见及补充完善相关资料的函》，将公司探矿权、采矿权、拟设采矿权合计7.48万平方千米进行备案，为后续政府规划部署及保护区划定时能够充分预留勘探开发有利区提供数据支撑。根据自然资源部、国家林业和草原局《关于做好自然保护区范围及功能分区优化调整前期有关工作的函》，与各涉油地州对接，协调江格尔沙漠公园、玛依格勒森林公园等自然保护地整合优化工作，为油田后续勘探开发提供保障。

（常娜）

【油田运输管理】 2020年，新疆油田公司自有车辆1315辆，分布在13家二级单位。新疆油田公司32家单位目前在用外部车辆2637辆，其中值班车1750辆、送班车126辆、原油拉运车270辆、其他车辆491辆。主要承担油田生产值班、物资拉运、煤炭运输、原油运输、货物吊装等生产、生活物资承运工作。

（常娜）

【油田公路管理】 2020年，新

疆油田公司自建公路里程3123千米，其中水泥路面24千米、沥青路面1974千米、砂石路面1125千米。全年组织建设完成大沙河至玛18井区33.7千米、玛131至达13井区41.3千米2条油田公路路基工程，满足临时通车条件，完成进度55%。

（常娜）

资本运营

【股权投资管理】 2020年，新疆油田公司资本运营部完成新疆油田公司股权投资中长期发展规划年度滚动编制和新疆油田公司“十四五”资本运营规划编制工作，开展1个股权投资项目立项报批工作。按照集团公司股利分配制度，完成全资、控参股公司股利收缴任务，比原计划增加6299.02万元。完成集团公司下达全年股权投资收益考核指标。对重要控参股公司实行生产经营月报制度。全年审查审批控参股公司“三会”议案91项次。完成年度集团公司股权信息系统数据收集、录入、分析及维护工作。

（李曙辉）

【股权项目处置】 2020年，新疆油田公司资本运营部完成新疆石油管理局有限公司所持奎北铁路公司股权无偿划转工作。推进法人压减，实施多种经营业务改革，推动昆仑信息科技有限公司等4家公司国有股权处置工作，实施新油房产、新油建安公司清算注销前期工作。

（李曙辉）

【董监事管理】 2020年，新疆油田公司资本运营部完善制度建设，规范所投资公司“三会”运作程序及委派董监高职责，对11家持股公司的25名董事、监事进行调整和重新委派，规范健全所投资公司法人治理结构。

（李曙辉）

【债权清理与资产处置】 2020年，新疆油田公司资本运营部采取联合清欠、法律诉讼等多种手段，维护油田公司权益，清收欠款及投资收益930.77万元。完成新疆油田公司位于青岛4套房产转让过户工作。

（李曙辉）

【驻外机构资产移交】 2020年，新疆油田公司资本运营部配合克拉玛依市政府相关部门，完成上海、成都两地84套移交住宅产权过户工作。

（李曙辉）

质量设备节能

【概况】 2020年，新疆油田公司质量设备节能处加强业务督导，开展提质增效。全年未发生重特大质量计量事故，未发生集团公司外部计量纠纷；设备管理维护到位，设备综合完好率98%，未发生一般A级以上设备责任事故；全年节能4.62万吨标煤，节水53万立方米，分别完成计划目标的103%和106%。

（范海燕）

【质量测量管理体系】 2020年，新疆油田公司质量设备节能处修订完善《新疆油田公司采购物资质量监督管理规定》等管理制度6项，组织宣贯培训345人次。组织产品、地面工程、井筒质量等重点领域质量、测量管理体系与HSE管理体系一体化审核，紧抓问题链追溯，组织324项问题、23个问题追溯链整改关闭。

（范海燕）

【质量提升】 2020年，新疆油田公司质量设备节能处组织宣贯实施GB 36170—2018《原油》、GB 17820—2018《天然气》，强化自产产品质量监督，天然气现场抽检21批次，原油现场抽检8批次，合格率100%；开展重点区域、重点项目产品质量监督，整治入井材料、管道元件产品质量，督促整改质量问题15项。组织采购产品两级质量监督，全年监督抽检795批，发现并处理不合格55批，挽回经济损失270万元，不合格处理率100%；坚持实体监督和行为监督并举，强化设计源头和关键环节监督，建立预警机制，全年监督工程136项，发现并处理问题211项，重大质量隐患36项，工程质量监督覆盖率100%，质监点一次质量合格率86.3%。

（范海燕）

【质量管理】 2020年，新疆油田公司质量设备节能处围绕安全、生产、环保、经营等重点难点问题开展攻关，全年有90项成果获新疆油田公司级奖励，35项成果和14个班组获得省部级奖励；推进10项QC（质量控制）活动成果在新疆油田公司内部推广应用。

（范海燕）

【标准化管理】 2020年，新疆油田公司质量设备节能处协同推进科研与标准，主持、参与标准6项，全年承担上级标准制修订项目29项，获中国石油集团公司封顶业绩奖励0.5分；以中国陆相页岩油理论技术体系为基础，建立覆盖页岩油勘探开发全生命周期标准体系，统筹制定页岩油勘探、开发、工程技术等全领域标准。

（范海燕）

【计量管理】 2020年，新疆油田公司质量设备节能处加强计量监管，组织公司次级计量标准复查考核4项，1项公司最高计量标准通过克拉玛依市质量监督局建标考核；强检计量器具周期检定率100%；组织监督检定/校准外部服务机构5家，发现并处理问题10项；完善新疆油田公司与西部管道原油、天然气、成品油交接计量协议，协调王家沟油库北疆原油含水有关问题，推进王家沟油库顺利移交；普查确认新疆油田公司能源流向、测量节点，满足政府对企业日益强化能源计量管理要求。

（范海燕）

【特种设备监管】 2020年，新疆油田公司质量设备节能处完善特种设备管理制度，组织宣贯学习，开展过程监管立查立改，全年把控重要环节5个、整改问题10项，下沉培训人员300人次；建立“企地”协调工作机制，推进油田注汽锅炉补办使用登记，节约实施费用2.4亿元；完成全年股份公司锅炉（加热炉）燃烧器及安全联锁保护装置检测抽检，检测锅炉（加热炉）90台，同比2019年关键项减少90%，合格率提高70%以上。

（范海燕）

【设备管理创新】 2020年，新疆油田公司质量设备节能处采用“闲置设备改造升级和修旧利废”技术措施，挖潜再制造270台闲置抽油机、6台闲置常规注汽锅炉和修复再利用256台各类闲置设备，节约设备购置费用3482.9万元；采用“闲置设备有偿调剂和报废设备有偿处置”管理手段，处置、拍卖1台闲置天然气螺杆压缩机、43辆闲置小汽车及关停区块1270台报废设备，增加处置收入2996.5万元；优化注汽锅炉、抽油机、井口制造排产，解决生产过程资金结算滞后问题，完成机械加工类存货年末不超过2750万元，机械加工类非正常存货年末压降147万元考核指标。

（范海燕）

【设备全生命周期管理】 2020年，新疆油田公司质量设备节能处采取专家论证、三级审查开展设备选型，执行“标准化、通用化、成熟化”选型原则，完成106台（套）设备选型及技术规格书审查。按照设备验收规范进行采购设备出厂前验收，督促整改问题50项。结合固定检查和专项诊断开展设备检查，执行《集团公司装备管理检查评估细则》，全年特种设备隐患排查、高风险装置专项检查中共查出并销项问题80项。筹建设备标杆示范站库，梳理提升示范管理流程、技术标准、制度建设，指导“设备点检”“设备维保”“转油泵自主化管理”“压缩机标准化管理”示范站建设，推动管理示范各项工作。

（范海燕）

【基层服务】 2020年，新疆油田公司质量设备节能处编制《电厂4号燃机隐患治理方案》，跟踪落实项目资金，配合电厂解决核心设备安全运行难题；协调组织陆梁集中处理站大排量离心注水泵、火驱离心式压缩机故障维修，恢复设备运行；疫情防控期间，协调2台注汽锅炉法定监检、拉运等难题，顺利实施产能建设。

（范海燕）

【能耗源头管理】 2020年，新疆油田公司质量设备节能处推进工程项目方案审查和节能审查，全年开展22项新改扩建项目能评，工程项目综合能耗量下降3015.73吨标准煤，产油综合单耗下降0.523千克标准煤每吨，节约投资2381.05万元，节约运行费用384.02万元；办理节能产品节能认可证32项，确保公司采购节能产品能效指标持续先进。

（范海燕）

【能效监测督查】 2020年，新疆油田公司质量设备节能处推进自测与飞检相结合，以闭环控制为核心的节能监测工作。全年完成主要能耗设备自测及监督测试3175台次，完成率100%，落实提效措施及设备调试310余次，生产系统平均效率稳中有升。

（范海燕）

【能效对标】 2020年，新疆油田公司质量设备节能处开展6个稀油生产区块、5个稠油生产区块、2个气田生产区块、长输泵站和呼图壁储气库能效对标工作，建立公司机采、注水、注汽等9个生产系统能效标杆26套，完成E7系统180条能效对标数据填报，建立最佳节能实践库，完成下达指标的106.9%。

（范海燕）

【专项节能】 2020年，新疆油田公司质量设备节能处部署集输、注汽、注水等生产系统14项节能专项实施、督查，制定《节能专项改造工程进度表》，按月推进。全年完成节能专项3.74万吨标准煤，对全年节能指标完成贡献率83.11%。

（范海燕）

【科研攻关】 2020年，新疆油田公司质量设备节能处开展节能、设备、计量等专业技术科研课题研究6项。截至年末，组织新开课题立项研究5个，已申报公司立项。修订完善《新疆油田公司节能技术推广目录》，在地面工程建设方案中推广应用。

（范海燕）

【“十四五”规划编制】 2020年，新疆油田公司质量设备节能处完成《新疆油田公司“十四五”节能节水专项规划》《新疆油田公司清洁能源替代“十四五”规划》。“十四五”期间计划落实节能潜力19.28万吨标煤，清洁能源替代量46万吨标准煤。

（范海燕）

【能源审计】 2020年，新疆油田公司质量设备节能处完成《新疆油田公司能源审计报告（2016—2019年）》，综合分析企业用能结构、能源流向、工艺、设备等方面，发现高耗环节，为后续制定并实施节能技改方案提升用能水平奠定基础。

（范海燕）

油气勘探

【概况】 2020年，新疆油田公司勘探事业部完成探井55口，进尺23.6万米，完成率分别为108%和102%；完成二维地震900千米，三维地震1130平方千米，完成率分别为113%和100%。新获工业油气流31井42层，其中百方高产井5井7层。新增石油控制、预测储量和天然气控制储量，均创历史新高；全年实现投资不超、勘探任务全面完成。

（吴强）

【高效勘探】 2020年，新疆油田公司按照“油气并举、常非并重”勘探思路，优化油气资源结构，加大天然气勘探力度，落实玛湖地区风城组、沙湾凹陷二叠系、阜康凹陷多层系三大油区，准备南缘中段下组合、盆1井西凹陷周缘多层系和沙湾凹陷下二叠统三大气区。全年部署探井110口，其中天然气探井38口，占比35%。优化上钻探井56口，累获工业油气流井31井42层，其中呼探1井、康探1井、车排24井、玛页1井、前哨4井、石西16井等多井获高产，发现南缘中段下组合、阜康凹陷二叠系、玛湖凹陷风城组、沙湾凹陷二叠系、盆1井西凹陷多层系等多个规模高效勘探新领域。

（吴强）

【优化方案设计】 2020年，新疆油田公司坚持“设计优化就是最大的降本”理念，方案部署上强化基础研究，开展盆地整体及基础研究，落实精准目标。工程设计上详细分析地质特征，集成先进适宜技术，分区带、分层段优化钻井、试油工程方案设计，优化采集参数，实现源头提效。物探根据地表条件和老资料挖潜，分区分段细化采集设计、设计观测系统，采集日效提高15%。钻井上依据勘探程度，地质特征、技术经济相结合优化设计，成熟勘探区按“缩减套管层级、减小套管尺寸，预留一层备用套管”思路优化井身结构，工期“两段式”设计，中上层段以开发井、目的层段以勘探井最优指标测算工期，设计优化提速10%；钻井液“阶梯式”设计，以井眼稳定性和测井一次成功率倒逼液体性能，减少复杂。试油上按照储层类型，优选试油层和工艺，一层一策开展个性化设计，2020年已优化试油层28层，压裂规模下降30%，试油周期缩短至33天。

（吴强）

5月25日，采油一厂红浅作业区，侧钻队员在钻井平台下提丝、拉钻杆，以践行新疆油田公司3月12日开始开展的“提质增效”专项行动

（闵勇　摄）

【现场管控】 2020年，新疆油田公司突出以“项目管理”为核心，坚持勘探开发、地质工程、生产经营“三个一体化”，打破专业界限，推进物探、地质、钻井、试油、计划等各方面紧密衔接、深度融合，达到进度、质量、安全、成本最佳控制。物探上合理安排生产节点、推广新技术新方法，沙探1井三维提前15天完成，实现高效采集。钻井上通过专业专项评价支撑地质工程服务，提升风险预判，狠抓生产组织和井筒质量，缩短中完、完井周期，推广新技术新工具，降复杂、提速提效，2020年机械钻速同比提高5.70%，钻机月速提高7.0%，钻井周期减少5天，复杂时率由6.6%降低至2.57%。试油强化动态跟踪评价、优化试油和压裂层，试油层数同比降低10%；获油率达43.6%，同比提高6%；优

化试油工序，推广带压试油工艺，单层平均工序缩减至40项，同比下降7.5%；根据储量需求，优化资料录取，缩短试油周期，实现平均33天/层，同比下降15.4%。经营管理上及时跟踪、预警，及时结算，实现投资不超，工作量全面完成。

（吴强）

【技术攻关】 2020年，新疆油田公司强化以“地质目标驱动”和“问题为导向”，分区分层梳理勘探中存在地质工程难点和技术瓶颈，攻关、优选适宜工艺技术，以技术大突破推动勘探大发现。物探上围绕盆地岩性目标、二叠系页岩油、火山岩、双复杂构造等重点领域，开展采集处理解释一体化攻关，夯实研究资料基础；钻井上集中区完善钻完井学习曲线，集成配套适用成熟技术组合，实现整体提速。外甩风险区以地质认识为基础，强化现场试验攻关，实现打成打好；录测上持续加强储层地质品质和工程品质综合评价，形成以实验分析为基础、录、测资料深化应用复杂储层精细评价配套技术，提高解释符合率；试油上以“效益产量”为目标，针对低渗储层持续开展压裂提产技术攻关，通过压裂液精选、纵向精细分层、纵深有效铺置等工艺，实现低渗储层高效动用，针对高温高压超深层开展射测、射压一体化工艺攻关，确保康探1井、呼探1井等百吨井高效试油提产。

（吴强）

【勘探成果】 2020年，新疆油田公司在油气勘探领域取得五项重大成果。

南缘中段下组合天然气获重大突破 12月16日，呼探1井在白垩系清水河组试获高产工业油气流，日产天然气61万立方米，日产原油106.3立方米，初步估算气藏规模1090亿立方米。呼探1井的突破，是南缘中段首次获得天然气勘探重大发现，展现盆地南缘天然气勘探巨大潜力和盆地规模增储“油气并进”新格局。

阜康凹陷二叠系下凹勘探获重大突破 7月25日，康探1井二叠系三层获高产工业油气流，其中乌尔禾组两层均获上百立方米高产油气流。康探1井突破带动盆地上二叠统5.5万平方千米重大领域整体突破，实现盆地油气勘探由源边凸起带全面向源内凹陷区战略转移，有望形成盆地规模增储东西并进新格局。

沙湾凹陷二叠系勘探连获新突破 5月7日，佳木河组大型地层领域车排24井首获突破，日产油150.5立方米，天然气1.66万立方米；4月13日上乌尔禾组沙探2井、7月31日沙探001井相继获新发现，展现新“大油区”勘探前景。

盆地页岩油勘探再获显著成果 2020年，新疆油田公司加快打造吉木萨尔凹陷国家陆相页岩油示范区，有望建成国内首个百万吨页岩油生产基地。玛湖凹陷页岩油勘探再获新突破，1月13日玛页1井直井试油获50.6立方米高产，长期试采稳产，有望继吉木萨尔凹陷之后形成新的10亿吨级页岩油资源接替区。

玛湖地区勘探再获重大新成果 2020年，新疆油田公司围绕玛南地区风城组构建大型地层—断层背景下大面积成藏模式，创单块提交整装储量规模最大纪录，成为继百口泉组、上乌尔禾组之后，最重要规模增储层系。

（吴强）

油藏评价

【概况】 2020年，新疆油田公司油藏评价处净增采矿权面积1602平方千米，创历年之最，新增探明石油地质储量、可采储量分别完成年计划128%、116%；新增油气证实储量超额完成股份下达指标。全年新建原油产能302.6万吨，为2021年提前实施产能44.2万吨；玛湖地区新建产能、年产油实现双“两百万”吨突破。

（戴翔）

【集中油藏评价】 2020年，新疆油田公司油藏评价处按照“勘探开发一体化”思路，整体研究、统一部署、集中实施。在玛北斜坡新获工业油流7井7层，圈定百口泉组油藏有利面积375平方千米，基本形成整体连片态势。

（戴翔）

【精细油藏评价】 2020年，新疆油田公司油藏评价处通过对西北缘富油区带地质再认识，开展老油藏扩边、上下邻层及周边新层块精细评价，在红车断裂带、克百断裂带老区获得2个新发现、2项新进展。其中红车断裂带CH35017井在清水河组老井复试获工业油流，首次在红车断裂带北段发现清水河组新油藏，预计有利面积7.5平方千米；红山嘴断裂带红831_X在石炭系获高产工业油流，预计有利面积72.3平方千米；克百断裂带TD86931克上组取得新进展，圈定有利面积14.7平方千米；克百断裂带白256井在上乌尔禾组恢复试油获高产工业油流，落实上乌尔禾组有利面积36.2平方千米。

（戴翔）

【进攻性油藏评价】 2020年，新疆油田公司油藏评价处通过精细三维地震处理解释，重新划分次级构造单元，在滴南凸起实施评价井9口，获工业气流9井10层，获得三项新发现：在凸起东段滴西331井在石炭系巴山组获日产油90.5立方米、日产气1.8万立方米高产工业油气流，首次发现该区石炭系高产油藏，开辟滴南凸起由天然气向油气并重滚动勘探新场面；在凸起西段滴西268井在石炭系松喀尔苏组获日产9.3万立方米工业气流，发现石炭系新气藏；凸起南斜坡滴243井三工河组获日产6.5万立方米工业气流，发现三工河组新气藏。

（戴翔）

【效益油藏评价】 2020年，新疆油田公司油藏评价处通过加大准噶尔盆地腹部地区滚动勘探力度，深化腹部远源成藏规律研究，利用老三维地震资料进行重新处理解释，在腹部达132井八道湾组、莫126井三工河组、陆162井西山窑组取得3个新发现，在石034井西山窑组、陆004井三工河组取得2项新进展，初步圈定有利区面积1000平方千米，展现出腹部巨大滚动勘探潜力。

（戴翔）

【优化方案部署】 2020年，新疆油田公司油藏评价处突出效益建产，优化产能结构。论证方案开发指标与效益指标，根据效益排队，在年初部署基础上调减百万吨投资高或内部收益率较低29个区块425口井，进尺56.24万米，产能63.58万吨，优先实施低成本、高效益区块；评价产能一体化部署，加快建产节奏，按照评价直导眼落实油层，侧钻水平井提产思路，在5个区块利用评价井侧钻水平井7口，建产能4.0万吨。推广“水平井+体积压裂”建产模式。对28个特低渗、页岩油区块，部署实施水平井+体积压裂267口，建产能217万吨。深化“大井丛、工厂化、水平井”布井方式，推广大平台部署，在15个区块部署平台125个，井数353口、产能188万吨，节约用地137.2公顷，节约征地费用2698万元。优化资料录取。确保实现地质目的前提下，优化测录井资料录取项目、井段，缩短建井周期，节约产能建设投资。减少测井井段15.6万米，优化产液剖面、PVT资料、复压资料录取等10井次，节约费用7817万元。

（戴翔）

【现场管控】 2019年10月，新疆油田公司油藏评价处完成全部地质方案，2020年2月钻井、采油、地面方案及水平井地质设计全部完成。现场开钻前可直接上钻井532口，产能占比76%，确保现场顺利实施。实施前组织编制《原油产能建设实施指导意见》，明确各区块实施原则、顺序、风险；

现场实施过程中，狠抓地质跟踪研究，及时优化调整，在14个区块调增调减产能井75口、产能26万吨，控制实施风险，提高建产质量，确保现场优快实施。制定《水平井轨迹控制管理办法》，明确责任主体、工作流程及考核办法；利用冬季时间，开展轨迹控制专项培训，“一藏一策”制定轨迹控制措施；现场创建RTOC中心，组建联合办公室，根据新增资料，实时开展轨迹优化。单井轨迹调整次数由2019年3.9次降至2.6次，降幅达到33.3%，推动水平钻钻井提速；全年完钻水平井374口，油层钻遇率93.2%，同比提高1.6个百分点。

（戴翔）

【玛湖、吉木萨尔页岩油产能建设】 2020年，新疆油田公司油藏评价处克服两次疫情对人员、设备和物资保障影响，强化现场各环节无缝衔接，实现“批钻、批压、批开”高效运行，玛湖新建产能201万吨，占总产能的73%，产油222万吨，较2019年增加61.8万吨。优化井身结构、配套油基钻井液、推广提速模板，玛湖1井区完井工期由前期172天降至80天，提速53%，金龙2井区完井工期由167.4天缩短至84天、提速49.8%；创新提出极限限流布孔方式，平均酸处理比例降至14.4%，单级作业效率提高24%，成功解决困扰5年之久、近70%段次启泵高泵压需酸处理技术难题。组织10余次新投井效果分析会，专题分析玛东2井区、玛18井区等区块影响因素，研究下步对策，通过钻塞、转抽等提高产能贡献率，计划实施“立体加密+重复压裂”提高开发效果。剖析影响产量、效益关键因素，优化压裂参数及控投降本，新投水平井34口，井均日产油26.2吨，较2019年增加11.4吨，压裂降本40%以上；建立现场甜点快速识别评价方法、精细轨迹管控，下甜点水平井优质甜点钻遇率86%，较2019年提高22%，增强页岩油效益开发信心。

（戴翔）

【矿权合规】 2020年，新疆油田公司油藏评价处加快采矿权登记申报工作。取得采矿权12个，面积由2019年5437平方千米增加到7039平方千米，新增面积1602平方千米。完成新疆油田2020年探矿权到期退减方案编制与股份公司审批，上报自然资源部到期延续探矿权2个。以“55501”工程为总体目标，编制完成新疆油田“十四五”矿权发展规划，力保优质核心矿权不动摇。组织探矿权内开采区报备，保障油田合规生产。上报自然资源部开采区报备项目36个，报备面积5195平方千米，实现新疆油田探矿权内试采井均合规生产。

（戴翔）

油气开发

【概况】 2020年，新疆油田公司原油产量目标1305万吨，全年通过开展上产会战，各项工作量和开发指标均创近年最高水平，连续六年完成油气双超。全年生产原油1320万吨，超计划15万吨；生产天然气30亿立方米，超计划2亿立方米；新建老区原油产能45.44万吨，天然气生产能力1.07亿立方米；措施增产55万吨，有效率85%以上。绝对油量递减率由7.9减缓至7.7%；稠油油汽比控制在0.11左右。

（王春林）

【重大开发试验】 2020年，新疆油田公司开发处创建砾岩油藏“二三结合”复合驱、稠油火驱、超稠油SAGD开发新模式，依托9项股份公司重大开发试验项目引领，生产原油169万吨。中高渗油藏“二三结合”化学驱以“七东1三元复合驱”“七东1聚合物驱工业化扩大”“七中区二元复合驱工业化扩大”项目为主导，完成克拉玛依油田七、八区三采井网建设，覆盖地质储量4286万吨，新钻井924口，新建产能53.3万吨，预计“二三结

10月1日，风城油田作业区采油二站员工对油井实施碰泵增产措施
（吴小川　摄）

合”提高采收率19.9%，全年产油41.3万吨。稠油转换开发方式通过加大红浅1井区火驱工业化、超稠油SAGD、驱泄复合开发推广力度，年产油量125.6万吨，其中超稠油SAGD连续四年实现年产油量百万吨以上；低渗、特低渗油藏持续攻关气介质驱替提高采收率技术，开展致密砾岩油藏天然气驱、低渗砾岩油藏CO_2混相驱、多项协同复合汽驱等股份公司先导试验，预计分别提高采收率11个、25个和15个百分点。

（刘名）

【七中区T2K2微生物试验区】 2018年10月，新疆油田公司七中区T2K2微生物试验区完成第一阶段注入。2020年3月21日开始第二阶段注入，开展4口注入井调剖，8月完成调剖，随后注入激活体系，截至2020年12月，累计核实增油35908吨，完成方案61%，提高采出程度5.0%，其中2020全年增油3938吨，完成当年计划131%。在陆9井区K1h23油藏中部优选4注19采作为微生物试验区，2020年10月25日完成二期注入，开始三期注入激活体系，截至2020年12月累积核实增油19575吨，完成方案43.5%，提高采出程度1.4%。其中2020年增油9408吨，完成当年计划188%。

（刘名）

【七东1区聚合物驱】 2020年，新疆油田公司七东1区聚合物驱累计注剂0.48孔隙体积，完成注入总量68.6%，阶段采出程度14.1%，完成方案设计82.5%，其中聚驱阶段采出程度11.7%。预计2022年完成0.70PV聚合物溶液注入，累计产油量可以实现方案预测值提高采收率17.1%目标。

（刘名）

【七中区二元复合驱】 2020年，新疆油田公司七中区二元复合驱工业化扩大试验区，部署新井193口，设计注入0.78孔隙体积，预计提高采收率16.5%，截至年底，整体进入前缘水驱阶段。全年累积产油5.81万吨，累积注水64.05万立方米，前缘水驱阶段累积采出程度3.95%，预计2021年转入二元复合驱阶段。

（刘名）

【驱泄复合开发模式】 2020年，新疆油田公司根据SAGD开采原理，形成直井与水平井组合驱泄复合开发模式，成为稠油老区注蒸汽后提高采收有效技术。全年投产双水平井SAGD井组217对，投产VHSD、HHSD驱泄复合71井组，年产油121.7万吨。

（刘名）

【提前注烃气试验】 2020年，新疆油田公司“玛湖凹陷玛18/玛131井区致密砾岩油藏大幅度提高采收率先导试验”开展提前注烃气试验，MaHW1312井于12月23日开注，方案设计日注气3万立方米；截至年末注气压力18.9兆帕，日注气3.2万立方米，累计注气19.1

万立方米。MaHW6103井于12月24日开注，方案设计日注气3万立方米，截至年末日注气2.9万立方米，注气压力38.9兆帕，累计注气15.9万立方米。九6区CO_2辅助蒸汽驱先导试验，于2018年底投产试验。截至年末主要经历连续汽驱、CO_2辅助、CO_2提注三个阶段，累积注蒸汽33.7万吨，注碳0.63万吨，油汽比由0.03提高至0.06。

（刘名）

10月10日，新疆油田公司呼图壁储气库作业区完成第八注气期注气工作 （薛梅 摄）

【精细注水注汽】 2020年，新疆油田公司完善注采关系、控制低效水循环、提高注水合格率，全年完成注水量3340万立方米，工作量1.59万井次。注水合格率84.7%，注水开发油藏含水上升率0.9%、自然递减率9.0%。做好不同类型油藏、不同开发方式注汽工作，实施优化注汽工作量6930井次，全年注汽3846万吨，生产稠油439.4万吨，油汽比稳定在0.11以上，其中SAGD、汽驱、驱泄复合、火驱等开发方式产油182.1万吨，同比增加10.6万吨，占稠油产量的42%。

（吕海锋 杨柳）

【措施增产】 2020年，新疆油田公司深化潜力研究，优化措施结构，推广重复压裂增产新技术，实施上返补层、压裂、侧钻加深等进攻性措施1740口，年增油55万吨，措施有效率保持85%以上。其中，长停井治理233口井，恢复生产能力15万吨，年增油8.0万吨。实施天然气井措施16井次，恢复日产气能力33万立方米，当年增产3300万立方米。

（王春林）

【老区挖潜】 2020年，新疆油田公司围绕老油田千万吨稳产工程，深挖滚动扩边、加密调整等常规建产潜力，规模推广稠油吞吐老区转驱泄复合建产新模式，攻关低渗特低渗注水开发油藏及衰竭式开发石炭系油藏水平井体积压裂建产试验，新钻井379口，进尺29.49万米，新建产能42.04万吨。“十三五”期间老区建成产能306.3万吨，较“十二五”时期增幅达102.6%。

（陈亮）

【呼图壁储气库】 2020年，新疆油田公司呼图壁储气库注气18.36亿立方米、采气21.78亿立方米，注末库存量103.3亿立方米，达容率96.5%。储气库调整工程一期全面建成投产，最大调峰能力达2800万立方米/天，150天工作气量35.8亿立方米，保障冬季调峰保供及西气东输供气动脉安全平稳运行。

（王玉）

【长停井复产】 2020年，新疆油田公司长停井治理坚持单井复产与右侧提效相结合，全年治理233口，恢复生产能力15万吨，增油8.0万吨，超计划1.0万吨。自2015年以来，累计治理1396口井、恢复长停井生产能力101.4万吨，日增油水平1938吨。

（贾洪亮）

【风险合作】 2020年，新疆油田公司地方合作克服疫情防控与低油价双重冲击，强化产能建设跟踪优化与原油生产运行管理，全年新建产能7.85万吨、产油60.4万吨，连续8年保持60万吨产量规模；风险作业采用“批钻批压批投”模式规模建产20.37万吨，盘活难动用储量780万吨，全年产油62.8万吨，净增9.8万吨；对外合作通过精细注汽、精准挖潜、创新管理模式等有效手段，在无新建产能投入情况下，完成产量59.2万吨。

（陈亮）

油气勘探开发单位

新疆油田公司开发公司

【生产指标完成情况】 2020年，新疆油田公司开发公司原油产能330.09万吨，完成计划115%。天然气产能1.0亿立方米，完成计划100%。全年原油产量85.64万吨，完成计划109.3%，超产7.32万吨。实际控减投资27.03亿元，完成测算100%。连续第三年获得安全生产先进单位称号。绩效考核在投资管控等14个方面累计获得加分20.63分，考核总分120.5分，成绩为历史最好。

（白雪）

【油藏评价】 2020年，新疆油田公司开发公司优选上钻井位、优化过程措施、优选试油井段、强化风险管控，实现评价全程受控。试获工业油流68井83层。

（白雪）

【产能建设】 2020年，新疆油田公司开发公司原油产能完钻新井1106口，完成进尺236.89万米，新建产能330.09万吨，完成全年任务126%、120%、115%。天然气产能井完钻6口，进尺2.59万米，新建产能0.92亿立方米，投产3口，累产气400万立方米，完成任务111%。投产新井569口，投产跨年井295口，新井、跨年井贡献产量89.68吨，新井当年超产12.9万吨，业绩考核加分20.5分首次封顶，成绩历史最好。

（白雪）

【经营管理】 2020年，新疆油田公司开发公司推行“精、密、细、实、准、严”六步工作法。坚持闭环管理，强调内外一体，做到落地落实，全年下达投资135.26亿元，计划控投26.96亿元，累计控投27.03亿元，百万吨原油产能投资降至42.8亿元。

（白雪）

【重点工程】 2020年，新疆油田公司开发公司针对重点工程超前谋划，提早准备，积极推进管理、技术创新，精细组织现场施工。玛湖1井示范区通过依托工厂化批量钻井、配套油基钻井液、优化轨迹设计、推广提速模板，完钻16口，平均完井工期由前期172天缩短至80天。储气库采取技术交流讨论、会签制度、桌面推演等多种创新管理方式，强化施工过程管控，加快完成钻井任务，确保当年完成井参与到储

4月2日凌晨，玛湖097_H井进行压裂作业 （程豪 摄）

气库冬季调峰。其中HUHWK7井创造区块最大完钻井深、最长水平段、最短靶前位移，最短四开段工期，实现水平段一趟钻记录，成为国内第一口勺形水平井。页岩油联合站两获股份公司优秀A级。环玛湖公路保质保量提前完工。

（白雪）

【科研成果】 2020年，新疆油田公司开发公司研发“产能建设一体化系统”上线运行，实现产能建设全专业、全周期、立体化跟踪分析和辅助决策，提升各专业协同工作效率。突出“科研生产一体化”，形成一批管理技术创新成果。获中国石油企业协会二等奖1项、三等奖1项；获油田公司企业管理现代化创新成果一等奖1项、三等奖1项；获油田公司科技进步三等奖2项。

（白雪）

【安全环保】 2020年，新疆油田公司开发公司筑牢质量防线，入井物料抽检力度、合格率双提升。强调安全环境履职，加强隐患治理，安全环境监督中心通报问题下降23.5%，连续3年获油田公司HSE先进单位。

（白雪）

【运行组织】 2020年，新疆油田公司开发公司争取政策、加快流程，提速前置项申办。组织复工复产，车组人员物资准点到位，3月底超计划运行。精细部署中完专打，节约大钻172.5台/月。优化产建结构，调减效益不达标和风险产能57.2万吨。落实钻机搬安、复杂处置、轨迹控制、技术集成、油基钻井，深钻水平井平均完井周期86.8天，再缩短20.6%，玛湖1井、金龙2井刷新区块最快纪录。

（白雪）

新疆油田公司采油一厂

【生产指标完成情况】 2020年，新疆油田公司采油一厂生产原油143.2万吨，产量净增8.8万吨，生产天然气4500万立方米；单位完全成本41.83美元/桶，全年实现税前利润14562万元；未发生一般A级及以上安全生产事故和重大环境污染事件。

（苑海洋）

【老区稳产】 2020年，新疆油田公司采油一厂采取多种方式开展精细注水，稀油注水开发区自然递减率由14%降至11.7%，含水上升率稳定在2%；坚持注汽会审，实施优化注汽，稠油综合递减率控制在10%以内，油汽比提升至0.109。实施增产措施528井次，累计增油10.4万吨。推进火驱重大开发试验，通过精细调控，自然递减率大幅降至1.9%。持续开展异常井治理，全年累计恢复油量1.33万吨。推广机采提效示范区经验，平均系统效率提升8%，产液单耗下降26.3%。

（苑海洋）

【产能建设】 2020年，新疆油田公司采油一厂提前一个月

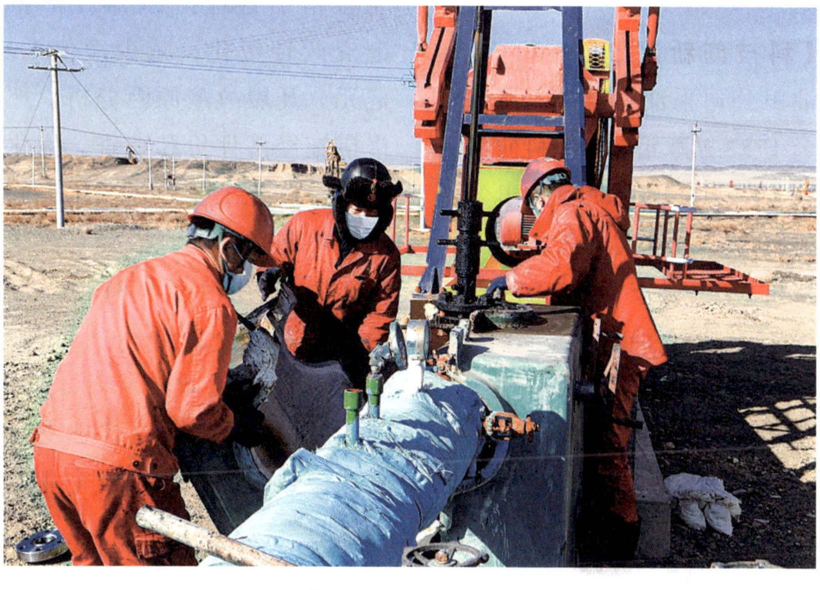

3月12日，采油一厂特种技术采油作业区员工维修检查设备
（赵宏厦　摄）

完成新井和跨年井投产。全年部署新井134口，新建产能15.47万吨，投产81口，累计产油10.4万吨，产能贡献率49.3%。

（苑海洋）

【滚动勘探】 2020年，新疆油田公司采油一厂上报并通过新增探明石油地质储量。评价井试油17井31层，获工业油流8井8层，老井恢复试油9井10层,获工业油流5井5层。车探1井试油获日产10.63立方米工业油流；红831_X井试油获日产153立方米高产工业油流；CH35017老井试油获日产27.1立方米工业油流；车262井试油获日产9.22立方米工业油流。评价井车排101获工业油流；车37井老井复试获日产8.56立方米工业油流。

（苑海洋）

【科技创新】 2020年，新疆油田公司采油一厂投入科研资金1783.2万元，实施科研项目30项，2个项目获得油田公司科技进步三等奖，获国家专利授权3项,科技增油5.65万吨。探索火山岩油藏效益开发方式，开展“近平衡钻井、裸眼完井、不压裂”试验，大幅降低单井投资。引进并实施酸化新工艺和控规模压裂两类增注技术10井次，增注有效率由68.7%提升至90%。研发完成注水井洗井系统推广应用等应用软件5项，其中自主研发2项。实施物联网系统建设和油区安防建设工程等项目10个。

（苑海洋）

【工程技术】 2020年，新疆油田公司采油一厂相继建设完成车21转油站、车362转油站、车471转油站，稀油区块密闭集输率提升至64%，日拉运液量减少1614立方米，节约拉运费用491万元。实施红浅4800立方米稠油污水达标外排工程建设，建成后可有效缓解稠油污水水平衡矛盾。

（苑海洋）

【经营管理】 2020年，新疆油田公司采油一厂实施提质增效措施九大类32项，增效1.35亿元，控降投资3363万元。开展对标管理提升，优化完善精细管理指标74个。推进资产轻量化，减少净值1.2亿元。开展故障原因分析、严格措施经济评价和审查、优化实施一体化工艺等，全年小修频次控制在0.66，措施有效率90.1%，费用控制在8100万以内。推进造价、预算、评价相融合，控减无效投入3315万元。加强顶层设计，优选支付方式，全年无拖欠民营企业工程款问题。

（苑海洋）

【安全环保】 2020年，新疆油田公司采油一厂深化HSE体系建设，修订完善11项安全环保管理制度，推进防爆电器及吊装隐患治理、污水治理和“两漏”（漏油、漏气）治理，投入治理资金1亿元；5个矿权通过自治区绿色矿山评估验收，3个矿权进入自然资源部遴选公示名单，完成中央环保督察整改验收工作。对327名关键岗位员工实施履职能力评估，实现关键岗位人员全覆盖。全年累计完成60.98千米管道检测评价工作，预防性维修维护10.93千米，修复管道严重缺陷点48处，油气管道综合失效率降低。14个基层班组通过油田公司中级验收。坚持一体化监管，约谈违规承包商7家，开展专项帮扶、指导11次，全年QHSE绩效考核总得分1019.5分。

（苑海洋）

新疆油田公司采油二厂

【生产指标完成情况】 2020年，新疆油田公司采油二厂全年生产原油243.5万吨，超产11.3万吨；生产天然气4.84亿立方米，日产油水平、原油产量及超产量均创近30年最高纪录。油气单位完全成本控制在27.38美元/桶以内。

（易静）

【勘探开发】 2020年，新疆油田公司采油二厂围绕断裂带、玛湖斜坡区两大富油区带开展油藏评价工作，获取优质规模储量。白256井获日产29.4吨工业油流，西北缘断裂带上乌尔禾组精细评价获新突破。TD86931井获日产22.6吨工业油流，克百断裂带拓展中浅层克上组效益勘探领域。检乌52井获日产23.8吨工业油流，克百断裂带石炭系内幕取得重大进展。滚动勘探3次获总经理嘉奖。开展百日上产会战，提前20天实现会战目标，8月25日日产水平突破7500吨，创近30年最高纪录。坚持工程地质一体化，实施玛湖4、玛湖18井区等中浅层高效区块，投产新井60口，达产率95.5%，累产油12.8万吨，超计划3.4万吨。

（易静）

【老区稳产】 2020年，新疆油田公司采油二厂开展分类油藏潜力研究，改善注水条件，夯实老区稳产基础，全年优化注水增油1.2万吨，综合含水率保持在78.3%，含水上升率同比下降0.7%。强化异常井管理，降低躺井率，油水井开井数同比增加0.5%。化学驱油藏年产油39.7万吨，超计划0.7万吨，油藏前缘水驱进展顺利，530井区八道湾组油藏已具备转化学驱条件。地面工程建设

12月4日，玛湖1转油站一体化集输工程投产 （王涛 摄）

配套推进，81号天然气处理站深冷提效工程一次性投产成功，玛湖1转油站一体化集输工程顺利投运，地面系统保障能力和运行效益得到提升。

（易静）

【提质增效】 2020年，新疆油田公司采油二厂编制“十四五”发展规划。开展提质增效专项行动，确立七大类16项举措。加强投资与成本费用管控，决算审核131个项目，核减费用960万元。强化合同选商，签订合同361份，金额35.6亿元，招标到位率100%。

（易静）

【智慧油田建设】 2020年，新疆油田公司采油二厂推进智能油田建设，中控室集中监控作用显著，发现各类生产异常6000井次，发现井区大面积停电40余次，减轻现场员工劳动强度，提高工作效率。开展科研课题40项，获公司级科技进步奖6项，申报专利20项。完善体系建设，建立体系运行“五级监控机制”，重新界定部门管理职责，修订岗位说明书，梳理有效制度160项，制修订99项。

（易静）

【安全环保】 2020年，新疆油田公司采油二厂完善QHSE管理体系，开展QHSE管理手册试运行，细化HSE岗位职责，压实安全生产责任。开展基础工作督导提升，查处整改隐患3980起，促进现场隐患减量化。39个班组通过班组自主化建设验收，对2000余名干部员工进行HSE履职能力评估，实现关键岗位人员全覆盖。推进安全生产专项整治

7月中旬，采油二厂天然气处理站维修车间员工为压缩机空滤前安装海绵，延长空滤滤芯使用寿命，减少天然气放空浪费（采油二厂　供图）

三年行动，抓好危化品、消防、道路交通等领域安全风险管控，抓好井控管理，防范各类风险。严格承包商准入审查和动态考核，强化培训取证和分级监管，承包商管理水平提升。推进绿色矿山创建，纳入国家绿色矿山名录，701废液池按期完成销项。推进污泥减量化，实现污泥减量8.5万吨。强化能耗源头管控和过程监督，节能3930吨标煤，节水40万立方米。

（易静）

新疆油田公司采气一厂

【生产指标完成情况】2020年，新疆油田公司采气一厂生产工业天然气15.24亿立方米、液态产品24.67万吨，油气当量155.52万吨；落实产能1.25亿立方米、当年建产1.07亿立方米。单位基本运行费2.21美元/桶。

（李江波）

【滚动勘探】2020年，新疆油田公司采气一厂滚动勘探评价取得发现，6井7层试获工业油气流，获公司嘉奖。滴南凸起滴西268井2层分别试获日产9.6万立方米、2万立方米，开辟西段斜坡区规模增储新领域；滴西331井钻揭百米油气层，试获日产油100.84立方米、气2.42万立方米，落实有利勘探面积1461平方千米，预计资源量天然气964亿立方米、石油1450万吨。克拉美丽气田采矿权面积实现翻番，达338平方千米。中拐凸起581井区外围发现新气藏，克037井试获日产1.03万立方米，推动该区滚动勘探有效拓展。

（李江波）

【气田开发】2020年，新疆油田公司采气一厂统筹推进新区上产、老区稳产和系统配套，开展方案编制和前置项办理，开展两轮上产会战，再次实现油气“双超”，气田产能自然递减率由12.2%降至10.6%。在滴西185等5个区块优化部署新井8口，落实产能1.25亿立方米、当年建产1.07亿立方米；前期评价井滴西328井试获日产6.15万立方米，扩边增储22亿立方米、储备产能0.33亿立方米。长效稳产老区，优化实施侧钻压裂、深井泵抽等措施增产16井次，稳定积液气井产能25万立方米/天，恢复停关井产能14.5万立方米/天，措施新增井控储量16.1亿立方米，增气2100万立方米。加快系统配套完善，克拉美丽气田滴西18气藏整体治水和采出水扩建工程、试采撬配置工程稳步推进，玛河增压及深冷提效工程提前1个月建成投产、创造国内液态乙烷生产和储存拉运“两个首次”，主力气田全面实现“深冷与浅冷共运、以深冷工艺为主体”运行新模式、多元产品新格局。

（李江波）

【科技创新与成果】2020年，新疆油田公司采气一厂获国家发明专利1项、实用新型专利5项、软件著作权2项，科

6月24日，克拉美丽气田员工在天然气处理站调整工艺参数，保障生产安全运行 （王波 摄）

技创新成果省部级1项、公司级4项，科技增储35亿立方米、增气3131万立方米、增凝析油1538吨、增产液相产品11.6万吨，创效3.74亿元。火山岩“三控一体”成藏模式和“三相多属性”综合识别技术持续深化，复杂火山岩岩体内幕和薄层砂体精细刻画技术配套完善，气藏储层描述、试井解释、水侵特征描述技术体系逐步形成，长水平井效益提产模式初步建立，火山岩试井和双孔双渗模型精准建立，气井深井泵抽、RSV高效凝液回收等新工艺新技术成功应用，薄层砂岩长水平段多级压裂取得新突破。

（李江波）

【智能气田建设】 2020年，新疆油田公司采气一厂推进信息化及生产物联网建设，实时数据库建成、数据实现跨网段共享，设备运维管理、数字工厂、远程监控系统成功上线。深冷工程实现模块化建设、数字化移交和能量梯级利用。

（李江波）

【经营管理】 2020年，新疆油田公司采气一厂以治理体系和治理能力现代化为引领，编制完成“十四五”综合发展规划和11项专项规划，对标制定4方面11类64项管理提升指标。试点员工胜岗能力评估，将24人调至辅助岗位。完善差异化考核和精准激励政策，优化配套专项奖惩规定，强化全员绩效观念。健全党内和企业制度，上线运行综合管理体系，着力构建“四个安全”（政治、经营、生产、稳定）监督体系，开展基本建设项目管理审计，消除风险漏洞，促进生产经营依法合规。年内获评自治区诚信企业称号。

（李江波）

【提质增效】 2020年，新疆油田公司采气一厂落实公司提质增效专项行动部署，树立“一盘棋”工作理念，聚焦“四精”要求（经营上精打细算、生产上精耕细作、管理上精雕细刻、技术上精益求精），坚持“五保一压”（保增储上产、保安全生产、保信息化建设、保和谐稳定、保员工利益，压缩一切非生产性开支），一体推进“成本管控年”活动和提质增效专项行动，把“战严冬、转观念、勇担当、上台阶”主题教育、“我与油田共命运”专题教育贯彻始终，制定实施7类30项具体措施，统筹打好投资成本“一体化”考核、预算全面定额、资金配置优化、项目效益评价、成本过程控制、全员劳动竞赛等系列挖潜增效“组合拳”，实现创效1.54亿元、降本3578万元、控投1217万元，超额完成公司下达利润考核指标和成本控减指标，建立提质增效常态长效机制。

（李江波）

【安全环保】 2020年，新疆油田公司采气一厂落实工作要求，杜绝一般C级及以上安全生产责任事故和环保违规事件，再获公司HSE模范单位称

6月28日，采气一厂盆5作业区天然气井P5001井现场，试油公司天然气增压外输技术服务完成验收。此技术用以延长老井生产周期（杨晓军 摄）

号。强化理念认识不放松，组织安全生产月系列活动，开展理念宣贯、经验分享、警示教育、风险提示，积极倡导健康工作生活理念，全员“我要安全”意识持续提升。强化责任落实，完善管理制度，健全奖惩激励机制，建立“三清单一目录”，实行重点要害站库联点承包和全员安全生产记分，开展安全述职，加大监督溯源问责力度，压实安全生产责任。强化能力建设，开展分级分类培训，开展安全履职能力评估应用。强化专业管理不放松，健全双重预防机制，辨识风险操作类6037项、设备类9547项、管理类1754项，制定落实两级专项防控方案39项；分级督办隐患整改，整改问题318项、两级隐患43项；抓严承包商监管，推进安全生产专项整治三年行动，强化站场及管道完整性管理，推动风险隐患从源头控制转变，本质安全环保水平持续提升。强化体系建设，统筹站队标准化和班组自主化建设、17个一线班组全部通过公司验收；大力开展重点领域专项审核、全要素量化审核、承包商指导审核，短板弱项加快补齐，公司体系审核定档为良好级。

（李江波）

新疆油田公司百口泉采油厂

【生产经营指标完成情况】2020年，新疆油田公司百口泉采油厂油、气产量均创历史之最，油气当量实现历史新跨越，首次突破200万吨，跨入油田公司200万吨大采油厂行列。围绕控制递减率和提高采收率两条主线，通过精细措施挖潜提效增产产量连续4年占比10%以上，含水上升率控制在0.8%以下，绝对油量递减率控制到2.2%。参与玛湖产能建设，完成钻压顺序优化、供水协调、地面配套、压裂后第一时间开井、新投井排采及生产效果跟踪分析等工作，全年完钻新井139口，投产新井117口，新建产能、投产产能创历史新高。玛湖复线、艾湖2转油站新建、玛131天然气处理装置扩建项目提前完工，单井地面配套提速10%以上，全年完成转油站新建1座，扩建2座，玛湖原油集输处理能力增强。完善工艺技术配套，玛18井区12口井最高日产油120吨以上；优化复杂液深度达标处理新技术，日处理能力3000立方米，终端水质达到国内领先水平；首创建成200万吨级原油全密闭集输处理工艺技术新体系，形成“高效采输一体化”新格局。

（金园）

【科技创新】2020年，新疆油田公司百口泉采油厂承担公司级科研项目21项，参与重大科技专项3项，获得省部级成果2项，首次在阿布扎比国际石油展览会上发表论文交流，对外技术交流迈出新高度。玛湖致密砾岩油藏大幅度提高采收率先导试验加速进入现场实施，2口水平井重复压裂成功实施，注烃气矿场试验进入现

7 月 2 日，艾湖 2 转油站建成投产　　（赵祥　摄）

场并平稳运行；百口泉油田注气提高采收率试验再获进展，百 21 井区 2 个井组 CO_2 驱取得成效。推进油区物联网建设，以市区中控室为主体建成“全面感知、远程控制”生产指挥网络，玛 2、艾湖 2 转油站集输系统物联网建成投用，为实现无人值守、创建站场高效管理新模式奠定物质基础。

（金园）

【效益经营】 2020 年，新疆油田公司百口泉采油厂组建监督中心，实现质量、安全与井下作业三项监督业务统一核算；整合核算业务，精简核算人员，推进精细化发展；深化三项制度改革，完善绩效考核机制体系，推广基层单位额定工作量考核和基层操作员工积分制考核，实行全员差异化考核。推进“成本管控年”活动，开展“战严冬、转观念、勇担当、上台阶”主题教育、“我与油田共命运”专题教育，组织宣讲 274 场次，开展 143 场次大讨论。严格预算管理，加强控投降本，推进合规化管理和市场化运营，狠抓项目事前经济效益评价。单位完全成本、单位操作成本、基本运行费用连续 5 年硬下降。

（金园）

4 月 10 日，百口泉采油厂上产会战现场　　（陈立菊　摄）

【安全生产】 2020 年，新疆油田公司百口泉采油厂推进风险管控关口前移，针对玛湖地区连续油管作业、注氮驱、注烃等“四新”工艺技术应用组织辨识制度防范措施，确保风险受控。配合集团公司完成对 24 个单位、13 个生产作业现场 2 次体系审核，定档 B2 级。对风险较大的地面建设、工程技术 2 家承包商开展专项审核。建立运行周研判机制，查找管理薄弱点，提出针对性帮扶措施。全年实现生产安全事故零发生。要害岗位员工职业健康体检率 100%，职业危害场所检测率 100%。

（金园）

新疆油田公司重油开发公司

【生产经营指标完成情况】 2020 年，新疆油田公司重油开发公司生产原油 115.3 万吨，单位基本运行费、单位完全成本均控制在指标范围内。连续

24 年安全生产，连续四年蝉联油田公司“安全生产模范单位”荣誉称号。

（张睿莹）

【滚动勘探】 2020 年，新疆油田公司重油开发公司实施老井恢复试油、新井完井试油 17 井 18 层，获工业油流 9 井 9 层。提交并通过圈闭储备 33 个、评价井位 14 口。完成新疆油田公司下达探明石油地质储量考核任务 297%；克百断裂带上盘第三断阶带展现 1000 万吨以上资源规模。围绕金龙 2 井区油藏开展滚动扩边部署，部署评价井 5 口，培植资源量 2500 万吨以上。部署金龙 201 井，在石炭系获日产油 16.2 立方米、日产气 1.8 万立方米工业油气流，预计资源量 500 万吨以上。

（张睿莹）

【油田开发】 2020 年，新疆油田公司重油开发公司完成产能方案 24.4 万吨，新井产量贡献 2.4 万吨，产能达标率 100%。为老区优化注汽，开展集团注汽、组合注汽、选层注汽等综合治理 1797 井次。精准实施重复压裂、上返补层等重点措施 24 井次，见效率 100%。九 8 区吞吐老区转驱泄开发试验生产指标持续向好，成功培育 50 吨高产井组 1 个，试验区日产油突破 500 吨。强化现场应急管理，全年应急处置生产现场突发事件 105 起。完成储罐检测 30 座，完整率 100%。

（张睿莹）

7 月 5 日，重油公司在五区南区抢修 50058 井，以响应新疆油田公司提质增效专项行动 （闵勇 摄）

【科技攻关】 2020 年，新疆油田公司重油开发公司推进稠油开发方式转换、稀油井区增能提产、停关区效益复产等六项重大试验攻关，均取得阶段性成效。九 6 区二氧化碳复合驱试验开展阶段调控，含水整体下降 2%；组织开展克浅稠油冷采试验，复开计量站 40 座、油井 200 口；优化金龙井区油井清蜡制度，全年减少清蜡工作量 4000 井次；编制完成物联网建设方案，自主研发承包商管理、储罐节能远程加热控

12 月 25 日，重油公司供汽二联合站员工监测改造后的水处理供盐系统 （杨楚怡 摄）

制、井口温度防汽窜污染报警等系统。

（张睿莹）

【经营管理】 2020年，新疆油田公司重油开发公司深化提质增效专项行动，部署实施8大类23个项目；配置预算资金，严格预算管理，压降低效无效成本，全过程跟踪管控执行情况，开展产能建设、节能改造、隐患治理等项目6大类19项；构建综合管理体系，制定制度24项，修订38项；精细划分区块，深化效益评价，共划分评价区块29个；严管合同招标，签订合同241项；推进资产轻量化管理，报废资产2043项。

（张睿莹）

【安全环保】 2020年，新疆油田公司重油开发公司开展安全履职能力评估、专题知识讲座等近7000人次，提升全员安全环保履职能力；推进班组HSE自主化建设，创建自主化班组17个，提升班组安全管理水平；实施风险防控和隐患排查双控机制，编制实施井喷失控、油气泄漏等公司级风险防控方案6个，排查治理隐患3843项；持续强化承包商监督管理，开展23家承包商34项业务资质审查、评分定级工作；持续做好构建创建绿色矿山长效机制等工作。

（张睿莹）

新疆油田公司石西油田作业区

【生产经营指标完成情况】 2020年，新疆油田公司石西油田作业区完成石油液体产量45.6万吨、交油量44.8万吨，天然气产量1.41亿立方米、交气量1.15亿立方米，实现超产油气当量2.15万吨；实现考核利润2530万元。

（张波　刘彬）

【措施增油】 2020年，新疆油田公司石西油田作业区组织实施3轮措施上产，依据单井地质特征、开发历程及剩余潜力共实施各项增产措施75井次，针对部分措施效果差异大油藏，开展水力喷砂储层改造、二氧化碳吞吐等新技术开发试验，全年增油4.0万吨。

（张波　刘彬）

【滚动勘探】 2020年，新疆油田公司石西油田作业区部署实施石034井在侏罗系西山窑组，莫126、陆004井在侏罗系三工河组试获高产工业油流，展现石西凸起、莫北凸起、滴南凸起滚动勘探潜力，连续3次获油田公司总经理嘉奖。探明发现石034井区西山窑组油藏、石039井区西山窑组气藏。

（张波　刘彬）

【提质增效】 2020年，新疆油田公司石西油田作业区全力推进提质增效专项行动，制定实施5大类11项提质增效措施，节约成本费用2720万元、投资费用599万元，获油田公司2020年度财务管理工作先进集体二等奖。

（张波　刘彬）

4月21日，石西油田作业区集中处理站员工对消防泵进行盘泵操作
（陈宝才　摄）

【节能节水】 2020年，新疆油田公司石西油田作业区实现节能4029吨标准煤、节水1万立方米，分别完成年度指标的139%、100%。

（张波　刘彬）

【安全环保】 2020年，新疆油田公司石西油田作业区着力风险管控，绿色矿山建设通过自治区自然资源厅遴选验收及公示，连续21年获得油田公司“健康安全环境（HSE）先进单位”荣誉。

（张波　刘彬）

新疆油田公司陆梁油田作业区

【生产经营指标完成情况】 2020年，新疆油田公司陆梁油田作业区生产原油103万吨、天然气0.92亿立方米；注水941万立方米。探明储量336.7万吨。单位基本运行费10美元/桶，内部利润8.48亿元。未发生一般B级以上安全事故。

（王浩）

【精细开发】 2020年，新疆油田公司陆梁油田作业区开展注水专项行动，实施检管、降级、增注等注水井主干工作146井次，优化注水参数216井次；推行“低压送水、高压注水”工艺，解决陆12、陆22井区注水难题；构建水质管理长效机制，达标率同比提升1.2%。分油藏精准制定开发技术政策，调整采油井工作制度83井次，增油1.78万吨。实施油井增产措施145井次，增油4.6万吨。8月底，原油累产突破3000万吨。玛湖北一路建成通车。投产投注新井42口，建产能24.1万吨，产油4.1万吨。达136_H日产油峰值115吨，诞生作业区首口百吨井。首次引进IPMT项目管理模式，推动原油密闭处理与稳定改造等一批重点工程加快实施。

（王浩）

8月11日，陆梁油田作业区玛东集中处理站扩建投产　（袁久玉　摄）

【滚动勘探】 2020年，新疆油田公司陆梁油田作业区新钻评价井、老井试油共获工业油流7井10层，发现新油藏6个，取得3个具有战略意义突破。自主开展达132井侏罗系八道湾组恢复试油，获日产31.2吨工业油流，发现八道湾组新油藏，拓展有利勘探面积近500平方千米。陆162井试获工业油流3层，陆9至陆22井区有望整体连片，拓展有利评价开发面积7.8平方千米。石148井白垩系清水河组试获工业油流，首次在陆梁辖区发现清水河组油藏；盐141、陆140、石153井在中浅层均试获工业油气流，中浅层滚动勘探展现良好前景。

（王浩）

【科技创新】 2020年，新疆油田公司陆梁油田作业区开展11项20个课题研究，其中集团公司重大专项2个、公司级课题13个，投入经费1600余万元，项目数量及经费创历年新高。做好“双高”（高含水、高采出程度）油藏三次采油技术储备，年增油万余吨，微生物驱试验初具规模，年递减增油8059吨，阶段提高采收率0.68%；推进石南21氮气泡沫驱试验，缓解剖面矛盾、提高驱油效率。率先在新疆油田实施同心管分层注水和有缆智能分注先导试验，应用17口井，注水平稳正常。开展石南21井区储层改造增产技术攻关，完善携砂挤液储层改造体系、推行老井普压+滑溜水增能工艺，增油1.2万吨。井筒再造在直井、水平井均获成功，平均含水下降15%，增油1020吨。机采提效改造工程实施370口井，阶段提高平均系统效率10%、产液单耗节电率26.9%。打造“三大平台”（生产协同指挥运营平台、工程地质协同研究平台、经营管理行政办公平台），利用云、大、物、移、智等成熟先进技术，基本建成智能油田。

（王浩）

【经营管理】 2020年，新疆油田公司陆梁油田作业区开展5大类31项提质增效措施，实现增效4847万元、控投440万元。完成投资1.01亿元，完成率98.8%。编制完成对标世界一流管理提升行动工作方案；制修订制度32项、废止23项，编制岗位说明书273个、业务流程图503个。开展29个层块、1433口采油井经济评价，为生产决策提供依据。成立玛东集中处理站筹备组，为玛东地区规模开发提供机构保障。推进“三项制度”改革（人事、劳动、分配制度改革），完善相关配套方案。

（王浩）

【安全环保】 2020年，新疆油田公司陆梁油田作业区完善QHSE管理体系，推行领导干部安全生产承包制和安全生产积分制。深化多层级QHSE管理体系审核，查改问题154项。加强风险分级防控建设，修订方案4个，培训76人次，实现风险全面受控。启动安全生产专项整治3年行动计划，加大隐患排查治理力度，查改问题1884个，提升本质安全水平。含油污泥减量近1.5万吨。加强承包商管理，查处隐患141起，审核问题40项。实施高危作业区域“区长制”，项目施工作业挂牌管理，推动安全生产责任落实。强化管道与站场完整性管理，消除“双高”（高风险、高后果区）管段0.76千米，首次开展大型集输站场完整性检测，遏制油气泄漏风险。

（王浩）

3月20日，陆梁油田作业区石南采油站员工排查安全隐患

（肖月　摄）

新疆油田公司风城油田作业区

【生产指标完成情况】 2020年，新疆油田公司风城油田作业区生产原油204.6万吨、天然气5266万立方米，分别完成计划的100%、122%；投资完成率98.2%，节能1.52万吨标煤、节水36万立方米。油气单位操作成本控制在油田公司下达指标以内。

（尚薛婉容）

【油藏评价】 2020年，新疆油田公司风城油田作业区风南413、夏036在三叠系克上组分别获得19.98吨和3.6万立方米工业油气流。夏子街断裂带三叠系克下组首口上钻水平井夏048_H获58.3吨工业油流，乌夏断裂带二叠系夏子街组乌351井老井复试获15吨稳定工业油流。评价试油获工业油气流10井10层，评价增油超1.2万吨，创历史新高。

（尚薛婉容）

【油气开发】 2020年，新疆油田公司风城油田作业区开展两轮上产会战，提前15天实现上产会战目标，会战期间日产水平增幅1012吨，创历年会战最大增幅，稀油日产时隔10年再上千吨，油气当量连续7年稳定在200万吨以上，超额完成油田公司下达的各项业绩指标。完钻新井125口，建产能48.84万吨，投产120口。常规稠油新区，重32井区及重5新钻常规稠油井38口，投产38口，年产油3.71万吨，实现方案实施率100%；SAGD新区，SAGD跨年井提前5个月完成投产，全年累计投产32井组，产油2.2万吨，超计划1.1万吨；稀油新区，风南4水平井、夏048_H井和夏子街跨年井，全年累积投产54口，产油0.63万吨，超产0.33万吨。

（尚薛婉容）

【老区稳产】 2020年，新疆油田公司风城油田作业区做好稀油区注采政策优化、增产措施应用、停关井复产等工作，日产水平最高1256吨，创近12年新高。稠油区优化开发技术政策，创新实施区域集中注汽，全面开展效益增产措施施工及潜力问题井扶正作业，稠油常规绝对油量递减率连续5年保持下降，SAGD老区油汽比连续6年保持上升，综合油汽比稳定在0.091以上。

（尚薛婉容）

【基础管理】 2020年，新疆油田公司风城油田作业区通过批量交接、排液降压、作业队伍机动化、缩短运距、区域集中修井五大举措，平均日完井9.4口，完井率0.55口/队·天，较同期提高8%。建立机采示范区，结合功图、液面分析软件，制定并实施“地面—井下”调参，超额完成油田公司下达的泵效双38%、系统效率19%及平衡度指标，创历年最高。

（尚薛婉容）

3月9日，风城油田作业区乌尔禾采油站乌33井区，工人进行修井作业
（吴小川 摄）

【科技创新】 2020年，新疆油田公司风城油田作业区水力喷砂压裂、高黏原油原位改质等攻关试验成效初显，稠油污水深度除硅降硬突破“双50”指标。开展锅炉冲洗清垢、排污监控及配件国产化替代等工作，过热蒸汽合格率由68%最高提升至93%，锅炉保运技术逐步配套。推进物联网二期工程，单井、站库物联网覆盖率分别提升至85%、100%，开发应用油藏动态分析、数据移动应用、安全移动管理等5项配套系统。搭建“大科技”平台，制修订9项科技管理制度，配套精准激励政策，科技成果获省部级成果1项、油田公司级成果12项，获批国家专利授权13项、软件著作12项。

（尚薛婉容）

【经营管理】 2020年，新疆油田公司风城油田作业区开展“战严冬、转观念、勇担当、上台阶”主题教育，开展党委书记专题宣讲、党委委员专题调研、经

4月21日，风城油田作业区采油二站员工用解卡装置对杆卡井开展解卡。解卡装置的应用能节省修井维修费用 （吴小川 摄）

验交流会等系列活动110余场次；围绕“管理提升和服务提效两个10%”目标，制定实施2大类22项措施，控投降本增效1.18亿元，超油田公司下达指标960万元。落实投资及专项费用2.11亿元，投资完成率98.2%，超油田公司指标3.2个百分点。整合成立项目经理部，推行矩阵式项目管理，加强关键节点管控；6个采油单位采取“上四休二”“上八休六”两班两倒方式，月有效工作时间160小时/人，提高劳动效率；实施“271”考核，促进全员履职尽责，推进改革工程。针对经营管理薄弱环节，编制培训材料，开展大讲堂2次，专业培训3次，参训人数300余人，组织开展管理现代化及统计分析竞赛，获省部级成果3项，获评自治区质量管理活动推进工作表现突出企业。

（尚薛婉容）

【安全环保】 2020年，新疆油田公司风城油田作业区完善QHSE管理体系，细化岗位责任清单，开展履职能力评估，压实安全生产责任。深化全员隐患排查治理，加大对班组考核力度，近3年被考核班组由44个下降至7个。制定《HSE自主化建设实施方案》，编制培训教材10项，组织开展培训121场次，21个班组通过自主化建设中级验收，班组自主管理水平显著提升。开展绿色矿山保持与提升工程，识别防控环境危害因素45类135项。推进清洁生产“攻坚战”，抓好污油泥减存量、控增量，加强油田固体废弃物处置管理，通过自治区、克拉玛依市、乌尔禾区三级危险废物规范化验收。全年杜绝项指标有效受控，控制指标均达到油田公司责任指标要求，实现连续15年安全生产，获评油田公司“安全生产先进单位”。

（尚薛婉容）

新疆油田公司准东采油厂

【生产经营指标完成情况】 2020年，新疆油田公司准东采油厂生产原油61.7万吨，超产1.2万吨，生产天然气0.99亿立方米，交气量超1000万立方米。全年无一般B级及以上生产安全和重大环境污染事故。调整计划后投资完成率98%，均控制在指标内。

（郑学明）

【油气勘探】 2020年，新疆油田公司准东采油厂实施“5111”工程，新获工业油气流12井13层，其中康探1、滴南083、滴西331、阜东055_H 4井5层获百吨工业油气流。滴243、彩17井分别获工业气流。

（郑学明）

【产能建设】 2020年，新疆油田公司准东采油厂本着效益优先原则，优先实施15口井，新建产能2.63万吨。新区阜东5井区2口水平采油井，建产能1.20万吨。实施老区彩9、滴20、北16井区更新补钻采油井9口，注水井4口，新建产能1.43万吨。

（郑学明）

【油气开发】 2020年，新疆油田公司准东采油厂开展“大干100天”上产会战，提前30天完成上产会战目标，全年原油产量超产1.2万吨，天然气交气量超1000万立方米。抓好老区长效稳产，围绕精细注水和措施增产两大举措，做好单井调配水工作及增注措施管控，抓好注入水质达标工作，井口、站区水质达标率分别为94.4%、97.4%；深化油藏地质认识，优化措施选井及工艺设计，实施增产措施77井次，措施有效率85%，单井措施增油量提高34吨，累计增油2.2万吨。通过努力，油田绝对油量递减率控制在8.4%，含水上升率下降1.0%。

（郑学明）

【地面建设】 2020年，新疆油田公司准东采油厂对彩南原油系统实施工艺优化改造，采用两段热化学密闭处理工艺及原油交接采用动态计量交接工艺，投产后系统负荷率上升至95%，年节约能耗1441.77标准煤，能耗下降35.5%。采用“整体降压、局部增压”与“高压离心泵+柱塞泵（变频）”相结合工艺，对沙南、彩南注水系统进行节能技术改造，工程投产后，每立方米系统单耗降至7.29千瓦时，年节电95.6万千瓦时。对彩17、彩524、彩504三口老井重新利用，实施地面工程配套建设，日增天然气量3万立方米。组织完成《采油厂站场及管道完整性管理实施细则》《准东采油厂管道检测评价修复管理办法》等厂级管理制度编制，全年完成322条、254千米油气水集输管道综合检测评价，检测评价管道全部Ⅱ类、Ⅲ类管道，占比所有金属管道22%。

（郑学明）

【企地关系】 2020年，新疆油田公司准东采油厂与周边地州县市、兵团农场构建和谐新型企地发展关系，对外协调350次，完成57口油井征地任务。精细化管理土地，退出低效无效土地724公顷，占当年油田公司土地退出总量90%。配合吉木萨尔县开展光伏产业园电力线架设，实现油气资源、光伏项目共同利用开发。完成滴南083、康探1等12口重点井电力线架设，确保油田生产平稳运行。拓展电力运维外部市场，承揽克拉美丽气田电力系统运行保驾。全年完成小修689井次、大修16井次，转供电2.02亿千瓦时，采供水613万立方米，重点物资保障率100%。

（郑学明）

【工程服务】 2020年，新疆油田公司准东采油厂完成直井压裂72井次，“复杂井”维修32井次，封井施工156井次。自主研发产品规模外销，全年销售系列产品36座。彩联站工艺优化顺利实施，系统负荷率提升至95%，能耗下降35%。站场及管道完整性管理深入推进，管道失效次数下降24%，设备完好率持续保持在97%以上。

（郑学明）

9月26日，准东采油厂修井工人进行小修作业　（闵勇　摄）

【科研攻关】 2020年，新疆油田公司准东采油厂获油田公司科技进步奖6项，其中一等奖1项，三等奖5项；“四新技术”立项通过技术3项，可扩大试验技术4项；组织采油厂2019年科技成果奖评定，评选出23项优秀成果；参加各类科技交流活动，投稿6篇，录用4篇。推广优秀成果，申报油田公司专利奖、环保修井机对外技术许可、克拉玛依专利奖、新疆石油学会科技进步奖等10余项技术；年底对2020年初立项所有项目进行最终检查并进行厂级成果评定，组织优秀成果申报油田公司2020年科技成果。

（郑学明）

【工艺试验】 2020年，新疆油田公司准东采油厂针对注水见效单井开展提产试验，B4367井最高日产油超过10吨。立足机采，优化采油参数，提出选井原则，对120口采油井编制抽油泵更换方案。优化调剖工艺，实现一藏一案，优化现有堵剂体系，结合油藏开发阶段主要矛盾，不同油藏提出不同调剖方案，处理问题层，解放潜力层。北三台B1258井进行生物酶解堵增产试验。推广应用化学清蜡、防垢工艺，延长检泵周期。

（郑学明）

【智能油田建设】 2020年，新疆油田公司准东采油厂推进油田物联网A11项目建设，按照新疆油田公司油气生产物联网建设方案部署，开展油气生产物联网建设项目，应用自动化仪表、智能远程控制系统、物联网、云平台等信息技术，实现重要路口井站视频监控、采油厂生产监控中心建设。信息自动化安全稳定，按时完成油田公司重大危险源接入工作。参加集团公司HW2020网络攻防演习。

（郑学明）

【深化改革】 2020年，新疆油田公司准东采油厂实施“去行政化”改革，推行层级类别管理，完成三级机构类别和三级职数核定、套转工作。在员工身份不变和待遇不降前提下，加快同类同质业务整合、企业办社会职能分离移交，全面退出居民燃气业务，完成矿区居民计划生育和离退休管理业务移交，与阜康市政府签署《准东石油基地部分社会职能及相关资产移交框架协议》。

（郑学明）

【经营管理】 2020年，新疆油田公司准东采油厂开展推进提质增效专项行动，研究制定4大类41个项目。精细成本解剖，加强资产轻量化和运行成本管控。加强投资项目管理，签约率100%。发挥一体化管理优势，未上市业务首次实现账面盈利。开展2次全覆盖内控自查，发现整改各类问题57个。

（郑学明）

【安全环保】 2020年，新疆油田公司准东采油厂完善HSE管理体系，制修订安全环保制度40项，细化岗位HSE责任清单，实施正反兑现激励机制，层层压

6月8日，准东采油厂使用自主研发的环保型设备进行修井作业，以杜绝原油落地，降低污染治理成本 （蔡铭 摄）

实各级责任，在集团公司 QHSE 管理体系量化审核中，是新疆油田唯一一家无严重不符合项油气生产单位。开展自主化班组建设，10 个班组全部通过验收。开展风险分级防控，完成危害因素识别评价 11000 余项，强化 HSE 风险管控水平。推进绿色矿山建设，彩南油田位列自治区 46 家矿山之首，4 个矿山入库 2020 年全国绿色矿山名录。资源化利用含油污泥调剖 3 井次，处置含油污泥 5178 吨。树立“关注安全从关心员工健康开始”理念，采购发放速效救心丸 5700 余瓶，除颤仪 20 台，帮助 6 名员工脱险。加强能耗源头管控，严格过程监督，实现节能 1919 吨标准煤、节水 3.2 万立方米。

（郑学明）

【民生保障】 2020 年，新疆油田公司准东采油厂矿区供暖面积 137 万平方米，采供水 270 万立方米，供气 326 万立方米。矿区“一站式”报修中心处理居民报修服务 2032 起，求助服务 1822 起，公共设施报修 1681 起，协调问题 5535 起，回访率 100%，信息处理及时率 100%，矿区公共设施完好率 99.63%；解决工程遗留问题 35 起，屋面漏雨摸排 23 栋，现场入户检查 86 次，落实小区公共设施维修 590 起；完成绿化养护、温室育苗、病虫害防治、灌溉系统维护等工作，环卫保洁合格率 98.24%，绿地完好率 88.40%，树木成活率 99.66%，均达标；完成日常清扫面积 130 万平方米，楼道清扫面积 5.05 万平方米，垃圾清扫量全年累计 2653.7 吨。

（郑学明）

新疆油田公司新港公司

【生产经营指标完成情况】 2020 年，新疆油田公司新港公司生产原油 59.2 万吨，超产 1.7 万吨；生产蒸汽 482.9 万吨，油汽比 0.123。中方账单位完全成本 39.92 美元 / 桶，较计划指标 43.5 美元 / 桶降低 3.58 美元 / 桶，降幅 8.2%。各项基础管理指标均控制在考核范围内，实现连续安全生产 24 年。

（张静　杨洪屹）

【老区稳产】 2020 年，新疆油田公司新港公司开展油井大调查，因井施策，恢复及复开井 735 口，开井率最高达到 86%，生产时率超过 93%，创历年最高水平。持续挖潜，对 17 口井进行注转采井别转换挖潜试验，全年增油 1200 吨；动静结合分析，实施各类群众性挖潜措施 3942 井次，有效率 83%，在全年无新井、无进攻性措施情况下，油藏综合递减控制在 4.2% 以内，自然递减率 11.1%，老区稳产基础不断夯实，合作项目代管区域产量 2.8 万吨。

（张静　杨洪屹）

【科技创新】 2020 年，新疆油田公司新港公司围绕增储上产开展自主科研 24 项，通过优化处理站工艺，实现污油泥减量 2000 吨；优化汽驱间注周期、优选吞吐转轮井和吞吐方式等措施年节约蒸汽 25 万吨，油汽比较计划提高 0.006；获得油田公司级科技成果奖 2 项，获得实用新型专利授权 4 项，1 项创新技术获中国创新方法大赛新疆分赛区一等奖、中国石油首届一线生产创新大赛勘探与生产专业比赛三等奖。

（张静　杨洪屹）

【节能降耗】 2020 年，新疆油田公司新港公司开展重点能耗设备更新换代、锅炉技术革新等技改措施节能 2567 吨标煤，完成油田公司下达指标 102.68%；节水 2.3 万吨，完成油田公司下达指标 115%；单位生产综合能耗 672.8 千克标煤 / 吨，比油田公司下达指标低 3.33%。

（张静　杨洪屹）

【提质增效】 2020 年，新疆油田公司新港公司开展“成本硬下降”工程，深入推进提质增效活动，抓实“增收增效、节能降耗、控制成本、管理创新”

先后实施四大类18项提质增效措施，实现创效1.01亿元，完成计划的105%。

（张静　杨洪屹）

【加强合作】2020年9月8日，中国石油天然气集团有限公司、克拉玛依市政府、潜能恒信在北京举行三方战略合作签约仪式，新港公司作为《中华人民共和国准噶尔盆地九1至九5区块开发和生产委托作业合同》受托方开启三方合作新征程。

（张静　杨洪屹）

【安全环保】2020年，新疆油田公司新港公司聚焦“制度建设”“风险分级管控和隐患排查治理双重预防机制”构建，制修订HSE管理制度9项，健全安全生产责任制，落实全员岗位责任清单197个；开展“驻班+重点+典型”三结合的隐患治理活动，查改隐患1967项。推进“六大重点领域监管”，严格安全环保绩效考核，完成HSE各项指标，实现连续24年安全生产，获得2020年油田公司安全生产先进单位。

（张静　杨洪屹）

新疆油田公司呼图壁储气库作业区

【生产指标完成情况】2020年，新疆油田公司呼图壁储气库作业区全年累计采气21.78亿立方米，完成采气计划121%。第八注气期于4月3日开井注气，10月10日关井停注，注气191天，累计注气18.36亿立方米，完成注气计划114.5%。

（刘弯弯）

【创新创效】2020年，新疆油田公司呼图壁储气库作业区完善“十四五”期间科研攻关顶层设计。建立集“地质—井筒—地面”为一体完整性管理模式，配套压缩机完整性管理技术、全井筒腐蚀评价技术、气藏动态密封性评价等4项核心技术，形成公司级创新成果1项，牵头编制集团企业标准1项、深度参与编制6项，形成储气库注采运行核心技术支撑体系。推进调整工程建设、老井注采政策挖潜和措施挖潜，扩大注采规模；开展成本效益分析，控减非生产性支出；完成未上市一套账核算，消除新租赁准则影响。

（刘弯弯）

【注采运行】2020年，新疆油田公司呼图壁储气库作业区加强设备维护管理和预防性维护措施，特种设备完好率100%，自控系统及回路完好率100%，现场仪表完好率98%；注采气系统同步检修，完成345台套设备维护，治理隐患8项；开展4类73井次井筒与管柱状态监测，保证井筒密封有效，所有生产及监测井满足强注强采需求；通过地面布网、地下监测双重监控，确保储层密闭。深化HSE体系运行，内外审结合，排查整改问题197项；检修工艺设施，完成345台套设备维护，治理隐患8项；开展4类73井次井筒与管柱状态监测，保证井筒密封有效；

5月12日，新港公司供汽作业区员工检查锅炉内部的红外线涂料，保障锅炉热效率　（郑淏天　摄）

12月7日，呼图壁储气库采气量2700万立方米，刷新储气库最高日采气量纪录 （薛梅 摄）

开展地面布网、地下监测双重监控，确保储层密闭；完成危险化学品经营许可证换证，被集团公司确定为管道与站场完整性试点单位，实现连续8年站场与管道"零失效、零泄漏"。

（刘弯弯）

【经营管理】 2020年，新疆油田公司呼图壁储气库作业区实施增产增收、成本压控、挖潜增效、管理提质四大类20项提质增效措施，压缩非生产性支出10%。优化注气运行，消减配钻停注影响，注采双超，实现增产增收；压缩非生产性支出、协商压控生产承包支出及优化电力运行等措施，实现成本压控2366万元。执行新疆油田公司内控体系，梳理适用内控流程250项，明确到责任部门和责任人，搭建作业区内控管理体系；运用经理任中审计成果，检视经济业务，剖析问题成因、反思管理漏洞，组织制（修）订制度12项、废止2项，现行有效制度82项，推进各项业务合规管理。

（刘弯弯）

克拉玛依红山油田有限责任公司

【生产经营指标完成情况】 2020年，克拉玛依红山油田有限责任公司销售原油39.4万吨，实现销售收入7.11亿元，缴纳税费1.09亿元；吨油操作成本、投资规模严格控制在股东会下达计划指标内。

（段金鑫）

【滚动勘探】 2020年，克拉玛依红山油田有限责任公司深化地质综合研究和目标刻画，评价井新获工业油流1井1层；老井复试新获工业油流1井1层。红128井区石炭系油藏预计含油面积8.25平方千米，基本落实2.97平方千米。挖掘老区齐古组油层下限潜力，7口井措施后平均单井日产油3.8吨。

（段金鑫）

【老区稳产】 2020年，克拉玛依红山油田有限责任公司深化油井分类分治，健全注汽会审及焖开井后评估管理，焖开有效率78%，同比提升6%；加强汽窜干扰井治理，月汽窜干扰降至11井次。优化汽驱调控和汽源调整，产油6.4万吨，油汽比0.1，同比提升0.01。组织上产会战、跟班带站等上产工作，原油日产由3月初最低912吨上升至8月底最高1250吨。全年老井产油36.99万吨，井注油汽比0.132，全年节汽20万立方米。

（段金鑫）

【产能建设】 2020年，克拉玛依红山油田有限责任公司推行钻修一体化、地下地面建设并行化、整体装配撬装化，机械钻速、钻机月速分别较2019年提高4.1%和10.2%，单井及丛式井产能建设周期分别较设计提前13.2天和42.5天，刷新纪录，百万吨产能投资28.51亿元。全年新建产能5.17万吨，新井产油2.61万吨。

（段金鑫）

【提质增效】 2020 年，克拉玛依红山油田有限责任公司推进 10 个公司级 QC 管理项目对标提升和提质增效专项行动，基本运行费、管理费用分别较股东会批准压减 6531 万元和 700 万元，降幅分别为 14.16% 和 14.04%。伴热、药剂、材料、维修等费用压缩。优化处理站来液温度和单井伴热两端调控，全年减少非井注用汽 1.46 万立方米。优化处理站脱水工艺流程及加药浓度，全年节约药剂费用 71 万元、新增油量 629 吨。开展物资线上采购、修旧利废和群众性挖潜，全年节约 1598.35 万元。创新维修维保总包模式，压减费用 253.29 万元。实现生产及公务用车全面“网约”，压减运输费用 69 万元。强化“一炉一策”“一井一策”对标管理，吨汽天然气单耗 69.94 立方米、机采吨液单耗 10.52 千瓦时，同比下降 0.31 立方米和 0.05 千瓦时，均达到油田公司节能标杆水平。实施原油低储高销，增收 543 万元。

（段金鑫）

【科技创新】 2020 年，克拉玛依红山油田有限责任公司召开首届创新发展大会，构建创新驱动、品牌创建创新发展格局，创新成果涌现。突破地面水、汽供需矛盾，攻关地下采、注技术瓶颈，4000 立方米低成本污水深度处理工程开工，锅炉供水质量和红浅地区水平衡得到保障；实施固定锅炉撬装化改造及地面注汽点配套建设，提升锅炉运行时率、创效水平；采注修一体化举升工艺试验成功，成功申报克拉玛依市重大科技专项；单井蒸汽计量工艺改善注汽开发效果。深化自主科研，免焊接带压维抢修技术、高成熟探区滚动勘探等成果获油田公司技术发明二等奖、科技进步三等奖，申报国家发明专利 3 项、实用新型专利 4 项。

（段金鑫）

【智能化建设】 2020 年，克拉玛依红山油田有限责任公司推进数字化转型、智能化发展，依托新一代物联网建设成果，深化实时采集数据应用，异常井、小修作业等多项运行指标创最好水平，油井精细化水平提升。在新疆油田首次实现稠油生产井 24 小时功图计量、工况监测及诊断，异常井电子巡检报警及时率 98% 以上，3 日内处置有效率提升至 97%，恢复时率缩短至 1.67 天。常规检泵作业有效率提升至 86%，焖开杆卡率最低降至 2%；机采井调参见效率 85%，机抽系统效率达到新疆油田稠油单位先进水平。上线中国石油上游板块首例智能生产管理系统—智能红山 PM，实现“数据驱动业务”下最优运行，智能油田原创独创成果获邀在 2020 中国石油石化企业信息技术交流大会作报告交流。

（段金鑫）

【安全环保】 2020 年，克拉玛依红山油田有限责任公司执行 28 条安全生产禁令、10 条安全承诺和 5 条 HSE 奖励条款，开展 6 月安全生产月、7 月安全警示教育月和“8・31”事故警示日活动，形成“反复抓抓反

3 月 27 日，红山油田公司操作员打开油井注汽闸门，进行预热

（侯瑞　摄）

复”管理态势。制定实施安全生产记分、安全生产承包点和高危作业安全生产挂牌等3项制度，推进责任清单、安全行动和履职能力有机结合。推进“智能红山PM”系统应用，在中国石油集团内首次实现承包商作业门禁、业绩评价和隐患排查治理信息化、智能化管理。构建线上线下QHSE监督新模式，人为不安全行为由2019年前的29起/月降至3起/月，降幅89.66%，现场违章行为下降。创建智能型自主化班组标准并实现4个班组中级达标。绿色矿山建设通过自治区验收，进入国家矿山名录。

（段金鑫）

新疆油田公司吉庆油田作业区

【机构调整】 2020年，新疆油田公司吉庆油田作业区进行机构调整，下设4个职能办公室和4个中心，为二级管理运行模式，完成调入准东地区339人、克拉玛依地区21人。

（迟海东）

【生产指标完成情况】 2020年，新疆油田公司吉庆油田作业区生产原油74万吨，超产2万吨；其中老井产油73.5万吨，超产3.3万吨。生产天然气1899万立方米，超产99万立方米。油气单位操作成本11.39美元/桶，控制在预算指标之内；实现考核利润2744万元。无一般C级及以上安全生产和重大环境污染事故。

（庞海龙）

【产能建设】 2020年，新疆油田公司吉庆油田作业区新建产能井14口，新建产能1.2万吨，提前实施页岩油产能井10口，建产能8.13万吨的目标。推进生产时率提升，跨年产能井临投35口，当年产能井投产10口，当年产油4.7万吨。

（陈莹）

【原油上产】 2020年，新疆油田公司吉庆油田作业区开展百日原油上产会战，实施上产工作量168井次，提前18天实现会战目标。7月28日，作业区原油日产2000吨，创作业区原油日产水平新高；8月14日，页岩油日产量突破1000吨大关。围绕控制递减率和提高采收率两条主线，优化稠油注水，吉7井区实现高低压分区精细注水，注水压力分别稳定保持在19兆帕、18兆帕以上，确保油田注水正常。通过精细化管理，吉7井区深层稠油绝对自然递减下降至4.0%，页岩油产量稳中有升。

（迟海东）

【地面工程】 2020年，新疆油田公司吉庆油田作业区提升地面系统保障能力，加强来液预处理、优化工艺流程等措施，吉祥联合站超负荷安全运行330天。协助页岩油联合站加快投产，通过集团公司标准化施工验收A级认证，保障页岩油规模开发后路畅通；助力页岩油净化油长输管线的投用，打通页岩油管输最后“一公里”，结束长达13年净化油罐车拉运历史。

（庞海龙）

【地质认识】 2020年，新疆油田公司吉庆油田作业区建立页岩油甜点分类标准，掌握不同品质甜点对应参数特征，明确影响产能的主控因素，为井位部署及压裂设计提供参考。确定页岩油水平井生产分类标准，探索水平井全生命周期开发效果预测，为页岩油效益开发提供决策依据。

（陈莹）

【工艺试验】 2020年，新疆油田公司吉庆油田作业区攻关形成与新型油田作业区相配套8项核心技术，其中水平井井筒控制技术处于行业领先水平，平台井集中控制、单井在线计量、联合站多脉冲油处理等技术迈进国内先进行列，无杆泵采油、深层稠油冷采等技术达到世界先进水平，投捞电缆式智能分注、小直径机组投捞电潜螺杆泵举升、亲水疏油新材料物理法水处理等先导性试验均获成功，

10月24日，吉庆油田作业区员工利用压裂施工间隙对压裂设备进行检修　（张昀　摄）

推动油田生产方式升级换代。

（迟海东）

【智能油田建设】 2020年，新疆油田公司吉庆油田作业区推进智能油田建设，推广应用智能化采油系统，90%页岩油单井实现无人巡检，“无杆泵采油+单井在线计量+无线数据传输+视频监控”新型采油模式基本成熟。推进吉7井区油气物联网建设，形象进度60%，推动数字油田向智能油田转变；整合历史生产数据，建成油气水生产数据管理系统，满足生产研究需求。生产指挥调度、联合站门禁等智能系统投入使用，提高劳动效率。

（庞海龙）

【“云上吉庆”信息化建设】 2020年，新疆油田公司吉庆油田作业区建设“云上吉庆”。在新疆油田公司范围内率先应用云视讯、VPN等远程办公软件，实现多人多地办公；应用中国石油移动平台，提升文件处理、合同审批等远程办公效率。策划开发工作App 6个，上线运行2个，“云工会”提高服务员工能力，“云培训”方便员工掌上学习。

（陈莹）

【科技兴油】 2020年，新疆油田公司吉庆油田作业区健全科技大联合体系，与中国石油大学（北京）克拉玛依校区、中国科学院新疆理化技术研究所、清华大学公共关系研究院等院校签署战略合作协议，挂牌设立科技成果转化等基地6个，无杆泵采油技术写入石油高校教材。承担和参加科技项目12项22个课专题，其中集团公司重大项目课专题4个、公司级课专题11个、作业区级科技项目7项，获得集团公司科技进步一等奖1项，申报新疆石油学会科学技术奖2项。全年立项企业标准4项，申报发明专利10项，实用新型专利5项。

（迟海东）

【安全环保】 2020年，新疆油田公司吉庆油田作业区制定发布HSE规章制度及方案23项，明确安全管理职责；完善安全环保责任制、操作规程等内容18项，取得陆上采油（气）行业“安全生产许可证”。开展质量体系内审工作，整改不符合项76项。开展井下作业监督1025井次、地面工程监督4项，不合格项由35%下降到13%；落实安全风险分级防控，开展安全隐患专项排查11次，班组日常检查948人次，发现并整改隐患1346项。协调吉祥联合站伴生气处理项目落地，如期完成装置建设，消除天然气放空环保隐患。开展HSE自主化管理班组建设，2个中级班组、3个初级班组通过公司达标验收。应用新技术，污染物实现科学利用，绿色矿山建设通过验收。获油田公司2020年度HSE先进单位。

（庞海龙）

油气生产保障

综 述

【油气田工程项目】 2020年，新疆油田公司在玛湖、页岩油等区域49个区块原油建产256万吨，天然气建产1.07亿立方米。全年累计完成安装油井501口、注水井34口、注汽井14口、采气井9口；新建稀油计量站39座、稠油计量管汇13座；新建各类油气管线439千米、电力线191千米；新（扩）建玛河气田增压及深冷提效、采油二厂81号天然气处理站深冷提效工程等大中型站场9座，实施后新增集输能力400万吨、处理能力160万吨；天然气深冷率由16.5%提高至87.7%。

（曲鹏）

【机构调整】 2020年1月，新疆油田公司物资供应总公司进出口公司更名为进口公司，负责进口物资采购业务。

（罗汐）

10月18日，采油二厂81号天然气处理站天然气深冷提效装置投产
（采油二厂　供图）

【矿区改革】 2020年，新疆油田公司矿区服务事业部继续实施“四供一业”（供水、供电、供热、供气、物业）分离移交改造工作，完成15个“四供一业”维修改造项目清算资料鉴证工作，维修改造项目完成总进度96.5%。配合相关部门推进退休人员社会化管理工作，组织离退休管理中心、准东采油厂、明园物业管理中心3家单位从退休职工中推荐代表24名不定期召开座谈会，收集整理退休人员关注的热点、焦点问题。协调相关部门处理隶属于新疆油田公司矿区事业服务部的克拉玛依物业公司和离退休管理中心移交过程中部分资产调拨问题，召开专题讨论会，提出各自意见和建议，制定和签订移交方案。

（马合木提·买买提）

【标准化设计】 2020年，新疆油田公司在基本建设领域全面推广标准化和三维设计，全年完成致密油、页岩油、稠油

SAGD 定型图 14 套和 SAGD 地面建设标准化技术规定；推广应用一体化集成装置 80 套，缩短设计工期 30%、建设工期 15%，节约占地 5.2%，降低投资 4.1% 以上。推广工厂化预制，实现井口工艺管道预制率 85% 以上，计量间、配水间预制率 90% 以上；在呼图壁储气库调整工程（一期）、玛河气田增压及深冷提效、采油二厂 81 号天然气处理站深冷提效等工程大中型站场推行“工厂化预制 + 模块化建造 + 组装化施工”建设模式，缩短建设工期 30%；建成数字化移交管理平台，在大中型场站项目推广实施数字化移交。

（曲鹏）

【天然气装置检修】 2020 年，新疆油田公司完成 17 套天然气装置和 1 座储气库注气系统检修，消除安全隐患 103 项，减少天然气放空 886.5 万立方米；缩短检修时间 52 天，多产天然气 1843.7 万立方米、凝析油 3370.8 吨。

（曲鹏）

【水质达标】 2020 年，新疆油田公司水质达标持续提高，处理站水质达标率 98%、注水井口水质达标率 94%。建成风城高含盐水深度处理（MVC）工程，实现含盐水 10 倍浓缩减排，回用除盐水 3500 立方米 / 天，系统解决风城稠油水平衡问题及注采、集输系统析盐结垢问题，锅炉水质大幅改善，蒸汽质量合格率提升 15%，为锅炉安全运行、油田稳产上产提供水质保证。

（曲鹏）

【抗震加固】 2020 年，新疆油田公司启动《新疆油田公司“十四五”建筑物抗震加固专项规划》编制，开展准东医院住院楼抗震加固及改造项目实施。

（曲鹏）

【完整性管理】 2020 年，新疆油田公司推进管道和站场完整性管理。建成完整性管理数据库，“双高”管道筛查率 100%、治理率 100%。完成 1116 千米管道检测评价、258 千米管道修复及 4 座站场完整性管理工作，管道失效率较 2019 年同比降幅超过 30%。2020 年度股份公司完整性管理专项检查排名第三，获评股份公司完整性管理先进单位、完整性管理技术支持先进单位。

（曲鹏）

【工程建设管理】 2020 年，新疆油田公司强化地面工程建设组织协调力度，全年围绕产能建设、重大开发试验、老区调改，实施地面工程 117 项，完成方案审查，下达投资 106 项，开工 96 项，开工率 91%；投产 63 项，完工率 66%；全面推进工程竣工验收，完成 91 项，完成率 96%。

（曲鹏）

【科研攻关】 2020 年，新疆油田公司基本建设工程处开展稠油密闭集输处理研究，减少油气挥发损耗和 VOCs 排放；推进稠油采出水电化学处理试验，硅含量由 280 毫克 / 升降至 50 毫克 / 升以下；压裂返排液达标排放技术攻关成效显著，室内实验 COD 由 1500 毫克 / 升降至 100 毫克 / 升以下；原油密闭工艺应用“聚结快速脱水”新工艺，分离器脱水速率提升，出油含水小于 15%、出水含油小于 500 毫克 / 升；页岩油处理应用高频脉冲电脱水技术，实现电脱出油含水小于 1%、出水含油小于 500 毫克 / 升的目标。

（曲鹏）

油田工程质量监督

【概况】 2020 年，石油天然气克拉玛依工程质量监督站对新疆油田公司 138 项工程进行质量监督，工程总投资 85.2 亿元，项目监督覆盖率 100%。监督检查质监点 1823 个，形成监督记录 1375 份，发现各类质量问题 243 个，下发工程质量问题处理通知书 58 份，上报重大工程质量隐患36个。

（潘会泉）

【专项检查】 2020年6月1—11日，石油天然气克拉玛依工程质量监督站对新疆油田公司开发公司、采油一厂、采油二厂等所属以及新疆石油工程建设监理有限责任公司监理的油气田地面建设工程进行工程质量监督专项检查，工程包括采油二厂81号天然气处理站深冷提效工程、玛东油田玛东2井区三叠系百口泉组、下乌尔禾组油藏2019年地面建设工程—夏盐11预脱水站扩建工程（自营区）、吉木萨尔凹陷芦草沟组页岩油规划及吉305井至吉17井至吉37井区实施地面工程、玛湖1井区白碱滩、百口泉、上乌尔禾组油藏2019年地面建设工程（自营区）、2019年采油一厂车排子油田车21井区石炭系油藏转油站地面建设工程。重点对工程建设各方责任主体执行国家法律法规和基本建设程序以及质量保证体系的建立及执行情况，涉及结构安全及使用功能进场原材料质量检验、验收等方面进行专项检查。2020年9月，对吉木萨尔凹陷芦草沟组页岩油规划及吉305井至吉17井至吉37井区实施地面工程、玛湖1井区白碱滩、百口泉、上乌尔禾组油藏2019年地面建设工程质量开展管线吹扫试压、防腐、保温绝热工程质量专项检查。

（潘会泉）

【异地监督】 2020年，石油天然气克拉玛依工程质量监督站按照集团公司质量监督总站安排，对塔里木油田地面建设工程哈拉哈塘油田跃满西区块碳酸岩盐油藏初步开发地面工程、哈得逊油田玉科区块碳酸盐岩油气藏开发地面工程、哈拉哈塘油田富源Ⅱ区块奥陶系油藏滚动开发地面工程（管道部分）富源Ⅱ区块至哈一联油气集输干线工程和哈拉哈塘油田满深区块试采地面工程满深计转站、油气集输干线及其附属工程开展质量监督，工程总投资155824.99万元。采取到场巡检、网络沟通、专题质量总结会的形式进行监督检查，形成监督记录197份，发现质量问题200条，下发工程质量整改通知书27份，重大工程质量隐患21份。

（潘会泉）

【编制案例手册】 2020年，石油天然气克拉玛依工程质量监督站对中国石油天然气集团公司及其所属单位在克拉玛依地区及周边地区投资的油气田地面建设工程实施政府强制性工程质量监督。为确保工程质量，提高各方质量人员水平，避免或减少类似工程质量问题重复发生，工程质量监督站组织专家编辑《油气田地面建设工程质量隐患案例分析汇编（2016—2020）》。手册精选51个工程质量监督案例，涉及建筑工程、管道安装工程、设备安装工程、电气仪表安装工程、质量行为5个门类，通过文字和图片对问题进行描述，明确引用标准规范条文，对发生原因及危害后果进行分析，对处置方式和防范措施进行阐述，为加强工程建设项目管理人员质量问题判识、控制及处置能力提供参考和借鉴。

（潘会泉）

【工程预注册】 2020年，石油天然气克拉玛依工程质量监督站实施工程质量监督预注册制度，并根据各单位上报的预注册工程项目信息，合理安排监督站业务科室分工以及总监督工程师、专业监督工程师调配，使全年监督工作有效展开。

（潘会泉）

油气田基本建设

【发展战略】 2020年，中国石油工程建设公司新疆石油工程建设有限责任公司（简称新疆油建公司）启动“十四五”发展规划，突出项目成本预算，将项目执行控制在既定范围内，实现利润率目标。

（徐金雨）

【提质增效】 2020年，新疆油建公司制定工作方案和提质增效目标，召开专题部署会，督促逐级逐项落实落地；预算管理与提质增效工作相结合，按月预计全年损益，按月总结分析；按照“一事一案”制度，按月考核兑现，采取分类研判、分级督导、限期清欠等方式，确保计划有效落实；推进历史遗留问题处置，完成工作月报10期、诉讼案件周报24期，9个重点项目主诉进入法律程序，占比60%；完成采购节资目标，2020年完成物资、工程、服务等采购20.09亿元，节资额2.03亿元，实现“物资采购节资率约10%”“项目分包成本降低5%以上”提质增效目标。

（徐金雨）

【安全管理】 2020年，新疆油建公司合计完成13.37个安全百万人工时，309万千米安全行车里程。组织全员签订安全责任清单和HSE承诺书，实行领导干部HSE监管片区负责制，实施《领导干部个人安全行动计划》；全面推行“全员查隐患系统”，全年746人参与全员查隐患系统使用，排查隐患29682项，查隐患数量是2019年的3.25倍；开展安全整顿活动，制定“安全生产专项整顿成果巩固提升”方案，覆盖全员开展“再反思、再讨论”，查摆问题525项；制定《加强下半年项目安全监督的实施方案》，抽调两级机关管理人员进行安全集训，并经考试取得安全监督合格证，派驻现场与现有监督人员联合开展安全监督工作，同时成立督察组，进行巡回督察；完成现任61位项目经理履职能力评估工作；完善HSE风险清单，编制《综合应急预案》《施工现场安全事故处置方案》等各类安全管理程序文件，提升应急管理能力。

（徐金雨）

【质量管理】 2020年，新疆油建公司设计分公司组织公司级评审143次，评审通过率98.6%。获得省部级及其以上奖项8项，其中科技进步奖项3项，优秀勘察设计奖5项。油建分公司提高双相不锈钢半自动焊接一次合格率QC课题研究获2020年度石油工程建设优秀质量管理（QC）小组二等奖；西北锅炉房改建工程等2项工程，获克拉玛依市优质工程。

（徐金雨）

【市场开发】 2020年，新疆油建公司新签合同额30.3亿元，完成全年提质增效目标101%。2020年，在新疆油田公司新签合同额较2019年同期降低10%。长输管道业务较2019年合同额减少7.6亿元，同比降低77.9%。调整市场开发方向，密切追踪市政以及系统外项目信息，成立投标小组，做好开发前可研分析，风险评估，中标市政项目、系统外项目数量较2019年分别增长5倍、2倍。中标国网克拉玛依供电公司中低压改造工程和风九八110千

4月3日，新疆油建公司中俄东线天然气管道工程葫芦岛施工现场
（王青兰　摄）

伏线路调整工程。

（徐金雨）

【项目运行】2020年，新疆油建公司全年执行项目1180项。在EPC项目中全面推行标准化施工，开展标准化作业班组活动。设计、开发“橇装化智能门禁和视频监控系统”，编制《橇装化智能门禁和视频监控系统技术规格书》，并在项目中成功应用；EPC总承包项目全面推行数字化交付。“风城油田高含盐污水深度处理工程”整体应用MVC核心工艺包，“富成能源玛131—40万浅冷项目”撬装化模块化应用率超过80%，主体设备总体实现工厂预制化，签证变更费用低于1%，分别提前43天、36天，一次性顺利投产。玛河深冷提效工程作为新疆油田公司重点提质增效工程、呼图壁储气库调整工程地面建设项目作为北疆地区保气民生重点项目均获得股份公司表彰；环玛湖公路项目作为勘探开发基础配套工程获得油田公司表彰。集成化业务平稳发展，全年销售专有设备112台/套，新签合同额1.59亿元，与新疆油田公司签订自主创新产品“SAGD井口注采管汇橇”长期框架供货协议。采油二厂八区530井区二元化学驱26台装置实现当年实施、当年供货安装，环玛湖区块18台橇装化装置全部完成交付。

（徐金雨）

【全自动焊接技术获突破】2020年，新疆油建公司在克拉美丽气田运用全自动焊接技术获得突破。焊接人员在克拉美丽气田滴西328井施工现场，运用全自动焊接技术完成D60×5小口径管道，96道焊口，合格率98.96%。全自动焊接技术被命名为“卡式小口径管道全自动焊接技术”，是公司继中俄天然气管道项目实现国产大口径管道全自动焊接技术之后取得的又一突破。

（徐金雨）

11月20日，焊接人员在克拉美丽气田滴西328井施工现场运用全自动焊接技术施工（李媛 摄）

【科技创新】2020年，新疆油建公司申请专利33项，新增授权专利13项，在省部级及以上期刊发表论文55篇；在中国石油工程建设公司2020年优秀工程勘察设计评选中，获得优秀工程设计奖7项，优秀工程勘察奖2项，优秀工程咨询奖10项；“超稠油SAGD开发集输及处理工艺技术”等3项成果获中国石油工程建设公司“优秀科技创新成果”荣誉称号；大口径长输管道全自动焊接工艺在中俄东线各标段发挥作用；小口径管道全自动焊接技术与传统手工焊相比，技能要求低，焊接质量稳定；DR检测技术成功应用推广，成功开发数字底片的缺陷智能识别评定辅助系统，气孔准确率90%以上；储罐无轨爬行焊接合格率100%，焊缝冲击韧性性能是传统自动焊的2～3倍，工程建设智能化水平显著提升。

（徐金雨）

工程监理

【概况】 2020年，新疆石油工程建设监理有限责任公司全年督查监理履职问题74起，约谈2人，对9名责任人进行通报、考核。检查32项重点工程40余次，处理问题570余项，81号天然气处理站深冷工程提前42天、呼图壁储气库6口井提前10天投产。编制《老油区挖掘作业管控要求》，编制挖掘、动火、受限空间等6项风险作业管控监理检查表，检查作业许可16158份，发现问题425个，百份作业许可问题数由4.4个下降至2.6个，下降40.9%。围绕焊接质量六大因素，严把焊接质量关键环节，焊接一次合格率98.3%。全面推广标准化监理，实现重点工程全覆盖，页岩油项目标准化监理应用在股份公司地面检查中得到好评。向22家承包商签发73份监理告知书，规范承包商建设行为及过程管理等内容。围绕“监理资料产品观”，加大督导考核力度，资料归档完成率较2019年提高33.44%，业主资料归档率提高25.3%，2020年工程资料实现应归尽归。深化增值服务，提出合理化建议64条，发现工程签证问题236个，优化工期254天，累计创效1082万元。

（徐丽萍）

【环境监理】 2020年，新疆石油工程建设监理有限责任公司检查现场10412次，查处各类环境问题2671个（同比下降58.5%）；监督报备岩屑42.24万立方米、拉运合格岩屑36.81万立方米、岩屑再利用9.27万立方米，旁站监督清运油基岩屑2.06万吨。《关于促进环境监理业务发展提案》获油田公司四届四次职代会优秀提案。推动《新疆油田公司建设项目环境监理管理规定》实施，将环境监理正式纳入油田公司环保监督、环境监测、环境监理立体监督体系。开展地面工程监理与井筒环境监理互通互学工作。组织地面工程监理全员开展环境监理理论培训109人、实操培训61人，地面人员介入井筒环境9人，补位率22.5%。建设6支样板标准化井队，项目环保管理标准化迈出坚实一步。严抓重点时段环境监管，查处问题156个，消除环保隐患438项。

（徐丽萍）

【体系建设】 2020年，新疆石油工程建设监理有限责任公司坚持体系建设，夯实管理基础，完成QHSE管理手册换版升级，编制部门及岗位职责64个，梳理管理制度88项。建立覆盖全岗位安全责任清单56个，形成“一岗一清单”，层层签订健康、安全与环保管理责任书。开展精准审核，内外部审核提出问题和建议83项，一般不符合23项，针对问题组织分析原因、落实整改，强化闭环管理。开展全过程风险辨识和防控，识别危害因素267项，制定防控措施750项；制订《监理公司重点整治事故隐患目录》，包括管控红线15项，停工项28项、严重违章83项，分层次、有重点地对承包商违章行为进行管控。

（徐丽萍）

【经营管理】 2020年，新疆石油工程建设监理有限责任公司强化成本管理，资金计划执行率保持在95%以上，完成全年商票指标。开展4次固定资产检查，清查资产1142项，发现7大类问题，涉及303项资产，实行实物资产动态管理，责任到人。强化税费管理，用好优惠政策，通过社保减免、残保金减征、进项税加计抵扣累计减少成本112万元。完成补差合同，彻底清偿公司积欠多年的付息债务，减少财务费用116万元，2021年起不再产生财务费用，进一步降低公司运营成本。

（徐丽萍）

【合规管理】 2020年，新疆石油工程建设监理有限责任公司修订制度46项、新增7项、废止9项，《绩效考核办法》在油田公司做经验分享。开展内控风险及合规管理大讲堂1次，完成内控测试表单145项，内控系统合规测试通过率100%。对工程监理资料合规性管理进行专项检查，发现问题16个。

（徐丽萍）

【提质增效】 2020年，新疆石油工程建设监理有限责任公司全年账面利润1026万元，自由现金流始终为正，成本管控年活动方案获油田公司三等奖。制定实施提质增效“十大措施”，配套完善相关激励约束机制6项，每月召开提质增效专项行动推进会，组织开展提质增效推广交流会2次。挖潜人力资源，打破专业、业务、地域限制，实现工程监理、环境监理深度融合，减少技术服务人员20人,通过“一车一签、一用一签”制度，对车辆里程、服务态度、车况等4个方面精准考核；从“1张纸1滴水1度电”降本，加强水、电、暖、耗材管控等，实现降本1495万元。拓展IPMT项目管理，中标外部市场项目3项，开展招标代理业务，增收910万元。提质增效工作成效显著，在油田公司作基层典型经验分享。

（徐丽萍）

【绩效管理】 2020年，新疆石油工程建设监理有限责任公司优化考核管理，逐步建立差异化考核指标体系，修订考核细则，其中监理业务考核由扣分模式改为加分模式，正向激励基层发挥主观能动性。突出效益效率导向，将提质增效工作质量纳入业绩合同，绩效考核分数与季度、年度奖金分配全面挂钩。完善精准激励体系，制定《增收创效管理办法》，按增收利润百分比奖励到个人，鼓励全员创效增收。调整基层奖金可考核比例，设置任务奖金系数，认领任务越多，绩效奖励越高，激励员工提升工作效率与工作质量。

（徐丽萍）

【员工培训及资质认证】 2020年，新疆石油工程建设监理有限责任公司通过“公司组织学、小组交流学、导师带着学”的“三学”模式，春季集中培训改为线上、线下培训相结合模式，累计开展51班次、581人次，参加油田公司42班次、182人次。组织各项目部成立专业学习小组，开展专业学习99次，形成项目部内部各专业定期交流学习机制。持续开展导师带徒，调整工艺、土建专业师徒对子8对，新增师徒对子3对，建立无损检测专业师徒对子4对（共计10人），加强青年员工岗位培养日常跟踪指导。按照“双师制”培养模式，为新入职实习生配备指导老师4人，强化新员工识图、检测器具使用与生产工艺原理学习。加大培训取证工作力度，办理国家监理工程师执业资格证2人，国家监理工程师初始注册1人，延续注册7人，变更专业注册1人；一级建造师初始注册1人，造价工程师初始注册1人，注册安全工程师初始（重新初始）注册5人。

（徐丽萍）

工程咨询

【概况】 2020年，新疆昆仑工程咨询有限责任公司为新疆油田公司、克拉玛依市政府重大和关键决策提供多项决策咨询服务。完成“新疆油田公司退休人员社会化移交社会稳定风险评估报告”和“昆仑天玺商业保理有限公司增资扩股可行性研究报告”；完成“克拉玛依市白碱滩区（克拉玛依高新区）油气交易一体化大数据应用平台建设项目可行性研究报告”和“千亿产业园项目政府决策咨询报告”。

（李艳）

【节能评估】 2020年，新疆昆仑工程咨询有限责任公司参与新疆油田公司、塔里木油田公司及克拉玛依市政府固定资产投资项目节能审查和节能专项可研报告编制等节能技术服务工作。完成新疆油田公司固定资产投资项目节能报告11

个，实现年综合节能量 331.84 吨标准煤、节约投资 670.03 万元、年节约运行费用 70.74 万元；完成塔里木油田公司固定资产投资项目节能报告 17 个，实现年综合节能量 2171.58 吨标准煤、节约投资 512.14 万元、年节约运行费用 273.12 万元；完成克拉玛依市发展和改革委员会委托的节能报告审查项目 5 个。固定资产投资项目节能审查业务在克拉玛依地区和塔里木油田市场的占有率稳定在 100%。与新疆油田公司工程技术研究院合作，完成新疆油田公司油气储运公司克乌管道原油输送节能技术改造工程、腹部油区油气集输系统节能技术改造工程、2020 年机采系统节能技术改造工程 3 个项目预可行性和可行性研究报告编制工作，为新疆油田公司申请节能改造专项资金 16203.91 万元，工程实施后年可实现节约 28159.48 吨（标准煤），年可实现节约费用 4049.22 万元。

（李艳）

【安全评价】 2020 年，新疆昆仑工程咨询有限责任公司全年完成职业病危害现状评价项目 5 个，安全现状评价项目 19 个，工艺安全分析项目 10 个，安全预评价项目 3 个，其他类安全评价项目 2 项。完成准东采油厂、采油二厂、陆梁油田作业区、油气储运公司、风城油田作业区 5 家单位安全现状评价，共发现 5 类 68 项安全隐患问题，主要集中在安全防护设施、平面布置及建（构）筑物、电气、仪表监控系统、消防设施等方面。完成准东采油厂、采油二厂、风城油田作业区和吉庆油田作业区 4 家单位职业病危害现状评价，对 4 家单位职业卫生管理工作是否符合国家职业卫生有关法律、法规要求做出分析评价。完成石南 21 集中处理站、石南 4 联合站、石南 31 转油站、莫北转油站、莫 109 转油站、北三台油库、701 站 7 个重点要害站场开展 HAZOP 分析，共划分节点 110 个，分析偏差总数 794 项，提出建议改进措施 53 条，保护层分析（LOPA）共提出建议改进措施 21 项。完成新疆油田公司及下属 11 家单位安全现状评价报告编制和全部安全生产许可证申请和延期换证。

（李艳）

【后评价服务】 2020 年，新疆昆仑工程咨询有限责任公司完成《吉木萨尔页岩油勘探开发项目（2012—2019）自评》《准噶尔盆地“十二五”“十三五”勘探专项自评价》等新疆油田公司 2 项重点项目后评价工作；承担塔里木油田分公司、独山子石化公司委托的后评价工作；完成塔里木油田《英东输油管线水源地管段改线工程简化后评价》《英买力处理厂至英轮 2 号阀室输气管道工程简化后评价》《大北至南疆利民 3 号阀室输气管道工程自评价》《塔中凝析油稳定及储运工程（稳定部分）自评价》《2020 年塔里木油田凝析气轻烃深度回收工程自评价》等 13 项后评价项目。配合集团公司项目后评价处开展相关研究和基础工作，完成区域后评价技术服务业务。

（李艳）

【QHSE 体系管理】 2020 年，新疆昆仑工程咨询有限责任公司承担新疆油田公司范围内各项 QHSE 管理咨询、审核、评估及勘探与生产分公司（西北工作站）部分任务，从管理、现场指导，危害辨识、组织培训等方面为油田公司各单位提供全方位 HSE 体系咨询工作。完成《青海油田公司基层站队 HSE 标准化建设管理咨询》《新疆油田环境因素识别、风险评价及管控咨询》《QHSE 管理体系流程完善咨询项目》《新疆油田 2020 年承包商 HSE 管理体系审核》等 5 项咨询项目。

（李艳）

【资质管理】 2020 年，新疆昆仑工程咨询有限责任公司完成自治区应急厅安全评价资质审核工作，通过业务交流、继续教育、以考促学等多种方式，培养专业人才队伍，组织员工参加专业资格培训和考试。完成集团公司、塔里木油田、西部管道、独山子石化准入证年审工作。完成安全评价师续期注册9人，继续教育49人。完成咨询工程师变更专业登记1人，续期注册12人，继续教育12人。完成注册安全工程师27人继续教育和续期注册工作。

（李艳）

物资供应

【物资保供】 2020年，新疆油田公司电商平台采购订单4465单，首次突破1亿元。集中采购金额50.34亿元，占全年物资采购总额87%，缩短采购周期5～35天。累计滚动储备重点大宗物资70.6万吨、石油专用设备4670台/套，供应物资9万余项，吞吐量308万吨。汽运载荷8600吨，满足油田物资24小时连续配送需求。疫情防控期间，协调解决物资采购、发运和跨区域配送难题，采购疫情防控物资295.9万件，铁路到货物资15.9万吨，配送物资3676车次10.3万吨，实现疫情防控与物资保供“两手抓、两手硬、两不误”。全年物资保障率100%，客户满意度95.6%。

（罗汐）

【质量管控】 2020年，新疆油田公司物资供应总公司审核产品标准5788项，开展关键物资驻厂监造15.7万吨，入库物资检验率100%，实行直达现场重点设备联合验收。委托第三方检验物资1243批次、3.77万只，解决用户反馈质量问题14起，追究违约供应商5家。

（罗汐）

【仓储升级】 2020年，新疆油田公司对标集团公司仓储管理先进模式，制定实施《全面提升仓储管理水平实施方案》，从库容库貌、作业规范、积压处置、信息管理等方面，开展管理提升活动，查改问题21项，实现仓储管理整体达集团公司一级水平。

（罗汐）

【成本管控】 2020年，新疆油田公司物资供应总公司控减采购综合成本7.36亿元、压减管理性支出606万元。实施规模化采购控减采购直接成本5.79亿元，质控前移节约质检费用269.8万元，优化物流配送节约941万元，代储代销节约资金占用7173万元，办理商业承兑汇票节约财务费用7329万元。开展积压物资代用利用和内部调剂，减少非正常存货4467万元。万元产值变动成本控制在9460元指标范围内。

（罗汐）

【增收创效】 2020年，新疆油田公司物资供应总公司与吉林油田、富城能源、国家电网等16家单位开展物资采购代理服务，销售3.38亿元，创利1778万元。持续打造仓储物流服务

5月9日，新疆油田公司物资供应总公司新仓储园调运物资。该公司通过加强成本管控，综合成本刚性下降10%以上　（李浩然　摄）

品牌，新增9家合作伙伴，收入2570万元，创利1540万元。盘活不良存货创效651万元，处置闲置固定资产收益166万元。

（罗汐）

【内控管理】 2020年，新疆油田公司物资供应总公司编制完成《对标世界一流管理提升行动工作方案》《依法治企实施方案》，废止、合并、修订管理制度21项，新增应急预案6项，废止1项。组织开展《中华人民共和国安全生产法》《中华人民共和国合同法》《中华人民共和国招标投标法》等宣贯培训3030人次。强化重大事项法律论证，加强合同、招投标和法律事务管理，整改审计反馈问题26项、内控测试例外事项9项、合规自检自查共性问题17项。通过仲裁及诉讼避免经济损失150.8万元。

（罗汐）

【HSE体系建设】 2020年，新疆油田公司物资供应总公司完成274个岗位“安全环保责任清单”，制定并实施年度考评，初步构建全员安全环保责任体系。持续构建应急预案体系，完善HSE管理制度7项，梳理操作规程52项，HSE体系建设实现提档升级。推进双重预防机制责任落实，辨识作业现场、管理过程各类风险429项，评价重大风险4项，消除各类问题和隐患158项，连续12年保持新疆油田公司HSE先进单位。

（罗汐）

矿区服务

【业务运行】 2020年，新疆油田矿区服务事业部新疆油田“四供一业”分离移交维修改造15个项目（85个子项）。至年底，克拉玛依燃气、白碱滩供热、地物所供水供电等7个项目基本完工。全年完成资金占比82.4%。抓好业务过渡期矿区服务满意度测评工作，全年发放用户满意测评问卷11366份，抽样比例超过10%，组织座谈会42次，投诉处理率100%，矿区综合服务满意度得分94.21分。

（马合木提·买买提）

【“四供一业”分离】 2020年，新疆油田公司矿区服务事业部按照集团公司清算工作要求，与第三方清算鉴证机构——中审华会计师事务所全年实时对接。新疆油田“四供一业”分离移交协议居民总户数为629449户，分两批上报清算资料。9月底，向集团公司上报完成新疆油田《“四供一业”项目清算报告》。

（马合木提·买买提）

【油田物业】 2020年，新疆油田公司矿区服务事业部协助宝石花物业新疆地区公司开展相关物业业务，全年实现收缴物业费率约93%。克拉玛依片区67个小区完成《小区物业费调费征求意见书》双过半签订工作，45个小区成立业主委员会，33个小区签订《物业服务合同》。

（马合木提·买买提）

【安全环保】 2020年，新疆油田公司矿区服务事业部按照施工现场全覆盖要求，对受限空间、挖掘、高空、动火等作业现场，以及施工人员持证上岗、疫情防控措施执行情况监督，及时协调并合理安排施工时序，减少重复开挖及扰民频次，做到文明施工。全年对施工现场进行不定期跟踪检查，覆盖市区居民小区59个，检查存在问题129个，均完成整改。通过检查，业主单位考核处理施工单位违章33个，监理违章19个，处罚金额81000元。围绕矿区“四供一业”维修改造业务，开展QHSE体系审核，发现不符合项187项；检查现场206个，查找各类问题542项，责令停工9次，处罚77次；对4家单位30个基层班组推行作业风险防控及班组自主化管理；起草《移交补充协议》，确保安全环保责任界定及时跟进，安全环保考核指标平稳受控。

（马合木提·买买提）

综 述

【重点区域提速】 2020年，新疆油田公司继续完善玛湖三叠系、吉木萨尔页岩油区块固化水平井提速模板，钻井工期分别降至79.7天、48.1天，同比缩短13.7天、47.7天。玛湖二叠系攻关形成“三开+油基+分段提速”水平井钻井配套技术，玛湖1、金龙2井区钻井工期分别降至80天、84天，分别同比缩短92.5天、80天。

（孟祥燕）

【储气库钻井技术】 2020年，新疆油田公司11口水平井全部按计划完井，平均工期由347天缩短至152天，固井质量合格率100%。钻成国内陆上首口大尺寸勺形轨迹试验井（HUHWK7），创造最大井深4710米、最长水平段967米等多项纪录。

（孟祥燕）

【南缘钻井技术】 2020年，新疆油田公司形成适合不同钻探目标五大类井身结构序列、抗高温高压高密度油基钻井液（200摄氏度、2.7克/立方厘米）及国产固井水泥浆（160摄氏度、2.55克/立方厘米）体系，保障超深井钻井安全实施。

（孟祥燕）

【压裂组合提效技术】 2020年，新疆油田公司集成“极限限流+暂堵均衡”改造方法，突破全程滑溜水连续携砂瓶颈，玛湖、吉木萨尔地区水平井压裂液体用量降幅26.5%，投资降低10%，效率提高20%。

（孟祥燕）

【低成本压裂液体系】 2020年，新疆油田公司推广免配制混压裂液、高含盐水配液等技术，液体降阻率大于70%，实现埋深4000米、井深6800米井安全施工，水平井压裂综合成本降幅40%以上。

（孟祥燕）

【石英砂替代技术】 2020年，新疆油田公司制定“以量换质、缩小簇间距、提高小粒径石英砂占比”石英砂替代技术界限，石英砂替代规模应用埋深3700米，最大试验埋深4100米。

（孟祥燕）

【机采提效】 2020年，新疆油田公司实施采油井优化设计29100井次、调整16740井次，机采系统效率24.1%，同比提高1.3个百分点，节电4204.1万千瓦时。

（孟祥燕）

【老井重复压裂】 2020年，新疆油田公司实施老井重复压裂等增产措施1711井次，年累增油55万吨，措施有效率85.3%。

（孟祥燕）

【提质增效】 2020年，新疆油田公司根据提质增效专项方案，逐级细化有关工作措施，找准控投发力点和增效潜力点，在钻井、压裂、机采、注采、井下和排水、采气等方面实现控投降本 10.34 亿元。

（孟祥燕）

【井控管理】 2020 年，新疆油田公司全年制（修）订井控管理制度 10 项，按季度开展重点井分级防控评估，组织 3600 余人次参加井控技术培训，组织 4 次井控专项检查，确保公司井控安全受控。

（孟祥燕）

钻 井

【概况】 2020 年，西部钻探克拉玛依钻井公司拥有各类钻机 91 部，主要石油专用设备数量 1814 台套，原值 8.46 亿元，净值 4.41 亿元；固定资产原值 24.67 亿元，净值 13.25 亿元。全年开钻 533 口，完井 613 口，进尺 148 万米，实现收入 37 亿元。综合钻机月速度 2163.07 米/台·月，同比提高 22.18%；机械钻速 8.11 米/小时，同比提高 14.71%，事故时率 0.1%，复杂时率 1.0%，井身质量合格率 100%，固井质量合格率 100%，取心收获率 98.62%。

（汪洋）

【重点工程】 2020 年，西部钻探克拉玛依钻井公司实施重点项目、重点井领导挂点承包责任制，成立 9 个重点探井、风险探井驻点项目组，升级靠前管控力量，助力钻井提速提效。建立南缘、玛湖 EISC 指挥中心，发挥远程技术支撑保障作用，实现风险探井、重点井全覆盖，履行南缘主战职责，加大装备、技术、人力资源等优势资源投入力度，实施“属地 + 技术”全工序管理，打成高 101、高泉 5、GHW001 等 5 口高风险超深井，保障集团重大勘探区域探索进程。整合社会资源，统一安全、技术标准，对九六区、红浅火驱、稠油等区块实施总包，钻井 360 口，完成进尺 16.64 万米。推行“ZJ40 打中完、ZJ50/70 打三开”接力赛施工模式，钻机利用率提高 8 个百分点。承揽新区探井、老区试验井和边缘评价井，打成车排 24、前哨 4、石西 16 等一批油气井。

（汪洋）

【玛湖项目】 2020 年，西部钻探克拉玛依钻井公司制定《玛湖井区工程技术实施要点》《水平井三开工程复杂预防措施》配套技术方案，降低人为试错风险。优选层段专打工器具，推广应用 MSE 优快钻井、水力振荡器、循环堵漏工具、XZ 系列钻头、油基钻井液等新技术新工艺，破解井段提速受限、区域井漏易发、完井套管下入困难、稳斜效果不佳、油层钻遇率低等施工难题，玛湖整体提速 21%。深化玛湖项目管理模式，按照区域主导、优势互补、资源共享、共保产建工作思路，发挥工厂化作业优势，打造区域样板工程，完成水平井 159 口，进尺 73.91 万米，单机效率提升 12%，2 支钻井队年“7 开 7 完”，创造玛湖新速度。

（汪洋）

11 月 9 日，西部钻探克拉玛依钻井公司钻井队在井场安装井架，为新井冬季施工做好准备

（侯红丽　摄）

【科研项目】 2020年，西部钻探克拉玛依钻井公司承担22个科技项目。其中参与国家级科技项目1项,集团公司统筹项2项，参与股份公司专项2项；参与油田公司科技项目1项，参与集团公司科技项目1项。承担西部钻探级项目5项，参与西部钻探级科技项目4项。新开自筹经费级项目4项，一线创新类项目2项，计划经费1282.71万元左右,完成支出1264.97万元。

（汪洋）

【技术论文】 2020年，克拉玛依钻井公司在《西部探矿工程》《新疆石油天然气》《石油研究》《石油石化》《设备管理与维修》《建筑工程与设计》《建筑与装饰》等刊物上发表技术论文11篇。

（汪洋）

【科技成果】 2020年，西部钻探克拉玛依钻井公司评选出科技成果27项：一等奖6项、二等奖8项、三等奖13项，获得西部钻探技术创新成果3项。其中克拉玛依钻井公司牵头完成的《玛湖砾岩油藏水平井优快钻完井配套技术》获得2020年度西部钻探技术创新成果一等奖；参与的《呼图壁储气库水平井钻完井技术研究与应用》获2020年度西部钻探技术创新成果一等奖；参与的“XZ抗高温高密度高效油基钻完井液关键技术”获西部钻探技术创新成果二等奖。

（汪洋）

【知识产权】 2020年，西部钻探克拉玛依钻井公司有9项有效实用新型专利证书，19项专利因到期等原因放弃专利权。取得19个有效计算机软件著作权登记证书。其中气动绞车安全控制装置获得实用新型专利；快速脱离式安全带挂绳连接器、钻井泵耐磨盘取出工具获得专利受理通知书。

（汪洋）

【设备更新改造】 2020年，西部钻探克拉玛依钻井公司加大钻机更新改造力度，全年引入70以上大钻机7部、自动化装备149台套，升级改造钻机5部，设备新度系数由0.42提升至0.55，装备结构不断优化。

（汪洋）

固　井

【概况】 2020年，西部钻探固井公司完成固井作业2841井次，固井1053口；固井质量合格率100%，优质率81.5%。超额完成上级下达考核利润指标。

（刘海波　石琳）

【市场开发】 2020年，西部钻探固井公司向油田甲方争取高端固井服务总包，新疆油田储气库井市场和天然气井市场占有率100%，3200米以上井占有率97%以上，稳固关联交易市场主体地位。

（刘海波　石琳）

【国内外部市场】 2020年，西部钻探固井公司南疆项目部获得塔河南岸、博孜等区块12口井工作量以及库车山前大北区块、新疆派特罗尔、兆胜等6口井固井总包。在长庆油田市场获得延续工作量；在陇东天然气市场获得辽河油田流转区块4口井固井服务。与西南页岩气市场深化多元合作，获得工作量。

（刘海波　石琳）

【海外市场】 2020年，西部钻探固井公司在哈萨克斯坦共和国市场全年完成固井作业673井次。启动阿特劳克山项目，获得3口井工作量，获得扎那诺尔油田华盛达公司1口井工作量；在卡姆、PKKR、哈德等油田实现固井总包，获得卡兹别克、肯艾、库尔等油田12口井工作量，克孜地区综合市场占有率90%以上。

（刘海波　石琳）

【工程质量】 2020年，西部钻探固井公司围绕井筒、入井工具和流体质量细化固井质量管控措施，围绕重点井、南缘复杂井，外聘技术顾问和内部专家组精准把控；强化资源共享，组织开展固井写实，坚持月度、季度固井质量分析会，及时追踪固井设计现场执行情况，注重靶向分析，对固井质量问题及时分析，及时采取应对措施。不定期开展质量回访交流20次，打造出呼图壁储气库、呼探1井、康探1井、GHW001井等一大批国家级精品工程，先后获得中油油服、各区域油田局处级表扬信22封。苏里格项目部在长庆油田固井工程质量考核中名列前茅，获采气三厂“优秀固井单位”称号。哈萨克斯坦阿克套、希望油田、肯基亚克盐上、卡兹别克等区域固井质量优质率均创下新指标。

（刘海波　石琳）

【科研攻关】 2020年，西部钻探固井公司完善科技项目管理、技术创新成果奖励等配套制度，立项攻关14项，修订《固井设计规范》行业标准并向集团公司申报第五届优秀标准奖，完成集团公司重大现场试验项目“复杂超深井安全优快钻完井技术集成与试验”立项工作，研究油基钻井液注水泥塞隔离先导浆体系、新型低密度水泥浆体系、自主研发XZ-CXJ冲洗剂和XZ-GLJ隔离剂现场应用，助力成果有效转化。3篇论文入选中国石油学会“2020年固井技术研讨会”论文集，1篇获固井专业研讨会优秀论文二等奖，3项技术成果被评为西部钻探科技创新成果。

（刘海波　石琳）

【经营管理】 2020年，西部钻探固井公司通过党委中心组专题研讨、基层班组会等多种形式开展“战严冬、转观念、勇担当、上台阶”主题教育23场次592人次，细化成本管控和提质增效工作措施14项214条，配套出台考核奖励办法。领导班子成员深入一线开展工作调研和座谈交流42次，公司主管领导每月定期通报有关库存、工具、材料方面工作进度，形成“月核查、季通报、年考核”工作机制，全面梳理总结公司提质增效经验做法，撰写低成本经验交流材料12篇。通过管理创效、生产组织和工程技术等措施有效管控，超额33%完成预定提质增效目标。

（刘海波　石琳）

【安全环保】 2020年，西部钻探固井公司连续8年获得西部钻探安全生产先进单位荣誉。领导班子成员联点检查42次，覆盖率100%。开展“双重预防机制”建设，识别危害因素466个，开展安全隐患治理6项。坚持施工作业全程监督、巡视监督452井次，下发监督通报52期，严格承包商专项检查21次。组织全范围、全方位隐患排查和井控检查19次，发现问题77项，梳理管理短板4项。按区域分级管控井控风险，编制国内外61个井控风险区块202条防控措施以及探井、评价井单井预案，实现分区、分井、分级管控。选聘10名处级井控专家，井控培训394人次。组织开展合规管理专题培训，强化重点环节监督。开展以技术执行、现场施工、道路交通、消防用电为主题安全教育培训18期376人次，征集各类安全文化作品108篇（幅），组织全员参加集团公司“安全月”答题等活动。

（刘海波　石琳）

井下作业

【概况】 2020年，西部钻探公司井下作业公司（储层改造研究中心）实现产值29.48亿元。完成北疆压裂5874层，其中水平井4504层、一体化总包1429层；外部市场压裂353层；大修66口井，侧钻21口井。实现“零事故、零伤害、零损失”HSE管理目标和“零事件”井控管理目标。

（薛进）

【主营业务】 2020年，西部钻探公司井下作业公司（储层改造研究中心）保障玛湖、页岩油、南缘等重要资源区256口水平井按期见产。全年打破21项新疆油田工程纪录，车排24井、康探1井、滴243井等一批精品工程取得重大发现，获得两封中油油服贺信及25次新疆油田公司及下属单位书面表扬。在塔里木油田坚持以技术优势抢市场、占高端，承担所有“1”号井施工，占据85%三超井加砂压裂份额，居承包商评价第一名，市场份额首次冲上50%。成功进入西南页岩气压裂市场，打破国内页岩气单井压裂段数最高纪录。外部市场打造轮探1井、满深1井、博孜22井、宁209H71-3井等一批精品工程，先后8次获甲方书面表扬。87口老井重焕生机，刷新6项工程纪录。开展连续油管强化技术攻关，拓展光纤测试、水平井拖动酸化、氮气气举等业务，持续进军深井领域，在玛湖W2044井创国内陆上油田拖动压裂垂深最深纪录。

（薛进）

6月19日，西部钻探井下作业公司员工对玛湖070评价井进行压裂施工（唐伟 摄）

【生产管理】 2020年，西部钻探公司井下作业公司（储层改造研究中心）与油田构建多层次沟通机制，持续开展“日报表、周对接”工作，推广提速经验，制定区域提速模板，创9项区域效率指标，水平井日均压裂效率提高15.7%，自有设备动用率提升20%。深化“制造+服务”维保模式，构建预防为主、区域负责、快速响应设备维修管理体系，故障率全面降低。推广应用不锈钢压裂阀箱、高性能泵配，持续完善压裂一体化智能操作系统，打造两支中油油服标杆队。编制《水平井压裂现场指挥手册》，技术专家、液体工程师常驻现场。组织参加中油油服、西部钻探劳动竞赛，12支压裂队达到400层油服劳动竞赛目标，6支压裂队超420层。全年水平井侧钻提速15.3%。

（薛进）

【经营管理】 2020年，西部钻探公司井下作业公司（储层改造研究中心）撤并三级机构，按区域成立6个压裂项目部，按专业成立5个中心。聚焦油料、运费、租赁费等关键费用管控，成本降幅13%。完善制度体系，修订109项规章制度及程序文件，加大后勤岗位人员向一线流动，一线人员占比70%。

（薛进）

【安全管理】 2020年，西部钻探公司井下作业公司（储层改造研究中心）启动安全生产专项整治3年行动，突出6个重点领域，制定8个专项管理方案，强化7项主要QHSE措施，开展大型压裂施工安全风险隐患专项整治。强化监督职责落实，发现和整改1481项现场问题，滚动追溯17类典型违章，专项辅导15066人次。细化426条井控责任清单。强化南缘、玛湖、滴西等高风险区块关键环节把关，落实“一次井控”要求，注重砂堵返排、管线刺漏、井口闸门泄漏等应急演练。采取“全覆盖+重点井专项督导”方式，整改验证问题133项。借鉴钻井、修井成熟井控经验，形成压裂作业井控应急关井处置程序。完善以组织、制度、运行、监管为核心体系建设，修订、制订57项作业工序指导。开展4次内外部体系审核，1015个不符合项全部整改关闭。推动HSE标准化站队建设，达标率100%，打造8支西部钻探“优秀标准化站队”。出台8项疫情防控措施，建立三级防控网络，实施生产场所封闭式管理，做到“一场一策”“一队一案”，“外防输入、内防扩散”。落实废弃物全生命周期跟踪管理，继续推广应用“电代油”、压裂现场混配、污水配液等节能节水措施，全年节能1014.3吨标准煤、节水36万立方米。

（薛进）

【科研攻关】 2020年，西部钻探公司井下作业公司（储层改造研究中心）与中国石油集团公司共建油气藏改造重点实验室页岩油分研究室、西部井下作业技术中心，获得自治区CMA资质认证，具备压裂液体及助剂检测服务资格。攻关水平井重复压裂、集团压裂、高导流通道压裂3项储层改造技术，形成7种新型压裂液体系，自研返排液再配液技术成功应用。承担11项国家级、集团公司级科研项目，创历史新高。建成国内首套压裂ROCC，开展直连现场实时监测、专家决策、远程指挥，实现专家资源充分利用、复杂处置精准高效。研发立项及技术推广以酸化压裂专业为主科研项目19项，推广项目1项。其中国家级项目1项、集团公司项目10项；19个科研项目中结转项目12项，西部钻探新开项目4项，自筹科技经费项目3项。《车载钻修机作业机械化装置研究与集成应用》和《塔中志留系油藏水平井体积压裂技术研究与应用》项目获得西部钻探级科技创新奖三等奖；全年申请发明专利3项、实用新型专利2项，软件著作权1项，授权发明专利1项，使用新型专利1项，软件著作权1项。

（薛进）

【员工培训】 2020年，西部钻探公司井下作业公司（储层改造研究中心）开展取证、业务、思想政治、技能等五大类培训31项3584人次。3名首席技师、7名高级技师、36名技师通过年度考核，8名高级工、1名技师通过西部钻探技师和高级技师考评、技能专家考核。

（薛进）

试　油

【概况】 2020年，西部钻探试油公司做好区域内资源共享，实现队伍动用率100%，主要生产设备综合利用率85.2%，非作业时间同比降低27.1%。全年完成试油392层，完成测试、试井1842井次，连续油管作业485井次，压裂1033层段，经营业绩创历史最好。向内挖潜，压缩机关运行费用564万元，全年总成本硬下降超过1亿元。

（杨顺）

【市场开发】 2020年，西部钻探试油公司利用暂堵压裂、气密封检测、带压作业、硫化氢处理等9项市场开拓利器，抢占采油厂单项技术服务成本市场，将常规试油服务扩展到以试油气为主，单项技术服务、区域性合作、风险合作、全业务服务为辅综合服务模式，实现关联交易市场占有率96%以上，非关联交易产值超过2亿元。南疆市场持续扩大地面计量、地层测试、试井等作业市场规模，拓展完善完井试油测试业务产业链，新增高端完井工具、天然气回收、液氮技术服务、泵注服务以及带压作业等业务；青海市场着重保障深井、超深井试油测试任务，推动射孔测试联作、中途测试等深井高温高压测试，逐步拓展开发事业部、采油厂区域试油完井总包，持续开展完井工具、连续油管、天然气回收、脱硫业务，推动电动桥塞、压裂封隔器等单项工程技术服务规模应用；西南市场提升单项目自主施工作业能力，拓展带压作业、试井、修井等业务，形成试油压裂工程全产业链施工，

5月1日，西部钻探试油公司在玛湖056井进行防喷演习，员工对接泄压管线（马勇　摄）

实现从长宁（浅层）页岩气区块转向泸州、永川等区块深层页岩气、培育接替市场、业务。

（杨顺）

【科研攻关】 2020年，西部钻探试油公司强化关键技术研发应用，论证确立重点技术攻关项目，独立申报的《准噶尔盆地低渗储层试油评价方法研究与应用》《修井机主机与井架分离装置研制》获西部钻探科技成果一等奖，参与申报的《苏77、召51区块低产低效井、关停井综合治理配套技术研究》获西部钻探科技成果二等奖。《分离式修井机及其使用方法》获自治区专利奖三等奖，《利用油嘴系数进行油气井优选排采制度的方法》获克拉玛依市专利奖三等奖。首创国内连续油管水平井智能分段测试工艺取得重大突破，有利于油藏长期精准开采。高温高压超深井试油测试及完井技术更趋成熟，为重点风险探井、高温高压超深井试油提供强有力支撑。创新实施连续油管注水泥塞、带压双级桥塞封闭工艺和带压电动投灰工艺。光面电缆试井技术、单井油水实时监测计量技术经集团公司鉴定达到国际先进水平。连续油管超长水平井技术取得新突破，在新疆油田吉木萨尔页岩油和西南页岩气分别创施工最长水平段（3500米）和钻塞（50个）最多纪录。水平井压裂技术不断完善，在川渝页岩气首次实现四平台同时压裂。宁209H71-3井刷新国内页岩气单井压裂段数（51层）最高纪录。黄202H3平台井创中国石油深层页岩气压裂四项纪录。提升井筒完整性评价、强化完井试油前瞻性设计及储层动态跟踪评价技术应用，打造呼探1、高探1、轮探1、康探1、前哨4等一批优质试油精品工程，全年创造国家级、集团公司级等施工纪录29项，获重大油气发现5项，获得中油油服及业主表扬信37封。

（杨顺）

【经营管理】 2020年，西部钻探试油公司9个管理部门业绩奖与19个联点基层单位经济效益及帮扶效果挂钩，挂钩比例最高30%。加大对青海、四川、新疆南疆市场在薪酬分配、人员保障以及人才队伍建设等方面的支持和倾斜力度。开展年度经营效果预测工作，摸排成本费用，降低合规风险，关注跨区域作业，准确核算各市场经营损益。落实清欠责任人，对集团外部单位施工，在签订收入合同同时签订应收款项清欠责任确认书，切实防范资金风险。坚持资金紧平衡策略，合理掌控付款节奏，倡导商业承兑汇票结算支付。按照集团清理民营企业欠款专项工作部署，清理账龄1年以上陈年旧账。推进资产结构优化，全年报废资产78项。跟踪公司资产投资进度，完成验收、转资等程序。全年完成固定资产转资7820万元、长摊资产转资1638万元。对科研项目首次进行全成本核算。推动财税价格政策落地，做好自用成品油消费税工作，全年自用油消费税返税844万元。

（杨顺）

9月11日，西部钻探试油公司员工在美004井进行老井复试
（马勇　摄）

【设备管理】 2020年，西部钻探试油公司全年新增设备购置投资项目6项18台套，完成20台套非安装设备到货验收。启动设备电子标签管理，现场人员可通过手持终端设备远程填写设备运转数据到服务器端，提高设备运行数据采集及时性和真实性。将统计、汇总等工作量转移至后台处理。完成摸排公司主要作业生产设备冬季整修评价294项，列入冬季整修项目21项。年末特种设备164台，分离器、热交换器、缓冲罐等压力容器128台，锅炉22台，行吊9台，叉车5台，均已注册、检测。根据生产需求配置特种设备，减少立式中压分离器、试油井架等设备投用数量，启动低端业务发电机和锅炉动力服务外包试点，减少投资及维修、材料费用。

（杨顺）

【QHSE管理】 2020年，西部钻探试油公司形成管理规程147个、操作规程327个、应急预案16个、记录337项。编制455个岗位安全生产责任清单，20类井控岗位责任清单，管理评审形成13项决议。组织开展体系内审1次，迎接西部钻探审核2次，中油认证有限公司再认证审核1次，对不符合要求问题点组织关闭验证。做好QHSE风险辨识，共识别危害因素4712项，环境因素157项，确定公司级重大风险7类，重要环境因素5项。推行主动安全管理理念，开展QHSE风险研判和预警预报，发布“QHSE风险及安全生产工作提示”，细化季节转换、敏感时段升级管理、承包商监管、防火防爆等重点环节防控措施。全年QHSE监督巡检2055次，全程监督3331次，查出问题1439个。

（杨顺）

【承包商安全管理】 2020年，西部钻探试油公司严格落实执行承包商过程监管制度，组织承包商参加各类QHSE会议15场/次，全程监督承包商提下油管、连续油管及其他高风险作业，发现承包商问题点219项，抽查指导承包商井控演练36井次，培训承包商457人次，开展承包商井控安全环保检查4次，常态化交流和督导工作机制。

（杨顺）

【井控风险管控】 2020年，西部钻探试油公司坚持井控车间月度巡检服务制度，开展井控装备维护实操培训。加强井控专家队伍建设，从管理岗位选聘处级井控专家17人，从操作岗位选聘井控安全环保明白人48名。施行重点井重点区域处级领导包区域，工程技术部门、安全监督部门领导驻井，2名局级井控专家挂点高风险区域，17名处级井控专家挂点公司各生产区域，48名井控安全环保明白人在现场生产一线把关，强化现场井控风险管控。

（杨顺）

【员工培训】 2020年，西部钻探试油公司全年投入培训经费104.03万元，完成内部培训计划24项，培训438人次，外部培训计划21项（包含取证培训），培训637人次。建立员工培训档案1000人次。开展3批职业技能鉴定，包括井下作业工、地层测试工等3个工种，鉴定150人。参加集团公司首届一线生产创新大赛，3名选手获集团公司荣誉，2个专业晋级20名技师，其中15人为技师，5人为高级技师。

（杨顺）

录 井

【概况】 2020年，西部钻探地质研究院（克拉玛依录井公司）完成录井天数63861天，完成井数1343口，实现考核总收入65721万元（其中录井服务产值42084万元，地质研究12904万元，仪器制造产值3417万元，信息化服务7316万元）。完成西部钻探公司下达各项考核指标。

（王芳）

【施工能力】 2020年，西部钻探地质研究院（克拉玛依录井公司）在新疆油田新获工业油气流131井166层，其中高产井33井36层、百吨井9口，探井在30口井41层获得工业油气流，康探1、呼探1、石西16、车排24、前哨4等井获得高产油流，其中康探1井获中国石油油气勘探重大突破特等奖；全年完成工程预报2162次，其中溢流28次，井漏549次，硫化氢6次，工程参数异常监测预报降低钻井风险，提高工程时效；水平井地质导向技术在页岩油和玛湖区块广泛推广应用，完成338口，平均油层钻遇率97.2%；全年完成数传及组网服务523口井，安装运维3300余井次，服务43000余天，安装部署80余口井，资料压库1040余口井，监控重点井参数修正、风险预警700余井次。

（王芳）

【科研攻关】 2020年，西部钻探地质研究院（克拉玛依录井公司）参与集团公司和中油油服科研项目，开展项目研究25项。地层压力研究取得突破，随钻跟踪监测风险探井和预探井取得良好效果，地层压力监测准确率90%。研发《低渗砾岩储层录井精细解释评价技术》获集团公司科技进步三等奖，研究形成气测形态法、无重组分等特色录井解释评价技术，油气解释符合率79%；制造27台雪狼综合录井仪，其中对外销售18台，雪狼无线钻井工程参数仪获得自治区科学技术进步三等奖。

（王芳）

【地质研究】 2020年，西部钻探地质研究院（克拉玛依录井公司）开展吉木萨尔页岩油非常规储层甜点评价技术研究，为页岩油低成本开发提供技术支持；在哈萨克斯坦GALAZ项目开展潜力层筛查、成藏因素研究，优选有利区，提交井位部署方案及恢复试油井建议。玉门钻井工程总包地质支撑，参与完成庆探1井平台大包、长庆采气一厂大包、宜黄项目大包、陇东致密油总包方案等地质研究。

（王芳）

【地质工程一体化建设】 2020年，西部钻探地质研究院（克拉玛依录井公司）针对准噶尔盆地南缘、塔里木库车山前等复杂区块，开展钻井风险、钻井提速等工程评价技术研究，形成地质工程一体化风险防控体系，助力南缘、东部重大油气突破。环玛湖区块，定录导一体化作业，助力工程提速提效。精细地层压力研究，优化金龙2井区井身结构，二开封隔漏失层，三开使用高密度维持井壁稳定，大幅降低钻井复杂，提速效果明显。

（王芳）

【信息技术应用】 2020年，西部钻探地质研究院（克拉玛依录井公司）建立适用于西部地区复杂地形远程传输网络，建立多专业地质工程一体化应用平台。建立基于大数据钻井风险智能预警系统，协助重点井预警预报、重点工序提示700

余井次。拓展手机移动端、智能穿戴设备、流媒体服务功能，为实现“互联网+技术管理+安全管控”奠定基础。全年累计数据传输及井场组网服务天数超过43000天，塔里木油田信息化运维服务网络中断率保持在5%以内，在5家运维单位中名列第一，被塔里木油田评为A级承包商。

（王芳）

【安全管理】2020年，西部钻探地质研究院（克拉玛依录井公司）以HSE体系建设为主线，推动安全管理向源头预防、全员重视、全要素监督、全过程考核转变，对HSE体系审核中涉及应急管理、井控管理、承包商管理、制度规程、设备设施等审核主题20个系统问题和典型问题进行管理追溯。建立安全生产立体式、全天候责任联动网络体系。

（王芳）

【提质增效】2020年，西部钻探地质研究院（克拉玛依录井公司）确定3项工作提质增效工作目标，从投资控制、降本节支、提速提效、科技创效、压减库存、扩大市场和充分利用国家减税降费政策等19个项目中明确行动内容，细化71项保障措施。全年提质增效目标5588万元，完成8402万元。

（王芳）

测井

【概况】2020年，中国石油测井新疆分公司完成综合测井7400井次。实现产值10.02亿元。按照人事劳动分配“三项制度”改革要求，优化机关部门岗位职责。全年交流选拔干部24名，其中“80后”干部1名、“90后”干部1名；深化“双序列”改革，全年公开选聘二级工程师14人、三级工程师173人、四级工程师125人、五级工程师7人。

（李勇江）

【市场开发】2020年，中国石油测井新疆分公司主要承担新疆油田测井技术服务，并服务中国石油新疆煤层气、新疆煤田地质局、克拉玛依红山油田等市场。全年针对传统业务短板，推进新技术、新工艺落地，实现高端市场五大突破：完成JLHW243井随钻测井作业，储层钻遇率100%；完成高103、GHW001、乐探1井等6口油基泥浆电成像测井；完成MaHW6005等3口分布式光纤测井；完成J10038-H等2口流动成像测井；在浙江油田YS132H等4口井完成套管外光纤定位测井填补国内技术空白。

（李勇江）

【重点工程】2020年，中国石油测井新疆分公司全年完成康探1、呼探1、芳探1、高103、高泉6、GHW001等65口探井测井作业505井次。持续开展油藏跟踪研究与老井资料再评价，全年老井复查342井，发现有利区块7个、潜力层35层，达132等5口老井复试获工业油流。

（李勇江）

【技术攻关】2020年，中国石油测井新疆分公司持续开展专项技术升级改造，提升核磁、声波远探测、井壁取心等仪器性能，保障康探1、呼探1井等一批高温高压超深井作业。全年单井测井平均时效10.8小时，同比提速3.1%；桥射联作井作业一次成功率99.29%，单段平均作业时间2.66小时，同比提速5.4%；仪器一次下井成功率99.79%；测井一次成功率99.53%，工程复杂率同比下降40.5%。以“按藏试油”思路优化试油选层，建立电成像“五性”储层精细描述与定量表征方法，完善核磁共振二维处理评价技术，发展声波弹性参数流体识别方法，助力呼探1等多口高产井发现。针对致密油藏、页岩油藏、南缘深层复杂地质油藏、中浅层低对比度油藏等领域，创新多参数联测实验分析技术，建立低渗砾岩三水饱和度计算和多因素产能预测模型、火山岩风化蚀变结构指数评价方法，完善页岩油“三品质”测井精细表征技术。在吉木萨尔页岩油区块JHW00421井完成单井35段/316簇桥射联作，刷新新疆油田单井簇数最高纪录。

（李勇江）

【信息技术应用】 2020年，中国石油测井新疆分公司以LEAD4.0测井大数据推用为依托，推进测井资料评价智能化、信息化建设，完善套损检测、水平井分布式光纤产液测试及流动成像评价技术。全年产能预测准确率90.79%，探井解释符合率86.03%，评价井解释符合率90.21%，开发井解释符合率97.93%。

（李勇江）

【科研成果】 2020年，中国石油测井新疆分公司承担集团公司科研项目《复杂岩性储层测井关键技术研究与应用》等5项；中油油服项目《低渗透砾岩储层评价方法与关键技术及工业化应用》等2项；公司项目《低饱和度、低对比度地层油水识别方法研究》等9项；承担新疆油田项目11项。全年获发明专利8件，授权专利2件，软件著作权登记3项。

（李勇江）

油田技术服务

【概况】 2020年，新疆石油管理局有限公司油田技术服务分公司通过“效益排队”和“调减亏损”两项措施，优化调整效益产量1.36万吨，实现减亏3744万元。开展效益测算，控减费用4780万元。推动老井复产利用，检216井在石炭系深层累计增油10540吨，实现废弃井有效利用。

（许秋来）

【产能建设】 2020年，新疆石油管理局有限公司油田技术服务分公司持续强化滚动勘探工作，寻求优质储量资源，拐121井二叠系夏子街组获工业气流，417断块石炭系油藏新增石油地质储量362.5万吨，溶解气地质储量3.66亿立方米，打开红车断裂带下盘滚动勘探新局面；系统梳理低效油田1.28亿吨剩余未动用储量，落实可开发9983.77万吨。落实老区稳产，开展区块效益动态核算，优化产量结构和规模，开展红浅1井区、乌33井区等重点区块治理，实施补孔压裂等措施增油，优化实施212井次，累计增油3.5万吨，老区综合递减率8.0%。全年钻井35口，新建产能25万吨，玛2井区三叠系百口泉组油藏水平井日产油破千吨，新投水平井Ma20025_H井当年累产破万吨。全年累计产油62.8万吨，天然气781万立方米。

（许秋来）

【市场开拓】 2020年，新疆石油管理局有限公司油田技术服务分公司以基础建设和风险防控为目的，建立健全涵盖海外安全、外贸、项目管理等制度35项，梳理对外项目内控流程140项。建立海外业务运作合规路径，确保海外资金安全回国。开展外贸公司工商信息变更、伊拉克分公司更名、AEO认证等工作，编制完成新疆油田首个海外业务推介材料，实现人才、技术、一体化管理对外全方位展示，弥补新疆油田海外推介材料空白。完成固有项目承接和新签项目运行，重点跟踪中亚、中东、北非地区和国内塔里木、吐哈油田等潜在项目10项。新签订合同5项，代理项目7项。搭建油田、市属单位、地方企业交流沟通平台，形成“优势互补、抱团出海、合作共赢”的多元、立体服务模式。快速搭建信息共享平台，编制市场信息简报，全年提供国内外招标信息400余条，与各涉外单位建立长效联络机制。稳步开展项目运作平台搭建，统筹公司海外项目。

（许秋来）

炼化销售

综 述

【概况】 2020年，克拉玛依地区中央驻市大型炼油化工企业主要有中国石油独山子石化公司和中国石油克拉玛依石化公司，全年共加工原油1257.3万吨。其中独山子石化公司全年加工原油709万吨，实现销售收入362.9亿元；克拉玛依石化公司全年加工原油548.3万吨（其中稠油363万吨），实现营业收入194亿元。油品销售公司主要有中国石油润滑油公司新疆润滑油分公司、中国石油天然气股份有限公司克拉玛依润滑油厂、中国石油新疆销售有限公司克拉玛依分公司，全年销售各类油品104.8万吨。其中中国石油润滑油公司新疆润滑油分公司销售油品4.75万吨、中国石油天然气股份有限公司克拉玛依润滑油厂销售42.85万吨，中国石油新疆销售有限公司克拉玛依分公司销售57.2万吨。

（郭楷　刘娟　张文雷）

【中国石油新疆炼化板块结构调整】 2020年9月，中国石油集团公司将塔里木化肥及在建60万吨/年乙烷制乙烯项目划转独山子石化公司，中国石油天然气股份有限公司塔里木石化分公司作为独山子石化二级特类单位管理。按照国家示范工程标准，成立乙烷制乙烯工程建设指挥部，加快项目建设，累计完成投资41.9亿元，总体形象进度83%。聚苯乙烯扩能改造项目建成投用，实现当年开工、当年建成、当年投产创效。金沟河引水工程、新建乙烷接卸设施、5条重膜包装线建成投用。

（郭楷）

【独山子石化公司专业化重组】 2020年，独山子石化公司推进业务主辅分离、专业化重组，整合化验分析、行政后勤、仓储运输业务，向独山子区政府移交离退休管理工作，全年压减机构21个，减少用工364人。44项重点指标中，30项同

2月24日，独山子石化公司铁路专用线站台装运发往武汉的医用口罩原料——聚丙烯S2040

（种玉忠　摄）

比提升，25项达到近3年最好，16项排名板块前三，9项第一。蒸馏和高密度聚乙烯装置达到国际先进，新区乙烯燃动能耗连续8年领跑行业榜单，首次获得“全国乙烯行业水效领跑者”称号。

（郭楷）

【支援新型冠状病毒肺炎疫情防控】 2020年疫情防控期间，独山子石化公司响应国家号召，加强疫情防控物资生产力度，通过成立党员突击队进行人工码垛方式，解决因疫情导致固体库房托盘不足问题；通过与铁路部门协商，共同克服因交通管制造成的一系列运输困难，仅2月1日至13日期间，向武汉铁路局滠口、吴家山、大花岭3个站发运100车总计6227.5吨急需原料。自2020年1月25日起，独山子石化公司开始24小时不间断生产口罩原料，到2月21日，产量由552吨/日调整到684吨/日，超出设计负荷3.6个百分点。4月10日，独山子石化公司收到国务院应对新型冠状病毒肺炎疫情联防联控机制医疗物资保障组感谢信，对独山子石化公司为疫情防控作出突出贡献提出表扬。

（郭楷）

中国石油独山子石化公司

【生产经营指标完成情况】 2020年，中国石油独山子石化公司全年加工原油709万吨，生产乙烯141万吨、化肥72.3万吨，实现销售收入362.9亿元，上缴税费86.8亿元，炼化盈利20.9亿元、化肥盈利5700万元，盈利水平排名炼化板块第一。炼油在67%低负荷工况下，优化加工方案，成品油比例同比下降3.2%，高标号汽油、自产乙烯原料同比增长13%和2.9%。乙烯突出满负荷长周期运行，9号裂解炉连续运行142天，新区乙烯负荷104.5%，创历史新高。三烯收率58.4%，同比提高1.5%。高密度聚乙烯、全密度聚乙烯、顺丁橡胶装置负荷率分别为110%、120%、115%，化工商品总量同比增长30%。电厂汽机实现“三年一修”，动力站锅炉运行周期突破15个月。化肥保持平稳生产。疫情防控期间满负荷生产S2040、HD5502XA等医用料43万吨，完成国家紧急调拨任务。

（郭楷）

【聚苯乙烯GPPS扩能改造项目投产】 2020年11月10日，独山子石化公司9万吨/年聚苯乙烯GPPS扩能改造项目高水平中交，从单车试车阶段转入联动试车阶段。该项目被列入中国石油集团公司2019年“短、平、快”项目，也是独石化加快结构调整重要装置，从破土动工到建成中交，绝对工期仅240天。建设期间，遭受新冠肺炎疫情严重冲击，参建各方通力合作，基本达到当年开工、当年建成、当年投产、当年创效目的。

（郭楷）

【提质增效】 2020年，独山子石化公司举办“提质增效勇担当”大讲堂等系列活动600场，组织“如何看、怎么办、如何干”大讨论473次，收集合理化建议1.97万条，实施11类170项提质增效措施。梳理成本中43项500万元以上大额费用，落实降费措施，细化到部门单位和班组岗位，逐月考核、推动落实。存货周转次数同比提高2.5次，修理费比上一运行周期最低年度下降8.3%，煤炭采购价下降35元/吨，铁路延时费减少530万元，“五费”同比下降56%。全年增收降费16.1亿元，炼油、化工、化肥完全加工费月度最低分别为139元/吨、1157元/吨、310元/吨，均创历史最好水平。

（郭楷）

【安全管理】 2020年，独山子石化公司推行全员安全生产记分制、高危作业安全生产挂牌制、安全生产承包制，压紧压实各级安全责任。坚持压总量、控风险，推行“无作业日”“集中动火日”，开展“零违章”活动，检维修作业总量同比下降69%，车间月度“零违章”率48%。运行双重预防机制，识别风险21.2万个、治理隐患9600个。组织作业许可、危化品运输、“防泄漏、防着火爆炸”专项整治和罐区、装卸栈桥等专项检查，常态化开展全员安全经验共享、查找身边隐患、行为规范化治理，削减员工不安全行为5144项，闭环治理隐患6120项。

（郭楷）

【科技攻关】 2020年，独山子石化公司实施科研项目37项，承担国家级项目2项、集团公司级17项，获国家授权专利8项、科技进步奖9项。推行经理负责制，推进消减装置报警数、提高运行周期、降低过渡料等26个攻关项目，新区裂解9号炉连续运行142天，创历史新高。过渡料比例2.25%，同比降低0.8个百分点。规范工艺联锁报警管理，报警数量同比降低76.2%。聚苯乙烯HIPS线突破高负荷生产瓶颈，全密一线首次实现不同催化剂茂金属产品连续转产。茂金属聚丙烯APP35S国内首次使用巴塞尔环管工艺生产，实现生产技术新突破。

（郭楷）

【产品研销】 2020年，独山子石化公司专门腾出生产线进行新产品开发。全年开发己烯共聚膜料LL6209AA、薄壁注塑聚丙烯专用料HP60、二元发泡聚丙烯专用料EPP0723等7个树脂新产品，工业化生产冬季轮胎用料SSBR1540S、SSBR1040，赛车轮胎专用料RC3840S、RC3550S等4个橡胶新牌号，高苯乙烯含量溶聚丁苯橡胶RC3550S填补国内空白。化工专用料比例96.8%，同比提高0.7%。开展化工产品专项营销，联合各大区销售加强产品推广，TUB121N3000B、DGDZ3606销量同比分别增加0.6万吨、1万吨。高效市场配置率70%，同比上升0.6个百分点。

（郭楷）

3月11日，独山子石化公司茂金属产品连续转产首次成功。图为操作工进行转产操作 （吴长占 摄）

【茂金属产品连续转产首次成功】 2020年3月7日，独山子石化公司通过自主技术创新，完成全世界首次不同催化剂茂金属产品HPR1018HA到EZP2010HA的连续转产，仅用6小时，节省原料、检修等费用300余万元。茂金属聚乙烯是一种新型热塑性塑料，与传统聚乙烯产品相比，具有更好的质感、延展性、透明度和坚韧度，广泛用于生产软包装薄膜、农膜、棚膜、地膜等。因为开发工艺复杂，生产条件苛刻，国内实现量产企业屈指可数，基本依靠进口。在装置停工情况下进行不连续转产，平均需要56小时，耗时长、浪费原料多、费用高。截至年末，独山子石化公司已经具备HPR、EZP两个系列5种茂金属膜产品生产能力，其中EZP系列填补国内空白，领跑国内外同类产品生产。

（黄银凤）

【技能人才培养】2020年，独山子石化公司新选聘技能骨干759人，享受国务院特殊津贴专家3人、集团公司和地区公司级专家60人、国家级和省部级技术能手67人。举办第十三届职业技能竞赛、首届“安康杯”青年安全技能大赛，精选骨干参加全国乙烯装置技能大赛、集团公司首届一线生产创新大赛，夺得2金2银1铜，1项成果获一等奖。涌现出自治区、集团公司劳动模范10人，1人被评为“全国青年岗位能手标兵”。

（郭楷）

中国石油克拉玛依石化公司

【生产经营指标完成情况】2020年，中国石油克拉玛依石化公司全年加工原油548.3万吨（其中稠油363万吨），生产汽油106万吨、柴油162万吨、煤油15万吨，特色润滑油84万吨、沥青92万吨，高效产品占比81%。累计实现营业收入194亿元，板块排名第6；实现税费69亿元，其中留存地方12.4亿元。产品出厂符合率：全年累计100%，指标要求100%，未出现一起厂内及厂外质量事故。接受上级抽检13批产品，全部合格。

（刘娟）

【生产运行】2020年，克拉玛依石化公司先后与新疆油田研究制定稠油400万吨/年稳产开采方案，跟进分析风城超稠油、春风原油及玛湖、南缘等区块油品研究利用；同时开展周边煤炭资源利用调查研究，增加资源储备。持续深化工艺、设备24小时生产问题上报处理，优化生产、作业管理和系统保障，持续开展催化等装置长周期运行攻关，开展装置平稳运行风险辨识及措施落实。全年装置平稳率、自控率始终保持在炼化板块前列。

（刘娟）

【HSE基础管理】2020年，克拉玛依石化公司全年发现隐患609起，奖励13.32万元；坚持标本兼治，47项公司级及以上隐患治理按期完成。深化全员HSE安全环保履职能力评估，加强人员、工艺、操作等“五要素”管理，严格依规读卡操作，抓实HSE技能提升，推行安全生产记分等，着力夯实HSE基础，全年整改HSE体系审核问题182项，健全完善HSE各项制度31项，开展应急演练848次，生产安全事件同比下降27%，未发生B级及以上安全生产事故。

（刘娟）

克拉玛依石化公司主要生产经营指标一览表

表6

指标	2020年	2019年
原油加工量（万吨）	548.3	573.53
汽油产量（万吨）	106	131.30
柴油产量（万吨）	162	166.25
航空煤油产量（万吨）	15	34.04
润滑油产量（万吨）	84	64.64
沥青产量（万吨）	92	75.16
资产总额（亿元）	132.18	121.53
收入（亿元）	194	267.31
利润（亿元）	7.81	13.59
税费（亿元）	69	79.45

【工艺管理】 2020年，克拉玛依石化公司加大平稳率、自控率、报警考核权重，重要指标分级纳入部门和车间业绩合同，落实操作交底、内外操读卡、5秒钟工作法、旁站管理等工艺措施，装置全年平稳率99.96%、自控率99.95%，均超目标值。

（刘娟）

【设备管理】 2020年，克拉玛依石化公司全年完成装置重点难点两级技术攻关98项，重点完成焦化汽油加氢等装置长周期攻关和7套装置标定；管理设备全生命周期，狠抓设备基础管理，推行设备状态智能监测，重点抓好大机组特护、润滑管理、易泄漏法兰检测及机泵风险评价与精准维保。全年设备计划维修和预知维修率占比超过83%，设备完好率99.5%以上。

（刘娟）

【科技创新】 2020年，克拉玛依石化公司紧盯新产品研、产、销各环节衔接，推进“双序列”改革，将克拉玛依石化公司炼化院原有6个研究所合并至4个。修制订知识产权保护、科技成果转化创效奖励等制度5项，推行科研项目分级管理制，全年开展重点科研项目28项。其中变压器油新工艺实现高压加氢装置直接生产20、40号变压器油，工艺流程大幅缩短；化学法改性克拉玛依沥青降低SBS改性沥青加工难度，节省生产成本。N4010高档白色环保橡胶填充油等4项成果获得集团公司科技成果转化创效奖励；一种石油磺酸盐制备方法获中国石油集团公司和自治区专利奖；新标准KI50X变压器油基础油工艺开发与应用等2项成果获得新疆石油学会科技进步奖。

（刘娟）

9月4日，克拉玛石化公司炼油第三联合车间高压加氢装置员工为机泵打压，确保装置平稳运行 （金玲 摄）

【提质增效】 2020年，克拉玛依石化公司公司推进“战严冬、转观念、勇担当、上台阶”主题教育和提质增效专项行动。全年组织各类宣讲183场次、大讨论107场次，征集合理化建议304条，推进产品

11月23日，克拉玛依石化公司炼油第二联合车间员工现场讨论工艺参数情况，以优化操作，降低成本 （丁恬甜 摄）

结构优化、成本压降等相关33类200余项措施。

（刘娟）

【内控管理】2020年，克拉玛依石化公司全年修订各类制度64项，废止42项；周检中发现并查处各类问题1844项；推进人力资源及财务共享和合同管理2.0系统上线，移交招投标业务，通过内控合规性测试；制订改革3年行动计划及中长期发展蓝图，为“十四五”发展奠定基础。

（刘娟）

【企业改革】2020年，克拉玛依石化公司推进三项制度改革，工业保洁与综合服务中心实现合并；完成生产一线编制定员核定，编制核减8.8%；推动主要效益指标与工资挂钩，坚持薪酬向一线、科研等重点岗位倾斜，更加突出劳动贡献率，全员促效益、挣工资意识增强，全年人均工资涨幅2.8%。

（刘娟）

【人才培养】2020年，克拉玛依石化公司全年完成各类培训2787场次，200人获得职称晋升和职业技能等级认定。全年评选出模范单位2个、劳动模范5名、四项十佳41名；马晓伟、柯友胜、艾里江·木沙3人分别获自治区、集团公司劳动模范称号。

（刘娟）

【技能竞赛】2020年，克拉玛依石化公司组织公司第十二届职业技能竞赛，25名员工获奖；参加集团公司500万吨/年常减压蒸馏职业技能竞赛，获得单项铜奖和团体二等奖。

（刘娟）

【获集团公司首届一线生产创新创效大赛一等奖】2020年12月4日，历时一年的中国石油首届一线生产创新大赛在四川遂宁举行总决赛，克拉玛依石化公司参赛项目《提高催化裂化装置催化剂输送稳定性》获得一等奖，同时获得大赛团体二等奖。克拉玛依石化公司攻关团队以解决催化剂输送不稳定性问题为课题，先后对国内外30余套催化裂化装置进行调研，访谈100余位催化裂化装置工艺技术和操作人员，分析不同结构形式立管操作问题，提出22项解决问题技术方案，实现六大技术创新，攻克困扰国内外催化裂化装置多年技术难题。10月中旬，在“炼油与化工专业比赛”中，克拉玛依石化公司以总分第一名成绩获得专业比赛一等奖。此次大赛，集团公司有1321支队伍11865名一线技术技能人员开展攻关项目2901项，产生直接经济效益30余亿元，累计培训员工70余万人次。

（刘娟）

中国石油润滑油公司新疆润滑油分公司

【概况】2020年，中国石油润滑油公司新疆润滑油分公司（以下简称新疆润滑油分公司）主要生产冷却液等车辅产品，经营新疆地区“昆仑润滑”牌各类润滑油销售及发运等业务。全年新疆润滑油公司生产冷却液产品1.1万吨，销售昆仑润滑油、脂、剂、液等各类产品4.75万吨，实现营业收入3.98亿元，上缴各类税费1268万元。

（张文雷）

【体系认证】2020年，中国石油润滑油公司由销售板块划入炼化板块，新疆润滑油分公司组织各专业管理人员及内审员，对照炼化板块7个专项量化审核表开展对标检查，10月23日至25日，新疆润滑油分公司接受中国石油润滑油公司QHSE体系审核，最终得分86.1分，在中国石油润滑油公司排名第四。

（张文雷）

【安全环保】2020年，新疆润滑油分公司与各单位签订安全环保责任书5份，针对“三个杜绝、四个100%”（杜绝一般B级及以上生产安全事故、杜绝一般突发环境事件和环境违法违规事件、杜绝集团公司规定升级处理安全环保事故事件；有毒有害作业场所检测率100%、员工职业健康体检率100%、固体废物合规处置，废水、废气排放达标率100%、新改扩建项目安全环保职业卫生“三同时”执行率100%），利用生产会、安全例会、安全活动板报、LED屏等载体向员工宣传安全环保理念和行为规范，开展安全环保专题活动。定期对电气安全、设备设施、施工现场、消防及气防设施以及外租库房等，开展安全生产自查自检活动；利用生产淡季，制订安全生产管理、冬季“八防”（防冻凝、防滑、防交通事故、防工伤、防火、防爆、防井喷、防中毒窒息）等培训计划，开展员工培训工作。组织安全生产自检自查48次，安全专项检查12次，内部量化审核2次，外部量化审核1次，发现现场问题167项，全部进行整改销项。

（张文雷）

中国石油克拉玛润滑油厂

【概况】 2020年，中国石油克拉玛依润滑油厂（以下简称克拉玛依润滑油厂）全年累计接收基础油42.28万吨，销售42.85万吨，对外直销量4.86万吨。实现收入22.26亿元，盈利1.02亿元。

（吴小萍）

【产品销售与服务】 2020年，克拉玛依润滑油厂及时了解和掌握商品产销情况及终端用户开工情况，保障“三大化”（中国石油化工股份有限公司巴陵分公司；中国石油化工股份有限公司茂名分公司；中国石油独山子石化分公司）自销量及社会渠道橡胶油销量。持续加大市场开发力度，利用疆内经销商销售网络大力推广特油产品；加大机构用户开发力度，加速系统内用油产品替代，为昆仑合成导热油在国内推广打开局面。

（吴小萍）

中国石油新疆销售有限公司克拉玛依分公司

【概况】 2020年，中国石油新疆销售有限公司克拉玛依分公司（以下简称克拉玛依销售公司）销售成品油总量57.2万吨，纯枪22.8万吨，分别下降3.7%、10.23%。非油收入8565万元、毛利1056万元，分别下降37.1%、39.6%；车用燃气销量800万立方米，提前118天完成全年销售目标。实现账面利润4302万元。

（马锡连）

【市场营销】 2020年，克拉玛依销售公司配合支持乌苏市政府开展成品油市场整顿和打击不法油贩偷税漏税专项行动。严格执行政府报备制度，开展送油进城进乡，抢抓春耕、秋收秋翻市场等活动。乌苏片区实现柴油增长10.37%。优化营销方式，实现价格到位率97.63%，纯枪销售同比增长3.3%。哈图布呼站抢抓化肥农资市场，提前半年完成全年非油销售任务，夹河子、黑油渠等油站坚持服务创效，提前完成全年主油销售任务。加大

2月27日，疫情防控期间，克拉玛依销售公司“昆仑好客”配送小分队在小区摆摊设点，服务居民 （侯玲志 摄）

与合作单位德信燃气公司协调沟通，实现车用燃气同比增长68.7%，销售利润142万元。

（马锡连）

【非油销售】 2020年，克拉玛依销售公司依托站外店和网点资源优势，成立“昆仑好客”配送小分队，筛选上百个副食品、日用品等单品、协调10辆物资保供车辆，与政府部署开放小区同步保供，服务克拉玛依市区南林、雅典娜、康城等10余个小区，摆摊设点，服务居民1万余人次。全年各油站尝试“外卖业务”“线上销售”“直播带货”，拓宽非油店销边界，实现店销收入4206万元，毛利761万元，销售额100万元以上的油站有20座，销售额百万元油站占比38.5%。

（马锡连）

【安全环保】 2020年，克拉玛依销售公司完善加油站QHSE体系管理优先监管方案，梳理提升14类HSE体系档案。全覆盖开展质量、HSE管理体系培训和内部审核工作，对发现913项问题进行追溯，强化问题整改和成果转化，体系审核评估成绩由B2提升为B1良好级。加大污染治理工作，完成41座站油气回收排查和设备隐患整改，合格率90%；除3座加油点外，全部油站取得排污许可证；36座油站增设环保沟项目。与政府部门协调联动，开展“安全生产月”活动，480余名员工通过安全环保履职能力评估及考核。开展各层级应急预案演练80余次，全员应急处突意识和能力得到提高。全年未发生一般A级及以上生产安全事故和较大及以上质量事故。

（马锡连）

【提质增效】 2020年，克拉玛依销售公司制定实施《提质增效专项行动方案》和实施进度大表，对91条措施完成情况进行月通报考核。成立经营效益评价小组，取消价格“普惠”。加强双低站治理及挖潜工作，首次召开亏损站专项治理工作会议。开展便利店提升试点培训工作。深入挖掘营销支出、人工成本控减潜力，梳理减少安保20人，亏损站减少2座，实现月度减亏13.3万元。

（马锡连）

【油管服务】 2020年，克拉玛依销售公司着力实施“五个常态化”工作，通过微信视频、钉钉直播、现场验收等方式，开展站经理汇报模板验收工作。升级54座加油站（含便民店）零管系统，试点推广刷脸快速进站应用，所有油站实现不下车支付，提升顾客体验，提高工作效率。开展服务技能、服务管理培训，推进星级站建设，奎屯市区站成功晋升五星级加油站；截至年末，公司有四星级以上油站12座。

（马锡连）

【网点建设】 2020年，克拉玛依销售公司编制公司“十四五”发展规划，主动参与政府规划编制，从源头争取网络建设权。以挂拍价取得乌苏伊犁河路、独山子南京路、奎屯五五工业园区3宗土地，3块地平均18.5万元/亩，降低用地成本。全年2座租赁站、2座新建站实现投运，投运站达到55座。

（马锡连）

【费用管理】 2020年，克拉玛依销售公司严控费用预算调整和财务费用、五项管理费用、非生产性费用支出，费用总额同比下降13.67%；其中五项管理费下降36.11%，费用指标全部控制在预算进度之内。疫情防控期间落实减税降费政策，企业社保合计减免194万元、电费减免7万元。独山子片区组织有维修技术员工，自购材料加工，彻底整改18座站加油机电力穿线管未接地隐患，节省1.9万元；乌苏片区自己动手完成11座站“消防车通道”标志划线，节约费用1万余元；加管部排查拆卸报废加油机上可利用电子元件、流量计、真空泵等配件，节约资金8万余元。

（马锡连）

交通运输

公路运输

综　述

【概况】 2020年，克拉玛依全市有公交线路41条，公交车辆522辆，公交场站9座，规模以上公交企业2家；共有出租汽车1524辆，其中出租汽车企业1家25辆，个体出租汽车1499辆。全年全社会公路客运量11.2万人次，公路货运量1972.9万吨。

（陈江）

【一级改高速公路续建项目建设】 2020年，克拉玛依市继续推动省道20五工台至克拉玛依一级改高速公路续建项目建设。项目起点为五工台，终点为G3014线克南互通，全长206.7千米，总投资约45亿元。其中在克拉玛依辖区段长约60千米，投资约10亿元。项目2017年开工，原计划2020年10月底主线通车，2020年11月中旬停工，2020年内完成投资约5.2亿元，计划2021年6月底完工。

（陈江）

【综合交通枢纽客运续建项目建设】 2020年，克拉玛依市继续推进综合交通枢纽客运续建项目建设，项目占地面积约5万平方米，总建筑面积约为8400平方米，总投资约8500万元。项目于2019年10月开工，计划2021年10月完工。年内完成投资3600万元，截至年末，已完成主体施工。

（陈江）

【道路运输安全监管】 2020年，克拉玛依市加强道路运输市场监管，突出源头管理，加强安全管理和隐患排查，在交通运输行业开展安全生产3年专项整治行动，规范运输市场秩序，全年未发生重特大安全生产事故。

（陈江）

【长途客运】 2020年，克拉玛依市长途客运由独山子捷安旅客运输有限公司、克拉玛依市捷安旅客运输有限公司、德力西新疆交通运输集团股份有限公司北疆第一客运公司、奎屯兵奎客运有限公司等13家运输公司承担。克拉玛依至独山子5班、至博乐1班、至塔城2班、至石河子2班、至伊犁1班、至昌吉1班、至乌苏3班、至奎屯1班、至和丰1班、至托里1班、至额敏1班、至哈巴河1班、至北屯1班、至铁厂沟1班，共计每日22班次。市汽车运输有限责任公司落实政府有关部门安排，全力做好春节、五一劳动节、十一国庆节和古尔邦节等中小假期长途旅客发送工作。全年，克拉玛依客运站累计发送长途客车4913车次，安全发送旅客6.28万人次。

（胡强）

【国有运输企业改革遗留问题处置】 2020年，市汽车运输有限责任公司协调政府有关部门做好企业办社会职能分离移交和解决历史遗留问题。完成8栋职工住宅移交，公司不再承担物业管理及职工一卡通补贴外费用，住宅大修工作由市住建局接管；公司145名离退休人员移交区政府管理，中华人民共和国成立前参加工作人员医疗保险基金纳入公司预算；根据《克拉玛依市国有企业退休人员社会化管理工作方案》要求，对现存新疆石油管理局所属和克拉玛依市属726卷退休人员档案进行整理、筛查，移交市属人员档案261卷。

（胡强）

路政管理

【交通巡查】 2020年，自治区交通运输综合行政执法局克拉玛依执法支队严格按照自治区交通运输厅《自治区国省干线公路路政巡查办法》要求，开展公路巡查，全天候24小时响应，白天正常巡查、晚间待岗备勤，截至10月底，累计出动5296人次、车辆2406车次，累计安全巡查428678千米。

（杨杰）

【隐患排查】 2020年，自治区交通运输综合行政执法局克拉玛依执法支队按照“平安公路”建设要求，开展公路桥梁隐患排查，全年累计发现登记并向相关部门送达公路及公路附属设施隐患、修复告知单113份，公路养护部门已修复59项、未修复54项，支队自行处置安全隐患34处。

（杨杰）

【路政执法】 2020年，自治区交通运输综合行政执法局克拉玛依执法支队通过公路巡查，与交警、公路部门联动，群众举报等渠道及时处置各类公路路政案件，截至10月底，依法查处、办理损坏路产、侵占路权路政事案241起，收缴公路赔（补）偿费2238646.04元、罚款33300元，两项费用合计2271946.04元，有效维护路产路权。受理涉路行政许可69起，办结65起，收缴公路补偿费989176.04元。载运不可解体物品超限运输车辆行驶公路许可受理27起，办结27起。

（杨杰）

【路域环境综合整治】 2020年，自治区交通运输综合行政执法局克拉玛依执法支队按照路域环境治理消存量、控增量要求，1—10月期间针对辖区976处非法涉路设施，依法治理685处。其中非公路标志52块，平交道口270处，公路用地、建筑控制区内埋设架设管线20处，广告牌35块，穿越、跨越公路设施176处，公路控制区内建筑物、地面构筑物123处（共104平方米），摆摊设点、打谷晒场9处，剩余非法涉路设施291处（块）。

（杨杰）

【超限超载专项治理】 2020年，自治区交通运输综合行政执法局克拉玛依执法支队开展路警联合路面治超执法行动，推进治超联合执法常态化、制度化。截至10月底，路警联合超限超载治理路政部门投入1254人次，执法车辆519车次，查处违法超限超载运输车辆124辆，由支队卸载、分流、转运货物3440.39吨；由交警部门罚款88200元、计分588分。

（杨杰）

【超限超载非现场执法】 2020年，自治区交通运输综合行政执法局克拉玛依执法支队通过非现场执法系统，对货运车辆实现全天候自动检测的全覆盖高压执法态势，有效避免现场执法交通拥堵和监管漏洞。治超非现场执法系统试运行以来效果明显，截至10月底，辖区日均超限超载运输车辆明显下降，从以前日均500—600辆超限货运车辆降低到每天几十辆超限运输车辆。全年辖区超限率降低到0.5%，降幅近90%，带动周边地区超限率大幅下降。全年治超非现场执法下发违法行为通知书2476份，行政处罚决定书2061份，当事人主动缴纳罚款1094起，计2491000元。

（杨杰）

运输管理

【机构改革】 2020年7月1日，根据新克党编委发〔2020〕19号文件精神，原克拉玛依市道路运输管理局正式更名为克拉玛依市交通运输综合行政执法局，为市交通运输局管理下属行政执法机构，级别为副处级。内设综合科、道路运政科、地方海事科、公路路政科、安全监督科、法规科，下辖克拉玛依区交通运输综合行政执法大队、独山子区交通运输综合行政执法大队、白碱滩区（克拉玛依高新区）交通运输综合行政执法大队、乌尔禾区交通运输综合行政执法大队（均为正科级），核定编制81人。主要承担克拉玛依市道路运输市场管理职能，包括道路运政、城市客运（含出租汽车）、地方海事（含水路运输）、农村公路路政、工程质量安全监督管理和全市交通运输行业安全生产执法监督以及全市交通运输服务质量、举报投诉案件及违法违规、非法经营行为查处。

（聂菲菲）

【道路运输市场概况】 2020年，克拉玛依市有道路运输从业人员11810余人，其中道路货物运输从业人员10000余人，旅客运输从业人员75人，机动车维修从业人员1220人，机动车驾驶员培训从业人员316人，客运站从业人员85人，汽车综合性能监测站从业人员114人；拥有各类营运车辆12084辆，其中客运车辆65辆，普货车辆8208辆，危货车辆3483辆，培训用教练车辆272辆，国际运输车辆56辆；客运企业3家、客运站4个；其他道路运输企业908家，其中：危货企业63家（43家单位同时具有普货运输资质），普货企业444家，个体道路货物运输业户448户；一类维修企业1家，二类维修企业98家，三类专项维修企业367家；驾培机构14家；汽车综合性能检测站4家。

（聂菲菲）

【道路运输市场管理】 2020年，市交通运输综合行政执法局加强道路旅客运输行业安全监管工作，在春运、清明、五一劳动节、端午、肉孜节等重要时段和节点开展道路旅客运输行业专项安全检查54次；2020年春运期间克拉玛依市投入客车709辆，完成客运量1.0822万人次，运力储备充分、组织得当，服务质量和旅客出行满意度明显提高；结合“扫黑除恶”专项行动，严厉打击“黑车”违法经营行为，肃清客运市场环境，2020年度，查处各类违法违规车辆228辆次，查扣非法营运车辆37辆。

（聂菲菲）

【机动车维修和驾培市场管理】 2020年，市交通运输综合行政执法局检查驾培维修企业220家次，发现隐患178处，下发整改通知书136份，整改隐患112处；加强驾培业务管理，持续做好驾训机构安全、教学培训、结业考核和学员管理工作，杜绝在培训过程中弄虚作假、教练员脱岗等现象。

（聂菲菲）

【投诉咨询服务】 2020年，市交通运输综合行政执法局健全“12328”投诉服务体系和投诉咨询管理制度，坚持执行24小时运管咨询服务电话接听制度，及时接听、记录市民群众投诉，回复举报和业务咨询电话；全年接咨询投诉电话425个，其中货运投诉咨询46个，客运投诉咨询38个，维修、驾培投诉咨询56个，从业人员办证、考试、换证事宜咨询133个，其他业务咨询152个。1—12月受理并转办“12328”案件128件，回复“12345”政府服务热线工单154件，案件办结率100%，回访满意率100%。

（聂菲菲）

铁路运输

【概况】 2020年，克拉玛依市铁路客运量受疫情防控影响大幅下降，全年客运95.7万人次，同比下降56.05%；铁路货运量391.11万吨，同比下降1.2%。

（陈江）

【运营线路调整】 2020年，克拉玛依火车站在旺季开行客运列车7.5对，其中经停列车2.5对，首发终到“复兴号”动车组客运列车5对。受疫情防控影响，克拉玛依火车客运站分别于2月3日—3月8日和7月29日—9月3日期间停运，分别于3月9日和9月4日恢复。

（陈江）

【北疆铁路全线贯通】 2020年12月6日，“阿富准”（阿勒泰—富蕴—准东）铁路阿勒泰至富蕴段开通运营，至此新疆北疆铁路全线贯通，克拉玛依首次开通直达富蕴列车。

（陈江）

航空运输

【概况】 2019年10月31日至2020年10月31日（统计周期），克拉玛依机场共保障各类飞行1.59万架次，同比减少29.02%；航班放行正常率平均为93.69%；完成旅客吞吐量40.29万人次，同比减少52.99%；货邮吞吐量675.73吨，同比增长17.09%；航空性收入1241.11万元，占累计收入51.57%，同比减少53.66%；非航空性收入为1165.4万元，占累计收入48.43%，同比减少37.55%；收入合计2406.51万元，同比减少46.65%；成本费用合计5272.29万元。

（程汉昕）

【航线暂停与恢复】 2020年，克拉玛依机场旺季时运营定期航线22条，通航北京、上海、广州、厦门、杭州、西安、成都、郑州、宁波、兰州、乌鲁木齐、伊宁、阿勒泰、博乐、库尔勒、吐鲁番、喀什、和田等23个疆内外城市。受疫情防控影响，分别于2月4日—3月10日和8月2—20日期间暂停执行客运航班，分别于3月11日和8月21日恢复。

（陈江）

【开通临时国际客运航线】 2020年1月9日，克拉玛依机场新开通克拉玛依—新西伯利亚临时国际客运航线1条，为克拉玛依机场临时口岸开放期间的首条航线。保障克拉玛依—新西伯利亚旅客306人。

（程汉昕）

【国内航线开辟】 2020年，克拉玛依机场引进春秋航空开通克拉玛依—兰州—宁波疆外往返航线1条，开通克拉玛依—东营复工复产往返包机航线1条，加密北京—克拉玛依—伊宁往返航线1条。机场服务地区经济社会发展和保障民生能力不断增强。

（程汉昕）

【疫情防控期间运输保障】 2020年，克拉玛依机场保障进出港疫情防控物资17.8吨，复工复产包机19班，运送旅客3697人次。

（程汉昕）

6月16日，宁波经停兰州至克拉玛依航线首航成功 （蒋剑 摄）

【退伍军人运输保障】 2020年，因退伍季正处疫情防控期间，克拉玛依机场作为全疆退伍军人返乡第一站，全力配合新疆武警克拉玛依武警支队制定老兵运输保障实施方案。分别于8月31日、9月1日，完成2批退伍军人运输保障工作。

（程汉昕）

管道运输

【概况】 截至2020年底，新疆油田公司油气储运公司管道总里程4502千米。其中原油管道2348.5千米，年输原油能力2500万吨；成品油管道96.56千米，年输成品油能力650万吨；天然气管道2056.9千米，年输配气能力180亿立方米。有大型油库3座，总储备能力66万立方米。

（刘涛）

【油气输售】 2020年，新疆油田公司油气储运公司全年输送原油1366万吨、天然气67亿立方米；原油、天然气自用及损耗率分别为0.09%、0.91%，原油外销含水率0.38%，实现安全、环保重大责任事故为零目标，完成各项生产经营任务，业绩考核指标保持在油田公司前列。

（刘涛）

【生产运行】 2020年，新疆油田公司油气储运公司克服疫情防控影响，及时对原油生产输送和天然气统配平衡进行调整，响应油田公司上产会战，保障油田后路畅通。年内，新疆油田首条页岩油管线成功投产；接收王家沟油库两条成品油管线；北疆联络线和乌石化支线天然气管道划归油气储运公司管辖，使日供气量达到900万立方米，创历史新高。

（刘涛）

2020年冬，油气储运公司强化措施确保冬季天然气安全输送

（张克文　摄）

【设备管理】 2020年，新疆油田公司油气储运公司探索设备设施维修“三化”（专业化、标准化、自主化）管理模式，引进燃烧器、阀门等专业化维保队伍，提升维保质量；以总站为试点逐步推进各项维修工作标准化；开展自主化维修工作，清查备品备件639件，有效降低维修费用。持续推进完整性管理，以金龙一级配气站为试点，推行天然气站场完整性管理；成功实施红浅—克炼高黏高温稠油管道及彩乌D610等4条天然气管道的漏磁内检测，对27条管道开展防腐层直接检测与评价，实现油气管道完整性管理全覆盖。

（刘涛）

【经营管理】 2020年，新疆油田公司油气储运公司开展提质增效活动，制定专项行动实施方案，通过5大类30项措施，超额完成油田公司下达任务。开展“精细成本管控”劳动竞赛，实施劳动竞赛项目23项、创新创效项目72项。开展《油气副产品市场研究》等3项课题研究，助力公司由“生产型”向“经营型”转变。开拓外部市场，油气销售成效显著。立足管理提升，从制度建设、合规管理等5个方面入手，组织各部门查找问题，制定整改措施，研究编制8个专项工作实施方案，为推进管理提升奠定基础。委托昆仑保险公司对公司整体管理情况进行内控测试并提供管理提升咨询服务，推进“全员、全过程、全要素”管控。

（刘涛）

【安全环保】 2020年，新疆油田公司油气储运公司深化安全环保工作，修订8项管理制度。编制三级安全风险防控方案及清单，分层级落实防控措施。树立“四个基层”（拜基层为师、为基层服务、请基层互查、奖基层先进）导向，形成“四度”（主动学习有宽度、日常排查有深度、重视整改有速度、精准激励有力度）工作法，对标排查从未发现过的隐患25个，整改率100%，奖励20人次3.8万元。强化班组自主化管理，验收通过率100%。开展环境风险评估，详查5个疑似污染地块，完成45台在用锅炉、加热炉排污许可登记，全年合规处置含油污泥1.13万吨。

（刘涛）

【科技管理】 2020年，新疆油田公司油气储运公司开展“十四五”期间克乌、克独管道运行模式优化等5项课题研究，获得油田公司科技进步奖3项，新增授权实用新型专利5项。组织公司首届年度科技成果评选推优工作，奖励优秀成果14项，优秀论文12篇。推动数字化转型，开发一体化指挥平台，完善管理模块，升级60余项功能；有序实施生产数据自动录入、交油点自动化改造，完善自动化专网、管道高后果区视频监控系统、重大危险源紧急联锁功能，提升科技实力和智能化水平。

（刘涛）

【深化改革】 2020年，新疆油田公司油气储运公司推进公司三项制度改革各项措施落实落地。优化组织机构，完成8个一线单位（站队）合并、1个划转业务机构精简、2个职能部门整合为油气销售中心；制定维修力量整合方案，推进维抢修中心组建；推进生产组织方式变革，实现部分站点油气交接计量工作由值守式改为巡检交接式；梳理研究所现有业务，为成立研究中心做好前期准备。盘活人力资源，优化岗位编制15.33%，百千米用人同比下降3.75人，为王家沟油库顺利接管超前储备40名干部员工。完善激励机制，修订奖金管理办法，将公司41个岗位划岗归级为11个岗级，实现员工薪酬分配水平与岗位价值、个人能力、业绩贡献相匹配，做到精准激励。配合油田公司改革进程，面对王家沟油库接管时间紧、任务重困难，精心策划，从12个方面入手完成接管工作，比原计划提前5个月实现人员和管理界面彻底分离，确保接管业务生产平稳有序。助力西部原油销售中心成立，完成业务移交，受到集团公司勘探板块表扬。

（刘涛）

9月17日，油气储运公司代为接收西部管道王家沟油库及相关储运设施划转　（张克文　摄）

4 月 19 日，风城油田作业区员工用手机扫设备上二维码，以查看设备风险和巡检记录 （吴小川 摄）

至 70%；推广产量变动分析和预测系统，在油田公司开发处、采油一厂、采油二厂、百口泉采油厂等 8 家单位应用，实现区块、井产量异常变动智能判断及分析，配产配注设计效率提升 30%。大力实施设计降本，优化物联网方案设计，节约项目建设资金 1500 万元。

（周新蕊）

【科学计算云项目建设】 2020 年，新疆油田公司推进科学计算云项目建设，完成工程类 9 套、勘探开发类 70 套专业计算软件云化发布、统一管理和共享使用，实现跨领域数据获取和成果共享，专业软件利用率提高 30% 以上；推广准噶尔盆地重点探区勘探开发生产指挥系统，实现玛湖、吉木萨尔、南缘探区产量、产能、钻井、试油、压裂等生产动态实时跟踪，勘探开发、科研决策协同效率进一步提高。

（周新蕊）

【产能建设一体化管理系统投用】 2020 年，新疆油田公司建成产能建设一体化管理系统，实现玛湖重点区块产能建设计划管理、方案部署、实施跟踪、产能评价一体化管理，支撑玛湖新区高效建产；建成钻井远程监控与辅助决策系统，在玛湖、吉木萨尔新区建设中应用，实现钻井现场实时数据采集、监控、预警，提高钻井现场管控力，保障安全高效钻井；推广地面工程数字化管理系统，在克拉美丽、玛河气田深冷工程、腹部原油稳定等 8 个地面工程项目中应用，实现地面工程建设全业务、全过程数字化管理，减少施工返工 80%；快速建成疫情防控信息系统，提高疫情防控实战能力；完成“掌上油田”建设规划，发布集成办公平台，实现跨地域、跨终端信息汇聚与发布、高效沟通与共享、工作办理与协作，移动应用体系初步成形。

（周新蕊）

【信息技术服务体系建设】 2020 年，新疆油田公司初步建成涵盖需求管理、数据治理、快速研发全流程信息技术服务体系，构建勘探、产能建设 2 个业务领域需求模型，推进钻井复杂、压裂工程 2 个新增业务数据正常化，快速上线钻井甲供料系统等 10 个应用，初步实现需求快速响应、数据分类治理、敏捷高效开发、持续运营优化。

（周新蕊）

【信息基础设施建设】 2020 年，新疆油田公司完成百口泉等 5 家单位逻辑专网建设，实现工控、视频、办公业务强逻辑隔离和集中监控。推进工控安全国家课题和集团项目建设，完善网络安全制度体系，建立纵深防御技术体系，部署防护设备 26 台套，优化策略 158 项，推进风险常态化治理，保障油田物联网系统、数据中心等关键信息基础设施安全可靠运行。按期完成数据中心改善工程，13 个新模块机房全部达到设备入驻标准，集团公

2月15日，油田公司数据公司员工对设备进行加密维护，以保障疫情防控期间信息化工作正常开展　　（新疆油田公司数据公司　供图）

司云资源池（二期）设备到场入驻；建立供配电等4大类53个运行维护和应急处置流程，研发一体化运维管理系统，推动规范化、自动化运维；累计部署IT设备2347台套，上线标准虚拟机11453台，存储容量2017TB，入驻集团、油田业务系统173套，平稳运行率100%，持续为集团、油田提供高质量信息基础服务。

（周新蕊）

【油田通信服务与视频安防建设】 2020年，新疆油田公司开展通信网络运维和应急抢修。以油田视频安防统一运维为切入点，拓展视频安防业务，实现收入1449万元，较上年增长663万元。按期完成新疆油田视频监控平台扩容和视频会议系统改造升级，全年完成56次集团和油田公司重大视频会议会场支持和技术保障。

（周新蕊）

云计算产业园区

【概况】 2020年，克拉玛依市云计算产业园区加大配套工程建设力度，年内园区6个建设项目全部开工；推动重点项目建设，其中中国石油数据中心（克拉玛依）二期项目开工建设，扩容机柜1700个。推进招商引资工作，为加速企业落地提供全面服务，截至年末，累计对接企业50余家，6家信息企业在园区注册落地，园区招商引资到位资金4.33亿元，完成全年招商引资任务144.33%。

（祖文静）

【助力疫情防控】 2020年，克拉玛依市云计算产业园区各企业发挥互联网企业资源和专业优势，主动投身疫情防控。华为云服务数据中心采取“驻地办公+远程办公”工作方式，为自治区住建厅、交通厅等厅局及市工信局、公安局、教育局、卫健委等76家单位提供保障，225项应用平台安全、稳定运行；免费向全疆政企客户提供华为云Welink智能工作平台，满足疫情防控期间远程办公、远程会议需求。中国移动（新疆）云计算和大数据中心开通1220台云主机以及500TB存储用于云视讯、云对讲、云空间和云课堂等产品免费提供给全疆客户作为线上办公、疫情统计使用，支撑部署10个平台，473台云资源正常运转，持续为客户提供1400G业务带宽支持。小马聚力网络科技有限公司在确保上线疫情防控动态统计问卷系统、社区服务生活物资保障系统、健康码、健康打卡、企业复工复产疫情防控物资订购等各系统正常运转同时，优化各系统运行环境，提升市民服务体验，完成健康码、健康打卡功能向“城易City”小程序迁移。配合市区两级卫生部门开发完成疫情防控相关采样系统。新疆七色花信息科技有限公司依托“全疆畜牧兽医大数据”，紧急上线“全疆畜产品稳产保供分析”功能模块，为全疆物资供应和相关厅局决策提供第一手数据。

（祖文静）

【出台惠企政策】 2020年初，克拉玛依市云计算产业园区制定出台《关于疫情防控期间减免企业租金减轻企业负担的政策》，减免所有入园企业2020年2—3月写字楼和公寓租金；9月，再次出台惠企政策，减免7—9月入园企业房屋租金；全年园区企业累计享受社保减免、稳岗补贴、税收减免等各级各类政策资金100余万元。解决政策兑现遗留问题，兑现原政策执行期内企业租金、云服务费等补贴627万元。确保3月初和9月初，园区所有企业全部复工复产。

（祖文静）

【国际互联网数据专用通道建成投用】 2020年，克拉玛依市云计算产业园区加快国际互联网数据专用通道建设，通过公开招标确定通道合作单位，完成园区到北京、上海、广州国际互联网关口局链路资源协调及传输节点机房改造；12月26日，项目经工信部专家组评审验收通过，是西北第一条获批并验收通过的专用通道。

（祖文静）

【重点项目】 2020年，克拉玛依市云计算产业园区中国移动（新疆）云计算和大数据中心二期项目开工建设，项目总投资4940万元，将搭建面向用户虚拟化安全服务平台，提升云服务能力。中国石油数据中心（克拉玛依）二期项目开工建设，将扩容机柜1700个，新增配套大机电基础设施建设。渲染大数据存储库和世界影视数据库落户园区，项目总投资1.8亿元，将依托园区云服务能力打造资源丰富、功能完备影视动漫渲染数据资源池。深圳云游四海信息科技有限公司“智慧停车”示范项目落户园区，项目计划打造园区示范样板，通过综合运用云计算、大数据、人工智能、视频识别等技术，建设一个城市级智慧停车平台。北京北明天实公司“互联网+供热”应用试点成效显著，与华电集团形成合作意向，计划以国电克拉玛依公司为试点形成示范向全疆14个电厂推广。北京十六进制“互联网+教育”顺利落地，与油城数据、新华书店签订合作协议，向全市中小学推广。新疆天链遥感科技有限公司民用卫星地面站项目完成发改委备案和土地招拍挂。

（祖文静）

【产业推介】 2020年，克拉玛依市云计算产业园区举办2020克拉玛依（上海）政企接洽会，与中软国际、西北投资、顺丰、中科汇联等25家国内企业达成合作意向。网易新闻、新浪新闻、今日头条、腾讯新闻、人民网、微信自媒体等10余家国内媒体对此次推介会进行全方位跟踪报道。全年参与自治区招商引资项目“云签约”、克拉玛依市重大项目签约会等招商活动4场次，累计签约项

9月24日，“2020克拉玛依（上海）政企接洽会”在上海举办
（云计算产业园　供图）

目5个，签约总额5亿元。

（祖文静）

【“城市大脑”规划设计】 2020年，克拉玛依市云计算产业园区结合克拉玛依信息产业发展思路，搭建具有自主知识产权“城市大脑”。全年针对52家机关单位开展调研，完成《克拉玛依“城市大脑”顶层规划设计方案》初稿编写，组织新华三、中国移动、杭州数梦、云基华海、华为、中通服等国内企业咨询专家和自治区教授级专家30余人对顶层规划设计进行研讨，提出各类建议近70条,形成方案完善整改总则，为“城市大脑”顶层规划设计提供依据。

（祖文静）

【行业应用】 2020年，克拉玛依市云计算产业园区整合从下游云到上游各类应用,以“强政、惠民、兴业”为目标，面向政府、市民、企业提供全方位应用服务，通过打造克拉玛依“样板”,带领企业“走出去”。启动“互联网+诚信”“互联网+出行”等14个“互联网+”行业应用试点建设。

（祖文静）

【影视动漫渲染基地建设】 2020年，克拉玛依市云计算产业园区通过园区专项发展资金解决原有信息产业政策执行期内天空之城、蓝海彤翔等4家渲染平台企业应享受补助补贴，稳定已落地渲染平台企业。加大丝绸之路经济带影视动漫渲染基地建设力度，引入更多渲染业务，推动已落地平台企业发展。全年丝绸之路经济带影视动漫渲染基地新增渲染节点2000个，渲染基地节点总数达7000个，占全国渲染能力的60%。

（祖文静）

【配套设施建设】 2020年，克拉玛依市云计算产业园区重点开展A02停车场、软件园、道路工程建设及景观提升等工程。年内园区6个建设项目全部开工，A02停车场、配套设施及景观工程已建成投用；吉云路（世纪大道—园区大门岗）景观完成绿化改造；飞云路、天成西路、天成东路建设项目已完成前期手续办理，天成西路建设于9月开工，计划2021年建成通车；软件园建设项目列入国家重大建设项目库，完成设计、代建招标，开始办理前期手续；以园区数据中心扩建、数据中心环境升级改造、软件园区办公楼以及园区道路为建设内容，开展新基建项目申报工作。

（祖文静）

【搭建企业服务平台】 2020年，克拉玛依市推动《克拉玛依市云计算产业园区大力发展软件和信息服务业 促进大数据与云计算应用实施细则（试行）》出台，从电价、云服务、地价等方面对企业给予扶持。着眼产业发展需要，启动园区孵化器建设，同步推进孵化器运营方案设计及孵化团队搭建工作。依托“云大学”举办“2020年第三届华为新疆区域人才联盟双选会克拉玛依大学城专场”，有35家企业参加，累计提供300余个就业岗位，吸引600余名应届大学生参与招聘，80余名应届生达成就业意向。开展“专家进园区”专题讲座培训2场次，为联盟企业提供沟通交流平台。

（祖文静）

【借智借力】 2020年，克拉玛依市云计算产业园区与上海产促中心（商务部上海基地）达成合作共建协议，在项目共享、招商活动、人才培养、项目推介等方面开展合作；与中国信通院（直属工业和信息化部的科研事业单位）云计算与大数据研究所达成战略合作协议，在数据中心咨询、评测及前瞻技术研究等方面进行合作。利用上海智力援克机制，与上海2名“高层次人才专家服务团”专家形成合作意向，调研园区5家企业，为企业解答经营、技术等方面问题6件。

（祖文静）

电信业

中国电信克拉玛依分公司

【概况】 2020年，中国电信克拉玛依分公司主营收入完成率100.34%，同比增长2.58%；存量收入保有率107.11%，同比提升0.30%；光端口利用率为59.98%，全疆排名第五。

（岳雪莲）

【网络建设】 2020年，中国电信克拉玛依分公司建设政企项目光缆1500条，新建光端口7200个，新增光端口利用率39%，总体光端口利用率60%，全疆排名第五。全市零分光器占比2.21%，全疆优良率排名第三；城市、乡镇、农村光端口均为100%。

（岳雪莲）

【全光纤网络城市建设】 2020年，中国电信克拉玛依分公司推进住宅小区、楼宇光纤到户建设和改造，克拉玛依成为全疆唯一一个存量住宅光纤100%共建共享城市。7月11日，举办“全民升5G智享三千兆”新闻发布会，宣布克拉玛依电信网络进入“三千兆”时代即千兆5G、千兆宽带、千兆Wi-Fi。“三千兆”组合率先实现屋内屋外、有线无线全场景千兆网络应用，实现向用户提供千兆宽带上网服务能力。

（岳雪莲）

【云业务发展】 2020年，中国电信克拉玛依分公司加快政企业务转型。聚焦云、物联网等新兴业务，加强云业务培训，搭建云业务演示大厅，设立智能家居体验区。推动智慧烟感、智慧社区、云桌面等重点项目落地，跟进“城市大脑”“数字油田”系统工程实施。深耕行业与聚类市场，深入开展校园迎新、测温腕表、物联网应用、流量卡、视频彩铃等专项营销活动;安装200个“智慧烟感”，提高居家老人、校园学生预防火灾意识。通过“智慧社区”向用户宣传社区办理老年优待证流程、“预防诈骗”视频等，减少社区工作人员上门解释频率，受到社区工作人员认可。

（岳雪莲）

【5G及新兴业务发展】 2020年，中国电信克拉玛依分公司落实区公司领跑5G和211N行动，注重用户质量规模并重发展，以高价值5G三千兆套餐全业务融合销售为主，配套定制化全屋Wi-Fi服务，全面提升用户网络体验。

（岳雪莲）

【助力疫情防控】 2020年，中国电信克拉玛依分公司推出抗“疫”重点产品，开通905个“翼填报”业务，协助克拉玛依社区统计人员信息，统计次数过万，通过来电名片、移动办公、会议云、翼呼百应、智慧社区、云课堂等信息化业务助力各机关企事业单位疫情防控。疫情防控期间开通应急电路9条、应急固话89户、应急iTV90户。

（岳雪莲）

【客户服务】 2020年，中国电信克拉玛依分公司通过重塑服务优势，打造电信服务品牌，建立服务流程管理责任制、服务稽查制度、服务整改督办等措施，全渠道、全业务提升触点服务质量。通过服务稽查制度，有效减低用户投诉率，至年末，本地全业务申诉率0.11‰，较上年同期下降0.02个百分点，申诉率优于全区0.03个百分点，全区排名第五。至年末，即时测评满意度99.24%，较2019年同期上升2.3%，高于全区1.17%，全区排名第三名。公众、政企的宽带新装、障碍满意度均为100%,均排名全疆第一。公众、政企当日装当日修达标率均为100%，全疆排名第一。建立10000号全业务运营机制，用户足不出户即可办理新装、移机、功能开通等业务。

（岳雪莲）

中国移动克拉玛依市分公司

【概况】 2020年，中国移动克拉玛依市分公司以5G建设为契机，加强4/5G协同，持续保持网络领先，全年开通5G基站142个，城区核心区域基本实现5G信号连续覆盖，深度覆盖95%以上；调整、新增4G基站371个。

（李乾）

【家庭宽带服务】 2020年，中国移动克拉玛依市分公司信息技术助力城市转型。围绕家庭通信、娱乐服务、智能家居等需求，推动数字家庭、智慧家庭发展。开展存量低带宽升级、乐播TV+升级服务，家庭宽带客户同比增长4.3%，乐播TV客户同比增长2.4%。

（李乾）

【网络提速降费】 2020年，中国移动克拉玛依市分公司全面取消手机国内长途“漫游”费、流量“漫游”费，持续降低国际漫游费，流量单价0.004元/MB，同比下降50%。推出畅享家、家庭V网资费，家庭成员之间可以互打免费、流量共享。

（李乾）

【物联网应用】 2020年，中国移动克拉玛依市分公司全面推广物联网应用，实现全市99%以上家庭燃气表、水表数据自动采集和大数据分析，物联网连接数26万次。

（李乾）

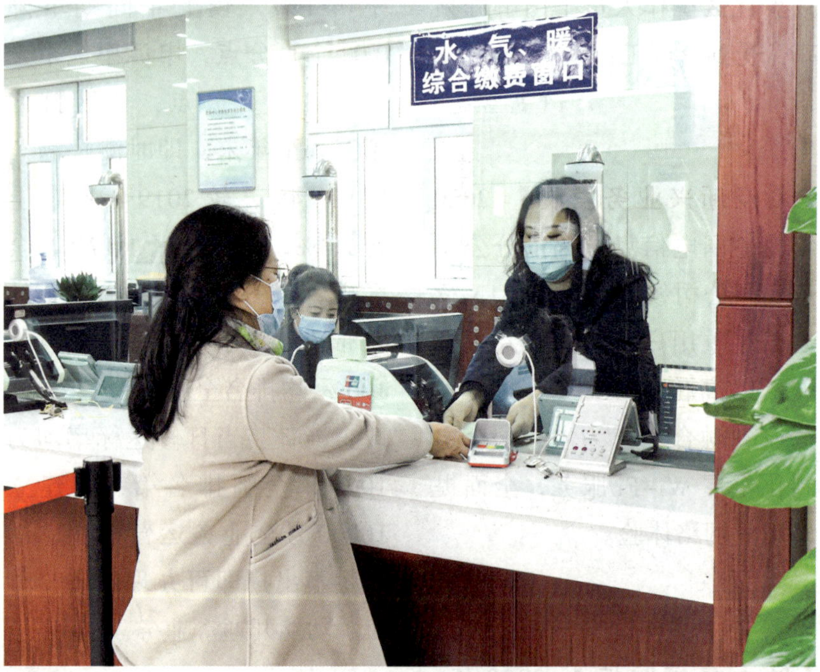

11月16日，市民在市热力公司水、气、暖综合缴费窗口办理业务，享受“一站式”缴费服务的便利 （彭召勇 摄）

【服务体系建设】 2020年，中国移动克拉玛依市分公司推进“全方位、全过程、全员”三全服务体系建设，构建有流程、有管控、高品质、高效能“四位一体”质量服务体系，开展“服务领先”“投诉削峰”行动，健全网络、市场条线质量提升协同工作机制，推动关键商业过程满意度改善，推进不满意客户修复体系，共同完成闭环管理和客户问题快速解决。

（李乾）

【疫情通信保障】 2020年，中国移动克拉玛依市分公司满足疫情防控指挥部门通信需求和客户通信顺畅需求，出动保障人员2000余人次、应急车辆580余次、应急发电42次，紧急开通专线40条、处理故障和投诉3000余次，云视讯、和对讲、和易报等应用服务超8万名用户，云课堂服务师生1.2万余人次，减免119家小微企业网络费用10万余元。

（李乾）

中国联通克拉玛依市分公司

【概况】 2020年，中国联通克拉玛依分公司聚焦产品、渠道转型，全面推进数字化运营，全年主营收入完成率同比增长2.46%。

（许玉平）

【网络建设】 2020年，中国联通克拉玛依分公司完成网运线全面划小改革，围绕工作量和KPI指标，制定薪酬激励办法，提高网运线员工积极性和主动性，全疆运维综合考核指标从2019年倒数第一，提升至2020年全疆前五，提前完成2020年30个4G L900、53个5G基站共建共享任务，在全疆率先完成2G网络精简任务。开展传输网隐患整治及环网建设工作，成环率由年初26%提升到31%，提升网络安全稳定性能。

（许玉平）

【互联网转型】 2020年，中国联通克拉玛依分公司在专项市场，开展智慧沃家劳动竞赛、线上存量价值提升营销活动、“抗疫，我们在行动”抖音短视频大赛、节日促销、复工复产专项攻坚等专项营销活动。优化产品体系，推动渠道转型，自“5·17”电信日至年底，累计开展抖音、手厅直播带货近百场，双十一，与本地“来撒来撒”网红团队合作开展线上直播引流，渠道互联网转型初见成效。

（许玉平）

【5G技术应用】 2020年，中国联通克拉玛依分公司以政企组织改革为契机，强化政企创新中心能力建设，聚焦数字工地、大数据、云、智慧城市、物联网等专项市场，着力打造5G创新业务，创新业务发展全疆排名第三，“智能烟感”项目成为全疆“智能烟感”发展标杆。

（许玉平）

无线电管理

【概况】 2020年，克拉玛依市无线电管理局受理频率、台站许可79件，其中频率许可16件，核发频率许可28个；台站许可27件，核发电台执照502本。注销行政许可36件，注销单位41家，收回频率18个，注销设备285台；报停设备10部，报废设备309部，收取频占费116.316万元。

（王启立）

【无线电监听、监测】 2020年，克拉玛依市无线电管理局开展无线电监测工作，累计时长9760小时，完成监测月报12期；发现不明无线电信号17个，全部查处；受理用户干扰申诉5起，全部查处。配合人力资源、教育、卫生等部门完成各类考试无线电安全保障13次，启用无线电监测设备59台（套），派出车辆117车次，出动监测人员224人次，累计监测时长342小时，未发现利用无线电设备作弊行为。制定《打击“黑广播”“伪基站”专项行动工作方案》，全年出动监测车辆33车次，动用监测设备42台次，出动人员63人次，累计监测时长1106小时，未发现“黑广播”“伪基站”信号出现。

（王启立）

【无线电行政执法】 2020年，克拉玛依市无线电管理局结合日常监测中发现不明信号进行查找、检查，组织开展“双随机、一公开”工作4次，检查46家单位，检查设备247台，其中203台为擅自设置。对辖区内3家运营商位于克拉玛依区30座基站进行随机抽查，对3家运营商存在的擅自设台情况下发责令改正通知书。在国家企业信用信息公示系统公开行政许可信息46条。全年行政处罚立案9起，没收违法设备26部，下达责令整改通知书28份。

（王启立）

【无线电科普宣传】 2020年，克拉玛依市无线电管理局利用考试保障、走访相关单位等机会，向考生、学校师生、相关单位等进行无线电管理知识宣传。全年开展形式多样线上线下宣传活动，受众千余人次，发放宣传资料7种2000余份。开展无线电发射设备销售备案宣传指导工作，现场宣传指导30余家经销商，审核通过4家。

（王启立）

商贸服务业

综　述

【概况】 2020年，克拉玛依市全年实现社会消费品零售总额95.6亿元，较2019年下降20.6%，扣除价格因素，实际下降22.2%。按经营地统计，城镇消费品零售额94.9亿元，下降20.6%；乡村消费品零售额0.7亿元，下降21.6%。按消费类型统计，商品零售额86.7亿元，下降19.2%；餐饮收入额8.9亿元，下降32.3%。

（孙灿）

【批发和零售业】 2020年，克拉玛依市全年批发和零售业零售额86.7亿元，下降19.2%；从销售商品分类看，在限额以上批发和零售业商品零售额中，中西药品类增长16.5%，日用品类增长5.7%，石油及制品类增长0.4%；文化办公用品类下降5.3%，粮油、食品、饮料、烟酒类零售额下降9.4%，服装、鞋帽、针纺织品类比上年下降13.0%，汽车类下降17.7%，家用电器和音像器材类下降20.9%，书报杂志类下降26.8%，金银珠宝类下降32.8%，通信器材类下降86.7%。

（孙灿）

2月8日，克拉玛依区九鼎农产品批发市场蔬菜保鲜库里，从乌鲁木齐驶来，满载着100吨新鲜蔬菜的3辆半挂卡车在卸车　（李浩然　摄）

【疫情防控期间物资保供】 2020年，克拉玛依市商务局研究制定《商务领域新冠病毒感染的肺炎疫情防控工作方案》，强化与生活物资供应企业建立联动，协助企业组织货源，满足全市供应。确保7家大型商超25种肉、蛋、奶、蔬菜等重要生活物资和17种重点监测商品库存、销售情况无异常，787个社区便利店物资供应充足，切实保障疫情防控期间居民基本生活需求。做好批发市场、商超及生活物资市场调运配送、协调帮扶，走访各大商超49次，协调解决企业困难和诉求33件。与全市公安检查站及周边地州保持沟通，协调各类畅通问题307个，确保保供企业物资运输畅通有序。

（孙灿）

【行业监管】 2020年，克拉玛依市商务局对辖区内41家成品油零售企业，6家拍卖企业以及72家商贸流通领域重点监管单位开展年审和安全检查工作。通过推行“双随机、一公开”监管方式，重点强化对拍卖、二手车交易、报废汽车回收拆解等领域的监管和服务，为特种行业创造规范、有序、公平发展环境。

（孙灿）

【烟草专卖】 2020年，克拉玛依市烟草专卖局（公司）总资产9151.81万元，下属4个县级烟草专卖分局，有营销管理中心1个、物流配送中心1个，下设专卖监督管理科负责专卖稽查。截至年末，全市有烟草零售2387户。全年销售卷烟8.65亿支，比2019年上升0.01%，销售收入56306.27万元（含税）；实现税利8872.1万元，比2019年增长2.88%；实现利润706.23万元，比2019年增长47.82%。全年查处涉烟违法案件108起，案值44.59万元。

（王倩）

【服务民企】 2020年，克拉玛依市商务局完善服务民企工作机制，制定《服务民企工作考核办法》，修订完善市领导联席企业工作机制，实现市领导联系走访416家规模以上企业、10家商会、22家行业协会全覆盖。组织召开全市民营企业座谈会，收集企业困难诉求，消除企业复工复产障碍。建立市、区两级干部包联企业及个体工商户机制，深入企业宣传惠企政策，摸清企业诉求并帮助企业纾困解难。截至年末，走访企业和个体工商户7361家，收集困难诉求2612项，解决2053项。

（孙灿）

【成功申报“自治区级夜间经济示范街区”】 2020年，克拉玛依市汇嘉滨河广场成功申报首批“自治区级夜间经济示范街区”。广场主要街区长400米，实际营业面积53737平方米，营业时间至凌晨一时以后。至年底，汇嘉滨河广场有商户483户，其中餐饮239户，占49.5%；零售145户，占30%；配套99户，占20.5%。

（陈清华）

商贸流通

【商圈促销活动】 2020年，克拉玛依全市各大商场、商圈开展打折让利、满够返券、积分抵扣等促销活动110余场，线上线下共计投入7100万元。其中，五一劳动节期间，和家乐商贸、国美电器销售总额与2019年同期相比分别增长80%和86.91%；肉孜节期间，克拉玛依区汇嘉时代、和家乐及独山子区友好金盛等6家线下企业投入210万元，开展主题节日活动；端午节期间，和家乐商贸通过开展周年庆活动，销售额与2019年同期相比增长74.39%，其余大型商超销售额同期涨幅5%左右。

（陈清华）

【车展、房展暨端午文化集市】 2020年6月25日—27日，“和谐家园·颐中华府”2020克拉玛依车、房展暨端午文化集市在克拉玛依市会展中心举办。展会期间，售出292辆汽车，有82套商品房达成购房意向，家装建材展区成交额1320万元，特色商品及文化集市销售额23.5万元。

（肖慧）

【开放夜市】 2020年，克拉玛依全市12个夜市对外营业，50余家餐饮品牌入驻。鼓励商超延长夜间营业时间，其中汇嘉时代、和家乐商贸等大型商贸企业在节假日期间，营业至自然闭店，利用夜场开展各类促销活动，营业额较2019年同期分别增长22%和80%。

（孙灿 陈清华）

5 月 15 日，跳蚤市场的多肉植物受到顾客青睐

（克拉玛依区委宣传部 供图）

【跳蚤市场】 2020 年，克拉玛依市商务局联合各区政府开设跳蚤市场 13 个，其中克拉玛依区 7 个，白碱滩区 3 个，独山子区 2 个，乌尔禾区 1 个。提供摊位 630 个，个人、商户和企业均有在跳蚤市场内摆摊销售，交易货品包括服装、鞋帽、小商品，旧家电、家具，个人闲置用品及设备等。

（陈清华）

【商业街区改造】 2020 年，克拉玛依市出台一系列鼓励夜经济发展政策，围绕交通路网、立面地面、设施设备等要素，持续优化街区环境。优化城南营商和消费环境、丰富经营业态、完善基础设施、加大宣传推广力度。截至年末，完成市中心城区汇嘉滨河广场 1.5 万平方米面积改造工程。

（孙灿）

【烟花爆竹经营零售】 2020 年，克拉玛依市有烟花爆竹经营公司 1 家，为克拉玛依市同庆烟花爆竹有限责任公司，设置烟花爆竹长期零售点 4 个，其中克拉玛依区 2 个、白碱滩区 1 个、独山子区 1 个；设置烟花爆竹临时零售点 12 个，其中克拉玛依区 8 个、白碱滩区 1 个、独山子区 2 个、乌尔禾区 1 个。2020 年春节烟花爆竹销售于 1 月 9 日开始至 2 月 8 日结束。

（马星宇）

电子商务

【疫情防控期间线上销售】 2020 年，克拉玛依市商务局为拉动消费，寻找新的渠道和平台，鼓励开展线上配送，创新无接触配送模式。7 月 29 日至 9 月 1 日，全市第二轮疫情防控期间，市商务局鼓励各大保供商超开展线上销售活动，通过线上平台搭接无接触配送服务，最大限度减少病毒传播可能性，减少疫情带来的销售额损失，为企业开展线上销售模式宣传 9 次。这期间，全市 7 家保供商超收到线上订单 66582 张，金额 1.75 亿元。

（陈清华）

【建立数字会展平台】 2020 年，克拉玛依市商务局成功举办 2020（线上）克洽会。建成全疆首个集“展、洽、销”为一体数字会展平台，来自疆内外 20 个城市 270 余家企业线上参会，参展商品 1000 余件，签约项目总金额 87.28 亿元，较 2019 年增长 74.56%。联合新华网、新浪新闻、优酷视频等媒体平台进行线上直播，累计浏览量达 247 万人次。

（孙灿）

【“克拉玛依首季直播好物节”系列活动】 2020 年，克拉玛依市广播电视台探索“直播 + 带货 + 旅游 + 消费”模式，在全疆地市电视台中率先启动“克拉玛依首季直播好物节”系列活动，打造以“来撒来撒”为品牌的网络直播间。5 月—12 月 31 日直播带货活动期间，“来撒来撒”直播间完成直播 70 余场，累计直播时长 150 余小时。其中克拉玛依

5月19日，“来撒来撒”“克拉玛依首季直播好物节”在玛依姑娘生活广场开播。图为主持人在直播卖货（杜毅　摄）

市4个区2个乡共7场直播时长25小时，有8位区委、区政府领导，5位文化名人在“来撒来撒”直播间为各区人文风貌、旅游资源、特色产品代言。超过550万人次通过克拉玛依手机台、抖音、快手、央视频、火山小视频、微博六大平台进入“来撒来撒”直播间在线观看，点赞243.72万次，150余家商家参加直播带货，线上订单180余万元，线下引流超过650万元。

（汪文忠）

【发放电子消费券】 2020年，克拉玛依市区两级政府发放电子消费券，扩大内需，促进消费，部分注册登记且自愿参加活动的各类服务业企业及个体工商户参与其中。活动发放消费券195.4万张，价值3265万元；领取消费券176.89万张，价值2401.71万元；核销消费券104.6万张，价值1646.28万元，核销率59.13%。消费券拉动消费10544.14万元，拉动比例1∶6.4。

（陈清华）

【外卖配送行业发展】 2020年，克拉玛依市有外卖配送、跑腿服务类企业10家，其中较大企业2家，分别为美团和饿了么；一般企业7家，分别为同城团购、UU跑腿、幸福城市、邻趣、来了么、微速和达斯罕。全市外卖配送企业有从业人员600余人，每日订单量20000单以上。10家配送企业中，美团有商业网点3个，分别位于克拉玛依区、独山子区、白碱滩区；饿了么有商业网点6个，其中克拉玛依区3个，独山子区1个，白碱滩区1个，乌尔禾区1个，其余企业均在项目注册地设有1个网点。2020年，饿了么及美团2家线上平台投入40万元开展“欢度肉孜节 狂欢不打烊”等节日活动，通过发放2万张面值4元至10元消费券、减免配送费、满赠及特价菜品等节日活动，线上强化数据引流，线下加强宣传造势，形成线上线下融合的消费体验。

（陈清华）

居民生活服务业

【住宿业基本情况】 2020年，克拉玛依全市有酒店宾馆278家，从业人员1993人，全年接待入住789768人。限额以上住宿法人企业有5个，从业人员222人，实现营业额2554.1万元。按控股情况划分，国有控股1个，实现营业额1161.4万元；私人控股4个，实现营业额1392.7万元；按星级划分，星级酒店有3个，其中五星级1个，四星级1个，三星级1个。

（郭晓旭　海新燕　杨洋）

【餐饮业发展】 2020年，克拉玛依市有食品生产加工单位264家，其中食品生产企业29家、食品生产加工小作坊235家。有食品经营者6879家，其中食品销售经营者3889家、餐饮服务经营者2667家、单位食堂323家。有限额以上餐饮业法人企业3个，从业人员207人，实现营业额3530.5万元。按控股情况划分，私人控股2个，实现营业额1369.5万元；其他1个，实现营业额2161万元。

（郭晓旭　王娟）

【家政服务】2020年，克拉玛依市有家政公司17家，从业人员243人。其中克拉玛依区10家，从业人员156人；白碱滩区3家,从业人员22人；独山子区4家,从业人员45人。经营范围包括家政服务、病人陪护服务、居民日常生活服务、住宅水电安装维护服务、搬家运输、母婴生活护理（不含医疗服务）、专业保洁清洗、消毒服务等。

（于林超）

【养老机构】2020年，克拉玛依有黑油山老年社区、圣桥老年公寓、白碱滩区广佑颐养老年服务中心、广佑颐养·金龙家园和独山子区养老院5家养老机构,有养老床位1445张，在院老人657人，社区养老服务设施40个。

（于浏艺）

粮油销购

【粮油购销储备】2020年，克拉玛依市粮油储备企业市腾飞粮油购销储备有限责任公司购进粮油10081吨；轮换市级储备油400吨；加工耗用小麦110265吨，面粉加工量7869吨，副产品加工量1871吨，实现工业总产值4272万元。销售粮油9701吨；实现纯销售额8243万元，销售毛利515万元，实现利润36万元。

（贾晓蓉）

【粮食购销调控】2020年，克拉玛依市支持引导企业筹措贷款资金，落实夏粮收购贷款4300余万元，全年完成夏粮收购轮换补库任务11515吨，企业收购商品粮4500余吨。落实成品粮油储备增储600吨任务，全市市区级储备成品粮油规模达到1700吨，确保全市达到当地城镇人口和农村需购买口粮人口15天市场供应量。

（钟芳）

【粮食应急保障】2020年，克拉玛依市做好粮食应急保障工作，建立健全粮食应急保障体系和应急供应网络，确保每个乡镇、街道至少有1个粮食应急供应网点，每个社区、村有1个便民服务店。启动粮油信息监测日报工作，做好市场信息跟踪调研。保障军粮供应和有序推进救灾物资储备工作，疫情防控期间，协调多方确保军粮库存，及时调拨应急物资，为抗击疫情提供物资保障。

（钟芳）

供销合作

【供销社资产管理】2020年，克拉玛依市供销社资产管理中心对外投资全资企业1家：乌尔禾基层供销合作社；控股企业1家：供联商贸有限责任公司；参股企业6家：助农供销有限责任公司、协农供销有限责任公司、联农烟花爆竹有限责任公司、农兴农业生产资料有限责任公司、柏强商贸有限责任公司、小拐乡和谐村供销社。年末，市供销社企业实现销售总额7688万元，资产总额7133.26万元，所有者权益6527.85万元，上缴税费195.92万元，社会贡献总额611.49万元。

（杨建宏）

【供销社控股企业资产运营】2020年，克拉玛依市供销社控股企业供联商贸有限责任公司全年实现各项收入359万元，各项费用628万元，利润总额–269万元。

（杨建宏）

【农资购销】2020年，克拉玛依市供销社参股企业联农烟花爆竹有限责任公司实现农资销售额95万元，购进农药3000千克、化肥460吨。

（杨建宏）

【供销基层社建设】 2020年，克拉玛依市供销社资产管理中心投入86万元，分别在小拐乡和谐村，乌尔禾镇哈克村、查干草村3个行政村新建3个村级供销社；在小拐乡团结新村、和谐村和乌尔禾镇，分别新建3个村级综合服务社；在农业开发区设立1个农业生产服务中心。

（杨建宏）

【第一次供销合作社社员大会召开】 2020年7月17日，克拉玛依市供销社召开建社以来第一次社员大会，会议审议通过《克拉玛依市供销合作社联合社章程》和《深化综合改革增强服务能力，努力推进新时代供销合作事业新发展》工作报告；选举产生克拉玛依市供销合作社联合社第一届理事会；15人当选为理事，7人当选为常务理事；魏天生、陈建革分别当选为理事会主任、副主任。

（杨建宏）

房地产业

【概况】 2020年，克拉玛依市房地产开发完成投资25.3亿元，较2019年增长55.3%。房屋施工面积367.4万平方米，下降6.4%；其中住宅施工面积262.5万平方米，下降15.9%。房屋竣工面积20.4万平方米，下降27.5%；其中住宅竣工面积18.9万平方米，下降13.7%。全年商品房销售15.86亿元，缴纳房产税1.95亿元。

（皮玲）

【在建房地产项目】 2020年，克拉玛依市全市在建房地产项目59个，总投资约为162.14亿元，同比增长54%；建筑面积约为283.4万平方米，同比增长11%。

（皮玲）

【房产交易】 2020年，克拉玛依市核发商品房预售许可证26个，批准预售许可49.56万平方米4715套。截至年末，全市商品房销售面积26万平方米，下降41.1%；其中住宅销售面积23万平方米，下降42.1%。二手房交易面积75.7万平方米，同比增长1.39%。

（皮玲）

【房地产市场监管与服务】 2020年，克拉玛依市印发《克拉玛依市落实城市主体责任促进房地产市场平稳健康发展工作方案》，加强新建商品房预售、合同备案、房屋交易与产权管理，完善房地产网签系统功能、房产数据统计分析功能，实现房产交易数据、预售资金监管数据信息共享。

（皮玲）

【物业管理】 2020年，克拉玛依市出台《克拉玛依市强化党建引领提升物业服务质量的指导意见》，指导全市开展党建引领提升物业服务质量工作。制定印发《克拉玛依市物业服务行业专项整治工作方案》《克拉玛依市住宅物业服务标准》，规范物业管理活动。全年开展检查51次，下发整改通知书44份，受理物业投诉举报214件，办结率100%。截至年末，克拉玛依全市物业管理区域173个，覆盖率100%；成立业主委员会165个，成立率95.4%。

（皮玲）

邮　政

【概况】 2020年，受疫情防控影响，克拉玛依市邮政行业业务收入（不包括邮政储蓄银行直接营业收入）累计完成1.37亿元，同比下降2.63%；业务总量完成1.04亿元，同比下降6.73%。

（吴梦洁）

【行业管理】 2020年，全市邮政快递企业配备X光安检机104台，其中邮政企业36台，快递企业68台，安检机实现邮件快件分拣处理中心、邮政快递营业网点全覆盖。克拉玛依市邮政管理局加强与市公安局、市国家安全局等部门合作，督导邮政企业、各快递企业严格执行“收寄验视、实名登记、过机安检”三项制度。开展联合执法检查，做好重大节假日、全国两会期间、中秋国庆节等重要时间节点寄递渠道安保工作，保障辖区寄递渠道安全畅通。严防不法分子利用寄递渠道实施违法犯罪或危害社会治安稳定，严防违禁物品流入寄递渠道导致生产事故，严防行业内部发生重大群体性事件和重大生产事故，确保寄递渠道安全畅通。

（吴梦洁）

【行政执法】 2020年，克拉玛依市邮政管理局组织召开寄递企业安全生产教育培训及安全工作动员部署会议7场次，开展快递市场执法检查85次，出动执法180人次，检查邮政、快递企业网点及分拨中心364家次。检查中，发现并整改企业安全生产隐患75处，下达整改通知书26份；立案调查2起，处罚金额1.2万元严厉打击辖区内违法违规经营快递业务行为，规范快递市场秩序。

（吴梦洁）

【市场监管】 2020年，克拉玛依市邮政管理局加大市场监管力度，加强与市工信局、市烟草专卖局、市交通局等部门协作配合，建立信息沟通机制，加大对无证经营、超范围经营快递业务等行为查处力度，对未办理许可相关手续且拒不整改的企业，依法进行处罚，确保企业依法经营。全年完成3家法人企业许可延续、60个快递末端网点备案审核工作，新增快递品牌一个（极兔快递）。

（吴梦洁）

【普遍服务与特殊服务】 2020年，克拉玛依市邮政管理局依法开展普遍服务行政审批和备案管理工作，按照程序做好对停业后恢复营业邮政场所更名改址的备案、核查工作。开展普遍服务行政执法检查20次，出动执法检查人员40人次，对克拉玛依市34个邮政普遍服务网点开展2轮全覆盖监督检查，检查覆盖率100%；对5个机要营业场所、1个机要转运场所进行两轮专项检查，检查覆盖率100%。对一个机要场所撤销、一个邮政普遍服务网点撤销进行行政审批。

（吴梦洁）

【消费者权益保障】 2020年，克拉玛依市邮政管理局及时解决群众反映的邮件快件丢失短少、损毁、延误、服务态度差及赔偿难等寄递服务热点、难点问题，切实维护消费者合法权益。2020年，通过国家邮政局申诉网站、克拉玛依市政府“12345”政府服务热线、市邮政业申诉电话等方式共受理消费者申诉案件185起，经调解消费者申诉结案185起，未结案0起，累计为消费者挽回经济损失3.59万元。

（吴梦洁）

物流业

【概况】 2020年，克拉玛依市辖区有邮政普遍服务营业网点34个，快递业务经营许可企业及备案分支机构60个，与2019年持平；有中国邮政、顺丰、京东、申通、圆通、韵达、中通、百世、天天、德邦、极兔11个物流品牌企业入驻。

（吴梦洁）

【商贸物流规划编制】 2020年，克拉玛依市启动《克拉玛依市“十四五”商贸物流规划》编制工作，将重点项目和中俄贸易西通道建设等重点内容纳入自治区及国家相关规划。出台针对物流基础设施建设贴息支持政策。

（孙灿）

【快递服务业务量】 2020年，克拉玛依市全年快递服务企业业务量完成168.37万件，增长0.33%。快递业务投递量1476.69万件，增长10.11%。全年快递业务收入6236.13万元，下降3.33%。

（吴梦洁）

12月15日，货运火车停在白碱滩区（克拉玛依高新区）货运站内，等待卸车、装车 （田国建 摄）

【物流自动化分拣设备投用】 2020年10月22日，克拉玛依方圆亨通快递公司投入200余万元，将位于市区南郊向坤木材厂院内的圆通、申通、百世等几家物流公司分拣中心进行自动化改造。改造后分拣中心可自行对包裹进行消毒杀菌，并按照派送区域进行准确分类，日均分拣包裹1.8万件至2万件。11月1日，克拉玛依邮政分公司快递处理中心扩建工程完工，由600平方米扩建成2000平方米，增设伸缩式皮带输送机4条，日件量增长11%，平均每天处理快递近2万件。

（吴梦洁）

【克拉玛依鼎信物流园】 2020年，克拉玛依市鼎信物流园有员工20人，安检设备3台。园内驻有物流企业23家，其中4家企业有收发货业务（百世快运、阿凡提物流、安能物流、德邦物流）。截至年末，园内24家企业年吞吐量6000余吨。

（汪叶红）

【独山子物流园建设】 2020年，克拉玛依市独山子区依托石化产业和区位优势，以石油化工物流为主导产业，配套园区火车货运站，引进社会投资建设的智能公路港项目，被列入市“十四五”规划，成为自治区级物流体系重要节点。截至年末，园区共计投入2.4亿元，园区面积达13.5平方千米，建设普货及一般化学品停车场和标准化厂房5000平方米。有中联油西北公司、中国石油西北化工销售独山子分公司、西气东输二线输气分公司及检维修中心、新疆寰球公司等中央石化企业，新疆天利高新石化股份有限公司、新疆天利石化控股有限公司、独山子蓝德精细石化股份有限公司等多家地方石化企业入驻。

（黄银凤）

11月24日，位于市区南郊的“三通一达”快递分拣中心，包裹经过消毒后再分拣派送 （李浩然 摄）

金融业

综　述

【概况】 2020年，克拉玛依市金融行业信贷投放平稳增长，截至12月末，全市金融机构本外币各项贷款余额838.23亿元，较年初增加81.95亿元，同比增长10.78%。截至12月末，辖区企业贷款加权利率4.19%，同比下降0.63个百分点。融资渠道不断拓宽，辖区昆仑银行发行新疆首单疫情防控专项同业存单1.4亿元；债券业务稳步发展，辖区农业银行推动市城投公司发行5亿元超短期融资券，实现近10年西北地区同级别利率最低；全年依托中征应收账款服务平台实现融资286笔，金额51.44亿元。

（常现文）

【金融服务实体经济】 2020年，克拉玛依市金融行业聚焦全市重大基础设施项目建设、石油石化、旅游、外贸、纺织等重点特色领域，利用货币政策工具支持石油石化产业链绿色企业复工复产，全年办理绿色再贴现200笔1.6亿元，同比增长99.2%。通过银团贷款成功授信15亿元支持三坪—风城水库改造项目；农业发展银行给予克拉玛依重点旅游建设项目——“西部乌镇”项目贷款额度14亿元。截至年末，投放9.7亿元。开展金融让利实体经济专项行动，全年新发放小微企业贷款利率为4.55%，同比下降0.98个百分点，利率水平低于自治区0.51个百分点；普惠型小微企业加权利率4.71%,同比下降1.9个百分点。成立小微企业财务托管中心，新设城市普惠融资担保公司，扩大普惠性融资担保覆盖面，小微企业担保户数占比98.5%，同比提高50%，担保费率降至0.5%，为企业减少财务费用303.6万元。建立“金融助力纾困解难”融资登记系统，推动银企对接更加精准，截至12月末，全市有4788家小微企业申请贷款43.3亿元，银行审批发放4487户，贷款42.57亿元，申贷获得率98.3%。

（常现文）

【金融改革创新】 2020年，克拉玛依市推进绿色金融改革，聚焦绿色产业培育，推动全市经济由“单一能源和产业”结构向“一主多元”结构转变，全年推送纯绿项目33个、金额41.71亿元；加快非银绿色专营机构建设，辖区金融行业新设保险业绿色金融事业部、绿色可转债发行绿色金融事业部各1个，绿色金融产品服务持续改善，创新绿色金融产品18个；制定《克拉玛依市绿色金融改革创新试验区绿色金融标准实施方案》，昆仑银行成为疆内首个完成环境信息披露金融机构；推动绿色融资渠道多元化发展，全年办理绿色再贴现205笔2.5亿元,同比增长2.1倍；绿色产业基金（昆仑卓越）累计投资0.4亿元，撬动洁净能源、石化环保装备等7个项目启动；推动中国石油自保公司与外部保险机构以共同保险方式为石化产业链提供全产业链环境污染责任险。优化绿色金融供需对接，全年累计支持企业及项目62个，完成授信35.6亿元，发放绿色信贷20亿元；辖区绿色信贷余额约56.2亿元，同比增长12.8%，绿色信贷占比19.17%，高于试验区批复前4.7个百分点。

（常现文）

【金融风险防范化解】 2020年，克拉玛依市推进金融风险防范化解工作，统筹做好重点领域及日常风险监测预警。建立疫情对地方法人银行影响监测机制，严防金融风险与疫情叠加。完善防范化解金融风险机制，编制《银行业金融机构挤兑事件应急预案》并进行桌面推演。妥善处置克拉玛依金龙国民村镇银行"鑫茂系"贷款集中度过高风险。强化风险预警效能，组织对昆仑银行开展金融稳定压力测试，完成对2家法人金融机构资产质量真实性专项现场核查工作。全力打击辖内各类金融犯罪，全年全市各银行机构从柜面堵截各类电信网络新型违法犯罪事件15起，涉及金额90.03万元；堵截不法分子异常开户风险事件3起。

（常现文）

【金融助力疫情防控保障】 2020年，克拉玛依在全疆率先建立金融服务协调办公室，发挥金融行业稳企业保就业资金支持功能，通过制定贴息、担保、风险补偿等措施，按照"一企一策"原则保障企业急需资金第一时间到位。全年促成0.66亿元疫情防控保供专项再贷款落地支持辖内2家"防疫保供"企业；累计发放5.35亿元支持小微企业再贷款，支持1600户市场主体抗击疫情和复工复产；累计发放10.4亿元再贴现资金，同比增长57.6%；投放个体工商户复工复产小额信贷1.8亿元，支持个体工商户2420户。截至年末，全市普惠小微企业信用贷款余额7.39亿元，较年初增长1.30倍。

（常现文）

【小微企业延期还本付息政策落实】 2020年，中国银行保险监督管理委员会克拉玛依监管分局推动落实延期还本付息政策和个体工商户小额信贷政策。为2091户中小微企业和1606户个体工商户小额贷款实施延期还本，涉及金额6.12亿元，为65户中小微企业和个体工商户实施延期付息。

（常现文）

【重点行业信贷支持】 2020年，中国银行保险监督管理委员会克拉玛依监管分局督促银行机构做好重点行业信贷支持。截至年末，支持制造业33.53亿元，支持外贸企业3.86亿元，支持旅游业4.11亿元。围绕特色产业，加强产业链协同金融服务，支持石油石化产业链核心企业14户，累计发放贷款17.92亿元。紧跟重点项目建设，做好跟踪服务，督促辖内银行机构对接129个重点项目，截至年末，项目及项目相关主体获得贷款支持19.55亿元。

（常现文）

银　行

【概况】 2020年，克拉玛依市辖区内有银行业机构8家，金融机构各项人民币存款余额1606.08亿元，较年初减少81.80亿元，下降4.85%。其中，境内存款余额1512.47亿元，增长7.02%，含住户存款余额467.46亿元，增长18.27%；境外存款余额93.61亿元，下降65.91%；非金融企业存款余额522.94亿元，下降2.78%。年末金融机构各项人民币贷款余额837.91亿元，较年初增加83.41亿元，增长11.05%。其中，住户贷款170.29亿元，增长51%；非金融企业及机关团体贷款657.61亿元，增长4.1%。

【工商银行克拉玛依石油分行】

经营效益　2020年，工商银行克拉玛依石油分行实现本外币拨备前利润2.57亿元；净利润 1.77 亿元。

存款业务　2020 年，工商银行克拉玛依石油分行人民币各项存款余额为 166.13 亿元，较年初增加 6.25 亿元。其中对公存款余额 63.73 亿元，较年初下降 0.59 亿元；储蓄存款余额 102.39 亿元，较年初增长 6.85 亿元。

贷款业务　2020 年，工商银行克拉玛依石油分行人民币贷款余额 55.69 亿元，较年初减少 8.35 亿元。其中公司贷款余额 47.66 亿元，较年初减少 7.78 亿元；个人贷款余额 8.03 亿元，较年初减少 0.58 亿元。

中间业务　2020 年，工商银行克拉玛依石油分行实现中间业务收入 10341 万元，同比增长 595 万元。个人中间业务收入 3544 万元，在全行中间业务收入占比 34.27%。信用卡中间业务收入 4263 万元，在全行中间业务收入占比 41.22%。

对公结算业务　2020 年，工商银行克拉玛依石油分行新开结算有效账户 1460 户；有效现金管理客户 16 户；新增小微金融服务平台客户数 1022 户。新增有效 e 缴费签约项目数 14 个。

互联网金融　2020 年，工商银行克拉玛依石油分行融 e 行存量客户 30.58 万户，较年初新增 1.95 万户。快捷支付绑卡月均动户 23.61 万张，融 e 行移动端月均动户数 8.83 万户。融 e 联月均动户数 3.97 万户。融 e 购月均活跃客户数 7301 户。企业手机银行年动户数 2961 户。

小微企业金融业务　2020 年，工商银行克拉玛依石油分行内部口径小微企业贷款合计 110 户、贷款余额合计 17802 万元；个人经营快贷合计 197 户、贷款余额合计 2561 万元，小微企业贷款户数较年初增加 65 户，余额较年初增长 10744 万元，个人经营快贷户数较年初增加 45 户，余额较年初下降 98 万元。

个人信贷业务　2020 年，工商银行克拉玛依石油分行将个人二手房按揭贷款、代发工资客户个人消费贷款作为营销重点，开展个人贷款营销工作。加强个人贷款逾期贷款管理工作，压降关注类和不良贷款规模，截至年底，个人贷款关注类贷款压降至 47 万元，不良贷款压降至 0.57 万元，均控制在区分行任务目标之内，个贷不良率 0.003%。

普惠金融　2020 年，工商银行克拉玛依石油分行人行口径普惠贷款 474 户，贷款余额合计 19900 万元，较年初增加 8300 万元。银监口径普惠贷款余额户数合计 513 户，贷款余额合计 22508 万元，贷款余额较年初增长 8115 万元。

绿色金融　2020 年，工商银行克拉玛依石油分行推进绿色信贷建设，支持绿色产业与绿色经济发展，加强自身环境和社会风险防控，推进低碳运营，实现经济效益、社会效益、生态效益可持续发展。截至年底，法人客户绿色贷款余额 120661.65 万元，其中流动资金贷款 5681 万元，项目贷款 114980.65 万元。

金融服务　2020 年，工商银行克拉玛依石油分行优化渠道建设。完成友谊路支行搬迁，完成旺角支行网点微改造项目，合理服务布局，提升客户体验感受。完成 4 个区支行装修改造工作，于 10 月 28 日投入使用。加强服务管理，开展“2020 服务先行”主题活动，推动“预”服务，改善客户等候体验。全年线上客户评价满意度 99.57%，较 2019 年 97.93% 提升 1.64%；线下满意度 99.83%，较 2019 年 99.72% 提升 0.11%。

（程迪）

【建设银行克拉玛依石油分行】

经营概况　2020 年，中国建设银行股份有限公司克拉玛依石油分行全口径存款日均余额 103.42 亿元，较年初增长 14.04 亿元。全口径存款时点余额 118.64 亿元，较年初增长 16.09 亿元。各项贷款余额 39.97 亿元，较年初增长 8.86 亿元。不良贷款余额 2358.36 万元，不良率 0.59%。

个人业务　2020年，中国建设银行股份有限公司克拉玛依石油分行树立“以客户为中心”服务理念，走访私行及潜力客户70人次，私行客户覆盖度128%，家族信托业务累计配置资金6130万元。全面关系客户1.63万户，年增4084户，完成率168%，超额完成全年目标任务。手机银行活跃用户规模持续扩大，达23.96万户，当年活跃70514户，计划完成率108.48%，活跃占比25.43%。

对公业务　2020年，中国建设银行股份有限公司克拉玛依石油分行加强大中型信贷客户拓展力度，新增大中型信贷客户6户。对公商户存量694户，净增15户，交易额7.82亿元；高综合贡献度商户新增22户，完成率104.76%。聚合支付交易额突破10亿大关，实现新增15.29亿元，完成率168.01%；无感支付新增3361户。

外汇业务　2020年，中国建设银行股份有限公司克拉玛依石油分行累计为客户办理“融通盈”业务15笔，金额5.91亿元。

智能缴费　2020年，中国建设银行股份有限公司克拉玛依石油分行是全疆首家实现水电气暖“四供”缴费项目在同一平台覆盖二级行，实现燃气缴费25.76万笔、交易额5295.21万元。电力缴费5.33万笔、交易额1526.68万元，全疆占比分别为89.61%、95.31%，排名全疆第一。

智慧公交　2020年，中国建设银行股份有限公司克拉玛依石油分行自主建设创新上线全疆首家“智慧公交”项目；11月上线公交乘车码，成为全疆及西北地区首家上线二级行。全年实现交易量173.78万笔，交易额205.51万元；开展“智慧公交1分乘车”活动，促进手机银行、信用卡、龙支付等业务发展。

智慧住房　2020年，中国建设银行股份有限公司克拉玛依石油分行在疆内首家上线“住房租赁监管服务平台”“企业租赁服务管理平台”，上线监管、企业服务、公租房、共享四大系统，成为全疆系统上线最多二级行。3月、10月分批对克拉玛依市4个辖区街道、社区、房地产公司等开展集中培训，培训人数200人次，保障系统推广应用。截至年底，克拉玛依市4107套公租房源导入系统，录入申请人信息4039条，配租房源1848套，实现公租房全流程交易1765笔。

普惠金融　2020年，中国建设银行股份有限公司克拉玛依石油分行以“加强客户金融服务支持”为宗旨，疫情防控期间，针对疫情防控提供物资保障42户中小微企业投放贷款2.16亿元；针对因疫情防控影响信用卡还款困难居民给予延期还款、协商还款等政策支持共53笔、121万元；解决中小微企业还款困难，按照应延尽延政策要求，累计办理贷款延期手续412户、446

6月10日，建设银行克拉玛依石油分行开展“普及金融知识万里行”宣传活动
（郑熠　摄）

笔、金额9995.21万元。截至年底，全行普惠金融贷款户数1209户，较年初增加421户，增速53.43%；贷款余额5.3亿元，年增2.21亿元，增速71.52%，超过外部监管不低于40%要求。

（郑熠）

【农业银行克拉玛依石油分行】

负债业务　2020年，农业银行克拉玛依石油分行各项人民币存款时点余额46.36亿元，较年初增长2.6亿元。其中个人存款时点余额18.85亿元，较年初增长2.33亿元；对公存款时点余额27.5亿元，较年初增长0.27亿元。各项人民币日均存款余额45.24亿元，较年初增长10.88亿元。其中人民币个人日均存款16.96亿元，比年初增加2.37亿元；对公存款日均余额28.14亿元，较年初增长8.53亿元。

资产业务　2020年，农业银行克拉玛依石油分行各项贷款余额19.85亿元，较年初增加0.53元。其中法人贷款余额14.98亿元，较年初下降0.02亿元；个人贷款余额4.87亿元，较年初增长0.55亿元，其中信用卡透支余额1.74亿元，较年初增长0.04亿元；贴现及买断式转贴现业务余额1.58亿元，较年初下降2.42亿元。

普惠金融　2020年，农业银行克拉玛依石油分行存量普惠金融小微企业信贷客户859户，较年初增加635户；普惠小微企业贷款余额3.60亿元，较年初增加1.16亿元，小微企业贷款较年初增速47.49%，高于全行各项贷款增速53.96个百分点，完成小微企业金融示范区建设增速目标。普惠型小微企业贷款加权利率4.94%，较年初下降0.46个百分点。普惠线上贷款余额4829万元，较年初增长3877万元，增长率307%。

服务地方经济　2020年，农业银行克拉玛依石油分行两次疫情防控期间创新疫情防控企业贷款“不见面审批”绿色通道，投放法人贷款1.067亿元，保证目标企业需求及时足额落地。投放复工复产贷款，发放小额贷款574笔4272万元，截至年底，复工复产小额贷款余额3645.53万元。

（汲晓明）

【中国银行克拉玛依石油分行】

存款业务　2020年，中国银行克拉玛依石油分行各项人民币存款余额69.57亿元。

贷款业务　2020年，中国银行克拉玛依石油分行各项贷款余额21.26亿元。

普惠金融　2020年，中国银行克拉玛依石油分行公司贷款普惠金融两增口径11269万元，个人贷款普惠金融两增口径4030.03万元。

外汇业务　2020年，中国银行克拉玛依石油分行各项外币存款4245万美元。国际贸易结算量7130万美元；开立保函8045万元。

（杨明星）

【农业发展银行克拉玛依市分行】

经营绩效　2020年，农业发展银行克拉玛依市分行各项贷款余额22.02亿元，各项存款余额8.7亿元，全年累放贷款16.66亿元，无不良贷款。

业务发展　2020年，农业发展银行克拉玛依市分行加大应急企业贷款营销力度，主动提升办贷效率，投放疫情防控应急贷款、复工复产贷款，保障克拉玛依市重点疫情防控物资和城市保障体系供给。发挥粮食收购资金供应主渠道作用，保障克拉玛依市夏粮收购工作平稳运行。借助“绿金库”推进绿色信贷业务，助力克拉玛依市打好污染防治攻坚战。参与克拉玛依市委、市政府关注重大项目建设，助力地方实体建设。通过产业扶贫模式贷款，落实党中央、总分行脱贫攻坚战略部署，助力地方决战决胜脱贫攻坚。

（许璇）

【昆仑银行克拉玛依分行】

经营业绩　2020年，昆仑银行克拉玛依分行存款总额272.47

亿元，较2019年减少4.28亿元，市场占比37.40%。贷款总额70.67亿元，较2019年减少1.67亿元，市场占比28.91%。截至年底，对公存款、储蓄存款、对公贷款均在辖内排名稳固榜首。

服务地方经济 2020年，昆仑银行克拉玛依分行围绕地方发展战略，以新发展理念为引领，以客户为中心，加大金融创新支持力度，将金融活水源源不断引入激发企业活力。为克拉玛依市首家医疗垃圾处理企业发放项目融资贷款近700万元，帮助解决克拉玛依市医疗垃圾处理问题。

产融结合特色发展 2020年，昆仑银行克拉玛依分行利用现有产融客户资源，成功对接中国石油工程建设股份有限公司西南分公司，开立结算账户，开展商票开立及承兑业务；上线“昆仑快贴”，实现电子商业汇票贴现业务全流程线上自动化处理，实现企业场景与银行资方在“零接触”模式下，为石油石化能源产业链客户提供安全、高效票据在线贴现融资服务。降低运营成本和操作风险，助力企业提质增资。

服务小微企业 2020年，昆仑银行克拉玛依分行支持民营企业和小微企业发展，制定一系列扶持措施，提供精准金融服务，纾解企业和个体工商户融资困难问题，提升金融服务实体经济质效，促进实体经济健康发展。通过现场拜访、电话、短信、微信、视频等各类线上形式对接536家法人客户，疫情防控期间贷款展期、续贷、延期累计金额1.35亿元。累计摸排克拉玛依市个体工商户6200余户，支持疫情防控及复工复产累计放贷金额54.91亿元。解决小微企业融资难题，满足小微企业金融需求。

优质金融服务 2020年，昆仑银行克拉玛依分行推动网点服务再升级，提高服务水平、拓宽服务渠道、优化客户体验。在疫情防控常态化形式下，开展一系列金融支持疫情防控服务措施，围绕实体经济，在信贷投放、续贷对接、线上服务等方面多措并举，支持本地企业复工复产。

绿色金融发展 2020年，昆仑银行克拉玛依分行树立“绿色信贷”发展理念，加大对节能环保工程、污染治理、节能环保技术推广、循环经济试点和资源综合利用等领域信贷支持力度，探索创新金融产品和信贷管理模式；以油田产业链为重心，针对中国石油成员单位上下游供应商、服务商推广推出“燃气贷”“绿金通”“蓝天贷”等信贷产品。推动新疆试验区首单绿色金融债券资金落地运用。全年投放绿色贷款29户，金额23.74亿元。

（刘娟）

【克拉玛依金龙国民村镇银行】

负债业务 2020年，克拉玛依金龙国民村镇银行各项存款余额116178.87万元。其中单位存款余额16183万元；储蓄存款余额99995.87万元。

资产业务 2020年，克拉玛依金龙国民村镇银行各项贷款余额107489.25万元，比2019年增加9.72个百分点。

银行卡及电子银行业务 2020年，克拉玛依金龙国民村镇银行累计发行金融IC借记卡——“蜜蜂卡”19222张；网上银行用户8329户。

（马兰）

【中国邮政储蓄银行克拉玛依市分行】

经营业绩 2020年，邮政储蓄银行克拉玛依市分行资产总额38.64亿元，各项存款余额36.67亿元，其中公司存款2.83亿元、个人存款33.84亿元；辖内自营网点储蓄余额4.1亿元，活期占比33.28%。

贷款业务 2020年，邮政储蓄银行克拉玛依市分行各项贷款投放13.62亿元，结余18.12亿元。

金融服务 2020年，邮政储蓄银行克拉玛依市分行信用卡全年新增5092张；理财保有量新增2144.45万元；新增收单商户725户，自助设备结存11台。

（严雪）

保 险

【概况】 2020年，克拉玛依市辖区内有保险业务机构16家。按业务性质分，财产险业务机构10家，寿险业务机构6家。全年保险公司各项保费收入31.3亿元，较2019年增长8.7%。其中，财产险收入13亿元，增长4.8%，赔款支出5.2亿元，增长4.5%；寿险收入18.3亿元，增长11.6%，赔款支出3.1亿元，增长17.6%。

（常晓旭）

【中国平安财产保险股份有限公司克拉玛依中心支公司】 2020年，中国平安财产保险股份有限公司克拉玛依中心支公司全年实现保费收入1.05亿元，市场占比18.6%，全年代收代缴车船税1386.8万元，上缴各项税金523.8万元，累计已决赔款5899件，赔付率32.58%，累计已决赔款0.22亿元。

（张春梅）

【中国人寿保险股份有限公司克拉玛依石油分公司】 2020年，中国人寿保险股份有限公司克拉玛依石油分公司全年实现总保费6.24亿元，同比增长6.38%，赔给付金额0.83亿元，其中满期给付0.37亿元。

（刘瑞文）

【中国太平洋人寿保险股份有限公司克拉玛依中心支公司】 2020年，中国太平洋人寿保险股份有限公司克拉玛依中心支公司实现保费收入5.67亿元，比2019年增长-3.6%。受理理赔案件1998件，理赔赔付金额2551.18万元，平均理赔时效1.52天。缴纳印花税、增值税及附加税等各类税款合计308.37万元。

（廖文）

11月12日，人民银行克拉玛依市中心支行召开克拉玛依辖区启用存款保险标识推进会（李影 摄）

【中国太平洋财产保险股份有限公司克拉玛依中心支公司】 2020年，中国太平洋财产保险股份有限公司克拉玛依中心支公司全年实现保费收入4330万元，已结赔案4388件，赔付金额2237.47万元，上缴税收212.13万元。

（赵金亮）

【中华联合财产保险股份有限公司克拉玛依分公司】 2020年，中华联合财产保险股份有限公司克拉玛依分公司全年实现保费收入7748.79万元。其中车险完成保费收入5058.75万元，同比增长-1.34%；财产险完成保费收入192.89万元，同比增长10.03%；责任险完成保费收入441.47万元，同比增长20.28%；意健险完成保费收入409.40万元，同比增长10.48%；农险完成保费收入1646.29万元，同比增长180.11%。

（牛毅）

【中国人民人寿保险股份有限公司克拉玛依中心支公司】 2020年，中国人民人寿保险股份有限公司克拉玛依中心支公司全年实现规模保费业务收入2.34亿元，同比增长62.91%，上缴国家各项税金 1.62 万元。

（李云华）

【中国人寿财产保险股份有限公司克拉玛依市中心支公司】 2020 年，中国人寿财产保险股份有限公司克拉玛依市中心支公司全年实现保费收入 2428.53 万元，完成全年保费计划目标 67.72%，已结赔案 2160 件，赔付金额 770 万元。

（刘颜佑）

【天安财产保险股份有限公司克拉玛依中心支公司】 2020 年，天安财产保险股份有限公司克拉玛依中心支公司全年实现主营业务收入 1198.82 万元、净利润 95.98 万元、纳税总额 31.27 万元、综合赔付率 34.22%。

（蒋小芹）

【阳光财产保险股份有限公司克拉玛依中心支公司】 2020 年，阳光财产保险股份有限公司克拉玛依中心支公司全年保费收入 1312 万元，其中车险 1025 万元、财产险 189 万元、意健险 98 万元；综合赔付率 45.29%，赔付金额 594.24 万元。

（王琴）

【泰康人寿保险股份有限公司克拉玛依中心支公司】 2020 年，泰康人寿保险股份有限公司克拉玛依中心支公司新单业务 1857 万元，续期保费 9653 万元，全年保费总收入突破 1.15 亿元，克拉玛依市场寿险占有份额 7.7%。

（安杨琪）

【中国平安人寿保险股份有限公司克拉玛依中心支公司】 2020 年，中国平安人寿保险股份有限公司克拉玛依中心支公司全年承保 1200 余件保单，完成首期保费 2255.23 万元，续收保费 7379.53 万元，理赔处理已决案件 229 件，已决赔款 858.43 万元。

（王燕玲）

证　券

【概况】 2020 年，克拉玛依市辖区内有证券公司营业部 7 家，证券交易额 1182.19 亿元。取得经营许可证的融资性担保机构 4 家，注册资本 6.28 亿元，全年担保业务发生额 3.82 亿元，较 2019 年增长 46.36%，年末担保责任余额 3.52 亿元，增长 23.94%。小额贷款公司 6 家，注册资本 7.58 亿元，全年发放贷款 5.17 亿元，下降 21.78%，年末贷款余额 8.43 亿元，增长 3.06%。

（常晓旭）

【申万宏源西部证券有限公司克拉玛依天山路证券营业部】 2020 年，申万宏源西部证券有限公司克拉玛依天山路证券营业部全年新增用户 1527 户，引进资产较 2019 年同比增长 142%；A 股交易同比增加 62%。

（李丹）

【申万宏源西部证券有限公司克拉玛依准噶尔路证券营业部】 2020 年，申万宏源西部证券有限公司克拉玛依准噶尔路证券营业部有客户 34833 户，托管客户资产 35.57 亿元，A 股和基金交易额 263.27 亿元。

（丁巧玲）

【海通证券股份有限公司克拉玛依准噶尔路证券营业部】 2020 年，海通证券股份有限公司克拉玛依准噶尔路证券营业部客户总数 30072 户，客户总资产 11 亿元，实现交易量 163.04 亿元。

（谈芬）

【华融证券股份有限公司克拉玛依独山子证券营业部】 2020 年，华融证券股份有限公司克拉玛依独山子证券营业部有客户 24208 户，比 2019 年同期增长 10.17%，资产规模 22.18 亿元，股基市场份额 0.042；双融余额 1.07 亿元，比 2019 年同期增长 48.13%。金融产品标销 9.6 亿元，比 2019 年同期增长 45.5%，实现营业净收入 1853 万元。

（裴娟娟）

【华龙证券股份有限公司克拉玛依准噶尔路证券营业部】 2020年，华龙证券股份有限公司克拉玛依准噶尔路证券营业部共有客户25078户，实现交易总额143.40亿元，其中A股交易量73.46亿元，基金交易量3.51亿元，债券交易量4064.12万元，回购交易量66.02亿元。

（赵文斌）

【长江证券股份有限公司克拉玛依塔河路证券营业部】 2020年，长江证券股份有限公司克拉玛依塔河路证券营业部有客户8000余名，同比增长2000余名。全年证券交易额35.01亿元，同比增长10.32亿元；期货交易额8.48亿元，同比减少5.44亿元。

（朱文娟）

非银行金融机构

【概况】 2020年，克拉玛依市类金融机构包含小贷公司5家，担保公司3家，典当行2家，融资租赁公司2家，商业保理公司1家，交易场所1家。

（常晓旭）

【小额贷款公司】 2020年，克拉玛依市准予设立小额贷款公司5家，其中国有独资、参股小额贷款公司3家，分别为克拉玛依市鑫盛小额贷款有限公司、克拉玛依市广盛小额贷款有限公司、克拉玛依市聚合小额贷款有限公司；民营小额贷款公司2家，分别为克拉玛依市豫商盈盛祥小额贷款有限公司、克拉玛依市鑫瑞小额贷款有限公司。截至年末，5家小额贷款公司注册资本7.09亿元，贷款余额7.53亿元。

（鲁帆）

【融资担保公司】 2020年，克拉玛依市准予设立融资担保公司3家，均为国有担保公司，分别为克拉玛依市中小企业融资担保有限公司、克拉玛依市聚力融资担保有限公司、克拉玛依城市普惠融资担保有限公司。截至年末，3家融资担保公司注册资本5.98亿元，融资担保余额3.49亿元。

（鲁帆）

【典当公司】 2020年，克拉玛依市有典当公司2家，其中国有参股典当公司1家，为克拉玛依市鑫盛和典当有限责任公司；民营典当公司1家，为克拉玛依市嘉士缘典当有限责任公司。截至年末，2家典当公司注册资本2500万元，典当余额1059.2万元。

（鲁帆）

【商业保理公司】 2020年，克拉玛依市有商业保理公司1家，为国有参股企业，昆仑天玺商业保理公司。截至年末，注册资本1.14亿元，融资余额3.89亿元。

（鲁帆）

【融资租赁公司】 2020年，克拉玛依市有融资租赁公司2家，其中国有控股企业1家，为新疆聚晟融资租赁有限公司；国有参股企业1家，为昆仑天玺融资租赁有限公司。截至年末，2家融资租赁公司注册资本3.07亿元，租赁资产2.30亿元。

（鲁帆）

【交易场所】 2020年，克拉玛依市有交易场所1家，为国有企业，新疆中亚商品交易中心股份有限公司。截至年末，注册资本1亿元，成品油交易业务覆盖全疆14个地（州、市），累计实现成品油交易量17.46万吨，交易额9.44亿元。

（鲁帆）

旅游业

综 述

【概况】 2020年，克拉玛依市有旅游企业309家。其中旅行社38家（其中总社14家、分社16家、网点8家），星级饭店6家（五星级1家、三星级5家），景区景点43家，"农家乐"15家，旅游民宿60套，S级滑雪场4家。旅游业直接从业人员9001人。全市2020年旅游业总收入36.61亿元，较上年下降61.13%。接待游客695.46万人次，下降35.49%。入境旅游人数251人次，其中：外国人192人次；香港、澳门和台湾同胞59人次。

（刘家伊）

【旅游业态新发展】 2020年，克拉玛依市重点加大对影视旅游产业支持力度，开展重点文旅项目建设，全市在建、储备项目共计54项，其中在建项目39项，储备项目15项（原有储备项目27项，12项已转化为在建、新建项目），开、复工36项，3项开展前期工作，开复工率100%，涉及投资超过51亿元；推进影视文旅建设项目建设，打造北疆影视中心，推进大秦帝国影视城、纪氏部落影视城、乌尔禾影视剧摄影棚等影视文旅项目建设，截至2020年末，全市共有影视剧拍摄、旅游景区建设开发、酒店建设等各类11个文旅项目完成签约，签约金额8.05亿元。

（尚晓杰）

【"十四五"文旅规划编制】 2020年，克拉玛依市分别委托红城文旅公司、中规建业规划设计院完成克拉玛依市旅游资源普查及"十四五"时期克拉玛依市文化体育旅游业共同发展前期课题研究工作。7月，《克拉玛依市"十四五"文化和旅游产业专项规划》编制工作启动；12月，规划编制初稿撰写完成。

（刘家伊）

2020年克拉玛依市三星级以上酒店一览表

表7

序号	酒店名称	所在市、区	标牌（证书）编号	评定时间	星级	客房数量（个）	地址
1	玛依塔柯酒店	克拉玛依市独山子区	6550013	2009年10月	5星	213	克拉玛依市独山子区大庆东路13号
2	天阳大酒店	克拉玛依市克拉玛依区	6530049	2002年12月	3星	76	克拉玛依市克拉玛依区友谊路135号
3	翼龙宾馆	克拉玛依市白碱滩区	6530155	2007年7月	3星	70	克拉玛依市白碱滩区金龙镇217国道旁金华路10号
4	独山子宾馆	克拉玛依市独山子区	6530324	2014年2月	3星	60	克拉玛依市独山子区大庆西路44号
5	桃李园大酒店	克拉玛依市独山子区	6530124	2007年1月	3星	135	克拉玛依市独山子区大庆东路28号
6	玛依塔柯宾馆	克拉玛依市独山子区	6530048	2006年5月	3星	71	克拉玛依市独山子区大庆东路15号

【区域融合发展】 2020年，克拉玛依市文化体育广播电视和旅游局深化“克拉玛依—塔城—阿勒泰”“乌鲁木齐—昌吉—吐鲁番—石河子—克拉玛依”旅游融合发展和“四地五师”旅游合作机制。推动克拉玛依—塔城文旅融合发展，组织文旅企业赴塔城地区洽谈G219线、房车营地等项目合作，克市旅游交通企业与塔城旅游集团签订相关合作协议。促进乌尔禾区与137团洽谈影视招商合作，联系剧组、勘景考察、洽谈落地拍摄，共享影视外景资源。5月8—12日，赴昌吉、乌鲁木齐、吐鲁番、石河子，举办2020年“乌昌吐石克”巡回宣传推介会，与阿勒泰、昌吉等周边城市对接，加强区域文化旅游协作，整合优势旅游资源，推出精品旅游线路，推动区域旅游大发展。

（刘家伊）

【文旅行业特聘专家】 2020年，克拉玛依市聘请中国社会科学院财经战略研究院教授戴学锋，作为克拉玛依市全域旅游咨询专家；聘请上海体育学院教授李建国，作为克拉玛依市城市体育服务发展体系特聘专家；聘请大连歌舞团国家二级舞蹈编导宋晓雪，作为克拉玛依市精品舞蹈作品制作和开展编创人员培训专家；聘请上海河马文化有限公司徐克作为克拉玛依市动漫影视等文化科技行业专家。

（刘家伊）

【自驾游目的地等级划分“试点验证城市”】 2020年，在“荒野之旅 独库有路”2020年独库公路通车仪式上，克拉玛依市获得中国旅游车船协会颁发的“自驾游目的地等级划分‘试点验证城市’”牌匾，成为国内第十个获得这一荣誉的城市。克拉玛依市是北疆区域中心城市，自驾从克拉玛依出发前往喀纳斯、那拉提、吐鲁番、天池、赛里木湖等景区（点），均能实现上午出发下午旅游目标；是独库公路北端起点。

（刘家伊）

6月11日，中国旅游车船协会向克拉玛依市授予“自驾目的地等级划分‘试点验证城市’”称号（黄锐 摄）

旅游资源

【概况】 2020年，克拉玛依市主要旅游景点分为自然遗址（景观）、石油工业遗址（景观）、城市景观、荒漠生态农业景观四部分。截至年末，克拉玛依市共有国家A级旅游景区17个：AAAAA级旅游景区1个、AAAA级旅游景区1个、AAA级旅游景区14个、AA级旅游景区1个。

（刘家伊）

【自然遗址（景观）】 2020年，克拉玛依市自然遗址（景观）主要有世界魔鬼城、黑油山、艾里克湖、白杨河大峡谷、野生胡杨林、彩石滩、油砂山、恐龙化石丘、红山丘、未名湖、玛河古道、西部戈壁地质公园、中拐荒漠自然植被保护区、清代居民村落遗址、乌尔禾天然沥青脉、独山子泥火山。

（刘家伊）

【石油工业遗址（景观）】 2020年，克拉玛依市石油工业遗址（景观）主要有独山子油井遗址、独山子蒸馏釜遗址、独山子石油工人俱乐部、克1号井、英雄193井、克拉玛依展览馆、克拉玛依地质陈列馆、中国石油西部井控中心、克拉玛依石化公司、独山子石化公司以及石西、陆梁、彩南、准东沙漠油田。

（刘家伊）

【城市景观】 2020年，克拉玛依市城市景观主要有世纪公园、新行政区、文化一条街、人民广场、克拉玛依河、九龙潭、黑油山公园、朝阳公园、东湖公园、阳光水世界、风城水库、大漠国际高尔夫球场、侏罗纪冰雪世界、阿依库勒水库、白碱滩游乐园、魔鬼城恐龙奇石馆、龙吟山庄、独山子滑雪场。

（刘家伊）

【荒漠生态农业景观】 2020年，克拉玛依市荒漠生态农业景观主要有大农业观光园区、林业基地、普林生态科技园、庭院经济区和永升度假村等。

（刘家伊）

【主要自然景观（城市景观）】

世界魔鬼城　又名乌尔禾风城。位于准噶尔盆地西北缘，克拉玛依市东北部乌尔禾区境内，距克拉玛依市约100千米，呈西北—东南走向，面积约120平方千米。其中景区长约5000米，宽约3000米，面积约15平方千米，海拔350米左右。景区内地表沟壑纵横，岩层千姿百态，属于典型雅丹地貌，是世界著名两大雅丹地貌之一。因该地处于风口，四季多风，每当大风到来，黄沙漫天，故称“风城”。又因大风在群岩间激荡回旋、凄厉呼啸，如同鬼哭狼嚎，令人毛骨悚然、惊恐万状，继而成为奇观美谈，故又得名“魔鬼城”。多年来，魔鬼城吸引世界及全国各地众多游客旅游观光。2020年12月，魔鬼城景区获批成为国家AAAAA级旅游景区。

黑油山　位于克拉玛依市中心城区东北2000米处，其外观是一个不高的山丘，相对高度只有13米左右，面积约0.2平方千米。是地下原油经过长年自然喷发外溢，凝结和风化而成的沥青沙丘，由被石油浸染的砂岩或被石油凝结的砂砾岩构成。整个山丘呈黑褐色，地表凹凸不平。迄今为止，山丘上仍有多处油泉和油泡不断涌出，形成众多小油沼。油质色泽黝黑，呈黏稠状，为珍贵的低凝原油。1982年，克拉玛依市人民政府在山丘顶设立了一座棱锥状花岗岩石碑，碑高2.5米，正面书写“黑油山”3个大字。

艾里克湖　位于克拉玛依市乌尔禾区境内，距乌尔禾东南约20千米处，是克拉玛依境内唯一的天然淡水湖泊，也是白杨河的终点，由白杨河水储集而成。盛水期湖泊面积约70平方千米，平均水深3.1米。1972年修建白杨河水库后，湖水日趋萎缩，水质逐渐变差。1991年修建黄羊泉水库后，河水不在进入艾里克湖，1992年后濒临干枯。2000年克拉玛依引水工程竣工后，白杨河水重新注入艾里克湖，湖面得到逐渐恢复。艾里克湖入口处生长着大片芦苇，湖内有鱼类腾跃，湖面有野鸭嬉戏。有“沙漠美人”之称。

白杨河大峡谷　也称白杨河谷地。是白杨河水库至乌尔禾区之间的一段河道谷地，为东西走向，由白杨河水冲积而成。峡谷全长24千米，两侧河岸陡峭，陡壁险峻，岸高20～30米不等。河谷水面5～10米不等。河水曲曲折折沿谷地蜿蜒而下，历经亿万年的风雨剥蚀，造就了千奇百怪的形状。水流两侧是茂盛的胡杨林以及灰杨、毛柳、尖果沙枣、铃铛刺、蔷薇、白刺、甘草、芨芨草等灌木杂草。野鸡、野鸭、黄羊、野兔、狐狸、狼、鼠等野生动物出没其间。谷内绿地覆盖面积达60%以上，整个峡谷犹如一条翠绿长廊，是旅游休闲的理想之地。

克拉玛依河景区　克拉玛依河又名穿城河，起自城区东北的九龙潭，在城中曲折横穿进入城区西南的阿依库勒水库，全长8.51千米，河宽15

米，水深1.8～2.3米。克拉玛依河是克拉玛依引水工程中风城水库至克拉玛依干渠上景致最精彩的段落，是一条给予缺水的油城带来绿色和生机的神灵之川。河岸两侧平坦的柏油路和人行道曲折延伸，道路两旁绿树成荫。2000年8月8日克拉玛依河正式通水。8月8日被定为克拉玛依的“水节”。克拉玛依河两岸景观带自东向西大体分为5个景区：九龙潭景区、准噶尔景区、昆仑景区、中心景区和西城景区。世纪公园紧靠克拉玛依河。景区有17座跨河桥，其中10座为人行桥和非机动车桥，7座为车行桥。夜晚彩灯点缀，夜幕下的克拉玛依河犹如一条五颜六色的彩带，映红了天空，映绿了河水，映亮了游人的笑脸。友谊桥是克拉玛依河上20桥之首，为斜拉索桥，主桥长249.05米，引桥长563米，是进入克拉玛依中心城区的门户。世纪公园是克拉玛依最大的人造山水公园，园内有河流、假山、喷泉、草坪、多种树木和彩色沥青道路，各种娱乐设施配套齐全。2009年12月，克拉玛依河景区被命名为国家AAAA级旅游景区。

（刘家伊）

【主要石油工业遗址（景观）】

独山子油田遗址（第一口油井、蒸馏釜） 1909年，民国新疆省地方政府筹银从俄国购进挖油机（即顿钻钻机）和提油机（即釜式蒸馏炼油装置）各一台（套）——这是新疆首次拥有具备工业采炼能力较为先进的设备。挖油机（顿钻钻机）被运到独山子后，钻凿了一口深约25米的油井，而且一次成功——“井内声如波涛，油气蒸腾，直涌而出”，这就是新疆第一口具有工业开采性质的油井，成为近代新疆石油工业发端的标志。但第一口油井并未被完好保存下来。在此后独山子石油开发过程中，又先后几次在原第一口油井井位附近重新钻探，破坏了原井结构。与挖油机（顿钻钻机）同期购置的提油机（即釜式蒸馏炼油装置）被安装在迪化（今乌鲁木齐）的省工艺厂，准备用来加工从独山子等地采运的原油。1911年，辛亥革命爆发，独山子石油开采停止，安装在乌鲁木齐的蒸馏釜也被闲置起来。1913年，在主政新疆的督军杨增新支持下，独山子石油开采重新恢复，主要以土法开采为主，采出的石油运到乌鲁木齐省工艺厂提炼。1935年，乌鲁木齐省工艺厂迁到安集海（今属沙湾县），成立安集海炼油厂；1936年，新（疆）苏（联）合作，在独山子成立合营的独山子炼油厂；10月，安集海炼油厂并入独山子炼油厂，釜式蒸馏装置随之落户于独山子。但在随后历史变迁中，釜式蒸馏装置同顿钻钻机一起消失在漫漫历史长河中。为纪念新疆石油工业这段历史，克拉玛依市独山子区专门修建了新疆第一口油井遗址纪念碑，以及第一口蒸馏釜遗址纪念碑。新疆最早的油井（第一口油井）遗址位于克拉玛依市独山子区泥火山北坡，地理坐标为北纬44° 18′ 5″，东经84° 51′ 3″，海拔810米。新疆第一套蒸馏釜装置遗址位于克拉玛依市独山子区泥火山东侧沟谷台地上，地理坐标为北纬44° 18′ 5″，东经84° 51′ 4″，海拔745米。

中苏石油股份公司办公旧址 1936年8月，民国新疆省地方政府和前苏联政府联合组建独山子石油考察厂；10月，改称独山子炼油厂，从事独山子地区石油钻探和炼制工作——这是中苏两国首次就新疆石油资源开采进行合作；至1944年6月，苏联政府全部撤资并向国民政府移交相关资料——第一次中苏合作宣告结束。中华人民共和国成立后，1950年初，毛泽东主席和周恩来总理访问苏联，双方商谈了中苏合股开采石油矿藏等问题。3月27日，中苏两国签订《中苏关于在新疆开办中苏石油股份公司协定》；9月15日，中苏石油股份公司宣告成立——这是中苏两国在新疆石油资源开采领域的第二次合作。新成立的中苏石油股份公司总经理部设在独山子，并在原三区革命政府独山子石油公司厂房旧址基础上兴建两层苏式办公楼——这就是如今依然保存比较完好的中苏石油股份公司办公旧址。1953年1月中苏石油股份公司机关由独山子迁驻迪化（乌鲁木齐）前，一直作为总经理部办公驻地。中苏石油股份公司办公旧址位于克拉玛依市独山子区油城路4号，建筑物长49米，宽13.5米，高10.7米，共有房间45间，占地面积661平方米。

一号井景区　1955年6月14日，独山子矿务局钻井处1219钻井队进军黑油山（今克拉玛依市黑油山地区），承担钻凿黑油山一号井的任务。7月6日，一号井开钻;10月29日，完钻出油。一号井的出油，证实黑油山地区是有希望的含油聚集带，标志着新中国第一个大油田——克拉玛依油田的诞生。一号井随之成为新疆石油工业发展史上具有标志性意义的井位，是新疆石油工业首次取得历史性突破的见证。一号井位于克拉玛依市区东南部，距离中心城区约5000米。

193井景区　193井于1958年4月8日开钻，8月29日完钻，井深2275.73米，最高日产原油达到260吨，为当时中国绝无仅有的高产井。这在中华人民共和国成立初期，全国能源紧缺，只有克拉玛依一个大型油田的历史背景下就显得格外突出。所以193井被誉为“王牌井”“英雄井”，引来无数关注的目光。它的高产进一步证实新疆具有丰富的油藏储量和广阔的勘探前景，是新疆油田蓬勃发展的历史见证。193井位于克拉玛依市白碱滩城区东南3千米处，距克拉玛依市中心城区33千米。

（刘家伊）

2020年克拉玛依市A级以上景区一览表

表8

序号	名称	等级	地址	等级公告时间	所属地区
1	世界魔鬼城景区	AAAAA	克拉玛依市乌尔禾区龙脊路200号	2020年	乌尔禾区
2	克拉玛依河景区	AAAA	克拉玛依市克拉玛依区滨河路	2009年	克拉玛依区
3	恐龙文化苑	AAA	克拉玛依市乌尔禾区217国道旁	2010年	乌尔禾区
4	克拉玛依展览馆	AAA	克拉玛依市克拉玛依区准噶尔路22号	2011年	克拉玛依区
5	黑油山景区	AAA	克拉玛依市克拉玛依区油泉路	2011年	克拉玛依区
6	文化街景区	AAA	克拉玛依市克拉玛依区林园路	2011年	克拉玛依区
7	荒漠绿洲生态园（暂未营业）	AAA	克拉玛依市农业开发区A区A号	2013年	克拉玛依区
8	生态休闲健身公园	AAA	克拉玛依市克拉玛依区永红路102号	2013年	克拉玛依区
9	独山子文化中心科技馆	AAA	克拉玛依市独山子区大庆东路24号	2013年	独山子区
10	克拉玛依市科技馆	AAA	克拉玛依市克拉玛依区世纪大道117号	2019年	克拉玛依区
11	纪实部落影视城	AAA	克拉玛依市乌尔禾区艾里克湖路以东	2019年	乌尔禾区
12	大秦帝国影视城	AAA	乌尔禾区	2019年	乌尔禾区
13	小拐芳香植物园	AAA	小拐乡	2020年	克拉玛依区
14	百里油区景区	AAA	白碱滩区	2020年	白碱滩区
15	独库博物馆	AAA	独山子区	2020年	独山子区
16	独山子展览馆	AAA	独山子区	2020年	独山子区
17	海洋之心游泳馆	AA	克拉玛依市克拉玛依区迎宾路69号	2000年	克拉玛依区

开发建设

【概况】 2020年，克拉玛依市在建、储备项目共计52项，其中在建项目36项，储备项目16项。开复工36项，开复工率100%，涉及投资超过51亿元。克拉玛依市旅游集散中心、独库大本营、乌尔禾一站式旅游综合体建设按建设计划进行；6月，独库大本营全面对游客开放；乌尔禾一站式旅游综合体建成。

（刘家伊）

【旅游线路开发】 2020年，克拉玛依市文化体育广播电视和旅游局挖掘本地旅游资源和特色旅游产品，推出以拍摄野生动物、荒野生存体验为主探秘自然游，以世界魔鬼城、黑油山、白杨河大峡谷等景区为核心地质地貌游，以克拉玛依金丝玉、紫砂为依托寻宝游，最美自驾公路独库公路自驾游等多条经典荒野之旅旅游线路。

（刘家伊）

【旅游产业项目】 2020年，克拉玛依全市共完成旅游景区开发、酒店建设等17个文旅项目签约，签约金额15.82亿元。其中独山子区康养小镇、独山子大峡谷二期项目、天山牧歌项目、乌尔禾白杨河旅游开发建设项目、胡杨林旅游开发建设项目开工建设。荒野奇岭乌尔禾星空体验项目完成项目备案、项目选址、工商注册等前期手续。宏茂房产海棠酒店B区项目，主体建设完工，内部装修完成60%。乌尔禾区金龙湾温泉度假酒店项目完成项目建设99%。

（刘家伊）

10月18日，克拉玛依区小拐乡“玛依姑娘”骆驼养殖基地的驼队放牧归来
（闵勇 摄）

【旅游招商项目】 2020年，克拉玛依市文化体育广播电视和旅游局牵头制定黑油山世界石油博览园项目可行性研究报告，指导项目编制单位完善西戈壁七彩雅丹景区、乌尔禾秦汉文化艺术园等项目可研报告、市场投资预测回报分析、专项优惠政策等项目信息。安排专人收集项目编制资料、可研报告、推介演示文稿等。建立完善文旅招商引资项目库，共筛选出10个项目作为全年招商引资重点项目。

（刘家伊）

【特色农产品进景区】 2020年，克拉玛依市文化体育广播电视和旅游局做好农产品进景区工作。世界魔鬼城景区游客服务中心设置农产品销售展陈区域，销售多种具有旅游景区特色和本地地域特色农副产品。AAAA级旅游景区克拉玛依河景区游客集散中心设置“玛依姑娘”生活广场，销售克拉玛依市小拐乡种植、加工、生产的“玛依姑娘”品牌玫瑰、洋甘菊系列旅游商品及骆驼奶制品。AAA级旅游景区黑油山景区游客服务中心内设置农产品销售展陈区域，售卖“阿娜尔汗”系列果汁，产地塔城额敏县的手撕风干牛肉和产地昌吉的每日坚果等新疆农副产品。至年末，全市符合条件的A级景区除进行改造提升、暂未开放的外，均已实现特色农产品进驻。

（刘家伊）

【研学旅游】 2020年，克拉玛依市将打造"研学之城"写进克拉玛依市文旅"十四五"发展规划。开展青少年研学活动，完成"一城一魂"品格力量教育扶贫活动及国宝探秘、"大地艺术"戈壁花开等研学产品研发，并在央视频、微博、中央电视台记录频道、"学习强国"等宣传平台进行直播和报道。

（刘家伊）

【基础设施建设】 2020年，克拉玛依市推进旅游基础设施建设，解决"三难一不畅"（停车难、如厕难、通信难和心情不舒畅）问题，全年完成12座旅游厕所、4座停车场及1座加油站建设任务。

（刘家伊）

【民宿建设】 2020年，克拉玛依市完成旅游民宿建设2套、床位44张（独山子区半亩山田红色经典民宿、独库伍陆捌旅游民宿）。截至年末，全市共完成58套旅游民宿建设，并完成相关证照办理。根据自治区《新疆维吾尔自治区旅游民宿奖励扶持办法》规定，帮助独山子两家民宿申请奖励扶持补贴2.2万元。

（刘家伊）

【旅游景区创建】 2020年，世界魔鬼城景区成功创建国家AAAAA级旅游景区。百里油区、小拐乡芳香植物园、独山子展览馆、独库博物馆成功创建国家AAA级旅游景区。开展黑油山景区、独山子大峡谷、市科技馆国家AAAA级旅游景区创建工作，推进克拉玛依河度假区、乌尔禾度假区国家级旅游度假区创建工作。组织克拉玛依区文体旅游局开展打造国家级旅游度假区前期准备工作，开展创建国家旅游度假区相关工作培训。克拉玛依区、乌尔禾区成为自治区全域旅游示范区创建单位，乌尔禾区全域旅游示范区创建工作被列为克拉玛依市高质量发展重点改革任务。乌尔禾查干草村、小拐村获批第一批自治区乡村旅游重点村。

（刘家伊）

【世界魔鬼城景区获批成为国家AAAAA级旅游景区】 2020年12月，克拉玛依市世界魔鬼城景区获批成为国家AAAAA级旅游景区。景区位于克拉玛依市乌尔禾区，国家AAAAA级旅游景区创建工作启动于2013年，创建面积30平方千米。历经7年创建，景区已形成主题突出的雅丹文化、恐龙文化、影视文化、玉石文化、石油文化、民俗文化"六大主题文化"，年接待游客量突破128万人次，旅游年收入突破4000万元。

（刘家伊）

【一号井入选全国"红色旅游发展典型案例"】 2020年10月，克拉玛依一号井成功入选全国"红色旅游发展典型案例"。8月，国家发展改革委社会发展司会同文化和旅游部资源开发司组织开展全国红色旅游发展典型案例征集活动，最终遴选出60个典型案例。全疆同时入选的还有于田县库尔班·吐鲁木纪念馆。

（刘家伊）

旅游活动

【概况】 2020年，克拉玛依市围绕打造"最佳商务旅游区"目标，推进"荒野之旅　时尚之都"品牌建设，按照"扩展远程市场、巩固周边市场、刺激本地市场"思路，拓展客源市场，吸引周边地区游客，确保旅游增量持续稳定有效。

（刘家伊）

【"微笑新疆·魅力油城"】 2020年5月17日，克拉玛依市开展以"微笑新疆·魅力油城"为主题的克拉玛依2020"中国旅游日"系列活动20余项，内容涵盖"南北同心·携手同行"南疆宣传推介会、"百里挑依"网络直播带货、旅游惠

5月17日，“微笑新疆·魅力油城”克拉玛依2020中国旅游日系列活动在克拉玛依一号井启动（黄锐 摄）

民进社区、“放眼望油区、百里好风光”摄影大赛、“爱尔禾、游家乡”民族团结结亲游、“微笑新疆·魅力油城”系列旅游培训等活动。

（刘家伊）

【“荒野之旅 独库有路”独库公路通车仪式系列活动】 2020年6月1日至13日，“荒野之旅 独库有路”2020年独库公路通车仪式系列活动在克拉玛依市独山子区举办。上百名来自疆内外旅游自驾车协会、媒体自驾游爱好者、记者、专家参加活动。12月，“荒野之旅独库有路，独库公路通车仪式系列活动”获评2020中国旅游大奖“优选节事营销”和“2020中国旅游影响力节庆活动”两项大奖。

（刘家伊）

【独山子启动冬季旅游】 2020年12月28日，独山子大峡谷开门迎客。12月25日至26日，2020—2021年独库公路冬春旅游资源交流会暨独山子冬季旅游启动仪式在克拉玛依市独山子区举行。独山子区和库车市初步计划共同举办推介与策划活动，做好独库公路两端服务工作，共同将独库公路打造成最有魅力自驾游精品线路，吸引各地游客观光“打卡”。

（刘家伊）

【“爱油城、游油城，民族团结结亲游”活动】 2020年10月1日至11月30日，2020年克拉玛依市举行“爱油城、游油城，民族团结结亲游”活动。活动期间，重点举办“民族团结结亲”金秋主题打卡游，“油城5个100自驾游”寻味记，“北疆千里房车露营游”等系列主题活动。截至年末，共有168辆车670名车友参与活动。

（刘家伊）

【导游讲解员大赛暨微笑旅游大使评选】 2020年10月，克拉玛依市开展导游讲解员大赛暨微笑旅游大使培训评选活动，比赛评选出专业组一等奖1名、二等奖2名、三等奖2名；业余组一等奖1名、二等

12月26日，游客游览独山子大峡谷（艾克热木江·热西提 摄）

奖2名、三等奖2名。全市71人取得景区讲解员证，专业组一等奖获得者刘燕被文旅部评为全国红色旅游五好讲解员。

（刘家伊）

【城市营销活动】 2020年，克拉玛依市文化体育广播电视和旅游局着力开展线上全媒体城市大型营销活动。引进由优酷制作的大型城市综艺纪录片《奇妙之城》到克拉玛依市拍摄，与《奇妙之城》制片方一同进入优酷、飞猪、淘宝、抖音直播平台开展城市直播，并开展首个线上城市主题游戏研发。截至年末，各类活动在新浪微博阅读量超过1100余万，在各类直播间点击量突破950余万次，在抖音平台上小视频阅读量超1500余万次；组织开展“新疆是个好地方”全媒体展播、“这里是新疆”线上直播、“微笑新疆　魅力油城”网红、短视频大赛等一系列新媒体传播活动，网络播放量达到3亿次。

（刘家伊）

旅游管理

【智慧旅游】 2020年4月，克拉玛依市按照自治区文旅厅“一部手机游新疆”项目开发工作要求，开展相关内容项目搭建，安排专人专项负责平台内容收集及规范整理工作。截至年末，全市市辖4区均已入驻“一部手机游新疆”平台，同时全市共有11家景区、7家场馆、37家酒店，11家餐厅入驻“一部手机游新疆”平台。

（黄雪雯）

【旅游标准化建设】 2020年，对全市文化、旅游、旅行社、酒店类企业进行摸底调查，为14家符合克拉玛依市旅游发展专项资金申报要求的企业兑现旅发资金奖补92.24万元。按照影视产业政策，补助乌尔禾区大秦帝国影视城项目400余万元，同时推动白碱滩区影视项目补助申报。

（尚晓杰）

【专业培训】 2020年市旅游培训中心将自治区“微笑新疆”提升服务质量实施工作贯穿全年，在做好疫情防控前提下，通过线上与线下培训相结合，共开展各类培训16场，其中全国培训班1场，疆外培训班1场，线上培训班6场，共计参训人员1500人，举办职业技能竞赛4场，参赛人员200人。旅游产业带动就业36040人。

（马瑞）

【旅游安全管理】 2020年，克拉玛依市制定《文体旅游行业防聚集预警机制》等4项相关制度，组织景区、展览场馆、文体场馆、文化娱乐场所工作人员学习疫情防控相关知识及不聚集处置流程视频培训，共计培训1182人。对景区、文体场馆和文化娱乐场所进行分类管理，落实各场所预约功能并全面实行进场所预约制，旅游景区通过“新疆景区预约”微信公众号、电话预约等方式实行预约制。

（徐敏）

11月16日，魔鬼城景区对讲解员进行培训　　　（乌尔禾区　供图）

农业·农村经济

综　述

【概况】 2020年，克拉玛依市全年实现农林牧渔业总产值12.29亿元，较上年增长3.2%。其中：农业产值5.2亿元，增长38.6%；林业产值2.1亿元，增长3.5%；畜牧业产值3.6亿元，下降25.8%；渔业产值0.09亿元，下降44.0%；农林牧渔服务业产值1.3亿元，增长11.3%。农牧民人均纯收入突破3万元，达到31344元，同比增长11.96%。

（李阳）

【机构改革】 2020年5月，经市委机构编制委员会研究决定：原市农机安全监理所（市农牧机械化技术推广站、市大型工程机械安全监督管理支队）更名为市农业机械化发展中心（大型工程机械设备和车辆监控中心），由市农林牧业局（兽医局）管理的事业单位调整为市农业农村局管理的事业单位，其他机构编制事宜维持不变；市农产品质量安全检测中心由原市林业有害生物防治检疫局分设出来，归为市农业农村局管理的公益一类事业单位，规格相当科级，事业编制3名，领导职数1名，经费实行全额预算管理。7月，经市委机构编制委员会办公室研究决定，市农业农村局办公室（人事科）加挂市委农村工作领导小组办公室秘书科牌子，市农业农村局农产品质量安全监管科更名为市委农村工作领导小组办公室综合科，为市委农村工作领导小组办公室内设机构（原市农业农村局农产品质量安全监管科职责划入市农业农村局农业农村科）。

（李阳）

【涉农疫情防控】 2020年，克拉玛依市制定《克拉玛依市关于应对新冠肺炎疫情影响夺取农业全面丰收的二十条措施》，将全市农牧业21家生产企业纳入生产保障体系，为涉农企

3月10日，小拐乡为村民发放免费饲草料，保障疫情防控期间集中圈养和农牧业复工复产后牲畜散养的饲草料供给　（徐靖芸　摄）

业从业人员100余人办理通行证；为支持企业复工复产争取金融资金，共为涉农企业争取稳产保供贷款3500万元。

（李阳）

【种植业】 2020年，克拉玛依全市农作物种植总面积为19293.33公顷，重点建设12666.67公顷机采棉高产示范区、2400公顷饲草料生产基地、366.67公顷菜篮子基地和1253.33公顷特色作物生产基地。落实棉花种植补贴、耕地地力补贴政策，建立玉米无膜滴灌标准化种植规程，引进2个旱稻新品种，示范推广旱稻66.67公顷。

（李阳）

【畜牧业】 2020年，克拉玛依市牲畜年末存栏11.96万头（只），全年出栏9.22万头（只），同比减少25.3%和48%，肉产量6600吨，同比减少18.93%。牛年末存栏1.13万头，出栏0.35万头；羊年末存栏5.56万只，出栏3.79万只；生猪年末存栏5.27万头、出栏5.09万头。全市牛奶产量1.74万吨；禽蛋产量1600吨；水产品产量682吨，同比减少28.5%。实施农牧民补助奖励政策，发放补助奖励资金751户、1292.5万元，增殖放流鱼苗40万尾。

（李阳）

3月29日，乌尔禾区乌尔禾镇查干草村农户在大棚查看蔬菜幼苗长势

（李浩然　摄）

【“菜篮子”工程】 2020年，克拉玛依市印发《关于印发克拉玛依市鼓励扶持“菜篮子”工程发展若干政策（试行）的通知》《关于做好克拉玛依市蔬菜保险补贴工作的通知》等政策性文件。全市蔬菜生产面积366.67公顷，产量1.89万吨，自给率20%，较上年基本持平；饲草料面积稳定在2000公顷左右，生鲜乳产量1.74万吨，同比增长14.5%；牲畜存栏11.96万头（只），肉类产量6600吨，同比减少35.8%；其中猪肉和生鲜乳在满足克拉玛依市供应基础上销往周边地区及其他省市市场。

（李阳）

农产品质量管理

【产品检测】 2020年，克拉玛依市全年完成蔬菜样品检测3786个，检测合格率100%；完成畜产品样品29605个，检测合格率100%。开展监督抽检1105批次（蔬菜540批次、水果160批次、畜禽产品405批次），无抽检产品超过标准限量值，合格率100%。

（李阳）

【疫情监测预警】 2020年，克拉玛依市加强重大动物疫情监测预警，市本级兽医实验室开展高致病性禽流感、口蹄疫、小反刍兽疫、猪瘟、蓝耳病等监测血清学样5255份、病原学样2099份，未发现相关动物疫情；全年生鲜乳监测297份，各项理化指标均合格，监测三聚氰胺、抗生素等有害、违禁物均在检出限以内。

（李阳）

【动物防疫概况】 2020年，克拉玛依市实现全年无重大动物疫情发生，依托职能管理平台媒

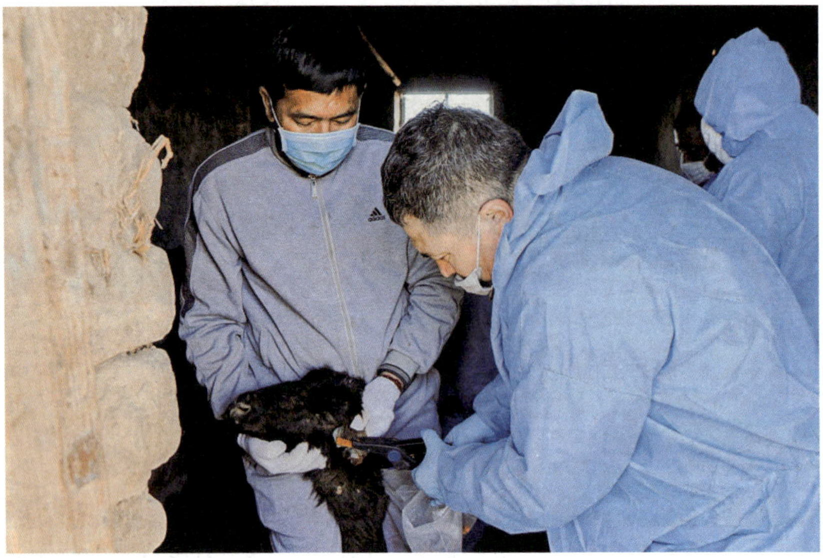

3月12日，小拐乡技术人员为牲畜接种免疫疫苗　（徐靖芸　摄）

介，启用无纸化防疫平台、动物检疫电子出证系统、新型检疫标识（牛羊卡环），提升动物防疫检疫监管水平。组织落实春季3—5月、秋季9—10月畜禽两次集中强制免疫，全市完成强制免疫84.78万头（只、羽）/次。

（李阳）

【检疫净化防控】 2020年，克拉玛依市落实人畜共患疫病检疫净化防控。全市共计布病采血32140份，其中牛血清11547份、羊血清20593份，经实验室检测确诊为布病阳性牛141头、羊99只，阳性率0.7%，对检出240头（只）阳性动物全部采取扑杀无害化处理；全年奶牛结核病检疫7639次（学生奶基地及规模奶牛一年2次检疫），防控率100%，无阳性畜；对农牧区犬开展“月月驱虫”，全年共计犬驱虫7526只次；开展高致病性禽流感监测，未发现禽类感染H7N9禽流感病毒。

（李阳）

【无害化处置监督】 2020年，克拉玛依市狠抓动物检疫和检出病害动物及其产品无害化处置监督。全年产地检疫畜禽18.302万头（只、羽）[生猪64832头、牛1576头、羊6491只、家禽109498羽、其他动物623头（只、羽）]；屠宰检疫畜禽18.1907万头（只、羽）[生猪40394头、牛24661头、羊16916只、鸡99933羽、其他动物3头（只）]；养殖、屠宰环节无害化处理病死动物1.6225万头（只、羽）。

（李阳）

【源头管控】 2020年，克拉玛依市加强源头管控，持续用好联防联控工作机制，确保非洲猪瘟疫情防控取得阶段性成效。全年组织接检非洲猪瘟样品2278份（包括无害化处理环节检测174份），经实验室检测结果均为阴性。

（李阳）

农机管理

【概况】 2020年，克拉玛依市农用拖拉机拥有量为616台，各种农具拥有量达到3700台架，常年在克拉玛依市作业外来拖拉机700余台；全市拖拉机驾驶员735人。

（李阳）

【大型工程机械管理】 2020年，克拉玛依市已注册挂牌大型工程机械设备2703辆。审核操作人员2066人。

（李阳）

【农机购置补贴】 2020年，克拉玛依市发放中央农机购置补贴资金150万元，带动农业生产经营组织和农民投入826.90万元，补贴购置各类农机具46台，直接受益农户26户。

（李阳）

【农机深松作业补助】 2020年，克拉玛依市争取农机深松作业补助资金24万元，累计实施深松作业面积1060公顷，深松作业工作惠及农业开发区、小拐乡及乌尔禾辖区农户27户。

（李阳）

3月10日，小拐乡一辆大马力联合整地机进行耙地作业

（徐靖芸　摄）

水利管理

【水利规划】 2020年，克拉玛依市完成《克拉玛依市水利发展“十四五”规划》编制工作，根据水利部新疆水安全战略规划座谈会上专家组有关建议，重点调整和完善水利工程提质增效、独山子配套工程建设方案和思路。结合克拉玛依市供水、排水、中水水网规划方案，梳理完善市水利“十四五”规划项目库。

（马兰）

【水利建设】 2020年，克拉玛依市落实政府专项债券资金5亿元，用于风城水库至三坪水库输水管道工程建设；落实市本级财政资金700万元，用于西部新城区西防洪系统蓄滞洪区工程、中心城区东防洪系统蓄滞洪区工程建设。

（马兰）

【农田灌溉水利用系数测算】 2020年，克拉玛依市水务局完成全市农田灌溉水利用系数测算工作。推进农业水价改革工作，制定2020年度克拉玛依市农业水价综合灌溉实施方案，完成基准年水利工程供水成本核算工作。

（马兰）

【水利安全】 2020年，克拉玛依市水务局对全市7座水库、400余千米渠道，3个在建水利工程、60余千米堤防等各类水利工程进行多次巡回检查，共开展检查93次，发现问题24处，整改落实24处，整改率100%。

（马兰）

乡村振兴

【概况】 2020年，克拉玛依市成立乡村振兴工作领导小组，组建以市委书记为组长，市委常委、常务副市长为常务副组长的市委农村工作领导小组，成立市委农村工作领导小组办公室，配备3名专职工作人员。全年市委、市政府主要领导带头深入基层调研4次，累计组织召开市委常委会会议、市政府党组会、市政府常务会以及市委农村工作领导小组和乡村

8月24日，风城水库至三坪水库输水管道工程第四标段施工现场

（闵勇　摄）

振兴领导小组会议12次，对标对表出台克拉玛依市乡村振兴战略规划，制定贯彻落实中央和自治区党委2020年一号文件实施方案，先后印发《关于印发克拉玛依市农业农村领域落实“冬季攻势”工作方案的通知》《关于印发2020年克拉玛依市农产品市场开拓工作方案的通知》，出台《克拉玛依市强招商促投资　稳增长措施四十条》，建立机制、明确任务、压实责任，推动乡村振兴工作深入开展。大农业领域投资力度，全年政府投资农业农村基础设施项目开工6个，投入资金8720万元。

（李阳）

【精准招商】 2020年，克拉玛依市开展农业领域精准招商，对接洽谈中泰集团、中矿集团及北大仓农业发展公司等企业，推介奶业发展、肉牛养殖、生猪养殖、牛羊定点屠宰场建设及畜禽养殖废弃物资源化利用等建设项目23个，其中已转化落地10个，到位资金5.1亿元。全市农业领域基础设施和产业投资项目个数、到位资金较2019年同期翻两番。

（李阳）

【国有牧场改革】 2020年，克拉玛依市完成市国营牧场、小拐国营牧场和独山子国营牧场土地确权和办社会职能改革任务，完善公司制度改革。独山子国营牧场完成公司制改革，注册成立克拉玛依市独山子绿丰农牧发展有限公司，公司由独山子区国资委管理；小拐国营牧场完成公司制改革，成立克拉玛依润牧源牧业公司，划归成为国有企业克拉玛依融汇城投公司下属全资子公司，监管方为克拉玛依区国有资产监督管理委员会；市国营牧场完成公司制改革，注册成立克拉玛依融汇牧业有限责任公司，划归成为国有企业克拉玛依融汇城投公司下属全资子公司，监管方为克拉玛依区国有资产监督管理委员会。

（李阳）

【农村改革】 2020年，克拉玛依市深化农村集体产权制度改革，向523户农民颁发农村集体土地承包经营权证，总面积近666.67公顷；全面完成2018年度、2019年度农村集体资产清产核资工作，清查资源性资产土地面积近400公顷，经营性资产338.6万元，非经营性资产3986.7万元。全面推进农村集体产权制度改革，完成村集体成员认定和村集体资产折股量化，让农民享受改革红利。

（李阳）

【科技推广服务】 2020年，克拉玛依市组织各区建立7个农业科技示范基地，推广主推品种2个和主推技术4项，培养10名基层农技人员，农作物统防统治覆盖率40%，化肥利用率40%，测土配方施肥覆盖率达90%，完成克拉玛依市耕地土壤环境质量类别划分工作。

（李阳）

【农牧民培训】 2020年，克拉玛依市印发《关于印发〈克拉玛依市2020年天山沃土计划实施方案〉的通知》，实施高素质农民培训和“天山沃土”培训项目，选派1名工作人员前往新疆畜牧科学院进修。组织开展“科技下乡”活动，推广先进实用农业技术，增强农民就业创业和增收致富能力；与中国工程院院士李天来团队建立合作关系，确定能够实现冬季生产日光温室建设合作意向。举办9期拖拉机、大型工程机械设备驾驶员培训班。支持农村集体经济组织聘用职业经理人、专职会计。配强农技推广人员力量，选聘20名农技推广人员开展农技服务工作。

（李阳）

经贸合作

招商引资

【概况】 2020年，克拉玛依市落实招商引资在建项目332个，累计实现到位资金159.51亿元，超额完成目标任务（145亿元）。对接企业1450家，洽谈项目1499个。开展集中签约活动4次，签约项目82个，签约金额393.49亿元。

（孙灿）

11月9日，2020年克拉玛依（南京）城市推介会在南京市举行

（高宇飞　摄）

【招商机制健全】 2020年，克拉玛依市修订完善《加强招商引资、推进经济高质量发展工作任务分解方案》，建立健全产业小分队招商、市级领导包联重大项目等工作机制。

（孙灿）

【招商服务优化】 2020年，克拉玛依市聚焦央企甲级供应商，制定个性化招商方案，开展“一对一、点对点”招商，提高招商引资实效。开展全程陪伴服务，疫情防控期间对322家招商引资企业开展关心问候并解决困难诉求，向中建交通等6家企业18名代表送去慰问物资，对天盛、万达等重点在建项目开展慰问，营造高效、优质、暖心的营商环境。

（孙灿）

【招商模式创新】 2020年，克拉玛依市依托产业投资促进平台，向367家企业开展“云推介”，发布招商推介项目132个。开展产业链招商，梳理149家石油石化“产业链”下游企业，寻求合作突破。北京宏福针状焦、深圳鑫御公司智能终端产品全产业链生产基地、中矿万头奶牛养殖、中核100兆瓦光伏和天盛亚欧之心等一批重点招商引资项目成功落地。联合上海援克指挥部、江苏省工信厅等单位在南京举办2020年克拉玛依（南京）城市推介会，促进两地经贸交流合作和协同发展。

（孙灿）

10月16日，在“云推介”活动上，与会代表在手机上观看克洽会推介视频（彭召勇 摄）

外经外贸

【概况】 2020年1—11月，克拉玛依市累计实现外贸进出口总额1.89亿美元，较上年同期增长197.2%。技术服务贸易方面，完成营业额2.12亿美元，占全疆总额28.06%，实现外经贸逆势增长。

（孙灿）

【对外开放扩大】 2020年，克拉玛依市推进丝绸之路经济带核心区建设。首次开通克拉玛依至俄罗斯新西伯利亚旅游包机航线。持续推进综合保税区建设。支持克拉玛依国际商会发展壮大，吸收会员企业35家。推进中俄贸易西通道商会联盟建设，申请自治区政策资金60万元用于在新西伯利亚市建设具备线上对接洽谈功能的商务代表处。对接上海飞凡商贸、铁甲商贸等企业，推进跨境电商集散转运中心建设。推动天运国际奢侈品保免税展示销售等项目，促进内外贸融合发展和国内国际双循环发展。

（孙灿）

【涉外企业减免政策落实】 2020年，克拉玛依市落实企业帮扶政策，协助涉外企业申报社保、稳岗等各类补贴减免政策2913万元。

（孙灿）

【外经贸扶持资金争取】 2020年，克拉玛依市组织贝肯、科力等企业申报自治区边贸转移支付资金457万元。组织全市19家涉外企业申报2020年度外经贸专项资金1.02亿元。

（孙灿）

【组织参加第三届进博会】 2020年，克拉玛依市商务局组织政府代表12人、企业代表19人参加第三届进口博览会。对接进口项目13个，初步达成合作意向项目6个，意向金额共计约320万美元。

（孙灿）

1月9日，中国游客在俄罗斯新西伯利亚受到热烈欢迎（张珏 摄）

地方企业

综 述

【概况】 2020年，克拉玛依市石油石化行业实现增加值441.4亿元，同比下降0.1%。石油和天然气开采业因新疆油田公司在玛湖、吉木萨尔、准噶尔盆地南缘等重点探区勘探开发力度加大，原油和天然气生产增长加快，全年生产原油1320万吨、天然气36亿立方米，原油产量较上年净增73万吨，原油产能建设规模首次突破302.6万吨。石油和天然气开采业实现增加值229.2亿元，同比增长8.6%，占石油石化行业增加值51.9%。石油加工业受成品油市场低迷，两次疫情冲击等因素影响，生产小幅下降。独山子石化公司和克拉玛依石化公司全年共加工原油1257万吨，同比增长5.6%。全市石油加工业实现增加值152.9亿元，同比下降3.1%，占石油石化行业增加值34.6%。

（郭燕）

【推动千亿产业集群落地】 2020年，克拉玛依市完善推动千亿产业集群落地工作机制，制定《推动千亿产业集群落地工作领导小组办公室工作机制》《推动千亿产业集群落地考核方案》，建立千亿产业集群办公室派工机制，明确千亿产业集群各成员单位职责分工和工作流程，确保工作任务落实落细；完善千亿产业集群项目库，开展产业链招商，通过与新疆油田公司、独石化公司、克石化公司及相关单位建立创新科技联席会议机制，梳理产品类别、产量、用途及下游产业链，确定橡胶轮胎生产加工、白油下游产业链深加工、合成树脂、碳纤维新材料等重点招商项目20个。分别前往上海、江苏、深圳、青岛等省市30余家企业和园区开展上门招商工作，取得初步成效。宏福针状焦项目落地奠基，华文集团与克拉玛依市签订合作协议，市盈肯科技有限公司、深圳厘米物联网科技有限公司、深圳市伽玛赢科技有限公司3家企业在克拉玛依市建设手机厂意向初步达成。研发完成“产业投资平台”，全市开展招商推介、企业投资环境考察、项目对接，提供产业项目与地理空间布局相结合网上展示平台，推动产业集群项目更好落地。

（郭燕）

【清理拖欠账款】 2020年，克拉玛依市组织市、区两级政府采取针对性措施，逐步分批对拖欠民营中小企业账款进行梳理、清欠，于10月16日完成全部在册登记政府和国有企业欠款清偿。

（郭燕）

【推动地方油服企业“走出去”】 2020年，克拉玛依市梳理有海外项目企业清单，了解经营状况和海外项目开展情况。推动油田技术服务业提质增效，帮助地方油服企业“走出去”，鼓励地方骨干企业海外项目建设，开拓国外油田市场。截至年末，新疆贝肯能源工程股份有限公司在乌克兰基辅市完成钻井、侧钻井、定向井技术服务，价值约2.46亿元；新疆正通石油天然气股份有限公司在阿富汗完成金额1亿元钻井合同业务，在蒙古国中标500万美元试油项目。

（郭燕）

【“专精特新”企业培育】 2020年，克拉玛依市贯彻落实国家和自治区关于引导中小企业走“专精特新”发展之路要求，建立市级“专精特新”企业培育库，对于入库企业，加强政策扶持，优化发展环境，推进中小企业“专精特新”发展。截至年末，培育自治区级“专精特新”企业17家，“专精特新小巨人”企业1家。

（郭燕）

【中小企业服务体系建设】 2020年，克拉玛依市提升全市中小企业公共服务平台及小企业创业基地服务水平，支持第三方服务机构申报国家级、自治区级服务企业示范平台及小企业创业基地。截至年末，克拉玛依市众创空间孵化器有限公司获批国家级小型微型企业创业创新示范基地；克拉玛依金融控股集团有限公司申报自治区级中小服务企业示范平台，克拉玛依市先进能源技术创新有限公司申报自治区级小企业创业基地项目，均通过自治区评审及实地查验。

（郭燕）

【争取上级资金支持】 2020年，克拉玛依市工信局获批上级资金1.17亿元，其中工信部工业互联网资金支持1.1亿元，中央、自治区级中小企业专项资金556万元、自治区“专精特新”小巨人培育企业20.88万元、自治区重点技术创新资金40万元、战略性新兴产业资金87万元、自治区工业节能减排专项资金60万元、纺织服装企业及口罩生产企业流动资金贷款贴7.43万元，缓解中小企业融资难、融资贵问题。

（郭燕）

主板上市企业

新疆贝肯能源工程股份有限公司

【生产技术指标完成情况】 2020年，新疆贝肯能源工程股份有限公司共动用钻修井机39部，全年开钻192口，完井198口，总进尺28.20万米，同比2019年减少11.23万米，降幅约28%，泥浆技术服务180口，定向技术服务159口，固井159口，压裂163层，公司油服版块实际完成工作量同比2019年降低约40%。化工产品总计销售材料40300吨；装备制造累计提供钻修井设备维修、试压、调试等服务2534次，钻具供应7183根，钻具修头2245头，探伤10678件。

（朱春阳）

【北疆油服生产情况】 2020年初，新疆贝肯能源工程股份有限公司北疆油服公司及时掌握井位布局，安全生产技术部立足生产现场，保障队伍生产，同时开拓煤层气业务，赢得2口煤层气井工作量。玛湖区块创造多项新纪录，贝肯22队全年四开五完，进尺20493米，是北疆油服唯一一支年进尺突破两万米井队，相对2019年平均钻井周期节约34天，机械钻速提高26%，复杂时率下降33%，先后2次被克钻评选为“红旗队”。其中FNHW4104井完钻井深5156米，二开裸眼段长4641米，水平段长2213米，钻井周期49天，创造该区块裸眼段最长、水平段最长、钻井周期最短、水平段单趟进尺（1188米）最高、水平段螺杆钻进趟钻次数（2趟）最少5项纪录。

（朱春阳）

【西南油服生产情况】 2020年，新疆贝肯能源工程股份有限公司西南油服公司紧跟各大油田招标公告，先后参加多家油田公司投标与调研，有两部钻机中标四川页岩气公司入围招标。

70006队承钻宁209H68平台，通过工程设计优化、现场精细管理，攻克一系列难题，平台两口井钻完井周期138天，较平台考核周期157天提前19天。70005队承钻宁209H31平台，在5个月生产周期当中连续两次登上川渝页岩气勘探开发标杆榜，在一百多支队伍排名中分别取得第1名和第4名。

（朱春阳）

【南疆油服生产情况】 2020年，新疆贝肯能源工程股份有限公司南疆油服公司“点对点”实施市场开发，2020年承钻2口井均在设计工期内完钻。

（朱春阳）

【国际油服生产情况】 2020年，新疆贝肯能源工程股份有限公司国际油服公司在乌克兰市场继续跟踪原有客户钻井计划，开发扩大市场至其他优质企业，与多家当地优质民营企业沟通，参与各类项目投标。7支队伍先后在乌克兰不同区块、不同井型施工超过3年，基本掌握所钻区块地层特性及相应钻井、泥浆、侧钻、定向等技术。钻井项目全年未发生任何零日费。

（朱春阳）

【定向井技术服务】 2020年，新疆贝肯能源工程股份有限公司伟智得定向公司科研、服务两条线齐头并进，研发中心高温样机、LWD设备成型后，定向井技服团队跟踪井队进度，组织现场测试，做到产、研一体，提升产品研发效率和推广速度。

（朱春阳）

【固井压裂技术服务】 2020年，新疆贝肯能源工程股份有限公司固井团队抓牢固井各个节点，尤其是干混站混灰、配制固井液、水泥浆化验、现场固井施工等重要环节，掌握施工技术和能力，利润率保持稳定。

（朱春阳）

【贝肯化学公司生产情况】 2020年，新疆贝肯能源工程股份有限公司贝肯化学公司泥浆业务把生产技术力量全部下沉到基层，形成“区块项目经理+技术专家生产”组合模式，及时解决各种井下复杂和特殊工况，提高基层决策能力和工作效率。在油基泥浆技术人才培养方面，实现贝肯油基泥浆施工技术人员全面独立顶岗。金龙54井泥浆技术服务获得新疆油田公司勘探事业部嘉奖，服务水平得到甲方好评。化工业务完成中国石油集团公司产品质量复审及新增产品审核，完成供应商资质审查，获得商信中心法人信用认证AA评级。采用新工艺生产出符合新疆油田公司新标准随钻堵漏剂和白油沥青，并且在现场成功应用，取得较好封堵效果，CMC项目建成，准备投产。

（朱春阳）

【装备制造子公司生产情况】 2020年，新疆贝肯能源工程股份有限公司装备制造子公司加强新技术应用，将普通管螺纹车床改造升级为半数控车床，提高产品质量和效率。数字化建设与实际工作结合，创建微信公众号，实现井控和钻具检测报告在线查询，方便现场监督验证，保证质量管理可追溯。

（朱春阳）

【质量安全环保】 2020年，新疆贝肯能源工程股份有限公司在新管理模式下，重点监督检查现场安全环保工作，查出隐患4638项，整改4630项，整改率99.8%（未整改8项，属于需要甲方配合整改项）。

（朱春阳）

【贝肯能源乌克兰哈里伯顿侧钻项目】 2020年5月14日，哈里伯顿公司领导到贝肯能源乌克兰有限公司BK65队钻井现场开庆祝会，庆祝BK65队以30.83天时间顺利完井承钻ZAH-185井并提前6.17天交井。

（朱春阳）

【FY210-H14 井三开日进尺破区块纪录】 2020 年 8 月 25 日，由南疆油服 70001 承钻 FY210-H14 井，三开志留系纯钻 20 小时，机械钻速 16.8 米/小时，日进尺 336 米，打破该区块三开志留系日平均进尺 163 纪录，在 5417 米处井斜 0.4°，闭合距 40 米，井身质量符合设计要求。

（朱春阳）

国资未上市骨干企业

克拉玛依电厂

【发电供热】 2020 年，克拉玛依电厂全年发电 15.3 亿千瓦时，供热 229 万吉焦，连续十五年获得新疆油田公司安全生产与环境保护（HSE）先进单位称号。

（曾守万）

【安全管理】 2020 年，克拉玛依电厂修订完善《克拉玛依电厂安全环保隐患管理规定》等规章制度 18 项，开展全员生产管理和生产作业活动 HSE 风险辨识和防控。编制《克拉玛依电厂安全生产专项整治三年行动实施方案》《克拉玛依电厂 2020 年 HSE 风险、环境因素识别、评价及分级防控实施方案》，编制《2019 年碳排放报告和 2020 年排放监测计划》，9 月通过自治区环保厅审核。电厂 5 个废气监测点分别与集团公司污染源在线监测系统平台、克拉玛依市和自治区监控中心联网，数据完整率 100%、联网监测点数据传输有效率 100%；开展设备完好性、作业许可、环境保护、消防和特种设备安全专项检查 3 次，发现隐患 15 项，整改 10 项；开展班组安全自主化管理，HSE 自主化管理达标班组中级 2 个，初级达标班组 7 个，达标率 100%；组织开展职业病防治法宣传周、“6·5”环境日、安全生产月、“8·15”安全警示日、消防宣传月活动；举办安全培训班 18 个，培训 1393 人。

（曾守万）

【运行管理】 2020 年，克拉玛依电厂修订《电厂生产安全事故专项应急预案》《电厂现场处置方案》，制定《现场应急处置卡》，组织厂级应急演练 2 次，部门级应急演练 39 次；推进全岗培训，在燃机专业实施燃机、增压机、余热炉 3 个岗位轮换培训，提升值班员技术水平，缓解现场人员紧张；组织开展班组自主化验收达标，通过公司班组自主化验收 6 个。

（曾守万）

【供热管理】 2020 年，克拉玛依电厂修订《克拉玛依电厂供热管理办法》，编制《供热专业检修指导书》，开展冬季供热设备检修维护，完成供热系统 3 座供热站内设备及附属系统管线检修。落实《克拉玛依电厂供热运行规程》，强化供热运行管理，签订供热面积 228 万平方米，10 月 3 日正式投入供热运行，供热系统运行平稳。

（曾守万）

9 月 23 日，历时 25 天的 2020 年电厂提质增效技改项目 1 号余热锅炉换热器改造基本完工

（王红艳 摄）

【设备维修】 2020年3月5日至11月8日，克拉玛依电厂完成设备检修工作。计划检修发电机组14台次，完成15台次；完成3座供热站设备及系统管线检修，其中发电机组大修2台次，小修5台次，消缺性检修7台次，故障抢修1台次。设备检修计划完成100%，检修质量合格率92.86%，设备可靠性95.38%。解决4号燃机排气偏差大带负荷能力降低故障、25兆瓦汽轮机凝汽器污堵严重效率下降、1号、2号、3号天然气压缩机润滑油污染等重大问题。

（曾守万）

【体系建设】 2020年1月7—8日，北京中油认证中心对克拉玛依电厂进行年度HSE体系监督审核，发现一般不符合项2项，全部整改；7月21—23日，电厂管理体系内部审核，发现不合格项7项，观察项15项，全部整改；9月15—17日，承包商HSE体系专项审核，发现严重不符合1项，一般不符合项20项，全部验证关闭。

（曾守万）

【提质增效】 2020年，克拉玛依电厂开展提质增效专项行动。4月20日，制定《克拉玛依电厂提质增效专项行动工作方案》；4月30日，制定部门提质增效工作方案14份；5月，开展提质增效专项调研5次，制定《生产指标奖考核细则》，强化发电量、售电天然气单耗、发电水单耗指标管控，优化运行方式，按月考核提质增效措施落实情况。全年电厂对内压降实现成本硬下降，通过5类14项管控措施实现提质增效683万元。

（曾守万）

国网克拉玛依供电公司

【概况】 2020年，国网克拉玛依供电公司电网覆盖克拉玛依市克拉玛依区、白碱滩区（克拉玛依高新区）、乌尔禾区，拥有各类用电客户18.8万户，供电营业区20723平方千米。全年实现售电量35.62亿千瓦时，同比增长2.59%；电网最大负荷563兆瓦，创历史新高；电压合格率98.55%，供电可靠率99.96%。

（谢德强）

【电网规模】 2020年，国网克拉玛依供电公司总装机容量320兆瓦，均为火力发电。110千伏变电站23座，共46台主变压器，总容量1508兆伏安；110千伏线路45条，架空线路总长度1130.45千米。35千伏正式变电站42座，简易变电站53座，主变压器131台，变压器总容量914.84兆伏安；35千伏线路74条，线路总长度161.14千米。

（谢德强）

【电网建设】 2020年，国网克拉玛依供电有限公司加快推进电网建设，完成项目投资7.91亿元。优化110千伏网架结构，利用周边4座220千伏变电站布局，形成分区供电、区域互联模式，使网、荷均衡合理分布。投资2650万元，完成航空产业园交通枢纽、城南商务区、医学基地、克区10万千瓦光伏接入等基础电力工程建设。八零一、胜利等12座变电站维修改造和安全隐患治理工程基本完工。电力调度中心维修改造工程完工。

（谢德强）

【电力体制改革】 2020年，克拉玛依市开展“十四五”能源规划、非传统能源规划编制工作；深化电力体制改革，争取云计算产业园、新疆油田公司开展电力直接交易。通过2020年电量转让，油田公司受让电量合同9.68亿千瓦时，节约用电成本2522万元。

（钟芳）

【电力市场化交易】 2020年，国网克拉玛依供电公司完成直接交易16.15亿千瓦时，节约用户购电成本0.77亿元。

（谢德强）

市城市建设投资公司

【经营效益】 2020年，市城

投公司全年实现经营收入7.2亿元，税前利润总额9424万元。截至2020年底，企业资产总额314亿元，净资产183亿元。

（陈琳）

【固定资产投资】2020年，市城投公司固定资产投资入统项目10项，完成入统金额38452.63万元。全资子公司城建开发公司全年承接市、区两级固投项目36项，完成产值3.2亿元。

（陈琳）

【融资业务】2020年，市城投公司以自治区企业同级别同期限中期票据历史最低票面利率成功发行并募集10亿元5年期中期票据。以2%超低利率发行并募集5亿元270天融资券。在扩大城投公司授信基础上，重点协助城建开发公司与15家银行对接，提供资金支持。

（陈琳）

【优化国有资本布局】2020年，市城投公司重点推动国有资本向文化旅游、生物医药、石油化工等优势领域和产业集中，完成与新疆交建投公司增资扩股协议签订，组建成立基金管理公司、供应链公司，与公司旗下担保公司、小额贷款公司、融资租赁公司构成完整金融体系，为服务实体经济提供金融支撑。以文化润疆为切入点，开展青少年研学活动；拓宽能源产业领域，围绕产业集群，加大招商引资项目落地，完成宏福新材料公司组建，支持富城能源做大做强。搭建资产管理平台，加大雪莲宾馆、驻外办资产盘活力度，与国内优秀资产管理团队对接，通过公共资产、公廉租房等城市存量资产，做优公司经营性资产，打造城投公司所属酒店、公寓资产经营、租售管理专业平台。对接国内先进生物医药公司，围绕疫情物资保障，核酸检测能力提升，推进PCR实验室、医疗物资应急保障基地、体外诊断试剂生产项目顺利实施。

（陈琳）

【完善法人治理结构】2020年，市城投公司完善二、三级公司法人治理结构，建立现代企业制度，实现企业稳步健康发展。建立健全城投供应链公司、城建开发公司等7家公司法人治理结构，理顺所属公司与城投公司间管控关系。编制完成《城投公司“十四五”战略发展规划》。

（陈琳）

【盘活资产】2020年，市城投公司以加强资产精益化管理为导向，将资产管理模式由经验型、粗放型向集约型、精益型转变，梳理上海宝石花鸿盛酒店公司开展业务，强化资产安全监管，完善人才公寓、实验检测中心设施，为后续资产租赁、租户顺利入驻提供保障。支持政府重点招商引资项目城南商务中心城市地标性建筑“亚欧之心”实施，完成“亚欧之心”资产购置工作；成立领航创投管理咨询公司，开展科研楼A座各类衍生服务，为四个千亿产业集群项目提供良好经营环境。

（陈琳）

【口罩生产】2020年，市城投公司建设口罩生产线，累计生产口罩300余万只，应急储备190余万只。

（陈琳）

【金融服务】2020年，市城投公司金融助力服务小微企业和个体工商户复工复产，制定实施多项金融服务措施。为7家保供企业提供7300万元担保。办理已延期付息业务82笔，涉及贷款2.5亿元。办理展期业务37笔，涉及金额超过1亿元。办理中小微企业担保业务37笔，担保金额19630万元。办理个人类担保业务105户，担保金额1797万元。发挥供应链公司业务优势，保障重点项目600余吨钢材等建筑原材料供应，为76家中小微企业减免租金及个体工商户减免租金911万元。

（陈琳）

【化解经营风险】 2020年，市城投公司成立明旭置业项目公司，开展永安华府二期项目投资建设工作，推进解决保障房公司历史遗留问题，与中国石油工程设计新疆石油工程建设有限责任公司达成调解协议，采用资产抵偿方式完成瑞基房地产公司委托贷款债务风险。

（陈琳）

克拉玛依油城数据公司

【经营效益】 2020年，油城数据公司营业收入10581万元，利润68.23万元，国有资产正增长率2%。

（杨晓骥）

【互联网+政务服务平台建设】 2020年，油城数据公司按照自治区《关于印发建立政务服务“好差评”制度提高政务服务水平实施方案通知》工作要求，建立好差评渠道多样化、对象多样化评价功能及评价体系建设，完成好差评移动端、短信、门户端、热线电话、二维码类型数据上报汇聚工作。

（杨晓骥）

【新冠肺炎疫情防控系统建设】 2020年，油城数据公司完成疫情防控相关流调系统、健康码系统、体温填报系统、疫情防控数据直报系统、核酸采集登记等系统建设，截至2020年底累计扫码通行46294892次，提高基层工作人员工作效率和核酸数据准确率，为全市疫情防控科学决策分析提供数据依据。

（杨晓骥）

【十六进制课堂系统工程建设】 2020年，油城数据公司利用大数据和人工智能提高教育服务精准化水平，通过对学生学习过程数据采集和分析，及时发现存在问题并反馈给学生和老师，提供精准教学资源，减轻老师备课压力，实现学生个性化学习，助力“选课走班、分层教学”模式下个性化学习、个别化指导，实现精准教学与管理。完成6所中小学22个班级推广维护。为加快信息技术与教育教学深度融合发展起到奠基和引领作用。

（杨晓骥）

【工程建设项目审批管理系统建设】 2020年，油城数据公司按照国务院办公厅要求，完成工改相关4套业务审批系统试运行和12套系统数据接口开发与对接工作，实现与住建部、自治区住建厅以及本地系统横纵向贯通，1市4区45家审批单位182人网上审批，179家法人单位网上进行项目申报。对工程建设项目审批制度实施全流程、全覆盖改革，形成统一审批流程、统一信息数据平台和统一审批管理体系。

（杨晓骥）

【基层减负“一张表”信息管理系统开发】 2020年，油城数据公司利用信息化手段健全基层工作体制，提升基层治理能力。完成基层减负“一张表”信息管理系统在克拉玛依市应用推广工作，通过信息化和大数据手段解决基层数据“共享

10月19日，油城数据公司技术人员在市党群服务中心进行基层减负“一张表”试运行培训

（张秋霞　摄）

难”“重复录”“多头报”和“报表繁”等问题，为社区基层减负提供信息化手段。

（杨晓骥）

【核心技术研发】 2020年，油城数据公司加强技术研发迭代升级，采用最新微服务架构，构建微服务版智慧城市定制平台。完成市疫情防控平台、访客系统、健康码应用等功能开发。

（杨晓骥）

【管理体系建设】 2020年，油城数据公司完成自治区涉密乙级、ITSS认证申请；完成系统集成（甲级）认定、软件企业认定；完成油田信息项目准入、ISO 9001、HSE、ISO 27001、安防、科技型中小企业、高新技术企业等资质年审或复审，为实现税收优惠提供重要保证。

（杨晓骥）

【技术成果创新】 2020年，克拉玛依油城数据有限公司取得国家软件著作权21项，获得2项实用新型专利，5项发明专利和5项实用新型专利申请受理。

（杨晓骥）

克拉玛依市富城能源集团有限公司

【经营效益】 2020年，克拉玛依市富城能源集团有限公司全年处理天然气6.33亿立方米，生产油砂油5.43万吨，蒸汽产量302.64万吨；实现营业收入11.4亿元。

（任静）

【生产运行】 2020年，克拉玛依市富城能源集团有限公司按照“做大油气田上游业务、做强中游技术服务业、做优下游多元化产业”发展思路推进各项业务取得新进展。上游油气田投产SAGD井组2对、转抽7对，日产油砂油达到210吨。与智慧石油公司密切合作，共同开发准噶尔盆地九1～九5区块。中游成玛131站新增40万立方米/天浅冷天然气处理装置一期、二期以及玛18新增20万立方米/天浅冷装置、艾湖2天然气回收处理站等重点项目建设投产，天然气日处理量突破220万立方米。持续开展连续油管特色作业，顺利完成18项作业资质办理。与长城工业签订战略合作协议，开展新疆油田应急电源保障项目及能源高效应用领域合作。宇澄热力供汽足量平稳，开展燃料结构调整，燃气低氮过热锅炉顺利投产。下游多元化产业发展，收购中国石油新疆销售公司地方分配股权，与中国石油新疆销售公司共同出资成立克拉玛依市中油富城能源投资有限公司，推进加油加气站建设项目，进一步拓展天然气外销市场。完成储油库项目前期可行性研究，为项目后期实施提供决策依据。发挥香港公司平台优势，持续做好准东采油厂海外项目服务。完成哈萨克斯坦国子公司注册，开展海外油气资源并购前期调研工作。

（任静）

【安全管理】 2020年，克拉玛依市富城能源集团有限公司推进QHSE体系建设，完成4个公司体系认证。深入推进安全生产专项整治三年行动，辨识生产现场危害因素308条。开展安全生产大检查8次，形成隐患整改闭环管理。合规处置废机油18吨、油泥62吨。开展安全教育培训，发布安全经验分享24期，组织应急演练170余次，公司连续4年被评为克拉玛依市安全生产目标管理优秀单位。

（任静）

【经营管理】 2020年，克拉玛依市富城能源集团有限公司科学编制“十四五”规划和国企改革三年行动计划，制定实施4大类32个项目，通过增产增收、优化措施、细化管理、结算下浮、用好政策等方式，完成提质增效目标3624万元。全年投资项目12项，投资金额2.17亿元。全年签订合同216份；疫情防控期间制定实施远程视频选商流程，竞争性选商占比78%，同比增长6%。顺利迎接国家税务总局对公司开展三年税务专项审计，控制税收风险。

（任静）

【科技创新】 2020年，克拉玛依市富城能源集团有限公司深入推进"科技创新"工程，完成未来5年重大科技项目立项和规划编制。成立新项目事业部，针对重点领域和关键技术，开展学习调研，提出改性聚酰亚胺防腐涂层、膜分离变压吸附提氢、天然气制氢加氢等技术应用方案。发挥富城能源研究院平台作用，与新疆油田公司技术服务服务公司、实验检测研究院合作开展人造岩心技术服务、哈萨克斯坦肯基亚克盐上油田科研服务等11项业务，培养技术人才，提升科技水平。公司全年申报实用新型专利5项，发表论文13篇。

（任静）

新疆金戈壁油砂矿开发有限责任公司

【生产运行】 2020年，新疆金戈壁油砂矿开发有限责任公司坚持"一井一策、精细调控"管理模式，加强SAGD井现场生产动态跟踪，制定生产调控措施，确保生产效率。3对SAGD井组累计注汽5.63万吨，累计产液4.45万吨，井口累计产油0.26万吨，综合含水94.1%，年度油汽比0.04，年度采注比0.79。全年调控井次32井次，修井2井次，现场问题整改21项。

（任静）

【油砂油销售】 2017年末，金戈壁公司受城投油砂矿公司委托代销油砂油，所得收入用于偿还前期建设债务。截至2020年底，剩余债务986.71万元。

（任静）

新疆西部绿洲生态发展有限责任公司

【经营效益】 2020年，新疆西部绿洲生态发展有限责任公司实现收入6446万元，利润总额137万元，资产总额9948万元，资产负债率22.65%。

（李宛瑾）

【农产品生产销售】 2020年，新疆西部绿洲生态发展有限责任公司抓好"菜篮子"工程及城市供应保障基地建设。完成秋冬菜种植面积100公顷，大棚菜14座，产量5500吨，占全市种植目标总任务36.67%。

（李宛瑾）

【旱稻育种】 2020年，新疆西部绿洲生态发展有限责任公司加强与新疆国威旱稻研究所、湖南农业大学、石河子大学、雪峰种业等科研院所合作。以发展旱稻制种业为突破口，加快旱稻品种审定工作，为后期扩繁和产业化经营及推广应用奠定基础。打造33.33公顷区域新品种展示示范试验田、66.67公顷西部地区较大规模现代、高效、优质制种基地。11月通过与新疆国威公司、湖南农业大学合作，利用海南气候环境优势开展4.67公顷联合制种、加代繁育工作。截至年末，完成旱香系列、航天育种等种植工作。

（李宛瑾）

【物业服务】 2020年，新疆西部绿洲生态发展有限责任公司服务市、区教育、医疗、交通、行政办公楼宇等物业安保网点150余个，解决大学生及克拉玛依市就业870余人，通过劳务派遣服务和劳动力输出提高物业增值服务附加值。加快推进中国石油（西北地区12家）物业家属区维修改造项目实施，确保资金安全，迎接国家审计。

（李宛瑾）

新疆天利高新石化股份有限公司

【概况】 2020年，新疆天利高新石化股份有限公司（以下简称新疆天利高新公司）主要从事己二酸、MEK（甲乙酮）、MTBE（甲基叔丁基醚）、聚丙烯粉料等精细化工系列产品科技开发、生产、储运和销售工作，承担中国石油集团公司独山子石化公司部分产品包装及生产用天然气供应任务。全年主要产品己二酸销量 8.12 万吨、聚丙烯粉料销量 4.55 万吨，顺丁橡胶销量 4.4 万吨，主要销往疆内及华东、华南地区，开拓重庆高效市场销售甲乙酮 1318 吨；出口己二酸、甲乙酮合计 4256 吨。合并报表营业收入 23.92 亿元，实现盈利 139 万，纳税总额 1.03 亿元。截至年底，资产总额 36.16 亿元。

（曹宪富）

【生产运行】 2020 年，新疆天利高新公司拥有 7.5 万吨 / 年己二酸、1.5 万吨 / 年二元酸酯、4 万吨 / 年甲乙酮、8 万吨 / 年米 TBE、4 万吨 / 年聚丙烯、1.8 万吨 / 年聚丙烯改性树脂、5 万吨 / 年顺丁橡胶、1 亿条 / 年编织袋、6 亿立方米 / 年天然气输气管道等生产装置。通过调整碳四加工路线，优化产销衔接，保证大负荷运行后路畅通，年内未发生非计划停工，顺丁橡胶、甲乙酮均超计划完成全年目标，主要产品产销量实现同比增长。全年非循时间同比减少 22.9 小时，下降 18.7%，装置平稳率 99.4%；关键原料进厂 34.1 万吨，较计划增加 2.9 万吨；主要产品产量 37.3 万吨，较计划增加 3.6 万吨。

（曹宪富）

【技改攻关】 2020 年，新疆天利高新公司改造己二酸厂精酸增稠器滤拍，解决滤拍破损问题和稳定产品质量；聚丙烯厂实施回收丙烯线增加电伴热技措项目，实现冬季回收丙烯返催化裂化联合车间气体分离装置，精丙烯纯度提升 10.9%；顺丁橡胶厂对胶罐单元胶罐连接线、出胶线等实施改造，实现在线切换清理等功能；通过延期使用催化剂、试用恩曼除垢设备等方法，为装置低成本、长周期运行提供技术支撑；完成克拉玛依市科技项目固体废物综合处置关键技术及应用工业化建设工作，得到克拉玛依市专项资金支持。全年己二酸厂实现 C 类产品批次同比下降 47%，B 类及以上合格率提高 4.4%；聚合丙烯纯度同比提高 10.9%；顺丁橡胶厂优等品率提升至 95.74%，同比增长 5.74%。

（曹宪富）

【提质增效】 2020 年，新疆天利高新公司通过增加产量，实现产品加工成本降低；通过技术改造、工艺调整，实现动力成本降低；通过持续严控员工总量，降低人工成本；对各类采购合同进行复议谈判，坚持推价销售，产销平衡低库存战略，信息化建设实现上线运行，推进积压编织袋消耗、催化剂延期使用、聚丙烯厂喷料球阀国产化等工作。全年征集提质增效项目 158 项，降低加工成本 4200 余万元、动力成本 1400 余万元、减少人工 127 人、减少采购成本 544 万元，5 项费用较预算减少 438 万元；实现降本 9900 余万元。

（曹宪富）

【EVA 项目建设】 2020 年 5 月 10 日，新疆天利高新公司举行 EVA 项目总承包现场开工仪式，工艺装置区现场施工全面展开。全年累计投入 42.88 万安全人工时，混凝土浇筑完成 2.55 万立方米，钢结构安装 2600 余吨；项目总体施工形象进度达 29.3%，总体设备材料采购完成率 92.6%。

（曹宪富）

【焚烧炉项目中交】 2020 年 8 月 5 日，新疆天利高新公司焚烧炉项目中交，三组分废液持续投烧成功。全年三组分废液投烧 8200 余吨，日均处置危废量 60 立方米，平均产气量 20 吨 / 小时。

（曹宪富）

【重质包装膜项目中交】 2020 年 10 月 15 日，新疆天利高新公司重质包装膜项目中交，完成机组带料调试和配方试验，机组提速试验满足产能指标，产品膜厚合格，质量达到冬、夏季指标要求。

（曹宪富）

【新增米 TBR 储罐项目中交】2020 年 12 月 24 日，新疆天利高新公司新建米 TBE 储罐项目中交，通过 PSSR（工艺设备启动前安全检查）验收，实现投用。

（曹宪富）

【技能培训】2020 年，新疆天利高新公司结合 EVA 项目建设，制订选拔借调员工专项培训计划，组织 EVA 项目部及 5 家单位开展储备项目建设、管理人才培养。开展管理干部 HSE 履职能力评估、操作服务岗位员工上岗培训和考核等工作，加强中高层干部、专业管理及技术人员、操作技能人员三支队伍培训。全年进行人才梯队建设验收，检查、抽考员工 80 人，增岗 256 人次、复岗 134 人次；聘期考核和续聘两级技术骨干 19 人、技能骨干 93 人、技师 8 人，考核一般管理专业技术人员 391 人；举办线下培训班 63 个，培训员工 2619 人次，参加石化公司培训班 60 人次；组织己二酸装置操作工、循环冷却水处理工、电工工种参加独山子石化公司第十三届职业技能竞赛，获得个人赛奖牌 7 人，获得团体赛第一名 2 个。

（曹宪富）

【安全管理】2020 年，新疆天利高新公司推进双重预防机制建设，完成 HAZOP（危险与可操作性研究）、FMEA（失效模式与影响分析）、JSA（工作安全分析）等工具方法模板学习轮训，推行集中动火管理，严控作业总量，发动全员开展查找身边隐患活动，开展“防泄漏、防着火爆炸”专项治理活动，完成三、四级重大危险源数据上传自治区，强化风险监测预警。全年投资 400 余万元，完成安全环保隐患治理项目 16 个；开展 7 个模板学习轮训，完成工具方法培训 173 人；各单位自查上报隐患 1513 项，整改销项 1508 项；作业总量同比下降 37%，三级及以上风险作业降低 21%；发生事故 5 起，同比下降 50%。

（曹宪富）

克拉玛依物业管理公司

【绿化服务】2020 年，克拉玛依物业管理公司全年养护草坪约 206.28 万平方米，种植灌木 11.61 株，树截干 5829 棵，清除死树 685 棵，树木涂白约 13.55 万棵，修剪存在安全隐患、打窗户树枝累计约 26 万株，全年病虫害防治 4 次。

（常蓓蓓）

【保洁服务】2020 年，克拉玛依物业管理公司小区保洁严格执行作业标准，确保环卫保洁无死角、无盲区。全年清理雨棚杂物 240 处，清理小区内乱堆的易燃杂物 12141 次，清理垃圾 11396 吨，垃圾房、垃圾车等消杀共 65788 次，清理违法、违规小广告共 29838 次。

（常蓓蓓）

【秩序服务】2020 年，克拉玛依物业管理公司小区秩序维护充分发挥巡查、协调、监管职能，治理车辆乱停乱放 2638 车次，为民服务 1.3 万次，处理扰民事件 63 余起，登记出入车辆 8.2 万余次。

（常蓓蓓）

【维修服务】2020 年，克拉玛依物业管理公司全年清理打捞排水井 10774 口，巡检外井 4438 口，室内外解堵下水管网 3284 次，处理各类维修 3429 次，开展应急维修施工 90 项，累计接听报修电话 35411 个，处理“12345”政府服务热线转办问题 223 起。

（常蓓蓓）

【为民服务案例】2020 年 1 月 1 日，客户服务中心接到天山小区居民家里下水道堵塞的报修电话，维修人员第一时间赶到现场。经查看，居民家的下水管线经过供电公司所管辖的公用房，经多方协调，将公用房电缆设备移位后，辛苦作业1小时终将管道疏通，保障居民生活便利。1月8日，接到胜利小区10盏庭院灯不亮的报修电话，维修人员赶到现场后就开始停电、验电、挂警示牌等工作。由于庭院灯分散在小区楼栋各处，维修人员只能一盏灯一盏灯地进行检查维修，最终圆满完成任务。8月12日，到油建南居民家中下水道堵塞的报修电话。因在疫情防控期间，维修人员几经周折才来到居民家中，并迅速展开疏通工作，确保下水管道畅通。11月18日，接到韶山小区窨井堵塞、居民无法正常用水的报修电话，维修人员迅速赶赴现场勘查，由于堵塞是商铺门面房与居民共用的排水管道，疏通起来比较困难，在1个小时后管道得以疏通。

（常蓓蓓）

【挖潜增效】 2020年，克拉玛依物业管理公司推进提质增效专项行动，共形成三类14个项目，计划金额1070万元。实际完成1122万元，完成目标任务的105%。

（常蓓蓓）

【安全管理】 2020年，克拉玛依物业管理公司全年组织开展主题宣讲培训、警示教育活动18次，制作5期事故案例汇编，促进全员安全意识提升；开展承包商施工前HSE资料审查42次，开展项目施工前风险辨识2次，全面辨识项目作业风险，确保入场承包商能力满足要求；开展季节性、重大节日安全检查12次，全员细致查处隐患，共发现解决隐患1878项；开展“安全百日行”“大学习、大讨论、大检查、大反思”专项隐患整治活动，重拳出击狠抓承包商和出租房屋违章违规行为，按照《HSE合同》开具违章通知单38份，考核金额8.5万元。完成油田公司下达的各项安全管理目标指标。

（常蓓蓓）

【民生工程建设】 2020年，克拉玛依物业管理公司实施项目33个，通过竣工验收21项，其中南林小区地面铺装107800平方米、路缘石安装33000米；室内排水管线维修1103户；地埋式垃圾收集设施安装282处；住宅楼屋面大修121栋；山墙结露治理43栋；公有住宅维修105套。

（常蓓蓓）

民营未上市骨干企业

【黑油山有限责任公司】

经营概况 2020年，黑油山有限责任公司生产原油20.8万吨，超产0.8万吨；生产天然气805万立方米，超计划105万立方米；单位完全成本33.27美元/桶，全年实现税前利润9674万元；未发生一般A级及以上安全生产事故和重大环境污染事件。

老区稳产 2020年，黑油山有限责任公司强化生产组织运行，采取多种方式开展精细注水，加强水井检管、洗井、测调等工作量，开展多方式注水，完成注水工作量336井次。通过停产井复产、调参提液、躺井复产等手段，弥补老区递减，累计实施214井次，完成计划104.4%，累积产油7419吨。夯实老区稳产基础，实现二东区、黑东区及边零井区负递减。

产能建设 2020年，黑油山有限责任公司实现高效产能建设，加快新井投产节奏，新增钻机2部，全年完钻新井23口，新建产能3.03万吨，新井年产油量1.98万吨，产能贡献率65.3%。

滚动勘探 2020年，黑油山有限责任公司开展边零区滚动勘探攻关，在红山嘴、四2区、二东区克上组外围等无探明储量井区滚动勘探潜力，开展边零井试油试采及新钻控制井求产6井次7层，获工业油流5井次6层，其中红山嘴井区3井4层，二东区T12-2井在克上组探明储量含油面积外获得工业油流，同时开展车排7、车28～车60新区滚动勘探研究，助力公司增储上产。

安全环保 2020年，黑油山有限责任公司深化HSE体系建设，修订完善11项安全环保管理制度，以风险分级防控为抓手，确保安全生产。重点完成承包商管理、作业风险管控、环境保护管理、特种设备管理等相关工作，对104个基层站场、41个小修、20个钻井、69个检维修施工作业现场开展现场监督检查，现场查处各类隐患105项，下发隐患通知单25份。全年共查处违章31起。完成QHSE体系量化内部审核工作，整改问题45项；通过自治区绿色矿山评估验收，并纳入自然资源部《全国绿色矿山名录》。10个基层班组通过油田公司班组自主化验收，司安全环保指标全部控制在考核范围内，全年得分1005.5分，连续三年获得油田公司“HSE先进单位”。

经营管理　2020年，黑油山有限责任公司实施7大类23项提质增效措施，累计节约成本2138.9万元。建立合同项目预审机制，所有合同项目必须要有可行性研究、工作量对比、效益评价等；完善业绩考核办法，特别是制定《黑油山有限责任公司科技管理办法》，提高绩效激励针对性；持续完善内控体系建设工作，建立2020版内控管理手册，对123个通用流程、143个专有流程进行修订和更新，开展体系内、外部审核，加强管理执行力；完成网上签订合同146份，金额约3.7亿元，全审查率100%。

6月24日，黑油山公司二东区联合站开展油罐着火消防演习
（芦岩军　摄）

全过程管控物资采购，降低采购成本，完成处置废旧物资创收6万元。

科技创新　2020年，黑油山有限责任公司投入科研资金524万元，科技增油8000吨。实施科研项目11项，其中《黑油山东区克拉玛依组油藏多元开发提高采收率技术研究》项目获得油田公司科技进步三等奖，获国家实用新型专利1项，持续优化压裂设计，强化现场应对，解决CH302井区压裂井间窜难题，通过射孔井段优化控制缝高，降低施工排量、二次加砂、粉陶暂堵、快速提砂比等措施，延迟开井取得较好效果。引进阶梯式裂缝扩容新技术，2口均获得日产20吨高产，为同类储层日产油量3倍以上，其中，CH3043井为该区第一口打破油层下限获得高产油井，为今后同类低品质储层开发寻求突破。完成公司重大危险源监测预警数据接入工作，接入数据55个；完成公司机关技防至数据公司前兆安防视屏集成网络建设。

工程技术　2020年，黑油山有限责任公司推广应用人工造井壁防砂技术，在CH5093井应用效果良好。截至年末，该井生产正常，日产油7.5吨，含水由防砂前40%下降到25%。引进旋流清管技术清管作业，解决投球清管受变径影响部分管线清管困难问题，车排子联合站泵出口注水线清管效果显著，清管后工况不变条件下注水平均压损降低1.7兆帕。

（芦双军）

【红有软件股份有限公司】

概况　2020年，红有软件股份有限公司（以下简称红有软件公司）全年主营业务收入近1.6亿元，利润总额约2300万元，比2019年盈利提升超过30%。截至2020年12月31日，红有软件公司总资产约1.9亿元；经营状况平稳、财务指标健康。2018—2020年三年累计纳税额1255.05万元。

生产管理　2020年，红有软件公司严格执行CMMI4标准，进行目标控制，对应用、研发、运维、集成类项目在关键点进行检查，2020年立项监控项目145项，收到客户表扬信40封。

技术创新　2020年，红有软件公司在克拉玛依、北京、西安、乌鲁木齐设专职研发团队，四地研发人员近130人，占全员近30%。克拉玛依以平台研发为主，西安以新技术研发应用为主，北京、乌鲁木齐以面向行业客户研发为主，四地通过云环境实现异地研发协同。公司研发以独有信息资源融合平台（R center）和专业服务为用户量身定制全业务融合高效IT支持体系。

重点项目　2020年，红有软件公司承担国家及自治区重大科技项目，取得一批云计算、物联网、大数据等领域关键技术成果。包括国家物联网专项“油田安全生产和过程控制管理平台研发与应用”、国家重大科技专项大型油气田及煤层气开发“阿姆河智能化气田系统研究与示范工程项目”、国家863项目智慧城市二期“城市信息多层次智能决策关键技术研究与系统”、“基于IPv6+TD-LTE+大数据新疆油田生产网络升级改造与智能油田应用项目”、自治区重大科技专项“智慧油田关键技术研究和示范系统”。红有软件有限公司、中海油服、中国科学院自动化研究所等单位，联合申报2019年工业互联网创新发展工程——工业互联网网络化行业应用创新和推广平台项目，于2020年4月正式签署合同；2020年6月，新疆维吾尔自治区科技厅重大专项新疆地区食品安全风险防控与大数据智慧监管技术研究与应用课题3——新疆地区食品安全风险评估平台关键技术研发与应用示范由红有软件公司负责承担。

发明专利　2020年红有软件公司成功申报授权“一种实现基于多任务数据请求方法”“一种快速生成测井成像图方法”2项专利。截至2020年底，公司累计申报计算机发明专利60项，其中39项获得国家专利局授权，累计拥有软件著作权137项。

质量认证　2020年，红有软件公司优化管理体系工作、坚持标准化管理规范推动，下半年公司先后通过CMMI4复审、ITSS二级申报以及ISO 14001、ISO 45001、ISO 9001等质量与标准审核。

人才培养　红有软件公司有博士1名，硕士54名，专科以上学历人员占97.6%，持有高级证书55人，中级证书43人。拥有国家级“高级系统设计架构师”“高级信息系统项目管理师”27人，石油专业类高级专业技术职称5人，数据库管理等计算机信息类高级专业技术职称4人；“中级系统集成项目管理工程师”、石油专业类工程师13人。为承担自治区天山云应用集成能力，加强云计算和大数据应用能力，组织到阿里、华为等厂家进行相关技术认证学习，安排专业技术人员搭建大数据环境，进行大数据实际操作培训。

（杨洁）

【克拉玛依市天地农牧实业有限公司】　2020年，克拉玛依市天地农牧实业有限公司（以下简称天地农牧公司）资产总额18161万元，实现销售收入16081万元，缴纳税金63万元。全年收购籽棉25803吨，加工销售皮棉9300吨。生产棉花用PET（聚对苯二甲酸乙二醇酯）包装打包带，首次入围兵团供应商，全年生产销售棉包PET打包带81万套（每套8根）。通过竞争性谈判取得独山子区植保防控服务项目；承接并完成“三供一业”（供水、供电、供暖、物业）分离移交系统维修改造项目（七期）物业部分项目12标段苗木种植24万株、局部硬化铺装1500平方米以及14标段苗木种植28万株、局部硬化铺装6610平方米任务。12月均完成竣工验收。

（李菲）

【克拉玛依汇嘉时代百货有限公司】 2020年，克拉玛依汇嘉时代百货有限公司全年营业收入2.84亿元，纳税总额896万元；其中超市年度达成1.35亿元（不含茅台酒销售1.26亿元）。通过多次与克拉玛依市人社局沟通交流，将汇嘉滨河广场定为克拉玛依市创业孵化基地，争取相关政策及资金扶持50万元。5月初，克拉玛依汇嘉时代百货有限公司响应政府号召，分别在汇嘉滨河广场和文化创意产业园开设两个跳蚤市场，并鼓励街区、园区商户参与其中。6月初，克拉玛依汇嘉时代百货有限公司正式启动汇嘉滨河广场C区购物中心建设事宜，于12月30日取得施工许可证。拟投资5亿元，是一座集购物中心、酒店、写字楼等多种功能于一体大型城市综合体项目。

（刘亚男）

【新疆华隆投资有限责任公司】 2020年，新疆华隆投资有限责任公司所属各单位全年车辆安全行驶2986万千米，完成产值4.19亿元，上缴税金2617.44万元。通过国家高新技术企业评审和“国家知识产权优势企业”资质评估。全年科技立项5项，新申请发明专利1项、实用新型专利2项，获得发明专利授权1项、实用新型专利授权2项。截至2020年底，公司授权有效发明专利12项、实用新型专利47项、软件著作权7项。

（杜永胜）

【永升建设集团有限公司】 2020年，永升建设集团有限公司实现销售收入16.93亿元，比上年增长2%；年末资产总额30亿元，比上年增长20%。中标两项EPC工程总承包项目。申报发明专利一项、实用新型专利五项，两项市级科技计划项目顺利结题。推进智慧工地、BI米技术试点应用取得成效，荣获自治区优质工程奖两项，克拉玛依市优质工程奖三项。组建集团公司BI米技术中心，率先在高新区科创孵化基地项目等试行BI米技术应用指导项目管理。

（高荣华）

【新疆华澳能源化工股份有限公司】 2020年，新疆华澳能源化工股份有限公司全年实现产值4.6亿元，年油品一次加工能力45万吨，年综合处理能力达80万吨以上。以天然气凝液为主要原料，研发、生产、销售溶剂油等系列产品为主营业务，兼营国内外贸易、仓储物流等综合性经济实体。公司产品已形成五大系列包含50余个品种，产品被广泛应用于金属加工业、日用化学品、清洗剂、稀释剂、农药、车用喷雾等行业。高端产品低密度轻质白油得到疆内外客户好评，市场占有率逐步提高。

（苗翠）

【新疆天麒工程项目管理咨询有限责任公司】 2020年，新疆天麒工程项目管理咨询有限责任公司签订代建合同12份；签订招标代理合同196份；签订监理合同235份；签订造价咨询合同79份；签订设计合同55份。2020年公司完成产值约6200万元，缴纳税款548.46万元。

（杨静）

【克拉玛依市三达有限责任公司】 2020年，克拉玛市三达有限责任公司签订合同148项，完成产值约2.55亿元，完成利润总额-2852万元。落实健康安全环保工作，全年未发生环境污染事件、油田公司触碰管控红线、挂网重大隐患停工项事件，装备制造分公司发生一起季节工起重伤害事故。组织公司计量器具检定，外送（乌鲁木齐）计量器具检定2批次合计50台（套），全部检定完并取回，报废41台/个（主要为压力表及氧气乙炔表）。举办各类外部培训144期，培训

1073人次，培训一次合格率98%，培训计划完成率89%，培训总投入677484元，人均培训投入631.4元。按照《克拉玛依市第十一届职业技能竞赛工作要求》，10月组织6名电焊工和2名电工参加克拉玛依市技能竞赛，其中焊工技能比赛获团体第二名，2名电焊工和1名电工因比赛成绩突出获得高级工职业资格证书。

（李艳维）

【克拉玛依新科澳石油天然气技术股份有限公司】 2020年，新科澳公司完成经营收入6.78亿元。介入投议标项目70个，中标46个；签订收入合同188份。开展科研项目9项、“五新五小”项目62项；取得实用新型专利授权6项；申请国家发明专利5项、实用新型专利9项。形成地面厂站标准化一体化服务、井筒标准化一体化服务、储层标准化一体化服务三类核心产品门类。投入5472万元，合理采购和更新生产设备仪器437台。加大新科澳平台建设力度和影响力度，逐步建立新科澳“小而美”企业卫星群，实现产业延伸和相互支撑扶持。为新疆油田公司服务30余项主营业务HSE评级全部为B级，在新疆油田公司近千家油服企业HSE评比中名列前茅；被新疆油田公司安全环保处唯一指定联点单位；荣获西北油田分公司代运行安全管理先进单位。

（卢克）

【克拉玛依市金牛工程建设有限责任公司】 2020年，克拉玛依市金牛工程建设有限责任公司全年承建油田建设、房屋建筑、公建、民用、道路及市政等139项建设项目，完成产值目标3.14亿元。完成油田公司HSE第二方审核，办理压力管道、压力容器安装告知10项，完成安全生产许可证以及安防资质证书复审，配合各项目部完成应急演练3次。

（贺炜清　潘继承）

【克拉玛依市鑫塔有限责任公司】 2020年，克拉玛依市鑫塔有限责任公司实现总产值1.43亿元，其中传统市场6630.10万元，占总收入46.4%；外部市场7526.90万元，占总收入52.6%。实现投资收益244.00万元，营业外收入56.50万元，实现利税44.60万元。

（赵学青）

【克拉玛依宏兴石油工程技术服务股份有限公司】 2020年，克拉玛依宏兴石油工程技术服务股份有限公司资产2.18亿元，负债1.15亿元，所有者权益1.03亿元。全年实现主营业务收入总额1.40亿元，营业利润2507万元，利润总额2484万元，净利润2223万元，上缴税费758万元，完成固定资产投资额1374万元。全年科技项目立项5项，投入研发资金653万元；申请专利17项，其中申请发明专利2项，获得授权实用新型专利6项。根据《中华人民共和国公司法》《非上市公众公司监督管理办法》及《全国中小企业股份转让系统挂牌公司治理规则》等相关规定，修订《公司章程》《信息披露管理制度》《股东大会议事规则》《董事会议事规则》《监事会议事规则》等法人治理制度。全年在全国中小企业股份转让系统指定信息披露平台（www.neeq.com.cn）披露公告42项。

（杨永福）

【新疆科力新技术发展股份有限公司】 2020年，新疆科力新技术发展股份有限公司实现产值22250万元，较上一年度小幅下降，企业资产总额增至5.08亿元。2020年，公司承担自治区科技厅上合伙伴科技计划项目“中哈油气开发技术联合研究中心建设”通过验收；承担克拉玛依市科技重大专项项目“油田钻采—联合站废液及尾液资源化技术研究与产业化应用”通过验收，“新疆油田固液废弃物处置战略联盟”成果显著。承担“高矿化度严重非均质稠油油藏提高采收率技术研发及应用”项目通过自治区成果评议，被评为“国际先进技术”；公司自行研发“油田采出液低温密闭界面快速脱水集成技术”通过自治区工信厅组织新技术鉴定，鉴定结论为“国内领先技术”；“油田防腐防垢防蜡脱水降黏常温集输复合药剂”分别获得2020年自治区专利奖三等奖，克拉玛依市专利奖二等奖。公司引进博士舒官立入选“自治区天山青年博士项目”，并获得自治区人社厅优秀博士奖励，公司副总经理卜魁勇入选“自治区天山英才计划（第三期）培养项目”，公司总经理赵波被评为“自治区突出贡献专家”和“自治区最美科技工作者”。

（宋小青）

【新疆克拉玛依市迪马有限责任公司】 2020年，新疆克拉玛依市迪马有限责任公司实现产值收入1.57亿元。全年无高温中暑和食品中毒等事件发生；顺利通过QHSE年度外部监审。组织内外部培训18次，参加人员160人次。2020年，荣获自治区厂务公开民主管理示范单位；连续14年蝉联市、区级平安单位。

（张永莲）

【新疆广陆能源科技股份公司】 2020年，新疆广陆能源科技股份公司全年完成175口井录井任务，其中勘探井7口。全年实现营业收入5390.77万元，较2019年同期降低30.45%，上缴税金696.17万元，实现利润总额1979.82万元。通过知识产权管理体系2020年度再认证审核。

（王菊霞）

【克拉玛依市创拓有限责任公司】 2020年，克拉玛依市创拓有限责任公司有4支钻井队伍，累计完成进尺15449米；钻井液技术服务41口井。全年安全生产率100%，无人员伤亡事故，无井控险情以及甲方重大违章处罚。生产及回收泥浆约8000立方米，生产各种密度压井液25704立方米，压裂液32405立方米，合计58109立方米。全年共固井施工18口，销售各类固井灰32597吨，封堵剂施工400余立方米，水泥浆施工1433立方米，完成5种压裂液助剂小样合成，进行防乳化液中试，填补压裂液助剂空白。与采油一厂沟通，推出束缚水修井液、堵漏浆等新产品，特别是堵漏浆在采油一厂各个区块复杂井普遍应用。在“高探一井”无固相压井液保障中，与工程技术院共同设计压井液性能，创造一定产值和效益。在对外合作中，与四川光亚凝胶合作，为光亚生产加工压裂液添加剂；同中海油天津化工院签订压裂液稠化剂加工合同。

（吴玉玉）

【克拉玛依天圣工程建设有限责任公司】 2020年，克拉玛依天圣工程建设有限责任公司总收入3.22亿元，缴纳税金2446万元。承建“红山油田红003井区产能建设”和“玛东油田玛东2井区产能建设”，确保工期按时顺利投产。开拓阀门检维修新市场，与新捷能源签订60台阀门维修合同。与新疆塔林鼎尚餐饮管理公司合作，成立圣膳

5月24日，克拉玛依天圣工程建设有限责任公司承担建设的采油一厂红-5井区2-1、2-2管汇试压投产成功 （乔刚 摄）

尚鼎餐饮公司。与上海、云南、天津等地公司对接，召开技术交流会，就中高端阀门维修业务共同开发和纳米陶瓷绝热保温等技术新材料合作方面进行交流。

（石雅娟）

【新疆克拉玛依市荣昌有限责任公司】 2020年，新疆克拉玛依市荣昌有限责任公司完成制造、修理、加工产品4328台/件、售后服务1224次，实现总收入1.07亿元，利润总额86.21万元。

（俞光印）

【新疆克拉玛依市采丰实业有限责任公司】 2020年，新疆克拉玛依市采丰实业有限责任公司全年总产值3.16亿元，上缴税收1632万元，实现利润总额190万元，签订各类生产经营合同312份，合同履行率100%。申请实用新型专利1项（《油田开发“多相驱油剂”混合器》），发明专利1项（《油田提高采收率“化物驱油”方法》）；授权实用新型专利5项。制定《采丰公司QHSE管理绩效考核办法》，按照杜绝项、控制项、管理项三项管理标准，对公司、各分公司QHSE工作绩效、QHSE能力、QHSE态度、QHSE管理进行综合检查和评定。完成《生产安全事故应急预案》修订评审工作，并在克拉玛依市应急管理局完成备案。预案体系为：1个综合预案、10个专项预案和11个处置方案。全年组织各类培训1569余人次。

（马晓燕）

【克拉玛依市黑豹工程有限责任公司】 2020年，黑豹工程有限责任公司在建筑市场和油田钻前工程市场完成产值9708.24万元。其中建筑安装工程收入4741.37万元，占总产值48.84%；新疆油田地面钻前工程收入4966.87万元，占总产值51.16%。纳税总额为1033.25万元。全年累计用工2160人次。

（刘芳芳）

【新疆正通石油天然气股份有限公司】 2020年，新疆正通石油天然气股份有限公司营业收入4.88亿元，利税1014.52万元。被评为国家高新技术企业、自治区安全生产标准化二级企业、自治区纳税信用A级企业、新疆石油工程技术服务企业联合会会长单位、克拉玛依市残疾助残爱心企业。

（罗明）

【新疆新油国际石油装备（集团）有限责任公司】 2020年，新疆新油国际石油装备（集团）全年收入约4.5亿元，上缴各类税费1686万元。清洗、修复、加工油管50万米，废旧油管入库5767吨，清洗修复抽油杆78万米，生产指挥及公务用车调派车辆8500车次，全年安全出车无事故。完成高新技术企业申报工作，撰写18项实用新型专利。获国家级第四批绿色工厂示范单位、自治区级企业技术中心称号。

（张海伦）

7月10日，新疆正通石油天然气股份有限公司在沙湾一井区进行大型压裂施工

（卢奕泽　摄）

城乡建设

城乡规划和管理

【国土空间规划】 2020年，克拉玛依市推进国土空间总体规划编制，完成地区规划发展大纲，初步提出城市定位和发展战略目标，形成双评价、6个特色专题研究初步成果，拟订“三条控制线”（生态保护红线、永久基本农田和城镇开发边界三条控制线）初步划定方案，提交生态保护红线划定意见及城镇开发边界试划方案。打造城市重点片区，启动古海生态示范区规划编制，完成城南旅游商务区规划优化设计，开展大漠体育公园策划方案规划设计，密集推进物流、医疗设施布局、厚博学院转设、航空产业启动区、5G通信等系列规划设计。开展过渡期间土地利用总体规划规模边界调整，涉及用地规模447公顷，在全疆率先获自治区自然资源厅批准。

（青格乐）

【城市规划】 2020年，克拉玛依市启动《克拉玛依市市政基础设施建设发展“十四五”专项规划》《克拉玛依市海绵城市规划》《克拉玛依市无障碍建设发展规划》《克拉玛依市住房发展规划（2019—2025年）》等6项专项规划编制工作，作为指导克拉玛依市市政设施建设领域发展、布局重大工程项目、合理配置公共资源重要依据。截至年末，已完成初稿。

（皮玲）

【规划管理】 2020年，克拉玛依市以居民出行服务半径为切入点，推行《克拉玛依市城市规划管理技术导则》，逐步建立宜居生活圈。完成全市征收农用地区片综合地价制定，提高补偿标准。全年解决群众反映的困难和问题60余件，政府服务热线及群众来信、来访办结率100%。开展扫黑除恶专项斗争，处置各类线索68条，实施《克拉玛依市非法开采戈壁土举报奖励办法》，严厉打击私挖盗采行为，行业乱象得到根本治理。

（青格乐）

【国土空间用途管制】 2020年，克拉玛依市加密会审频次，共召开市规划委员会、市土地利用领导小组会、局长办公会60次。提前对接、全程跟踪177个中央预算内资金项目、专项债项目落地，除暂不具备办理条件的24件，共办理完成111个项目“两证一书”及供地手续。完成15个城市批次和39个单独选址686.41公顷农转用上报，38个获得自治区人民政府审批；完成30个项目197.17公顷未利用地市本级转用审批和备案，有效保障风城至三坪水库输水管道、乌尔禾通用机场、独山子大峡谷旅游开发等重大项目落地建设。

（青格乐）

【土地出让管理】 2020年，市自然资源局向社会发布减免划拨租赁金、无偿提供储备用地搭建临时设施等11个自然资源领域扶持政策。协助绘制全市产业链供应链地图。为3个符合政策项目减免土地出让金6643万元，减免新增建设用地有偿使用费1904万元。实施工业用地弹性出让，采用弹性年期方式供地8宗15.9公顷，降低企业初始用地成本。联系走访29家企业，宣传落实复工复产优惠政策，协调解决问题38个。

（青格乐）

市政建设

【城市用地供应】 2020年，克拉玛依市制定落实房地产市场发展方案，全年供应居住用地42.67公顷，新增住宅规模约125万平方米，以中高端住宅为主，兼顾公租房建设。推进49所近期可实施学校、医疗、养老等用地选址，全年供应民生用地128.29公顷，新增公共服务用地规模约25万平方米。推进机场快速路连接线等多条市域道路规划建设，新增市政道路与系统管线规模约197千米。

（青格乐）

【重点工程建设】 2020年，市住建局负责南郊污水处理厂升级改造等3项工程，南郊污水处理厂升级改造工程于6月15日完成竣工验收；古海生态治理项目与再生水储存回用工程陆续分步开展应急池、道路等部分验收工作，同时开展项目设计变更、施工资料整理工作；第二污水处理厂污水收集系统工程（一期）于10月15日完成施工招标工作。克拉玛依石化工业园区污水处理厂改建PPP项目于7月移交至白碱滩区（克拉玛依高新区）人民政府，8月进行提标改造施工，年底稳定达到国家一级A出水标准。

（皮玲）

7月1日，克拉玛依区经二路—机场快速路通车仪式在克拉玛依区纬一路和经二路交会处举行 （蒋剑 摄）

【市政基础设施建设】 2020年，克拉玛依市实施中心城区停车场、独山子区南京路改造、白碱滩区（克拉玛依高新区）城市慢行系统等40项城市基础设施工程建设。截至年末，独山子区游客集散中心东侧道路、克拉玛依石化工业园区东三街道路及系统配套工程等5项工程完工，其余35项工程按照施工计划进行建设。

（皮玲）

【“四供”项目维修改造工程】 2020年，克拉玛依市推进“四供”（水、电、暖、气）系统维修改造项目，总投资13.28亿元，累计改造各类系统管网180.6千米，更换各类计量器具9.25万块，实施前进小区、南泉小区锅炉房扩容改造和新建城南燃气锅炉房、52个小区中、低压线路改造等28项工程。

（皮玲）

供　水

【概况】 2020年，市水务公司全年引水4.8亿立方米，产水6858万立方米，销售水6665万立方米，产销率97.19%。

（杨飞）

【管网运行】 2020年，市水务公司在百里渠道上开展“战疫情，保通水”春季维修大会战，确保渠道如期通水。两次前往上游建设管理局协调，延长西干渠通水期10天，完成调水任

11月17日，市水务公司抢修克拉玛依区塔山路供水管线
（闵勇　摄）

务。加强水利工程管理，采取随机渠道检查、维修监督承包制、系统内交叉考核、对标对表水利工程管理千分制、三级研判质量管理等一系列措施，确保水利工程安全运行。加强运行系统研究，通过对各水厂供水管网互联互通调控，增强水厂之间联动性，有效补充输炼、石化园区等区域自流环网水量缺口。

（杨飞）

【服务保障】 2020年，市水务公司提升应急处置能力，全年处理主管线跑水事故57起，小区跑漏水事故212起，家政服务2910起，处突及时率100%，维修及时率100%，用户满意度98.3%。

（杨飞）

【市场开拓】 2020年，市水务公司深入分析市政、油田、区域外三个市场，将六大产业调整为原水产业、制水产业、水利工程技术服务产业、水资源综合利用产业、水环境产业和智慧水务产业，利用资源、管理、建设、运维、技术、服务专业优势，统筹谋划布局涉水产业和业务。探索区域合作机制，研究制定克拉玛依市国有企业合作方案，推动建立合作机制。深耕油田服务市场，有序推进油田检表业务、压裂返排液处理、沙漠油田远距离供水等项目。拓展油田盐湖水供应业务。

（杨飞）

【水务数字平台应用】 2020年，市水务公司打造智慧水务数字平台，通过分区计量（DMA）建设、数字化辅助工具以及智能检测设备使用，实现全市供水管网网格化管理，管理区域持续动态跟踪分析，主管线爆管率同比下降55%，管网漏损控制在4.77%，处于全国领先水平。

（杨飞）

【风城水库至三坪水库输水管道工程】 2020年3月28日，克拉玛依市风城水库至三坪水库输水管道工程项目开工建设，起点为风城水库，终点为三坪水库。截至年末，实现市委、市政府“年度工程形象进度达到80%，项目投资超过10亿元”目标。

（杨飞）

供　电

【电费降费】 2020年，克拉玛依市一般工商业电费自0.496元/千瓦时下调至0.4252元/千瓦时，累计降价比例16.65%，降低社会用电成本约0.45亿元；同时助力企业复工复产，降低企业用电电价5%（高耗能企业除外），全年节约用户用电成本0.8亿元。

（谢德强）

【服务质量】 2020年，克拉玛依市投资600余万元建成具有用电缴费、业扩报装和安全用电、智能用电、电能替代等展示功能的“三型一化”A类智能营业厅，提高办电效率，提升用户体验。推进小区供电资产专业化管理，截至年末，实现18.8万电力用户供电、抄表、收费、服务“四到户”。

（谢德强）

【充电设施建设】 2020年，国

2 月 19 日，国网克拉玛依供电公司工作人员处理 PT 瓷瓶因化雪出现的冰溜（国网克拉玛依供电公司 供图）

网克拉玛依供电公司践行“为美好生活充电，为美丽中国赋能”“打造新疆能源生产与消费革命示范区”战略目标，与克拉玛依区政府签订《打造清洁能源消费示范区战略合作协议》，加快充电设施规划布局。截至年末，建成投运 21 个快速充电桩，为公交车、出租车、公务车、私家车、生产用车电动化创造条件。

（谢德强）

【城市景观亮化排查】 2020 年，克拉玛依市制定《关于进一步加强克拉玛依市景观照明长效管理工作实施意见》，规范全市景观照明规划、建设、管理工作。启动全市景观亮化工程专项排查工作，全年排查景观亮化工程 45 项、楼宇 114 栋。经排查，全市景观亮化工程均与城市发展同步规划、同步实施，不存在违背城市发展规律、搞“政绩工程”“面子工程”问题。

（马杰）

供　气

【概况】 2020 年，市燃气公司主要负责克拉玛依区、白碱滩区（克拉玛依高新区）（克拉玛依高新技术产业开发区）、乌尔禾区天然气供应业务，管辖内天然气管线累计 800 千米，基本实现管网全覆盖。截至年末，拥有 6 座天然气配气站，年供应能力 17 亿立方米。有居民用户 14.2 万户、工商用户 1804 户。CNG 汽车加气站 1 座，每天可提供 4 万立方米汽车加气量。

（张雅鑫）

【天然气供应】 2020 年，市燃气公司全年输配天然气 3.19 亿立方米，累计居民用户达 14.2 万户，商业用户 1804 户，CNG 加气站加气 332 万立方米。

（张雅鑫）

【安全管理】 2020 年，市燃气公司健全安全生产标准化体系建设，对 51 项制度、2 项操作规程、10 项应急预案进行完善。强化安全主体责任落实，重点抓好安全风险管控和隐患排查治理，采取每月安全检查、专项监督、违章整治及节日期间自检自查等方式，发现隐患 41 项，整改率 100%。抓好月度技术员、安全员学习培训考核，提升“两员”业务技术素质，全年组织安全生产知识测试 12 期，130 余人次参与。开展“安全生产大家谈”云课堂学习、“青年安全技术论坛”等活动，普及安全知识。

（张雅鑫）

【运行保障】 2020 年，市燃气公司开展入户安检、调压箱（柜）巡检、阀井检测及维护保养、天然气管线全面检测、特种设备及安全附件检查工作，保障设备、管网平稳运行。对 923 户商业用户物联网表进行更换，基本实现全市范围内居民用户和商业用户微信缴费。整合生产信息系统应用，建立生产指挥调度平台，完成中心城门站、石化园配气站计量改造，完善计量数据采集分析，生产计划管理等功能。全年组织实战应急抢险2次，应急演练80余次。

（张雅鑫）

【服务质量】 2020年，市燃气公司开通微信公众号运营燃气具商城，采取宣传促销、产品推广等措施，面向市场销售燃气具，实现线上选购，线下安装，终身保修服务承诺。强化各类用户端培训宣传工作，全年对社区、商户开展天然气使用基础知识培训34期，微信公众号发布安全用气信息4期。

（张雅鑫）

【经营管理】 2020年，市燃气公司完成投资1.2亿元，扩展业务范围和经营区域，承接乌尔禾区“西部乌镇”项目燃气运营，所属鼎诚燃气检测公司、盛诚燃气工程公司均办理各项行业资质与许可，建立质量管理体系，正常开展运营。编制完成公司“十四五”发展规划。推动机构改革，修订完善公司“三定”方案，结合公司发展情况，确定组织机构及人员定编。加强人力资源管理，健全市场化选人用人机制，制定人才引进、人才储备、培育制度。完善员工薪酬激励机制，制定市场化员工工资管理制度，实现岗位管理、绩效考核、收入分配有机统一。

（张雅鑫）

供　热

【概况】 2020年，市热力公司主要为克拉玛依市区、白碱滩区（克拉玛依高新区）（克拉玛依高新技术产业开发区）、乌尔禾区居民住宅及公共设施等提供供暖服务，是克拉玛依最大民用供热企业。截至年末，在用锅炉房14座，锅炉43台（其中燃煤10台，燃气33台），换热站73座，总供热能力1692.3兆瓦，供热面积1484.07万平方米。

（徐若馨）

【热能建设】 2020年，市热力公司共有三网平衡阀改造项目、金龙镇供热设施建设、城南锅炉房建设、南泉锅炉房增容、前进锅炉房增容、和谐家园换热站建设、供热配套管网改造、供热管网设施养护中心建设8个重点工程项目。热能建设工作克服项目多、地点散、规模零碎及疫情防控影响等困难，抢在关键节点完成部分重点项目，提高供热保障能力，为城市度过严冬打下坚实基础。

（徐若馨）

【供热服务】 2020年10月1日，市热力公司正式供热运行，较基准点炉时间提前14天，较2019年提前1天。通过加大主动上门测温频次、加密巡检管线设备、加强管网平衡调节、优化运行方案、召开用户座谈会等方式，主动分析排查解决供热问题，从源头上提升供热质量和服务水平。全年有效解决用户反映有关漏水、排气、无暖、不热、咨询等“12345”政府服务热线908件次，“6250000”平台报修2782件次；开展应急抢修684

2月24日，市热力公司员工通过数字化、智能化供热系统精准调整系统运行工况

（市热力公司　供图）

次，处理跑水失水547次；收到锦旗14面，表扬信14封，“12345”政府服务热线表扬3次；市热力公司被中国质量协会评为“2020年全国市场质量信用AA等级（用户满意服务）企业”，是全国供热服务行业唯一一家获此荣誉的企业。

（徐若馨）

【设备检修】 2020年，市热力公司开展“冬运夏修”“冬病夏治”活动，组织各单位投入夏季检修，各供热单位根据上个供热期运行情况，整治故障隐患和供热短板，按照检修标准对供热设备设施进行保养、维护和修理，于8月底如期完成检修任务，实现检修覆盖面100%、检修完成率100%、检修合格率100%。全年检修锅炉42台、辅机92台、输煤除渣设备38台、泵582台、水处理设备208台、换热器303台，为供热安全平稳运行创造先决条件。

（徐若馨）

【安全管理】 2020年，市热力公司以锅炉和一、二级管网运行安全为重点，以点带面强化安全管理。狠抓燃气锅炉点炉安全，精心准备、逐项检查，防止锅炉运行事故；加强供热管网特别是一、二级管网巡线检查，对失水做到有效控制，整体趋降。围绕“消除事故隐患，筑牢安全防线”主题开展“安全生产月”活动。启动全覆盖全要素安全标准化自评审核工作。开展危害因素辨识及风险分级防控，识别危害因素80条。完善安全管理方案8项，有效防范各类风险。全年共开展点炉风险、供热管网风险、有限空间作业、节前安全检查33次，发现整改问题123项。全年没有发生一起安全生产类C级及以上事故。

（徐若馨）

城市公共交通

【概况】 2020年，市汽车运输有限责任公司完成客运行驶里程1350万千米（完成年度计划60%），客运周转量2.5亿人千米（完成年度计划数51%）。完成收入2027万元，成本支出18604万元，财政补贴5367万元后，账面亏损11487万元。

（胡强）

【城市公交】 2020年，市汽车运输有限责任公司车辆保有量481辆，其中公交车辆414辆（CNG车辆218辆、LNG车辆62辆、柴油车辆134辆），主要分布在8个公交大队。生产辅助车辆34辆，驾校培训车辆33辆。公交车综合新度系数为0.07。承担运营克拉玛依区公交线路27条和白碱滩区（克拉玛依高新区）公交线路2条，日均发车3464班次、运行5.33万千米、客运量9.93万人次。公交运营线路总长496千米。全年受理有责投诉36起，较2019年同期下降8%；接到表扬192起。服务综合满意率96%。公交运行准点率94.2%，车辆完好率93.7%。

（胡强）

【公交线路调整】 2020年，克拉玛依市提高城区公交整体保障能力和服务水平，满足市民方便快捷的公交出行需求。继续优化公交交通线网布局，对公交空白进行填补，科学调整公交线路，配合供水管网改造调整公交线路57条，优化调整发车间隔时间1条，增设公交站点2组；开通“家校两点一线”专线公交5条，为学生平安出行保驾护航。

（胡强）

【“抗疫公交专线”】 2020年疫情防控期间，市汽车运输有限责任公司开通“抗疫公交专线”，累计抽调公交车36辆，免费运送医护人员95班次；开通克拉玛依客运站至乌鲁木齐火车站、机场“点对点”客运专线，累计发送车辆115台，安全运送旅客4117人。

（胡强）

【IC卡发售】 2020年，市汽车运输有限责任公司办理IC卡12687张，其中普通卡8615张、老年卡4072张。设IC卡充值点14个，其中克拉玛依区12个，白碱滩区（克拉玛依高新区）2个。

（胡强）

【智能公交建设】 2020年，克拉玛依市结合交通运输厅一卡通项目推广工作，于年初完成447台智能刷卡机更换，实现智能支付全覆盖。通过建设新公交平台，支持车载机通过终端进行数据上传，支持车载机通过GPS定位进行多票制阶梯票价扣费机制、兼容原旧M1卡刷卡消费、数据实时上送及报表合并。截至年末，全市公交车载机具可以支持原M1卡、自建密钥CPU卡，支持银联卡、银联手机PAY，支持聚合支付（微信、支付宝、龙支付、云闪付）联机消费，并于9月、12月分别新增支付宝、建行乘车码脱机消费，乘车码脱机消费，极大提高乘客上车速度。

（胡强）

【公益公交】 2020年，市汽车运输有限责任公司履行企业为民服务思想，配合政府开通清明祭扫专线；完成市疆内初中班学生假期运送任务，先后4批次累计派发公交车334班次，运送返校回乡学生及教师11894人次；完成油田公司第二届集体婚礼运送任务；继续执行低票价政策和特殊群体优免政策，年惠及群众9.41万人次，惠民资金1870万元。督导做好车辆车容车貌靓化工作，检查车载电子站牌、运行线路图，维护更换车载监控视频，确保市民出行便捷。

（胡强）

园林绿化

【概况】 2020年，克拉玛依市开展《克拉玛依市绿化条例》立法调研工作，制定《克拉玛依市园林绿化企业信用评价暂行办法》，搭建园林绿化企业信用管理平台。组织实施18个绿化项目。推进城南古海示范区建设，实施迎宾路立交桥、古海生态公园以北荒漠绿化等5项绿化工程。组织开展义务植树活动。截至年末，全市新增绿地面积165.10公顷，种植乔木9万余株，灌木26.45万株，花卉290.88万株。

（徐明）

【“十三五”期间绿化概况】 “十三五”时期，克拉玛依市按照扩大绿地总量，优化绿地结构，合理利用水资源总体思路，先后编制完成《克拉玛依中心城区绿地系统规划》《克拉玛依市中心城区绿化水规划》等专项规划，先后实施金龙湖公园、云计算产业园区、工程教育基地、厚博学院等119项园林绿化建设工程，新增绿地626.67公顷。先后修订制定《克拉玛依市城市绿化管理办法》《城市园林绿化养护管理标准》《克拉玛依市树木移植管理规范》《克拉玛依市园林绿化企业信用评价暂行办法》等规章制度，推动城市绿化建设和管理向制度化、规范化、标准化迈进。

（徐明）

【城区绿化】 2020年，克拉玛依市计划实施会展中心带状公园、独山子区北京路南延、白碱滩G217国道（金西五街东侧）南侧绿化、乌尔禾西侧防风林等18项绿化工程，计划新增绿地面积73.33公顷；持续推进城南古海示范区建设，重点实施迎宾路立交桥、石化大道立交桥、胜利路和217国道平交路口、古海生态公园以北荒漠绿化、经二路（纬一路—217国道）5项绿化工程。截至年末，完成新增绿地面积165.10公顷。

（徐明）

【城市绿化景观效果】 2020年，克拉玛依市重点对中心城区115条道路绿篱高度参差不齐、造型不美观等情形进行修整；在胜利桥、油建桥、友谊桥3处桥梁，天山路、昆仑路、南新路、独山区大庆路城区主干道、交通岛进行立体绿化和花箱摆放，累计摆放鸡冠花、万寿菊、四季玫、矮牵牛、孔雀草、天竺葵、一串红、地肤草等10种品卉134万余株。

（徐明）

【城市绿线管理】 2020年，克拉玛依市开展《克拉玛依市绿化条例》立法调研，起草完成《克拉玛依市绿化条例立法调研报告》和《克拉玛依市绿化条例》征求意见稿。全年严格依规办理移树、占用绿地等行政许可事项246项，审核建设工程设计方案12项，切实加强城市绿线管理。

（徐明）

4月18日，克拉玛依市开展春季义务植树活动　　（蒋剑　摄）

【园林绿化信用体系建设】 2020年，克拉玛依市起草制定《克拉玛依市园林绿化企业信用评价暂行办法》和《克拉玛依市园林绿化企业信用评分标准》，搭建完成园林绿化企业信用管理平台，通过园林绿化工程建设事中、事后监管，营造良好的园林绿化市场环境，提高全市园林绿化管理水平。

（徐明）

【园林绿化监督检查】 2020年，克拉玛依市对公园绿地、道路绿地、防护绿地内乔灌木修剪、绿化浇水、病虫害防治、绿化设施等园林绿化养护管理工作进行督察检查，发现问题143处，整改完成115处。

（徐明）

【义务植树】 2020年，克拉玛依市先后组织春秋两次全民义务植树活动，2.21万人次参加，在全市15个区域种植乔灌木9.55万株。

（徐明）

城市卫生

【概况】 2020年，克拉玛依市按照《生活垃圾填埋场无害化评价标准》，加强全市生活垃圾填埋场规范化监督和管理工作。截至年末，全市建成运营二级及以上生活垃圾处理场3座，餐厨垃圾处理厂1座；全市共收运生活垃圾19.8万吨，其中其他垃圾16.29万吨，餐厨垃圾0.98万吨、可回收物3.12万吨，生活垃圾无害化处置率100%，回收利用率20.7%。

（马杰）

古海生态公园建成。11月15日，工作人员在清扫公园道路　（克拉玛依区　供图）

【生活垃圾处理设施建设】 2020年，克拉玛依市开展垃圾分类处理设施建设。其中独山子区生活垃圾填埋场（二期）投资4500万元扩建填埋区50万立方米，克拉玛依区跬步科技可回收物分拣站工程投资1200万元，截至年末，两项工程均完工并试运行；独山子区生活—医废—餐厨—污泥“四废”协同处理项目于10月25日奠基，开始施工建设。全年对全市80个油田企业管理的654组小区分类垃圾箱实施改造，截至年末，完成465组。

（马杰）

【生活垃圾分类试点】 2020年，克拉玛依市在236栋公共机构办公楼、82所学校、71家医疗机构启动垃圾分类试点，安装垃圾分类投放箱2892组，实现党政机关垃圾分类设施100%全覆盖，3个街道建成生活垃圾分类示范片区。

（皮玲）

【垃圾回收利用】 2020年，克拉玛依市在市辖四区开展垃圾回收利用工作。其中克拉玛依跬步电气科技有限责任公司在克拉玛依区推行“可回收物分拣站＋物管员”可回收物分类收运模式，由跬步科技公司与小区物业管理员签订可回收物收购协议，物管员分类收集储存，企业上门收购模式，全年跬步科技公司共收购塑料废弃物、纸板、玻璃瓶等可回收物138.11吨；独山子百善源环保科技公司在独山子区以“自行投放，上门服务”+“App领积分，兑换礼物”模式开展可回收物分类收运试点活动。居民在家中可将生活垃圾简单分类为可回收物（废纸板、玻璃瓶、塑料）和其他垃圾，自行投放小区可回收箱或者联系百善源专管员上门收取，百善源专管员会对居民投放的可回收物进行称重登记，为居民在App进行积分，居民可在App上领取积分并通过App平台兑换洗洁精、洗衣粉、米面等用品。截至年末，有1187户居民安装App。

（马杰）

【文明城市创建环境卫生整改攻坚】 2020年，克拉玛依市开展文明城市创建环境卫生整改攻坚工作，成立由党政主要负责人任组长的攻坚工作领导小组。全年先后组织7个实地检查组，累计排查处置城市环境卫生问题9033项，统筹各方力量修补主次道路24条，铺设沥青路面6070平方米；疏通堵塞排水管道136处，清理疏通雨水篦子532套；新增建筑工地围挡公益广告166390平方米。

（马杰）

5月23日，独山子区第十四社区居民进行垃圾分类积分兑换

（王龙龙 摄）

【城市排水管理】 2020年，克拉玛依市组织开展市政管网排查工作，排查结果显示：全市共有市政排水管网537千米，其中347千米管线、5000余口检查井由市住建局排水管理处直接管理。全年加强管网巡查养护力度，巡查养护排水检查井1736次，维修更换排水井井盖401次，疏通市政排水管线136次，消除各类管线故障问题160余起，应急维修抢修21次，办理政府热线交办案件151起。全年办理排水行政许可115项，全市各污水处理厂开展自检自查183次。全年处理污水6717万立方米，污泥2.06万吨，再生水利用2015万立方米，再生利用达到30%。

（马杰）

【黑臭水体排查整治】 2020年，克拉玛依市按照《克拉玛依市建成区黑臭水体排查防治工作方案》，开展黑臭水体排查整治工作。每半年对建成区3处水体进行采样工作，依据黑臭水体识别标准，开展水质初判；

每年向各水体周边居民发放300份问卷调查，发挥群众监督作用。全年开展建成区黑臭水体排查采样工作2次，问卷调查1次，水质检测1次。经查，克拉玛依市城市建成区范围内无黑臭水体。

（马杰）

市政管理

【市政公用行业监管】 2020年，克拉玛依市启动克拉玛依市景观亮化工程专项排查工作，排查景观亮化工程45项、楼宇114栋，经排查克拉玛依市景观亮化工程均与城市发展同步规划、同步实施。开展城市市政道路、桥梁安全防护等市政设施维护工作，维修各类路面、路缘石2573平方米，路灯3298盏；进行污水污泥处理，全年处理生活污水4444.26万立方米，处置污泥1.28万吨，工艺稳定、水质达标。

（皮玲）

【行政执法】 2020年，克拉玛依市落实法治政府建设工作，全面规范克拉玛依市住建领域执法行为，严肃执法纪律，做到公正文明执法。加大对各区城市管理部门监督、指导，提高城市管理执法队伍政治素质、法治素养和业务水平。推动违法建设治理工作，2016年至2020年克拉玛依市共治理存量违法建设21.93万平方米，完成自治区违法建设治理五年专项行动工作任务，同时建立常态化管理机制，严控新增违法建设，实现违法建设“零增长”。

（皮玲）

【市政设施维护】 2020年，克拉玛依市住建局组织各区城管、住建局开展城市市政道路、桥梁安全防护、防洪等市政设施维护工作，通过运用城市管理信息化平台，加大对城市道路、桥梁等基础设施日常巡查和监管力度，及时督办处置路面破损、盲道占用、井盖缺失等日常问题，全年平台处置各类案件5.3万件，办结5.28万件，办结率99.81%，有效解决市政基础设施管理中的热点难点问题。

（马杰）

【老旧小区改造】 2020年，克拉玛依市续建、新建老旧小区改造项目5个，投资4.48亿元，涉及51个老旧小区、856栋住宅楼改造内容，惠及居民23934户。新建、改扩建10个停车场，新增停车位1.2万个，停车难问题得到缓解。为有效解决居民电动车充电问题，有12个小区建设并运营电动车充电桩，共有342个充电口。

（皮玲）

乡村建设

【概况】 2020年，克拉玛依市无受污染耕地，未发生因疑似污染地块或污染地块再开发利用不当且造成不良社会影响事件，农用、建设用地土壤环境安全得到有效保障。全市农村水、电、气、光纤、硬化及亮化道路全覆盖，环境卫生设施基本健全，垃圾处理率、污水处理率、饮用水卫生合格率均达100%。

（李阳）

【村容村貌提升】 2020年，克

5月13日，克拉玛依区红星小区正进行老旧小区改造 （赵晨 摄）

拉玛依市以积雪清理、白色垃圾整治、渠道清淤、芦苇清理等为重点，开展小拐乡和乌尔禾镇村容村貌提升活动。全年组织开展5次白色垃圾整治、清理卫生死角、渠道清淤等清洁行动。清理垃圾328袋（8.47吨）、卫生死角248处、小广告16处，换袋、消杀环卫设施200余处。

（马杰）

3月20日，乌尔禾区机关干部深入乌尔禾镇开展村庄清洁行动

（乌尔禾区委宣传部　供图）

【乡村人居环境整治】 2020年，克拉玛依市印发《关于印发〈克拉玛依市加强和改进乡村治理的工作措施分工方案〉的通知》，实施“千村示范、万村整治”工程，全市涉及农村工作的克拉玛依区和乌尔禾区作为自治区“千村示范、万村整治”一类示范县（区），通过落实网格化监督管理人居环境整治责任，建立检查通报制度和市人大、市政协曝光制度，推进村容村貌提升、农村污染治理、污水治理、垃圾治理、村庄清洁行动等重点工作。截至年末，全市乡村实现水、电、气、光纤全覆盖，水冲厕100%覆盖，道路亮化硬化到户率100%，生活污水处理率100%，垃圾集中收运处置全覆盖，生活垃圾无害化处理率100%，村庄环境卫生保洁全覆盖，乡村环境卫生基础设施和社会化服务机制逐步健全，形成“公园化、景区化、园林化”乡村新风貌。

小拐乡人居环境治理　2020年，克拉玛依区小拐乡完成团结新村村容村貌亮化提升、小拐村老村给水管线施工项目，粉刷小拐村外立面，新建牛羊圈11座、小拐村摸鱼池以及民俗巴扎各1个，清运外围垃圾38.69万平方米，封填机井461眼，人居环境大幅提升，居民收入稳步增长。11月，小拐乡小拐村获第三届“中国少数民族特色村寨”称号。

乌尔禾镇人居环境治理　2020年，乌尔禾区乌尔禾镇开展村庄清洁、“春夏秋冬季战役”行动，推进农村生活垃圾治理，沟渠、枯枝秸秆清理，植树造林等工作，全年共清运垃圾1.4万余立方米，清理渠道21.3千米，种植乔木4000余棵。持续推进人畜分离，建设标准化养殖圈舍12座，帮助25户村民解决牲畜安置问题。新建畜禽养殖废弃物集中收集点2座，发酵1700立方米腐熟肥用于还田；完成春季残膜回收5619亩，残膜回收率75%以上，农业面源污染得到有效治理。

（李阳　李军　余冬菊　李淑艳）

【农村安居工程“回头看”】 2020年，克拉玛依市开展农村安居工程“回头看”。组织市设计院、石油勘察设计院等专家完成克拉玛依区小拐乡、乌尔禾区乌尔禾镇农村抗震安居房安全性鉴定。小拐乡农村住房整体状况较好，全部鉴定为A级；乌尔禾区农村住房部分墙皮有裂缝，全部鉴定为B级。组织克拉玛依区、乌尔禾区完成住房安全等级明白卡牌贴挂问题整改工作。指导克拉玛依区、乌尔禾区加强农户住房安全保障动态自查，确保克拉玛依市农村居民住有所居、住房安全。

（皮玲）

生态环境

环境质量

【大气环境质量】 截至2020年末，克拉玛依市环境空气质量稳定达到国家二级标准，全市环境空气质量优良率88.5%，$PM_{2.5}$平均浓度为26微克/立方米，与上年持平；PM_{10}平均浓度为54微克/立方米，同比下降8.5%，有效消除重度污染天气，空气质量在全疆地（州、市）排名第三。独山子区大气环境质量改善明显，环境空气质量优良率85%，污染天数较上年同期减少1天，达到治理阶段目标要求。

（龙娟）

【水环境质量】 截至2020年末，克拉玛依市重点监测的河流、水库各断面水质均达到相应考核目标，河流水质优良（达到或优于Ⅲ类）比例为100%，全市5座水库水质均达到Ⅱ类标准；全市保持无劣Ⅴ类水体断面；城市建成区保持无黑臭水体。全市6个集中式饮用水源水质均达到或优于Ⅲ类标准，达标率100%。

（龙娟）

4月24日，克拉玛依河东段，白色的苹果树花盛放（戴旭虎　摄）

【土壤质量】 截至2020年末，克拉玛依全市土壤质量保持清洁（安全）级，无受污染耕地，未发生因疑似污染地块或污染地块再开发利用不当且造成不良社会影响的事件。核技术利用活动安全可靠，未发生辐射事件或事故，辐射环境质量始终保持天然本底水平。农村人居环境质量不断改善，全市农村水、电、气、光纤、硬化及亮化道路全覆盖，环境卫生设施基本健全，垃圾处理率、污水处理率、饮用水卫生合格率均达100%。

（龙娟）

【环境监测】 2020年，克拉玛依市按照《2020年新疆维吾尔自治区生态环境监测方案》开展各项监测工作。全年取得环境监测数据423.8万个，其中挥发性有机物（VOCs）279.4万个，空气六参数36.9万个，水、噪声、土壤、污染源2.4万个，辐射105.1万个；发布重污染天气预报2次；完成6家水环境重点排污单位、11家大气环境重点排污单位近180个排放口执法监测，对19套废气自动在线监测设备和5套废水自动在线监测设备开展比对监测，取得监测数据8000余个。完成全市18家土壤环境污染重点监管企业周边土壤75个点位26项指标采样、监测分析，取得监测数据2000余个；开展4家固定污染源VOC重点排污单位监测工作，取得监测数据1000余个；承担塔城、阿勒泰13个点位土壤样品3项理化指标、8项重金属、23项有机物监测分析，取得监测数据342个，编制数据分析报告1份，发挥区域中心站支撑作用。市生态环境局将“数据质量是环境保护的生命线”理念贯穿环境监测工作全过程，全年未发生监测数据弄虚作假行为。有17人参加年度上岗证考核，取得上岗证205项次；全年共完成密码平行样1312项次，实验室平行样1734项次，加标回收539项次，发放国家标样224项次，自配质控样共570项次。参加国家总站、自治区市场监督管理部门组织的12项指标能力验证考核，考核结果均为满意。

（龙娟）

森林和自然保护地保护

【造林绿化规划编制】 2020年，克拉玛依市编制《克拉玛依市“十四五”造林绿化规划》，梳理储备项目4大类14个，拟在全市完成造林面积4133.33公顷。

（朱明全）

6月5日，世界环境日，市生态环境局邀请群众参观环境教育基地——辐射环境空气自动监测站克拉玛依准噶尔路站　（生态环境局　供图）

【自然保护地调整】 2020年，克拉玛依市制定《克拉玛依市自然保护地整合优化工作方案》，开展自然保护地整合优化，玛依格勒森林公园由260平方千米调减为164.78平方千米，撤销600平方千米市级玛依格勒自然保护区。

（朱明全）

【森林限额采伐】 2020年，克拉玛依市完成《克拉玛依市“十四五”森林经营简明方案》，实行森林限额采伐制度。

（朱明全）

【林业生态修复】 2020年，克拉玛依市完成人工造林606.67公顷（其中克拉玛依区500公顷、独山子区106.67公顷）、封山育林1000公顷（全部在克拉玛依区）。利用2017年度中央财政重点防护林项目结余资金110万元，在玛湖区域开展封山育林1000公顷。获批中央财政资金40万元，完成乡村美化绿化面积26.67公顷。督促经济责任审计退耕还林项目整改落实，完成剩余114.13公顷退耕还林。督促2015年200公顷退耕还草项目整改落实，完成退耕还草项目县级验收，并报请自治区开展省级验收。

（朱明全）

【林业生态保护】 2020年，克拉玛依市获得中央财政拨付资金1369.93万元，其中中央财政森林生态效益补偿资金864.93万元、乡村美化绿化、三北防护林中央预算内资金80万元、退耕还林补助资金330万元、林业有害生物防治35万元、草原生态修复治理20万元。

（朱明全）

【森林生态效益补偿】 2020年，克拉玛依市落实中央森林生态效益补偿制度。截至年末，完成对各区年度实施方案审查及批复，各区按照实施方案开展项目建设；完成7座国家公益林管护站基础设施维修改造。

（朱明全）

【水土保持】 2020年，克拉玛依市做好水土保持实施方案审批和水土保持补偿费征收工作，全年审批建设项目水土保持方案270项，征收水土保持补偿费1531万元。

（马兰）

污染防治

【概况】 2020年，克拉玛依全市环境空气质量优良率为88.5%，$PM_{2.5}$平均浓度为26微克/立方米，空气质量在全疆地（州、市）排名第三。全市建成区继续保持无黑臭水体，饮用水水源地水质达标率为100%，河流、水库水质均符合或优于III类标准，达到自治区约束性指标要求。全市土壤质量处于清洁（安全）级。2020年在自治区对全疆十四个地（州、市）污染防治绩效考核中，克拉玛依市名列优秀。

（龙娟）

【大气污染防治】 2020年，克拉玛依市以减低细颗粒物浓度为重点，减少重污染天数为主攻方向，重点做好产业结构调整、能源结构调整、交通结构优化和建设用地优化等“四个调整优化”，强化区域同防同治。截至年末，克拉玛依市制定的《克拉玛依市打赢蓝天保卫战三年行动计划（2018—2020年）》60项重点任务中，通过实施专项治理、建立长效机制等措施完成58项，控制煤炭消费总量等2项任务仍在持续实施。

（龙娟）

【产业结构调整转型】 2020年，克拉玛依市“三线一单”（生态保护红线、环境质量底线、资源利用上线和生态环境准入清单）生态环境分区管控体系初步建立。在火电、石化、燃煤锅炉等重点行业全面执行大气污染物特排限值基础上，对市热力公司13台燃气锅炉实施低氮燃烧改造。全面完成燃煤锅炉无组织排放综合整治工程。截至年末，全市未发现“散乱污”企业；全市122台工业炉窑均达到行业排放标准，无需整治项目。

（龙娟）

【能源结构调整】 2020年，克拉玛依市落实《克拉玛依市煤炭消费总量控制及独山子区煤炭削减方案》，督促全市电力、石化等重点排污企业工业燃煤锅炉实施脱硫脱硝除尘改

6月21日，独山子石化公司封闭热电厂储煤场开始实施粉尘治理改造项目
（林青 摄）

造。其中国电公司、克拉玛依石化公司于2017年完成燃煤发电机组超低排放改造，独山子石化公司于2019年底按期完成所有燃煤发电机组超低排放改造。

（龙娟）

【交通结构调整】2020年，克拉玛依市出台交通运输结构调整工作方案，降低大宗货物公路运输比重，减少重型柴油车使用强度。全市新能源汽车占当年公共机构配备更新车辆总量比例为100%，独山子区出租车及城市公交车气（电）化率达100%。截至年末，克拉玛依市实现供应符合国家第六阶段标准车用汽、柴油阶段性要求。

（龙娟）

【推行河长制】2020年，克拉玛依市8条河流、2个湖泊、7个水库均纳入自治区河（湖）长制名录，设立各级河（湖、库）长99人。各级河（湖、库）长借助巡河通手机App、无人机开展河湖巡查工作，累计巡查河湖452人次，发现问题12件，提出整改意见措施18条，其中现场解决10件、转交相关部门办理2件，所有问题均完成整改销号。全年下发转办通知3次、督办通知3次、通报1次，印发工作简报23期。11月9日，玛纳斯河巡查调研组一行到克拉玛依市克白路以南生态补水区查看，对克拉玛依市中水回用改善生态环境给予肯定。

（马兰）

【独山子大气污染治理】2020年，克拉玛依市落实《克拉玛依市〈落实“乌—昌—石”“奎—独—乌”区域大气污染治理攻坚方案（2018—2020年）〉的实施方案》，以明显降低细颗粒物（$PM_{2.5}$）浓度为重点，以减少重污染天数为主攻方向，以采暖季为重点时段，结合工业废气综合治理、城市扬尘综合治理、机动车尾气治理、餐饮油烟及其他异味综合整治措施，深化石化行业挥发性有机物（VOCs）综合治理，持续开展大气污染预警和跨区域大气污染联防联控工作，明确空气质量目标、大气污染物排放总量约束性指标，开展工业、燃煤污染源等七方面治理，实施35个重点治理项目。截至年末，通过实施专项治理、建立长效机制等完成33项任务，继续实施晟通热力公司超低排放改造等2项任务。独山子区环境空气质量优良率85%，污染天数较上年减少1天，达到治理阶段目标要求。

（龙娟）

【水污染防治】2020年，克拉玛依市推进《水污染防治工作方案》收尾工作，以水生态环境质量改善为核心，落实工业污染防治、城镇污水治理、农业污染防治等10大类32项重点任务。组织开展饮用水水源地环境整治，开展保护区“划、立、治”（划，是指划定饮用水水源地保护区范围；立，是在水源地保护区边界立标、立牌；治，是对水源地保护区内违法、违规问题进行治理）及问题排查，提高保护区规范化管理水平，全市饮用水水源水质达标率100%。加强工业污染防治，实现工业集聚区水污染物集中

4月28日，市区城南大学城南侧水域黑颈长脚鹬在浅水中嬉戏
（闵勇　摄）

处理、达标排放。推进城镇污水处理设施提标改造，实现城镇污水处理提质增效。开展城市黑臭水体排查与整治，全市建成区内无黑臭水体。完成全市入河（湖）排污口清理整治，全市全部河流、湖库实现污水零汇入。加强医疗污水收集、污染治理设施运行、污染物排放全过程监督管理，指导督促医疗机构、临时隔离场所和城镇污水处理厂落实消杀措施、加密监测频次，确保处置规范。

（龙娟）

【土壤污染防治】 2020年，克拉玛依市推进《克拉玛依市土壤污染防治工作方案》，完成重点行业企业用地土壤污染状况调查，其中克拉玛依市实际调查地块98个、中国石油集团公司调查地块39个，总计137个。加强土壤污染源头预防，开展全市工业固体废物堆存场所环境整治，未发现工业固体废物非正规堆存点。组织全市重金属重点企业摸排，克拉玛依市涉化学镀工序2家企业纳入监管清单。规范建设用地准入管理，对拟申报新增建设用地地块是否列入污染地块名录，逐宗进行查询核实。

（龙娟）

【危险废物监管】 2020年，克拉玛依市按照《克拉玛依市年度危险废物规范化管理督查考核方案》，实施2020年危废企业规范化考核，督促企业完成整改。全面施行自治区固体废物动态信息管理平台管理；在自治区生态环境厅危险废物规范化管理督查考核中，克拉玛依市所有抽查企业均考核达标。

（龙娟）

【农业面源污染防治】 2020年，克拉玛依全市覆膜面积约13666.67公顷，通过争取自治区项目资金80万元，回收废旧地膜930余吨。实施化肥零增长行动，通过推广使用复合肥、生物有机肥，有效降低化肥使用量，年施用有机肥6.2万余吨，实现测土面积17333.33公顷，全年全市化肥使用量较上年减少2%以上。推进农药零增长行动，全年全市农药使用量较上年减少2%以上。完成畜禽禁养区划定。按照自治区统一要求，开展耕地土壤环境质量类别划定工作。截至年末，克拉玛依市未发现受污染耕地。

（龙娟）

石油石化企业环境保护

【新疆油田公司环保制度建设】 2020年，新疆油田公司安全环保处制修订环保管理制度6项，形成以《新疆油田公司环境保护管理办法》为基础，覆盖风险评估、隐患排查、排污许可、污染物防治、环境监理、统计监测等业务的环境保护制度体系。落实集团公司《各级党组织生态环境保护重大事项议事规则》要求，明确各级党组织负责人和主要行政领导是本单位生态环境保护第一责任人，压实环保责任。

（徐阳）

【新疆油田公司土壤和地下水调查】 2020年，新疆油田公司安全环保处完成60个地块基础信息校核和补报，其中8个重点地块完成初步调查和现场采样、检测。现场采集土壤样品113组、地下水样品18组，建设地下水采样井14口，对304份土样、50份水样进行检测分析，顺利通过国家和集团公司审核，按期完成土壤和地下水调查。

（张燕萍）

【新疆油田公司绿色矿山创建】 2020年，新疆油田公司安全环保处按照“新区严格对标、老区因地制宜”工作思路开展绿色矿山创建，准东采油厂等8家单位13个矿权高质量通过自治区验收遴选，7个矿权进入国家绿色矿山名录。新疆油田公司13家油气生产单位全部达到国家绿色矿山创建标准，提前两年完成绿色矿山创建任务。

（黄新春）

9月10日，新疆油田公司吉庆油田作业区通过自治区绿色矿山评估验收 （张昀 摄）

【独山子石化环保治理】 2020年，独山子石化公司践行“绿水青山就是金山银山”理念，以迎接中央环保督察为契机，成立生态环境保护重点工作领导小组，每周召开迎审会，解决重点环保问题35项，推进环保提标，努力建设“绿色无味工厂”。储煤、储焦场封闭完成，废水减排项目动静设备安装就位，总体完成88%。动力站六座脱硫岛投用正常，电厂烟气全部实现超低排放。污水回用率达到50.8%，同比提高1.1个百分点。固体废物全部合规处置。SO_2、COD、氨氮、烟尘分别同比减排36%、42%、84%、57%。开展四轮185万个密封点泄漏检测与修复，2606个漏点全部修复。独山子石化被评为自治区第二次全国污染源普查表现突出集体，被中国环境报评为环境社会责任企业。

（郭楷）

【天利高新石化公司环保治理】 2020年，新疆天利高新石化公司迎接自治区中央环保督察督导二组、自治区兵地联合现场检查，推动“蓝天保卫战”项目，强化VOCs排放治理和异味管控。截至年末，焚烧炉项目实现开工投烧，编织袋厂烟气排放改造项目建成投用，14套环保设施稳定运行。全年，废水、废气排放口合格率100%，废液、废渣处置率100%；主要污染物排放总量控制在年度计划范围内，未发生环境污染事件。

（曹宪富）

【克石化环保治理】 2020年，克拉玛依石化公司制定《党组织生态环境保护重大事项议事规则》，将节能降耗纳入KPI考核，推进“三泥”进焦化项目，含油污泥同比减量30%；加速推动VOCs综合治理，储罐联运等项目如期投用；按期完成净化水库加固竣工验收，完成土壤、地下水环境调查。全年炼油综合能耗同比下降0.15千克标油/吨，COD、氨氮等4项污染物均严格保持在达标范围内，未发生一般及以上环境事件。

（刘娟）

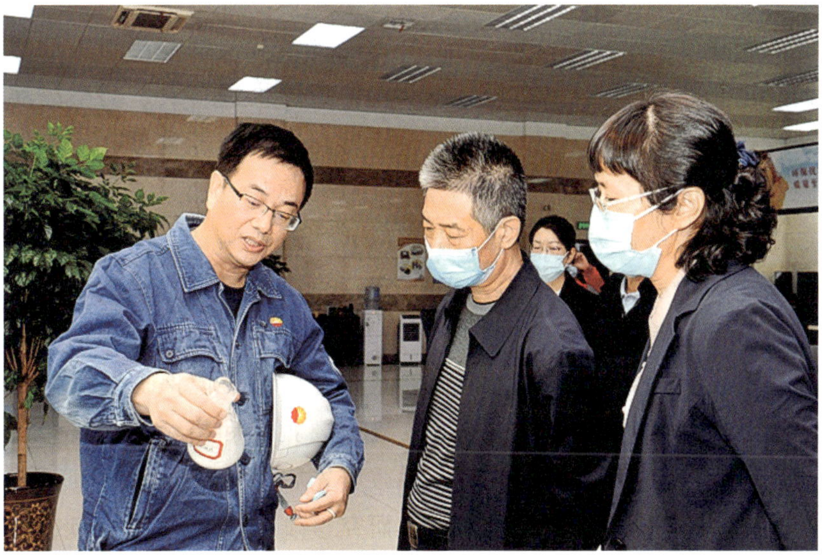

9月28日，生态环境部专家在克拉玛依石化公司调研环境治理 （杨睿颖 摄）

【天利高新石化公司环境监督】 2020年，新疆天利高新石化公司委托独山子石化公司环境监测中心和新疆新环监测检测研究院（有限公司）定期开展废水、废气排口及厂界环境监测。每日自主开展VOCs网格化监测，并公示检测报告，按季度向区生态环境分局上报检测情况。全年，VOCs监测9160点次，数据显示VOCs平均排放在0.3ppm以下，内控排放合格率100%，废水、废气排口及厂界环境均达标，未发生公司级异味应急响应。

（曹宪富）

【天利高新石化公司污染防治】 2020年，新疆天利高新石化公司高度重视环保治理能力提升和异味排放管控，将环保设施等同关键装置管理。成立异味管控领导小组，明确公司级、厂级、班组级异味三级管控职责，明确VOCs及异味应急排查启动程序和重要活动期间异味管控措施。下发《天利高新创建绿色无味工厂实施方案》，每季度开展绿色无味工厂评比验收，力争在2～3年内，实现生态环境治理及污染排放更高标准。完成危险废物暂存间改造、编织袋单元烟气排放改造两项重点环保提标项目，厂区周边环境持续向好。全年，复查检修16台储罐呼吸阀及紧急泄放人孔，主要异味源得到有效控制。开展4轮LDAR（泄漏检测与修复），对123215个密封点进行泄漏检测295682个点次，发现并消除泄漏点539个，实现VOCs减排50.8吨。

（曹宪富）

中央环保督察整改落实

【概况】 截至2020年12月31日，反馈克拉玛依市12项整改任务全部按期或提前完成，59项细化措施全部落实到位，均通过自治区审核，并完成销号交账工作，整体整改进度比方案规定时间提前2个月完成。

（龙娟）

【整改督导落实】 2020年，克拉玛依市委、市政府坚持将中央环境保护督察任务整改工作纳入全市各级党委和政府重要议事日程，对整改有力部门进行表扬、对整改存在困难项目集体讨论推进解决、对整改滞后项目进行督导督办，切实保证每一项整改任务有安排、有部署、有落实、有回应。2020年，克拉玛依市主要领导先后22次对中央环保督察反馈意见整改、生态环境保护等工作做出重要批示和指示；市委、市政府先后召开会议12次，听取、研究整改工作议题10余项，市委、市政府、市人大、市政协等各级领导先后10次前往克拉玛依区、独山子区、白碱滩区（克拉玛依高新区）、乌尔禾区、新疆油田公司、克拉玛依石化公司、独山子石化公司等整改任务现场开展督导调研，推动全市督察整改任务落实。

（龙娟）

【环保制度健全完善】 截至2020年，克拉玛依市先后制定出台《玛依湖生态环境保护办法》《克拉玛依市节约用水管理办法》《克拉玛依市“十三五”节能减排实施方案》《关于印发〈克拉玛依市“十三五”煤炭消费总量控制方案〉的通知》《克拉玛依市建筑施工现场重污染天气扬尘控制方案》等17项制度和方案，并持续做好方案落实与监管。截至年末，编制和完善《克拉玛依市生态环境保护“十四五”规划》《克拉玛依市工业固体废物污染防治规划（2019—2022年）》《克拉玛依市一般工业固体废物管理办法》。

（龙娟）

【《克拉玛依市大气污染防治条例》公布施行】 2020年10月22日，克拉玛依市人大常委会第32次会议上对《克拉玛依市大气污染防治条例》进行第二次审议并表决通过；11月25日，新疆维吾尔自治区第十三届人民代表大会常务委员会第20次会议审查批准，予以公布施行，为全疆各地（州、市）首部地方性大气污染防治法规。

（龙娟）

【新疆油田公司中央环保督察问题整改】 2020年，新疆油田公司安全环保处克服两轮疫情防控影响，解决物资、人员、机械、运输以及安全生产问题，保障油泥处置持续高效运行，全面完成588万吨油泥治理，提前两月完成中央环保督察整改任务销项。

（钟成冬）

环保监管

【完成第二次全国污染源普查】 2020年，克拉玛依完成第二次全国污染源普查工作。摸清全市各类污染源数量、结构和分布状况；掌握各类污染物产生、处理和排放情况；形成完整重点污染源档案和污染源信息数据库；培养锻炼一批业务骨干。第二次全国污染源普查成果在重污染天气应对、执法监测、“三线一单”和排污许可证核发等工作中发挥良好效果。

9月28日，克拉玛依市生态环境局、乌尔禾区第二次全国污染源普查领导小组办公室2家单位被评为第二次全国污染源普查国家级表现突出的集体，王晓林、李立人、刘伟、李娟、蔡程、毕少波、黄盛7人被评为第二次全国污染源普查国家级表现突出个人；12月7日，克拉玛依市生态环境局独山子区分局、克拉玛依区分局、白碱滩区（克拉玛依高新区）分局、中国石油天然气股份有限公司独山子石化分公司4家单位被评为自治区第二次全国污染源普查表现突出的集体。李振华、刘欣、刘娴、韩凤禹、韩毅、胡宪琴、窦艳、赵景岩、令雄、党立雪、张燕萍、焦忠红、罗洪、胡怡旋14人被评为自治区第二次全国污染源普查表现突出的个人。《克拉玛依市第二次全国污染源普查技术报告》荣获自治区优秀技术报告二等奖。

（龙娟）

【完成“三线一单”编制】 2020年，克拉玛依市按照自治区“三线一单”（生态保护红线、环境质量底线、资源利用上线和生态环境准入清单）工作总体部署要求，历时两年完成《克拉玛依市区域空间生态环境“三线一单”规划研究报告》《克拉玛依市生态环境准入清单》研究编制工作，并于年底通过自治区技术专家组验收审核。

（龙娟）

【环境监督执法】 2020年，克拉玛依市统筹安排各项生态环境保护执法工作，制定《克拉玛依市生态环境保护执法服务手册》，引导企业守法，增强执法服务意识。印发《克拉玛依市生态环境保护执法指导手册》，规范具体执法工作。全年重点开展油田环境保护、建设项目、环境风险隐患排查与整治、固体废物[危险废物（医疗废物）]等专项执法行动；重点抓好生态环境保护执法稽查、落实《自

8月9日，市生态环境局环境监察人员检查克拉玛依石化公司污染防治设施运行记录
（生态环境局　供图）

治区生态环境领域突出环境问题督查联席会议制度》等重点工作；推行行政执法公示制度全过程记录制度、重大行政执法决定法制审核制度，强化执法人员培训，提升生态环境执法规范化水平。全年现场检查866家次企业，查处环境违法行为为17件，罚款98.2096万元，其中涉及新环保法及四个配套办法案件4件，查封扣押3件，限产停产1件。移送涉嫌环境违法犯罪案件1件。

（龙娟）

【环境信访案件化解处置】 2020年，市生态环境局发挥信访举报监督作用，受理"12369"环境信访举报件38件，均按期办结。受理"12345"政府服务热线咨询11起，均按期办结。

（龙娟）

【环评审批制度改革】 2020年，市生态环境局深化环评审批制度改革，落实"最多跑一次"改革要求，政务服务事项实现"网上可办"。截至年末，全市审批项目环评174个。在纳入环评豁免管理试点范围30小类行业中，有104个项目完成豁免登记表备案手续；在纳入告知承诺制审批改革试点范围44类行业中，有32个项目实施告知承诺制审批。

（龙娟）

【核与辐射安全监管】 2020年，克拉玛依全市辐射环境质量总体良好，环境电离辐射水平保持稳定，γ辐射空气吸收剂量率处于天然本底涨落范围内。开展辐射安全隐患专项检查，全市核技术利用活动安全可靠，未发生辐射安全事件或事故。

（龙娟）

【排污许可证核发】 2020年，克拉玛依市完成自治区"十三五"主要污染物总量及减排约束性指标计划，结合排污许可分类管理名录和克拉玛依市第二次全国污染源普查阶段性成果，按照生态环境部和自治区生态环境厅部署，组织开展排污许可申请核发与登记工作，实现固定污染源排污许可全覆盖。12月30日，克拉玛依市生态环境局获得"2020年全国固定污染源排污许可全覆盖工作中表现突出的集体"荣誉，胡静获得"2020年全国固定污染源排污许可全覆盖工作中表现突出的个人"荣誉。

（龙娟）

【污染源在线监测及企业自行监测信息监管】 2020年，克拉玛依市发布全市2020年重点污染源企业名单，开展重点监控企业在线设施运维检查，确保在线监测数据准确有效。截至年末，克拉玛依市纳入国家数据传输有效率考核企业15家，点位39个，污染源在线监测数据传输有效率为97.14%，达到国家考核指标90%以上要求。督促企业实时发布自行监测数据，截至年末，全市各重点企业自行监测完成率、发布率均为100%，达到国家考核指标要求80%以上。

（龙娟）

【国土空间生态修复】 2020年，克拉玛依市完成中央环保督察反馈问题整改销号，地质环境恢复治理验收矿权6个，占应治理100%。投入矿山生态修复资金64.7万元，新增恢复治理面积86.44公顷。完善土地复垦相关制度，制定实行《克拉玛依市土地复垦费使用监管三方协议》。探索生态修复项目管理、资金筹集等机制，梳理全市生态修复项目库。三平戈壁土采挖区地质环境治理项目，获中央治理资金支持。推进露天矿山综合整治，完成对各区整治工作考评。

（青格乐）

教　育

7月7日，参加高考的学生进入考场前接受体温检测

（努尔买买提·艾山　摄）

综　述

【概况】 2020年，克拉玛依市有各级各类学校104所。其中：全日制高等学校3所，非全日制高等学校1所，普通中等职业学校3所，普通中学20所，普通小学28所，幼儿园48所（公办33所、民办15所），特殊教育学校1所；在编教职工总数7158人，其中：高等教育、职业院校1477人，中学2978人，小学1887人，幼儿园806人，特殊教育学校10人；在校学生总数85738人，其中：普通高等院校学生17791人，中学生24265人，小学生28199人，幼儿园学生15429人，特殊教育学生54人。

（程妍）

【高考成绩】 2020年，克拉玛依全市普通高考考生3028人，一本上线率34.57%，比上年提升6.03个百分点；综合上线率98.54%，稳居全疆前列。全市整体录取率为94.59%，其中普通单列类总体录取率为95.4%（本科零批次6.12%、一批次27.73%、二批次38.24%），双语类总体录取率为82.35%（本科零批次2.14%、一批次8.56%、二批次23.53%），5名学生被北京大学录取。

（程妍）

【立德树人】 2020年，克拉玛依市制发教育系统“贯彻落实《新时代爱国主义教育实施纲要》实施方案”，建立市青少年法治教育实践基地，引入推广“中小学德育学堂”项目，全市36所学校获自治区级文明校园，1所学校获“全国未成年人思想道德建设先进单位”，市教育局荣获教育部“美好生活　劳动创造”主题读书活动先进单位。坚持开展“民族团结一家亲、同心共筑中国梦”民族团结联谊活动和民族团结“细胞工程”。全年全市教育系统开展“进班级、进宿舍、进食堂”217863人次，联系学生、家长580207人次，开展联谊活动5800余场。

（程妍）

【入选国家级教学改革实验区】 2020年3月，克拉玛依市“区域整体推进平台融合，数据驱动精准教学实践与创新”项目获选教育部教育信息化教学应用实践共同体项目；8月，克拉玛依市获评教育部国家级“基于教学改革、融合信息技术的新型教与学模式”实验区。

（程妍）

【市教育综合改革案例入选《教育蓝皮书：中国教育发展报告（2020）》】 2020年，在对克拉玛依市基础教育改革发展情况开展实地调研和系统分析基础上，21世纪教育研究院完成《教育生态视角下的区域治理运行：机制与关键要素——以新疆克拉玛依市教育综合改革为例》，全面介绍克拉玛依市教育综合改革背景和历程，阐释区域教育生态系统下教育治理运行机制，对克拉玛依市完善教育治理机制、优化教育生态经验和做法给予肯定，该文编入教育蓝皮书《中国教育发展报告（2020）》，于2020年7月出版发行。

（程妍）

【教师队伍建设】 2020年，克拉玛依市继续发挥市第一中学作为“克拉玛依市教育系统人才培养培训基地”和“全国课程改革骨干教师研修基地”平台作用，开展“第十二期中小学管理干部及骨干教师分层教学选课走班专题培训班”，来自阿勒泰地区、博州地区以及克拉玛依市各中小学教育管理干部、骨干教师104人参训。全年实施上海智力援克2个教育培训项目，全市思政骨干教师、沪克访问学者70余人赴上海挂职学习。全年通过线上加线下方式累计完成国家级、自治区级、市级培训23212人次。

（程妍）

【对外合作办学】 2020年，克拉玛依市根据《克拉玛依市教育机构外籍教师管理实施细则》，加强全市教育机构外籍教师管理，规范涉外教育机构办学行为，截至年末，全市共有中加班、中俄班两个涉外办学班，共招收学生44名。其中2020届加拿大高中班学生29人，分别被加拿大、英国、澳大利亚、新西兰、瑞士、匈牙利等国家大学录取；2020届中俄高中班学生15人，分别被莫斯科国立大学、圣彼得堡国立大学、圣彼得堡国立师范大学等俄罗斯院校录取。

（程妍）

【教育资助】 2020年，克拉玛依市实施地方政府学前免费教育，资助幼儿22234人次；全面落实普通高中免学费免教材费地方政策，发放国家助学金113.13万元，惠及家庭经济困难学生1085人次；争取社会资助5.95万元，资助新生大学生路费76人；中央彩票公益金社会性资助31.8万元，惠及师生63人。全市各区各校落实本地就读建档立卡等四类经济困难学生资助政策，初步建立建档立卡受助人员数据库，切实做好学生资助工作。

（程妍）

【培训机构审批权下放】 2020年6月30日，市教育局将全市校外培训机构审批监管事项下放至各辖区教育局，实行属地化管理。市教育局负责统筹协调各区规范管理民办教育培训机构，协调公安、市场监管、行政执法、街道（社区）等力量参与培训机构行业治理。全年排查无证办学线索15条，查处无证办学和违规办学行为9起，依法取缔违规办学点3处。

（程妍）

【教育培训机构分类管理改革】 2020年，克拉玛依市深化教育培训机构分类管理改革，推动培训机构营利属性从民办非企业到中小微企业变更。全年完成变更71家，变更率60%。

（程妍）

3月6日，复课上学的第一中学学生进校前接受体温检测
（戴旭虎　摄）

【中小学疫情防控】 2020年，克拉玛依市合理安排疫情防控期间校园常态化疫情防控和教育教学工作，确保全市各级各类学校有序分批开学复课。开展线上教学，为全市中小学提供1.6TB线上学习资源，师生在线访问学习资源10.6万次，参与直播上课教师6088人，直播上课次数144185次。

（程妍）

【民办教育】 2020年，克拉玛依市有民办全日制学校1所，民办幼儿园12所，教育培训机构123所，教职工721人。受疫情防控影响，全年民办教育培训机构停业9个月，直至10月1日复工复课，全年培训学生12792人次。

（程妍）

基础教育

【概况】 2020年，克拉玛依市有普通中学20所，普通小学28所，幼儿园48所，特殊教育学校1所。小学生入学率、巩固率100%；初中入学率100%，巩固率99.9%，毕业合格率97%以上；普通高中学业水平考试合格率97.03%。普通高考民汉综合上线率97.54%。教师学历合格率、义务教育巩固率、高中教育普及率等教育教学指标，均名列全疆各地、州（市）前茅。在全市中小学中，有自治区级示范高中3所，市级示范学校20所，规范化学校19所，自治区级德育示范学校13所，市级德育示范学校24所。在全市48所幼儿园中，有自治区级示范性幼儿园4所，市级示范性幼儿园13所，规范化幼儿园9所。在全市中小学幼儿园中，有市级特色学校（幼儿园）45所。

（程妍）

【学前教育】 2020年，克拉玛依市根据《克拉玛依市城镇小区配套幼儿园专项治理工作方案》，于11月底前完成康城、森香水岸、风云、鼎泰、佳福5所小区配套幼儿园治理工作，新增学位1620个。至年末，全市公办幼儿园占比77.28%，普惠性幼儿园占比98.3%，学前三年毛入园率100%。

（程妍）

【义务教育】 2020年，克拉玛依市推进义务教育阶段“双减”工作，切实减轻学生过重学业负担。制定下发《克拉玛依市中小学校开展课后服务的实施方案》《义务教育学校作业管理办法》《中小学生作息时间表》，拓展课后服务内容，以“作业辅导+特色发展”为基本原则，在开展学生作业辅导，帮助学生完成全部或大部分作业基础上，根据学校特色和学生兴趣爱好，引入青少年科技活动中心、文化馆、艺术培训机构等社会优质资源，研发艺术素养、语言素养、体育技能等特色校本课程，满足学生个性化需求。截至年末，全市所有义务教育阶段学校均开展课后服务，参与学生覆盖率

2月9日，克拉玛依区东风社区，因疫情防控居家小学生通过网络观看老师直播上课 （东风社区 供图）

达90%以上。坚决压减学科类培训机构，严厉打击变相违规招生和培训行为，切实减轻学生校外培训负担，截至年末，全市49家学科类机构，注销12家，转型31家，营转非6家，实现压减率87.7%；非学科类机构全部按时完成移交管理。

（程妍）

【普通高中教育】 2020年，克拉玛依市推进普通高中育人方式改革，满足学生多样化、个性化需求。制定下发《关于推进落实普通高中育人方式改革的实施方案》，从课程规划、教学组织形式、课堂教学改革、综合性评价体系等8个方面明确职责、细化措施，组织召开启动会，全面启动推进全市普通高中育人方式改革。定期召开联席会议，了解各高中学校推进情况，针对存在问题交流研讨，开展主题培训；成立普通高中育人方式改革指导组，制定学校落实育人方式改革任务要点，指导和帮助学校育人方式改革推进工作；市教育局党组将普通高中育人方式改革纳入“我为群众办实事”重点工作，开展专题调研，精准指导和有力推进。

（程妍）

【线上宣讲与培训】 2020年，克拉玛依市实施家长教育价值观引领行动。结合疫情防控实际，启动线上家庭教育公开课，邀请中科院、北京师范大学、中国青少年研究中心等知名家庭教育专家线上授课，面向全市中小学（幼儿园）家长开展全覆盖、针对性家庭教育大宣讲活动34期，58万人次参与。组织开展“儿童性教育培训”，覆盖德育干部、班主任、生物和心理学科教师966人，提交性教育微课153例。

（程妍）

【入选普通高中新课程新教材实施国家级示范区、示范校】 2020年，克拉玛依市多所学校探索实施“选课走班、分层分类教学”及“全课程”育人模式实践创新，从根本上转变传统教育形态，从整体上构建“以学生为中心”育人方式，每一所学校都逐渐形成独特校园文化和个性特点。7月，教育部办公厅正式发布“全国普通高中新课程新教材实施国家级示范区和示范校”名单，克拉玛依市被确定为国家级示范区，市第一中学被列为国家级示范校。

（程妍）

【5所学校入选自治区基础教育信息化应用示范校】 2020年12月10日，自治区教育厅公布第二批基础教育信息化应用示范校遴选结果，克拉玛依市第十三中学、市第一中学、市雅典娜小学、北师大克拉玛依附校、市南湖中学5所学校入选，雅典娜小学是唯一一所入选小学。全疆有145所学校申报，经教育厅评审，最终70所学校入选。

（程妍）

【16所中小学入选全国传统特色学校】 2020年11月，教育

12 月 11 日，市雅典娜小学五年级学生学习编程知识

（刘宏涛 摄）

部公布 2020 年全国青少年校园篮球、排球、冰雪体育传统特色学校等名单，克拉玛依市第二中学、第五小学、独山子区第一小学等 16 所中小学入选。其中，篮球特色学校 9 所、排球特色学校 2 所、冰雪运动特色学校 5 所。2015 年起，克拉玛依市开始开展“体教结合”，加强青少年体育运动技能培养，强化体育课及课外锻炼，加强各级体育传统项目学校建设，引导在校学生掌握两项以上体育运动项目技能，养成终身锻炼习惯。开展青少年“阳光体育”活动，加强学校体育教育，将提高青少年体育素养和养成健康行为方式作为学校教育重要内容。

（程妍）

【内初班扩招】 2020 年，克拉玛依市接收内初班（疆内初中班，旨在招收南疆贫困地区学生）新生 1663 人。截至年末，全市有 5 所内初班办班学校，在校学生 4804 人。

（程妍）

职业教育

新疆培训中心（新疆技师学院、中国石油新疆职业技能鉴定中心）

【培训概况】 2020 年，新疆培训中心全年培训班级 1121 个，培训 65267 人次，培训工作量 28 万人天。其中管理类培训 54716 人次，占比 83.8%；专业技术类培训 4635 人次，占比 7.1%；技能类培训 5916 人次，占比 9.1%。

（高洁）

【新疆油田公司委托培训】 2020 年，新疆培训中心受新疆油田公司委托制订员工培训计划 200 个，受疫情防控影响，完成实施 81 个项目，共计 383 班次，32274 人次，完成计划率 40%。计划外临时新增项目 95 个，占比 24.8%，线下培训转线上培训班级 44 个，占比 11.5%。

（高洁）

【承接中国石油集团公司培训】 2020 年，新疆培训中心承办中国石油集团公司培训项目 25 个（1 个 A 类，24 个 B 类），比 2019 年提升 24%，受疫情防控影响，实际完成计划内项目 5 个，计划外项目 5 个，关键岗位 HSE 培训 10 个，共计完成 20 个，培训 6687 人。

（高洁）

【承办驻疆石油石化企业培训】 2020 年，新疆培训中心对接驻疆石油石化企业承办培训项目，拓展高危作业培训、中共十九届五中全会精神解读、安全体系建设、技能骨干人才培训（采油、集输、轻烃装置、设备操作维修）、温度计量、配电自动化等项目，受疫情防控影响，未完成年初培训计划。全年完成 38302 人天，相比上年下降 43.7%。

（高洁）

【参与赴海外人员 HSE 培训课件编写】 2020 年，新疆培训中心参与中国石油集团公司质量安全环保部组织召开的赴海外人员 HSE 培训课件审核会，作为主要参编单位，重点负责风险管控、应急管理、安全技术等 4 门课程课件和题库编制工作以及对其他机构编制的环境保护、集团公司 HSE 政策理念方针等 5 部分内容审核工作。

（高洁）

【技能鉴定】 2020 年，新疆培训中心共鉴定工种 91 个，7079 人次，合格率 60.83%，完成鉴定计划 103.51%。完成外部市场鉴定任务 2120 人次，稳固西部管道公司、地方企业、改制企业等外部鉴定市场，服务对象投诉率为零。使用理论智能化系统完成 132 批次 329 个工种级别理论考试，制卷五千余套。开展自治区社会培训评价资质申报工作，成为集团公司和克拉玛依市首家通过新疆维吾尔自治区审核的社会培训评价机构。完成新疆油田职业技能等级认定双备案工作，有 1.8 万余名操作员工享受国家技能提升补贴 2500 余万元。完成新疆油田公司第十一届职业技能竞赛与晋级取证工作，包括采油工、采气工、集输工及储运专业等 191 人次和 41 个团体。

（高洁）

【培训管理体系建设】 2020 年，新疆培训中心完成项目策划 246 个，其中集团公司 5 个，各驻疆企业、新疆油田公司（二级厂处）241 个；线上 38 个、线下 208 个；新增策划 67 个（驻疆 26 个、油田公司 13 个、二级厂处 28 个）。形成专业人员编制，学科、专业小组、中心三级审核机制。构建新疆油田公司三大类四级培训业务（课程）体系架构，开发 45 个专业 1410 门课程体系，建立《中心业务（课程）体系管理标准》，匹配对应授课专职教师 460 人次，新疆油田公司兼职培训师 474 人，推动培训业务顶层设计标准化。参加集团公司技能人才培训课程体系建设研讨审定会，获得集团高技能人才培训项目中 9 个牵头组织单位名额和 7 个参与实施单位名额。牵头撰写《学分制建立双维度技能人才培养体系工作的指导意见（初稿）》，受到集团公司人事部及各培训机构好评，并由集团公司人力资源共享服务中心在成都中心试点实行。

（高洁）

7 月 7 日，新疆油田公司第十一届职业技能竞赛（储运赛区）开赛动员会在油气储运公司举办。图为选手参加自动化仪表操作考试

（张克文 摄）

【大型活动承办】 2020 年，新疆培训中心完成第二届全国油气开发专业集输工职业技能竞赛暨集团公司智慧油田技能挑战赛、自治区首届专业化应急救援队伍技能竞赛、克拉玛依市第十一届职业技能竞赛、新疆油田公司第十一届职业技能竞赛承办任务，涉及参赛工种 17 个，参赛人员 1400 余人。

（高洁）

【科研成果】 2020 年，新疆培训中心立项科研项目和课题 25 个，发挥校企双方优势，与采油大师工作室联合开发《新疆油田采油工动态分析100例》《油田自动化操作培训教程》2本教材，与物资供应站、西北工作站开发横向课题2项；与石油工业出版社合作出版发行7个工种视频课件；完成课程体系建设、精品培训项目开发以及关键岗位人才评价体系等17项科研任务。推进“互联网+”培训模式，上线运行“新培在线”培训平台，加快一体化平台建设升级，完成线上培训策划38个，上线视频课程204门，课件4142个，总时长561小时。

（高洁）

【师资建设】 2020年，新疆培训中心（新疆技师学院、中国石油新疆职业技能鉴定中心）（以下简称新疆培训中心）组织专兼职教师到其他省市高校、培训中心和油田生产企业参加能力提升培训479人次，其中疆内培训459人次，疆外培训20人次；参加内部培训1500余人次。通过评审推荐正高级职称1人，副高级职称3人，中级职称10人，初级职称3人。聘用公司313名兼职培训师，中心兼职师资库信息2205人，其中公司1155人，外部1050人。2020年通过推进党支部书记、班组长、新员工3个项目胜任力模型构建及关键能力评价研究，培训人才测评师50名，推动教师团队在人才评价、能力模型建设、培训评估等方面能力提升。选派45名优秀年轻干部参与到集团公司项目设计大赛中历练，12支队伍参加大赛，11个项目进入复赛，荣获一等奖1个、二等奖1个、三等奖3个、优秀奖4个、入围奖2个。

（高洁）

克拉玛依职业技术学院

【概况】 2020年，克拉玛依职业技术学院在克拉玛依和独山子两个校区办学，培养教育石油石化企业及社会需要高技能应用型专业技术人才。至年末，克拉玛依校区有教学楼3幢、学生宿舍8幢、学生餐厅2幢、实训厂房2栋、共享图书馆1座、共享体育馆1座，绿化面积近15万平方米；独山子校区有教学楼4幢、学生宿舍6幢、学生餐厅4幢（其中1幢为12月交付使用）、实训厂房12栋、体育馆1座，绿化面积近12万平方米。新增设备4140台套，新增设备价值1988万元。共享图书馆1.5万平方米，有纸质图书44.97万册，电子图书122.1万种，可用数字资源40TB。有自治区级优秀教学团队6个、全国石油和化工教育优秀教学团队2个，自治区教学名师4人、全国石油和化工教育教学名师1人、自治区教学能手3人，聘请行业企业兼职教师227人。全日制在校生9193人，其中高职学生8076人、中职学生1117人。本专科函授生386人。培训企业员工1907人次。

（李桂峰）

【学生招录】 2020年，克拉玛依职业技术学院录取3622人。其中高职扩招207人；普通高职2535人；初中五年制高职580人；中职300人。

（李桂峰）

【学生就业】 2020年，克拉玛依职业技术学院与疆内7家企业签订500人产教融合人才培养订单。全年邀请140余家企业到校招聘，提供就业岗位9000余个，毕业生人数与岗位比为1：4.9。应届毕业生1841人，就业率96.68%，持续保持稳定，其中93.7%毕业生在新疆就业。工作与专业相关度55%，就业现状满意度77%，就业质量稳中有升。

（方屹）

【“1+X”证书制度试点】 2020年，克拉玛依职业技术学院申报并推进“1+X”（学历证书+若干职业技能等级证书）证书制度试点工作。全年新增9个“1+X”证书制度试点项目，参与试点学生人数340人。

（蒋定建）

【课程建设】 2020年，克拉

玛依职业技术学院完成第一批22门课程录制协调和第二批10门课程遴选工作，完成学院精品在线开放课程平台搭建工作。

（蒋定建）

【新增专业申报】 2020年，克拉玛依职业技术学院完成2021年3个高职、2个中职新增专业申报。

（蒋定建）

【专业诊改】 2020年，克拉玛依职业技术学院推进专业和课程层面诊改工作，确定专业52个、课程36个质控点，明确对应目标值、标准值和预警值，完成两轮共计10个专业、20门课程诊断与改进工作。

（蒋定建）

【学分制改革】 2020年，克拉玛依职业技术学院推进学分制改革，出台《学分制改革实施方案》和《学分置换办法》。

（蒋定建）

【专业人才培养方案编订】 2020年，克拉玛依职业技术学院出台2020级专业人才培养方案指导意见，修订完成统招56个，百万扩招4个专业人才培养方案。

（蒋定建）

【社会化考试】 2020年，克拉玛依职业技术学院组织开展MHK（中国少数民族汉语水平等级考试）、专升本、英语四级等考试工作，累计组织完成3109人次社会化考试，250名学生通过专升本考试被本科高校录取。

（蒋定建）

【线上补考】 2020年，克拉玛依职业技术学院多举措在线上组织开展毕业生大补考和结业生换证补考，确保2020届1841名毕业生如期毕业，就业率达到96.5%。

（蒋定建）

【教学成果】 2020年，克拉玛依职业技术学院在第六届中国国际“互联网”大学生创新创业大赛（新疆赛区）中获得自治区银奖1项、自治区铜奖6项；在第十届全国电子商务“创新、创意及创业”挑战赛（新疆赛区）获自治区铜奖2项；在第一届全国技能大赛新疆选拔赛电子信息大类网络系统管理分项中获得自治区金奖。截至年末，全年院师生在各类技能大赛荣获自治区一等奖11项、自治区二等奖6项、自治区三等奖14项，国家二等奖2项、三等奖1项，市级一等奖1项、二等奖1项。

（蒋定建）

【教学设施建设】 2020年，克拉玛依职业技术学院获得自治区现代职业教育质量提升计划1200万元专项资金和市本级财政1142万元建设资金，完成21个实训室以及教务应用定制开发等项目建设。

（蒋定建）

【师资队伍建设】 2020年，克拉玛依职业技术学院通过线上线下等形式，加强教师、员工队伍培训力度。全年开展专技类培训151人次，其中国家级培训17人次，省部级培训108人次，地级培训26人次；开展继续教育培训43人次，下场实践锻炼1人次，少数民族特培1人次；开展县处级领导培训12人次，行政类培训50人次，招录人才引进43人。教师吐尔逊麦麦提·艾麦提江获得新疆维吾尔自治区先进工作者称号。

（李桂峰　黄建国）

【科研成果】 2020年，克拉玛依职业技术学院立项自治区自然科学基金项目1项，在研1项，结题验收1项；立项自治区高校外语教学改革研究项目1项，职业院校外语教学课程思政研究专项课题（教指委项目）1项，2016年自治区高校科研计划青年教师科研培育基金项目结题3项；立项市科技计划项目1项；市社科联项目立项5项，克拉玛依区社科联项目立项4项；国家重点实验室开放基金项目立项2项，2019年度中国石油和化工教育科学研究课题结题3项；全国职业院校精准扶贫协作联盟研究课题结题3项；院级项目立项19项；公开出版编著1部，公开发表论文114篇，其中知网收录99篇，中文核心期刊发表5篇；教职工获得实用新型专利授权5项，学生获得实用新型专利授权4项。

（胡静）

高等教育

中国石油大学（北京）克拉玛依校区

【给习近平总书记写信】 2020年6月19日，与各驻疆企业或新疆本地企业签订就业协议的中国石油大学（北京）克拉玛依校区118名首届应届毕业生给习近平总书记写信，表达要为祖国边疆和人民奉献青春和才华的决心，并向总书记保证"只有荒凉的沙漠，没有荒凉的人生！"。7月7日，习近平总书记给学生们回信。习近平总书记回信，带给发出书信表达决心的毕业生极大鼓舞，激励着数万名克拉玛依各大中小学学生志存高远、脚踏实地。

（穆浩宇）

【学习贯彻落实习近平总书记重要回信精神】 2020年7月7日，中国石油大学（北京）克拉玛依校区毕业生收到习近平总书记回信。校区将学习贯彻落实总书记重要回信精神作为首要政治任务，落实学校《认真学习宣传贯彻习近平总书记给克拉玛依校区毕业生重要回信精神的决定》，出台《关于认真学习宣传贯彻习近平总书记给校区毕业生重要回信精神的实施意见》，掀起学习宣传贯彻热潮，把重要回信精神转化为发展强大动力。将学习总书记重要回信精神与学习贯彻落实习近平新时代中国特色社会主义思想结合起来，推动领导干部带头学，各级党组织深入学，班团组织精心学，确保学习入脑入心、见行见效。建设专题网站、建立线上线下展馆，以"学习回信精神 勇担时代使命"为主题组织开展主题班会、文艺演出、书画摄影作品展等活动，推出践行重要回信精神事迹报道，让总书记教诲在校园抬眼可见、充耳可闻。以回信精神为指引，开展校内调研，在总结"十三五"时期发展经验基础上，谋划"十四五"时期发展思路，凝练办学特色，深化办学内涵，完善人才培养体系建设，推动校区工作全面进步，为培养可堪大用、能担重任西部建设者凝聚力量。

（穆浩宇）

7月9日，中国石油大学（北京）克拉玛依校区领导与毕业生们共同学习习近平总书记重要回信 （戴旭虎 摄）

【专业与招生】 2020年，中国石油大学（北京）克拉玛依校区加强线上招生宣传力度，引入智能咨询系统，在山东、内蒙古、安徽、云南、山西等省区首次开展线上直播宣讲。全年招生1200人，较上年增加200人，报到1176人，报到率98%。新增福建、云南2个招生省份，招生省份增至25个。新增勘查技术与工程、能源化学工程、统计学、英语4个专业，招生专业增至16个。普通理工类、文史类录取分数平均高出重点线38.7分、27.0分，较2019年分别提高9.2分、9.7分。

（穆浩宇）

【教育教学改革】 2020年，中国石油大学（北京）克拉玛依校区深化本科教育教学改革，新立项2个专业建设、课程建设项目和46个教育教学研究项目，获批自治区教学改革研究项目立项5个，石油工程、资源勘查工程获批自治区级一流本科专业，3门课程被认定为自治区级线下一流本科课程。

（穆浩宇）

【科研工作】 2020年，中国石油大学（北京）克拉玛依校区出台《科研创新团队管理办法》，登记备案基础科研创新团队23个，基本实现一线长期教师全覆盖，并遴选6支科研创新团队重点支持，校区科研团队体系架构基本形成。开展产学研协同创新，对接市政府与驻疆企业，深化政校企科研合作。推进克拉玛依区域创新联盟重点项目，落实克拉玛依创新联盟专家库工作，对接市科技局开展技术服务合同认定登记。出台《大型科研仪器设备开放共享管理办法》，接入克拉玛依市大型仪器设备共享平台，加强科研资源共享，提升仪器设备使用效益。

（穆浩宇）

【科研成果】 2020年，中国石油大学（北京）克拉玛依校区组织各级各类项目申报39次，各级纵向科研项目立项43项、获批经费594.5万元；国家自然科学基金立项4项、获批经费96万元；省部级项目15项，获批经费131.5万元；横向科研项目34项，合同金额1699万元，同比增长33%。发表科技论文97篇，其中核心期刊33篇，SCI 28篇，EI 9篇，专著2部；授权专利12项，其中发明专利6项，实用新型4项，外形设计2项；获得中国石油和化工自动化行业科学技术奖科技进步一等奖1项。

（穆浩宇）

【油田市场准入申报】 2020年，中国石油大学（北京）克拉玛依校区推动校区完成新疆油田市场线上准入、西部钻探公司承包商准入、中石化西北油田分公司招投标资格申报。

（穆浩宇）

【高校银龄教师支援西部计划】 2020年，中国石油大学（北京）克拉玛依校区推进教育部“高校银龄教师支援西部计划”落实落地，搭建沟通桥梁，落实工作对接。21名来自北京外国语大学、北京交通大学、北京邮电大学、中央财经大学、中国政法大学等15所大学的银龄教师到校区任教，在机械工程、化学工程、英语、俄语、经济学、会计学等专业开展课程教学、教学指导、课题研究、团队建设指导等工作。

（穆浩宇）

【完善应用型人才培养模式】 2020年，中国石油大学（北京）克拉玛依校区以本科教学质量国家标准、工程教育认证标准、卓越工程师教育培养计划2.0为指导，制定修订本科专业培养方案，进一步优化通识课程体系，各专业总学分降至170分以下。推进新工科建设研究，“‘丝绸之路经济带’核心区国际工程教育基地建设”通过首批国家级新工科结题验收；“‘丝绸之路经济带’核心区‘政、企、校’全融合协同育人新模式研究”“基于新工科理念的石油类高等教育人才培养体系构建”2个项目获第二批国家级新工科立项。

（穆浩宇）

【师资队伍建设】 2020年，中国石油大学（北京）克拉玛依校区加大人才项目申报力度，全年申报各类人才项目7项，申报人数39人。其中2人入选国家杰出人才计划，3人入选2019年度自治区“天池计划”，2人入选留学基金委“西部地区人才培养特别项目”，3人入选自治区人民政府公派出国留学成组配套项目，1人入选学校青年拔尖人才项目。深入实施教职工学历提升计划，支持9人2021年度在职攻读博士学位。推动校区教师服务区域经济社会发展，推荐15人进入石油工业遗产领域专家库、3人入选市科普专家讲师团。

（穆浩宇）

新疆医科大学厚博学院

【概况】 2020年，新疆医科大学厚博学院2020届毕业生732人，本科毕业生毕业率100%，学位获得率98.1%。2020级新生报到1002人，报到率97.28%。截至年底，全校有学生4623名，其中女性2741人、少数民族2604人。

（李雨芹）

【奖学金评定发放】 2020年，新疆医科大学厚博学院贫困认定2136人，其中特别困难609人、困难867人、一般困难660人。至年底，完成各类奖助学金发放工作共计740.92万元，资助学生4070人次，其中国家奖学金5人，每人8000元；国家励志奖学金98人，每人5000元；自治区励志奖学金119人，每人6000元；2020年春季国家助学金912人，发放154.528万元；2020年春季自治区人民政府助学金848人，发放116.67万元；2020年秋季国家助学金1349人，发放255.42万元；2020年秋季自治区人民政府助学金594人，发放33.8万元；临时补助金50人，发放2.5万元；服兵役学生补偿和减免学费29人，发放27.2万元；预科生学费和住宿费补助66人，发放26.4万元。为266名学生办理生源地贷款211.8万元。

（李雨芹）

7月1日，新疆医科大学厚博学院举行庆祝建党99周年“党旗映天山”主题党日活动暨“七一”总结表彰大会 （张晗 摄）

【学生党建】 2020年，新疆医科大学厚博学院发展党员54人，其中教职工8人、学生46人、少数民族12人。截至年底，大一新生中有252人提交入党申请书，其中少数民族119人。

（李雨芹）

【校园活动】 2020年，新疆医科大学厚博学院开展线上读书分享会、“我和国旗合个影”摄影大赛、云歌手大赛、宿舍评比、疫情防控专题知识竞赛、“厉行节俭·反对浪费”主题海报手抄报大赛等34项涉及思政教育、健康教育、校园文化、学生建设等校园活动。搭建志愿服务平台，多名学生投身当地疫情防控志愿服务，受到当地政府、组织机构赞扬，展现学生“奉献、有爱、互助、进步”志愿服务精神。

（李雨芹）

【拓展实习基地】 2020年，新疆医科大学厚博学院与克拉玛依市市场监督管理局、市疾病预防控制中心签订协议，作为公共卫生类专业实习基地。至年末，教学实践基地增至24家，拓宽毕业生实习及就业渠道。全年，学院领导分别前往博尔塔拉蒙古自治州人民医院、新疆生产建设兵团第四师医院等11家实习基地调研并看望实习生。

（李雨芹）

【线上毕业典礼】 2020年5月

30日，新疆医科大学厚博学院举行2020年“医路有你 梦想起航”线上毕业典礼，732名本科生完成学业，学院教职员工及2020级毕业生共800人参加线上典礼。

（李雨芹）

【师资队伍建设】 2020年，新疆医科大学厚博学院全年开展试讲175人次，组织集体备课161次。组织高层次人才引进2次，面向高校毕业生招聘7次。开展人员招聘3次，招聘专任教师、行政人员、辅导员等各类人员70余名，高层次人才引进副教授3人、博士1人。

（李雨芹）

【专业课程建设】 2020年，新疆医科大学厚博学院制定《新疆医科大学厚博学院一流专业建设管理办法（暂行）》《新疆医科大学厚博学院一流课程建设管理办法（暂行）》，组织开展2020年度院级一流课程建设工作。申报护理学自治区一流本科专业建设点。

（李雨芹）

【科研活动】 2020年，新疆医科大学厚博学院获批科研项目8项，其中省部级2项、厅局级6项。获批厅局级教改项目3项，院内立项资助教改项目26项。全年共发表论文40篇，其中一般期刊34篇、SCI 3篇、中文核心期刊3篇。

（李雨芹）

克拉玛依广播电视大学（克拉玛依城市大学）

【成人学历教育】 2020年，克拉玛依广播电视大学（克拉玛依城市大学）招收成人学历生525人，毕业200余人，获得学士学位1人。全年组织各类考试（含线上考试）10余场次，5000余人次参加考试。获全国高校现代远程教育优秀考点。

（董春艳）

【社会化培训】 2020年，克拉玛依广播电视大学（克拉玛依城市大学）推进克拉玛依市建筑技术工人培训基地和克拉玛依市普通话水平能力测试站落地挂牌。全年开展旅游行业服务提质、公职人员写作能力提升和国家通用语言培训等班次培训1000余人；与中国石油大学（华东）合作开发线上培训，开展专业人员继续教育培训2043人。

（董春艳）

【社区教育】 2020年，克拉玛依广播电视大学（克拉玛依城市大学）推动成立各区社区学院、推进社区教育四级架构建设，完成对4个区的调研并形成调研报告。举办2020年克拉玛依“全民学习活动周”启动仪式，举行克拉玛依城市大学揭牌授牌仪式。

（董春艳）

【召开沪克工匠技能培训交流座谈会】 2020年10月20日，在克拉玛依广播电视大学（克拉玛依城市大学）沪克工匠学院，克拉玛依市和上海援克指挥部共同举办“沪克工匠技能培训培育交流座谈会”。来自上海技师协会的专家与市总工会、人社局、科技局、教育局、工信局、职业技术学院等20余名从事职业技能教育培训管理人员开展近距离、面对面交流和座谈。

（董春艳 牛国伟）

【举办“弘扬工匠精神 传承匠心文化”系列讲座】 2020年10月21日，克拉玛依市邀请上海技师协会上海市首席技师侯毓军等两名技能专家在克拉玛依市广播电视大学（克拉玛依城市大学）沪克工匠学院举办以“弘扬工匠精神 传承匠心文化”为主题系列讲座，来自油田公司、市各行业技术骨干近200人参加讲座。

（董春艳 牛国伟）

【师资队伍建设】 2020年，克拉玛依广播电视大学（克拉玛依城市大学）做好紧缺专业教师引进工作，采取网络面试方式，招录2名毕业生入职。

（董春艳）

科学技术

科技平台

【科技创新平台建设】 2020年5月21日，克拉玛依市中心医院“新疆临床基因检测与生物医学信息重点实验室”和中国石油新疆油田分公司“新疆页岩油勘探开发重点实验室”被认定为自治区重点实验室。6月19日，市中心医院“自治区消化系统肿瘤精准医疗临床医学研究中心”通过自治区临床医学研究中心认定，成为北疆区域地州级医院中第一家自治区临床医学研究中心。全市自治区科技创新平台数量增长100%，自治区重点实验室等平台达到6家。

（景毅）

【创新驱动发展试验区建设】 2020年12月14日，中国科学院新疆分院和克拉玛依市签订《中国科学院新疆分院和克拉玛依市人民政府战略合作框架协议》。2016年新疆维吾尔自治区、科技部、深圳市、中科院达成共建“丝绸之路经济带自主创新试验区”共识，2020年4月初，中国科学院新疆分院和克拉玛依市同意在该共识框架内，共同组建丝绸之路创新发展研究院（克拉玛依）。

（吴晶）

6月12日，克拉玛依市数字经济产业园区企业科研孵化基地开工。图为工人们在施工（彭召勇　摄）

【科研仪器设备共享平台建设】 2020年4月30日，克拉玛依市科技局联合市财政局出台《克拉玛依市“科技小巨人”企业备案管理办法（试行）》。建设完成克拉玛依市科研仪器设备共享平台，并组织开展全市科研仪器设备开放共享征集工作。新疆油田公司、西部钻探等全市9家单位74台套科研仪器设备（价值5600余万元）实现面向社会开放共享，提高全市科研基础设施与仪器使用效率。

（景毅）

【高新技术企业培育】 2020年，新疆准东油田工程技术股份有限公司、新疆盛洁环境技术有限责任公司、克拉玛依市独山子红有智联信息技术有限责任公司等30家企业通过高新技术企业认定。截至年末，全市国家级高新技术企业73家，占全疆高新技术企业总数的9%。

（景毅）

【科技型中小企业培育】 2020年，克拉玛依市辅导入孵企业克拉玛依安耐吉分离技术有限公司，克拉玛依华澳特种油品技术开发有限公司，克拉玛依市众城石油装备研究院有限公司，克拉玛依智链石油技术开发有限公司4家企业完成科技型中小企业认定。

（吴晶）

【创新创业大赛】 2020年，克拉玛依市举办第七届新疆创新创业大赛（克拉玛依赛区）暨第五届克拉玛依创新创业大赛。大赛首次采用"线上+线下"模式举行，78家企业报名参赛，20家企业入围决赛。决赛在抖音和腾讯看点两大平台进行全程线上直播，共计4.2万人次观看。最终，秋林检测股份有限公司等9家企业分别荣获克拉玛依创新创业大赛初创组、成长组一、二、三等奖。在自治区举行的行业赛和决赛中，克拉玛依市九州科技发展有限公司、克拉玛依科鼎工程技术有限公司等5家企业分别获得自治区行业赛5项第一，占到行业赛中第一名总数的50%。众城石油装备研究院有限公司等4家企业分别获得自治区决赛初创组第一、第二名，成长组第二、第三名。

（景毅）

【建立央企老专家库】 2020年，克拉玛依市制定出台《克拉玛依市科技顾问聘任办法（试行）》，对科技顾问聘任条件、程序、工作任务及享有待遇做出规定。落实《克拉玛依市高质量发展综合改革试点工作方案》中提出的发挥央企老专家作用工作要求，经过征集、遴选、专家确认等程序建成央企老专家库。首批入库的央企老专家为68岁以内退休专家，曾任驻市央企首席技术专家、总工程师、副总工程师、技术专家、中国石油集团公司高级技术专家等，涉及石油工程、油气勘探、钻井工程等领域，共计17人。同时向市发改委、市工信局以及市辖各区等相关单位提供专家名录。

（龚小茜）

石油科技

【科技投入】 2020年，新疆油田公司科技信息处科研经费主要由政府拨款、集团（股份）专项、勘探生产分公司投资、公司成本构成，继续坚持吨油成本计提科研经费做法，全年筹措各类科技经费5.1亿元。

（徐后伟）

【科技经费使用管理】 2020年，新疆油田公司科技信息处密切跟踪经费使用进展，采用定期报送经费执行报表和不定期检查相关单位经费执行情况两种形式，及时了解各单位经费使用情况；加强对科研骨干和财务人员科研经费使用相关知识培训，指导经费合规入账；针对重大项目建立专门财务台账专款专用，严格按照预算进行过程管理。

（徐后伟）

【科研平台建设】 2020年，新疆油田公司持续加强科研平台建设。新疆页岩油勘探开发重点实验室获批自治区重点实验室，成功组织召开实验室第一届学术委员会会议；集团公司砾岩油气藏勘探开发重点实验室三年建设方案通过专家论证，逐步形成以省部级重点实验室为主体、联合实验室为辅助实验室体系。搭建科技高层次人才引进平台，新疆石油石化行业首个院士专家工作站——"新疆油田公司院士专家工作站"正式建成，工作站聚焦玛湖、吉木萨尔、南缘高效勘探开发建设重大课题，开展决策咨询、技术研发、成果转化和人才培养等工作。

（徐后伟）

【制度建设】 2020年，新疆油田公司重点围绕下放权限、优化流程、精简文档3个方面，修订发布科技管理制度（2020版），为科研人员减负，激发科技创新活力与动力。强化制度培训，组织完成18家单位科技工作调研与管理制度培训，覆盖科技管理人员及技术骨干近400人。根据调研征集意见和建议，制定新一轮科技管理制度修订要点。

（徐后伟）

【"十四五"科技规划编制】 2020年，新疆油田公司立足"来源于生产，服务于生产"理念，围绕增储上产，紧抓勘探开发主要矛盾，高效编制公司"十四五"科技发展规划，整体部署9个重大科技专项及10个重大共性技术项目。7月29日，规划编制通过新疆油田公司党委会审议。在科技发展规划框架下，编制形成公司2021年科技项目计划与外协项目计划，安排科技项目23个，其中生产应用项目4个。

（徐后伟）

【科技项目管理】 2020年，新疆油田公司申报集团公司超深井优快钻完井、精细控压等重大技术现场试验10个，以及勘探与生产分公司南缘下组合勘探、页岩油注空气提高采收率、稠油热采接替等科技项目6个，落实上级拨款科研经费超7000万元。成功申报自治区重点实验室开放课题《致密砾岩油藏CO_2驱提高采收率与埋存机理实验研究》1个，拨款经费25万元，企业自筹75万元。组织完成牵头承担的股份公司新疆吐哈、页岩油重大科技专项及成熟探区基础研究项目中期评估，优良率100%。全年公司级科技项目完成率93.25%，优良率76.87%。

（徐后伟）

【专利申报】 2020年，新疆油田公司共申请专利299件，其中发明专利152件；授权专利179件，其中发明专利25件。专利申请总数和申请发明专利数量均创历史新高。推荐"多功能储液罐"获集团公司自主创新产品认定。加强组织策划，严格筛选、论证，优选公司质量高、实施效益好、运营成效显著的专利13项申报中国、自治区、集团公司及克拉玛依市等各级专利奖，《一种利用核磁共振测井资料连续定量评价储集层孔隙结构的方法》等荣获集团公司专利奖金、银、优秀奖各1项共3项奖励；《一种不动管柱起下直线电机驱动潜油电泵及方法》等荣获自治区专利奖二等奖1项、三等奖2项共3项奖励；《一种岩石脆性的测井方法和装置》等荣获克拉玛依市特、一、二、三等奖等共5项奖励。

（徐后伟）

【创新成果评审】 2020年，新疆油田公司评选出基础研究奖8项，技术发明奖2项；组织

10月16日，工程技术研究院路宗羽（右）获得第二十九届孙越崎青年科技奖 （王筱彤 摄）

完成公司2020年度科学技术奖评审工作，奖励成果118项，基础研究奖一等奖1项，二等奖2项，三等奖5项；技术发明奖一等奖1项、二等奖1项；科技进步奖特等奖1项，一等奖20项，二等奖34项，三等奖53项。

（徐后伟）

【科技成果评奖申报】 2020年，新疆油田公司共获省部级成果29项，新疆维吾尔自治区奖励12项，集团公司奖励7项，中国石油和化学工业联合会10项。其中一等奖5项，二等奖2项，三等奖3项。

（徐后伟）

【完善信息化体制机制】 2020年，新疆油田公司完成“十四五”信息化发展规划，明确提出到2025年基本建成智能油田发展目标，制定6大类28项建设任务，为持续推进智能油田建设奠定基础；根据集团公司要求，编制新疆油田数字化转型智能化发展试点方案，为推进公司治理体系和治理能力现代化建设提供有力支撑。

（徐后伟）

【智能化油田建设】

推进数字化转型智能化发展试点建设　2020年，新疆油田公司按照集团公司贯彻落实“强化顶层设计，统筹推进数字化转型”工作要求，以及集团公司梦想云平台总体架构，完成《集团公司数字化转型智能化发展新疆油田试点申报方案》《勘探与生产分公司信息化顶层设计新疆油田配套方案》。

重点项目建设　2020年，新疆油田公司完成准噶尔盆地重点探区勘探开发生产指挥系统建设，实现勘探开发现场实时跟踪与分析，支持玛湖、吉木萨尔、南缘等重点探区远程分析决策；上线运行产能建设一体化管理系统，基本实现产能建设业务全过程跟踪管理；加快钻井远程监控与辅助决策系统建设，初步实现实时监控子系统、钻井可视化子系统、事故复杂预警子系统等功能；推进地面工程数字化管理系统建设及试用，基本实现数字化移交和项目协同管理，提升工程项目管理质量。

油气生产物联网建设　2020年，物联网项目完成施工工程量10%。编制完成2021年物联网建设项目实施方案，争取实现2022年油气生产物联网全覆盖目标。

“掌上油田”移动办公应用建设　2020年，新疆油田公司推广中国石油移动办公平台在OA、合同、集中报销等业务领域应用。全年移动办公中OA累计访问次数24866人次，合同管理8992人次，集中报销2681人次。基于集团公司移动应用平台，自主研发智能红山、井区巡检系统、风城移动应用、重点井查询、现场作业管理平台等26套应用系统，有效提高现场生产管理效率。

（徐后伟）

【承担总部项目建设】 2020年，新疆油田公司承担集团公司统建系统建设任务。承担工业控制安全网络安全体系、科学计算云平台（F12）、广域网改进3.0等7个项目建设及运行维护。其中云计算资源池（二期）建设项目批复，总投资5.9亿元；计划在克拉玛依数据中心部署603台服务器、17套存储和239台网络设备，总投资2.6亿元。

（徐后伟）

【网络安全建设】 2020年，新疆油田公司完成“HW2020”网络攻防演习任务，做好国家关键信息基础设施网络安全实战检查和全国两会期间油田公司网络安全保障工作。组织“网鼎杯”全国网络安全大赛并进入半决赛，参加自治区“天山固网杯”网络安全技能挑战赛获得优秀奖。组织开展网络安全宣传周活动，制作专题网站、宣传展板，营造全员“合规用网、安全用网”意识。

（徐后伟）

科技合作

【川克科技合作】 2020年3月，四川省科技厅对克拉玛依市“陆相低渗油藏携砂挤液储层改造技术”等7个合作项目给予2020年第一批省级科技计划项目支持，支持资金达450万元。9月，从申报的28个项目中评审筛选出克拉玛依市富城能源与西南石油大学合作的“风城油砂矿开发地表窜喷治理对策研究”、小马聚力能源技术公司与电子科技大学合作的“智能油气识别技术方法研究及软件研制”等10个项目申报2021年四川省科技厅科技合作项目。在四川省科技厅与克拉玛依市开展科技合作基础上，结合克拉玛依产业发展定位及四川相关地市和高新区产业定位，按照产业相近原则，推动克拉玛依区与绵阳高新区、绵阳农业科技园区，白碱滩区（克拉玛依高新区）与成都高新区，独山子区与德阳高新区，乌尔禾区与都江堰市建立合作机制。10月23日，克拉玛依市政府、自治区科技厅与四川省科技厅共同召开川克科技合作推进会，克拉玛依市与四川省科技厅签订新一轮合作协议，国家技术转移西南中心克拉玛依分中心在克拉玛依市揭牌。

（龚小茜）

【沪克科技合作】 2020年，克拉玛依市组织开展沪克两地企业技术对接交流会，中国长城工业上海有限公司发布涉及油气开采、油气输配、石油炼化与化工、节能环保、信息技术产品与服务等六大领域20余类项目；开展线上云专场对接活动，先后开展环保类及农业类云专场，通过视频连线方式，就技术攻克难点、方向形成初步解决方案。对接上海科学院资源，起草《克拉玛依市人民政府与上海科学院科技合作战略框架协议》，克拉玛依市科创城建设提供咨询和技术服务。7月中旬，围绕第七届新疆创新创业大赛暨第五届克拉玛依创新创业大赛，开展创新创业大赛云培训专场，就如何撰写商业计划书、如何制作路演方案等问题进行线上培训，全市63家企业130余人参加。2020年克拉玛依市网络科技活动周期间，上海奥奇科技发展基金会结合线上参观方式举办科学实验设计、科普活动设计、科普讲解宣传方式、青少年创新等6个专题讲座，每个专题均由知名专家讲解。

（龚小茜）

【与国内高校合作】 2020年，克拉玛依市推进与西南石油大学合作等高校及研究机构合作。推进西南石油大学技术转移中心，共同推进智能修井机项目、PDC-牙轮复合钻头项目、高温高压井下工具等项目转移转化。全年共立项6次，通过昆仑卓越科技投资基金为1家入孵企业引入投资600万元。其中，自治区重点研发任务专项1项，克拉玛依市科技计划项目2项，白碱滩区（克拉玛依高新区）科技计划项目3项。

（吴晶）

【与中科院合作】 2020年，克拉玛依市先进科技联合研究院与中国科学院大连化学物理研究所共同开展费托合成产物加氢改质关键技术中试项目，重点突破费托合成产物加氢改质关键技术及配套低能耗高精度产品分离技术，提高F-T合成油利用价值；联合中国科学院广州能源研究所、克拉玛依森禾生物能源科技有限公司共同开展农林废弃物制备生物航油联产高附加值化学品中试研发项目，建设1000吨/年生物航油联产化学品的生产系统，生产航油联产糠醛及乙酰丙酸等化学品；与中科院合肥等离子体物理研究所，确定合作“等离子体喷涂技术在石油钻采设备修复领域应用”项目，计划双方联合申报中国科技部国际合作司《国家重点研发计划政府间国际科技创新合作重点专项》。

（吴晶）

【科技项目合作】 2020年，克拉玛依市依托西南石油大学技术转移中心与西南石油大学石油与天然气工程学院、机电工程学院、电气信息学院建立稳定合作关系，共同推进智能修井机项目、PDC-牙轮复合钻头项目、高温高压井下工具项目转移转化。3月，智能修井机项目落地，成立克拉玛依市众城石油装备研究院有限公司，截至年底完成6套修井机合同签订，首台设备交付客户使用。8月，PDC-牙轮复合钻头项目确定在克拉玛依市共同投资成立复合钻头公司，研发新疆地区个性化PDC-牙轮复合钻头；10月，确定场地选址，11月完成公司名称预核准。11月，与上海工程技术大学完成激光智能加工装备关键技术知识产权分析评议。新疆汇翔激光有限公司与上海工程技术大学申请联合专利：一种用于中厚板焊接背部保护及成型优化的夹具。

（吴晶）

科技管理

【完善科技政策体系】 2020年，克拉玛依市深化科技体制改革，增强科技创新“新动力”。组织制定《克拉玛依市应用技术研究与开发资金管理办法》《克拉玛依市重大科研基础设施和大型科研仪器开放共享管理办法》《克拉玛依市科技中介服务机构备案管理办法（试行）》《克拉玛依市“科技小巨人”企业管理办法》《克拉玛依市科技项目专家库管理办法》5项政策。确定“科技型中小企业——高新技术企业——科技小巨人企业”科技型企业梯队培育链，12月11日，市科技局联合市财政局出台《克拉玛依市“科技小巨人”企业备案管理办法（试行）》。

（唐斌　景毅）

【科技项目管理】 2020年，克拉玛依市科技计划项目立项50项（其中补助项目11项），安排科研资金2286.5万元，引导企业投入配套资金1.5亿元。其中克拉玛依市三达新技术股份有限公司“危险化学品应急救援管理体系建设及产业化应用”项目、克拉玛依胜利高原机械有限公司“稠油井注采修一体化工艺研究与应用”项目被列为全市重大科技专项；新疆敦华石油技术股份有限公司“CO_2吞驱技术在新疆油田的研究与应用”项目、新疆永升能源有限责任公司“低渗透砂砾岩油藏携砂挤液增产技术研究”项目等6个项目被列为全市重点研发计划项目。

（唐斌）

【先科院重点项目管理】 2020年，克拉玛依市先进科技联合研究院共承担项目立项4个，其中自治区重点研发任务专项2项，包括国家轨道交通综合实验与系统测试验证环境研究项目、新疆重质油资源（煤焦油、稠油、裂解焦油）全转化加工项目；克拉玛依市科技重大专项1项，为高速飞行列车低真空管道试验测试平台研制项目；克拉玛依市创新环境建设计划（软科学）项目1项，为克拉玛依市沥青基碳纤维产业发展研究项目。参与新疆汇翔激光科技有限公司申报激光智能焊接及表面改性关键技术在石油装备领域应用研究与示范项目等克拉玛依市科技重大专项。

（吴晶）

【为民营企业发放专利资助金】 2020年，克拉玛依市根据市委《关于进一步深化创新驱动发展的若干措施》，出台《克拉玛依市奖励企业创新体系建设实施细则》《克拉玛依市专利资助实施细则》，为鼓励民营企业发明创新设立专利资助金，服务和引导企业开展知识产权创造、运用、管理和保护工作；全年为30家企业46个发明专利发放18.5万元资助金。据统计，“十三五”期间，全市累计申请专利4145件，比“十二五”2395件增长1.73倍；万人发明专利拥有量由“十二五”末期的8.01件增长到14件以上，超过全国平均水平；拥有有效注册商标从1764件增加到3234件，每万人拥有商标数104.03件，增速29.2%。“十三五”期间，全市1项专利获得中国专利奖金奖，2项专利获优秀奖；35项专利在全国发明展览会、国际发明等展览会上获奖。

（唐斌）

【组织参加各类科技展会】2020年，克拉玛依市科技局组织科技企业参加第二十二届中国国际高新技术成果交易会，有23家企业、45人参加展会，3家企业达成合作意向。

（景毅）

【科技中介服务】2020年5月，克拉玛依为发挥科技中介服务机构服务企业、提高企业科技创新能力、促进科技成果转移转化作用，促进科技中介服务机构专业化、规范化发展，出台《克拉玛依市科技中介服务机构备案管理办法（试行）》，并开展备案工作。截至年末，全市10家科技中介服务机构完成备案。

（龚小茜）

【技术合同交易】2020年，克拉玛依市加强技术合同认定宣传，开展线上培训一次，全市技术合同交易额1.22亿元，保持稳定增长，占自治区总额13%。

（龚小茜）

【科技项目招商】2020年，克拉玛依市立足本土产业优势、资源优势，围绕千亿产业集群等发展重点，加强与上海、四川等地科技交流合作，全年促成20余项科技合作项目落地，累计金额超1亿元。

（龚小茜）

【科技人才培育】2020年，克拉玛依市做好科技人才培养推荐、培育创新人才团队、深化赋予科研人员自主权机制改革等工作。全市有4人入选2019年度自治区“天山雪松”计划项目，10人入选“天山青年”计划项目，入选总人数为历年最高。

（龚小茜）

【创新奖励兑现】2020年，克拉玛依市依据《关于印发〈进一步深化创新驱动发展的若干措施〉的通知》，全年共兑现奖励金额440万元。其中对第六届新疆创新创业大赛暨第四届克拉玛依创新创业大赛9家获奖企业奖励兑现165万元，对获自治区科技企业孵化器备案（专业化）克拉玛依市先进能源技术创新有限公司奖励兑现50万元，对获得自治区重点研发专项和重大科技专项3家企业奖励兑现225万元。

（景毅）

科研单位

新疆油田公司勘探开发研究院

【概况】2020年，新疆油田公司勘探开发研究院承担科技项目23项、课题77项；承担国家级课（专）题21项、集团（股份）公司重大专项及攻关项目49项、油田公司课题64项。

（雷玲）

【重大开发试验】2020年，新疆油田公司勘探开发研究院针对四类油藏开发模式，开展13项重大开发试验，重点攻关不同类型油藏开发中后期提高采收率技术。加强化学驱、气驱、火驱、SAGD等重大开发试验现场跟踪调整，深入开展室内研究，加强井组生产调控，确保现场实施效果，形成不同类型油藏提高采收率技术。

（雷玲）

【油气勘探主要成果】2020年，新疆油田公司勘探开发研究院取得8项重大勘探成果：南缘下组合深大构造呼探1井获重大突破，开辟南缘规模天然气勘探领域；阜康凹陷中上二叠统康探1井油气勘探获重大突破，盆地勘探呈现东西并进新格局；阜康断裂带勘探形势喜人，博达1、吉南4、康2、台66多井连获新突破；前哨地区侏罗系、石西16井多层系突破，展现盆1井西凹陷下组合千亿立方米天然气勘探新领域；玛湖凹陷风城组勘探成效显著，玛湖凹陷风城组规模接替态势全面形成；玛南斜坡坡下夏子街组南北两翼整体突破；沙湾凹陷及周缘二叠系连获新突破，沙探2、车排24等多口井获工业油气流，玛沙大油气区格局逐步展现；加强矿权区块评价，2020年新增采矿权面积1602平方千米。

（雷玲）

【油藏评价主要成果】 2020年，新疆油田公司勘探开发研究院取得3个新发现和4项新进展。3个新发现分别是：玛南坡下百口泉组一段滚动勘探进展顺利，外甩评价井玛湖116井见良好显示；克83井区上乌尔禾组油藏评价进展顺利，多井新获工业油气流；玛西1井百二段复试获突破，开拓玛西百口泉组规模新领域。4项新进展分别是：玛西滚动勘探谋连片，玛103井百口泉组再获新进展；玛湖1区块三叠系百口泉组滚动勘探新增探明储量；“上、下甜点”整体谋划集中评价，探明新疆油田首个亿吨级页岩油储量区块；红车断裂带滚动勘探获新进展。

（雷玲）

【油气开发主要成果】 2020年，新疆油田公司勘探开发研究院油气开发量效并重，夯实稳产上产基础。突出新区效益建产，合计建产189.55万吨。玛湖砾岩致密油规模建产持续推进，原油年产量突破200万吨；玛131井区小井距示范区投产一年，同期产量提高13%，采油速度提高85%，小井距开发模式在玛湖推广应用；金龙油田水平井效果良好，百万吨高效开发示范区落地实施；吉木萨尔页岩油下甜点开发试验取得突破，国家级陆相页岩油示范区建设顺利运行。老区稳产工程优质高效推进，实施开发井397口，建成产能50.31万吨。编制8个产能建设方案，产能规模100.6万吨。

（雷玲）

【学术成果及专利】 2020年，新疆油田公司勘探开发研究院出版科技专著8本，发表核心期刊论文52篇，其中SCI/EI论文11篇。授权发明专利8项，计算机软件著作权18项。

（雷玲）

【科技奖项】 2020年，新疆油田公司勘探开发研究院被中央精神文明建设指导委员会评为“全国文明单位”；勘探开发研究院被全国总工会授予“全国厂务公开民主管理先进单位”；勘探开发研究院被新疆质量协会授予“质量管理活动推进先进企业”；郭旭光获得“全国劳动模范”称号；《一种岩石脆性的测井方法和装置》获得中国国家发明专利金奖；《准噶尔盆地阜康凹陷风险探井康探1井重大突破》获得中国石油天然气集团有限公司油气勘探重大发现特等奖；《准噶尔盆地吉木萨尔凹陷页岩油勘探重要成果》获得中国石油天然气集团有限公司油气勘探重大发现一等奖；《沙湾凹陷西斜坡二叠系油气勘探重要发现》获得中国石油天然气集团有限公司油气勘探重大发现二等奖；《准噶尔盆地腹部油气勘探新成果》获得中国石油天然气集团有限公司油气勘探重大发现三等奖；《吉木萨尔陆相页岩油理论技术创新及战略发现》获得中国石油和化学工业联合会科技进步一等奖；《新疆砾岩油藏聚表二元驱高效开发关键技术与工业化应用》获得中国石油和化学工业联合会科技进步一等奖；《准噶尔盆地改造型火山岩油藏有效开发关键技术及百万吨产能建设》获得中国石油和化学工业联合会科技进步三等奖；《新疆砾岩油藏聚合物驱工业化应用关键技术研究及应用》获得中国石油天然气集团有限公司科技进步二等奖；《勘探开发云平台建设及规模化应用》获得中国石油天然气集团有限公司科技进步二等奖。

（雷玲）

新疆油田公司工程技术研究院

【概况】 2020年，新疆油田公司工程技术研究院承担及参加油田公司级以上课（专）题112项，其中国家、集团（股份）重大科技专项课专题38项。获省部级成果10项、公司级成果20项（特等奖1项、一等奖5项）；首获集团公司专项奖励。出版专著5部，获授权专利30件，其中发明专利12件；获得软件著作权4项；认定技术秘密18项；获2019年度集团自主创新重要产品1项《投捞式电潜柱塞泵》，实现近五年来该院在该奖项上零的突破。协助公司成功创建院士专家工作站，罗平亚、李根生院士入驻工程院；成功引进《新疆石油天然气》期刊，发布《工程技术参考》4期；连续15年荣获公司安全生产先进单位，连续2年荣获油田公司HSE模范单位。

（傅晓宁　魏秀丽）

【准噶尔盆地致密油开发示范工程】 2020年，新疆油田公司工程技术研究院《准噶尔盆地致密油开发示范工程》进入结题验收阶段，玛湖油田开发进入快车道。通过复杂压力系统井身结构设计技术，确定玛湖地区主体非标小三开完井井身结构方案，示范区现场应用49井次；攻关形成砾岩层钻井提速综合配套技术，实现直井段二开一趟钻、造斜段一趟钻，斜井段机械钻速和趟钻进尺指标取得明显提升。截至年末，实施控投降本措施600余井次，控减投资近3亿元，百万吨投资成本下降30%，为玛湖油田致密油开发探索出一条切实可行的降本增效新途径。

（傅晓宁　魏秀丽）

【新疆低渗砂砾岩油藏CO_2驱油与埋存关键技术研究】 2020年，新疆油田公司工程技术研究院针对储层不同渗透率及特点，研发CO_2响应凝胶封窜体系、CO_2响应增稠流体封窜体系、耐酸CO_2泡沫封窜体系，室内实验封堵率90%以上。

（傅晓宁　魏秀丽）

【稠油火驱提高采收率技术研究与应用】 2020年，新疆油田公司工程技术研究院火驱工业化开发工艺技术深化研究课题开展尾气处理技术研究，与先导试验对比，尾气处理成本降低10%。开展尾气回注提高采收率试验，完善火驱前缘监测技术，完成火驱试验区20井组数据监测与处理，综合解释电阻率分布与剩余油分布特征及井组的火驱前缘推进形态，符合率达到80%以上；完善移动式点火工艺，完成技术规格书编写，进行移动式点火装备现场推广应用，2020年现场成功点火8口井；跟踪试验区防腐工艺实施效果，注气井油层部位采用耐腐蚀套管，连续稳定注气2年以上，未发现腐蚀现象。

（傅晓宁　魏秀丽）

【页岩油高效压裂改造技术研究与应用】 2020年，新疆油田公司工程技术研究院借助多种模型模拟及分析工作，完成高效破岩压裂理论和多尺度裂缝支撑理论研究与分析，形成页岩油全三维压裂设计技术，为描述水平井体积压裂缝网形态提供从裂缝识别、裂缝预测、DFN建模到全三维压裂模拟、生产动态历史拟合、压裂方案设计的一体化研究方案；靶向压裂段簇优化设计技术、多裂缝均衡启裂控制技术和深层页岩石英砂替代技术的形成，提升压裂效果，实现射孔段起裂、段内射孔簇同时起裂目的。截至年末，石英砂实现全区替代；形成页岩油全滑溜水加砂技术，现场应用24井次，其中21井采用变黏体系；研究形成水平井套管变形控制技术，2020年实施34井次，2井确认发生套变；完成多功能压裂液各项纳米系列单剂研发，助力形成工业污水配制压裂液技

3月23日，新疆油田公司工程技术研究院设计指导的玛2井区Ma20024_H、Ma20025_H井全程滑溜水加砂工艺再获成功。各项技术指标均达国际领先水平　（工程技术研究院　供图）

一体化压裂液，现场试验2口井；工业废污水配制压裂液技术完成玛湖水平井高含盐水/采出水+快速水合胍胶现场应用21井次。研究设计的双封单卡带压拖动重复压裂管柱可实现35MPa以内带压起下管柱作业，作业效率大幅度提高；SAGD、火驱井带压修井工艺及工具装置，完成带压修井作业8口井，相比常规外排降压作业，减少修井占产时间66%以上。

（傅晓宁　魏秀丽）

【准噶尔盆地致密油储层改造关键技术研究与现场试验】 2020年，新疆油田公司工程技术研究院在吉木萨尔页岩油大平台水平井整体压裂技术专题研究中，初步形成适用于吉木萨尔页岩油水平井的套变预测预警技术，现场试验3口井，预测可能发生套变的风险井段14段，部分得到验证。火山岩储层水平井体积压裂提效研究及现场应用专题研究中，完成固井桥塞+段内多簇+极限限流分段工艺，现场试验6井次，压后生产效果良好，达产率83.3%；优化形成冻胶、滑溜水等胍胶压裂液优化体系，现场应用24口井，节约液体成本1000余万元，单井平均节约压裂材料成本近50万元；完成清水携砂压裂技术研究，现场试验2口井，携砂指标达

术，解决页岩油开发中降黏、驱油、降阻难题。

（傅晓宁　魏秀丽）

【准噶尔南缘和玛湖等重点地区优快钻完井技术集成与试验】 2020年，新疆油田公司工程技术研究院针对南缘下组合复杂地质条件，建立南缘超深井标准化井身结构序列；推广精细控压钻完井技术，首次实现控压取心、精细控压固井；形成砾石层提速技术，平均机速、单只钻头进尺较邻井最优指标分别提高77%、26%，较邻井最优指标缩短81天；攻关高密度油基钻井液技术，形成流型调控方案，最高钻井液密度创中国石油钻井液密度使用最高纪录；优选评价形成高密度国产固井水泥浆体系，打破进口体系垄断，现场应用9井次，固井合格率达91%。在玛湖三叠系区块推广并固化钻井提速模板，钻井工期在2019年基础上提速15%；国产化大功率螺杆提速技术形成，实现水平井低成本导向，费用降低40%，且钻井指标与进口旋转导向工具相当；形成玛湖深层二叠系钻井配套技术，在金龙2井区推广应用，钻井工期缩短50%。

（傅晓宁　魏秀丽）

【降本提效试油及采油关键技术研究与应用】 2020年，新疆油田公司工程技术研究院研发形成的相渗压裂液体系配方，在玛湖两口井现场试验，控水增油效果显著；研发形成的敏感储层酸性交联速溶聚合物低伤害压裂液体系，现场应用14口井；研发形成的压注驱

7月25日，新疆油田公司工程技术研究院开展的国内首次水平井体积压裂套管外敷光纤监测现场试验获得成功 （工程技术研究院 供图）

到滑溜水加砂水平，节约液体费用近160万元。水平井体积压裂配套工程技术中，水平井体积压裂光纤检测技术是国内首次开展水平井投球簇式固井滑套分压+管外光纤动态监测技术研究，可视化监测软件可实时显示投球入座、各簇滑套正常开启、裂缝起裂及延伸、不同泵注阶段各簇进液量变化及暂堵转向效果等动态信息，监测结果有效；研究形成的直混免配聚合物压裂液体系，推广应用26井次；用油田热采水及压裂返排液废污水快速配制压裂液，现场应用21井次，解决油田采出水和压裂返排液处置困难、油田压裂用水短缺问题。

（傅晓宁　魏秀丽）

【滴南凸起—克拉美丽山前钻完井配套技术研究】 2020年，新疆油田公司工程技术研究院通过精细刻画区域孔隙—漏失压力剖面，结合邻井钻探情况，形成四开固井完井井身结构，并在区域2口井成功应用；基于岩石力学特征实验，结合测井参数反演结果，建立岩石参数计算模型，采用综合法建立钻头使用数据库，形成区域钻井提速模板；针对天然气井环空带压难题，通过开展23口环空带压井调研，针对性进行环空带压机理研究，建立水泥环密封完整性分析模型并进行评价性实验，形成1套油层套管水泥浆体系和1套技术尾管水泥浆体系，满足增韧防气窜要求，成功应用两口井，满足后期大规模体积压裂改造需求。

（傅晓宁　魏秀丽）

【准噶尔盆地勘探井钻井防漏堵漏技术研究与应用】 2020年，新疆油田公司工程技术研究院根据对准噶尔盆地西北缘、腹部、准东及南缘探区各主要漏层漏失类型和漏速条件分析研究、对已钻探井防漏堵漏材料配方粒度分布曲线及特征粒度参数测算以及室内试验的评价研究，推荐钻井防漏堵漏系列配方，提出并论证随钻封堵、强化井筒、随钻堵漏与停钻堵漏工艺方案，提出“多级桥浆”堵漏工艺方案，提高堵漏效率和一次成功率，制订准噶尔盆地勘探井钻井防漏堵漏作业指导意见书。现场应用两井次，与邻井同层位漏失井相比，平均单井漏失量降低40%，单井节约费用60万元。

（傅晓宁　魏秀丽）

【车排子地区水平井钻井提速及防漏堵漏技术研究】 2020年，新疆油田公司工程技术研究院研究设计车排子地区的水平井钻井方案，8口井优化为二开井身结构，优化后机械钻速大幅提升，单井节约费用约250万元。根据车排子地区的漏失机理和特点，研发出以高强度微变形材料和弹性材料为主的控滤失堵漏体系，具有裂缝适用范围广、封堵区强度高、耐剪切、抗返吐等特点。创新实施程序化堵漏工艺，配合控滤失堵漏体系，实现多级堵漏，解决封门、返吐、再开启等反复性漏失问题，现场试验4井次，一次性堵漏成功率100%。

（傅晓宁　魏秀丽）

【玛湖地区水平井储层改造工程地质一体化设计及工艺现场试验】 2020年，新疆油田公司工程技术研究院通过地质工程一体化研究，形成地质工程综合甜点评价方法，并优化压裂工艺指导压裂设计优化，集成建立水平井体积压裂技术2.0，成为玛湖500万吨上产的核心利器。创新攻关形成极限限流段内多簇均衡启裂技术、全程滑溜水携砂技术、小粒径石英砂高效铺置技术、直混免配聚合物压裂液、趾端滑套、可溶桥塞6项核心技术。取得两项重要突破：一是国内首次实现滑溜水连续携砂，并大量采用小粒径石英砂实现裂缝远端有效铺置；二是建立国际水准的砾岩致密油压裂模式突破深层砾岩高泵压施工难题，大幅减少现场酸处理工序。

（傅晓宁　魏秀丽）

【南缘高温高压深井储层改造工艺与应用】 2020年，新疆油田公司工程技术研究院完成支撑剂粒径优选组合，初步明确不同岩性高温高压下岩石力学特征，完成高温高压井压裂管柱安全评价；初步完成适合南缘大通径压裂管柱暂堵压裂的保护封隔器评价优选；完成分压工具设计可满足一趟管柱作业、分压2级工艺需求；研发形成低成本复配无机盐加重压裂液体系、有机盐加重压裂液体系，现场试验2井次；初步完成暂堵材料井筒运移及封堵实验；光油管高温高压深井压裂工艺初步形成，实施压裂工艺试验2口，加砂符合率100%，压后退液、试产良好。

（傅晓宁　魏秀丽）

【吉木萨尔生产阶段硫化氢成因及综合治理技术研究】 2020年，新疆油田公司工程技术研究院统计分析吉木萨尔页岩油压裂规模、压裂液类型、焖井时间对硫化氢产出规律影响，开展压裂用水SRB及硫同位素含量测定，研发形成满足温度大于90℃储层、可有效杀灭硫酸盐还原菌的杀菌除硫压裂液体系，配套形成储层深部杀菌除硫工艺。现场试验4井次，其中2口井未检测到硫化氢，2口井压裂过程中沟通，开井生产377天仅2天检测有少量硫化氢，现场试验取得预期效果。

（傅晓宁　魏秀丽）

【玛南斜坡区二叠系乌尔禾组储层改造与评价技术研究】 2020年，新疆油田公司工程技术研究院针对玛南砾岩储层不同性质下裂缝扩展规律复杂及裂缝迂曲、壁面粗糙等特征，采用岩样支撑剂泵注、CT扫描、3D打印等方法，明确迂曲裂缝粗糙壁面下支撑剂非均匀铺置特征，重新标定裂缝导流能力需求，为泵注优化提供依据。针对玛南乌尔禾组储层压后试产期压力和产量同时递减，常规试井方法不适用难题，形成压裂停泵—试采数据反演—压力恢复测试与数值模拟相结合的试油储层评价新方法。指导现场压裂应用6井次，裂缝形态匹配度高，单井提产20%；压后评价方法应用13井次，拟合率高、出参率100%。

（傅晓宁　魏秀丽）

【机械采油系统整体提效降耗关键技术研究】 2020年，新疆油田公司工程技术研究院针对新疆油田稀油老区抽油机井系统效率低现状，以及油田缺乏系统效率潜力分析评价、优化设计技术和管理手段等问题，在全面梳理机采系统现状基础上，应用新有杆泵抽油系统输入功率计算理论，形成以产量为目标、以低能耗为准则的机采系统设计新方法，并结合物联网数据库建设，首次在新疆油田搭建抽油机井节能潜力评价与优化设计管理平台，建立机采提效示范区，并在采油一厂、陆梁油田作业区推广应用。截至10月，累计现场应用770井次，单井平均系统效提高 8.8 个百分点，创经济效益 1.8 亿元。

（傅晓宁　魏秀丽）

【热采井氮气增能提效安全控制技术研究】 2020 年，新疆油田公司工程技术研究院开展并完成热采井氮气增能提效安全控制技术专题研究，明确事故爆炸机理，完成井筒可燃气体爆炸点火源判定，开展高温高压可燃气体燃爆特性实验，形成爆炸岛图和预测模型。编制热采注氮安全技术标准，共计 7 章 53 条。

（傅晓宁　魏秀丽）

【工程技术亮点】

玛湖钻井提速显著　2020 年，新疆油田公司工程技术研究院在玛湖 1 示范区开展以“大平台部署 + 工厂化钻井 + 油基钻井液”为主体的技术方案，通过油基钻井液技术应用和钻井液密度的合理管控，井壁失稳和井漏复杂得到有效控制，平均单井复杂时率降低至 4%。示范区 16 口井全部完井，平均钻井周期降幅过半。国产化大功率螺杆提速技术形成，实现水平井低成本导向，费用降低 40%，且钻井指标与进口旋转导向工具相当。

呼图壁储气库勺形轨迹试验井创多项纪录　2020 年，新疆油田公司工程技术研究院通过对复杂地质构造水平井安全高效钻井、轨迹分段设计和调控、大尺寸井眼反向定向、降摩减阻及管柱安全下入、井筒完整性技术攻关研究，形成储气库水平井安全高效钻井技术。创新实施勺形井，有效解决井口正下方储层无法动用技术难题。创造区块最大完钻井深、最长水平段、四开工期最短并实现一趟钻和安集海河组强水敏泥岩地层首次定向钻井等多项纪录，对呼图壁储气库调整工程二期顺利实施奠定重要基础。

体积压裂技术攻关，实现大幅降本和指标突破　2020 年，新疆油田公司工程技术研究院形成以“极限限流布孔 + 大段多簇 + 暂堵 + 可溶桥塞 + 免配变黏滑溜水连续携砂”为主体的组合压裂工艺系列，解决启泵高泵压需前置酸处理难题，减少单井桥射及后续钻塞作业费用，降低压裂液材料及配液成本。

在浅层石炭系首次实现清水压裂　2020 年，新疆油田公司工程技术研究院现场试验 2 井次，各项指标与滑溜水携砂水平相当，液体费用降低约 77%，压后效果与滑溜水工艺相当，为石炭系效益开发提供强有力的技术支撑。

国内首次开展水平井体积压裂套管外敷光纤监测现场试验　2020 年，新疆油田公司工程技术研究院国内首次开展水平井投球簇式固井滑套分压 + 套管外光纤监测现场试验，成功监测到压裂及暂堵过程中段内各簇进液情况，为现场施工参数调整和后期储层改造方案优化提供有效依据。

国内首套小直径大推力电潜柱塞泵在玛湖试验成功　2020 年，新疆油田公司工程技术研究院国内首次成功设计研制出外径 96 毫米、推力 35 千牛 N 小直径大推力电机，并完成配套工具设计及优选，满足 5in 套管的中泵挂 ≤ 3500 米、排量 ≤ 10 立方米 / 天生产要求。

编制股份公司《稠油 SAGD 开发地面建设标准化设计技术规定》　2020 年，油田公司工程技术研究院指导油田开发建设，控减地面建设投资，提高油田开发效益。标准化成果推广应用 521 座井场，85 座计量站，7 座中型站场，控减地面建设资 1.7 亿元。

创建“微波辅助破胶 + 微生物处置”模块化深度处置工艺　2020 年，新疆油田公司工程技术研究院形成 1 套适用于玛湖地区钻井废弃物不落地无害化处置工艺流程，实施 3 口三开井段现场随钻协同处置，达标率 100%，固废量减少 85% 以上。

（傅晓宁　魏秀丽）

【增储上产、降本增效】 2020 年，新疆油田公司工程技术研究院推进提质增效专项行动，钻井工程通过推广窄间隙井身结构、小二开井身结构、非常规四开井身结构、工厂化批量钻井、钻井液配方优化等技术，合计节约钻井投资约1.6亿元。压裂工程通过在玛湖、页岩油、石炭系等区块应用“极限限流布孔＋大段多簇＋暂堵＋可溶桥塞＋免配变黏滑溜水连续携砂”为主体的组合压裂工艺系列，实现节约投资8.2亿元；在玛湖地区扩大强化压裂参数现场试验5井次，实现滑溜水比例近100%，各项关键指标均处于国内外领先水平，实现大幅降本和指标突破。地面工程通过在金龙2井区采用“平台轮井计量＋油区集中转输＋区域高效处理”模式，节约地面建设投资约3400万元。优化集输系统，简化地面布站层级，节约产能建设投资约750万元。充分利用油田余热资源，优选清洁供热技术，完成99座生产站场、生活基地的清洁供热改造，年节约天然气1400万立方米，节电140万千瓦时，经济效益近1700万元，减排二氧化碳近5万吨。

（傅晓宁　魏秀丽）

新疆油田公司实验检测研究院

【概况】 2020年，新疆油田公司实验检测研究院群众性质量管理活动获国家级成果1项、推荐国家级品牌征文1项，省部级成果13项、油田公司级成果2项；参加能力验证16项29个参数、实验室间比对19项57个参数，结果全部满意。连续6年被美国ERA授予“卓越实验室”，连续6年获得自治区“量值比对优秀实验室”和“量值比对优秀单位”。通过中国合格评定国家认证认可委实验室复评审，质量管理体系得到持续改进和完善。

（李红）

【科技创新成果】 2020年，新疆油田公司实验检测研究院坚持科技创新，强化科技攻关，勘探重点区域实验跟踪评价实现全覆盖，重点产能建设区块配套实验完成率100%，现场保供物资质检及时率100%。承担油田公司级及以上重大科研项目85项，荣获省部级成果9项、市局级成果11项，其中，中国石油和化学工业联合会三等奖1项，自治区科技进步三等奖1项，中国石油和化工自动化应用协会一等奖1项、二等奖3项，中国能源研究会能源创新奖二等奖1项。授权发明专利2件、实用新型专利15件、软件著作权3项。“一种致密油储层岩石薄片染色的方法”荣获自治区专利奖三等奖。形成南缘高温高压井管壁沥青垢性质及析出规律、碎屑岩烃类热氧化判识等特色实验成果，助推油田公司规模效益增储上产；攻关形成页岩油注CO_2微观动用、页岩油渗吸等特色实验技术，有力保障玛湖等重点区块产能建设顺利实施。

（李红　周波）

【新技术推广应用】 2020年，新疆油田公司实验检测研究院环保、节能、高风险井口及完整性管理等检测能力不断提升。完成土壤自主监测能力建设，标志着新疆油田公司具备开展土壤风险筛查与评估能力。提升工程质检质量，研发智能化节能监测技术，工作效率提高30%以上，推动节能监测向实时化方向发展。加快管道和站场检测评价自检能力建设，技术支撑公司管道与站场失效率下降30%。

（李红　周波）

【重大试验突破和进展】 2020年，新疆油田公司实验检测研究院重大试验形成多项配套核心技术。攻克回注水配置二元体系稳定性问题，八区530井区驱油方案通过股份公司审查。七东1区聚合物驱通过配方优化及合理减浓降黏，在产量任务圆满完成基础上实现费用节约。攻关形成低渗砾岩油藏深部调驱技术、边底水薄层砂岩油藏微生物驱技术，实现提高水驱采收率3%～5%。

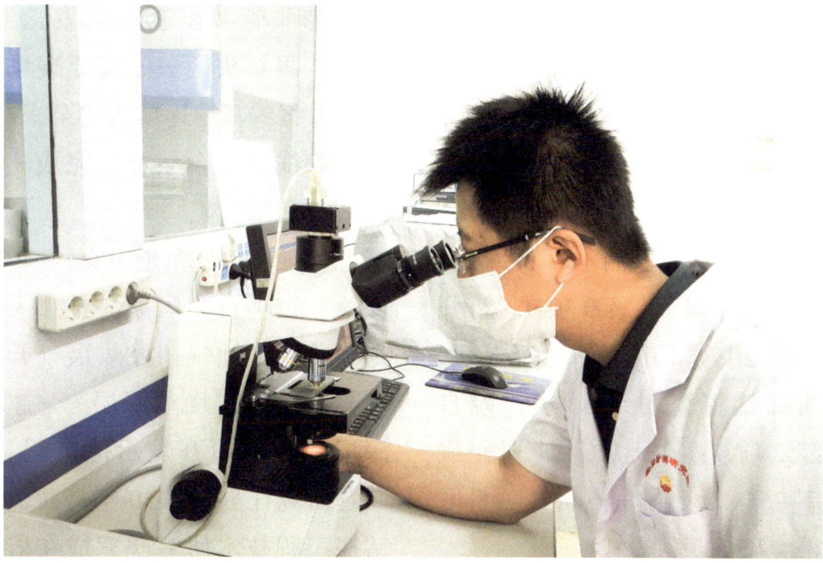

8月11日，新疆油田公司实验检测研究院技术人员进行陆梁微生物驱采出液细菌总数测定（王红波　摄）

建立火驱水平井物理模拟实验方法，提出驱、泄复合注采布井方式，支撑风重025井区超稠油直平组合火驱先导试验方案编制。明确烟道气回注最晚突破时间和最大可埋存量，助推稠油老区转换开发方式和废弃油藏效益开发。

（李红　周波）

【重点实验室新进展】 2020年，新疆油田公司实验检测研究院实验室自主创新能力不断增强。集团公司级砾岩油气藏勘探开发重点实验室通过集团公司科技管理部一期建设方案论证。新疆页岩油勘探开发实验室完成2020—2022年三年建设运行期规划，如期召开第一届学术委员会会议。地层古生物实验室针对油田亟待解决难点问题开展联合攻关，召开年度学术委员会会议，明确发展方向及双边联动机制。“非常规油气教育部国家合作联合实验室”西北研究中心开展非常规资源效益开发技术和低成本高效配套技术联合研究，为开发方案编制提供实验支撑。提高采收率联合实验室聚焦聚合物驱油体系、复合驱油体系等关键技术，研发高效压裂驱油剂、低成本硫化氢抑制剂，召开第三届技术交流会暨首届学术委员会会议，明确联合实验室发展规划及研究方向。集团公司油田化学重点实验室（新疆分室）攻关高效低成本驱油用化学剂研制、微观驱油机理等技术难题，保障油田开发方案高效实施。与中国科学院生态环境研究中心共建的水质工程联合实验室，围绕特征污染物分析、油田水处理技术开展配方研究。油气田节能减排专家工作站发挥节能减排指导职能，网络评审股份公司油气田节能节水项目7项、行业标准9项、集团企标8项。

（李红　周波）

【提质增效专项行动】 2020年，新疆油田公司实验检测研究院开展提质增效专项行动，

4月9日，新疆油田公司实验检测研究院技术人员对现场设备进行能效测试、节能诊断，多举措服务采油厂绿色发展，助力节能减排（荣玉健　摄）

制定实施“强支撑、增收入、控成本、提质量、促和谐、严考核”6大类32项提质增效专项行动措施。强化特色技术攻关，加快科技平台建设，为油田高效勘探、有效建产、精益开发提供核心技术支撑。加快成果转化，优选可转让专利或技术3项，实现科技创新带动经济创效。通过优化外送检测项目、提升设备管理和维护维修水平、优化生产用车路线、硬降管理性支出等措施实现成本硬下降。以挖潜增效为目标，以班组为单元，以标杆班组为榜样，促进工艺技术的改进、管理方法升级、生产效率提高，开展公司级、院级劳动竞赛29项，做深做实创新创效项目6项，征集合理化建议5条，参与300余人，全面完成提质增效300万元任务指标，实现成本费用节约18万元。

（李红　汤智灵　周春梅）

西部钻探工程技术研究院

【概况】 2020年，西部钻探工程技术研究院面对疫情防控和超低油价带来的挑战冲击，完成区域技术支撑、自研利器产业化目标，实现收入6.02亿元，利润4058万元。

（王立东）

【科技研发】 2020年，西部钻探工程技术研究院投入科研经费1.69亿元（其中国家、集团公司项目投入科研经费1.076亿元，占63.6%）；共开展科研项目49项，其中结转29项（国家级3项、集团公司级11项、中油油服级6项、西部钻探公司级9项），新开项目20项（中油油服级5项、西部钻探公司级13项，院自筹2项）；科研项目计划完成率95%以上；重点科技项目取得突破性进展。

（王立东）

【国家重点项目】

井下实时安全监控系统研制　该项目为国家科技重大专项《大型油气田及煤层气开发》中《深井超深井井筒安全钻井技术与装备》课题专题研究。2020年，西部钻探工程技术研究院在石西16井入井试验5井次，累计入井时间468小时，累计进尺369米，试验期间工具各项参数采集传输准确，完成北疆直径172毫米工具和直径121毫米工具已试验井资料收集分析和邻井资料汇总分析工作。

复杂地层膨胀管封堵技术研究　该项目为国家科技重大专项《大型油气田及煤层气开发》中《深井超深井井筒安全钻井技术与装备》课题中专题的研究任务。2020年，西部钻探工程技术研究院落实试验井位，跟踪井队钻井动态；落实试验膨胀管及配套工具发运、准备扩眼钻头两只；完成现场试验方案编写；逐项落实泵车、高压管线等配合装备，完成现场试验。

国产垂直钻井系统现场试验　该项目为国家科技重大专项《大型油气田及煤层气开发》中《库车坳陷深层——超深层天然气田开发示范工程》课题研究任务。2020年，西部钻探工程技术研究院完成在塔里木油田开展现场试验4口井6井次，累计钻进进尺740.9米，累计井下循环工作240.85小时。参与完成Q/SY 02631-2020《垂直钻井系统使用规范》集团企业标准1项；完成Q/SY 07009-2017《自动垂直钻井系统》集团企业产品标准1项；编制形成室内组装测试规范、现场施工工艺规范，已授权实用新型专利3项，受理发明专利1项。

（王立东）

【中国石油集团公司重点项目】

柴达木盆地优快钻井配套工程技术研究及应用　该项目为股份公司重大科技专项《柴达木盆地建设高原大油气田勘探开发关键技术研究与应用》课题9《柴达木盆地优快钻井配套工程技术研究及应用》的部分专题研究内容。2020年，西部钻探工程技术研究院完成现场试验存在问题整改；完善柴达木盆地钻井工程配套工艺技术；编写完成课题研究成果报告等验收材料。

井下随钻安全监控系统现场试验　该项目为集团公司重大现场试验项目。2020年，西部钻探工程技术研究院完善风险评估软件，实现井漏、溢流、卡钻、断钻具四大类风险模型优化；完成井下安全监控工具现场试验，完成已试验井资料收集分析和邻井资料汇总分析工作。

复杂地质目标降低成本钻井关键技术研究与应用（新疆二期）　该项目为股份公司专项。2020年，西部钻探工程技术研究院自研旋转导向系统现场试验2口井，形成3套工业样机；自研随钻探边地质导向系统，形成2套样机。针对新疆、吐哈油田重点区块提速难题，自研新型提速工具累计完成现场试验8口井，工具寿命达到120小时以上，机械钻速较邻井同井段提高20.5%以上；运用数值仿真优化形成多次开关堵漏工具，形成121毫米/172毫米两种规格工具，累计完成新疆油田8口井现场试验；完善精细控压钻井装备和分析软件，形成井底压力监测和模拟计算、回压补偿、控压起下钻等工艺技术，完成南缘、火烧山等区块3口井精细控压钻井工艺应用，实现试验井段零漏失、零复杂目标；完成抗高温胶凝材料体系外加剂开发和制备，构建新型抗高温磷铝酸盐水泥体系，形成体系腐蚀控制技术，完成长期稳定性评价，开展现场试验1井次，固井质量合格率100%，满足多轮次热采吞吐强度需求；完成满足超稠油注过热蒸汽新型热采工具设计开发，提升工具密封可靠性，抗温 -46℃～350℃，完成3口井试验，达到设计要求；完成超高密度水泥浆室内实验76套，完成4井次现场试验，固井质量合格率达到100%；研制二代完整性测试装置，现场试验2口井，固井质量合格率100%；研发高效冲洗隔离液，完成封固段长超过3000米泥浆固井试验9口井、长水平段水平井固井试验6口井，固井质量合格率100%，优质率55.6%。

含硫井安全作业关键技术研究与应用　该项目为集团公司级项目“重大工程关键技术装备研究与应用（二期）”中课题4“含硫井安全作业关键技术研究与应用”。2020年，西部钻探工程技术研究院完成液压组件装配，电机闭环控制测试，完成电机闭环控制程序及地层流度计算程序调试验证。完成电机闭环控制，经过测试电机控制柱塞泵正常；完成脉冲器探管与主控电路数据传输测试，脉冲器探管正常接收数据，传输正常；完成地层压力液压组件综合测试。完成室内测试，满足设计要求。

（王立东）

【工程技术分公司（中油油服）统筹项目】 2020年，西部钻探工程技术研究院先后开展压裂砂类型优选技术研究，环空压力、井下震动随钻仪器研究与推广，年度重点工程钻完井提速提效技术研究——新型设施、工具、工艺配套研究，南缘深井超深井钻完井研究与集成配套，苏里格高含水气藏柱塞排水采气技术研究与现场应用，长庆油田区域水平井精细改造提高单井产量技术推广应用，新疆成对水平井磁定位系统研究与推广，可溶桥塞压裂技术研究与试验等中油油服统筹项目。

（王立东）

【公司级重点项目】 2020年，西部钻探工程技术研究院开展近钻头动态井斜和方位伽马测量系统研制、压裂液水剂产品自主化研制、青海英雄岭构造提速综合配套技术研究与应用、“新疆油田玛湖1、玛东2、吉木萨尔页岩油”提速新技术推广应用、水平井水平段长段取心工具及工艺的研究、克深35井提速关键技术研究与应用、垂直钻井系统定型及产业化、重点风险勘探区块地质力学建模及井身结构优化研究、井下钻柱失效风险评估技术研究、一体化井壁加固技术研究、静磁随钻探测防碰系统研制、智能化一体式精细控压钻井系统研制、大功率可调式多向耦合冲击提速工具及井底动态记录仪一体化提速技术研究、冲击器动态工作特性研究与内部流场和冲蚀磨损分析、库车山前地区砾石层气体钻井配套工艺技术研究、基于快速钻井理论和数据分析的钻井优化研究、岩石力学及钻井提速基础研究、油基钻井液注水泥塞技术研究、玛18井区超长水平段水平井钻井配套技术研究与应用、超长水平段连续油管下入减阻工具及配套安全装置的研制、冲击器配套个性化钻头开发与应用、青海油田柴西北区块井壁稳定技术研究等项目攻关。

（王立东）

【自筹重点项目】 2020年，西部钻探工程技术研究院开展高效PDC取心钻头技术研究、扭力冲击器配套个性化钻头研制等项目攻关。

（王立东）

【技术支撑】 2020年，西部钻探工程技术研究院发挥方案设计优化、技术支撑优势，为公司整体提速提效、降本增效贡献力量。

重点区域支撑 2020年，西部钻探工程技术研究院以“助力水平井综合提速、保障深探井优快钻井”为目标，通过靠前保障和远程支持相结合，完成提速方案编制、模板优化、实钻模拟计算等技术支撑工作800余项，实现对重点井复杂防控和关键工序保障全覆盖，保障打成一批集团公司发现井和重点井，助力玛湖、吉木萨尔同比钻机月速分别提高23.2%、52.66%，机械钻速提高22.02%、76.82%。

提速工具管理 2020年，西部钻探工程技术研究院发挥提速工具引进管理主体平台优势，确定“统一评估、统一引进、统一招标、统一评估、统一组织”“五统一”原则，强化性价比对标，优化资源配置，提升服务质量、运行效率，全年共组织各类提速服务234井次，保障进尺17.2万米，节约钻井周期超900天。

示范工程 2020年，西部钻探工程技术研究院牵头整合内外部资源，形成方案同优、项目合管、成果共享联合运行机制，全年完成15口示范井，实施井平均提速30%以上，刷新区块纪录30余项，两度获中油油服贺信表扬。

MSE项目 2020年，西部钻探工程技术研究院引进先进钻井理念技术，采用“外方远程指导＋项目组现场实施”运行机制，自主开发MSE优快钻井计算分析软件，联合搭建现场实时联动平台系统，确保MSE优快钻井项目快速见效落地。在玛湖完成5口水平井现场优化实践，创下13项区块提速指标，助力艾湖2井区二开钻井周期同比缩短18.3%，形成可视化、数字化MSE优快钻井支持手段、工作流程及管理经验。

（王立东）

【技术服务】 2020年，西部钻探工程技术研究院完成技术服务1574井次。创造英中干柴沟组上段地层“零复杂、零事故”纪录，较区域平均钻井周期缩减193天。保障新疆油田第一深井呼探1井顺利完井，首次在新疆油田实现精细控压固井施工、创下油田3项纪录。在苏里格合作区措施井采取措施有效率达81.2%，累计增产1.65亿立方米，完成年增产1.3亿立方米目标的125%，全年维护井数较2019年同期下降4.5%，措施有效率较2019年同期提升2.7%。超深井取心技术在呼探1井7365米成功实施，创准噶尔盆地、新疆油田最深取心纪录；优质完成吐哈重点复杂井胜北503H、胜北505H井固井技术服务，成功解决胜北区块高压气藏长封固水平井固井难题。在哈萨克斯坦共和国提供氮气气举技术服务92井次，单井出油率达

95.65%，单井平均施工周期较区域缩短40%。实现国产抗高温高密度水泥体系攻关突破，在南缘深探井固井应用9口井，较国外水泥浆体系单井成本降低超50%。开展吐哈低密度水泥浆体系优化，每平方米均价下降超千元，性能通过室内验证具备应用要求。在苏里格区域推行“多级支撑+砂代陶+返排液再利用”工艺，单井成本节约近200万元。

（王立东）

【成果、专利】 2020年，西部钻探工程技术研究院共发表论文54篇，其中SCI发布5篇；申报专利53件，其中发明专利38件，发明专利占比71.6%，发明专利申报数量同比2019年增长111%；已获授权专利39件，其中发明专利1件，美国PCT授权专利1件；发明专利“取心用浮动活塞装置”获自治区第四届专利奖三等奖；牵头、参与集团公司标准制定、修订2项，牵头起草并发布公司级标准15项，申报2021年集团公司企业标准制定3项、西钻公司企业标准制定3项，标准制订、修订数量较2019年同期增长87%。

（王立东）

科研成果

【概况】 2020年，克拉玛依市（含驻市央企新疆油田公司）共获得省部级以上科技成果奖励36项。其中新疆维吾尔自治区奖励19项，中国石油天然气集团公司奖励7项，中国石油和化学工业联合会奖励10项。截至年末，全市共有34项科技（人才）项目获得自治区科技厅支持，共获得自治区科技支持资金360万元。

（龚小茜）

【获新疆维吾尔自治区科技进步奖和技术发明奖项目】 2020年，克拉玛依市共有19项科技成果荣获2019年度自治区科学技术奖。其中新疆油田公司“稠油火驱采油关键技术及工业化应用”“大型地层岩性油藏群勘探理论认识与中拐北斜坡6亿吨油区发现”2项成果获科技进步奖一等奖，克拉玛依市科能防腐技术有限责任公司“特种基乙烯内衬油管技术产业化”等7项成果获科技进步奖二等奖，市中心医院“循证药学平台的建立与应用”等9项成果获科技进步奖三等奖，科技进步奖获奖总量占自治区该奖项数量的六分之一。新疆油田公司“薄层砂岩底水油藏筛管完井水平井控水技术及应用”获得技术发明奖二等奖。

（徐后伟）

【获中国石油天然气集团公司科技进步奖和技术发明奖项目】 2020年，驻克拉玛依市中央企业新疆油田公司共获得中国石油天然气集团公司科技奖励7项，其中中国石油天然气集团公司科技进步奖一等奖1项、二等奖3项、三等奖2项，中国石油天然气集团公司技术发明奖二等奖1项。

（徐后伟）

【获中国石油和化学工业联合会科技进步奖和技术发明奖项目】 2020年，驻克拉玛依市中央企业新疆油田公司共获得中国石油和化学工业联合会科技奖励10项。其中中国石油和化学工业联合会科技进步奖一等奖4项、二等奖1项、三等奖3项，中国石油和化学工业联合会技术发明奖一等奖1项、二等奖1项。

（徐后伟）

获新疆维吾尔自治区科技进步奖和技术发明奖项目一览表

表 9

项目名称	获奖等级	完成单位	主要完成人
《陆相页岩油理论技术创新及吉木萨尔大油田发现》	新疆维吾尔自治区科技进步奖一等奖	中国石油新疆油田分公司、中国石油勘探开发研究院、中国石油大学（北京）、新疆页岩油勘探开发重点实验室；	支东明、匡立春、齐洪岩、侯连华、秦志军、侯冰、高阳、黄立良、郑孟林
《玛湖致密砾岩油藏体积压裂关键技术及工业化应用》	新疆维吾尔自治区科技进步奖一等奖	中国石油新疆油田分公司、中国石油大学（北京）	朱志宏、邹雨时、于会永、承宁、王雷、丁坤、王飞、田刚、张勇、陈进、何小东、孙宜成
《智能油田建设与规模应用》	新疆维吾尔自治区科技进步奖一等奖	中国石油新疆油田分公司	李清辉、曾颖、贾鹿、支志英、石国伟、张亚顺、苏伟、马骥、艾民、刘江涛、陆兴、段非
《强非均质性超稠油油藏有效开发关键技术研究与应用》	新疆维吾尔自治区科技进步奖二等奖	中国石油新疆油田分公司	杨智、罗池辉、孟祥兵、孙新革、杨果、张效恭、王倩、周晓义、王青
《准噶尔盆地复杂火山岩油藏开发关键技术与规模化应用》	新疆维吾尔自治区科技进步奖二等奖	中国石油新疆油田分公司、中国石油大学（北京）、中国石油勘探开发研究院	邹正银、蒋庆平、王志章、孔垂显、卢志远、何辉、寇根、刘月田、常天全
《准噶尔盆地西北缘开发区块压裂提产技术及工业化应用》	新疆维吾尔自治区科技进步奖二等奖	中国石油新疆油田分公司、中国石油大学（北京）	罗兆、梁天博、贾久波、周福建、吴虎、吕蓓、刘海龙、外力·阿不力米提文、贤利
《新疆油田稠油密闭集输工艺技术研究与应用》	新疆维吾尔自治区科技进步奖二等奖	中国石油新疆油田分公司、中油（新疆）石油工程有限公司、新疆敦华石油技术股份公司	单朝晖、蒋旭、胡波、李倩、李予、于淼、雷江辉、朱国华、李强
《稠油热采过热蒸汽品质控制关键技术及应用》	新疆维吾尔自治区科技进步奖三等奖	中国石油新疆油田分公司、西安交通大学	胡远远、郭巍、李学军、张锋、朱新建、白博峰、王柳斌
《准噶尔盆地油气资源利用与生态环境协调发展策略研究》	新疆维吾尔自治区科技进步奖三等奖	中国石油新疆油田分公司	杨新平、王斌、汪飞、王国斌、芦慧、李晓山、张泽丹
《准噶尔盆地石油地质综合研究与战略领域选择》	新疆维吾尔自治区科技进步奖三等奖	中国石油新疆油田分公司	陈磊、杨海波、王鑫、杨镱婷、曹元婷、李婷、杨思迪
《准噶尔盆地特殊油品地球化学性质精细研究技术及应用》	新疆维吾尔自治区科技进步奖三等奖	中国石油新疆油田分公司、中国石油勘探开发研究院、中国地质大学（北京）、南京大学	靳军、米巨磊、李二庭、王剑、王汇彤、侯读杰、曹剑
《应变设计的 80SH 稠油热采套管研制与应用》	新疆维吾尔自治区技术发明奖二等奖	中国石油新疆油田分公司	田志华、韩礼红、王航、舒博钊、董小卫、南荣丽

获中国石油天然气集团公司科技进步奖和技术发明奖项目一览表

表 10

项目名称	获奖等级	完成单位	主要完成人
《新型高效无杆举升及配套技术》	中国石油天然气集团公司科技进步奖一等奖	中国石油勘探开发研究院、中国石油大庆油田分公司、新疆油田分公司、大港油田分公司、吉林油田分公司	李益良、沈宝明、谢建勇、雷群、郝忠献、周建文、杜伟山、朱世佳、师国臣、张立新、刘殿峰、韩岐清、石彦、王国庆、王全宾、单红宇、李辉、魏纪德
《强非均质性砾岩油藏聚合物驱工业化应用关键技术研究》	中国石油天然气集团公司科技进步奖二等奖	中国石油新疆油田分公司、中国石油勘探开发研究院	王晓光、张菁、罗强、刘卫东、李红伟、程宏杰、娄清香、袁述武、刘文涛、楼仁贵、关丹、张朝良
《油气勘探开发共享研究环境的创建与应用成效》	中国石油天然气集团公司科技进步奖二等奖	中国石油新疆油田分公司	雷德文、王白羽、娄兵、牛志杰、黄华晔、段非、石峰、于会松、秦志军、游伟、孙兵、滕良娟
《致密油藏压裂增能高效改造关键技术研究与应用》	中国石油天然气集团公司科技进步奖二等奖	中国石油勘探开发研究院、中国石油新疆油田分公司	王欣、李佳琦、何春明、才博、邱晓慧、马俊修、李帅、段贵府、陈昂、修乃岭、许可、南荣丽

续表 10

项目名称	获奖等级	完成单位	主要完成人
《开发中后期油田上产关键技术攻关及应用》	中国石油天然气集团公司科技进步奖三等奖	中国石油新疆油田分公司、中国石油勘探开发研究院	刘文锋、尚建林、王勇、邹存友、赵旭斌、汤传意、辛骅志、赵亮
《低渗砾岩储层录井精细解释评价技术》	中国石油天然气集团公司科技进步奖三等奖	中国石油西部钻探工程公司、中国石油新疆油田分公司	隋泽栋、薛晓军、李晨、黄卫东、陈向辉、黄国荣、赵彦清、马玉明
《双水平井 SAGD 微压裂启动关键技术及应用》	中国石油天然气集团公司技术发明奖二等奖	中国石油新疆油田分公司、中国石油勘探开发研究院	陈森、游红娟、张胜飞、潘竟军、黄勇、蒲丽萍、李秀峦、桑林翔

获中国石油和化学工业联合会科技进步奖和技术发明奖项目一览表

表 11

项目名称	获奖等级	完成单位	主要完成人
《新疆砾岩油藏聚表二元驱高效开发关键技术与工业化应用》	中国石油和化学工业联合会科技进步奖一等奖	中国石油新疆油田分公司、北京大学、中国石油工程建设公司	霍进、刘顺生、师永民、程宏杰、聂小斌、吕建荣、栾和鑫、戚亚明、李红伟、王晓光、李龙、陈权生、赵美刚、袁述武、顾鸿君
《吉木萨尔陆相页岩油理论技术创新及战略发现》	中国石油和化学工业联合会科技进步奖一等奖	中国石油公司新疆油田分公司、中国石油勘探开发研究院、中国石油大学（北京）、西南石油大学、中国石油大学（华东）	匡立春、邹才能、支东明、侯连华、王小军、唐勇、侯冰、王振林、廖广志、郭旭光、毛新军、宋永、朱如凯、靳军、吴宝成
《减氧空气驱/高温火驱高效开发理论与关键技术》	中国石油和化学工业联合会科技进步奖一等奖	中国石油勘探与生产分公司、中国石油勘探开发研究院、中国石油新疆油田分公司、辽河油田分公司、长庆油田分公司、吐哈油田分公司、中国石油大学（北京）、西南石油大学、清华大学、中国石油规划总院	廖广志、王红庄、王正茂、唐君实、王伯军、潘竟军、关文龙、于天忠、刘顺生、史承恩、徐君、李宜强、蒲万芬、马宏斌、宋蔷
《碎屑岩储层叠覆式沉积理论和技术创新及油气勘探开发应用》	中国石油和化学工业联合会科技进步奖一等奖	长江大学、中国石油新疆油田分公司、中国石油化工股份公司江苏油田分公司、中国石油大港油田分公司、中国石油化工股份公司江汉油田分公司、中国石油化工股份公司中原油田分公司、武汉时代地智科技股份有限公司、克拉玛依纳宇通达石油技术公司	张昌民、尹太举、尹艳树、李少华、方志雄、蔡明俊、李中超、阿布力米提·依明、刘云生、朱锐、冯文杰、刘远刚、喻思羽、徐清海、张莉
《准噶尔盆地红车断裂带复杂稀油油藏老区稳产关键技术研究及应用》	中国石油和化学工业联合会科技进步奖二等奖	中国石油新疆油田分公司、中国科学院科技战略咨询研究院、长江大学	胡清雄、周隶华、张梦露、张君劼、杨志冬、蒲钰龙、高志伟、丁韦、邢珂铱、孙德强
《地球化学定量分析关键技术及在油气勘探中的应用》	中国石油和化学工业联合会科技进步奖三等奖	中国石油新疆油田分公司、中国石油勘探开发研究院、南京大学	李二庭、靳军、王汇彤、王剑、马万云
《准噶尔盆地改造型火山岩油藏有效开发关键技术及百万吨产能建设》	中国石油和化学工业联合会科技进步奖三等奖	中国石油新疆油田分公司、中国石油勘探开发研究院	孔垂显、李顺明、蒋庆平、吴远纶、叶义平
《新疆致密砂砾岩储层水平井钻井提速技术及规模应用》	中国石油和化学工业联合会科技进步奖三等奖	中国石油集团工程技术研究院有限公司、中国石油新疆油田分公司	汪海阁、邹灵战、关志刚、卓鲁斌、胡开利
《新型无碱驱油用表面活性剂合成技术及应用》	中国石油和化学工业联合会技术发明奖一等奖	中国石油勘探开发研究院、中国石油长庆油田分公司第二采油厂、中国石油新疆油田分公司实验检测研究院、大庆油田开普化工有限公司	张群、马德胜、周朝辉、李建霆、石国新、聂小斌、吕伟峰、鲍敬伟、李晓东、罗文利
《稠油热采井温度压力振动监测技术与工业化应用》	中国石油和化学工业联合会技术发明奖二等奖	中国石油新疆油田分公司、清华大学、北京知觉科技公司	谢斌、张敏、潘勇、董小卫、舒博钊、邹琪琳、汪志、刘海龙

文化体育

公共文化

【概况】 2020年，克拉玛依市有文化场馆10个，场馆面积15.2万平方米；年末全市拥有市级文化馆、展览馆、图书馆各1座，市歌舞团1家，区级文化馆、图书馆6座。全市有文化场地260座（公共文化场馆、文化活动阵地159个），文体设施人均占有面积达5.5平方米，公共图书馆图书人均占有量达6.5册。建成“10～15分钟文化服务圈”，形成市、区、街道（乡镇）、社区（村）四级城乡一体公共文化设施网络、多民族融合的公共文化供给体系和组织支撑体系。全市文化经营单位2475家，从业人数2.96万人。市级图书馆、文化馆均被文化部评为一级馆；克拉玛依区、独山子区图书馆为国家一级图书馆，白碱滩区图书馆被评为国家二级图书馆；克拉玛依区、独山子区、白碱滩区文化馆等3个县级文化馆均为国家一级文化馆。全市乡镇（街道）全部设置基层综合性文化服务中心。

（刘家伊）

1月18日，市文化馆、市图书馆开展“送福送喜送春联 欢欢喜喜过大年”新春送福活动。图为书法爱好者们在挥毫泼墨写春联

（闵勇 摄）

【公共文化服务体系建设】 2020年，克拉玛依市完善公共文化服务体系建设，实施文化惠民项目，打造“城市书屋、社区书房”文化惠民项目，作为公共图书馆的有益补充；打造街头文化艺术点、丰富群众文化阵地，全年新增世纪公园“戏曲艺术群众展演舞台”和文体中心“青少年文化艺术展演舞台”。按照《文化和旅游部办公厅关于开展第五次全国文化馆评估定级工作的通知》和自治区文旅厅《关于开展第五次全国文化馆评估定级工作的通知》要求，制定《克拉玛依市开展全国第五次文化馆评估定级工作方案》，于11月底完成克拉玛依市4个文化馆评估工作。

（刘家伊）

【公共文化数字服务】 2020年，克拉玛依市依托公共文化服务平台和手机软件开发线上阵地，突破传统服务模式，扩大公共文化服务覆盖面，整合克拉玛依市文化体育旅游相关信息建成云游克拉玛依App，形成包括文体场馆预定、文体旅游信息咨询、文体旅游信息发布在内的一站式信息交流平台。加强数字图书馆、数字文化馆建设，增加电纸书借阅、云上看展等公共文化数字服务。

（刘家伊）

【市图书馆】 2020年，克拉玛依市图书馆增加线上资源推广，形成线上线下活动相结合模式，全年开展活动105项，其中线下活动73项，线上活动32项。全年接待读者近11万人次，新增借阅证1737个，图书馆联建共享一体化示范项目借阅总量达到7.18万册次（其中市图书馆5.72万册次）。4月23日，市图书馆分馆——“城市书屋”揭牌，正式面向读者开放。2020年，克拉玛依市图书馆荣获“全民阅读示范基地”称号。

（刘家伊）

【市文化馆】 2020年，克拉玛依市文化馆中心馆组织开展线上、线下各类演出、培训20余项。其中“我们的中国梦”——文化进万家“万众一心战疫情、春暖花开终可期”等下基层慰问演出15场；馆办京剧团代表克拉玛依参加国家京剧院65周年演出活动。

（刘家伊）

【市歌舞团】 2020年，克拉玛依市歌舞团开展“万众一心战疫情，春暖花开终可期”主题慰问演出，前往市中心医院、白碱滩区（克拉玛依高新区）人民医院、驻克部队、金龙镇街道办、三坪镇街道办，慰问疫情防控一线医护人员、消防队员、公安民警、社区工作人员、社区志愿者700余人；6月，参演新疆最美独库公路开路节，观演人数5000余人；7月，参加“第四届温泉香紫苏文化旅游节”开幕式及闭幕式文艺演出，现场观众3000余人。全年为全市20余个社区和单位送去35场惠民演出，惠及市民2万人次。

（刘家伊）

【市博物馆】 2020年，克拉玛依市博物馆免费开放和接待服务工作受疫情防控影响有所减少，截至11月19日，共计接待参观489批次，11675人。12月21日，克拉玛依市博物馆通过国家文物局定级评估，升级为国家三级馆。全年先后开展“唱响红色经典，永葆事业激情”“迎六一·聆听历史声音，激发成长灵感”以及红领巾小课堂活动等3次社教活动，举办“明春节礼俗，树文化自信——年俗文化专题展”。全年依托石油元素设计制作系列文创产品4类，1250件；全年共征集各类文物392件。

（刘家伊）

【独库公路博物馆开馆】 2020年6月12日，独山子区在独库大本营游客服务中心广场举办独库公路博物馆开馆仪式，自治区、市、兵团第七师、新疆

6月12日，独山子区举行独库公路博物馆开馆仪式（帕尔哈提　摄）

公路勘察设计院、和静县、尼勒克县、新源县、沙湾市、乌苏市等地区相关领导，区四套班子全体领导、独山子石化公司领导及46名独库公路筑路老兵出席仪式。区委、区政府领导为老兵代表颁发纪念章，区人大常委会、区政协相关领导为11家“老兵之家”定点酒店和餐厅企业授牌，相关领导及筑路老兵代表共同为独库公路博物馆开馆揭幕。“宝石花”志愿服务队独山子老年大学合唱团深情演唱《战天山》《中国人民解放军军歌》《祖国不会忘记》，向修路人员表达崇高敬意。

（黄银凤）

【克拉玛依紫砂博物馆】 2020年6月，克拉玛依市文化体育广播电视和旅游局完成全市第二家民间博物馆——克拉玛依市紫砂博物馆注册工作。紫砂博物馆以紫砂艺术对中华传统文化历史以及茶文化影响为主题，是一个集展示、宣传、科教、欣赏、研究为一体的多功能现代化博物馆。

（刘家伊）

文化艺术

【概况】 2020年，克拉玛依市先后举办“克拉玛依之春”“独库公路通车仪式”“端午节文化集市暨车房展”“线上读书沙龙”“云上全民健身”“丰收金秋、喜迎双节、畅享油城”等系列文化旅游活动300余项。

（刘家伊）

【市“首届中国风跨年夜”活动举办】 2020年1月1日，克拉玛依市在市文化馆和美术馆举办“中国风跨年夜”活动，活动设置电竞比赛、国风扮装、网红打卡摄影等项目，吸引众多年轻市民进馆参加活动。

（刘家伊）

【书法、剪纸百“福”展】 2020年1月，克拉玛依市文化馆开展第三届书法、剪纸百“福”展活动，组织书法爱好者集中为群众写春联送福字，活动吸引近500人参与。

（刘家伊）

【第二十一届水节系列活动】 2020年，克拉玛依市开展第二十一届“云端水节”系列活动。系列活动包括水节大家乐“嘻哈包袱铺相声专场直播演出”、水节“云原创”歌曲大赛、“云端书画颂油城”——书法绘画作品征集活动、水节“齐颠大圣”抗疫情活动、“云马花园”跑起来主题活动、水节全民动起来系列活动、水节“好书分享　分享有礼”活动等。其中8月8日举行的水节大家乐“嘻哈包袱铺相声专场直播演出”在腾讯微视直播平台及本地、疆内直播平台同时直播，直播当天微视在线观看人次72.40万人次，直播间进房人次89.47万人次。水节“云原创”歌曲大赛共征集到18首本土创作歌曲，最终两首歌曲成功入选，5首歌曲成功入围。

（刘家伊）

【钢琴音乐节系列活动】 2020年10月23—25日，市文化馆举办“克拉玛依市2020首届钢琴艺术节”，整个艺术节包括3场钢琴专题学术讲座、2

10月23日，克拉玛依市首届钢琴艺术节在青少年科技活动中心剧场举行（彭召勇　摄）

场钢琴公开课和3场钢琴独奏音乐会，参加人数约1200人。

（刘家伊）

【第三届临书临印临画展】 2020年10月，克拉玛依市“喜迎国庆、情溢中秋”第三届临书临印临画展在市文化馆美术展厅举行，展出作品141幅，参观人数近600人；10月24日，举办第二届“魅力克拉玛依”写生展，从170幅征集作品中评出入选作品115幅，评出优秀作品奖20幅；10月15日，举办“全面建成小康年”三人油画联展，参展作品共计80件。

（刘家伊）

【服务群众文化活动】 2020年，克拉玛依市文化体育广播电视和旅游局组建传统文化服务队、文艺轻骑兵服务队两支，开展零距离为民服务活动。全年出动工作人员800余人次，走进社区、学校、医院等基层单位开展文艺演出45场次；通过持续开展“和群众在一起”系列服务活动，促进各民族间交往交流交融与团结。

（刘家伊）

【中华优秀传统文化传承普及推广活动】 2020年，克拉玛依市文化体育广播电视和旅游局推动“多元一体”建设，推动优秀传统文化传承发展和在基层、校园推广、普及，制定《中华优秀传统文化进校园、进社区方案》，以各区为活动开展主体，以未成年人为主要目标群体，开展民乐、书法、戏曲等7个项目推广普及活动。

（刘家伊）

【全民阅读活动】 2020年，克拉玛依市文化体育广播电视和旅游局开展喜“阅”新年嘉年华大型游园活动，首次与多家企业合作，将文化、教育、科技、亲子互动等元素有机结合，吸引近5000名市民参与。开展线上阅读系列活动，全年共发布各类推文225篇，总浏览量达11.7万人次，公众号关注人数由14660人增长至19416人，增长率超过30%。全年开通QQ阅读、懒人听书、新语听书、博看有声、一网读尽等多个数字阅读平台，开展主题线上荐读、知识竞答、QQ阅读“微书评”等活动；持续开展读书沙龙、“读”一无二、家庭教育读书会、“我最喜爱的童书”阅读推广以及公益展览等活动。

（刘家伊）

【群众文化艺术作品创编】 2020年，克拉玛依市文化体育广播电视和旅游局开展的百日广场和社区文艺展演活动侧重于群众文艺作品创编，旨在推出优秀群众文艺作品、促进群众文化事业繁荣、提升全民文化艺术素养、营造群众文化艺术作品创作氛围，鼓励各区文化馆、文化行业协会、艺术培训机构、企事业单位所属文艺团体（专业艺术团体除外）创编艺术作品。全年择优选取小品《铁老汉的夏天》、舞蹈《天山筑路人》、少儿舞蹈《黑油山的光》、歌曲《梦中的独库公路》等本土群众原创作品给予创作支持，并为下一届群星奖申报做储备。

（刘家伊）

【文艺作品创作】 2020年，克拉玛依市文化体育广播电视和旅游局开展重点文艺节目征集工作，通过市区两级专业评选，确定《我们的父辈》《不忘初心、祖国慈祥的母亲》等21个作品作为2020年重点文艺作品创作进行培优扶强。通过“云创作”“荒野之声原创歌曲大赛”等文化活动，开展歌曲、书画作品创作，共征集歌曲30余首，书画作品160余幅。手机影片《铁老汉的夏天》入围中国金鸡百花电影节·中国电影金鸡奖；微电影《一辈子都不腻Ⅱ画星星》获得第八届亚洲微电影艺术节“金海棠”好作品奖。

（刘家伊）

【话舞剧创作】 2020年，克拉玛依市歌舞团开展原创话舞剧《非常镶坑》编创制作工作，分别对话舞剧剧本、音乐、舞美道具等开展阶段性讨论，针对剧本创作进行反复论证及修改。截至年末，整体音乐创作及舞美道具设计制作初步完成，并完成剧目排练。

（刘家伊）

【音乐舞蹈创作】 2020年，克拉玛依市歌舞团创作《北纬45.6°》《一起扛》《克拉玛依再出发》《牧云独库》4首原创歌曲和精品舞蹈节目《行云流水》；丰富下基层演出节目，先后创作《吉祥赞歌》《春风吹过马背》《恋》《再出发》等8个基层演出舞蹈，并推出《阳光路上》《红旗飘飘》《强军战歌》等6首演出曲目。

（刘家伊）

文化遗产保护

【文物保护利用】 2020年，克拉玛依市共有在册国有博物馆1个，民间博物馆2个；共有不可移动文物23处，其中全国重点文物保护单位2处。克拉玛依市文化体育广播电视和旅游局针对不可移动文物保护状况、管护特点、合理利用等情况，开展专项检查与分类指导。完善市级文物保护单位档案，设立文物保护标志。推进中国石油博物馆建设项目立项，撰写完成《关于拟建中国石油博物馆建议书》，指导各区文体旅游局开展文物保护利用工作并举行研讨2次，推动全市工业遗产保护利用与文化保护传承、产业创新发展、城市功能提升协同互进。

（刘家伊）

2020年克拉玛依市级非物质文化遗产代表性项目名录统计表

表12

序号	项目类别（对应国家级名录类别）	项目名称	项目保护单位	项目传承主体民族	市级代表性传承人		入选市级名录批次
					在世传承人名单	已去世传承人名单	
1	传统音乐	维吾尔木卡姆（歌舞乐大型综合艺术）	克拉玛依市文化馆	维吾尔族	阿不来提·吾休尔	阿不力克木·马合木提	第一批
2	传统舞蹈	克拉玛依市独山子区维吾尔波尔卡舞	克拉玛依市文化馆	维吾尔族	托呼提·哈斯木尼亚孜·艾孜买提		第一批
3	传统戏剧	克拉玛依木偶戏（传统戏剧傀儡制作及表演）	克拉玛依市文化馆	汉族	姚连成		第一批
4	传统戏剧	克拉玛依豫剧（传统戏剧）	克拉玛依市文化馆	汉族	孙其久		第一批
5	传统戏剧	克拉玛依秦腔（传统戏剧）	克拉玛依市文化馆	汉族	惠映祖		第一批
6	传统美术	克拉玛依根雕（民间美术雕塑）	克拉玛依市文化馆	汉族	朱生军		第一批
7	传统美术	克拉玛依剪纸（民间美术工艺）	克拉玛依市文化馆	汉族	刘义晟	姚淑芹	第一批
8	传统美术	克拉玛依铁艺（民间美术工艺）	克拉玛依市文化馆	汉族	肖玉忠		第一批
9	传统美术	克拉玛依维吾尔剪纸（民间美术工艺）	克拉玛依市文化馆	维吾尔族	克依木·哈力克		第二批
10	传统美术	克拉玛依泥塑（民间美术雕塑）	克拉玛依市文化馆	汉族	朱生军		第三批
11	传统美术	克拉玛依市综合版版画新技法	克拉玛依市文化馆	汉族	文祖云、崔年友		第三批

【非物质文化遗产保护传承】 2020年，克拉玛依市有非遗代表性项目28个，非遗代表性传承人41位，非遗项目保护单位6个。在全市范围内开展第二次非物质文化遗产普查工作，对国家规定非物质文化遗产门类包含8个以上学科开展普查，完成普查成果7大类、31项；参加自治区2020年“文化和自然遗产日”暨新疆第八届非物质文化遗产周系列活动——新疆剪纸作品展，50幅本地剪纸作品入选并参加2020年“文化和自然遗产日”暨第八届“新疆非物质文化遗产周”非遗作品展示活动。

（刘家伊）

【文物保护单位】 2020年，克拉玛依市不可移动文物保护单位24处，其中全国重点文物保护单位2处，自治区级文物保护单位7处，市级文物保护单位4处。

（廖佳）

【非物质文化遗产传承人】 2020年，克拉玛依市新增第三批非遗传承人3名。截至年末，全市有自治区级非遗传承人2名，市级传承人12名，市级传承基地2个。开展非遗项目演出活动5场，演职人173名，观众690余人。培训、展览7场，参观人数5400余人。

（肖开提）

【非物质文化遗产名录】 2020年，克拉玛依市组织开展市级非物质文化遗产代表性项目保护单位检查和调整工作，制发《关于公布克拉玛依市级非物质文化遗产代表性项目保护单位名单的通知》，对11个市级、28个区级非遗项目保护单位进行认定。

（肖开提）

【克拉玛依城市主题展览获国家文物局推介】 2020年12月1—3日，克拉玛依市博物馆作为唯一一家地（州、市）级博物馆，受邀参加国家文物局召开的“弘扬优秀传统文化、培育社会主义核心价值观”主题展览座谈会。克拉玛依市博物馆制作的“克拉玛依·城记：一座城市的荣耀与抱负”主题展，以克拉玛依城市化进程为主线，凸显人与城的紧密联系，主题展览由“石油圣地”“伟大工程”“日新月异”三大章节构成，围绕“油、水、城”三方面，全方位展示克拉玛依60余年来飞速发展的辉煌历程。国家文物局推介的展览内容涵盖弘扬中华优秀传统文化、脱贫攻坚奔小康、抗击新冠肺炎疫情、家风家训、民族民俗、红色基因传承等主题，覆盖全国31个省、自治区、直辖市。

（刘家伊）

广播影视

【概况】 2020年，克拉玛依市广播电视台有五套电视频道、五套广播频率、克拉玛依手机台（一个微信平台）、克拉玛依广播电视报（周报）、《克拉玛依人》杂志、克拉玛依手机台App、广播克拉玛依微信、克拉玛依广电抖音、“来撒来撒”抖音、“来撒来撒”小程序、广播克拉玛依微博、今日头条、央视频、克拉玛依广电火山小视频、克拉玛依广电快手等全媒体资源平台，实现广播、电视、报纸、新媒体的融合发展。具有组织策划大型活动的丰富经验，拥有拍摄、制作大型活动、专题片、纪录片、形象宣传片的专业团队以及电视高清转播车、广播直播车和4K手机台直播车等专业设备。

（汪文忠）

【疫情防控宣传报道】 2020年，克拉玛依市广播电视台在两次疫情防控期间，汇聚广播、电视、手机台、广播电视报等12个全媒体宣传平台，引导舆论、防控发声、凝聚社会力量、挖掘战疫故事、做深做细服务群众工作。广播、电视《克拉玛依新闻》开设《夺取疫情防控和经济社会发展双胜利》《天山南北党旗飘》《不忘初心　牢记使命》《最美志愿者》《抗疫巾帼》等专栏，播出疫情防控宣传稿件5000余条；手机台刊播快讯1.2万余条，早读夜览730条；完成各类活动现场直播 60 余场。单条最高浏览量达 22 万人次，总点击量突破 5340 万次；疫情防控期间，广播每天 8 小时直播，总时长 600 个小时。电视栏目《生活零距离》开设疫情防控专题《宅在家里》《安心宅家》71 期，制作播出疫情防控宣传电视专题片 52 部，其中《克拉玛依　静待花开》单条点击量 22 万次。

（汪文忠）

【广播频率】 2020 年，克拉玛依市广播电视台有五套自办频率，广播节目覆盖克拉玛依市区及白碱滩、百口泉、石西等百里油区以及小拐、独山子、奎屯、乌苏、石河子周边县市团场近 100 千米，收听人口上百万。其中 FM92.6、AM1179、AM882、FM90.7 每天分别播出 18 小时，FM97.1 播出 20 小时。有《克拉玛依新闻》《你好克拉玛依》《百姓热线》《一路畅通》《926 快乐吧》《行风热线》《成长如歌》《夜空依然不寂寞》等 17 档自办节目。

（汪文忠）

【《克拉玛依新闻》节目】 2020 年，克拉玛依市广播电视台广播《克拉玛依新闻》节目播出 313 期，播报新闻 2592 条，其中记者自采 1471 条，自采率 57%。编播《一周要闻》52 期。

（汪文忠）

【《你好克拉玛依》节目】 2020 年，克拉玛依市广播电视台《你好克拉玛依》节目组建“926 你好克拉玛依一起听路况”路况播报群，与克拉玛依机场合作推出“空港直播间”、与克拉玛依交警指挥中心合作推出“926 第二直播间”，突出节目服务性、时效性、真实性，全年共策划编辑制作直播节目 205 期。

（汪文忠）

【《百姓热线》节目】 2020 年，克拉玛依市广播电视台《百姓热线》节目接听热线 921 部、回复热线 921 部，关注解决新小区公交车线路少、多小区暖气不热、商铺不动产证多年不下发等民生问题。全年共直播 167 期；疫情防控期间，《百姓热线》特别节目——《你好克拉玛依》直播 73 期。

（汪文忠）

【《一路畅通》节目】 2020 年，克拉玛依市广播电视台《一路畅通》节目为听众播报路况、介绍新旧车辆信息，先后报道《五月，致敬劳动者》《爱心送考》《喜迎双节，游油城》《城市生日的祝福》《二十四个节气》等，是重大恶劣天气应急广播，交管部门、车管所最新举措在第一时间以电话连线或者邀请直播间方式向群众公布，全年播出 52 期。

（汪文忠）

【《926 快乐吧》节目】 2020 年，克拉玛依市广播电视台《926 快乐吧》节目共播出直播节目 252 期，互动娱乐与实事热点相结合，在栏目中播出多条疫情防控、创建文明城市公益广告；通过直播间嘉宾访谈、现场记者连线等方式对独库公路通车仪式进行直播报道；国庆节期间，栏目以致敬最美劳动者为主题，进行 8 天直播节目。2020 年，《926 快乐吧》节目率先开通抖音视频直播，全年进行视频直播 103 期，拍摄抖音短视频 122 条，发布 72 条。最高单条点赞量突破 1700 次，共计点赞量 1.3 万次，单条最高播放量 7 万次。

（汪文忠）

【《行风热线》节目】 2020 年，克拉玛依市广播电视台《行风热线》节目，先后邀请乌尔禾区政府、市燃气公司、市人民医院、市公安局等单位负责人来直播间与听众面对面交流，回答市民问题，协调解决物业费上涨是否合规、老小区加装电梯最新进展、多处违章搭建如何整治等热线问题。全年播出 32 期。

（汪文忠）

【电视频道】 2020 年，克拉玛依市广播电视台开办 5 套自办电视频道，分别是汉语综合频道、维吾尔语综合频道、汉语影视文艺频道、维吾尔语影视文艺频道、教育频道，每个频道平均每天播出16小时。开设有《克拉玛依新闻》《相约》《生活零距离》《声声悦耳》《花儿朵朵》《法治中国60分》《名师大讲堂》《天气预报》8档自办节目。电视自办节目实现“零”重播，首次全部实现自办栏目唱词字幕包装。

（汪文忠）

【节目创优】 2020年，克拉玛依市广播电视台共有28件作品在国家、自治区获奖，其中获得中国新闻奖二等奖1件、新疆新闻奖7件。电视消息《同穿“一双鞋”的好兄弟》获得中国新闻奖二等奖，是克拉玛依广播电视台建台以来荣获的最高奖项。

（汪文忠）

【《克拉和玛依》原创动画连续剧开播】 2020年10月30日，克拉玛依市广播电视台历时三年多创作的26集原创动画连续剧《克拉和玛依》在中央电视台少儿频道首播，这是近年来新疆在央视播出的第一部本土原创动画连续剧。

（汪文忠）

【电视《克拉玛依新闻》栏目】 2020年，克拉玛依市广播电视台编发电视《克拉玛依新闻》313期，播出新闻2770条，记者自采1825条，自采率达66%。

（汪文忠）

【《声声悦耳》电视文学诵读栏目】 2020年，《声声悦耳》栏目推出文学诵读与音乐相结合主题策划《这个夏天，当诗遇见歌》，全年有104位朗读者参与；推出“本土作家诗作系列”《他乡是故乡》系列，展现本土文化。制作“三八”妇女节专辑《在春日中绽放芳华》《又是一年春草绿　梨花风起正清明》、五一特辑《幸福是奋斗出来的》、城市生日《一座城市的光荣与梦想》，用诗情画意渲染城市新时代篇章。

（汪文忠）

【《相约》栏目】 2020年，《相约》栏目加大电视短片时长和次数，加入视频短片丰富画面，减少访谈时单调，提升节目品质。全年《相约》栏目播出52期节目，自2003年开办以来，已连续播出18年。

（汪文忠）

【《名师大讲堂》栏目】 2020年，克拉玛依市广播电视台《名师大讲堂》栏目制作25期《中国节气　中国气节》，围绕二十四节气，紧跟时代主题、传播中华文明、彰显文化自信，体现城市文化氛围。《名师大讲堂》在后期包装上融合浓厚中国特色水墨画、音乐、字幕、动画等多种电视表现形式和手法。

（汪文忠）

【《花儿朵朵》栏目】 2020年，克拉玛依市广播电视台《花儿朵朵》围绕民族团结、安全教育、传统节日，先后制作《同在一片蓝天下》《快乐教育》《互联网+教育》《手拉手一起长大》《消防安全教育进校园》《我的祖国我的节》等节目，发挥未成年人教育平台主导作用。全年播出52期节目。

（汪文忠）

【大型商贸节庆活动】 2020年，克拉玛依市广播电视台先后承接市委、市政府交办“微笑新疆魅力油城”导游讲解员大赛、2020克拉玛依投资贸易洽谈会开幕仪式、2020克拉玛依投资贸易洽谈会签约仪式等全市大型活动。通过推进项目制运营理念，完成“温暖中国”三联·迎宾花园2021新春演出季少儿春晚、百姓春晚、新年音乐会全媒体经营项目，3项活动总冠名费30万元。

（汪文忠）

【“助力企业复工复产百万元免费广告推介”活动】 2020年3月6日至4月30日，克拉玛依市广播电视台推出“助力企业复工复产百万元免费广告推介”活动。活动历时56天，涉及餐饮、银行、房地产、保险业、美容美发、汽车等19个行业，112家企业参与活动，为各企业免费播发价值520万元广告。

（汪文忠）

【电影放映】 2020年，克拉玛依全市共有商业影院5家，分别是克拉玛依区奥斯卡影城、克拉玛依区星缘影城、克拉玛依区美美影城、独山子区美美影城、白碱滩区中影数字影城。受疫情防控影响，全年各大影院基本未开展商业放映活动，全年只在克拉玛依区小拐乡和乌尔禾区乌尔禾乡播放农村公益电影30场，受众近千人。

（龙君）

【影视拍摄】 2020年，克拉玛依市继续拓展影视平台服务作用。10月6日，举行全市影视产业复工暨电影《我的佣兵生涯》开机仪式，《我的佣兵生涯》是在克拉玛依境域内拍摄的首部军事题材影片，在市辖4个区均有取景。同时，引进和孵化投资近亿元的克拉玛依城市专属剧《北纬45.6°》。截至年末，共有《爱在三千里》《沙海无门》《斛珠夫人》《狂猎》等影片完成前期选址工作，以丝路历史演变为题材的《丝路宝藏》电视剧外景拍摄开始筹备；乌尔禾影视城两个标准室内摄影棚主体工程建设完工。

（刘家伊）

【《克拉玛依日报》抖音视频号】 2020年6月，《克拉玛依日报》抖音视频号创办。截至年末，发布信息257次，总阅读量近亿人次，《克拉玛依日报》官方抖音号在创建半年时间内有3.5万名关注用户。疫情防控期间，疫情防控主题短视频作品《克拉玛依：空寂中展现众志成城的力量》《克拉玛依各大超市物资充足》《克拉玛依人忠于职守抗疫必胜》等传播广泛，其中《克拉玛依：空寂中展现众志成城的力量》单篇新媒体累计播放量20余万次。

（肖慧）

10月6日，由春秋时代投资拍摄的军事题材电影《我的佣兵生涯》开机仪式在克拉玛依市举行 （努尔买买提·艾山 摄）

新闻出版

【概况】 2020年，克拉玛依日报社旗下媒体有《克拉玛依日报》《新疆石油报》、克拉玛依网、“嗨克拉玛依”新闻客户端、克拉玛依日报微信公众号、克拉玛依手机报、克拉玛依日报抖音视频号7个媒体，承办克拉玛依零距离、新浪微博克拉玛依发布、克拉玛依文明网、文明克拉玛依微信、克拉玛依旅游局微信、克拉玛依石化公司微信6个媒体。全年各网站及新媒体对围绕疫情防控、克拉玛依经济社会发展、学习中共十九届五中全会和中央第三次新疆工作座谈会精神等重点内容进行报道，举办“克拉玛依的秋”摄影征集活动、线上婚恋交友活动、举办7场以中医“治未病”养生保健和解读民法典为主题的图文直播、在线访谈等大型活动。全年完成图书总销售7529万元，实现利润738万元；其中教材教辅销售2900万元（免费赠阅1025万元，非免费1875万元）、一般图书销售4629万元（含高校门店销售936万元）、多元经营销售402万元。截至年末，企业总资产1.6亿元。

（肖慧　单凌云）

【《克拉玛依日报》（汉文版）】 2020年，《克拉玛依日报》（汉文版）克服疫情防控影响，没有停刊一期；全年汉文版出版278期，近5000个版。先后开展“学习贯彻习近平新时代中国特色社会主义思想”“学习贯彻党的十九届四中全会精神”“五中全会精神在基层”“增强意识　科学防疫”“法治油城”“全面深化改革专栏”“十三五”回顾系列“最美志愿者系列”等一系列主题宣传报道。精心经营城市新闻、城市纵横、企业新闻、聚焦“访惠聚”、日报朋友圈、文明创建在行动、特别报道、准噶尔笔会、文化新闻、口齿留香等10余个专刊品牌。《美食周刊》《安居周刊》《教育周刊》《时尚周刊》《健康周刊》五大生活周刊高质量运行。

（肖慧）

【《克拉玛依日报》（维吾尔文版）】 2020年，《克拉玛依日报》（维吾尔文版）采取周报制，每周出一期、8个版，全年共出版38期。内容一半转载“新疆日报”（维吾尔文版）所刊载中央和自治区党委重要会议、社论、评论等重要新闻稿件；一半翻译《克拉玛依日报》（汉文版）重要稿件，宣传克拉玛依市在医疗、教育、就业、养老、交通、住房等方面新政策新措施。

（肖慧）

【《新疆石油报》】 2020年，《新疆石油报》采取周报制，每周出一期、8个版，全年共出版39期。主要围绕石油石化产业，重点报道新疆油田公司、克拉玛依石化公司、西部钻探公司等驻市央企在生产发展改革中的重大事件、重点工程及重要工作。全年围绕石油石化企业提质增效重点工作，因势利导地开设相应专栏，如“抠出来的效益”“提质增效在行动”“书记、经理谈提质增效”“我与油田共命运”等。此外，推出较高水平品牌专刊如《油城艺苑》《油田影像》《油田故事》《黑油山》等；在副刊版面还专门推出2020名家新作系列。

（肖慧）

【《克拉玛依广播电视报》】 2020年，《克拉玛依广播电视报》坚持版面栏目化、栏目精彩化理念，对部分版面进行整合，共设有版面24个，开办各类栏目十余种，全年发行52期、26万份，实现满刊发行。

（汪文忠）

【图书发行】 2020年度，克拉玛依市新华书店全年发行《简明新疆地方史》4.1万册、《习近平谈治国理政》（第三卷）2.5万册、三本白皮书3.1万册，共征订发行政治理论读物近50万册、码洋500万余元。全年完成总销售7529万元，实现利润738万元；其中教材教辅销售2900万元（免费赠阅1025万元，非免费1875万元）、一般图书销售4629万元（含高校门店销售936万元）、多元经营销售402万元。截至年末，企业总资产1.6亿元。

（单凌云）

【校园图书发行】 2020年，克拉玛依市新华书店通过设在克拉玛依理工学院校区“致远书店”和新疆医科大学克拉玛依厚博学院“博雅书店”，两所大学教材发行和图书馆配书提供服务，两所高校书店销售快速增长。中标中国石油大学（北京）克拉玛依校区图书教材招标项目。

（单凌云）

【“城市书屋”正式运营】 2020年4月23日，克拉玛依新华书店一楼大厅内由新疆油田公司援建的“城市书屋”正式启动运营。书屋内设“学习强国App”专架和主题出版物展区；前台配有数字化借阅设备，实现免费借阅通借通还；服务区

4月23日，克拉玛依新华书店一楼大厅内由新疆油田公司援建的“城市书屋”正式启动运营（李浩然　摄）

配有云屏阅读机、朗读亭、耳机森林、水吧等增值文化服务，同时融入“阅读一小时”“优谷朗读”“喜悦读书沙龙”等特色讲座、文化沙龙和主题读书会。

（单凌云）

【图书网点建设】 2020年，克拉玛依市新华书店“石油书城”项目争取政府购买公共文化服务补贴1300万元，完成施工图审图，确定招标代理单位，进入代建、施工、监理招标阶段。完成物流中心消防审核验收和地坪维修，五五新镇分店争取到第七师129团80万元美化及维修补贴，完成门店翻新升级。截至年末，新增大学城校区博雅书店和致远书店、市图书馆知行书店、第十中学悦纳综合书店共4个驻点服务门店。

（单凌云）

【图书公益服务】 2020年疫情防控期间，克拉玛依市新华书店组建“同城配送”服务团队，为辖区40余万名居民提供图书购买配送服务。通过网络，开设杨红樱“大咖直播间”公益课，受众230人次；开播青少年公益直播课，受众280人次；开展抖音直播创客教学带货6节、完善创客培训课件设计185节，推送绘本亲子活动300余人次。全年完成“云书城”电商平台销售和多元招标项目中标上千万元。

（单凌云）

【文化惠民】 2020年，市新华书店开展“书香七进”文化惠民、“三民服务”帮扶基层等专项活动，向市政务服务大厅和雪莲酒店、各街道社区、武警部队、南疆贫困村等处免费赠阅《习近平谈治国理政》（第二卷）、《习近平的七年知青岁月》等政治理论书籍以及主题教育系列出版物，向市消防支队、市税务局、小拐乡、胜利社区居委会、如意苑居委会、融汇房地产公司等单位赠送价值5万余元精选图书。全年开展读书活动10余场次，为各学校、社区、军队等机构捐赠图书、捐资捐物总计近10万元。

（单凌云）

【克拉玛依手机台】 2020年，克拉玛依手机台上载刊播快讯1.2万余条，早读夜览730条，总浏览量5323万人次，完成各类活动现场直播70余场。截至年末，新媒体平台发展成为以“克拉玛依手机台”App、“广播克拉玛依”微信公众号（粉丝3.78万人）、微博（粉丝6.44万人）、抖音（粉丝2.2万人、获赞11.6万人次）、微信视频号（12月新开通）为主，微信小程序、快手、火山、今日头条、央视频号为辅的10大新媒体平台。

（汪文忠）

【手机台直播常态化】 2020年，克拉玛依市手机台对重大活动直播实现常态化。先后完成克拉玛依飞往新西伯利亚航班正式开通、走进沪克口罩生产第一现场、爱心送考、26集原创动漫《克拉和玛依》央视直播、克治会签约仪式等70余场直播。

（汪文忠）

【克拉玛依网】2020年，克拉玛依网完成各类新闻信息发布25294条，制作《统筹推进疫情防控和经济社会发展》《克拉玛依这一年》《安心宅家》等网络专题61个。

（肖慧）

【“嗨克拉玛依”新闻客户端】2020年，“嗨克拉玛依”新闻客户端全年发布图文信息92230条，总点击阅读量近百万次，发布专题61个，共有关注用户近5万人。其中嗨克拉玛依短视频栏目自年初正式运营以来，基本囊括“所有拍克拉玛依的”和“克拉玛依人拍的所有”视频，全年发布视频作品748条，总浏览量300余万次。

（肖慧）

【《克拉玛依日报》微信】2020年，《克拉玛依日报》微信全年发布图文信息2943条，总点击阅读量10871966次，其中单篇阅读量最高的近15万次。《克拉玛依日报》微信视频号4月创办以来，拥有4.5万名关注用户，发布视频信息1600余条，单篇最高阅读量9000多次。

（肖慧）

档　案

市档案

【概况】2020年，克拉玛依全市共有5个档案馆，其中地（市、州、盟）级国家综合档案馆1个，县（区、旗、市）级国家综合档案馆4个；总建筑面积23071.22平方米，其中档案库房建筑面积5053.38平方米；馆藏全宗总计556个、603488卷（件）。

（张静）

【档案馆基础设施建设】2020年，市档案馆分别开展市区交警大队办事大厅改建为档案库房和手动密集架采购项目，作为档案库房改造配套项目，两个项目竣工后，新增档案库区260平方米，档案存放空间550立方米，适当缓解档案库房紧张实际。

（张静）

【档案接收管理】2020年，市档案馆制定《档案入库管理工作流程》《档案入库管理告知单》《档案入库复查项目清单》《克拉玛依市档案馆人事档案接收标准及流程》《市属国有企业退休人员档案接收计划》等文件，规范和细化档案接收进馆工作流程管理。截至10月底，接收市“不忘初心、牢记使命”主题教育办公室、市统计局等28家单位文书档案9卷、3877件，照片331张、会计档案3606卷、人事档案693卷、审计专业档案45卷，社会组织登记档案23卷、公务礼品10件、印章档案62件。完成客运公司、腾飞粮油公司和瑞大糖酒公司市属3家单位685卷人事档案接收检查入库。

（张静）

【档案征集实现突破】2020年，市档案馆先后前往自治区档案馆、新疆日报社、新华社新疆分社查阅掌握涉及克拉玛依档案资料情况，分析汇总征集线索，讨论确定征集目标。最终征集购买新华社新疆分社1953—1965年珍贵历史照片60张、历史文字45条，新疆日报社1936—1966年文字资料240条，突破近三年档案征集工作停滞空白。为2021年启动《从新华社看克拉玛依》编撰工作奠定史料基础。

（张静）

【档案保管保护】2020年，市档案馆通过对档案11个库藏档案全面统计、核对，建立健全《市档案馆库藏档案索引表》，更新《克拉玛依市档案馆全宗名册》，形成《市档案馆馆藏档案全宗构成情况统计表》，并对馆藏市属机关、团体、企事业单位档案全宗进行全面摸排，掌握各单位档案构成、分布等情况，市档案馆馆藏档案255个全宗、29万余卷，比“十二五”期末增加35%，完成《克拉玛依市档案事业发展“十三五”规划》目标任务。编制《市档案馆馆藏档案构成及分布情况汇总表》。先后开展市农牧局等6家单位1987—1990年开放档案初审工作。共鉴定到期档案1126件，经鉴定，拟开放档案244件、划控档案882件。对馆藏部分专业档案15万页数字化扫描上传，对47家单位共计17486卷、9171件、711张、75件（实物）进馆档案复查、入库、排架，加强库房管理，建立健全安全管理、出入库、数字化外包、档案保护等档案安全管理制度；加强馆藏档案日常检查，做好档案保护，确保全年档案安全无事故。

（张静）

【“克拉玛依史志档案见证”系列主题展览】 2020年，市档案馆“6·9”国际档案日活动围绕决胜全面建成小康社会为主题，组织开展“档案见证小康路、聚焦扶贫决胜期”主题征文活动等“五个一”活动，举办“克拉玛依史志档案见证”系列之“档案见证小康路、聚焦扶贫决胜期”主题展览，以档案文献、图表、照片等形式，宣传展示克拉玛依自1958年建市以来在扶贫开发、协作脱贫、兜底保障中重大成就。在克拉玛依零距离微信公众号线上展览的同时，在市机关一号楼、龙尚社区、和平社区等多个社区同步线下展览，组织安排1250辆出租车参与顶灯播放标语活动，发放《兰台小红工作记》等宣传册100余份。

（张静）

【《克拉玛依史志档案见证抗美援朝最可爱的人》专题展览】 2020年，市档案馆为纪念中国人民志愿军抗美援朝出国作战70周年，在离退休管理中心、退役军人事务局、克拉玛依展览馆等多家单位支持和配合下，策划布置《克拉玛依史志档案见证抗美援朝最可爱的人》专题展览，10月23日开始在市政府机关一号楼和退管中心现场展示，同步依托克拉玛依零距离开展线上展示，独山子区委史志办也在当地开展巡展。相关新闻在人民网、中共中央党史和文献研究院等国家和自治区、克拉玛依市网站刊发。展出结束后，制作600份宣传折页册，向全市部分健在志愿军老战士发放。

（张静）

10月22日，在市委史志办（市档案馆）展出的纪念抗美援朝70周年展板前，抗美援朝志愿军老战士陈进文（左二）讲述抗美援朝的故事

（李斌文 摄）

【档案借阅利用】 2020年，市档案馆为实现档案“最多跑一次”甚至“零跑腿”，在档案对外借阅利用方式上优化举措，开展信函、电话、网络查询等档案咨询服务，开通24小时对公服务模式，为查档单位和个人畅通绿色渠道。全年完成483人次24796卷次档案利用并编制档案利用情况汇总及事例汇编，对外服务满意度100%。

（张静）

新疆油田公司档案

【档案资源整合】 2020年，油田公司档案中心持续开展各类档案资源整合工作。组织完成红山公司、采气一厂、陆梁油田作业区、重油开发公司、百口泉采油厂、风城油田作业区、石西油田作业区7家单位勘探开发类档案实体档案26418卷638842件的整合工作，其中核对电子文件45252个，核对电子条目、补充完善著录项134498条。组织调研新疆油田公司各单位建设项目（信息化项目）档案、科学技术研究类档案管理现状、归档情况、库藏情况、利用情况，完成《2020年建设项目类、信息化项目、科学技术研究类档案基本情况调研报告》《公司建设项目（信息化项目）、科学技术研究类档案集中管理工作情况分析报告》；组织完成公司27家单位建设项目档案、设备档案鉴定销毁工作，为后续资源整合奠定基础。首次推进电子会计档案归档工作，完成71家单位会计系统与档案系统映射关系，推动全公司所有单位完成2020年电子会计档案归档工作，为会计档案一体化集中管理夯实基础。新疆油田公司12家单位15000余卷人事档案实现集中管理，重新梳理各项业务流程研究制定适应新管理体制下人事档案管理办法。红山公司全类别档案实现集中管理。

（何燕）

【构建核心档案资源全过程协同管控机制】 2020年，油田公司档案中心推进新疆油田公司矿权管理部门、勘探开发业务管理部门、科研管理部门（单位）对地质资料归档、汇交工作实行协同管控机制，强化地质资料汇交前端控制，将地质资料立卷归档要求嵌入业务管理，采取“三纳入”（将地质资料立卷归档管理要求纳入对项目承担单位计划管理、生产管理和科研管理责任范围）、“四同步”（项目立项与提出地质资料归档要求同步；检查项目进度与检查地质资料形成情况同步；评审、鉴定、验收项目成果与验收归档地质资料同步；上报登记、评审奖励项目成果以及生产、科研人员考核与出具地质资料归档证明同步）管理措施，从地质资料形成到审查、验收、归档、汇交实行全过程管控。

（何燕）

【地质资料汇交体系建设】 2020年，油田公司档案中心作为地质档案管理机构，与公司矿权管理部门、勘探开发管理部门、数据公司协调推进地质资料汇交体系建设，确保地质资料汇交、补交工作踏上正常节奏。截至年末，汇交、补交10个矿权6969口井资料通过全国地质资料馆审核验收。

（何燕）

【地质资料规范化管理创建】 2020年，油田公司档案中心依托中国石油地质资料规范化管理示范性项目，完成91类地质资料标准研究，使地质资料在其形成、收集、整理和归档时就符合汇交标准，减少重复工作，提高工作效率，保障矿权稳定与顺利延续。

（何燕）

【档案“无纸化”管理试点】 2020年，油田公司档案中心在推进新疆油田公司档案业务一体化管理改革进程中，提升电子档案收集、存储、管理和利用，降低纸质档案增量，缓解库架、库房余量不足压力。在满足审计、工作查考等需求前提下，推行井下作业总结“无纸化”归档工作试点，明确归档范围、归档方式、归档内容及质检要求，有效降低资料归档成本，提高资料收集归档工作效率，为新疆油田勘探开发档案“无纸化”管理探索新模式，为智慧档案管理系统建设迈出第一步。

（何燕）

【智慧档案管理系统建设】 2020年，油田公司档案中心为解决新疆油田公司勘探开发档案一体化智能化管理及地质资料汇交工作需求，组织实施公司智慧档案管理系统建设，推进数字化归档标准纳入公司各相关专业系统建设，构建油气勘探研究知识图谱，提高档案资料搜索精度和利用效率。

（何燕）

【重点建设项目档案专项检查及验收】 2020年，油田公司档案中心组织完成“克拉美丽气田增压及深冷提效—主体工程”“风城油田吞吐开发区密闭系统二期改造工程”“环玛湖地区玛18井区至夏联站油田公路建设工程”等7个集团公司二类项目档案检查及专项预验收工作。组织完成2020年新疆油田公司21个产能建设地面工程资料检查。全年完成档案专项（预）验收项目3个，专项检查27个，投用前联合检查2个。

（何燕）

【疫情防控档案归档】 2020年，油田公司档案中心根据国家档案局、中国石油档案馆对做好新型冠状病毒感染肺炎疫情防控工作文件材料收集归档工作的相关通知要求，下发《关于做好新型冠状病毒感染肺炎疫情防控工作文件材料收集归档工作的通知》，在全公司范围内部署疫情防控档案归档工作，明确疫情防控工作文件材料归档责任、归档范围及归档要求，确保疫情防控档案应收尽收、应归尽归。

（何燕）

【调整勘探开发档案利用制度】 2020年，油田公司档案中心依据国家相关法律法规和集团公司、新疆油田公司制度规定，结合油气勘探开发档案实行一体化集中管理实际，下发《关于进一步加强新疆油田公司油气勘探开发档案利用管理工作的通知》，对该类别档案利用管理制度作出调整，明确用户类别，严格执行利用审批程序，严格管控措施，明确责任追究，加强监督检查。

（何燕）

【不动产证清理】 2020年，油田公司档案中心按照新疆油田公司提出的加强土地管理要求，向生产运行处反馈不动产证归档不齐全问题，在全公司范围内开展不动产证清理工作；与生产运行处交流明确相关部门、乙方单位归档工作职责；配合生产运行处制定《新疆油田公司不动产证书管理细则》，明确各管理部门及各单位工作职责、不动产证借阅审批流程及考核办法，并确定所有不动产证由生产运行处收集登记后统一交档案中心保管。

（何燕）

【基层建档业务指导】 2020年，油田公司档案中心深入基层开展新建档单位业务指导，派专人到吉庆油田作业区和西部原油销售中心两家新成立单位开展新建档工作业务指导，保障新建档单位档案工作顺利开展。为确保王家沟油库资产划转过程中档案资源得以完整、系统、准确、安全移交与接收，制定王家沟油库档案移交接收工作方案，并按照交接程序指导王家沟油库档案接收工作。为确保油田公司4.3万卷离退休人员人事档案顺利移交至克拉玛依各区档案馆，按照《国有企业退休人员人事档案整理和数字化工作规范》和《克拉玛依市国有企业退休人员档案移交工作的管理办法》相关要求，派专人与克拉玛依市档案馆和各区档案馆沟通对接，精准掌握移交政策、档案整理规范、数字化要求等相关要求，对离退休管理中心相关人员进行现场培训。

（何燕）

【中国石油档案故事编研】 2020年，油田公司档案中心按照集团公司对石油档案故事要求，通过查阅大量档案还原历史场景，完成《中苏石油股份公司——新疆石油工业发轫的重要基石》《共和国第一个大油田——克拉玛依油田的发现》《在亘古荒原寻找生命之源——新疆油田的找水历程》《八十年代新疆油田的对外开放》《准噶尔盆地南缘逐梦六十年》等历史档案故事编研，展示新疆油田石油人几十年来艰苦奋斗、无私奉献创业精神。

（何燕）

文化市场管理

【文化市场疫情防控】 2020年，克拉玛依市按照《克拉玛依市疫情防控人员不聚集的监督管理预警机制》责任分工，制定《文体旅游行业防聚集预警机制》《市文旅局关于落实疫情防控常态化相关工作分工》《市文旅局关于落实疫情防控常态化工作方案》《图书馆大客流监测预警制度》《克拉玛依市2020年秋冬季文体旅游场所疫情防控工作标准、流程》，印发《关于做好克拉玛依市2020年秋冬季文旅系统疫情防控培训工作的通知》，对景区、展览场馆、文体场馆、文化娱乐场所员工进行疫情防控相关知识及不聚集处置流程视频培训。

（刘家伊）

【文化市场恢复开放管理】 2020年，克拉玛依市针对文化市场经营场所开展恢复开放检查工作，施行达标1家、开放1家。对景区、文体场馆和文化娱乐场所进行分类管理，强化流量管理，严防人员聚集。落实各场所预约功能并全面实行进场所预约制，旅游景区通过“新疆景区预约”微信公众号、电话预约等方式实行预约制，文体场馆接受现场、电话和网上预约等预约方式。已开放场所配备专人进行人员不聚集疏导，严格落实体温筛检、加强清洁消毒等防控措施，并对场所内人员数量实行动态监控，防范聚集性风险。

（刘家伊）

【市场秩序监管】 2020年，克拉玛依市畅通“12318”文化市场举报电话、“12301”旅游投诉热线等举报投诉渠道，及时处置违法违规线索，对发现问题及时整改。建立安全生产责任体系，将定期检查和临时抽查相结合，落实各文体场馆、文化旅游经营场所安全生产各项措施。制定《市文体旅游领域安全生产专项整治三年行动实施方案》，完成文化旅游领域国家安全示范市评价内容。指导文旅行业经营单位制定场所应急预案，对预案内容进行全员培训学习。

（刘家伊）

体育事业

【概况】 2020年，克拉玛依市文化体育广播电视和旅游局培育社会体育培训机构62家，健身房、瑜伽馆等体育经营机构11家，受益人群8万余人。全年举办全疆赛事5项、市级系列活动2项，创新举办线上马拉松体育赛事等9项，参赛人员近2万人，线上观众首次突破30万人次。截至年末，克拉玛依市运动员在2020全国国际式摔跤锦标赛暨奥运会资格选拔赛中获得两金一铜好成绩。

（刘家伊）

【体育场馆】 2020年，克拉玛依市有大型体育馆75个，其中驻市企业体育馆26个、市政府文体部门所属体育馆9个、教育系统40个（大学城、中小学校）；健身场地1077个，健身步道5个，健身路径342个，户外活动营地1个。截至年末，克拉玛依市对外开放体育场馆6个［克拉玛依市体育馆、克拉玛依市海洋之心水世界游泳馆、克拉玛依市羽毛球馆、克拉玛依市乒乓球馆、独山子区体育中心、白碱滩区（克拉玛依高新区）体育中心］，其中3000人以上座席数大型场馆4个，接受中央免费或低收费开放补助资金。

（刘家伊）

【全民健身场地设施建设】 2020年，克拉玛依市有体育场地3915个，场地面积253.35万平方米，建筑面积38.83万平方米。其中克拉玛依区体育场地2233个，场地面积为153.86万平方米；独山子区体育场地893个，场地面积为75.27万平方米；白碱滩区（克拉玛依高新区）体育场地633个，场地面积16.75万平方米；乌尔禾区体育场地156个，场地面积7.46万平方米。人均场地面积5.64平方米。

（刘家伊）

【全民健身活动】 2020年3月22日至3月29日，克拉玛依市开展“克拉玛依之春”——春之动系列健身活动。系列活动6个项目，710余名运动员参加，吸引观众千余人。8月8日第12个“全民健身日”，克拉玛依市开展7个线上全民健身活动，累计参与人数达6万人次。

（刘家伊）

【体育赛事活动】 2020年9月20日至10月8日，克拉玛依市组织开展“喜迎双节　运动油城”系列体育赛事活动，共有近30个分项活动，参与人数达8万人。

（刘家伊）

【体育社团建设】 2020年，克拉玛依市拥有体育总会1个，民政注册成立的单项体育协会20个，拥有民政注册成立民办非企业1个，同时拥有社会体育指导员协会2个。

（刘家伊）

【体教融合】 2020年，克拉玛依市统筹开放学校场馆资源，推动特色体育学校建设。探索体育特长生文化教育保障机制，畅通升学通道。速度滑冰、轮滑项目进入克拉玛依区第一小学校本课程，并建立速滑、轮滑训练队，逐步形成市队校办合作模式；射箭项目进入实验中学、北师大附中校本课程，培养射箭项目后备人才80余人；射击项目进入克拉玛依市第一中学特色课程，培养射击项目后备人才120余人；摔跤、田径项目进入托里开发区中小学校本课程，培养项目后备人才70余人；篮球进入克拉玛依市二中、十三中，培养教练员人才3人，运动员100余人，并在市十三中建立克拉玛依市男子乙组篮球队；乒乓球项目进入克拉玛依区第八小学，培养教练员人才1人，培养项目后备人才40余人。

（刘家伊）

3月22日，“克拉玛依之春”——春之动系列健身活动启动。图为启动仪式上进行的团体太极拳表演　（李浩然　摄）

【竞技体育】 2020年，克拉玛依市运动员在国际、全国体育赛事中获得金牌2枚、银铜牌3枚；在全国第十四届冬运会上获得雪地足球第五名好成绩。在自治区体育赛事中获得金牌3枚、银牌铜牌6枚。业余体校篮球队在2020年自治区首届青少年篮球锦标赛中获得甲组第三名；业余体校速滑队在2019—2020年自治区青少年速度滑冰锦标赛中获得3个第一名，6个第二名、4个第三名。摔跤运动员托尔巴图、瓦里汗·赛里克、江尔·努尔兰汗、热合提·革命汗代表新疆参加2020年全国国际式摔跤锦标赛暨奥运会资格选拔赛获得2个第一名、1个第三名、1个第七名；速滑运动员王莹莹代表新疆参加全国青少年速度滑冰锦标赛获得两个第三名；速滑运动员马语含代表中国参加ISU（国际滑冰联盟）四大洲锦标赛、ISU（国际滑冰联盟）青少年世界杯获得1个第三名、1个第六名、1个第七名。

（刘家伊）

【体育彩票管理】 2020年，克拉玛依体育彩票总销售量1.66亿元，创收公益金999万元。

（刘家伊）

卫生健康

综 述

【概况】 2020年，克拉玛依全市共有卫生机构（不含兵团）119个，拥有编制床位2036张，卫生技术人员4600人。其中，医院（含民营）21个；社区卫生服务中心（站）23个；疾病预防控制中心5个。乡镇卫生院2个，卫生技术人员13人。

（连亚楠）

【基本公共卫生服务】 2020年，克拉玛依市实施传染病防治关口前移和联防联控机制，与新冠疫情各项防控措施同步发力，建立传染病防控屏障，织密公共卫生防控网，传染病发病率大幅下降。截至10月，全市法定传染病报告发病率为115.8/10万，与2019年同期相比下降58.63%；加强结核病归口管理，狠抓病人的发现、报告、转诊、质量和管理等重要环节，全年管理活动性肺结核患者85例，较2019年同期下降39%，患者“集中服药＋营养早餐”覆盖率100%，重点人群结核病筛查率100%；及时对艾滋病患者随访，开展高危行为干预，提高患者依从性，艾滋病抗病毒治疗覆盖率86.4%。开展职业病危害因素监测和鼠疫监测，提升实验室检测能力；规范疫苗管理和使用，实现疫苗供销全程可追溯，持续保持免疫规划疫苗接种率99%以上，基本公共卫生服务标准提高至人均74元；地方病、慢性病防控工作稳步提升，全市1061名重性精神病患者得到规范管理，全年未发生精神病患者肇事肇祸事件。

（连亚楠）

【克拉玛依市医疗队驰援武汉】 2020年2月4日，克拉玛依市按照自治区新冠疫情防控指挥部统一部署，从全市4家公立医院选派20名精锐护理人员组建克拉玛依医疗队，加入新疆组派第二批驰援湖北医疗队，出征湖北参加疫情防控阻击战，并完成疫情防控任务。

（连亚楠）

【第四次蝉联国家卫生城市】 2020年，克拉玛依市第四次蝉联国家卫生城市。克拉玛依区小拐乡、乌尔禾区乌尔禾镇首次荣获“国家卫生乡镇”荣誉称号。

（连亚楠）

【三级中西医结合医院获批】 2020年，市人民医院（中医医院）通过自治区卫生健康委专家评审，获批成为三级中西医结合医院，是全疆首个三级中西医结合医院。

（连亚楠）

【国家标准化心脏康复中心建成】 2020年12月2日，市第二人民医院（市康复医院）心脏康复中心通过中国心血管健康联盟心脏康复中心总部认证，成为全疆率先通过认证的国家标准化心脏康复中心。

（连亚楠）

【“临床基因检测与生物医学信息重点实验室”建成】 2020年5月，市中心医院“新疆临床基因检测与生物医学信息重点实验室”获批，这是该领域全疆唯一一家获批通过的实验室，该实验室将通过临床基因检测项目的开展与生物医学信息库的建立，为新疆地区高发肿瘤及遗传疾病的精准医疗和科学研究提供技术支撑。

（连亚楠）

【上海医疗援克】 2020年4月7日，第四批上海援克6位医疗专家抵达克拉玛依市，在克拉玛依市中心医院开展为期一年半的医疗援疆工作。克拉玛依市中心医院推进优质医疗资源下沉到乡村，在克拉玛依区小拐乡设立“上海援疆专家小拐乡医疗巡诊点”，组织医疗专家定期为乡村百姓服务，全年上海医疗专家共开展6期“上海医疗援疆专家小拐乡巡回医疗暨优质服务基层行活动”。10月，克拉玛依市中心医院上海援疆专家名医工作室专家门诊正式开诊。

（李慧）

【对口支援南疆】 2020年，克拉玛依市中心医院持续推进南疆喀什市及其周边部分市县医疗对口支援任务。5月，克拉玛依市中心医院3名医疗专家组成的对口扶贫喀什市首批医疗队启程，前往喀什市开展为期2个月的“精准健康扶贫”工作。9月，克拉玛依市中心医院第二批医疗队8名医务人员启程赴喀什地区两家医院（喀什市人民医院、疏附县人民医院）进行为期一年的医疗对口支援任务。10月，抽调20人组建医疗疫情防控先锋队再次踏上征程。11月，抽调4名医生奔赴喀什地区疏附县开展疫情防控工作。12月，选派3名对口专家帮助喀什人民医院卒中中心建设、中医特色建设及医共体信息化网络建设。

（李慧）

【克拉玛依医学基地一期工程建设】 2020年，克拉玛依医学基地（中心医院改造迁建工程）一期工程按计划顺利推进，项目雏形初显。该项目为跨年工程，至年底，主体、系统外配套及景观工程完工70%。项目总建筑面积24.7万平方米，包括急诊楼、住院楼、门诊楼等8栋单体，以及车库、系统外配套、景观及道路工程等。

（李慧）

医药卫生体制改革

【医联体模式构建】 2020年，克拉玛依市结合区域特点重新构建医联体模式，将4家综合医院与11家社区卫生服务中心建成紧密型医联体；推进3家二级医院升级转型为三级综合医院，初步完成市中医医院升级目标；加快现代医院管理机制建设，制定医院章程，推进药品耗材合理使用、DRG（按疾病诊断相关分组收付费）综合管理平台建设与国家网有效对接；区域临床病理和影像中

至年底，克拉玛依医学基地（中心医院改造迁建工程）完成一期工程量70%。图为11月24日，工程施工中 （闵勇 摄）

心建设实现资源共享，各医疗机构能够互相实时查阅病理、影像资料，提高效率，减少群众检查费用。

（连亚楠）

【现代医院管理制度试点】 2020年，克拉玛依市推进市中心医院现代医院管理制度试点工作。完善医院专业委员会，成立、调整医院管理、医疗质量安全管理等专业委员会42个；推进药品耗材合理使用，全面开展药事处方事前审核，加大对辅助药品、重点监控药品的管控，将基药使用比例从2015年的19.8%提升至45%，将药占比降至29.32%；严格开展规范招标采购工作，通过与供应商议价谈判，有效降低耗材、试剂价格，精确管理医疗物资耗材消耗，2019年耗占比降低至30%以下，2020年相比2018年节约28%的成本；完成个人全生命周期健康档案查询、健康档案搜索引擎建设，便捷患者健康信息查询；住院床位可进行社区预约，由社区医生对患者住院需求进行评估，结合临床科室建议，由社区直接预约上级医疗机构住院床位，方便群众就诊。

（连亚楠）

【国家C-DRG试点】 2020年，克拉玛依市启动全市DRG（按疾病诊断相关分组收付费）综合管理平台建设项目，完成平台所有操作界面和功能模块设计，将全市各医院数据与平台进行对接，可将全市4家医院病案首页数据即时上传至国家分组器，生成克拉玛依市C-DRG（全国按疾病诊断相关分组收付费规范）试点医院管理绩效分析报告，依据分组数据对疾病就诊量、医院医疗服务能力、专业能力进行排序分析，为下一步医疗资源合理调配、专科建设投入等提供数据基础。

（连亚楠）

【“互联网+护理服务”试点】 2020年，克拉玛依市完成“线上+线下”完整服务链系统建设，护士可在线上完成图文、咨询问诊、患者随访、慢病管理、健康管理、线下服务等工作；完成互联网医院患者端页面设计，患者从手机微信端进入，在医院微信公众号内发起在线和图文问诊下单；为满足多种健康需求，将护理人员进行护理亚专科分类，上线如静脉治疗、伤口造口、中医专科等46个护理专科325名护士，完全满足线上服务需求；参照社会护理服务公司价格，制订服务统一价格，截至10月31日上线护士325人，公众（患者）端注册17409人，总订单629单，接单率100%。

（连亚楠）

新冠肺炎疫情防控

【防控措施】 2020年，克拉玛依市通过流行病学调查综合判断密切接触者，精准、快速完成大批量人员流行病调查；建立24小时应急新闻宣传机制，全天候应对突发事件报

1月28日，市卫生监督人员对超市入口测温设备进行检查

（市卫生监督所　供图）

道。截至年末，市各级各类媒体累计刊播疫情防控新闻报道2.5万余篇（条），制作原创疫情防控宣传海报300余张，原创短视频500余部（条），全市各新媒体累计浏览量（播放量）破亿人次；拍摄、制作涉疫情、复工复产、展现百姓生活小视频310部，转发疫情防控宣传海报111幅，累计参与15万余人次，阅读量突破300万人次。

（连亚楠）

【检测能力建设】 2020年，克拉玛依市定期组织开展核酸检测阳性标本应急处置和应急联动演练，全年共培训核酸采样梯队人员1080人，病毒核酸检测梯队710人；其中645人通过PCR（聚合酶链式反应）培训上岗考核，701人通过生物安全培训上岗考核。截至年末，全市4家医院和5家疾控机构共建立9个核酸检测实验室，配置核酸提取仪40台、PCR扩增仪65台和生物安全柜30台等设备，组建620人核酸检测梯队和1080人采样梯队；共有417人参加流调培训，614人参加消杀培训，1080人参加采样培训，共完成52名师资人员及711名核酸检测人员考核工作（567人考核合格），623人完成生物安全取证培训。

（连亚楠）

【救治能力建设】 2020年，克拉玛依市组建医疗救治工作专班，遴选呼吸、重症、感染、中医、心理等9个专业38人组成全市多学科诊疗团队，将专家按照片区划分，形成院、区、市三级专家会诊制度，确保专家诊疗工作覆盖全市；全市各公立医疗卫生机构经改造后共设置5个发热门诊、5个发热留观医院、17个预检分诊点，均具备使用条件；各发热门诊组建15支梯队（每家医院3支），共计177人，涵盖感染、呼吸等专科医务人员，5家发热留观医院配备6支（市定点发热留观医院2支）共计142人的医疗救治应急队伍；确定市中心医院白碱滩院区为隔离病区，共有床位21张，其中负压病房3张；全市共有储备隔离点80处，可用隔离房间5933间。市定点发热留观医院为市第二人民医院，床位40张。克拉玛依区定点发热留观医院为市中心医院，床位37张。独山子区定点发热留观医院为独山子人民医院，床位12张。白碱滩区（克拉玛依高新区）定点发热留观医院为市第二人民医院，床位21张。乌尔禾区定点发热留观医院为市第三人民医院，床位9张。截至年末，各发热留观医院基本设置完成，技术人员和设施设备配备到位。

（连亚楠）

【物资保障】 2020年，克拉玛依市成立物资保障专项工作组，构建物资保障体系，确保医疗物资保障到位，按照储备量、订货量及一个月用量进行统计汇总，做好医疗物资采购工作，指导医疗机构做好

2月8日，市疾控中心应急物资储备库，10余名疾控人员和志愿者搬运、清点疫情防控物资 （阅勇　摄）

物资储备工作，及时向重要场所调拨重要医疗物资；加快应急静态库储备建设，在市城投公司会展中心设立应急静态库配置医用三级防护服、医用外科口罩、医用隔离衣、病毒采样管等，满足全市一个月以上重要医疗物资保供需要。全市累计采购医用外科口罩240万只、医用N95口罩25万只、医用防护服38万件、医用隔离衣21万件、核酸检测试剂49.2万份、84消毒液45吨等，有力保障和满足全市疫情防控需要；加大流感疫苗采购力度，截至2020年12月，各区签订流感疫苗采购合同52800支，实际到货35800支；与厂家签署口头协议30000支。

（连亚楠）

【防控培训】 2020年，克拉玛依市组织市、区两级卫生健康行政部门、各级医疗机构参加新冠肺炎相关知识的培训，累积培训约15万人次；发挥自治区及克拉玛依市医疗、院感、核酸采集等专家优势，以线上和线下结合方式，开展逐级覆盖的拉网式专业技术培训，共开展核酸检测人员培训701人，核酸采样培训1080人；组织各区、各医疗卫生机构开展新冠肺炎疫情防控各环节应急演练，共计开展相关应急演练210次，参与人数3200余人次；强化横向沟通联动，建立“共享清单”工作模式，组织8385家企业进行新冠肺炎疫情防控培训，各行业领域累计培训从业人员1849245人次，做到新冠肺炎疫情防控培训全覆盖、无死角。

（连亚楠）

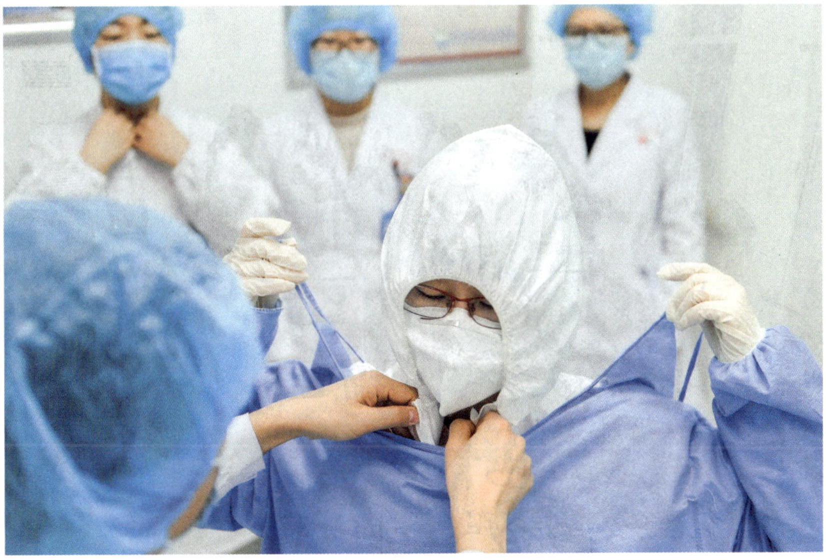

2月11日，市定点救治医院护理医疗梯队带队老师在培训课上演示防护要点 （戴旭虎　摄）

疾病防控

【免疫规划】 2020年，克拉玛依市完成全市免疫规划信息系统升级改造工作，疫苗出入库、接种扫码覆盖率达100%；1—9月，全市共接收一类疫苗50280支，下发28711支（含上年结余），接种58280剂次，接种数量与2019年同期相比下降9.45%；各疫苗报告接种率均达到99%以上；完成脊髓灰质炎疫苗补充免疫接种，接种适龄儿童34792人次，调查接种率97.14%；查漏补种含麻疹成分疫苗135人次。

（连亚楠）

【重大疾病、传染病监测防控】 2020年1—9月，克拉玛依全市共报告法定传染病520例（13种），报告发病率115.80/10万，与2019年同期相比下降58.86%；传染病病例死亡3例（艾滋病2例、肺结核1例），较2019年同期下降66.67%；发病数居前五位的病种依次为梅毒、病毒性肝炎、肺结核、其他感染性腹泻、流行性感冒。

（连亚楠）

【疫情防控监督检查】 2020年，克拉玛依市重点检查医疗卫生机构、公共场所、学校、企业等单位常态化防控八项监测预警机制建立、落实情况、门岗测温设备、临时留观室设备设施、消毒设施、个人防护用品配备情况、健康码查验制度落实情况、健康档案、消毒记录台账建立情况、职工健康监测情况、通风状况、消毒产品索证材料、消毒制度建立情况、消毒液配比情况、工作人员疫情防控知识培训情况等，检查户次数共计998户次（其中，检查医疗卫生机构432户次、公共场所475户次、学校30户次、企业5户、其他单位56户次）。

（连亚楠）

【传染病防治分类监督】 2020年，克拉玛依市按照《传染病防治分类监督综合评价表》检查项目，对市中心医院、市人民医院、友好医院等9家医疗卫生机构法定传染病报告情况、医疗废物处置情况、消毒隔离制度执行情况等方面进行检查和评分，经测评上述单位均评为“合格”。

（连亚楠）

【结核病防治服务体系建设】 2020年，克拉玛依市组织各级医疗机构专业技术人员参加自治区疾控中心举办的2期新《技术规范》培训，累计培训35人次；通过知识讲座、宣传栏和出租车顶灯宣传核心知识，受益人数达20万人。截至9月底，全市累计报告发病数92例，登记管理活动性肺结核患者85例，较2019年同期下降39%。全市肺结核和疑似肺结核患者总体到位率99.04%；病原学阳性率65.43%；全市累计完成重点人群结核病筛查数为28493例，完成率100%。全市共调查处置散发疫情7起，个案调查7例。全市PPD筛查结核病密切接触者367人。

（连亚楠）

【艾滋病防治】 2020年，克拉玛依市完成性病门诊艾滋病、性病监测任务1751人，艾滋病抗体筛查1982人，无艾滋病病毒阳性；疾控、医疗机构HIV（获得性免疫缺陷综合征）抗体检测100496人次；HIV/AIDS（获得性免疫缺陷综合征/艾滋病）病例报告质量及首次流调质量85.7%，全市抗病毒治疗覆盖率为86.4%，CD4（T淋巴细胞）检测比例、病毒载量检测比例、治疗有效比例分别为94.3%、93.3%、90.6%；对全市各医院报告性病病例开展漏报调查，未出现漏报情况；举办知识讲座22场，覆盖2000余人。

（连亚楠）

【健康风险监测】 2020年，克拉玛依市完成食品风险监测16大类食品187份561件样品，在全国食品安全监测数据系统平台上录入信息428条；对全市所辖4个区饮用水风险监测88个监测点完成264件饮用水水质卫生监测任务；对尘肺病患者开展随访和核查，全市尘肺病患者共166人，存活50人，死亡94人，失访22人；开展重点职业病监测，收集各职业健康检查机构的重点职业病监

2月10日，市疾控中心流行病学调查组工作人员通过网络进行流行病学调查并撰写流调报告

（王斐 摄）

测个案卡15134份，对11家放射诊疗单位开展医用诊疗和职业性放射卫生监测，抽取5家非医疗放射机构进行抽查。

（连亚楠）

【病媒生物与鼠疫防控】 2020年，克拉玛依市共监测大沙鼠138只，采集大沙鼠血清137份，实验室检测大沙鼠检出阳性血清1份，阳性率0.72%，夜行鼠密度5.60%，沙鼠染蚤率86.23%，蚤指数8.99；病原学检验鼠疫宿主动物222只，寄生蚤等媒介昆虫1257只，未检测出鼠疫菌；开展克区、白区病媒生物监测工作，布放黏鼠板1000张，捕获老鼠14只，布放黏蟑纸820张，捕获蟑螂1399只，布放诱蚊灯90盏，捕获雌蚊1662只，布放捕蝇笼56个，捕获苍蝇1852只。

（连亚楠）

生育服务

【概况】 2020年，克拉玛依市计划生育管理总人口452700人；出生人口2183人，出生率7.84‰；政策符合率100%；全市人口自然增长率4.08‰；综合避孕率87.76%；两乡农牧民领证率68.78%。截至年末，全市完成育龄妇女26430人次免费查环查孕服务。免费为1143名育龄夫妻进行“国免孕优”体检，体检标准（670元/对）远高于自治区要求，出生缺陷防治三级网格得到加强。

（连亚楠）

【生育信息管理】 2020年，克拉玛依市卫健委加强部门联动，提高出生数据准确率，通过信息化平台，查验基层单位对人口信息摸排、录入准确率和及时率；健全完善各项统计制度，加强对乡、村两级信息统计工作检查指导，提高业务人员专业素质，提高人口信息系统操作能力；定期与公安、医院、民政等单位核对出生、死亡、婚姻、乙肝第二针及计划生育手术数据，对乡、村两级日常入户查孕情况进行季度督查（市级每季度核查、区级每月核查），督促基层及时、准确完成信息变更；加强对流动人口信息服务管理，依托网格化管理平台，结合“实有人口信息摸排”专项行动，及时掌握流动人口信息变动情况。截至年末，全市四家医疗机构出生人口2183人，出生率7.84‰，政策符合率100%。

（连亚楠）

【托育机构管理】 2020年，克拉玛依市卫健委做好3岁以下托幼机构工作调研，与各区及市场监管、民政、教育、财政、人社等部门联系沟通，规范托幼机构办理、审核、备案等工作。制定《克拉玛依市婴幼儿照护服务发展实施方案》，申报托育试点项目资金，鼓励企业申报实施国家普惠托育服务专项行动，申报国家专项资金220万元用于改扩建项目；统一发放依法开展托育服务备案告知书并对外公示。截至年末，全市有17家托育机构注册登记拿到营业证书，其中6家通过备案；全年各区先后3次深入托育服务中心，开展托育机构疫情防控工作专项督查指导。

（连亚楠）

【生育经费保障】 2020年，克拉玛依市全年国家3项计划生育奖励扶助对象539人，兑现奖励扶助资金250.99万元；兑现计划生育家庭一次性奖励金2244人1121万元，其中单位兑现2006人1002万元，各区政府承担238人119万元；保健费发放9467人597675元，其中单位发放8267人526635元，各区政府发放1200人71040元。

（连亚楠）

【特殊家庭帮扶】 2020年，克拉玛依市做好特殊家庭帮扶工作。开展心理慰藉、家政、慰问、帮扶等关心关爱服务活动，全年发放计划生育特殊家庭一次性扶助金30万元，拨付计生专项资金31万元；开展“健康伴我行”户外拓展、“我的情绪我做主”心理健康讲座、“中国梦幸福年”新春联谊会等4场活动，参与233人次；春节、中秋慰问379户次，心理、困难咨询帮扶144人次；连续开展免费心理沙盘、心理绘画服务活动8场、149人次；各区疫情防控期间组织开展网络线上活动27场，参与1701人次，开展心理、情绪疏导服务194人次。

（连亚楠）

妇幼保健

【母婴安全】 2020年，克拉玛依市卫健委设计制作孕产妇早孕建卡宣传册3000份，发放至孕前检查门诊、婚前检查门诊、妇科门诊和各街道居委会。规范全市孕产妇保健管理、危重孕产妇救治、转诊和评审工作流程，对各区孕产妇“五色”管理及高危孕产妇双向转诊情况开展摸底调查；对孕产妇死亡、5岁以下儿童死亡进行日常监测，共审核5岁以下儿童死亡报告卡6份，医疗机构出生缺陷监测102人次，人群出生缺陷监测78人次。

（连亚楠）

【预防艾梅乙母婴传播】 2020年，克拉玛依市卫健委针对白碱滩区（克拉玛依高新区）外来务工人员举办预防艾梅乙母婴传播知识讲座2次，受众300余人；随访艾滋病感染孕产妇及所生婴儿2人5次，随访梅毒感染孕产妇及所生儿童20人52次，早期诊断艾滋病感染孕产妇所生儿童1人2次；做好检测试剂、药品、奶粉等物品领取和发放工作，全市HIV（获得性免疫缺陷综合征）感染孕产妇服药率、HIV感染孕产妇所生儿童服药率、早期诊断率、18月龄检测率、艾滋病母婴传播率、梅毒感染孕产妇治疗率、梅毒感染孕产妇规范治疗率、乙肝感染孕产妇所生儿童免疫球蛋白注射率等各项达到《自治区预防艾滋病梅毒乙肝母婴传播实施方案》要求。

（连亚楠）

【新生儿疾病筛查】 2020年，克拉玛依市全市医疗机构开展新生儿疾病筛查工作，完成血片发放，样本收集、审核、扫描、转运2440张；全年确诊甲低患儿2例、高TSH（促甲状腺激素）患儿4例；随访可疑阳性病例430余人次（含历年累计病例）；听力筛查复筛未通过患儿10例，均进行追踪随访并进行指导；新生儿疾病筛查率、听力筛查率、召回率均达到自治区要求。

（连亚楠）

【国家免费孕前优生健康检查】 2020年，克拉玛依市共为1143名克拉玛依区育龄夫妻提供“国免孕优”体检服务、报告评估、健康宣教，按规定完成2020年自治区国免孕优项目第一次室间质控工作。

（连亚楠）

【保健管理】 2020年，克拉玛依市卫健委指导医疗机构开展孕产妇保健、儿童保健、出生医学证明签发、报表填报、各类信息系统操作等260余次，对3家新成立及换址改建托幼机构进行招生前卫生学评价5次；抽查克拉玛依区5所公立幼儿园，对开园前新冠肺炎疫情防控工作落实情况进行检查指导；组织举办孕妇学校健康教育课程10次，培训186人；9月19日，成立儿童家长健康教育学校。

（连亚楠）

老年健康

【概况】 2020年，克拉玛依市户籍人口313959人，60周岁以上人口57702人，老龄化比例18.38%。

（连亚楠）

【医养结合】 2020年，克拉玛依市推进国家级医养结合工作，落实各项工作目标和主要任务；印制国家卫生健康委、民政部制定的《医养结合机构服务指南》，规范医养结合机构服务内容，对机构设置、人员配备、设施配备、药品配备、服务人员资质和环境以及基本服务、医疗服务、护理服务、康复服务等提出明确要求，要求各区卫生健康委和各医养结合机构严格执行，为提升医养结合机构服务质量和水平提供依据和遵循标准。

（连亚楠）

【安宁疗护】 2020年，克拉玛依市持续推进安宁疗护工作。截至年末，克拉玛依区黑油山老年社区开设20张床位；独山子区至信爱老服务中心安宁疗护病房在独山子人民医院中医肿瘤科基础上，开设床位43张（养老院2张）；白碱滩区（克拉玛依高新区）广佑颐养老年服务中心开设床位12张，各医养结合机构开展安宁疗护工作，覆盖率100%。市社会组织至善社会工作服务中心“爱的陪伴”临终关怀服务项目申请到自治区财政专项彩票公益金300万元，截至年末，为服务对象建档590份，入户探访老年人2441人次；全年全市开展家庭生命教育小组活动7场，136人次参与；开展志愿者培训48场、648人次。

（连亚楠）

【健康管理服务】 2020年，克拉玛依市卫健委将居家层面及社区层面医养结合工作纳入重点工作范畴，推进家庭医生签约服务，针对老年人健康状况和需求，提供康复指导、上门服务等个性化健康管理服务。全年全市65周岁以上老年人签约率达65.85%、健康管理率达48%。截至年末，全市100%医疗机构开设为老年人提供挂号、就医等便利服务绿色通道，100%养老机构都能以不同形式为入住老年人提供医疗卫生服务。

（连亚楠）

【老年健康教育】 2020年，克拉玛依市卫健委面向老年人普及膳食营养、体育锻炼、定期体检、健康管理、心理健康及合理用药等知识。推广应用国家制订的针对老年人特点的膳食指南和营养计划，对老年人群实施营养干预，加强营养和膳食指导；培育老年大学、老年协会等各类社会组织，为老年人提供心理咨询服务，开展文化体育、健康教育等活动。截至年末，全市有老年大学4所、老年党校1所，专（兼）职讲座教师100余人，开展老年健康教育、人口老龄化国情教育、疫情防控、春（秋）季老年常见病防治等讲座，共有学员10000余人次受益。

（连亚楠）

【老年人心理慰藉】 2020年，克拉玛依市被确定为第二批全国老年人心理健康与关怀服务试点城市，按照自治区卫生健康委要求，通过政府购买服务方式，委托有专业资质的克拉玛依区心理健康咨询协会，开展试点社区走访普查工作，了解和掌握辖区老年人心理健康状况与实际需求，运用专业化方法进行心理干预，舒缓老年人心理。全年为高龄、独居、丧偶等特殊老年群体服务1300余人次。

（连亚楠）

爱国卫生

【“健康城市行动计划”出台】 2020年，克拉玛依市出台《克拉玛依市建设健康城市行动计划（2017—2020年）》，调整克拉玛依市爱国卫生运动委员会成员单位，将爱国卫生、健康城市建设工作纳入国民经济和社会发展规划、部门规划、年度计划之中，巩固“国家卫生城市”创建成果。

（连亚楠）

【健康教育与健康促进】 2020年，克拉玛依市实施健康促进行动，开展健康细胞工程建设，在全市各社区、重点场所配备健康小屋，普及健康素养66条。截至年末，全市有健康社区61个、健康主题公园8个、健康步道14条、健康一条街4个、健康自助监测点102个；录播《健康克拉玛依大讲堂》13期，制播电台信息561条；出版《健康周刊》118 期，《健康克拉玛依》专刊 26 期，各类媒体平台刊发健康类文章 2200 余篇；累计举办各类慢性病健康讲座 1761 场次，累计开展健康咨询活动 747 场次，发放各类宣传册 20 万余份。2020 年疫情防控期间，通过新媒体等方式推送疫情防控信息 9105 条，专题 118 期，疫情防控相关公益广告 21884 条（次），电视飞播字幕 27840 分钟，有效开展疫情预防宣传。

（连亚楠）

【环境卫生专项整治】 2020 年，克拉玛依市开展环境卫生专项整治行动，落实群防群控工作机制，以“周三城乡大清洁，垃圾大清运”及周末卫生大扫除等活动为契机，发挥街道、部门和家庭作用，对人员密集场所进行清洁、消毒和通风，对农贸市场、工地、福利院、养老院、监所等重点场所开展消杀，累计出动消毒车辆 16848 台次，清理卫生死角 80659 个，重点场所消毒面积 6178 万平方米，喷洒消毒液 3563 吨；广泛普及科学防控知识，做好社会心理关爱服务，利用新媒体发布知识信息 1070 条，累计发放宣传材料 15.7 万份、海报 6.6 万份，心理援助热线服务 3608 人次，心理应激疏导 1426 人次。

（连亚楠）

卫生监管

【城市精细化管理联动】 2020 年，克拉玛依市全面落实公共场所、医疗机构城市精细化管理各项工作任务，核查城市信息化管理平台派工单，全年受理平台推送工单 39 起，及时联系责任单位并按规定时间将问题处理结果上报结案。各区卫健委受理平台推送工单共计 809 起，市卫生监督所共督办 372 起；克拉玛依区卫生健康委累计收到工单 391 起，市卫生监督所督办 180 起。

（连亚楠）

3 月 20 日，民营企业员工打扫户外卫生

（努尔买买提·艾山　摄）

【“分色管理”监督】 2020 年，克拉玛依市卫健委在全市开展住宿场所“分色管理”（“分色管理”是一种控制公共场所卫生安全的管理手段。根据卫生操作流程，该管理模式要求员工在整理客房卫生时，根据客房不同区域、不同用具、不同部位使用红、黄、蓝等不同颜色的抹布、工具开展卫生清洁工作）试点工作，分别选择克拉玛依区君悦百合主题酒店、蓝湖花园酒店、明珠大酒店等 5 个住宿场所进行试点，试点单位员工卫生意识明显增强、环境明显干净整洁，试点工作顺利开展为全市范围推广“分色管理”模式打下基础。

（连亚楠）

【生活饮用水监督】 2020 年，克拉玛依市开展生活饮用水监督检查工作。共检查 22 家单位，包括 10 家供水企业、4 个二次供水单位、8 个管网末梢水单位。检查结果显示：各单位均建有完善卫生管理体系，水质消毒设施正常运行；供水单位水质自检自查记录和色度、浑浊度、余氯值等9项水质检测指标值符合国家生活饮用水卫生标准。

（辛岗）

【学校卫生监督】 2020年，克拉玛依市卫健委参照国家《学校课桌椅卫生标准》《中小学课桌与身高对照表》，对克拉玛依市第一中学初中部、市一中高中部、市第六中学、市高级中学4所中学课桌椅高度及采光照明情况进行监督检查，并将发现问题反馈给学校进行整改；在检查学生饮用水水质资料和消毒产品索证材料时，未发现明显问题。

（辛岗）

【消毒产品监管】 2020年，克拉玛依市卫健委根据国家《消毒管理办法》及自治区《关于在全区开展消毒产品专项监督检查工作的通知》要求，对克拉玛依和家乐超市（准噶尔店）、和家乐超市（幸福路店）、和家乐超市（迎宾路店）、百姓缘大药房4家公共场所上架卫生湿巾、84消毒液、抗菌洗手液等消毒产品安全评价报告、生产企业卫生许可证、“全国消毒产品网上备案信息服务平台”备案情况以及标签说明书是否合法合规等方面进行检查，未发现违法行为。

（辛岗）

【母婴保健和计划生育服务专项检查】 2020年，克拉玛依市卫健委对市妇幼保健中心、市人民医院、市第二人民医院3家单位母婴保健机构资质、人员资质、制度建立情况等开展监督检查，未发现存在违法行为。

（辛岗）

【卫生监督行政许可】 2020年，克拉玛依市卫健委受理克拉玛依蓝湾酒店（二店）、和家乐超市（红星店）、启鑫商贸有限公司3家单位公共场所卫生许可证申请材料，经审核通过予以颁发卫生许可证；组织专家在市人民医院、市第二人民医院、独山子人民医院开展放射诊疗设备变更审核登记工作。

（辛岗）

【卫生监督行政处罚】 2020年，克拉玛依市开展“双随机、一公开”监督抽检工作，强化事中事后监管，加大执法力度。全年办理结案行政处罚案件4起，罚款人民币25000元。

（辛岗）

医政药政管理

【公共卫生服务】 2020年，克拉玛依市开展全民免费健康体检工作，落实先诊疗后付费、取消住院押金和一站式结算制度，慢性病患者家庭医生签约率达到82.4%；完善互联网医院、“互联网＋护理服务”试点和“互联网＋医疗健康”服务体系建设，全市4家二甲以上公立医院全部实现患者在网上挂号、网上结账和网上查询健康档案等网上服务，预约诊疗率达到65%左右，全市各级医院、乡镇卫生院、社区卫生服务中心远程医疗服务覆盖率为100%。

（连亚楠）

【互联网医院建设】 2020年，克拉玛依市以市中心医院为试点建设单体互联网医院，完善各项功能，在全市范围内推广，将全市医疗资源接入互联网医疗服务平台，为群众提供高质量的网上诊疗服务。市中心医院、独山子人民医院获批为首批自治区互联网医院，于3月13日开始上线试运行，市人民医院、市第二人民医院初步完成互联网医院建设。10月，组织7名验收专家对市人民医院、市第二人民医院互联网医院建设情况进行现场评估，共有787名医生、438名护士入驻开展互联网业务，开展线上业务科室49个，公众端注册65258人，开展业务包括在线问诊、在线咨询、在线处方、在线审方、在线检验检查申请等，开展线上服务13560人次。

（连亚楠）

8 月 15 日，在市人民医院，垃圾清运人员在装运医疗垃圾
（蒋剑　摄）

【医疗废物监管】 2020 年，克拉玛依市组织医疗废弃物处置中央预算项目申报，向自治区报送“贝肯环保克拉玛依医疗危废处置中心项目”，项目总投资 1800 万元，获得中央预算内投资补助资金 900 万元。下发《关于加强疫情防控期间医疗废水处置及医疗废物管理整改落实的工作提示》，加强全市医疗废水及医疗废物标准化管理，为疫情防控工作不留死角奠定工作基础；全年全市有 107 家医疗卫生机构，产生的医疗废物均由医疗废物集中处置单位进行处理，配置医疗废水医疗机构 88 家，未配备的民营医疗机构均在停业状态（公立基层医疗机构在申报改造项目中，在营业）。

（钟芳　连亚楠）

【献血工作】 2020 年，克拉玛依市献血工作初筛 2307 人次；采血 2081 人次，其中全血采集 1990 人次、794400 毫升，一次献血 400 毫升占比 98.5%；单采血小板 91 人次、171.5 单位治疗量；1—10 月供血情况：悬浮红细胞 4110.5 单位；洗涤红细胞 42 单位；冰冻血浆 216400 毫升；冷沉淀 611 单位；单采血小板 172.5 单位治疗量。

（连亚楠）

【卫生行业综合治理】 2020 年，克拉玛依市持续推进卫生领域“放管服”工作，建立医疗卫生领域“信用 + 综合监管”模式和信用承诺制度，按照“双随机、一公开”要求，对随机抽查的多家医疗机构强化监督和管理，开展食品安全风险监测，对发现“大肠菌群”和“兽药残留”等问题食品及时下架和回收；开展城市精细化管理大联动，加强对公共环境、学校卫生、生活饮用水的检查，建立长效监管机制。疫情防控期间，监督检查医疗机构、个体诊所、重点公共场所 998 户次，发现问题 545 个，整改完成 541 个。

（连亚楠）

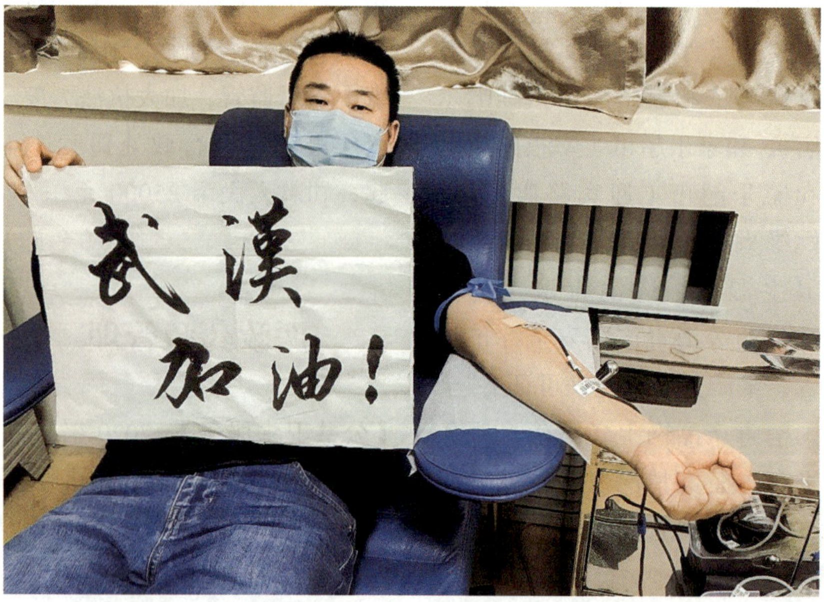

2 月 16 日，市民在市中心血站无偿献血　（闵勇　摄）

医疗卫生机构选介

克拉玛依市中心医院

【概况】 2020年，克拉玛依市中心医院门诊871013人次，同比减少36.51%；急诊102232人次，同比减少37.17%；出院患者21106人次，同比减少40.69%；住院手术及操作例数23587台次，同比减少33.29%；住院危重症病人数9077人次，同比减少22.97%；住院危重症病人占比43.01%，同比增长29.86%；平均住院日8.84天，增加0.12天。

（李慧）

【学科建设】 2020年，克拉玛依市中心医院开展新技术、新项目44项。成立多学科会诊（MDT）中心，组建17个MDT团队，在门诊开通MDT挂号系统，有效满足患者一站式解决疑难杂症就医需要；推动建立日间手术中心，集中管理与分散管理相结合，跟踪完善日间手术随访机制；建立“儿科急门诊区”，打造儿科就诊流程一体化管理，提供一站式解决患儿就诊问题；整合院内医疗资源，推进国家高级卒中中心、心衰中心、房颤中心规范化建设；推进临床医学研究中心建设，成功申报为首批自治区临床医学研究中心建设单位，获批建设“新疆消化系统肿瘤精准医疗临床医学研究中心”和“新疆临床基因检测与生物医学信息重点实验室”；组织成立食管胃、肝胆胰、结直肠医学研究中心随访多学科病例收集团队（MCCT团队）；成功获批国家卫生健康委脑卒中防治工程委员会颁发的“高级卒中中心建设单位”及中国房颤中心联盟颁发的“房颤中心标准版认证”，并被授予“中国房颤中心”单位；组织中哈医疗交流活动，签署“中哈中医联合研究中心建设”项目合作备忘录。与哈萨克斯坦国家医学科学中心共建中哈中医联合研究中心，标志着中亚五国国家级公立医疗机构中第一个中哈中医合作项目正式落地。8月，由上海第十人民医院牵头，克拉玛依市中心医院和哈萨克斯坦国家医学科学中心共同申请上海“一带一路”重点实验室“中医人体能量构建防控重大呼吸道疾病实验室”获批。

（李慧）

【质量管理体系建设】 2020年，克拉玛依市中心医院建设数字质量体系，推进无纸化及数字化进程；搭建医院综合信息管理平台，实现数字平台化到平台服务化转变，引导医院质量管理从单一诊疗服务质量向全面质量管理时代过渡。试点应用“码上质控”“码上交接班”工作模式。推进质量管理工具应用，强化单病种质控、环节质控及闭环管理。全年全院临床路径入径率保持在60%以上，变异率低于15%，完成率保持在98%以上。

（李慧）

【医院感染管理】 2020年，克拉玛依市中心医院在全院范围内开展无死角院内感染风险排查，做好环境卫生学监测，覆盖全部重点、高风险部门；开展重点手术SSI监测防控工作，完成感染数据分析及改进上报。加强传染病报告，减少迟报、杜绝漏报。强化院感防控、加强医护人员职业暴露处理应急演练，提高医护人员院感防控意识。全年无医院感染暴发事件，无医疗废物泄漏、流失。

（李慧）

【护理服务】 2020年，克拉玛依市中心医院护理系统在自治区举办的伤口造口案例比赛中获得优秀奖，全年获批9项国家实用新型专利；完善“互联网＋护理”服务，实现“线上＋线下”完整服务链；对就诊患者实施闭环管理，保护医、护、患三方安全；推进“保洁—陪护—月嫂”一体化管理；加强中央运输系统监管，推行病区陪护集中管理、加强病区分时段封闭管理。建立与运用护理质量大数据平台，实行数字

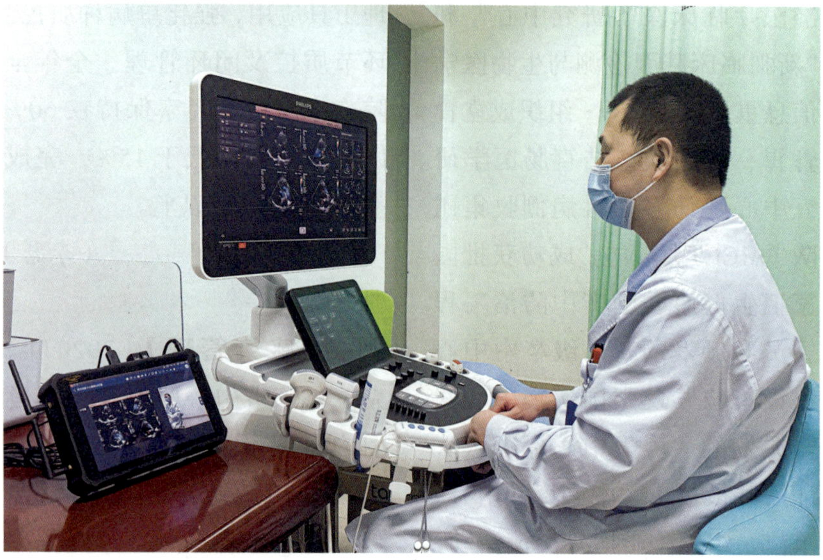

10 月 20 日，市中心医院在全疆率先建成超声“云平台”

（张二轲　摄）

化质量体系建设，流程化质量监管。创新应用患者问卷星调查，通过患者配合共同监管医疗护理行为规范性，提升患者满意度。

（李慧）

【超声云平台会诊分中心投用】2020 年 10 月，克拉玛依市中心医院超声云平台会诊分中心正式投入使用，覆盖裕民县人民医院、喀什市人民医院、疏附县人民医院等 7 家医院。截至年末，为周边医院会诊 10 余例。

（李慧）

【医疗信息化建设】 2020 年，克拉玛依市中心医院建立互联网医院平台，实现线上、线下业务协同，患者通过平台实现网上问诊、咨询、电子处方、自助开单，医生通过网络实现线上医疗活动，护理人员通过平台开展“互联网 + 护理”服务；在疆内率先推行“码”上就医，医院实现无接触式就医新模式，缩短患者就诊等待时间，危重患者接诊时限由 4.5 分钟缩短至 1.5 分钟；医护工作人员通过扫医嘱或物品二维码实现医嘱录入、数据采集、医疗质控；推广医患“码”上通，加强医患沟通，实现患者诉求“零”障碍；病区实行封闭管理，开通远程移动探视系统，实现扫二维码和刷脸进入楼宇；依托自治区级医疗大数据研究中心，建立发热病人数据库，实现发热病人全程监管；成立自治区首个医疗大数据研究中心，建成医疗健康大数据平台，开展个人全生命周期健康管理和疾病智能筛查。

（李慧）

【医疗便民服务】 2020 年，克拉玛依市中心医院推进分时段预约，建立核酸检测分时段预约机制，同时实现含门诊采血预约、门诊就诊、诊疗、检查预约、住院预约及社区计划免疫微信全预约系统；巩固推进包括住院床位预约、手机结算、草药递送物流系统、小拐乡卫生院住院收费无现金模式的“一站式服务”；推广使用手机线上充值、自助结算、自助查询费用清单、自助退预交金等服务；持续开展家庭医生签约助手工作。12 月，克拉玛依市中心医院院外 24 小时便民结算服务点正式启用，方便患者院外结算。

（李慧）

【分级诊疗】 2020 年，克拉玛依市中心医院建立医院—社区紧密型医联体，开设分级诊疗门诊、远程会诊室、中医工作室，开展居民健康管理、分级诊疗、双向转诊、家庭医师签约等工作。加强医院执行主任及专家下沉基层工作，加强对基层医疗机构管理；挂牌成立“上海援疆专家小拐乡医疗巡诊点”，通过实施上海援疆医疗专家常态化下乡村巡诊活动，使基层百姓就近得到优质医疗卫生服务；完善小拐乡卫生院标准化建设，小拐乡卫生院住院病房、中医馆正式建成投用。

（李慧）

克拉玛依市人民医院（市中医医院）

【概况】 2020年，克拉玛依市人民医院（市中医医院）总诊疗620562人次；出院10003人次；手术4872台次，住院手术增长18%；急诊44099人次；救治急危重1043人次;平均住院日8.46天；床位使用率70.91%；床位周转次数值为24.58。全年药占比33.55%，耗占比18.46%，体检60422人次。全年医疗收入2.84亿元，增长1.17%。

（鞠紫童）

【门诊服务】 2020年，克拉玛依市人民医院（市中医医院）改进门诊服务流程和服务质量，实现门诊住院自助一站式服务。成功运行门诊医生站诊间结算系统和病区护士站住院费用结算；面对疫情防控期间出现门诊就诊历史高峰期，启动电话预约、网络预约、微信预约，宣传引导患者分时段就诊，避免人员聚集。2020年门诊患者满意度96.74%，住院患者满意度97.12%。继续蝉联全国文明单位荣誉称号。

（鞠紫童）

【医疗、护理质量管理】 2020年，克拉玛依市人民医院（市中医医院）落实18项核心制度，定期组织人员对各临床、医技科室质量与安全情况进行督导、检查、考核和评价，全年完成医疗质量与安全月度季度检查9次，针对存在问题及时整改。加强对医疗安全不良事件报告管理，全年对及时报告医疗安全不良事件奖励37例。完善中西医双重诊疗模式，制定中西医治疗临床效果评价体系，持续推进中医特色查房、中医辨证治疗和中医电子病历工作，全年共有18个临床科室推进中医优势病种及临床路径工作，114个中医优势病种及临床路径病种，入径例数7140例，共完成6935例，中医优势病种与出院病例比例为46%。全院22个临床科室先后开展中医特色治疗项目69种。提升中西医结合护理服务质量，开展全院护理人员中医知识与技能培训，全年共计184名护理人员完成100学时中医知识与护理技能培训，经考核后取得中医护理资质。截至年末，全院共19个临床科室开展31项中医护理特色治疗项目和延伸服务。

（鞠紫童）

【中医建设】 2020年，克拉玛依市人民医院（市中医医院）制定《市中医医院申报三级中西医结合医院持续改进工作方案》，开展中西医结合医院创建标准全员培训，完成对创建标准8个章节1100项分条款全院培训。制定院、科两级整改推进方案，下发《三级中西医结合医院评审标准推进运行方案》。多次请自治区卫健委、中医医院专家评审组对医院前期工作进行指导。9月28日，自治区卫健委专家评审组一行

2020年，克拉玛依市人民医院（市中医医院）被自治区卫健委批准为三级中西医结合医院。图为医生在配制预防新冠肺炎中药

（李浩然　摄）

13人，分设9个检查组，对医院创建三级中西医结合医院工作进行综合考核评价，根据评审组提出的67条意见建议，市人民医院制定整改推进方案予以整改。12月30日，克拉玛依市人民医院（市中医医院）被自治区卫健委批准为三级中西医结合医院。

（鞠紫童）

【特色专科建设】 2020年，克拉玛依市人民医院（市中医医院）建立6个名医工作室和3个专病研究室，有院级重点学科12个，康复一科及精神卫生康复中心被评为市级重点学科，内分泌代谢中心、皮肤风湿免疫病科及培育学科泌尿外科被评为自治区重点专科。为患者建立健康管理档案，进行跟踪随访，全年访视率由之前3.37%增长至42.41%，数据上传准确率90%以上。标准化代谢性疾病管理中心（MMC）正式启用，实现对慢病及代谢性疾病规范化、标准化管理。在北京医院援疆专家李东晓带领下，开展肾上腺疾病诊断和治疗、继发性高血压特色治疗。精神卫生康复中心在华西医院援疆专家指导帮扶下，开设儿童精神病门诊；精神康复中心各科室通过开展中西医结合特色治疗项目和优势病种，提高对各类精神类疾病康复治疗水平。

（鞠紫童）

【互联网医院建设】 2020年7月，克拉玛依市人民医院（市中医医院）“互联网医院”正式上线，全院在线注册医生147人、护士81人、药剂师21人。自上线以来开设在线医疗专科23个，提供在线诊疗功能4项、便民服务功能16项、在线护理咨询功能23类。

（鞠紫童）

【名医工作室】 2020年，克拉玛依市人民医院（市中医医院）推进“名中医工作室”中医传承工作，加强全院6个“名中医工作室”、3个专病研究室规范化管理。泌尿外科借助“马超名医工作室”开展中西医结合辅助治疗泌尿系结石、前列腺炎中医汤剂治疗及超声药物透入治疗泌尿系疾病等，取得较好临床疗效。皮肤风湿免疫病科依托“刘红霞名医工作室”开设银屑病专病研究室和中西医结合门诊，发展银屑病中西医治疗和皮肤科亚专业，中医适宜技术诊疗达100%。康复一科推进“周铭心教授名中医专家工作室”工作，定期开展带教和专家门诊，对科室建设和人才培养起到推动作用。

（鞠紫童）

克拉玛依市第二人民医院（市康复医院）

【概况】 2020年，克拉玛依市第二人民医院（市康复医院）接待门急诊229013人次，出院4524人次，住院手术1013台次，（按照疫情防控工作要求）平均开放床位223张，床位使用率58.22%，危重病人399人，抢救成功率达90.46%，出诊1808次，平均住院日10.61天，药占比30.14%；远程会诊339例。

（蒋梅香）

【康复治疗】 2020年，克拉玛依市第二人民医院（市康复医院）完成各类康复治疗832017人次，其中神经康复415968人次，中老年康复164134人次，肌骨康复35846人次，理疗130973人次，重症康复3362人次，疼痛康复125862人次，中医传统康复257505人次，心肺康复7960人次，儿童康复5955人次，骨科康复12877人次，妇科康复2183人次，心理康复3707人次。

（蒋梅香）

【门诊服务】 2020年，克拉玛依市第二人民医院（市康复医院）成立针灸、推拿门诊，方便患者治疗；打造“互联网+”医疗服务体系，推行“全院一张床”模式，提升医疗服务质量和便捷性；增加微信支付、诊间结算等便捷服务项目；截至年末，通过网络、微信、电话、现场预约等多种方式为患者提供预约诊疗，预约门诊 130009 人次，预约就诊 107794 人次，预约就诊率 82.91%，复诊预约 62524 人次。

（蒋梅香）

【三级康复医院建设】 2020 年，克拉玛依市第二人民医院（市康复医院）完成《市第二人民医院创建三级康复医院可行性报告》，完善康复医院相关管理制度，制定完成较为全面康复评估表，接受市卫健委领导及市中心医院专家对康复医院创建工作初评指导，对存在问题制定整改方案，推进三级康复医院创建进程。4 月 28 日，克拉玛依市第二人民医院（市康复医院）正式申请成为“克拉玛依市康复专业质控中心”。6 月 27 日，在古田北小区居民活动室开展大型义诊及康复评估入户活动，为 200 余位社区居民提供义诊服务，为 50 余位残障人士提供入户评估指导。7 月，完成中国心血管健康联盟心脏康复中心建设及认证初审；12 月 2 日，完成复审工作。9 月 15 日，加入中国康复医学会；9 月 19 日，承办“2020 全国科普日康复联合行动暨第二届中国康复医学会科普年会”克拉玛依分论坛。在全国“第二届康复科普创新作品大赛”上获奖 14 项，并被中国康复医学会遴选确定为“中国康复医学会科普示范基地”；

10 月 18 日，市第二人民医院（市康复医院）会同上海市养志康复医院援疆康复专家团队联合克拉玛依市残联开展克拉玛依市肢体残疾人康复训练评估（闵勇　摄）

10 月 18 日，联合市残联共同启动克拉玛依市肢体残疾人首次康复训练评估服务活动，为市区 180 余名肢体残疾居民进行康复评估筛查，并根据评估情况提供为期 3 个月后续康复训练服务。

（蒋梅香）

【药事管理】 2020 年，克拉玛依市第二人民医院（市康复医院）加强对药品供应商管理，签订供货质量保证协议书；加强药品购进管理，制定从计划、审核、采购到验收完整相关程序；加强药品不良反应监测，全年上报药品不良反应 54 例；完善合理用药监控体系，开展以药师处方审核、药物咨询、处方点评、临床药师为内容的药学工作，共点评处方 12016 张、病历 210 份，纠正各类不合理用药 127 组；做好疫情防控药品供应与管理，保障疫情人员预防用中药汤剂煎制。

（蒋梅香）

【健康医院建设】 2020 年，克拉玛依市第二人民医院（市康复医院）成立医疗小分队，为孤寡、失能、重病重残、精神障碍、留守儿童等患者提供送医送药、健康咨询、入户体检、康复评估、残疾鉴定等服务，共计上门服务 456 次，服务患者 1825 人次；组织医疗专家和康复专家在克拉玛依区、白碱滩区（克拉玛依高新区）、乌尔禾区开展义诊 11 场次，服务 1000 人次；组织青年医务工作者到社区、学校、克拉玛依各企事业单位举办健康知识讲座 4 场，参加人员百余人次；开展2020年全民营养周活动，发放营养知识宣传册4000份；按照《帮扶对口支援泽普县区内扶贫工作的通知》要求，安排3名医务人员前往泽普县开展对口援医工作。

（蒋梅香）

【社区卫生服务】 2020年，克拉玛依市第二人民医院（市康复医院）开展专科医师定期到各社区卫生服务中心坐诊服务工作，全年共计坐诊36次、接诊754人次；提供远程心电图服务4008次。

（蒋梅香）

【传染病防治】 2020年，克拉玛依市第二人民医院（市康复医院）网络上报传染病报告卡90张；腹泻病旬报18份；运送腹泻标本25次；HIV院内检测病人数9245/7000人次，阳性25人次；AFP门诊病人监测227207例，住院病人4502例，发生数为0例；发现活动性肺结核病人13例；5月1日肠道门诊开诊，接诊腹泻病人1376人次。

（蒋梅香）

克拉玛依市独山子人民医院

【概况】 2020年，克拉玛依市独山子人民医院床位编制470张，实际开放床位530张。全年门急诊就诊量37万人次，其中互联网医院问诊量10763人次，住院手术量3325例，门诊手术量2826例，全年预检75万人次；第三方测评医院服务满意率99%。

（张帆）

【院感防控】 2020年，克拉玛依市独山子人民医院强化感染防控主体责任，医护升级个人防护，加强住院患者及陪护筛查，严格入门关，取消探视，全面落实不交叉、防聚集要求。紧急实施感控设施改造33项次，专用CT室、缓冲病房、通风消杀、医废污水等重点环节全面受控。全年污水投放消毒药剂1825千克，收集处置医疗废物85380.6千克。2020年度克拉玛依市医疗机构环境卫生学采样检测结果全部达标，名列5家公立医院之首。

（张帆）

【学科建设】 2020年，克拉玛依市独山子人民医院增补精准康复专科等9项医院培育重点专科，建成由5个重点学科、15个重点专科、20个培育重点专科组成的医院学科体系。完成多学科团队赴上海肺科医院进行胸科专修。开展腔镜下肝动脉瘤切除术、脑动脉取栓术、腹主动脉瘤腔内隔绝术等7项填补性新技术。推进临床营养建设，选定重症医学科、内分泌科等9个科室作为首批试点科室，选派医护人员学习培训。开展微量元素、铁蛋白等检测和发育评估。职业病科完成石化公司1016个监测点、15家外单位200个监测点职业卫生检测，完成建设项目职业病危害现状评价1项。全年完成腔镜手术427例；门诊手术2826例，同比增长12.28%。介入手术532例，同比增长5.77%，其中急诊PCI术43例，增长16.22%。胃肠镜检查4667例，增长18.4%；其中无痛胃肠镜2983例，增长48.56%。开展日间手术病种33个532例，占住院手术22.85%，日间诊疗623人次；多学科会诊20次。

（张帆）

【诊疗中心建设】 2020年，克拉玛依市独山子人民医院推动胸痛中心、卒中中心、孕产妇救治中心等诊疗中心规范化建设，全年完成45例胸痛患者上报国家平台，9例介入手术达标；全脑血管造影、颈部动脉血管狭窄支架置入等介入技术日趋成熟，独立成功开展急性缺血性脑动脉取栓术。年度分娩509例，高危孕产妇199例，实现孕产妇、新生儿零死亡。新生儿救治中心加强早产儿救治、新生儿呼吸支持技术提升，年度收治危重新生儿207例，新生儿窒息13例，复苏成功率100%，5岁以下儿童死亡率0%。MMC（标准化代谢性疾病管理中心）门诊正式运行，实现患者在中心内一站式诊断、检查、开方、宣教等诊疗服务，提升糖尿病等代谢性疾病规范化管理率。开展呼吸与危重症医学规范化建设，开设哮喘、慢阻肺、戒烟、睡眠、肺结节、气道介入等专科专病门诊，开展无痛支气管镜检查、肺康复、肺功能检查等技术，建立睡眠诊疗室、呼吸门诊综合诊疗室。全年完成支气管镜诊疗56例，睡眠监测及治疗153例，肺康复73例。

（张帆）

【医疗援助】 2020年，克拉玛依市独山子人民医院20个临床医技科室499名医护人员，分14批支援预检分诊、发热门诊、发热留观医院等疫情防控最前沿。156名医护人员组成11支紧急医疗队，前往湖北武汉、乌鲁木齐、和田、克拉玛依市区参加医疗救治和疫情防控。骨科、放射科、检验科、眼科、妇产科、超声室6名专家5—12月赴疏勒县开展疾病诊疗、业务讲课、技术培训、检查检验等工作，同时选派妇产科、骨科两名医师支援克拉玛依市乌尔禾区医院。

（张帆）

【互联网+医疗服务】 2020年，克拉玛依市独山子人民医院"互联网+医疗服务"能力进一步提升，设立互联网体验服务中心，作为二级医院唯一、首批获得自治区互联网医院设置批复。实现在线问诊、线上开单、线下配送服务，线上处方2000余张，各类药品免费配送4249单，开通线上药品库存查询，线上心理评估自评系统，全年预约诊疗率达到60.7%，配合疫情防控要求开发核酸检测快速开单缴费功能应用42196人次；微信公众号增加"我的证明"，方便核酸检测结果实时查询。开发电子陪护证服务3398人；为加强病区管理，建立科室、患者短信推送平台，全年发送1万余条。

（张帆）

克拉玛依市第三人民医院

【克拉玛依市第三人民医院成立】 2017年4月13日，克拉玛依市第三人民医院筹建工作启动。原址位于乌尔禾区龙腾路以南、同兴路以西，规划建设用地面积31947平方米，总建筑面积19080平方米，投资金额约1.9亿元，是一所集医疗、预防、养生、保健于一体的综合性公立医院，院内楼体建筑分A、B两个区域，其中A区为诊疗、住院病区，B区为康复养老中心。2019年11月1日，克拉玛依市第三人民医院正式挂牌成立，设编制人员81名。截至2020年末，实有职工49名，其中中医生12名（返聘2名）、护士14名（返聘1名），高级职称4名，中级职称5名，初级职称11名，医技人员7名，后勤保障人员5名，行政人员6名，导医、收费人员5名。与柳树街社区卫生服务中心、乌尔禾镇卫生院签订医共体协议，托管医务人员20名。

（王云）

【诊疗服务】 2020年，克拉玛依市第三人民医院接诊患者3.3万余人次。门急诊全年接诊3.1万余人次，抢救309人次、院前急救344人次、心电监护361人次，狂犬病疫苗注射304人次，静脉采血287436人次、氧气吸入410人次、雾化161人次，抢救留观315人次。中医科全年接诊患者2200人次，开具中医理疗、药品处方共计1495张（理疗1107张、中药方剂处方388张）。全年诊疗辅助常规检验、检查3085人，大生化、肝、肾、血脂、血糖、微量等血液检测1978人，放射检测7556人次（其中CT检查1569人次、DR检查5987人次），腹部常规、泌尿系统、妇科、产科、阑尾、甲状腺、乳腺及皮下浅表肿物等多普勒超声检查5436人次，基本满足当前医院临床诊疗需要。

（王云）

【义诊活动】 2020年，克拉玛依市第三人民医院联合市第

2月4日，市第三人民医院医护人员集中学习疫情防控注意事项
（市第三人民医院　供图）

二人民医院（康复医院）开展“优质服务基层行”“服务百姓健康行动”大型义诊活动2场次，参加义诊活动人数200余人。通过送医下乡、义诊咨询等形式，进行适宜疾病咨询、问诊和慢性病复诊、康复指导、健康教育等，方便辖区群众在家门口看病就医。

（王云）

【医技培训】 2020年，克拉玛依市第三人民医院通过远程视频、自发组织、技能比赛、专家授课等多种方式开展教育培训，累计培训77场次，培训人数944人次，实现全院覆盖。完成2020年克拉玛依市继续医学教育申报项目培训工作，邀请市级各家医院专家前来授课，参加培训人员50人次。开展新冠肺炎疫情防控演练9场次，演练参与人数150人次。

（王云）

【完善城乡居民健康档案】 2020年，克拉玛依市第三人民医院完善城乡居民健康档案，对已有档案进行更新，筛除部分已失档案，新增档案328份，截至年末，共有常住居民档案2244份，建档2477份，建档率达110.4%，管理65岁以上老年人178人。

（王云）

【慢性病管理】 2020年，克拉玛依市第三人民医院加强慢性病管理，建立慢性病非传染性疾病专项健康档案227人，并全部纳入管理。其中高血压194人，管理率69.4%，控制率80.9%；糖尿病33人，管理率75.7%，控制率76.2%。

（王云）

【妇幼保健】 2020年，克拉玛依市第三人民医院加强对孕产妇和儿童系统管理工作。全年孕产妇保健系统管理32人，新建卡2人；儿童保健系统管理113人，新建卡3人，体检254次，血红蛋白检测58人，健康宣教124次，幼儿园健康体检276人。

（王云）

【家庭医生签约服务】 2020年，克拉玛依市第三人民医院开展家庭医生签约服务活动，截至年末，全院管理重点人群635人，签约635人，签约率100%；一般人群签约100人，签约率100%。

（王云）

新疆油田公司准东采油厂职工医院

【概况】 2020年，新疆油田公司准东采油厂职工医院完成门诊就诊89455人次；健康体检6067人次；入院511人次；手术45人；病床使用率11.6%，平均住院日9.13天。入院诊断与出院诊断符合率100%；综合满意度95.79%；放射科各项检查11126项；功能科各项检查14088项；检验科各项检查51334项；药剂科调配处方85631张。全年实现医疗总收入6868万元。

（赵向荣）

【院感监测】 2020年，新疆油田公司准东采油厂职工医院定期对医院环境卫生学进行微生物采样，及时汇总分析；强化临床科室多重耐药菌监管、监测，发挥临床、医技科室联动机制；落实标准预防措施，减少职业暴露事件；严格抗菌药物分级管理，全年门诊抗菌药物处方占全年门诊处方比例1.54%，住院患者抗菌药物使用率36.89%，无菌切口手术术后切口感染率为0，留置深静脉导管感染率为0，器械消毒合格率100%，监测出院病历359例，5例发生医院感染，感染率1.39%，符合卫健委规定要求。

（赵向荣）

【野外医疗点卫生服务】 2020年，新疆油田公司准东职工医院提升野外医疗业务服务质量，将标准化健康管理服务推向各野外作业区，开展应急保驾、健康宣教、专家巡诊、康复理疗、慢病指导、健康咨询等医疗服务，并开展健康体检和慢病管理、健康管理建档、应急救护培训等工作，为员工开展血压、血氧、血糖、心电、尿酸、总胆固醇、糖化血红蛋白、动脉硬化等基础监测。全年邀请新疆军区总医院、明德康中医院专家和本院医务人员为野外各作业区进行知识讲座30余次，参加讲座人员近3000人。疫情防控期间，完成油田一线员工、西部钻探井下技术作业公司及各外协单位人员共计1112人次双抗检测及4773人次核酸检测采样任务。截至2020年12月，各野外医疗服务点共建立健康管理档案800余份，对14名突发急性心肌梗死、高血压危象、糖尿病酮症酸中毒、低血压休克等急危重症员工进行现场抢救，对71起心脑血管疾病、急腹症、外伤等患者进行医疗救治。

（赵向荣）

【医护质量管理】 2020年，新疆油田公司准东职工医院对各项管理制度进行梳理，对标等级医院评审标准，开展全院员工培训，对标二甲医院标准修订各类应急预案。推进护理管理标准化、规范化、安全化，继续为长期卧床患者提供上门换药换导管服务，每月开展出院患者电话随访慢病管理服务；家庭访视产妇100人，新生儿86人次，访视率89%；管理高危孕产妇35人；0～36个月儿童保健建档117人。

（张茜）

【学科建设】 2020年，新疆油田公司准东采油厂职工医院拓展医疗服务业务，加强重点专科建设，以中医康复业务为试点，与明德康中医医院合作，将中药内调和康复理疗相结合，开展督灸、火针、放血疗法、蜡疗等项目。完成中国心血管联盟高血压达标中心认证，1月申报建设2020年第一批高血压达标中心，12月19日被授予“高血压达标中心”牌匾。12月8日与自治区人民医院合作开展“脑卒中”筛查，进行卒中相关危险因素筛查和有效干预。12月25日，正式挂牌新疆军区总医院“消化内镜联盟”成员单位；与新疆军区总医院深度合作，开展消化道肿瘤筛查及早诊断、早治疗工作，扩大筛查人群覆盖范围，提高筛查及早治技术。

（张茜）

【预防保健】 2020年，新疆油田公司准东职工医院完成常规免疫接种3800剂次、其中一类疫苗2512剂次、二类疫苗1288剂次，基地2月龄至4岁儿童接种口服脊髓灰质炎疫苗（BOPV）812剂次，服苗率99.2%；通过国家疾病预防控制信息系统本地上报手足口病1例、水痘疫情2例、感染性腹泻5例、猩红热1例，按时完成医院42人次接触射线作业个人剂量换发工作。

（赵向荣）

其他医药企业

【国药集团新疆新特克拉玛依药业有限公司】 2020年，国药集团新疆新特克拉玛依药业有限公司下设3家零售药店，实现销售25832万元，利税总额704万元。全年首营企业供应商51家、新增客户23家，首营品种309种，基础信息维护新增商品信息309个。共完成药品验收任务71947批次，因破损，包装变形等原因拒收药品518批次。根据库存药品流转养护计划，完成全年养护药品38925批次，并建立档案。

（曹龙燕）

【克拉玛依普济康利大药房连锁有限公司】 2020年，新疆利康药业连锁有限公司于10月12日变更名称为克拉玛依普济康利大药房连锁有限公司，经营方式不变，有门店36家。截至年末，所属康利大药房经营销售额约4000万元，比上年增长12.5%，新增直营门店6家，加盟店5家，其中收购克拉玛依怡心堂药业公司下属门店5家。新增供应商14家，新增会员8000余人，参加社区活动10余次，免费给各族群众测血压、血糖、骨密度、医药咨询1000余次。疫情防控期间前往乌鲁木齐市拉运84消毒液，75%酒精、医用口罩、消毒凝胶、手套、防护服、体温计、额温枪等防控物资60余吨。

（李月梅）

【新疆国医堂克拉玛依医院】 2020年，新疆国医堂克拉玛依医院医保收入1258.3万元，全年清除感染性医疗垃圾1575.86公斤、损伤性医疗垃圾509.055公斤。

（郝巧云）

【克拉玛依友好医院】 2020年，克拉玛依友好医院抽调20余名医务工作者参与克拉玛依市疫情防控工作，举办社区疫情防控业务培训10余次，向克拉玛依区疾病预防控制中心捐赠口罩600个，开展大学生体检5397人、全民健康体检4877人、从业人员健康体检10813人次。开展老年病患者心理辅导及康复知识指导服务，100余人受益。

（马千惠）

【克拉玛依深蓝医院】 2020年，克拉玛依深蓝医院与融汇养老院合作探索“医养结合”服务新模式，养老机构负责老年人生活护理，深蓝医院提供健康检查、疾病诊治、中医康复等医疗康复保健服务。全年为老年人提供基本医疗、中医、理疗等医疗服务，入住老年人实现“零感染”。

（王银）

【克拉玛依诚裕慈惠健康管理体检中心】 2020年，克拉玛依市诚裕慈惠健康管理体检中心引进国内先进HRA健康风险早期筛查设备，专注疾病早期筛查和风险评估。建立检测预警机制以及疫情防控工作制度20余项，规范设立临时发热隔离点，举办医务人员优质服务、质量控制、疫情防控、应急演练灯培训活动70余次，定期开展人员、物表、环境监测工作。开展高质量肿瘤筛查服务，重要阳性结果预警及随访1588人；全年接检2万人次，未发生感染事件。

（张宁）

【克拉玛依汉唐康复医院】 2020年，克拉玛依汉唐康复医院举办健康知识讲座3次、残疾人康复知识讲座5次、义诊活动2次，开展院感防护知识学习3次。选派5名医护人员参与克拉玛依市疫情防控社区核酸检测点检测及酒店隔离点服务工作。全年门诊量15772人次。

（龚晓芳）

【克拉玛依仁爱中医医院】 2020年，克拉玛依仁爱中医医院开展医院感染知识、医务人员职业防护培训20余次，举办消防安全知识培训4次，组织疫情防控等应急演练2次。选派5名医务人员参与克拉玛依市疫情防控酒店隔离点服务工作。全年门诊接诊3086人次。

（李春琳）

脱贫攻坚

综　述

【概况】　截至2020年，克拉玛依市地方政府在协作扶贫方面累计投入资金8007万元，组织企业、爱心人士捐款156.6万元；驻市央企累计投入协作扶贫资金1.5亿余元；克拉玛依市（含驻市央企）负责帮扶9个国家级贫困县市全部实现脱贫。1958年至2020年，包括驻市央企在内，克拉玛依累计投入资金近5亿元，帮扶全疆6个地州在内44个县（区、市）、4个师及19个团场走出困境、脱贫摘帽，民生福祉惠及112.9万人，其中帮助近12万名贫困人口实现脱贫。

（于浏艺）

【人才帮扶】　2020年，克拉玛依市向喀什地区“一市两县”选派扶贫干部、教师、医生96名，完成率235.9%。

（于浏艺）

11月27日，2020年自治区脱贫攻坚先进事迹巡回报告会在克拉玛依市举行

（克拉玛依日报社　供图）

【产业帮扶】　2020年，克拉玛依市投入协作扶贫资金3177万元，完成率160.69%，其中向喀什地区投入资金1977万元，向阿克陶县投入帮扶资金1200万元。在喀什地区“一市两县”实施教育医疗领域、种养殖业领域、电子商务平台等扶贫项目49个，完成率100%。克拉玛依市豫新农牧公司在泽普县成立新疆盈瑞源果业有限公司，投资500万元，收购核桃皮4万吨，生产石油堵漏剂7000余吨，为24名当地贫困群众提供就业。引进“畜牧云”信息服务平台，实现对动物养殖业管理、防疫、检疫、屠宰、无害化处理全程跟踪监管，通过政府引导、企业合作社和个人养殖形式引导喀什地区“一市两县”4万余户贫困户参与养殖，受益贫困群众13.9万人。

（于浏艺）

【消费帮扶】　2020年，克拉玛依市成立消费扶贫专班，落实消费扶贫责任。政府机关各食堂预算管理支出10%用于采购贫困地区农副产品，各单位预留一定比例退休人员慰问经费采购贫困地区农副产品，鼓励中央企业和地方国有企业、个体工商户预留一定比例慰问经费采购贫困地区农副产品。全年完成消费扶贫1207.59万元，完成率101.82%。

（于浏艺）

【社工组织帮扶】 2020年，克拉玛依市采取政府引导，社会参与形式引导全市至善、天山心家园、启迪、悦伴湾社工组织在阿瓦提县、墨玉县、疏勒县、泽普县等18个贫困村开展脱贫攻坚行动，开展“石榴籽家园”“牵手计划”等13个社会工作项目，培育两个社工站，链接筹集扶贫资金492.44万元，捐助物资折合人民币322.23万元，受益群众25637人次。

（于浏艺）

【携手奔小康帮扶】 2020年，克拉玛依市7个街道、22个社区与喀什地区“一市两县”乡镇、村签订帮扶协议书，发挥全市各街道优势资源开展结对帮扶，对接8个扶贫项目，捐助衣服、书籍、儿童玩具278箱，捐款31.3万元，资助24名贫困大学生。

（于浏艺）

【转移就业帮扶】 2020年，克拉玛依市完成南疆建档立卡贫困劳动力转移就业帮扶3000人，完成率100%，合同签订率、工资发放率、社保缴纳率均达到100%，就业稳定率保持在99.3%以上，位列全疆第一。克拉玛依市新疆广陆物业服务有限公司和荣康物业有限责任公司两家单位分别被自治区扶贫开发领导小组授予2020年脱贫攻坚组织创新奖和“千企帮千村”精准扶贫行动先进民营企业。

（于浏艺 李艳丽）

11月4日，克拉玛依市新疆广陆能源科技股份有限公司获得“自治区脱贫攻坚组织创新奖”（市人社局 供图）

【克拉玛依职业技术学院对口扶贫】 2020年，克拉玛依职业技术学院为皮山县阔什塔格镇、巴什兰干乡、克里阳乡3个深度贫困乡镇学生捐赠衣物3000余件，价值15万元。与南疆岳普湖县中等职业技术学校在专业师资、品牌建设、技能发展、课证融通等方面达成初步合作意向。派出维修电工、汽修、信息技术方面技能专家到岳普湖中等职业技术学校开展为期10天技能培训。帮助泽普县职业高中梳理教学管理制度。全年为中高职学生办理各项资助1528.88万元。为入伍学生41人补偿学费30.5万元、退役复学学生43人学费资助37.98万元；为预科生285人办理学费减免114万元；为困难学生493人办理学费补助金、发放学费补助金93.67万元；中职免学费资助1634人次。全校建档立卡学生共775名，706名学生享受各类资助，受助率91.09%。克拉玛依职业技术学院获得全国职业院校精准扶贫协作联盟“脱贫攻坚先进集体”荣誉称号。

（黄建国 邹军）

【社保扶贫】 2020年，克拉玛依市建立社保扶贫“动态清零”机制，全市627名低保、特困群体和重度残疾人员由政府代缴城乡居民基本养老保险费，78名贫困人员享受城乡居民基本养老保险待遇，参保率和待遇享受率均为100%，稳居全疆首位。探索筹集社保基金助力扶贫新渠道，募集“油苗公益”捐助善款62700元，为参加城乡居民养老保险的每名贫困人员个人账户记入100元补助金，开启全疆社会组织捐资城乡居民养老保险先例。

（李艳丽）

【金融扶贫】 2020年，中国银行保险监督管理委员会克拉玛依监管分局做好接收南疆务工人员企业复工复产金融服务，辖内7家银行机构为44家接收407位建档立卡贫困户企业提供授信19.05亿元，发放贷款金额10.50亿元。指导机构落实加快恢复农业生产决策部署，确保农产品稳产保供，全辖银行机构涉农贷款余额136.03亿元，较年初增加21.22亿元。推动牲畜、禽类等养殖业保险业务发展，为596户养殖户提供风险保障2.42亿元，累计受益农户2976户次。

（常现文）

克拉玛依区协作扶贫

【概况】 2020年，克拉玛依区先后制定《克拉玛依区脱贫攻坚挂牌督战工作方案》和《克拉玛依区贯彻落实〈中共新疆维吾尔自治区委员会关于深入学习贯彻习近平总书记重要讲话精神决战决胜脱贫攻坚的实施意见〉的实施方案》，建立对口喀什市协作扶贫工作联席会议制度。全年共投入协作扶贫专项资金1070万元（不含社会公益），实施25个项目，其中：医疗帮扶类3个，人才帮扶类2个，教育帮扶类4个，产业帮扶类2个，结对帮扶类10个，社会帮扶类4个。

（汪叶红）

【医疗帮扶】 2020年6月至10月，克拉玛依区辖区市中心医院、市人民医院及街道社区卫生服务中心，对喀什市基层医疗机构管理人员、医务工作者培训16人次；5月至9月，选派医疗专家10人次赴喀什市人民医院挂职。全年针对喀什市人民医院、各乡镇卫生院医务人员开展培训指导38次，医生受益人数850人次，门诊诊治2050名病人，指导治疗病人35例，提出建设性意见24次。投入资金57.98万元，在喀什市乃则尔巴格镇卫生院新建200平方米发热门诊。提升当地及周边地区新冠肺炎疫情防控能力。

（汪叶红）

【人才帮扶与技能培训】 2020年，克拉玛依区与喀什市实行互派干部挂职锻炼，双方互派3名干部挂职锻炼2个月。喀什市3名来自深度贫困乡干部分别在区小拐乡综治办、迎宾街道云祥社区、昆仑路街道等开展挂职工作；克拉玛依区3名挂职干部在喀什市基层政法、统战等岗位接受锻炼。克拉玛依区委托喀什新投鸽业有限责任公司在英吾斯坦乡6村、8村开办乳鸽养殖培训班，共培训120人。并对其中30名未接受过养殖培训的建档立卡贫困户、边缘户30天培训费用进行补贴。与参训学员签订

6月，克拉玛依区派出医疗人员为喀什市医护人员开展临床教学和技术培训
（邹宇翔 摄）

收购协议，以市场价格定向收购学员养殖的乳鸽，带动贫困户实现就业创业。

（汪叶红）

【教育帮扶】 2020年，克拉玛依区选派26名中小学、幼儿园一线教师赴喀什市支教一年，指导培养当地年轻教师开展教学研讨活动，帮助当地学校提升教师专业水平，推进国家通用语言文字教学。喀什市选派160名教师分两批赴克拉玛依区挂职培训，体验克拉玛依区教育转型和特色学校文化建设成果，从学前教育、教学理念、团队建设等方面提高喀什市教师教学能力。依托网络信息化手段，利用远程网络培训设备，针对喀什市教师开展8期远程视频培训，覆盖9031人次。选派6名教育科研人员到喀什市开展为期5天实地教育培训。

（汪叶红）

【产业帮扶】 2020年，克拉玛依区投入资金80.86万元购买马铃薯种子，围绕喀什中心城市消费需求，在喀什市推广拱棚马铃薯高产高效种植模式，种植1581亩拱棚，生产马铃薯2371.5吨，每亩纯收入2500元以上，拓宽农民增收渠道。投入资金298.93万元，对浩罕乡沙普艾日克4村、依西强12村、曲古尔13村1982户（贫困户683户）开展人居环境提升工程，改善村容村貌。

（汪叶红）

【结对帮扶】 2020年，克拉玛依区小拐乡投入资金126万元，发展喀什市英吾斯坦乡特色肉鸽养殖项目，采取“买一奖一”方式，对肉鸽养殖贫困户、边缘户在自购饲料基础上，发放6个月饲料补贴，促进840户贫困户增收；投入资金54.2万元，为英吾斯坦乡2村和8村采购农产品加工设备，带动村民增收致富；投入资金8.31万元，为英吾斯坦乡11村硬化乡村车间地坪878.1平方米、新建围墙150米和大门1个，为12村硬化乡村车间地坪1170.1平方米、新建围墙130.6米和大门1个，为19村硬化乡村车间地坪1332.86平方米。克拉玛依区迎宾街道投资316.32万元，为喀什市伯什克然木乡新建11座标准化日光温室大棚；投入资金63.6万元，对兰干8村原有2座700平方米养殖棚圈进行改造；投入资金18.75万元，对伯什克然木乡林果业开展病虫害防治。昆仑路街道投入资金66.84万元，帮扶喀什市阿瓦提乡4村新建1个冷藏窖、3个冷藏库；投入资金11.24万元，为阿瓦提乡4村60个棚（村集体）新栽种草莓购买有机肥以及开展病虫害防治；投入资金13.2万元，为111户（其中贫困户94户、边缘户17户）种植的209.06亩苹果和杏李购买化肥、反射膜以及开展病虫害防治。

（汪叶红）

【社会帮扶】 2020年，克拉玛依区支持喀什市建设村级幸福养老院项目，投入资金22万元用于22个村级幸福养老院简单装修和设施设备采购。动员社会力量，募集社会资金参与扶贫，累计募集并发放助学善款5万元，用于25名困

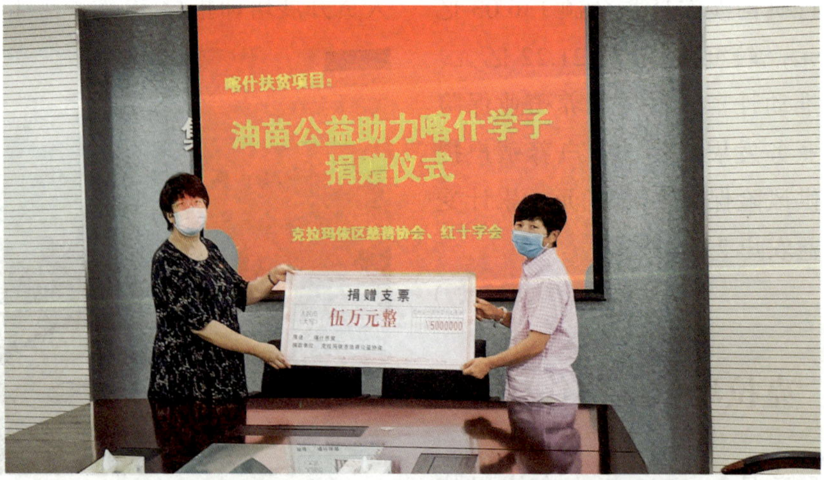

6月16日，克拉玛依区慈善协会与克拉玛依区油苗公益社会组织在区政府三楼会议室举行“油苗公益助力喀什学子捐赠仪式”（王付正　摄）

难家庭大中专生助学。

（汪叶红）

【消费扶贫】 2020年，克拉玛依区落实政府采购支持脱贫攻坚政策，通过优先采购、预留采购农副产品等方式，在贫困地区农副产品销售平台上购买产品，累计购买贫困地区农特产品277.9万元，其中向喀什市采购194.05万元，其他贫困地区农副产品83.85万元。帮助贫困地区销售农产品价值10万元。克拉玛依市绿成乳业公司将300户贫困户量化财政投入折股量化给喀什市建档立卡的贫困户，每户每年保底收益500元，合计15万元。

（汪叶红）

独山子区协作扶贫

【概况】 2020年，独山子区制定协作扶贫工作实施方案，与喀什地区签订协作扶贫合作框架协议，选派扶贫干部赴喀什地区开展帮扶。全年投入扶贫资金601万元，其中扶贫产业项目投入500万元；独山子石化公司在喀什地区投入资金415万元，完成“惠民生”项目22个。

（于洪波　黄银凤）

【产业帮扶】 2020年6月19日，独山子区为扶贫对象喀什地区疏勒县捐赠价值20万元冷链运输车14台，缓解疏勒县蔬菜销售中运输难题。独山子石化公司依托在扶贫对象新疆伊犁哈萨克自治州察布查尔锡伯自治县（以下简称察县）建设的红花产业园，收购察县红花籽6500多吨，生产红花籽油1000多吨，产值1.44亿元，惠及当地贫困家庭800余户2000余人。

（于洪波　黄银凤　郭楷）

【教育帮扶】 2020年，独山子区选派赴喀什地区支教教师24人、赴南疆支教公务员95人、赴岳普湖县中等职业技术学校开展技能培训教师3人，疏勒县选送教师到独山子区培训24人；在喀什地区举办各类培训班17期，参加培训1600余人次。

（于洪波　黄银凤）

【技能培训】 2020年，独山子区在疏勒县举办各类培训班17期，培训1600余人次。其中：培训专业技术人员359人、基层干部60人，参加农作物种植和畜牧养殖最新技术培训90人。培训后就业率达95.6%。

（于洪波　黄银凤　郭楷）

【医疗帮扶】 2020年，独山子区为疏勒县购买医疗设备12台，价值220万元，捐赠疫情防控款12.5万元。选派医疗业务骨干6人组成扶贫医疗队，为疏勒县人民医院、巴合齐乡和亚曼牙乡卫生院举办各类培训20场，培训医务人员60余人次；开展门诊检查2350人次，完成各类手术24台次，完成儿童及妇科诊疗2000余人，为村民体检6000余人；下乡义诊7次，受益村民1.5万余人次。

（于洪波　黄银凤　张帆）

【社会帮扶】 2020年，独山子区悦伴湾社会工作站承接中央财政疏勒县阿拉力乡监护困境儿童关爱发展示范项目，投入资金60.7万元，帮扶100名因监护缺失而陷入困境儿童。在全区开展“与爱同行，快乐成长”爱心公益捐赠活动。截至年末，独山子区捐赠棉被560条，居民捐款1545元，捐赠衣物、学习物品、书籍等5500余件；独山子石化公司捐赠电脑10台、学习用品500件、电视机20台、衣物1500余件，爱心捐款资助贫困大学生30名。

（于洪波　黄银凤）

【消费扶贫】 2020年，独山子区指导各部门、单位通过“832”平台（全国贫困地区网络销售平台）采购贫困地区农副产品，引导全区各大商超设立疏勒县农副产品专柜；独山子石化公司协调企业驻地大型超市设置农副产品专柜。截至年末，独山子区购买疏勒县农副产品81.45万元，独山子石化公司用于消费扶贫资金300万元。

（于洪波　黄银凤　郭楷）

白碱滩区（克拉玛依高新区）协作扶贫

【概况】 2020年，白碱滩区（克拉玛依高新区）统筹推进协作扶贫工作，出台《白碱滩区（克拉玛依高新区）2020年区内协作扶贫工作实施方案》。全年投入扶贫资金608.8万元，结合泽普县发展实际，在10个方面实施17个帮扶项目，助推泽普县脱贫攻坚行动提质增效。

（王栋梁）

【产业帮扶】 2020年，白碱滩区（克拉玛依高新区）引荐克拉玛依豫新农牧公司落地泽普县，在当地成立新疆盈瑞源果业有限公司，主营核桃深加工和生产石油堵漏剂；截至年末，企业投入资金500万元，收购核桃皮4万吨，生产石油堵漏剂7000余吨，解决当地贫困户就业24人。引进新疆七色花信息科技有限公司落地泽普县，帮助泽普县建成一套完整畜牧兽医行业管理系统，通过该系统平台引导4万余户养殖户开展畜牧防疫，累计防疫牲畜40万头（只），提升泽普县畜牧防疫保障能力。全年为泽普县捐赠联合收割机1台、方孔打捆机1台、微耕机1台、开沟机1台、洒水车1台。

（王栋梁）

【就业技能培训】 2020年，白碱滩区（克拉玛依高新区）以培养农村贫困劳动力就业技能和创业能力为重点，投入130万元在泽普县古勒巴格乡上阿热硝村建成600平方米乡镇就业培训中心，帮助贫困户掌握一项或几项技能，提升就业能力。同时根据泽普县就业技能培训需求，委托泽普县技工培训学校，对30名贫困人员开展电商培训。

（王栋梁）

【人才帮扶】 2020年，白碱滩区（克拉玛依高新区）选派6名干部赴泽普县挂职交流，帮助泽普县发展经济。对泽普县8家企业管理人员开展1期科技创新培训，为泽普县产业升级转型做出贡献。邀请喀什地区国家二级编导、舞蹈老师，对泽普县文工团进行专业指导，帮助泽普县创作完成小品、说唱、快板、民族舞蹈串烧、热瓦甫弹唱等多个经典节目。

（王栋梁）

【教育帮扶】 2020年，白碱滩区（克拉玛依高新区）选派小学、初中、高中8名优秀教师赴泽普县开展为期1个学期支教工作，支教期间共开展教研类讲座8场次，培训泽普县教师500余人次，将白碱滩区空中课堂、同课异构、观摩课等特色教学方式引入泽普县校园。

（王栋梁）

【医疗帮扶】 2020年，白碱滩区（克拉玛依高新区）选派3名骨干医务人员前往泽普县开展为期1个月的支医工作。支医期间，累计诊疗病人800余人次，开展专科培训19场次，以多种方式将优质医疗服务送至村民身边。

（王栋梁）

【社会帮扶】 2020年，白碱滩区（克拉玛依高新区）投入27.8万元，为泽普县儿童福利院综合楼配套建设基础设施，完善儿童福利院服务功能，满足孤残儿童学习、生活、娱乐等基本服务。组织全区党员干部对泽普县24名贫困大学生开展爱心结对助学活动，全年累计捐资助学5.3万余元。组织全区3个街道办事处的17个社区与泽普县9个乡镇的17个贫困村开展“携手奔小康”行动，实现贫困村结对帮扶全覆盖。全年动员辖区企业、社会组织及各界人士为泽普县开展爱心捐助31.3万余元。

（王栋梁）

【消费扶贫】 2020年，白碱滩区（克拉玛依高新区）动员辖区各机关、企事业单位购买泽普县红枣、核桃等农产品，价值80万元。在白碱滩区领先购物中心开设白碱滩区·泽普县协作扶贫专柜，销售当地红枣、核桃等农产品，累计销

4月24日，白碱滩区（克拉玛依高新区）市场的商户为贫困县捐款
（彭召勇　摄）

地区察布查尔县大米50吨、苗木47.3万株、红花油4万桶，全年消费扶贫1100万元，超额完成300万元任务。自2013年至2020年，独山子石化公司连续8年选派233人次赴南疆泽普县4个村开展“访惠聚”工作、担任叶城县8个深度贫困村第一书记，带动群众改善民生、增收致富，泽普县、叶城县分别于2019年、2020年退出贫困县序列。

（郭楷）

售额8.6万元。辖区内第五中学、第十中学与泽普县卫星工厂签订37.8万元学生用品采购合同，扶持当地企业发展。

（王栋梁）

驻市央企扶贫帮困

【新疆油田公司脱贫攻坚】 2020年，新疆油田公司投入扶贫帮困资金1500万元，帮扶困难员工3500人次。投入资金2000万元支持涉油地区民生项目建设；巩固提升托里县定点扶贫成效，超额完成消费扶贫任务，建成红花油标准化车间和活畜检疫交易市场；持续做好南疆“访惠聚”驻村工作，所驻15个村全部达标脱贫，新疆油田公司获评自治区“访惠聚”驻村工作优秀组织单位。多年来，新疆油田公司通过直接赠予、基建项目、救灾援助、产业扶贫、就业扶贫、教育扶贫、医疗扶贫、消费扶贫、“教育一元捐”等多种方式周边及南疆贫困地区进行帮扶，持续帮扶6个地州在内44个县（区、市）、4个师及19个团场走出困境、脱贫摘帽，民生福祉惠及112.9万人，其中帮助近12万名贫困人口实现脱贫。自1958年起，新疆油田公司先后选派143名优秀挂职干部、驻村干部深入扶贫助困一线，投入扶贫资金累计超过4亿元。2017年，新疆油田公司助力国家级贫困县托里县脱贫摘帽。2018年，新疆油田公司帮扶国家级贫困县泽普县5个村完成脱贫摘帽。2020年，新疆油田公司帮助国家级贫困县叶城县10个村完成脱贫任务。

（许超）

【独山子石化公司脱贫攻坚】 2020年，克拉玛依市驻市央企独山子石化公司采购对口扶贫

【克拉玛依石化公司脱贫攻坚】 2020年，克拉玛依石化公司加强对扶贫攻坚工作人、财、物支持，选派29名干部，投入700万元，高质量完成帮扶对象莎车县安居房达标和庭院经济建设、千亩核桃示范田援建、土豆红薯洋葱试验田建设、标准蔬菜拱棚及冷鲜库建设等重点工程。自2015年开始，克拉玛依石化公司向莎车县派出驻村工作队，2018年又增加驻村第一书记。通过建齐建强驻村基层党组织，推进转移就业，一批家具、服装等企业先后建厂投产，“两不愁三保障”全面达标。截至2020年9月30日，克拉玛依石化公司驻村工作队入驻的莎车县艾力西湖镇3个村、恰尔巴格乡6个村所有贫困户均实现脱贫，所有村人均收入超过6000元，部分村达上万元。

（刘娟）

社会生活

就业创业

【概况】 2020年，克拉玛依市全年累计发布就业岗位23829个，完成目标任务476.6%；城镇新增就业5637人，完成目标任务的187.9%；新增创业699人，完成目标任务139.8%；创业带动就业1630人，完成目标任务108.7%；零就业家庭动态为零；登记失业率控制在1%以内。

（李艳丽）

【就业补贴】 2020年，克拉玛依市研究出台《克拉玛依市进一步加强就业能力建设保障就业扩量提质的三十六条措施》《克拉玛依市企业一次性吸纳就业补贴细则》等惠企政策，全年投入配套就业资金10622万元；就业补贴政策惠及企业729家21975人次，减轻企业及个体工商户用工成本8878万元，稳定就业岗位9358人，政策兑现率自治区排名第一。

（李艳丽）

【高校毕业生就业服务】 2020年，克拉玛依市贯彻落实习近平总书记给中国石油大学（北京）克拉玛依校区毕业生回信精神，制定《高校毕业生就业服务工作实施方案》《吸引高校毕业生留（来）克就业创业的工作方案》，组织开展线上线下65场招聘活动，累计发布用工岗位17462个，全年高校毕业生实现登记就业3176人，登记就业率96.83%，完成目标任务110.03%；疆内高校毕业生登记就业率96.44%，完成目标任务109.59%。实施高校毕业生基层成长计划，引导鼓励高校毕业生面向基层就业，全年开展就业见习533人，见习期签订合同240人，留用率创历史新高；"三支一扶"（支教、支农、支医和扶贫）招募规模从历年25人扩大到50人，并全部实现基层就业。

（李艳丽）

【退役军人就业】 2020年，克拉玛依市做好退役军人转业

12月中旬，市人社局举办"三支一扶"岗前培训，以引导高校毕业生赴基层就业 （市人社局　供图）

就业工作，市域内退役军人实现100%就业安置。

（李艳丽）

【就业困难人员帮扶】2020年，克拉玛依市持续实施就业困难人员“一人一策”精准帮扶措施，就业困难人员实现就业210人，完成目标任务131.25%；特殊困难人员帮扶就业成功率达85%以上。

（李艳丽）

【就业见习服务】2020年，克拉玛依市新增就业见习基地34家，收集见习岗位2076个，开展就业见习533人，较2019年增长40%，完成自治区下达“三年万名青年就业见习”目标任务（400人）313.5%；兑现就业见习补贴353.11万元，见习期满留用196人。

（李艳丽）

【创业孵化基地建设】2020年，克拉玛依市新认定恒隆广场和汇嘉滨河广场2家市级创业孵化基地，实现新增创业36人，带动就业6150余人，创造年营业收入1700万元；白碱滩区（克拉玛依高新区）和乌尔禾区分别认定区级创业孵化基地各1个，实现全市创业孵化基地四个区全覆盖。

（李艳丽）

劳动保障

【概况】2020年，克拉玛依市人社局推进侵害群众切身利益问题专项整治和国务院根治拖欠农民工工资冬季专项行动，在全疆率先建立接待农民工“讨薪”首问负责制度、检察院与劳动保障监察协作配合机制，深入推进“人民调解、行政调解、司法调解”无缝衔接+法律援助工作方法，全天候调解处理农民工“讨薪”案件，农民工工资保证金政策兑现率100%，劳动保障监察案件结案率100%，连续18年实现无农民工工资历史性拖欠。

（李艳丽）

【劳动关系】2020年，克拉玛依市贯彻落实党中央“建立规范有序、公正合理、互利共赢、和谐稳定的劳动关系”目标要求，制定《克拉玛依市集体协商指导手册（试行）》《关于新型冠状病毒感染肺炎疫情防控期间稳定劳动关系工作指引》，引导企业和职工通过集体协商建立和谐稳定劳动关系，培育117家企业开展劳动关系和谐企业创建活动，全市规模以上企业劳动合同签订率100%，劳动用工备案率98%。清理整顿劳务派遣市场，全市74家劳务派遣企业中有68家开展劳务派遣业务，占全部劳务派遣企业总数的91%，劳务派遣企业业务开展率全疆最高。

（李艳丽）

【工伤认定】2020年，克拉玛依市人社局受理工伤认定申请案件605件。其中认定工伤598件，不予认定工伤7件；办理因各类工亡、视同工亡案件38件。

（李艳丽）

1月21日，克拉玛依市中级人民法院执行局为被执行企业新疆博峰新业石油工程技术股份公司协调发放农民工工资1000余万元

（贺雨萌 摄）

【劳动能力鉴定】 2020年，克拉玛依市人社局受理各类劳动能力鉴定申请356件，年内完成工伤等级鉴定321人，病退鉴定28人，辅助器具配置审批3件。全年因不服鉴定结论申请到自治区申请复查鉴定8人，经自治区劳动鉴定委员会重新核审，更改鉴定结论1人。与油田社保中心配合并监督完成工伤劳动能力鉴定135人次。配合市医保局完成长期照护保险失能鉴定286人次。

（李艳丽）

【劳动人事争议仲裁】 2020年，克拉玛依全市各级仲裁机构共受理劳动人事争议仲裁案件384件，涉及劳动者415人，涉案金额1389.79万元，其中市本级受理仲裁案件55起，涉及劳动者86人，涉案金额377万元。全年各级仲裁机构线上办案率100%，仲裁结案率98%，调解成功率61%，均超过自治区人社厅调解仲裁管理处的指标要求。处理信访案件7件，办理“12345”政府服务热线办转办事项111件，办结率均为100%。

（李艳丽）

城镇居民可支配收入

【概况】 2020年克拉玛依市城镇居民人均工资性收入34408元，占可支配收入的比重为73.3%，同比增长3.9%，是拉动城镇居民增收的主要动力；人均经营净收入2270元，同比下降16.9%，降幅较前三季度收窄21.1个百分点；人均财产性收入1276元，同比上涨3.9%；民生政策的落实到位及离退休养老金的增长带动转移性收入稳步增长，人均转移性收入9009元，同比增长5.0%。

（调查队住户调查科 供稿）

【工资性收入】 2020年，克拉玛依市城镇居民人均工资性收入34408元，同比增长3.9%，占可支配收入比重为73.3%，拉动可支配收入增长2.7个百分点。年人均实物福利类收入248元，同比增长24.2%。

（调查队住户调查科 供稿）

【转移净收入】 2020年，克拉玛依市城镇居民人均转移净收入9009元，同比上涨5.0%，在四项收入中增长最快，占可支配收入比重为19.2%，拉动可支配收入上涨0.9个百分点。养老金标准提高，全年克拉玛依市退休人员人均月增长205.07元，增幅4.5%，惠及全市8万余人，占城镇居民人口比重为19%；据调查资料显示，养老金或离退休金类人均11685元，同比上涨4.1%。核酸检测全民免费政策拉动实物产品和服务类同比上涨6.2倍，人均185元。民生保障支出增加，城乡最低生活保障标准上调，启动低收入群体补贴与物价上涨挂钩联动机制，发放一次性疫情防控慰问金、困难群体一次性救助金。足额发放失业保险金，拉动其他转移性收入同比上涨11.9%。城乡居民医疗保险报销比例逐年增加，报销医疗费同比保持增长。

（调查队住户调查科 供稿）

2020年克拉玛依市城镇居民人均可支配收入一览表

表13

指标名称	单位	本年	上年	比上年±	增幅（%）
可支配收入	元	46963	45658	1305	2.9
工资性收入	元	34408	33124	1284	3.9
经营净收入	元	2270	2727	–457	–16.9
财产净收入	元	1276	1228	48	3.9
转移净收入	元	9009	8579	430	5.0

【经营性收入】 2020年，克拉玛依市城镇居民人均经营净收入2270元，同比下降16.9%，降幅较前三季度收窄21.1个百分点，占可支配收入的比重为4.8%，影响可支配收入下降1.0个百分点。四项收入中，经营性收入受疫情防控影响最为明显，两次疫情防控后呈明显下降态势，下半年政府通过阶段性减税降费、减免房屋租金、普惠性金融等政策支持，降低企业部分生产经营成本，经营净收入降幅不断收窄。

（调查队住户调查科　供稿）

【财产性收入】 2020年，克拉玛依市城镇居民人均财产净收入1276元，同比上涨3.9%，占可支配收入比重为2.7%。随着克拉玛依近几年经济发展速度加快，各类产业转型、人才引进等在一定程度推动房价上涨，人均房屋虚拟租金同比上涨10.9%。居民投资理财意识增强，人均利息净收入增加59元，人均红利收入增加120元。受疫情防控影响，外来务工人员减少，出租房屋净收入略有下降。

（调查队住户调查科　供稿）

居民消费价格指数

【概况】 2020年，克拉玛依市居民消费价格累计总指数为101.5%，相较2019年同期涨幅回落0.3个百分点，新疆全区累计指数为101.5%，与全区累计价格指数持平，涨幅在全区14个主要城市中排名第6位。居民消费八大类累计指数呈“四升四降”态势，其中“四升”为其他用品和服务价格上涨5.7%，食品烟酒价格上涨4.3%，居住价格上涨1.8%，教育文化和娱乐价格上涨0.7%；“四降”为交通和通信价格下降1.8%，衣着价格下降1.1%，生活用品及服务价格下降0.9%，医疗保健价格下降0.4%。全年非食品类价格指数为100.5%，累计上涨0.5%，服务价格指数为101.0%，累计上涨1.0%。

（调查队价格调查科　供稿）

【鲜菜价格指数】 2020年，克拉玛依市全年鲜菜价格指数为100.4%，累计上涨0.4%，拉动总指数上涨0.01个百分点，各月鲜菜价格涨多跌少。

（调查队价格调查科　供稿）

【畜肉类价格指数】 2020年，畜肉类价格累计上涨22.5%，影响总指数上涨1.37个百分点。其中：猪肉价格累计上涨47.9%，影响总指数上涨0.8个百分点；牛肉价格累计上涨18.6%，羊肉价格累计上涨11.4%。

（调查队价格调查科　供稿）

【鲜瓜果价格指数】 2020年，鲜瓜果价格指数为85.7%，累计下降14.3%，影响总指数下降0.43个百分点。

（调查队价格调查科　供稿）

【禽肉和蛋类价格指数】 2020年，禽肉类价格上涨4.7%，其中鸡肉价格上涨4.0%，鸭肉价

3月7日，市区准噶尔路一家连锁餐饮店服务员清点顾客购买的烤鸭
（戴旭虎　摄）

格上涨9.2%，其他禽肉及制品价格上涨6.6%，蛋类价格下降15.7%，其中鸡蛋价格下降17.4%。

（调查队价格调查科　供稿）

【交通和通信类价格指数】2020年，交通及通信类价格累计下降1.8%，影响总指数下降0.25个百分点。交通类价格同比下降2.8%。2020年克拉玛依市汽油、柴油价格累计同比分别下降14.7%和15.7%，分别影响CPI指数下降0.29个百分点和0.03个百分点。

（调查队价格调查科　供稿）

【医疗保健类价格指数】2020年，医疗保健类价格累计下降0.4%，影响总指数下降0.03个百分点。其中药品及医疗器具价格上涨1.3%，影响总指数上涨0.03个百分点。主要上涨小类有中药上涨0.4%，西药上涨1.3%。医疗服务价格下降1.3%，影响总指数下降0.06个百分点。其中诊断类价格下降4.4%，影响总指数下降0.06个百分点。

（调查队价格调查科　供稿）

社会保险

市社保

【概况】2020年，克拉玛依市全市登记参保单位较2019年增加1100家，新增就业参保人员16078人；基本养老保险参保缴费21.95万人，完成自治区全民参保计划目标任务（95%）102%；全市企业养老保险参保缴费83187人，完成扩面目标任务108.9%；机关养老保险参保缴费18400人，完成扩面目标任务98.4%；城乡居民养老保险参保缴费1882人，完成扩面目标任务108.5%；失业保险参保缴费85517人，完成扩面目标任务103.5%；工伤保险参保缴费102280人，完成扩面目标任务111.3%。落实社保减免缓返补政策，为4270家参保单位减免社保费4.48亿元，受益参保人数达6.67万人；为暂时出现经营困难的企业缓缴社保费，为企业、个体工商户发放稳岗补贴。

（李艳丽）

【养老保险】2020年，克拉玛依市企业退休人员养老金实现16年连涨。全市85275名退休人员养老金人均月增资205.07元，增幅4.5%，其中市属企业6492名退休人员养老金人均月增资164.54元，增幅5.87%；机关事业单位退休人员养老金人均月增资234元，增幅4%。

（李艳丽）

【失业保险】2020年，克拉玛依市失业保险金月标准由1225元提高到1297元。创新服务模式，采取“零申报、零填表、零跑腿”的“政策找企业”方式，为符合条件的3526家企业、个体工商户发放稳岗补贴4534万元，为15家困难企业稳岗返还6893万元，稳住就业岗位8.6万个；采取送补助金到人的“政策找人”方式，为2897名失业人员发放失业补助金1346.18万元。

（李艳丽）

【工伤保险】2020年，克拉玛依全市工伤保险参保缴费102280人，完成扩面目标任务的111.3%。提升工伤保险待遇，全年为353名工伤（亡）职工及供养亲属定期调整待遇，人均月增资122.66元。

（李艳丽）

【医保费用调整】2020年，克拉玛依市印发《关于做好2020年城乡居民基本医疗保障工作的通知》，降低城乡居民大病保险起付线，按2019年市居民人均可支配收入45658元的50%确定，2020年居民大病保险起付线应为22000元，但为缓解疫情防控影响，2020年居民大病保险起付线继续按21000元标准执行；门诊最高支付限额由700元增加至800；起付线以上，5万元以下（含5万元）费用报销比例调整为60%。制定《克拉玛依市阶段性减征职工基本医疗保险费实施方案》和《克拉玛依市阶段性减征驻市油田企业职工基本医疗保险费实施方案》，对疫情防控期间医保费用实施阶段性减征和缓缴政策，针对地方民营企业和个体灵活就业人员，实行2—4月职工医疗保险单位缴费部分减半征收和2—7月职工医疗保险缓缴；针对驻市油田企业，职工医保单位缴费部分实行减半征收，减征期限为2个月。

（青松　苏立莉）

【社保卡补换卡】2020年，克拉玛依市全市共计制发社会保障卡34.2万张，完成“十三五”规划社保卡制卡工作任务（28万张）的122.14%，电子社保卡签发完成率117.32%，实现贫困人员“人手一卡”和替代就业创业证功能。协调各合作银行建立克拉玛依市社保卡补换卡“一站式”综合服务窗口33个，取消灵活就业人员社会保障卡补换卡费用。截至年末，市属退休人员使用二代卡领取养老金待遇12615人，占市属退休总人数的98.14%。

（李艳丽）

【国有企业退休人员社会化管理】2020年，克拉玛依市制定出台《克拉玛依市国有企业退休人员社会化管理服务暂行办法》，签订《新疆油田公司退管中心从业人员移交委托管理协议》，与新疆油田公司人事处、退管中心全面对接委托管理各项事宜，完成全市41179名国有企业退休人员的待遇资格认证，平稳推进国有企业退休人员社会化管理工作。

（李艳丽）

新疆油田公司社保

【概况】2020年，新疆油田公司社保中心管理五项社保基金、四项专用基金和非统筹费用收入总额96.15亿元，支出总额100.30亿元，年度收支结余-4.15亿元。

五项社保基金收支　全年五项社保基金收入91.42亿元，支出96.58亿元，收支结余-5.16亿元。养老保险基金收入64.53亿元，支出70.09亿元（其中保险待遇支出43.40亿元，上解自治区支出26.69亿元），基金收支结余-5.89亿元；医疗保险基金收入23.52亿元，支出23.31亿元（其中医疗待遇支出12.06亿元，上交市社保局11.25亿元），基金收支结余-0.18亿元；失业保险基金收入1.07亿元，支出0.51亿元（其中失业人员保险待遇支出108.16万元，稳岗补贴、自治区划转技能提升补贴等支出0.50亿元），年度收支结余0.56亿元；工伤保险基金收入1.10亿元，支出1.10亿元（其中保险待遇支出0.78亿元，上交市社保局支出0.32亿元）；长期照护保险基金收入1.20亿元，支出1.20亿元（其中上交市社保局支出1.20亿元）。

四项专用基金及非统筹费用收支　全年四项专用基金收入2.89亿元，支出1.17亿元，年度收支结余1.72亿元。进城务工人员住院医疗保险基金收入22.12万元，支出25.73万元，收支结余-3.61万元；补充医疗基金收入2.87亿元，支出1.15亿元，收支结余1.72亿元；新疆油田退岗家属大病救助基金收入7.98万元，支出122.33万元，结余-114.35万元；社保违规行为举报奖励基金收入98.33万元，支出0元，年度收支结余98.33万元。非统筹费用收入1.85亿元，支出2.55亿元，收支结余-0.70亿元。

（张伟文）

【社会保险待遇调整】2020年11月，新疆油田公司根据新人社发〔2020〕22号《关于自治区2020年调整退休人员基本养老金的通知》，及时调整2020年企业退休人员养老金待遇7万人；根据自治区2020年企业退休人员调待标准，为2.11万名提前退休人员相应调整提前退休补助金标准；根据新人社发〔2020〕38号《关于调整2019年自治区工伤（亡）职工工伤保险待遇的通知》，为符合调整范围新疆油田企业

1075名工伤退休人员进行工伤待遇调整及补发，由养老保险基金支付金额81万元；为符合调整范围新疆油田企业273名工伤（亡）人员进行工伤待遇调整及补发，由工伤保险基金支付金额76.1万元。

（张伟文）

【企地医保业务移交】 2020年12月，新疆油田公司与克拉玛依市人民政府签订医保业务移交框架协议，新疆油田公司社保中心将基本医疗保险、生育保险和改制企业补充医疗保险管理权限全部移交克拉玛依市医疗保障局。

（张伟文）

【社保税收征缴】 2020年11月，新疆油田公司将由新疆油田社会保险管理中心管理的养老保险、失业保险、工伤保险、基本医疗保险、长期照护保险纳入税务系统征收，基金直接纳入自治区、克拉玛依市二级财政专户管理。全年实现税务收款7.19亿元。

（张伟文）

【缴费减免】 2020年，由于疫情防控影响，克拉玛依市政府对基本医疗保险实施地方企业缴费减半征收3个月，石油行业企业缴费减半征收2个月。全年减免6.65亿元，其中养老保险减免5.46亿元，失业保险减免1639.4万元，工伤保险减免949.14万元，基本医疗保险减免9392.1万元。

（张伟文）

【养老保险】 2020年，新疆油田公司社保中心审核退休人员档案3737份，办理退休3776人，其中因病或非因工伤残的参保人员经病、残鉴定退休80人，特殊工种退休206人。为129.6万人次离退休人员按月足额发放养老金42.8亿元。审核支付故亡离退休人员及参保人员丧葬费及一次性抚恤金1497人1.95亿元；支付离退休职工供养直系亲属死亡丧葬费4人1.59万元，审核支付遗孀生活困难补助费700人次75.8万元，审核支付因工死亡人员遗属抚恤金282人次51.6万元；审核支付退休后已故和在职期间已故人员的遗属生活困难补助费4455人次231.9万元。申拨转移个人账户390人次3330万元。完成16.84万人次离退休人员、有偿解除劳动合同退休人员及遗属“春节”“五一劳动节”“国庆节”“古尔邦节”一次性节日慰问（帮扶）金发放工作，合计发放金额1.55亿元。代管教师发放3.14万人次7808.4万元。

（张伟文）

【医疗保险】 2020年，新疆油田公司社保中心审核参保人员在定点医疗机构刷卡结算171.12万人次（门诊169.03万人次、住院2.09万人次），医疗费用总额8.3亿元(门诊5.48亿元、住院2.81亿元），审核支付总额7.58亿元（统筹金支付5.65亿元、个人账户金支付1.61亿元、补充医疗基金支付0.33亿元）；自治区异地就医结算平台刷卡结算54148人次，金额1.42亿元（其中，门诊49286人次，金额3391.25万元；住院4862人次，1.08亿元）；手工报销医疗费2.94万人次，医疗费用总额1.52亿元，报销支付总额1.34亿元（统筹金支付1.02亿元、个人账户金支付2004.23万元、补充医疗基金支付1224.7万元）；进城务工人员住院医疗费报销325人次，医疗费总额36.59万元，审核报销支付总额21.68万元；离退休人员供养直系亲属医疗费报销343人次，医疗费总额134.49万元，审核支付总额96.13万元。定点药店刷卡购药57.18万人次，医疗费用总额6692.58万元，支付总额6545.15万元（统筹金支付14.11万元、个人账户金支付6531.04万元）。完成异地住院医疗费审核3413人7470.21万元。对于大额费用、困难职工开辟绿色通道，及时完成医疗费用审核及报销，解决参保人员的实际困难。全年审核报销参保人员狂躁型精神病费用81

人次，金额 78.96 万元。

（张伟文）

【工伤保险】 2020 年，新疆油田公司社保中心审核支付一次性伤残补助金 271 人次 1791 万元；支付一次性医疗补助金 67 人次 312 万元；支付一次性工亡补助金 21 人 1656 万元，丧葬补助金 21 人次 102 万元；审核支付供养亲属抚恤金 1956 人次 491 万元；审核支付伤残津贴 905 人次 487 万元。在领取伤残津贴的人员中：发放护理费 517 人次 143 万元；住院伙食补贴等费用 214 人次 24.6 万元。审核及报销工伤药费 933 人次 2575 万元。其中：住院 559 人次 1545 万元；门诊 374 人次 1030 万元。配置辅助器具 11 人次 11 万元。召开 2 次劳动能力鉴定委员会会议，审议确定 135 名工伤人员的工伤伤残等级。完成工亡遗属“春节”“五一劳动节”“国庆节”“古尔邦节”一次性节日慰问（帮扶）金发放工作，合计 364 人次 19.88 万元。

（张伟文）

【失业保险】 2020 年，新疆油田公司社保中心参保人员享受失业保险金 160 人，其中油田企业 81 人，市属企业 79 人。社保中心为 74 名失业人员办理失业登记，为 1092 人次发放失业保险金 141.49 万元（其中，油田企业 79.34 万元，市属企业 62.15 万元）。为 1092 人次领取失业保险金人员参加职工基本医疗保险缴费 54.56 万元（其中，油田企业金额 30.58 万元，市属企业 23.98 万元）。为参保单位取得初级工、中级工、高级工职业等级证书的 22 名参保职工发放技能提升补贴，合计 3.2 万元。新疆油田参保企业有 377 家单位按要求向自治区人社厅失业处提交 2020 年享受稳岗补贴的书面申请，并通过审核认定，申请稳岗补贴合计 6578.27 万元。为有偿解除劳动合同未就业人员发放生活困难补贴，合计 14910 人次 641.52 万元，为其缴纳社保保险 2734.09 万元。

（张伟文）

【生育保险】 2020 年，新疆油田公司社保中心参保人员享受生育保险待遇 2250 人次。其中享受生育津贴 629 人，支出 3619 万元；生育医疗费用报销 1719 人，支出 1057 万元；计划生育费用报销 307 人次，支出 63 万元。

（张伟文）

【退岗职工家属待遇】 2020 年，新疆油田公司社保中心为 20.53 万人次退岗职工家属发放生活及医疗补贴 9770.56 万元。完成 3.34 万人次固化遗孀、遗属生活补助费发放工作，发放 1554.12 万元。审批、办理达到退岗年龄享受待遇退岗职工家属 76 人次。完成 5.78 万人次退岗职工家属、固化遗属、固化中华人民共和国成立前遗孀“春节”“五一劳动节”“古尔邦节”“国庆节”一次性节日慰问（帮扶）金发放工作，合计发放 2909.28 万元。退岗家属持卡就医结算 30.37 万人次，费用总额 1.30 亿元，社保报销 1.12 亿元。为退岗职工家属手工报销 8611 人次，费用总额 2740.8 万元，社保报销 1910.59 万元。审核异地就诊医疗费 212 人次，办理退岗职工家属异地定点医疗机构审核 122 人次，取消异地定点医疗机构 51 人次。完成退岗职工家属城乡居民基本医疗保险统一缴费 691 元。完成退岗职工家属补充医疗保险缴费 18.59 万人次 253.42 万元（其中新疆油田各企业 242.32 万元，东方物探新疆地调处 11.1 万元）。

（张伟文）

【缴费基数审核与基金征缴】 2020 年，新疆油田公司社保中心审核通过 404 家单位社保缴费申请，审核人数 94882 人，确定年缴费基数总额 119.92 亿元，各项社会保险征收 408981.84 万元，其中养老保险收入 242071.71 万元，医疗保险收入 113528.56 万元，失业保险收入 10630.53 万元，工伤保险收入3093.12万元，生育保险收入0.52万元，长期照护保险收入10964.80万元，补充医疗保险收入28628.17万元，农民工工伤保险收入42.68万元，农民工住院医疗保险收入21.75万元。有偿解除劳动合同接续养老保险人员510人，接续医疗保险2211人，接续补充医疗保险2133人。

（张伟文）

住房保障

【住房公积金缴存支取】 2020年，市住房公积金管理中心缴存住房公积金42.71亿元（含年度结息1.47亿元），完成年计划107.18%，比上年增长9.34%；提取住房公积金30.57亿元，完成年计划114.92%，比上年增长4.8%，住房公积金提取率71.58%。截至年底，累计缴存住房公积金439.56亿元，累计提取328.36亿元，累计缴存余额111.2亿元。住房公积金累计提取率为74.7%。住房公积金缴存单位1390个，实际缴存职工人数14.38万人。

（崔颖）

【住房公积金个人贷款发放回收】 2020年，市住房公积金管理中心发放住房公积金个人贷款12.16亿元，完成年计划134.99%，比上年降低8.92%，发放贷款户数3702户，回收个人住房公积金贷款11.61亿元，完成年计划102.11%，比上年增长3.75%。截至年底，累计发放住房公积金个人贷款163.98亿元，累计回收个人贷款92.93亿元，个人贷款余额71.05亿元，个人贷款发放率63.89%。

（崔颖）

【住房公积金增值收益及分配】 2020年，市住房公积金管理中心实现住房公积金业务收入3.52亿元，完成年计划116.85%，比上年增长20.07%；业务支出1.74亿元，完成年计划103.11%，比上年增长14.12%；实现增值收益1.78亿元，完成年计划134.3%，比上年增长26.49%。本年提取个人贷款风险准备金7105.17万元，提取管理费用1547.38万元，提取廉租住房建设补充资金9183.89万元。上缴财政管理费用2634.35万元，上缴财政2019年廉租住房建设补充资金4447.32万元，截至年底，中心累计提取城市廉租住房建设补充资金105724.3万元，累计使用廉租住房建设补充资金96540.41万元（其中：累计上缴财政廉租住房建设补充资金81263.44万元，累计购买及装修廉租房、公租房等使用廉租住房建设补充资金15276.97万元）。城市廉租住房建设补充资金余额9183.89万元。

（崔颖）

【疫情防控期间线上业务办理】 2020年疫情防控期间，市住房公积金管理中心通过“手机公积金”开展公积金提取、缴存、还贷和资金调拨等业务移动审核、审批，确保中心各项公积金业务正常开展。疫情防控期间，通过手机App等线上方式共受理各类公积金业务近18万笔，累计金额近21.71亿元；为受疫情防控影响存在困难企业办理缓缴住房公积金业务77笔，缓缴金额达4900万元；对疫情防控期间住房公积金贷款逾期记录不做逾期处理，共计8572笔近3333.1万元。

（崔颖）

【“放管服”改革】 2020年，市住房公积金管理中心优化业务流程，简化审批要件，减少审批环节，通过“手机公积金”等服务渠道，开通移动申请和在线审批功能，中心85%以上公积金业务都可以通过网上自主办理，实现职工足不出户就能办理公积金提取和还贷业务。

（崔颖）

【信息化建设】 2020年，市住房公积金管理中心持续完善住房公积金核心业务系统。住房公积金托收协议由原三方协议简化为双方协议，实现缴存单位全面自主托收。住房公积金贷款审批房屋价格，由原有房屋评估价转变为通过房价基础数据库自动定价，减轻贷款职工进行房屋评估经济负担。率先启用跨部门信息纵向数据互通，将住房公积金开户登记纳入企业工商登记环节。在企业办理工商登记时，由市场监管部门将中心所需开户信息自动推送给中心，减少办事环节，提高工作效率，为中心缴存扩面提供可靠数据来源。

（崔颖）

【住房公积金行业乱象集中整治】 2020年，市住房公积金管理中心加大住房公积金提取业务审核力度，继续对骗提资金进行追缴，全年对拒绝还款骗提公积金当事人进行约谈12次，通过当事人单位通报曝光3人，与法院开展住房公积金司法联动11起，全年追回骗提本金174.62万元、罚息31.32万元。

（崔颖）

【困难群体住房保障】 2020年，克拉玛依市建立健全公共租赁住房分配管理制度，重点加强公租房批后动态管理。为227户低保住房困难家庭提供公租房保障，向82户低保住房困难家庭发放住房租赁补贴36.90万元。开展全市公租房管理专项检查工作，重点查处违规分配，违规享受等问题74项。截至年末，全市有公租房4147套，新建交付公租房432套，公租房分配入住率稳定在90%以上。

（皮玲）

社会救助

【概况】 至2020年12月，克拉玛依市有城乡低保489户843人，其中：城市低保482户832人，农村低保7户11人，发放城乡低保金656.72万元。临时救助17007人次，支出临时救助金329.9万元。城乡特困人员26人，集中供养13人，分散供养13人，全年共与11名分散供养特困人员签订委托照料协议，支出特困人员经费70.85万元。

（于浏艺）

【提高城乡低保救助标准】 自2020年1月1日起，克拉玛依市城乡低保救助标准提高至每人每月500元，月增40元。

（于浏艺）

【建立临时救助备用金制度】 2020年，克拉玛依市全面建立乡镇（街道）临时救助备用金制度，明确各区在街道（乡镇）安排一定比例救助资金，并委托街道（乡镇）开展临时救助审批。对于急难情形，简化优化救助审批程序，切实解决困难群众面临突发性、紧迫性、临时性基本生活困难，体现临时救助“救急救难”作用。

（于浏艺）

【流浪乞讨人员救助】 至2020年底，克拉玛依市共救助流浪乞讨人员80人次，其中流浪未成年人7人次，精神类疾病患者4人次，瘫痪人员1人次，无身份信息人员6人次。救助站内共滞留8人，其中5人智力发育迟滞且无身份信息，长期托养在新疆静宁医院；1人智力发育迟滞，无身份信息，并患有梅毒、肺结核，在市人民医院精三科治疗；2人托养在圣桥老年公寓（其中1人无身份信息）；派车到乌鲁木齐、乌尔禾、独山子、呼图壁等地护送受助人员17次；为受助人员提供乘车凭证7张，合计金额869元。

（于浏艺）

社会福利

【概况】 2020年，克拉玛依全市有5家养老机构（养老院），有在院老年人657人；有市儿童福利院1家，有在院儿童14人。

（于浏艺）

【居家和社区养老服务试点改革】 2020年，克拉玛依市开展第五批居家和社区养老服务试点改革，投入试点资金1534万元。成立由市长任组长，各区人民政府和相关部门主要领导为成员的居家和社区养老服务改革试点工作领导小组，制定《克拉玛依市居家和社区养老服务改革试点方案》，先后出台《关于印发克拉玛依市推进养老服务发展实施方案的通知》《克拉玛依市加快推进社区和居家养老服务工作的实施意见》《克拉玛依市购买社区居家养老服务实施办法》《关于推进居家和社区养老服务机构与基层医疗卫生机构签约合作的实施意见》《克拉玛依市支持整合改造闲置社会资源发展养老服务的实施方案》《克拉玛依市基本养老公共服务目录》政策文件。各区以《关于推进居家和社区养老服务机构与基层医疗卫生机构签约合作的实施意见》为指导，落实机构签约合作工作，全市23个居家养老服务中心（站点）与基层医疗机构签订协议，做好基层医疗救治、健康管理等居家老年人相关服务。

（于浏艺）

【特殊困难老年人居家适老化改造】 2020年，克拉玛依市出台《关于印发克拉玛依市特殊困难老年人居家适老化改造项目实施方案的通知》，开展适老化改造，市民政局引进晴天社会工作服务中心启动“城市英雄志愿者关爱计划”，向社会募集资金26.5万元，财政配套50万元，按照2500元一户标准为306户城市“三无”、低保、失能家庭安装适老化设施，改善老年人居家养老环境。

（于浏艺）

【老年养护院建设】 2020年11月中旬，克拉玛依市独山子区老年养护院（二期）工程主体建筑完工，中央预算内补贴资金1152万元全部使用完毕，建成后可新增床位234张；10月，白碱滩区（克拉玛依高新区）老年养护院工程（二期）开工建设，中央预算内补助资金790万元，项目建成后可新增床位100张。至2020年底，克拉玛依市有养老机构5家，养老床位1445张，入住老年人657人；社区养老服务设施40个。

（于浏艺）

【优待老年人】 2020年，克拉玛依市对2011年出台的《克拉玛依市优待老年人暂行规定》进行修订，对特殊生活补贴发放取消老年人养老保险限定，修改为凡是具有克拉玛依户籍的70周岁老年人均可享受老年人特殊生活补贴。将老年人免费体检经费全部由市级财政承担修订为由市区两级财政各承担50%。为25335名老年人发放高龄补贴4156.78万元。落实80周岁以上老年人免费体检制度，为3834名80周岁以上高龄老年人按每人每年500元标准免费体检，体检费支出167.765万元。

（于浏艺）

【儿童福利】 2020年，克拉玛依市制定《“孤儿医疗康复明天计划”项目实施细则（试行）》，做好孤儿和困难家庭儿童医疗康复工作，安排11万元“明天计划”补助资金，确保应救尽救、科学合理医治孤儿和困难家庭儿童，保障其基本生命权。依托民政部福彩圆梦·孤儿助学工程项目，为克拉玛依市6名18岁以上在读学生申请助学金6万元。至年末，克拉玛依市有孤儿22人，集中供养标准每人每月1100元，家庭寄养标准每人每月800元，支出26.8万元。对232名困境儿童和困境家庭儿童进行生活救助，资助17.23万元；资助101名受艾滋病影响儿童98.72万元。

（于浏艺）

【残疾人保障】 自2020年1月1日起，克拉玛依市困难残疾人补贴和重度残疾人护理补贴标准提高至每人每月100元，月增20元。全年为24人发放生活补贴2.99万元，为2118人发放护理补贴268.5万元。

（于浏艺）

【福利彩票】 2020年，克拉玛依市实现销售福利彩票1.75亿元，同比增长2600万元，增幅17%，超额完成自治区民政厅下达的1.64亿元销售任务，为国家筹集公益金5723.2万元，为克拉玛依市筹集公益金1346.96万元。

（于浏艺）

婚姻殡葬

【婚姻登记管理】 2020年，克拉玛依市（含兵团）办理结婚登记2083对，离婚登记1157对。

（于浏艺）

【遗体处理】 2020年，克拉玛依市全年处理遗体1283具，其中非少数民族1083具（土葬647具，火化436具，火化率40.26%），少数民族200具。

（于浏艺）

【殡葬设施建设】 2020年，克拉玛依市建设的南山墓园一期排水工程项目基本完工；新建火化间及新建骨灰公墓基建项目（一期）完工，水、暖、汽，锅炉开始运行，火化炉安装完成，未试炉。

（于浏艺）

【收养登记】 2020年，克拉玛依市办理收养登记2件，解除收养登记2件。

（于浏艺）

4月25日，城南社区工作人员陪年逾80岁居民陈玉香聊天

（邵梦博 摄）

社区建设

【社工人才培养】 2020年，克拉玛依市有680人取得全国社会工作者职业水平证书，其中助理社会工作师433人、社会工作师237人。按照《克拉玛依市社会工作骨干人才管理办法》，对6名社会骨干人才进行培养，落实津贴和培养待遇。

（于浏艺）

【社区“一张表”综合信息管理系统建成投用】 2020年，克拉玛依市社区“一张表”信息管理系统基本建成，并在克拉玛依区、白碱滩区和乌尔禾区所属93个社区（村）推广应用。“一张表”信息管理系统按照“一数一源、多元校核、动态更新”原则，建立“一张表”数据资源池，汇集26个部门在用系统数据10117.93万条，通过政务数据共享交换平台实现共享。截至年末，向基层共享397项数据，解决基层数据“共享难”问题。按照统一规划、统一标准、统一管理原则，建立“一张表”综合信息采集系统，将由基层负责采集数据的11套系统整合为1套统一信息采集系统，将社区采集填报数据由原来461个精简为108个，社区居民信息采集量下降77%，减轻基层重复采集数据、重复录入数据负担。通过开发“一张表”数据自动分发系统，将基层采集各类数据自动分发到街道（乡镇）、社区（村）使用相关应用平台，截至年末，实现向5套系统自动分发数据，实现一次录入，多方共享使用。报表管理系统具备人员查询、统计分析、表格审批、报表自动生成等多种功能，基层常用

12张统计报表实现自动填报。

（于浏艺）

【社区家庭教育】 2020年，克拉玛依市鼓励和帮助居民制订家庭学习计划，发放国家通用语言文字课本530册，通过微信公众号平台发布学习计划及相关学习资料79份，居民完成并上交“抗疫”相关作业作品1300余份，全年线上教学覆盖1500人次、线下走访教育6285人次，保障社区学校疫情防控期间“停课不停学”。开展“百姓学习之星”和“终身学习品牌项目”评选活动，克拉玛依区天山路街道西月潭社区“红石榴教育”品牌荣登国家级终身学习品牌评选榜。

（程妍）

【社区教育资源拓展】 2020年，克拉玛依城市大学挂牌成立，免费引进上海开放大学终身教育网络课程766个，为后期社区教育储备优质教学资源。全民终身学习周期间，上海普陀区教育局与市教育局签订学习共同体联盟框架协议，普陀区社区学院与克拉玛依城市大学签订社区教育战略合作协议，促进两地教育领域通力合作、深度融合。

（程妍）

社会组织管理

【概况】 2020年，克拉玛依全市依法登记社会组织384家。其中社会团体195家（市本级136家、各区59家）、民办非企业单位157家（市本级46家、各区111家）。全年共有6家社会组织参与脱贫攻坚，参与8个扶贫项目，累计捐助各类物品、资金89.4万元，开展各类活动350场次，受益群众近3万人次。

（于浏艺）

【社会组织年检】 2020年，克拉玛依市对150家社会组织进行全面检查，委托第三方会计师事务所对市级15家社会团体开展2019年度财务抽查审计工作。由各主管部门对所属社会组织2年以上不参加年检的提出清理意见，拟定拟清理社会组织名单。将35家未按期参加年检社会组织列入活动异常名录。

（于浏艺）

【社会组织党费返还】 2020年，克拉玛依市落实社会组织党组织党费返还政策。对18家社会组织2018年12月至2020年6月收缴的党费49455.6元（活动已使用10265.6元）进行核算，对39190元党费进行全额返还。

（于浏艺）

【社会组织党建】 坚持党建工作与社会组织登记、年检、评估“三同步”，确保党建工作与社会组织登记管理工作相结合。实施试点先行，发挥“四社联动”（即社区、社会组织、社会工作专业人才和社区志愿者）协同参与优势，通过加强社区党组织的自身建设，推动区域化大党委共驻共建，制定党员发展、决策议事、共驻共建等制度，优化党组织的运行机制，进一步确立社区党组织的核心领导地位，使党组织始终处于主导位置、始终发挥核心作用，进而带领社会组织、社会工作者、社区志愿者形成一个有机的联动整体，构建形成“四社联动”工作机制。全年转正9名预备党员，发展15名预备党员，确定3名入党积极分子。

（于浏艺）

退役军人事务

【概况】 2020年，市退役军人事务局为重点优抚对象发放抚恤金、义务兵家庭优待金、立功受奖奖励金。截至年末，克拉玛依市连续五次获得“全国双拥模范城”荣誉称号。

（裴延基）

【军休管理】 2020年，市退役军人事务局拨付克拉玛依市军休人员经费，调整移交政府安置军队离休退休干部遗属生活补助费。

（裴延基）

【退役士兵安置】 2020年，

6月5日，克拉玛依市召开2020年度退役军人安置工作领导小组会议，研究确定退役士兵安置事宜 （退役军人事务局 供图）

市退役军人事务局完成接收并安置退役士兵、转业士官相关工作，支付自谋职业一次性经济补助，向无偿接收安置退役士兵企业支付安置奖励金。

（裴延基）

【褒扬纪念】 2020年，市退役军人事务局采集退役军人及军烈属、现役军人家属信息，为部分家庭悬挂光荣牌，为抗美援朝老军人颁发“中国人民志愿军抗美援朝出国作战70周年纪念章”。

（裴延基）

退休职工管理

市离退休职工管理

【概况】 2020年，市委老干部局服务管理离退休干部职工1456人，其中党员989人；离休人员8人；退休人员1448人；妇女547人；少数民族237人。离退休干部职工中年龄在60岁（不含60岁）以下345人，60～69岁人员有732人；70～79岁人员有269人；80岁以上人员有110人。全年新增离退休人员120人，去世17人。

（张文杨）

【党组织建设】 2020年，中共克拉玛依市委员会老干部局党总支委员会撤销，成立中共克拉玛依市委员会老干部局机关委员会，下设机关党支部1个，离退休干部党支部21个，管理离退休干部党员989人。其中离退干部党员6人、退休干部党员983人。

（张文杨）

【机构改革】 2020年，克拉玛依市机关老干部活动中心（市机关离退休干部管理站）更名为克拉玛依市老干部活动中心（老年活动中心）；设立克拉玛依市老干部大学、克拉玛依市老年大学，实行一个机构、两块牌子体制，为市委老干部局管理事业单位，规格相当科级。

（张文杨）

【亲情化服务】 2020年，市委老干部局全年办理离退休职工住院陪护103人次，报销金额15.5万余元；核发15名离退休干部职工丧葬、抚恤金302.27万余元。协助原单位处理离退休老年人后事17起；为1382名离退休及遗孀发放暖气费、物业费331.1万余元。接听来电来访3000余人次，走访入户、送学寄学、生病探望、电话问候（疫情防控期间每日电话联系离退休干部）1万余人次。为70岁以上逢五逢十老人祝寿送生日蛋糕55人。为离退休干部职工订阅报纸报刊50余种，报刊订阅费共计28.03万余元，做到离退休干部职工全覆盖。

（张文杨）

【网络文体活动】 2020年，市委老干部局严格遵守常态化疫情防控工作要求，从5月份开始，开展符合人实际的“云”主题活动，包括书法、绘画、摄影、诵读、手抄报、美食、征文、知识答题等线上文体活动，全年开展各类文体活动17次，参与4160余人次。

（张文杨）

【疫情防控作品创作】 2020年，市委老干部局所辖部分离退休职工围绕疫情防控主题创作书法、绘画、诗词楹联作品达200余幅，各级离退休干部交纳特殊党费11.71万元。

（张文杨）

油田离退休职工管理

【概况】 2020年12月底，新疆油田公司有离退休职工41041人（含明园物业服务中心2907人，准东公司退管中心3006人、克拉玛依职业技术学院离退处231人）。退管中心直接管理离退休职工34897人，其中党员14281人；离休人员75人；中华人民共和国成立前参加革命老工人48人；退休人员34774；妇女16934人；少数民族6186人；生活不能自理303人；精神病患者248人；工伤、职业病人员2085人。离退休职工中年龄在60～69岁人员14709人；70～79岁人员6291人；80岁以上人员4182人。全年新增退休职工1906人，去世离退休职工663人。

（朱磊）

【退休人员社会化管理】 2020年，新疆油田公司离退休职工管理中心贯彻中办国办、集团公司党组《关于国有企业退休人员社会化管理的指导意见》精神，成立推进退休人员社会化管理工作领导小组，广泛征求职工代表、管理层及老职工代表等各方意见，回应退休人员诉求和关切，研究解决工作推进中遇到的各类问题。全年新疆油田公司与政府签订协议9份，完成退休人员移交35303人、人事档案移交4.4万卷；离退休党员组织关系转接13892人；设施设备及专用场所资产划转2036项。

（朱磊）

【党组织建设】 2020年，新疆油田公司离退休职工管理中心落实“三会一课”、党费收缴、党员教育管理等组织生活制度，开展庆祝建党99周年暨“忆初心、强党性、作表率”主题活动，疫情防控期间离退休职工主动参与社区志愿服务，为疫情灾区捐款108.2万元，有3000余名离退休老党员发挥自身优势，在公益服务、关心教育下一代等方面无私奉献。

（朱磊）

【亲情化精准服务】 2020年，新疆油田公司离退休职工管理中心利用集团公司离退休信息系统办公平台，维护劳模、抗美援朝等转业军人、技术专家重点群体关键信息59157条，夯实离退休信息统计基础。为离退休职工发放集团公司、油田公司节日慰问金10017.99万元；为老职工黏贴医药费单据18.55万张，报销医药费5417.28万元；走访慰问2.1万人次，为408名参加抗美援朝离退休老职工颁发纪念章；协助社区组织5500余名退休人员开展全民健康体检；办理离退休职工及遗属遗孀大病救助425人，救助金额655.36万元；处理老职工后事663起，协助处理家属后事22起，离退休职工综合服务满意度继续保持在96%以上。

（朱磊）

【提质增效专项行动】 2020年，新疆油田公司离退休职工管理中心开展提质增效专项行动和“战严冬、转观念、勇担当、上台阶”主题教育，树立“一切成本皆可控”理念，坚持“过紧日子”思想，制定印发《退管中心2020年“成本管控”实施方案》，举办形势目标任务责任主题宣讲7场，召开主题教育座谈会6场，参与358人次，征集意见建议42条；全年节约费用227万元。

（朱磊）

【HSE体系建设】 2020年，新疆油田公司离退休职工管理中心持续深化HSE体系建设，签订HSE承诺书330份。强化风险分级防控和隐患排查治理全过程管控，开展安全专项检查6次，确保中心本质安全。开展安全环保履职能力评估292人，关键岗位人员覆盖率100%。组织员工开展安全管理培训6期，培训330人次；承包商培训3期，培训41人，连续第11年获评公司安全环保先进单位。

（朱磊）

民族宗教事务管理

【概况】2020年，克拉玛依市依法保障各民族合法权益，将民族成分变更登记纳入“最多跑一次”事项，统一“最多跑一次”实施清单，统一民宗系统在政务服务事项范围、类别、工作原则及标准等，做好民族成分变更登记工作，全年共梳理各类涉及民族权利事项23项，依法办理民族成分变更事项11件。贯彻落实《新疆维吾尔自治区清真食品条例》，全年检查食品生产经营户3万余户次。持续改善清真寺公共服务条件，教育引导宗教人士和信教群众增强对伟大祖国、中华民族、中华文化、中国共产党、中国特色社会主义的认同。印发《关于命名2020年度克拉玛依市“平安宗教场所”的通知》，命名克拉玛依区红旗路宗教活动场所、克拉玛依区油建北宗教活动场所、独山子区五区宗教活动场所、白碱滩区（克拉玛依高新区）双环宗教活动场所、乌尔禾区乌尔禾镇宗教活动场所5处为2020年度“平安宗教场所”。在克拉玛依区红旗路宗教活动场所组织《简明新疆地方史》培训，系统讲解从先秦至中华人民共和国成立以来新疆的历史、民族、文化、宗教，全市6名伊斯兰教教职人员参加。

（谢静怡）

【民族团结一家亲活动】2020年，克拉玛依市印发《关于在全市范围内开展民族团结“细胞工程”的实施意见》，常态化开展“民族团结一家亲”和民族团结联谊活动。全年完成民族团结“细胞工程”交友、结对8万余对。全市25567名干部职工与25649户各族群众结对认亲，全年干部职工累计走访见面各族群众34万人次30.6万户次，为群众办实事好事1.4万余件，捐款76.6万元，惠及各族群众3万户次，举办以“民族团结一家亲”为主题的各类活动1.2万场次。

（张文军）

【民族团结教育月活动】2020年，克拉玛依市制发《克拉玛依市第39个民族团结教育月活动方案》，开展第39个民族团结教育月活动。全市各区、各单位先后开展“石榴籽·一家亲”民族团结知识竞赛、摄影大赛、民族团结事迹宣讲报告会等总计300余场。组织各区对108名市级民族团结模范开展慰问。

（谢静怡）

【全国民族团结进步示范市创建】2020年，克拉玛依市制定《克拉玛依市民族团结进步事业重点举措（2021—2025）》，并纳入《克拉玛依市国民经济和社会发展第十四个五年规划纲要》；印发《关于印发〈克拉玛依市民族团结进步示范区示范单位命名办法〉

10月31日，北师大克拉玛依附属学校“民族团结一家亲”融情实践营开营

（朱君偉　摄）

的通知》，明确全市民族团结进步示范区示范单位命名办法和流程。建立市、区两级创建办定期沟通机制，根据国家最新《全国民族团结进步示范州（地、市、盟）测评指标》要求，细化职责任务，明确完成时间表；在克拉玛依广播电台开设《民族团结誓言》《创建进行时》栏目，在微信公众号等各新媒体平台展播示范点创建专题片；开展创建工作成果展巡展，印制创建工作海报6种3500张，印发《克拉玛依市创建全国民族团结进步示范市工作应知应会》《2020年克拉玛依市创建全国民族团结进步示范市工作手册》等“九项清单”，总结提炼创建工作经验做法，展示民族团结进步工作成果。制发《克拉玛依市贯彻实施〈关于进一步做好新形势下民族团结进步创建工作的指导意见〉工作方案》，推动群团组织做好民族团结进步创建工作；开展创建全国民族团结进步示范市第三方评估工作，评估以《全国民族团结进步示范州（地、市、盟）测评指标》为依据，通过第三方评估，克拉玛依市创建工作综合得分98分。

（谢静怡）

【自治区民族团结进步示范单位创建】 2020年9月12日，克拉玛依市被命名为自治区级民族团结进步示范市，乌尔禾区被命名为自治区级民族团结进步示范区，新疆油田公司被命名为自治区级民族团结进步示范企业。克拉玛依市印发《关于命名2020年度克拉玛依市民族团结进步示范区示范单位的决定》，克拉玛依区银河路街道、市政务服务大厅等16家单位被授予克拉玛依市民族团结进步示范区示范单位称号。印发《关于命名2020年度克拉玛依市民族团结进步教育基地的决定》，为获得荣誉的独山子区民族团结进步教育基地、乌尔禾区民族团结进步教育基地等5家单位发放牌匾。

（谢静怡）

【助推少数民族乡镇经济发展】 2020年，克拉玛依市克拉玛依区、乌尔禾区分别编制完成《小拐乡总体规划修编》《乌尔禾镇美丽乡村建设试点实施规划》，解决3300名农牧民就业，助推少数民族乡镇经济发展，改善农村面貌。1月，克拉玛依市克拉玛依区小拐乡小拐村被命名为第三批“中国少数民族特色村寨”。

（谢静怡）

10月2日，克拉玛依区小拐乡举办2020丰收节暨文创大赛（彭召勇　摄）

安全生产与应急管理

综　述

【概况】 2020年，克拉玛依市共发生各类安全生产事故103起（含一般以上道路交通事故，不含火灾事故），死亡31人，伤86人，直接经济损失118.2万元，同比事故起数下降24.8%、死亡人数下降39.2%、受伤人数下降27.7%、直接经济损失下降63.3%。发生火灾事故211起，直接经济损失70.2984万元。全市安全生产总体形势呈现持续稳定态势，连续6年获得“全国最安全城市”称号。

（马星宇）

【编制“十四五”专项规划及项目库】 2020年，克拉玛依市完成对“十三五”专项规划评估，提出“十四五”规划方向，先后编制完成《克拉玛依市应急体系建设“十四五”规划》《克拉玛依市综合防灾减灾“十四五”规划》《克拉玛依市安全生产“十四五”规划》。

（马星宇）

【创建安全发展示范城市】 2020年，克拉玛依市制发《克拉玛依市推进安全发展示范城市的实施意见》，细化分解任务，收集整理，组织召开8次专题会议，研究解决存在问题，根据自查实际参照创建标准进行打分。截至年末，创建任务尚未完成。

（马星宇）

【安全生产培训考核】 2020年，克拉玛依市印发《市应急管理局关于加强和规范安全生产培训考核工作的通知》和《关于新冠肺炎疫情防控期间推行安全生产网络培训工作的意见》规范培训考核工作，对培训机构和考试机构施行备案制度，组织召开培训机构和考核机构工作会议，规范安全生产培训、考核、发证程序和办理时限。在疫情防控期间试行开展线上理论培训和线下实际操作培训相结合安全培训教育新形式，建立“宽进、快办、严管、便民、公开”审核安全生产“三岗人员”培训考核服务新方式，提升培训、考试、发证便民化服务水平。

（马星宇）

【安全生产宣传】 2020年，克拉玛依市组织34个市级政府部门（单位）和市辖4区开展“安全生产月”各项活动；组织市住建局、公安局等9个部门开展2020年自治区安全生产咨询日视频启动仪式，参与自治区安全生产咨询日活动；在市政府门户网站安全生产专栏推出安全生产宣传视频和重要安全生产文件10余条；组织企业主要负责人、安全管理人员60余人在新疆油田公司油气储运公司现场观摩学习国企安全制度建设、隐患排查、现场过程安全管理等情况。推动防灾减灾宣传“五进”（企业、农村、社区、学校、家庭），通过广播、电视、报刊、公众号、LED大屏、互联网、微博、微信、短信等媒介，普及防灾减灾知识和实用技能，通过开放科技馆、科普教育基地，体验模拟逃生检验屋，参观救援器材装备，应急演练和桌面推演等形式，提高应急自救能力。

（马星宇）

【安全检查社会化服务】 2020年，克拉玛依市依托第三方安全生产技术服务机构，在全市范围内开展督查检查。全年共选派专家180人次，检查企业80家，发现隐患629处。对非煤矿山、危化品、建筑施工等30家企业开展安全生产评估“回头看”工作，督促企业落实整改。

（马星宇）

【推行安全责任险】 2020年，克拉玛依市制定《克拉玛依市关于积极推行“安责险+科技+技术服务”工作实施方案》，成立安全责任险推行小组，将公益性服务与经营性服务相结合，专项服务与综合服务相协调，搭建“安责险+科技+技术服务”平台，按照政策引导、部门推动、市场运作方式，推进安全生产责任保险工作。

（马星宇）

【突发紧急信息报送】 2020年，市委办公室严格落实重大紧急信息15分钟内电话报告，30分钟内文字上报，最迟不得超过2小时规定要求，并及时续报事态进展、应急处置、社会舆情和原因分析等详细情况，确保重大紧急信息全天候快速反应。全年处置各类紧急信息90余篇，完成向自治区报送克拉玛依区3.1级地震、独山子石化公司一车间闪爆等重大紧急信息报送工作，无信息延误情况。

（肖铮）

防灾减灾

气　象

【概况】 2020年，克拉玛依地区气候较稳定，降水量略偏多，大风日数特偏少，极端天气气候事件较少。2020年出现的灾害性天气有：局地地区暴雨、强大风、持续阴雾阴雪、阶段性干旱等。

（崔丽娜）

【阴雾阴雪天气】 2020年1月、12月，克拉玛依地区准噶尔盆地下垫面气温较低，大气状态较为稳定，强冷空气活动较少，频繁出现阴雾阴雪天气，大气运动整体不利于污染物扩散，对空气质量有不利影响。

（崔丽娜）

【低温天气】 2020年，克拉玛依地区受蒙古冷高压回流冷空气影响，前冬（2019年12月）气温持续下降，月平均气温为-16.1℃，较历年同期特偏低-5.1℃。特别是12月中旬平均气温-19.0℃，较历年同期特偏低7.6℃，为近10年同期平均气温最低值。

（崔丽娜）

【特偏高、对流性天气】 2020年，克拉玛依地区特偏高、对流性天气出现特偏早。春季无强冷空气活动，气温持续特偏高，4月和5月平均气温分别为18.3℃和23.4℃，均为近30年月平均气温最高纪录次极值（4月极值出现在1997年为19.1℃，5月极值出现在2008年为23.6℃）。其中4月上旬和下旬旬平均气温分别为15.4℃和24.3℃，均打破克拉玛依有气象记录以来旬平均气温最高纪录极值。由于春季气温特偏高，对流性天气出现特偏早。3月18日受弱冷空气影响，克拉玛依出现2020年首次春雷，打破历史早春雷纪录，局地小阵雨，西北阵风5—6级，局地7级。

（崔丽娜）

【大风天气】 2020年，克拉玛依地区全年强冷空气活动较少，大风日数整体偏少，春季中心城区出现两次8级（蒲式风力10级）以上强大风，分别在3月下旬和4月上旬。3月23—24日乌尔禾至红浅一线西北风7—8级（蒲式风力9—10

级），局地地区9—10级（蒲式风力11—12级），中心城区极大风速25.3米/秒（8级，蒲式风力10级），白碱滩九区为35.9米/秒（10级，蒲式风力12级）。4月9—10日乌尔禾至红浅一线西北风8级左右(蒲式风力10级），局地地区9—10级（蒲式风力11—12级），中心城区极大风速为26.7米/秒（8级，蒲式风力10级），区域最强风力出现在白碱滩九区油田为32.8米/秒（10级，蒲式风力12级）。夏季出现多次对流性强阵风，克拉玛依中心城区强阵风风力达到8级以上过程有3次，分别出现在6月上旬、6月下旬和8月下旬。受西西伯利亚冷空气快速东移南下影响，6月5日午后出现强对流天气，乌尔禾至红浅一线西北阵风8—9级，中心城区极大风速27.0米/秒（8级，蒲式风力10级），区域最强风力出现在三坪水库为38.1米/秒（11级，蒲式风力13级）。6月21日受西西伯利亚东移南下的冷空气影响，乌尔禾至红浅一线西北阵风7—8级（蒲式风力9—10级），局地9—10级（蒲式风力11—12级），中心城区极大风速24.9米/秒（8级，蒲式风力10级），区域最强风力出现在红浅收费站为33.5米/秒（10级，蒲式风力12级）。8月25—26日乌尔禾至红浅一线西北阵风7—8级（蒲式风力9—10级），局地地区9级（蒲式风力11级），中心城区极大风速为24.8米/秒（8级，蒲式风力10级）。

（崔丽娜）

【暴雨天气】 2020年，克拉玛依地区7月中旬和8月上旬共出现两次暴雨过程。受西西伯利亚东移南下冷空气影响，7月12日午后出现局地强对流天气过程，各地多云有微到小阵雨，局地地区有中到大阵雨，百口泉日累计降水量达26.5毫米（暴雨）。8月4—6日各地多云有阵雨，局地地区大到暴雨，区域最大降水量出现在独山子第二水源地，日累计降水量24.4毫米。

（崔丽娜）

【气象应急及防灾减灾】 2020年，克拉玛依市按照《克拉玛依市气象灾害防御联合会商及应对工作制度》要求，共组织召开多部门联合会商7次，发布气象预警信号120个，对各区政府、各相关部门组织开展气象灾害防御情况检查3次，做到事前安排、事中落实、事后检查各环节紧密相扣，发挥气象防灾减灾第一道防线作用。制作重大气象服务材料20期，包括气候分析、夏季气候预测、克拉玛依气候“暖湿化”特征及气候影响研究报告、近五年气候变化特征及成因分析、汛期气候预测、水情专项服务等。

（谢金涛）

【引进首套风洞系统】 2020年，克拉玛依市气象部门引进首套风洞系统。该风洞系统加装有机械手及传送带操作系统，可实现对被测设备的装载完全自动化和批量化，每天检测设备数量成倍增加，可提高精细化水平、工作效率和操作

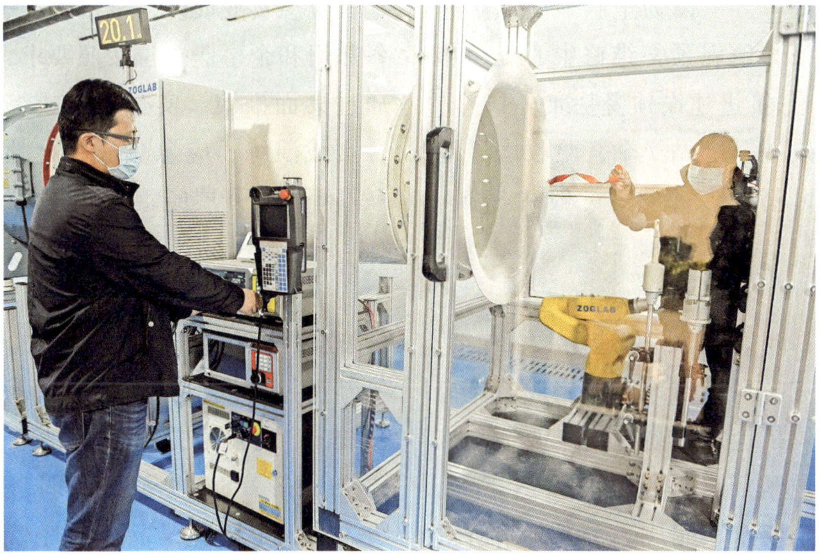

10月26日，市气象局工作人员调试风洞设备（彭召勇　摄）

安全度。利用该系统，可为克拉玛依市及周边城市提供气象监测、预报等服务，提高气象预报准确性。

（崔丽娜）

地　震

【监测台站运行维护】 2020年，克拉玛依市地震局管辖国家台监测数据连续率达到100%，区域台和地方台监测数据连续率98%以上；野外站点运维200人次，确保监测数据连续、准确、可靠。全年分析处理地震事件7888个。

（朱艳婷）

【地震预警工程】 2020年，克拉玛依市地震局借中国地震局在新疆进行地震预警项目试点的机遇，联系自治区地震局将克拉玛依作为预警服务试点对象，同时将克拉玛依市地震局（台）设为全疆地震烈度速报与地震预警维修中心。至年末，推进建设预警基准站11个，改造基准站7个，验收塔城地区基本站12个、一般站5个。

（朱艳婷）

【地震台站改造】 2020年，克拉玛依市地震局完成对克拉玛依地震台老台初步改造，推进地震台站标准化改造工程。至年末，完成3个观测站防雷工程，并结合防雷工程完成观测站标准化改造。

（朱艳婷）

【地震应急机制建设】 2020年，克拉玛依市地震局完善防震减灾工作机构，建立市抗震救灾指挥部，更新指挥部成员单位，完善抗震救灾工作职责；建立市防震减灾工作联席会议制度，强化全市防震减灾工作统一领导和指挥调度，依法履行关于防震减灾工作安排部署，推进防震减灾各项工作开展；健全地震应急预案体系，按照应急预案管理要求和防灾减灾救灾实际，修订《克拉玛依市地震应急预案》，并于2020年1月发布实施。督促全市各级各部门编制修订地震应急预案，并开展备案工作，全年有40家市属相关部门和企事业单位向市防震减灾工作联席会议办公室备案地震应急预案。推进地震应急演练，在独山子区开展地震应急实战演练，全市各级、各部门和企事业单位按照要求，通过桌面推演、实行单项或综合实战演练、应急疏散和自救互救等形式开展应急演练。

（朱艳婷）

【地震安全隐患排查治理】 2020年，克拉玛依市开展城市基础设施和生命线工程，石油石化企业等高风险领域薄弱环节，涉及危险化学品生产经营企业以及学校、医院等人员密集场所地震安全隐患排查治理工作，各区、各相关部门和企事业单位通过地震安全隐患排查治理工作，摸清风险隐患底数，形成隐患排查治理台账，制定切实可行整改方案并整改落实，形成工作闭环。全年开展隐患排查701次，发现问题530个，整改到位问题498个。开展建设工程抗震安全检查，摸清全市城乡建设工程和重大工程抗震能力及存在抗震安全隐患底数，重点检查重大建设工程，可能发生严重次生灾害建设工程，建立工作台账，制定抗震加固方案或下一步处置措施，有计划开展加固工作。至年末，检查建筑235栋，抗震达标建筑232栋。

（朱艳婷）

【抗震设防基础能力建设】 2020年，克拉玛依市地震局组织修订《克拉玛依市建设工程抗震设防事中事后监督管理办法》，完成意见征求、材料准备，由司法部门组织召开评审会，提出29条意见建议。会同住建、人防、消防、气象、市场监管等部门，对新改扩建建设工程、城镇生命线工程、建筑企业和物业公司等56个重点场所及单位开展防灾减灾、安全生产督查检查。依托克拉玛依地震小区划成果，为城市、石油石化企业土地利用规划提供基础资料，为地震小区划范围内一般建设工程抗震设计、加固提供设计地震动参数。做好市防震减灾“十三五”规划总结评估和市防震减灾“十四五”规划编制工作。

（朱艳婷）

【优化地震政务服务事项】2020年，克拉玛依市地震局将网办政务服务事项承诺时限压缩至原来时限的64%，完善细化各类信息，逐步实现“云办理”，为企业和群众提供方便快捷地震政务服务。

（朱艳婷）

【地震服务援疆项目】2020年，由中国地震局支援克拉玛依的地震援疆项目——城镇燃气应急处置系统项目，中国地震局工程力学研究所提供的5台燃气应急处置设备到位，在装置通过检验后，在克拉玛依区及独山子区率先安装使用。

（朱艳婷）

安全生产监督管理

【专项治理】2020年，克拉玛依市推进安全生产专项整治三年行动。市安委会先后制发《克拉玛依市安全生产专项整治三年行动实施方案》《学习宣传贯彻习近平总书记关于安全生产重要论述专题实施方案》《落实企业主体责任专题实施方案》及消防安全、危险化学品、寄递物流、道路交通等14个领域专项检查方案。为确保专项行动有效开展，修订《安全生产大检查长效机制实施方案》，突出重点行业领域，市委、市政府分管领导担任组长，将安全生产工作与分管业务工作同安排、同部署、同检查，狠抓重点时段和重要节点，优化整合执法力量、严格落实执法措施。针对8月份自治区安全生产委员会办公室通报新疆郎飞工业有限公司违法建设经营问题，市安委会办公室印发《关于新疆郎飞工业有限公司违法建设经营问题的通报》，要求各区、各部门吸取教训，开展“打非治违”专项行动，严厉打击各类非法违法生产经营建设行为。截至年末，市、区两级政府及各企事业单位排查安全隐患4052项，整改3681项，整改率91%；排查重点隐患6项，挂牌督办6项，治理6项，整改率100%。打击严重违法违规行为4起，行政处罚13.66万元，问责曝光不力单位2家，人员4人，联合惩戒失信企业2家，辨识评估重大安全风险20处，有效管控20处。

（马星宇）

【集中整治】2020年，克拉玛依市开展危险化学品、道路交通、建筑施工、消防等重点行业领域安全生产集中整治行动，严格执行《自治区安全生产严格执法十项措施》，对范围内所有企事业单位进行检查，确保全市生产安全和社会稳定。截至年末，市、区两级政府及各企事业单位排查安全隐患8287项，整改7963项，打击严重违法违规行为1181起，停产整顿32家，行政处罚60.06万元，联合惩戒失信企业2家，问责曝光不力单位2家。公安交警部门共查处交通违法行为88216起，行政处罚736.08万元。

（马星宇）

【疫情防控时期安全生产】2020年，克拉玛依市做好疫情防控和安全防范工作，保障符合安全生产条件企业正常复工复产。市安委会办公室3月印发《关于做好疫情防控期间安全防范工作的通知》《克拉玛依市切实做好疫情防控期间企业复工复产安全防范和应急准备工作方案》，制定《关于开展全市疫情防控期间企业复产复工安全防控工作指导服务的通知》，对4个区政府、10个行业主管部门及14个企事业单位开展疫情防控期间企业复工复产安全防控指导服务。

（马星宇）

【行业领域安全生产检查】2020年，克拉玛依市推进四类行业领域安全生产专项治理，对全市石油天然气管道企业、电力企业、棉花加工企业、粮油物资储备企业建立“风险清单”“隐患清单”两张清单，每月开展安全检查，不定期开展专项督导检查，确保特殊时间节点无安全生产事故。油气输送管道保护方面，全市有油气输送管道高后果区46个，其中三级34个、二级3个、一级9个，全年开展油气管道领域安全检查12次，发现一般隐患23项，完成整改23项；粮食安全生产方面，全年检查16次，发现一般隐患29项，完成整改26项；电力安全生产方面，制定《克拉玛依市电力安全生产专项整治三年行动实施方案》《克拉玛依市电气火灾综合治理工作实施方案》，全年对国网克拉玛依供电有限公司、国网新疆奎屯供电公司、国电克拉玛依发电有限公司、克拉玛依电厂、新特克拉玛依光伏一电站、申能克拉玛依光伏一电站、龙达家宁售电公司及其所属变电站、变电枢纽开展检查14次，发现一般隐患31项,完成整改31项；棉花加工安全生产方面，检查9次，发现一般隐患27项，完成整改27项。

（钟芳）

【重点时段安全生产大检查】 2020年,克拉玛依市在“五一”假期和全国“两会”期间，开展为期一个月安全生产大检查，紧盯道路交通、建筑施工、危险化学品、非煤矿山、消防、旅游等易发生群死群伤恶性事故重点行业领域，以问题为导向，实行日调度、日报告工作机制，由分管或协助分管市政府领导担任当日调度长，轮流调度各区、各行业部门检查工作开展情况、检查覆盖率推进情况，帮助各区、各部门协调解决重点难点问题。

（马星宇）

【健全安全生产责任体系】 2020年，克拉玛依市对标《自治区实施〈地方党政领导干部安全生产责任制规定〉细则》，印发《市安全生产委员会关于调整克拉玛依市安全生产委员会成员的通知》，将安全生产工作纳入政府工作目标责任体系。贯彻落实《克拉玛依市委市政府领导干部安全生产责任清单》和《克拉玛依市安全生产委员会成员单位安全生产职责规定》，健全完善“党政同责、一岗双责、齐抓共管”安全生产责任体系，市安委会主任与28位市委、市政府领导和102位责任单位党政负责人签订《2020年克拉玛依市安全生产目标管理责任书》，初步健全“党政同责、一岗双责、齐抓共管，失职追责”安全生产责任体系，明确安全生产行业监管和属地监管责任。做好安全生产检查日调度工作，组织协调各区、各行业主管部门进行每日安全生产检查视频调度汇报，对当日发现问题及时提出整改要求，并形成《安全生产大检查每日视频调度会工作通报》。

（马星宇）

【非煤矿山和工贸企业监管】 2020年，克拉玛依市落实“放管服”改革措施，减少行政审批事项，简化审批流程。加大油气企业安全监管执法力度，下达责令改正指令书30份，排查安全隐患187项。健全、完善非煤矿山联席会议风险会商研判机制，通过召开非煤矿山联席会，研究解决安全执法过程中发现企业存在的各类隐患问题，将企业违法违规行为纳入企业绩效考核、诚信体系建设和全年安全考核内容，统筹推进安全生产标准化、隐患排查治理、HSE管理体系进一步融合。

（马星宇）

【海事安全监管】 2020年，市交通运输综合行政执法局全年开展水上安全大检查5次，责令整改隐患问题7处。核查水运企业1家；申检船舶8艘（12客座以上船舶5艘），全部检验合格，申检船舶执检合格率100%。

（聂菲菲）

【运输安全管控】 2020年，市交通运输综合行政执法局将监管关口前移，实现由临时应急型管理向常态规范化监管工作模式转变，及时排查和消除事故隐患，道路运输安全管控水平明显提高。全年，在重要节日及重要时段，制定各类安全生产实施方案和重点时段工作方案25份；继续加强“两客一危企业安全生产监管工作”，强化辖区内危险货物运输行业的安全监管执法工作；全年，开展执法行动680频次，出动执法人员2100余人次，排查隐患394处，隐患整改完成率100%。

（聂菲菲）

油田安全管理

【安全制度修订】 2020年，新疆油田公司安全环保处制修订《高危作业安全生产挂牌制管理规定》等15项制度，提高制度合规性和可操作性。评审修订完善公司安全生产“一岗一清单”，强化责任清单考核，推动各级责任落实。将岗位责任与目标指标挂钩，以法规标准为底线、以风险管控为核心，构建全员安全环保责任体系。

（彭建福）

【管理体系健全】 2020年，新疆油田公司安全环保处按照“一体化、差异化、精准化”要求，对32家二级单位、70个基层站队、94个作业现场开展QHSE管理体系审核，对20个机关处室开展追溯审核，发现问题2249项，整改销项率100%，推动体系改进，集团公司QHSE量化审核新疆油田公司得分由2017年80.1分（B2级）上升至2020年85.1分（B1级）。

（李志国）

【班组自主化】 2020年，新疆油田公司安全环保处推进班组自主化建设，新疆油田公司各单位、各班组主动对标创建，收集班组自主管理典型经验做法，开展管理经验交流，全年初级达标率100%，中级达标率33%。

（彭建福）

【风险管控】 2020年，新疆油田公司安全环保处组织各二级单位梳理管理流程和作业项目，建立健全作业活动和管理活动风险清单，实现风险防控措施与五位一体“岗位职责、制度规程、检查表、培训矩阵、应急预案”有效衔接，落实防控措施和防控责任。针对厂级重大风险组织建立和实施厂、站队、班组三级防控措施，抓好工艺、设备设施、承包商等重点领域、关键环节风险管控，实现重大风险受控。结合“五个零容忍”和“四条红线”，聚焦风险作业，修订发布《管控红线、较大隐患目录》。针对重点领域、重要敏感时段施工作业，组织相关部门动态研判风险，发布风险预警12期，制定并落实管控措施，确保作业全过程风险受控。按照《关于加强油气管道业务改革重组期间安全生产工作的通知》要求，组织6名审核员对王家沟油库关键岗位、关键设施、管理流程、合同协议、资产现状、风险隐患和合规性7个方面开展安全风险诊断评估。

（彭建福）

【承包商监管】 2020年，新

9月21日，风城油田作业区SAGD一号采油站员工在稠油生产现场巡检

（闵勇　摄）

疆油田公司安全环保处采用审核、整改与培训相结合，全过程管理指导方式，完成20家承包商审核辅导，覆盖230个部门单位和作业现场，查改问题749项，访谈、培训、测评8398人次，提升承包商企业管理人员安全意识和履职履责能力。按照疫情防控要求，以远程培训、在线考核方式坚持HSE取证培训，分类分级培训3万余人次，保障入场作业人员能力素质。各级部门、单位联合发力，形成“工作联管、项目联抓、检查联合、责任联担”监管机制，清退承包商10家，停工整顿8家，完成“清退3%、警告3%”指标任务。

（张浩）

【职业卫生管理】 2020年，新疆油田公司安全环保处完成职业健康检查6800人，检测职业危害因素点3100个，未发生新增职业病。职业病危害因素合同告知率100%，职业健康监护档案建档率100%。全年组织对采油一厂、采气一厂、油气储运分公司和陆梁油田作业区4家单位开展职业病危害现状评价，均符合《中华人民共和国职业病防治法》和《工业企业设计卫生标准》等国家法律及职业卫生标准规定要求。

（韩永生）

【隐患治理】 2020年，新疆油田公司安全环保处印发《新疆油田公司2020年度专项隐患排查工作方案》，开展天然气站检修、防火防爆等8个专项隐患排查，查改隐患330项，实现隐患排查规范化、专业化、标准化。开展储气库生产业务、大型压裂施工、井控管理3个专业领域安全风险隐患问题集中整治。对呼图壁储气库生产现场井、站、注采管线系统开展HSE专项诊断评估，累计发现并完成整改问题86个。制定《新疆油田公司2020年大型压裂施工整治方案》，成立专项整治领导小组和检查组，对新疆油田大型压裂施工现场及相关单位开展专项检查，检查出问题294个。对准东采油厂等5家单位开展安全现状评价，对石南21集中处理站等7座油气集输站场开展HAZOP分析；对采油二厂81号天然气处理站深冷提效工程等近年来重点油气站库建设项目开展防雷电灾害风险评估。组织业务部门开展安全隐患治理方案联合审查，研判新疆油田公司现阶段安全环保重大风险隐患，立项治理42项，投资1.9亿元，重点对集输工艺、稠油开采、防火防爆、电力隐患、特种设备5个方面隐患进行治理，高风险领域风险得到有效管控。

（杜鹏）

【履职能力评估】 2020年，新疆油田公司安全环保处对新提拔、调整到生产、技术、设备、安全环保等关键岗位人员开展履职能力评估工作，其中处级干部264人，一般干部10698人、操作层员工17658人，调整到关键岗位人员安全环保履职能力评估率100%。针对评估短板，开展3期领导力提升培训及个性化辅导，提升领导人员管理能力。

（黄志伟）

【专项整治】 2020年，新疆油田公司安全环保处成立安全生产三年专项整治领导小组，编制发布公司安全生产三年专项整治行动实施方案，建立工作督办机制，推进方案落实。学习宣贯习近平总书记关于安全生产重要论述，累计宣讲2006场；发布《新疆油田公司全员安全生产记分管理规定》《“安全生产能力考评年”活动方案》，将五个零容忍纳入各单位业绩考核，解决安全生产责任和管理制度不落实等突出问题。聚焦油气勘探开发、危险化学品、消防、道路交通4个领域安全专项整治，推动专项行动落实落地。

（刘明杰）

危险化学品管理

【概况】 2020年，克拉玛依市有危险化学品生产经营企业164家，其中危险化学品生产企业20家，危险化学品经营企业142家（其中实体经营56家，贸易公司86家），危险化学品使用许可企业2家。非药品类易制毒备案企业19家，其中生产企业2家，经营企业17家，易制爆危险化学品经营企业2家。涉及规模以上危险化学品种类69种，其中涉及液氨、原油、汽油、液化石油气等重点监管危险化学品25种。有10家危险化学品生产许可单位涉及加氢工艺、氧化工艺、聚合工艺、裂解（裂化）工艺、烷基化工艺5种危险工艺。共20家危险化学品企业装置构成重大危险源153处，其中一级重大危险源35处，二级重大危险源10处，三级重大危险源53处，四级重大危险源55处。

（马星宇）

【非药品易制毒化学品备案】 2020年，克拉玛依市辖各区每季度定期上报非药品类易制毒化学品生产、经营许可证和备案证明颁证季度报表。全年完成非药品易制毒备案企业备案20份，其中第二类非药品易制毒经营备案2份，第三类非药品易制毒生产企业备案2份，第三类非药品易制毒经营备案16份。

（马星宇）

【危化品综合治理】 2020年，克拉玛依市制发《关于全面加强危险化学品安全生产工作的实施意见》，建立长效机制检查制度，与公安、消防、气象、市场监督管理、生态环保、工信等部门组成联合检查组，每月对危险化学品企业开展联合检查，并对检查出的问题、隐患进行通报，由各责任部门跟踪问效、督导解决。组织开展危险化学品领域安全生产集中整治、危险化学品重大危险源企业专项督导检查、易爆危险化学品储存情况专项检查、“两重点一重大”企业仪表与自控专业专项普查和全国“两会”期间检查等5次专项检查。推进监测预警系统建设，根据国务院安委办关于《加快推进危险化学品安全生产风险监测预警系统建设的指导意见》，全市完成20家企业153处重大危险源监控视频和压力、温度、报警等安全参数接入危险化学品重大危险源监测预警平台工作。

（马星宇）

【烟花爆竹销售管理】 2020年，克拉玛依市在满足人民群众购买烟花爆竹需求基础上压缩春节期间烟花爆竹销售点数量，市应急管理局在春节销售旺季联合公安、消防、市场监管等单位开展不间断拉网式检查，检查220家次，消除隐患50项，确保全市烟花爆竹行业领域安全生产平稳有序。

（马星宇）

消　防

【概况】 2020年，克拉玛依市社会面火灾形势平稳可控，全年未发生亡人和有影响火灾事故。自2014年自治区人民政府开展消防工作专项考评以来，克拉玛依市连续6年被评为“优秀”等次。

（宋乃宁）

【首批国家招录消防员上岗】

4月1日，克拉玛依市消防应急支队对新招录的首批49名实习消防员进行结训考核和职业技能鉴定
（李浩然　摄）

2020年，克拉玛依市2019年招录的首批49名实习消防员经过培训合格上岗。自3月30日起，市消防应急救援支队对他们进行为期4天的结训考核和职业技能鉴定。考核鉴定分为理论、体能、技能、队列等4个大项、80个小项。

（宋乃宁）

【消防安全长效机制建设】 2020年，克拉玛依市建立消防安全大检查长效机制，由市委、市政府领导牵头成立11个专业检查组，每月对重点行业领域开展“全覆盖”检查。优化消防车通道占用处理流程，具体措施被应急管理部消防救援局收入《打通消防“生命通道”综合治理工作指引》。

（宋乃宁）

【消防远程物联网监控系统建设】 2020年，克拉玛依市将消防远程物联网监控系统建设纳入“智慧城市”内容，推动239家火灾高危单位和消防安全重点单位接入系统，在全市推广安装智慧型独立式感烟报警器2746个，建成重点单位、社区、便民警务微型消防站888个，建成率100%。改造升级消防救援指挥车，增设350兆无线通信基站，制作核心产业区三维立体图，接入4万余路公共安全视频监控，推进“全域全时段信通，全景全要素图传”体系建设，补齐城市盲点，强化图传保障，提升消防救援指挥调度能力。

（宋乃宁）

【消防安全标准化管理】 2020年，克拉玛依市推进消防安全标准化管理，社会单位“三自主两承诺一公开”管理模式基本形成。新建市政消火栓97个、水鹤2个，市政消火栓建有率基本达到国家标准要求。连续12年开展建筑消防设施“三化”建设达标工作，全市188家单位实现100%达标，被新疆消防救援总队评为“优秀”等次。

（宋乃宁）

【执勤训练】 2020年，克拉玛依市消防救援支队建立《支队全勤指挥部工作规则》《灭火救援行动“六项”措施》《大风天执勤备战工作制度》等长效机制，加强执勤战备和应急值守。将3支企业消防队、888个微型消防站以及蓝天救援队等社会应急力量纳入灭火救援指挥调度体系，定期开展联勤联训。按照“以考验训、全项创优”标准，狠抓参训率、及格率和优秀率三条“标准线”，坚持主官组训组考，落实奖惩并举，全年机关、大队7项课目达标率100%，消防救援站18项冬夏训课目达标率100%。

（宋乃宁）

【消防科研】 2020年，克拉玛依市消防救援支队完成重点调研课题27个，形成创新成果项目14个；应急管理部消防救援局批准科研项目1个，自治区批准科研项目1个。岗位练兵App平台线上学习测试、心理测评、训练分析、管理辅助得到广泛应用；探索极寒条件下远程供水系统实践应用，建成远程供水3千米全覆盖“保障圈”，消防机器人、供气水枪、安全员携行包等内攻近战利器试点得到推广应用，有效破解实战难题。“供气消防车”“水下探杆”等3个项目获得国家实用新型专利证书，“队伍信息化管理系统”获得国家计算机软件著作权，“泡沫灭火剂快速输转装置”“水雾泡沫灭火装置”等6个项目正在申请国家专利。2020年，支队连续两年被应急管理部消防救援局评为全国消防救援队伍“调查研究先进支队”，“基于4G网络图传消防头盔”被应急管理部消防救援局评为技术革新奖。

（宋乃宁）

【后勤保障】 2020年，克拉玛依市在全疆范围内率先印发《关于贯彻落实国家综合性消防救援人员优待政策的通知》，打通落实优待政策“最后一千米”，解决指战员住房难题，市消防救援支队在原有70套公寓房基础上，申请公寓住房29套，协调低价商品房28套。聘请优秀师资团队辅助考学消防员提升应试能力，全年3名消防员考入中国消防救援学院，7名消防员入围2021年统考。组织22名指战员及家属参加部消防局、疆内疗养，18名指战员子女享受义务教育“就近、就好”入学入园优待，35名指战员参加学历提升计划，9名队员考取无人机AOPA驾驶证件，280名指战员考取红十字会救护员证。为8个消防站升级改造图书室、安装垃圾处理器、配备多媒体授课系统、更换照摄相设备，解决3个队站跑道升级、路面硬化、围墙改造、门窗更换等迫切困难；指战员评估满意率98%。

（宋乃宁）

应急救援

【应急安全产业发展】 2020年，克拉玛依市与新疆安元科技有限公司、中科海拓（无锡）科技有限公司等企业就应急安全产业项目合作意向、合作内容、双方责任等反复磋商、交流，促成新疆安元科技有限公司在克拉玛依市落地注册，与市人民政府签订战略合作框架协议，在应急安全产业、城市安全发展、应急信息化建设等方面开展合作。驻市央企新疆油田公司在应急抢险救援领域推进34项提质增效措施，实现成本硬下降1.8亿元，同时加强外部市场开拓，在新疆南疆市场以总分第一名中标塔里木油田特种作业项目，在海外市场中标哈萨克斯坦肯基亚克盐上油田2套72立方米水处理装置，全年实现外部创收3316万元，实现总收入12.43亿元。

（马星宇　杨捷）

【应急管理重点项目】 2020年，克拉玛依市申报争取国家中央预算内资金和地方专项债资金支持，将克拉玛依市应急物资储备库建设项目、克拉玛依市应急救援中心暨危化救援基地项目作为应急管理领域2个重点项目。其中克拉玛依市应急物资储备库建设项目由市城投公司负责投资建设低温、恒温、洁净应急物资储备库，11月投入使用。克拉玛依市应急救援中心暨危化救援基地项目完成可行性研究报告，等待评审立项。至年末，完成自然灾害预警监测中心建设工作，实现应急管理和应急处置相关信息的汇集和展示、召开远程会议、应急通信、信息发布等功能。

（马星宇）

【综合性应急救援演练】 2020年，克拉玛依市应急管理局、市地震局、市卫健委、市气象局和独山子区政府联合开展一次克拉玛依市独山子区地震综合应急演练，通过实战检验《克拉玛依市地震应急预案》《独山子区地震应急预案》实用性和可操作性，提高公众防震避险和自救互救应对能力。全年全市各区、各部门依托第12个全国防灾减灾日、第19个全国“安全生产月”活动，因地制宜组织机关、企事业单位、学校、医院、社区居民开展新冠肺炎疫情防控、森林草原火灾、火灾应急逃生、地震灾害

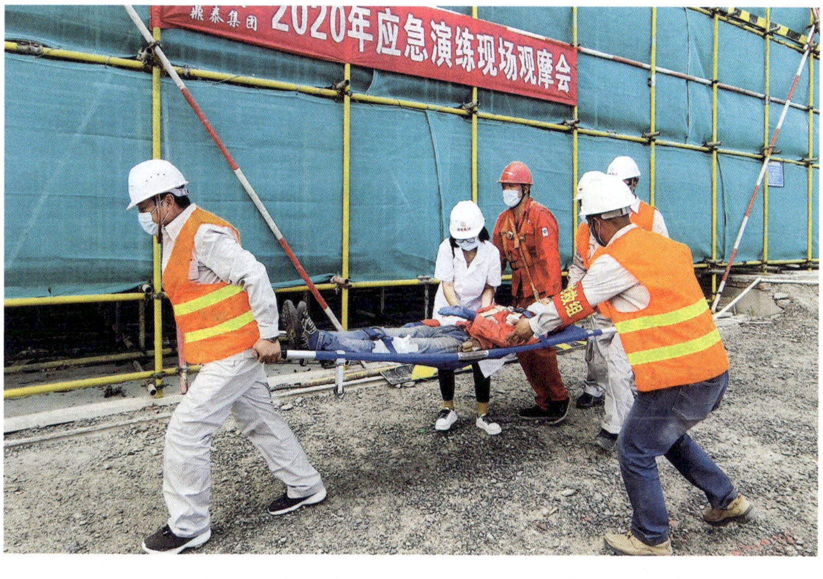

6月24日，市工程建设管理局组织施工企业在客运站举行安全生产应急演练
（刘奇武　摄）

逃生、紧急疏散、急救自救等各类综合应急演练活动360余场（次）35000余人参加。

（马星宇）

【健全自然灾害联动协作机制】2020年，克拉玛依市召开市自然灾害防治工作联席会议，部署2020年全市自然灾害防治工作，落实主体责任，建立政府主导、部门负责、广泛参与联动协调机制，明确各减灾委成员单位职责，加强与新疆油田公司等中央驻市企业应急联动协调工作，推动市政府与中央驻市企业之间应急联动长效机制的建立和完善。

（马星宇）

【防灾减灾管理组织体系建设】2020年，克拉玛依市根据上级机构调整和人员变动，调整市减灾委员会成员单位、完善《克拉玛依市森林草原防灭火指挥部和建立克拉玛依市森林草原防灭火工作联席会议制度》，加强全市防灾减灾工作组织领导。制定完善《市应急管理局政务值班应急值守工作制度》《市应急管理局政务值班应急值守人员职责》，要求值班领导和值班人员熟悉掌握自然灾害突发事件处置流程，确保一旦发生突发事件，按照各专项应急预案，第一时间响应，第一时间处置，第一时间报告。

（马星宇）

【自然灾害风险隐患检查】2020年，克拉玛依市针对大风恶劣天气、洪涝、森林草原火灾等自然灾害风险，对全市各区水库、防风林、公益林管护站开展检查，对发现防汛抗旱、森林草原火灾等方面风险隐患，提出整改要求。

（马星宇）

【油田应急抢险救援】2020年，驻市央企新疆油田公司应急抢险救援中心疫情防控期间创新出以班组为单元灵活增开作业面项目化会战模式，创造24小时内从54个社区接送员工1400余人，调配设备180台，迅速扩充73个作业面最强动员纪录。全年灭火救援74起，查处隐患323处，成功处置风险事件3起。全年有3项关于应急抢险救援重大专项结题，获授权专利52项，其中热采带压作业井口装置获得中国石油集团公司科技成果转化创效专项奖励；完成科研成果2项、获得国家专利6项。

（杨捷）

【承办自治区应急救援技能竞赛】2020年10月15日至17日，驻市央企新疆油田公司应急抢险救援中心承办自治区首届专业化应急救援技能竞赛。竞赛为期3天，来自全疆32支专业化应急抢险救援队伍及裁判、教练400余人参赛。竞赛设15个比赛项目，包括初战快速出水控火操和应急医疗2个集体项目，带压快速堵漏、破拆救人、综合体能等7个个人项目，2个团体项目。

（杨捷）

10月17日，自治区首届专业化应急救援技能竞赛油田井喷应急抢险实战演练中，救援人员操作消防侦查机器人进行现场检测（张珏　摄）

市辖区建设

克拉玛依区

【区划人口】 2020年，克拉玛依区辖小拐乡政府和天山路街道、胜利路街道、银河路街道、昆仑路街道、迎宾街道、古海街道、五五新镇办事处7个街道办事处、67个社区居委会、3个行政村。境内还有新疆生产建设兵团第七师一二九团、一三〇团及第八师一三六团。有汉、维吾尔、哈萨克、回、蒙古族等39个民族。年末总人口（不含辖区内兵团人口）311864人，其中户籍人口217059人、暂住人口94787人；男性人口151118人，占48.5%，女性人口160746人，占51.5%。在户籍人口中，少数民族52102人，占24.004%，汉族164957人，占75.996%。全年出生2076人，出生率9.64‰，死亡1641人，死亡率7.62‰，人口自然增长率2.00‰。出生人口男、女性别比为1068：1008。

（汪叶红）

【经济总量】 2020年，克拉玛依区实现生产总值537.51亿元，比上年增长3.9%，其中，第一产业增加值14.19亿元，增长7.3%；第二产业增加值331.04亿元，增长6.0%；第三产业增加值192.28亿元，增长0.6%。三次产业结构比例为2.64：61.59：35.77。

（汪叶红）

【城镇居民收入】 2020年，克拉玛依区城镇居民人均可支配收入47375元，比上年增长3.0%。农牧民人均纯收入30084元，比上年增长8.68%。居民消费价格指数涨幅控制在2%以内。

（汪叶红）

【财政收支】 2020年，克拉玛依区地方财政收入23.52亿元，比上年增长1.1%。一般公共预算收入20.06亿元，下降6.3%。其中，税收收入下降8.1%，非税收入下降1.2%。全区地方财政支出43.03亿元，比上年增长17.2%。一般公共预算支出31.92亿元，与上年持平。其中，公共安全支出下降22.3%，教育支出增长2.7%，社会保障和就业支出下降3.9%，卫生健康支出增长12.8%。

（汪叶红）

【疫情防控】 2020年，克拉玛依区投入疫情防控资金2.5亿元建成克拉玛依核酸检测实验室，核酸检测能力由500管/日提高到1.5万管/日，率先完成5个社区卫生服务中心及小拐乡卫生院预检分诊前置工作，重点人群开始接种疫苗，疫情防控取得阶段性胜利。统筹推进疫情防控和经济社会发展，开展“千人入千企”服务工作，规模以上企业复工率、产能恢复率与重点项目复工率均为100%。通过减、免、退、缓、降等政策为企业和商户减轻负担6.98亿元；引导金融机构为中小微企业、个体工商户提供贷款支持5.2亿元；申请疫情防控特别国债资金4.4亿

9月28日，克拉玛依区工商联召开复工复产专题协商座谈会
（金洁如　摄）

元，地方政府债券资金9.5亿元，新增债券资金比上年增长47%。发挥政府宏观调控作用，推出“冬去春来暖油城”消费券活动，投放消费红包3轮12万份1950万元，拉动商贸、餐饮等各类消费7329万元。鼓励开设“百姓市场”，开展“直播带货”、阶段性减免辖区景区门票等促消费活动，拉动内需，促进复工复产。

（汪叶红）

【三大攻坚战】 2020年，克拉玛依区打好精准脱贫攻坚战，推进喀什市对口协作扶贫工作，投入资金1070万元，实施产业、人才、乡村振兴、消费扶贫等25个项目；接收南疆有组织转移就业劳动力1450人，全部实现稳定就业；广陆物业公司获自治区“脱贫攻坚组织创新奖”、荣康物业公司获“‘千企帮千村’精准扶贫先进民营企业”称号，克拉玛依区被喀什地区确定为协作扶贫先进单位。打好污染防治攻坚战，全区空气质量持续改善，土壤质量处于清洁（安全）级，建成区继续保持无黑臭水体，饮用水源地、地下水、河流及水库水质均符合或优于Ⅲ类标准。打好防范化解重大风险攻坚战，保持政府零违规举债，债务风险得到有效控制，打击非法集资、非法放贷等涉众型非法金融活动，清理违法违规金融机构15家，挽回各族群众损失2000余万元。

（汪叶红）

【对外开放】 2020年，克拉玛依区融入“一带一路”及自治区丝绸之路经济带核心区建设，辖区克拉玛依科力新技术实业开发有限公司、克拉玛依市红都有限责任公司等企业在乌克兰、哈萨克斯坦开展工程技术、油气服务、装备制造等业务，实现外贸进出口总额0.23亿美元。

（汪叶红）

【农牧业】 2020年，克拉玛依区保障农资供应，引导农户优

4月28日，昆仑路街道对口喀什阿瓦提乡协作扶贫项目投入使用
（克拉玛依区　供图）

化农作物结构，实现农林牧渔业总产值84752.02万元，比上年增长11.9%。全区农作物种植总面积17420公顷，其中：棉花种植13013公顷，粮食作物种植1433.33公顷，饲草料种植2100公顷，蔬菜瓜果种植467公顷，其他作物407公顷。粮食产量1.2万吨，减少3673吨；棉花产量24491.37吨，增加4517.7吨。年内畜禽存栏63420头（只、羽），其中牛9520头、羊3.05万只、猪2400头、禽类2.1万只（不含鸽子）；肉类总产量1307吨，奶产量1.7万吨。推进克拉玛依绿成公司奶牛养殖基地二期、新疆西牧源肉联公司牛羊屠宰场等项目建设，国家农业科技园区通过科技部综合评估。发展智慧农业，建立农业科技示范推广基地13个，森禾智慧农业科技有限责任公司智慧农业管理体系实现玉米每亩增收100元以上，七色花公司自主搭建的“畜牧云”综合服务平台覆盖全疆14个地（州、市），为各地政府、企业降本增效近亿元。便民蔬菜直销店实现社区全覆盖，节日期间累计投放政府储备肉925吨。推进乡村振兴战略，发展庭院种植和畜牧养殖，打造“玛依姑娘”品牌蔬菜生产和骆驼基地，推出特色农家乐、庭院采摘、休闲住宿一体化旅游服务项目，驼奶、沙棘等农产品逐步向美容类护肤品、养生类花茶等产业链延伸。农村集体土地确权颁证工作基本完成，279户农村集体土地承包经营权证书全部发放到位，村集体经营收入提高至900万元，比上年增长7%。

（汪叶红）

【工业】 2020年，克拉玛依区规模以上地方工业企业43家，实现工业增加值18.54亿元，比上年下降15.3%。其中，国有及国有控股企业下降0.6%；股份制企业下降14.6%；外商及港澳台投资企业下降40.1%；私营企业下降23.6%。分行业看，开采辅助活动下降23.9%，农副食品加工业下降4.9%，食品制造业增长8.3%，石油加工、炼焦及核燃料加工业下降18.0%，化学原料及化学制品制造业下降28.1%，橡胶和塑料制品业下降100.0%，非金属矿物制品业增长42.9%，黑色金属冶炼和压延加工业下降21.8%，金属制品业下降86.1%，通用设备制造业增长0.1%，专用设备制造业下降38.1%，电气机械和器材制造业下降11.0%，废弃资源综合利用业下降9.1%，电力、热力生产和供应业下降3.3%。

（汪叶红）

8月29日，克拉玛依区农业农村局防疫员对后山放牧羊只实施口蹄疫强制免疫（刘永强　摄）

【投资和建筑业】 2020年，克拉玛依区全社会固定资产投资280.49亿元，比上年下降12.9%，其中地方投资82.54亿元，增长111.2%。分三次产业看，第一产业投资0.85亿元，增长8400.0%；第二产业投资21.02亿元，增长246.9%；第三产业投资60.67亿元，增长83.8%。房地产开发投资23.31亿元，比上年增长49.9%。房屋施工面积355.28万平方米，下降8.1%，其中，住宅施工面积254.58万平方米，下降17.2%。房屋竣工面积20.43万平方米，下降18.9%。商品房销售面积25.54万平方米，下降34.5%。具有资质等级总承包和专业承包建筑业企业实现利润16865万元，增长56.4%。

（汪叶红）

【国内贸易和市场物价】 2020年，克拉玛依区社会消费品零售总额61.3亿元，比上年下降22.0%。按消费类型统计，商品零售额55.04亿元，下降20.4%；餐饮收入额6.26亿元，下降33.7%。在限额以上单位商品零售额中：书刊类商品零售额下降26.8%；粮油、食品、饮料、烟酒类零售额下降14%；汽车类零售额下降17%；服装、鞋帽、针纺织品类商品零售额下降14.1%；家用电器和音像器材类零售额下降20.0%；金饰珠宝类商品零售额下降41.1%；文化办公用品类零售额增长10.0%；中西药品类零售额增长16.5%。全年居民消费价格上涨1.5%，其中，食品烟酒类上涨4.3%、居住类上涨1.8%、教育文化和娱乐类上涨0.7%、衣着类下降1.1%、生活用品及服务类下降0.9%、交通和通信类下降1.8%、其他用品和服务类上涨5.7%、医疗保健类下降0.4%。

（汪叶红）

【商贸物流】 2020年，克拉玛依区商贸物流业实现加速发展，城南旅游商务区地标建筑——亚欧之心成功落地并完成基础土方开挖及基坑支护建设，石油大厦“双子楼”建成投用，推进新丝路商业广场、福润商业中心、百瑞三期、泰富二期、天盾城等项目建设。在火车站南片区打造北疆西部区域综合服务型物流园，投入资金1.7亿元完善园区配套附属设施。累计对接洽谈招商引资项目187个，新注册法人企业857家，落实项目140个，实现到位资金81.47亿元，比上年增长8.0%，其中疆外到位资金47.88亿元，增长16.8%；国有土地出让收入4.6亿元，增长142%。

（汪叶红）

【数字产业】 2020年，克拉玛依区克拉玛依数字经济产业园建设项目启动，投入资金7.5亿元，总占地面积100公顷，建设项目分三期实施。7月，完成一期建设项目；10月，完成二期建设项目。对接企业27家，深圳市万汇百纳科技有限公司等企业落地克拉玛依区，西部钻探测井公司搬迁入园，形成园区“物理空间＋数字空间”双配套格局，打造辐射西亚智能智造示范区。为新疆奥兹玛石油科技有限公司、克拉玛依市尚正石油科技有限公司、新疆科瑞检测科技有限公司等一批企业提供入园服务。建设园区“云招商平台”，依托商会、协会、投资贸易委员会与智招网开展“线上＋线下”招商活动，推进“以商招商”工作。启动5G网络基础设施建设，建成并开通5G基站134座，拥有5G用户87278户。

（汪叶红）

【文旅产业】 2020年，克拉玛依区拥有群众艺术馆、少年宫、少儿活动中心、公共图书馆各1座，公共图书馆2座，广播电台1座，电视台1座。年末广播综合人口覆盖率100%；电视综合人口覆盖率100%。辖区有景区景点25处，其中A级旅游景区9处，S级滑雪场1处，自治区级风景名胜区1处。国家级景区9个，其中国家AAAA级景区1个（克拉玛依河）；国家AAA级景区7个（黑油山、文化街、克拉玛依展览馆、生态健身公园、科技馆、荒漠绿洲生态园、小拐乡芳香植物园）；国家AA级景区1个（海洋之心综合游泳馆）。省级文物保护单位2处（黑油山地窖、机械制造总公司及物资供应总公司），全国科普教育基地5个（黑油山科普教育基地、科技馆科普教育基地、矿史陈列馆科普教育基地、新疆油田油气储运公司总站科普教育基地、克拉玛依红山油田石油科普馆），爱国主义教育基地5个（克拉玛依一号井、军史馆、黑油山、岩心库、红色记忆展览馆）。餐饮1330家，从业人员6200人；宾馆住宿123家，从业人员1218人；旅行社22家，从业人员57人；旅游公司37家，从业人员101人；娱乐场所22家，从业人员331人；网吧14家，从业人员31人；电影院3家，从业人员69人；印刷厂（含广告公司）138家，从业人员345人；书店14家，从业人员73人；累计接待游客371.68万人次，比上年下降36.82%，实现收入18.24亿元，下降62.55%，人均消费491元，下降40.77%。文化创意产业园创建为自治区级工业旅游示范基地，小拐村获自治区“乡村旅游重点村”称号。

（汪叶红）

【城乡管理】 2020年，克拉玛依区建成投用城区城市综合服务管理中心，实现“一屏观天下、一网管全城”。科学调整街道社区区划，建立街道、社区、路长三级吹哨制度，深化“街道吹哨、部门报到”管理模式。全年累计受理各类问题2.98万件，处置率98.9%，回访市民满意率93.4%。各片区长主动前往辖区巡查200余次，快速解决市容市貌、冬季供暖等民生问题。深化党建引领物业管理改革，物业服务和业主委员会党组织实现全覆盖，物业类投诉案件比上年减少69%，纠纷调解成功率100%。实施火车站以南、健身公园二期、会展中心、217国道北侧等区域绿化美化工程，新增绿地面积61.3公顷。以胜利路街道为试点，推进生活垃圾分类，实现公共机构垃圾分类设施全覆盖。新建、改扩建停车场项目9个，新增停车泊位数1.2万个。强力整治城区停车乱象，依法规范停车行为。经二路实现通车，新建经七路、滨湖东路等道路16条，维修金源大道等路面11万平方米，确保城区交通便利、居民出行顺畅。

（汪叶红）

【就业安置】 2020年，克拉玛依区开发就业岗位2710个，实现就业再就业2566人，完成目标任务的171%。认定就业困难人员180人，完成目标任务的150%；新增创业人员339人，完成模板任务的125%；新增创业带动就业人员859人，完成目标任务的112%；疆内应届高校毕业生登记498人，实现就业483人，就业率98.17%；其他省市新疆籍少数民族应届高校毕业生登记308人，实现就业297人，就业率96.1%；城镇失业率控制在1%以内。创业各项补助兑现196.5万元。

（汪叶红）

【卫生监督】 2020年，克拉玛依区卫生监管美容美发场所504家、宾馆123家、沐浴场所24家、商场（超市）7家、影剧院3家、其他经营场所49家。辖区有集中餐具饮具消毒单位1家、个体医疗机构39家、社区卫生服务中心4家、乡卫生院1家、疾病预防控制中心1家、放射卫生机构9家、二次供水单位34家、学校21家。依法开展辖区医疗机构设置登记、校验、变更工作，设置登记注册诊所1家，校验38家，校验合格38家，变更注册1家，延续注册2家。实施量化分级管理和医疗机构不良执业行为计分管理，全年计分检查10家次，传染病防控日常监督检查45家次；巡查非法行医10次，组织专项突击行动6次，立案26起，结案21起，案件终止1起，捣毁非法行医窝点7家，行政处罚及没收违法所得215099元。评定A级医疗机构9家、B级医疗机构26家、C级医疗机构3家；评定A级公共场所32家、B级公共场所569家、C级公共场所7家，不评级公共场所102家。执行《克拉玛依市八项监测预警机制》《克拉玛依区新型冠状肺炎病毒消毒指导手册》规定，开展临时核酸检测点、集中医学观察点、医疗机构、商超、学校及消毒产品经营场所等消杀情况专项监督检查工作，出动车辆635车次、工作人员760人次，监督检查1606家次。主城区蚊蝇密度达到国家标准A级，城区周边及大型水体等特殊区域蚊蝇密度达到国家标准B级，鼠蟑密度达到国家标准A级。医疗垃圾收集转移登记率100%，医疗垃圾清运率100%。

（汪叶红）

【老年服务】 2020年，克拉玛依区60岁以上老年人有35089人，占全区户籍人口的16.17%，其中70～79岁10173人，80～89岁5314人，90岁以上283人，100岁及以上3人。有养老机构3家，居家养老服务中心7个，社区日间照料中心（站）17个，养老床位982张，服务覆盖社区100%。办理老年优待证600余人。发放年满70周岁及以上老年人特殊生活补贴17万人次2466万元。投入163.15万元为3263名80岁以上户籍老年人免费体检。65岁及以上老年人健康管理18310人，达到自治区规范服务率67%的标准。推进家庭医生签约化服务，一般人群签约61758人，签约率32.12%；重点人群签约45666人，签约率62.48%。

（汪叶红）

【教育事业】 2020年，克拉玛依区有普通中学4所，小学15所，公办幼儿园17所，民办幼儿园6所，托幼一体园2所，特殊教育学校1所。有教职工2538人，其中中学618人、小学1300人、幼儿园604人、特教学校16人；有专职教师2192人，其中中学554人、小学1138人、幼儿园488人、特殊教育学校12人。在校学生32236人，其中中学生6221人、小学生16088人、在园幼儿9927人。教育总投入71274.27万元。学前三年毛入园率99.5%，普惠性幼儿园覆盖率98.3%。推进全国义务教育发展优质均衡区创建工作，幼儿园、中小学办学水平保持全市乃至全疆前列；第三中学、第七中学、南湖中学、实验中学发展性指标位列全市前茅。推进西南科技园中小学、幼儿园建设项目，第七中学教学楼建成投用；康城一幼儿园开园，更名为平安幼儿园；森香水岸幼儿园、鼎泰花园幼儿园、风云幼儿园、西南科技幼儿园建设项目竣工，提前完成国家2020年规划目标。开展师资培训工作，参加上级培训4042人次、区级培训4299人次。

（汪叶红）

【安全生产】 2020年，克拉玛依区发生各类生产安全事故95起，死亡2人。事故起数比上年下降32.1%，死亡人数下降63%，事故指标均控制在市级下达的指标内，其他行业领域未发生安全生产事故。开展危险化学品、非煤矿山、烟花爆竹和工矿商贸行业生产经营单位安全执法监察工作，组织“冬季三防”“打非治违”“安全生产月”“安全生产和应急管理”等一系列专项检查行动，检查生产经营单位667家次，其中工贸企业200家次、加油站149家次、烟花爆竹销售点46家次、危化企业80家次、重大危险源企业6家次，非煤企业186家次，发现隐患853处，下发责令整改书70份，整改853处，立案6起，罚款336880元。安全生产形势总体平稳。

（汪叶红）

独山子区

【区划人口】 2020年，克拉玛依市独山子区下辖3个街道、19个社区居委会。有人口86375人，其中户籍人口60173人、流动人口26202人，有汉、维吾尔、哈萨克、蒙古、锡伯、满族等29个民族；全年出生574人，同比下降5.12%；注销死亡317人，同比增加27.31%；人口自然增长率4.3‰。

（黄银凤）

【财政收支】 2020年，克拉玛依市独山子区地方财政总收入

10.98亿元，同比下降12.6%，其中一般公共预算收入10.09亿元，同比下降16%；地方财政总支出27.61亿元，同比增长52.3%；完成税收收入89.23亿元，同比下降4.4%。实现地区生产总值191.28亿元，同比增长4%；其中第一产业增加值0.4亿元，同比增长3.6%；第二产业增加值157.15亿元，同比增长7.0%；第三产业增加值33.73亿元，同比下降5.3%；实现工业增加值128.82亿元，同比增长15.4%；一般公共预算收入10.09亿元，同比下降15.99%；一般公共预算支出16.19亿元，同比增长15.83%；实现社会消费品零售总额14.94亿元，同比下降21.51%；注册私营企业962家，同比增长9.81%，注册资本（金）519331.67万元，同比增长10.1%；注册个体工商户3882户，同比降低1.6%；注册资本（金）32160.89万元。

（黄银凤）

【疫情防控】 2020年，独山子区成立疫情防控工作领导小组，下设专项工作组。疫情防控期间，社区、监所、养老院等重点场所实行封闭式管理，按规定进行消杀，完成人民医院发热门诊、定点留观医院改造，强化各医疗机构预检分诊职责，组建专家梯队，发挥医疗机构哨点作用；区公安分局构建三级疫情防控圈，落实“外防输入、内防反弹”工作措施。制订重点人群和全民核酸检测计划，依托信息化手段，确保重点人群循环不漏、全民检测覆盖不漏；优化健康码管理，方便居民出行。建立疫情防控采购和国库集中支付“绿色通道”，及时采购、储备防护物资和医疗救治药品，动态储备粮油、蔬菜、肉、蛋等生活必需品。为孤、寡、老、弱、病、残、孕家庭送医、送药、送餐、发放救助金，畅通24小时群众诉求热线。全年设立专项工作组19个，挑选酒店用作储备观察点8家，安排疫情防控资金6398万元，发放各类救助金30余万元，处理群众来电诉求3万多件；开展全民核酸检测5轮，检测897000余人次；开展集中医学观察1626人次，医学观察4人，无疫情感染者。

（黄银凤）

【法治政府建设】 2020年，独山子区政府制订法治政府建设实施方案，依法开展法治宣传教育、普法依法治理、行政执法监督、化解矛盾纠纷等工作。实施规范性文件监督管理，推行行政执法“三项制度”（行政执法公示制度、执法全过程记录制度、重大执法决定法制审核制度）。自觉接受人大法律监督和政协民主监督、社会各界的群众监督和新闻媒体的舆论监督，办好人大建议、政协提案。打造“文明交通”“最美交警”两大品牌，开展“法援惠民生”活动。用好网上信访，落实新提拔领导信访挂职制度，建立完善联合接访机制，推进“最多访一次”试点工作。全年，清理行政规范性文件12件，修订7件，保留2件；评估各类重大行政决策事项7项，准予实施7项；开展法律法规讲座132场次，解答法律咨询700余次，调处矛盾纠纷12起，通过咨询受理法律援助案件10件、公证5件；接待信访群众138人次，接收、处理群众来信信访2件，接听、处理来电信访392件，受理网上信访57件，案件处理率、答复率、满意率均为100%。

（黄银凤）

【“老鱼调解室”成立】 2020年9月25日，独山子区首家商圈个人人民调解室“老鱼调解室”在第十三社区红色驿站·党群服务中心揭牌成立。鱼建民曾长期在公安、司法行政部门工作，多年参与人民调解事务，退休后被聘为专职人民调解员。“老鱼调解室”成立后，整合社区律师、社区人民调解员、商圈理事和市场监管人员共同参与，当商圈、商户、消费者遇到矛盾纠纷时，在“老鱼调解室”可以得到专业、免费的法律服务。截至年底，调解民间纠纷600余起，调解成功率98%以上。

（黄银凤）

【“放管服”改革】 2020年，独山子区政务服务中心围绕政务服务“一件事”线上线下“一次办”改革，开展“三减一优”（减材料、减环节、减时限，优化审批服务）活动，对高频事项和“多窗跑”事项优化业务流程、精简中小微企业复工复产审批手续，将多个部门多个政务服务事项按照业务场景整合为“一件事”，逐步实现“一次办”。梳理常办政务服务事项向街道社区延伸，为各街道社区开通新疆政务服务网事项管理账号及接件账号，基本实现常办事项“就近办”。全年梳理9家单位49项事项明确承诺容缺材料99份，办理时限平均压缩50%以上，减少受理材料100余份，即办件比例从10%提升至30%以上；新疆政务服务网办理政务服务事项500余项，受理办件6698件；受理“一件事，一次办”事项7668件；延伸街道社区“就近办”事项94项，办件2.6万件；为办事群众提供各类便民服务600余人次。

（黄银凤）

【作风建设】 2020年，独山子区大力整治不作为、慢作为、乱作为问题。全年接受执法检查、视察10余次，办理人大代表议案1件、建议56件、政协委员提案62件，满意率100%；开展作风建设监督检查28轮次，查出各类问题154件，处理165人次，依规依纪严肃追责问责党员干部13人，运用监督执纪第一种形态处理849人次，查处违反政治纪律案件3起3人；立案48件，结案47件，给予党纪政务处分43人，涉嫌犯罪移送检察机关3人；实施留置案件8件，留置8人。

（黄银凤）

【廉政建设】 2020年，独山子区加大违反中央八项规定精神问题监督检查力度，完善落实中央八项规定精神、纠治“四风”长效机制。大力整改自治区党委巡视组反馈问题，扎实做好巡视“后半篇文章”。制订第二十二个党风廉政教育月活动方案，编印发放《党的十八大以来独山子区查处违纪违法干部典型案例选编》警示教育读本，发放《党员干部和公职人员岗位履职教育读本》《民生领域损害群众利益案例警示录》警示教育读本，召开警示教育大会。开展党风廉政审查、行政事业单位领导干部经济责任审计、新开工500万元以上工程项目跟踪审计等活动，组织新任职领导干部进行集体廉政谈话。全年接受党风廉政审查2199人次，开展集体廉政谈话3场57人次；审计项目27个，整改问题360项，提出审计建议45条；开展政治监督检查350余次，发现问题400余件。

（黄银凤）

【“访惠聚”驻村工作】 2020年，独山子区选派驻村“访惠聚”工作队19支87人，其中市派工作队9支36人，区派工作队10支51人；召开基层党建和“访惠聚”驻村工作现场推进会4次，培训社区干部433人，为社区储备培养后备干部129人；协助培养社区入党积极分子126人，发展社区党员75人；化解居民矛盾纠纷861件，为群众办实事好事3344件；社区学校开课364场次，长期参加群众134人；组织开展各类文化体育活动619场次，参与群众29624人次；开展“民族团结一家亲”联谊活动225场次，参与群众13020人次；建立城市基层党建项目11个。

（黄银凤）

【文明创建】 2020年，独山子区成立全国文明城市创建工作领导小组，对照《全国文明城市实地工作手册》要求，开展文明城市创建活动。全年召开全区动员会2次、创建推进会19次，每周完成实地考察点位全覆盖检查1轮，下发工作简报24期，对标整改测评点位121个，补充待检点位36个；制作各类宣传品8万余个，增设城区主次干道灯杆道旗25条、大型景观小品26处、围栏宣传展板2200块，更换公交站台公益广告牌470块、无棚站台广告牌140块、大型广告牌12块；发布各类文明城市创建信息100余篇，向827个居民群转发扩散近8.9万篇次；利用区官方抖音制作发布文明创建小视频70余部，浏览量超25万人次；申报2020年自治文明单位17家、文明校园8所，被评为2017—2019年自治区文明单位15家、2017—2019年自治区文明校园8所。

（黄银凤）

【城市精细化管理】 2020年，独山子区运用城管信息化平台，统筹推进网格化服务管理"多网合一"，提升城市精细化管理水平。各老旧小区成立业主委员会，实行老旧小区物业服务市场化，建立物业服务信用评价制度，规范物业服务行为。开展生活垃圾分类，完成居民小区、学校、旅游景点垃圾分类设施全覆盖，建成生活垃圾填埋场（二期），投用"四废"（生活、医废、餐厨、污泥）协同处理项目。防治大气、水、土壤污染，推进奎—独—乌区域联防联控活动。将城区内绿化漫灌改造为滴灌，推行自动化灌溉，节水用水。春秋两季开展义务植树活动，常态化抓好违章违建治理，将城市精细化管理与文明城市建设有机结合。全年新增城区绿地101万平方米，种植各类乔灌木62万株；新建便民服务用房33个，新增停车位5000余个，治理违建440起3800余平方米，各类城市管理问题解决率99.82%；空气质量优良率85.2%；收集处置医疗垃圾152.24吨、生活垃圾35380.06吨、餐厨垃圾1987.78吨、垃圾填埋运行费761.19万元。

（黄银凤）

【安全应急管理】 2020年，独山子区完善应急物资保障机制，修订自然灾害、防汛抗旱等专项应急预案和救灾物资储备管理办法，补齐应急避难物资，开展各类综合应急演练。结合重要节点加强风险隐患排查治理，落实重点行业领域专项整治，鼓励企业自主开展专家查隐患行动，构建"风险分级管控和隐患排查治理"双重预防体系。科学组织抗震救灾等应急演练，提升防灾减灾救灾能力。强化药品和医疗器械监管，开展化妆品专项整治。加强食品安全监管，开展食用农产品、农药残留、餐饮具等监督检测。截至年底，有应急避难场所12处，区级应急物资储备库1处，储备应急物资避难场所6处，储备应急物资158种1.8万件。全年，修订完善应急预案和救灾物资储备管理办法5个，开展各类应急演练8场次，参与32000余人次；发生生产安全事故1起，无人员伤亡，经济损失下降90.02%；发生生产经营性道路交通事故6起，死亡2人，受伤6人，直接经济损失1.33万元；检查单位、场所5万家次，发现整改隐患5964项；抽检食用农产品、农药残留、餐饮具等2030批次，合格率94.38%。

（黄银凤）

【生态建设】 2020年，独山子区根据《克拉玛依市打赢蓝天保卫战三年行动计划（2018—2020年）》《克拉玛依市落实〈"乌—昌—石""奎—独—乌"区域大气污染治理攻坚方案（2010—2020年）〉的实施方案》，重点做好产业、能源、交通运输结构及建设用地管理调整优化工作。火电、石化、燃煤锅炉等重点行业全面执行大气污染物特排限值，实施燃煤锅炉无组织排放综合整治工程及天北能源燃气公司燃气锅炉低氮燃烧改造项目。经拉网式排查，未发现"散乱污"企业，全区工业炉窑均达到行业排放标准。出台煤炭削减方案，独山子石化公司实施自备电厂超低排放和节能改造，完成热电厂老区二电和新区动力站超低排放改造项目，完成热电厂老区1号、2号机组改为背压式项目。对独山子石化公司炼油厂储焦厂，独山子石化公司热电厂及晟通热力公司等储煤厂、汽车卸煤沟进行全封闭改造。全区出租车及城市公交车气（电）化率达标，实现供应符合国家第六阶段标准车用汽、柴油阶段性要求。对重点行业企业用地土壤污染状况进行调查，加强扬尘污染源监管，5000平方米及以上建筑工地全部安装颗粒物在线监控设备；强化道路扬尘管控，实现渣土运输车辆公司化运营，严格检查渣土运输车覆盖情况，道路清扫实施机械化。加强生活污水处理设施建设与改造，抓好固体废物及危险废物非法转移和倾倒工作。全年，实施燃煤锅炉无组织排放综合整治工程1项、燃气锅炉低氮燃烧改造项目1项；全封闭改造储焦厂项目1项、储煤厂项目6项，汽车卸煤沟项目1项，投资近2亿元；建筑工地安装颗粒物在线监控设备7个，道路机械化清扫率70.9%；检查区属工业炉窑39台，行业排放标准达标率100%；出租车及城市公交车气（电）化率100%；检查渣土运输车325辆，发现渣土车覆盖不严和乱抛撒现象30辆，立案处罚7起；生活污水处理率达95%以上，办理危险废物转移9160吨。

（黄银凤）

【石化生产】 2020年，独山子石化公司44项重点指标中，9项排名炼化板块第一、16项排名前三，炼油厂老区被认定为第四批国家工业遗产。全年加工原油709万吨，生产乙烯141万吨、化肥72.3万吨，销售收入362.9亿元，上缴税费86.8亿元，实现利润21.47亿元；独山子产业园区中的综合物流产业区投入2.4亿元、高新技术产业区投入1.9亿元。

（黄银凤）

【医疗防护用品原材料生产】 2020年1月23日，独山子石化公司根据国务院应对新冠肺炎疫情联防联控机制医疗物资保障组调度安排，加强医用口罩及防护用品原材料聚丙烯S2040生产能力。全年聚丙烯S2040产量由每小时23吨逐渐调整为28吨，日均产量达到624吨，平均每日可供应6240万只医疗外科口罩的生产；运输周期由原来的48小时压缩至4小时；生产熔喷布专用料10余吨。全年独山子石化公司生产医用口罩和防护服原材料43万吨。

（黄银凤）

【招商引资】 2020年，独山子区出台“强招商、促投资、稳增长措施四十三条”政策。与江苏省区域产业合作联盟签订协议开展委托招商，对接上海、成都、重庆、西安、青岛等优秀企业，推介宣传独山子区发展优势和项目。截至年末，慧洋康养小镇、辉煌世纪SOHO（家居办公）综合楼、盛淮固废处理等一批项目顺利落地。全年赴疆外招商7次，落实招商引资项目44个，到位资金14.33亿元，同比增长15.37%。

（黄银凤）

【旅游产业发展】 2020年，独山子区与库车市签订《独库

3月7日，独山子石化公司研究院科研人员在实验室研发熔喷布

（帕尔哈提　摄）

公路旅游产业发展友好合作协议》，逐步完善独库大本营、独山子大峡谷景区（二期）、红色旅游、两湖旅游等项目建设。成立天骄文旅公司，推进自驾游、低空游、红色游、康养游、工业游、冰雪游等旅游项目，开发推广“独库礼物”产品，打造旅游示范区和旅游度假区。独库公路博物馆、独山子展览（博物）馆被评为国家AAA级景区，独库公路博物馆被命名为自治区红色旅游经典景区和市级爱国主义教育基地，《北纬45.6°》《佣兵》《奇妙之城》等影视作品在独山子区取景，举办全国自驾旅游培训班、独库公路通车节、独山子冬季冰雪节等活动，独库公路通车节活动获得2020年度中国旅游影响力节庆活动案例奖。全年建设旅游项目10余项，推出“独库礼物”系列文创产品10余种，举办各类大型活动14场次，新增宾馆酒店13家，新增床位数1464张，接待游客同比恢复62.98%，旅游收入同比恢复38%。

（黄银凤）

【郁金香文化旅游节】 2020年4月27—5月5日，独山子区在东湖公园花卉基地举办第十届郁金香文化旅游节。为做好新冠疫情防控各项保障工作，首次采取预约、错峰、限流、免门票入园参观等措施，由新疆天娇文化旅游公司牵头，进行市场化运作，大幅度降低活动财政保障经费。通过园内赏花、文艺演出、全疆美食、儿童娱乐、玉石奇石展、花卉盆栽展、小商品展等项目，整合区内大峡谷、酒店、泥火山、展览（博物）馆、本地名小吃等资源，并投放电子消费券，开启“独山子五一消费嘉年华”活动，撬动文化旅游消费。旅游节期间，举办小型多样文艺演出26场次，参与演职人员2540余人；参与展出商家70余户，吸引首批疆内旅行团10个500余人，拉动餐饮、住宿、加油加气等消费200余万元；接待各地游客3.82万人次，实现旅游消费76.96万元。

（黄银凤）

【物流园建设】 2020年，独山子区依托石化产业和区位优势，以危化品专业物流为特色，推动综合物流产业发展。在城区西9千米处以石油化工物流为主导产业，配套园区火车货运站，引进社会投资建设智能公路港项目，打造智能物流园，此项目被列入市“十四五”规划，成为自治区级物流体系重要节点。园区入驻中联油西北公司、中国石油西北化工销售独山子分公司、西气东输二线输气分公司及检维修中心、新疆寰球公司等中央石化企业、新疆天利高新石化股份有限公司、新疆天利石化控股有限公司、独山子蓝德精细石化股份有限公司等多家地方石化企业。截至年底，投入2.4亿元，园区面积13.5平方千米，建设普货及一般化学品停车场和标准化厂房5000平方米。

（黄银凤）

【固定资产投资】 2020年，独山子区安排投资项目95项，投资35.32亿元，其中地方投资25.26亿元，新装更换路灯1860盏。

（黄银凤）

【科技成果】 2020年，独山子区签订科技合作协议单位5家，兑现5家企业创新服务券补贴9.83万元，通过高新技术企业认定9家（新增4家），入围第九届中国创新创业大赛国家行业赛企业3家（占全市50%）；获得国家科技助力经济2020重点项目1个、自治区区域协同创新专项（科技援疆计划）1个；申报拟立项项目6个，获得市级科技计划项目1个；争取自治区科技资金45万元、市科技支持资金30万元，使用市级科技计划项目配套资金21万元，兑现科技奖励资金30万元；独山子石化公司在研科技项目37项，其中国家级项目2项、中国石油股份公司级项目17项，新开科研项目7项，完成目标24项，组织实施投用提质增效技措6项，生产新产品11个，改进产品质量11个，节约成本700余万元；独山子石化公司获得省部级成果25项，石化公司成果32项，授权发明专利23项，实用新型专利9项；独山子石化公司获得自治区科技进步二等奖1项，行业学会科学技术奖4项，中国石油集团公司科技进步奖4项。

（黄银凤）

【“千人入千企”活动】 2020年9月，独山子区开展“奋战四个月，千人入千企”活动。全区干部职工包联企业及个体工商户，由区四套班子领导、区机关干部、街道社区干部对所有市场主体进行“一对一”帮扶，形成“千名干部联点千家企业”工作机制。帮助中小微企业和个体工商户提振信心、渡过难关。全年帮助中小微企业1005家、个体工商户3599户，解决各类困难诉求842件，投放电子消费券2次57.95万张，价值451万元，实际消费298.31万元，拉动消费2300余万元；减税降费4.82亿元，减免房屋租金2180万元；发放企业贷款204笔20.42亿元，个人无抵押小额信贷461笔3400余万元。

（黄银凤）

【教育事业】 2020年，独山子区投入教育经费3.5亿元；内初班设教学班17个，有学生692人（新增346人），全市统一命题考试中成绩位居榜首；在市质量监测中获得“8A+”学校7所，获得国家级、省部级、市级奖项师生149人次；中考高中普通类录取率87.0%、单列类录取率56.6%；高考理科总体一批次上线率48.07%、二批次上线率90.1%，文科总体一批次上线率27.5%、二批次上线率83.5%，本科上线率达83.39%，同比增长7.7%。

（黄银凤）

【文体活动】 2020年，独山子区举办春晚、花灯展、郁金香花展、独库公路通车节、自行车比赛、曳步舞交流、泥火山电音节等群众性文体活动；建成独库公路博物馆，整修独山子展览（博物）馆、修缮游泳馆等，免费开放文化馆、图书馆。筹备建立群众艺术团，原创作品《最美独库人》《馕儿香香》《天山筑路兵》入围市第六届舞蹈大赛，被纳入市文艺创作重点名录；足球队代表新疆参加全国第十四届冬运会雪地足球赛，获得第五名。全年群众艺术团招募学员200余人，举办大型文化活动22场、线上比赛活动20余场次，开展送文艺下基层活动5场，参与群众3000余人次。

（黄银凤）

【卫生健康】 2020年，独山子区为疾控中心招录专业人员29人，下沉基层医疗卫生机构药品30种；门急诊就诊量37万人次，其中互联网医院问诊量10763人次，住院手术量3325例，门诊手术量2826例，体检75000余人次，新冠肺炎核酸检测844959人次；接种流感、乙肝、甲肝、百白破、脊灰、狂犬病等疫苗24400余人次。

（黄银凤）

11月18日，独山子区在独库公路游客服务中心举行独库旅游创业园揭牌仪式（董喆 摄）

【独库旅游创业园揭牌】 2020年11月18日，独山子区在独库公路博物馆举行独库旅游创业园揭牌仪式。旅游创业园以独库公路博物馆、游客服务中心为基础，以独库夜市、天鼎容锦园林宾馆、慧洋康养小镇、天山牧歌、滑雪场、独山子大峡谷景区等整个南部旅游区为核心，打造集游客服务、购物、餐饮、住宿、娱乐等多功能为一体综合性旅游创业平台。创业者可以获得创业指导、开业策划、房租减免等政策支持，初创企业形成联运经营模式，开启互惠共享营销方式。截至年末，带动新增就业471人。

（黄银凤）

【就业安置】 2020年，独山子区坚持经济发展就业导向，通过完善公共就业服务体系，采取稳住就业存量、扩大就业增量、兑现就业奖补、实施技能培训等措施，开展就业援助；加大公益性岗位开发力度，做好就业安置工作；突出抓好高校毕业生、退役军人、困难人员等重点群体就业。鼓励社会力量开办职业培训学校，培育本地经营性人力资源服务机构，满足企业用工需求。挂牌成立独库旅游创业园，配套支持政策，小微企业孵化基地被评为国家小型、微型企业创业创新示范基地，有效发挥旅游及创业创新带动就业作用。全年，发布就业岗位3460个，实现就业1081人，城镇登记失业率控制在1.5%以内，“零就业家庭”动态为零，接收南疆富余劳动办转移就业人员550人；减免社会保险费8840万元，发放稳岗补贴7596万元，支出就业、创业补贴资金2951万元。

（黄银凤）

【社会保障】 2020年，独山子区全年投放蔬菜1598吨、储备肉279.6吨，发放各类救助金、帮扶金和物价补贴500余万元；养老院床位增加至414张，服务5000余人次；交接国有企业退休人员6000余人；基本养老保险参保49024人、失业保险参保33682人、工伤保险参保34098人，征缴社会保险基金6.07亿元，养老金社会化发放率100%；参加城镇职工基本医疗保险41628人、城镇居民基本医疗保险21027人，征收医疗保险费30649.78万元、支付医疗保险费21359.3万元；发放城乡居民最低生活保障金及救助金219人218.71万元，发放各类社会救助金397人83.37万元，发放老年人特殊生活补贴51968人次765.76万元，发放临时救助金17人2.46万元；疫情防控期间为2503人发放救助物资、救助金59.33万元，区内协作扶贫投入资金600.65万元，接收各类捐款143万元，向疏勒县捐赠物资287箱。

（黄银凤）

白碱滩区（克拉玛依高新区）

【区划人口】 2020年，白碱滩区（克拉玛依高新区）辖3个街道办事处、20个社区居委会、2个管理委员会。有汉族、维吾尔族、哈萨克族、回族、蒙古族等31个民族。年末总人口63766人，其中户籍人口40550人，暂住人口23216人。

（王栋梁）

【经济总量】 2020年，白碱滩区（克拉玛依高新区）实现地区生产总值143.2亿元，同比下降8.1%（按可比价计算，下同），其中，第一产业增加值0.89亿元，下降31.2%；第二产业增加值103.5亿元，下降11.4%；第三产业增加值38.8亿元，下降0.6%。全年累计完成固定资产投资28.58亿元，同比增长65.3%。

（王栋梁）

【财政收支】 2020年，白碱滩区（克拉玛依高新区）财政总收入26.76亿元，同比增长68.81%；其中一般公共财政预算收入6.7477亿元，同比增长10.3%；地方财政支出15.18亿元，同比增加9.71%。税收收入6.027亿元，同比增长9.38%。

社会消费品零售总额 18.49 亿元，同比下降 15.2%。

（王栋梁）

【城镇居民收入】 2020 年，白碱滩区（克拉玛依高新区）城镇居民家庭人均可支配收入 45714 元，增长 2.7%。年末辖区居民储蓄存款余额 47.8 亿元，比年初增长 4.2%。

（王栋梁）

【农业】 2020 年，白碱滩区（克拉玛依高新区）实现农林牧渔及农林牧渔服务业增加值 17819.4 万元，按可比价下降 27.2%。农作物总播种面积 831 公顷，其中粮食作物播种面积 259.6 公顷。牲畜存栏数为 4.8235 万头（只），牲畜出栏 4.8632 万头（只）。

（王栋梁）

【石油石化】 2020 年，白碱滩区（克拉玛依高新区）驻区中央企业累计完成生产原油 261.8 万吨，同比增长 8.9%；天然气产量 20.1 亿立方米，同比下降 7%；钻井进尺 177.1 万米，同比增长 9.9%；原油加工量 548.26 万吨，同比下降 4.4%；润滑油产量 32 万吨，同比下降 7.1%；发电量 47.4 亿千瓦时，同比增长 2.5%。

（王栋梁）

【地方工业】 2020 年，白碱滩区（克拉玛依高新区）规模以上工业累计完成工业总产值 266.7 亿元，实现工业增加值 94.9 亿元，同比下降 10.9%，产销率 99.6%，产销衔接较好。

（王栋梁）

【招商引资】 2020 年，白碱滩区（克拉玛依高新区）实现招商引资到位资金 43.86 亿元，同比增长 23.3%，完成市级年初下达的 40 亿元任务。持续打造最优营商环境，出台《鼓励项目投资促进产业发展若干优惠政策（试行）》《促进总部经济高质量发展若干政策（试行）》2 项产业促进政策。对重大项目“一事一议”，促成北京宏福集团、深圳鑫御投资、深圳兆华投资项目顺利落地。克服疫情防控影响，前往北京、上海、深圳等地开展招商活动，全年洽谈企业 113 家次，通过“线上线下”签约活动完成签约项目 50 个，总投资 102 亿元，其中亿元以上项目 15 个，投资额 44 亿元。

（王栋梁）

【重点产业项目建设】 2020 年，克拉玛依高新区成功入选自治区第四批绿色制造示范项目——绿色园区。全年重点产业项目主要有：雪拓公司投资 5100 万元建设口罩生产项目，美瑞科公司投资 8247 万元建设设备加工制造项目，森禾生物公司建设农林废弃物制备生物航油联产高值化学品中试研发项目，北京宏福集团、中国石油大学（北京）、市城投公司三方共同建设 20 万吨 / 年超临界萃取油浆综合利用项目，克拉玛依威奥有限公司投资 2300 万元建设 7.36 万吨 / 年聚丙烯装置项目，华油嘉业油气开发有限公司投资 3.6 亿元建设旋转导向技术服务项目，克拉玛依金源精细化工有限责任公司投资 1.36 亿元建设烷基化项目。

（王栋梁）

【科技兴区】 2020 年，白碱滩区（克拉玛依高新区）财政列科技支出 332 万元，占公共财政预算支出 0.22%。全年下达 1 批 6 个科技计划项目，拨付科技项目资金 225 万元，争取市级科技计划项目 9 个，资金 1355 万元。通过开展科技陪伴式服务。截至年末，辖区高新技术企业 35 家，同比增长 16%，科技型企业 40 家，同比增长 17%。辖区企业立项国家科技项目 1 个，自治区科技项目 3 个，市科技项目 9 个，区科技项目 6 个，争取各级财政科技计划资金 1500 余万元，同比增长 57%，撬动全社会投入资金 14000 余万元；众城石油与秋林检测分别荣获自治区创新创业大赛决赛初创组一等奖和成长组二等奖，创造双创赛事历史最好成绩。与西南石油大学共同成立钻采联合研究院和非常规油气田研究院，进行科技成果转化。克拉玛依高新技术产业开发区在2020年度自治区高新技术产业开发区绩效评价考核中排名第一，在16个自治区级高新区科技创新综合评价考核中排名第一。

（王栋梁）

【城区建设】 2020年，白碱滩区（克拉玛依高新区）实施城区建设项目39项，其中续建5项，新建34项。开展217国道南侧绿化工程、克—白路中央绿化带景观改造工程、体育中心篮球场北侧裸露空地绿化工程等，新增绿化面积23.07公顷。

（王栋梁）

【劳动就业】 2020年，白碱滩区（克拉玛依高新区）全年举办16个线上专项招聘活动，累计发布就业岗位8010个，实现就业再就业943人。辖区应届高校毕业生就业率达92.37%，其他省市高校少数民族毕业生就业率94.67%；城镇登记失业率0.35%，“零就业家庭”动态为零；全年开展就业再就业培训695人次，创业培训51人次；全年新增创业200人，带动就业272人。兑现政府各项促就业和培训补贴2335.07万元。

（王栋梁）

【社会保障】 2020年，白碱滩区（克拉玛依高新区）社会保障覆盖面不断扩大，养老保险参保人数17073人，失业保险参保14129人，工伤保险参保15203人。全年社保基金征收6051.7万元，基金支出1976.3万元。受疫情防控影响，2月至12月期间按要求执行阶段性减免企业和按单位参保的个体工商户养老、失业、工伤3项社会保险单位缴费部分。基本医疗保险参保26892人，医疗保险基金收入6394.39万元，医疗保险基金支出1285.65万元，与税务进行社税移交工作，11月起，职工医疗保险实现医保经办，税务征收。

（王栋梁）

【社区建设】 2020年，白碱滩区（克拉玛依高新区）印发《社区“两委”班子及社区工作人员绩效管理办法》，实现由单一的绩效“考核”转变为全面的绩效“管理”，有效调动社区工作者的积极性和主动性。印发《关于进一步做好社区减负工作的通知》，明确社区承接党委事项60项，承接政府事项77项，进一步明确社区工作边界，推动社区工作标准化、规范化管理。印发《关于进一步做好居民公约工作的实施方案》，指导各街道社区将诚信体系、扫黑除恶相关内容纳入居民公约，形成健全规范务实管用的居民公约并进行公示。指导街道社区通过开展党小组、片区、微信群等形式开展社区协商工作，提升民主协商水平。推进社区居委会规范化建设，指导社区贯彻落实“四议两公开”决策制，发挥居务监督委员会工作职责，做好党务公开、政务公开、财务公开，规范社区权力运行。

（王栋梁）

【文化建设】 2020年，白碱滩区（克拉玛依高新区）线上文化活动及文艺创作取得实效，在疫情防控期间举办“4·23”全民阅读活动、“动者为王——居家行动大赛”（线上）等活动，完成《解忧超市》《幸福门铃》两部舞台剧脚本的撰写。版画及影视产业有序推进，开展由著名版画艺术家、克拉玛依非物质文化遗产版画新技法传承人文祖云领班的克拉玛依版画新技法第三期人才培训工作，成功吸引《北纬45.6°》《我的佣兵生涯》两部拍摄剧组落地白碱滩区（克拉玛依高新区）。旅游事业实现零突破，7月22日，百里油区成功创建为国家AAA级旅游景区。完成区艺术展览馆改造项目建设。6月18日举办的“放眼望油区 百里好风光”直播带货活动分两场展示白碱滩区（克拉玛依高新区）特有的石油文化、旅游景点及特色美食，通过六大媒体平台，在线观看人数达43.67万人次，直播夜市现场，通过活动发动线下充值高达52万元。受疫情防控影响，白碱滩区（克拉玛依高新区）接待游客43.99万人次，同比下降42.99%，旅游收入2.3103亿元，同比下降131.03%。全力开展对文体、旅游行业企业及酒店宾馆的疫情防控监管及执法检查工作，至年底在13家行业领域开展100余次各类宣传和执法检查，严格落实疫情防控“八项机制”，加强文体旅游企业扶持政策宣传力度，全面落实复工复产帮扶机制。

（王栋梁）

【基础教育】 2020年，白碱滩区（克拉玛依高新区）有中学4所，小学5所，幼儿园7所（含民办幼儿园1所、公建企办园1所）。有国家级特色学校1所；自治区级德育示范校3所、依法治校示范校2所；市级德育示范校（达标校）6所、依法治校示范校7所、特色学校文化建设先进单位3家、特色项目学校3所。在校学生10794人，其中小学生3738人，初中生4357人，高中生690人，入托幼儿2009人。全区各类专任教师1070人，其中幼儿园专任教师149人，小学专任教师343人，中学专任教师578人。教职工1336人，其中教育局机关48人，中学641人，小学339人，公立幼儿园209人，私立幼儿园99人。全区学前三年幼儿入园率达100%，小学适龄儿童入学率和毕业率保持100%，学户巩固率100%，小学生行为规范执行率100%。形成九年义务教育、高中阶段教育、学前三年教育为一体，以基础教育为主体的教育格局。全年教育事业投入3.817亿元，落实学前三年免费教育、九年义务教育，全区适龄儿童、少年入学率均达到100%。完成第十中学改扩建工程——新建食堂项目、第十三中学改扩建工程——新建综合楼项目、第十中学改造工程项目，教育教学基础设施不断优化。持续推进教育转型变革，打造集团化教育办学机制，采取联合办学、远程教育合作等多种教育模式，形成优质资源聚合效应。打造高质量教师队伍、助力课堂教学改革，启动“星火计划”工程，构建“434”教研运行模式。深化思政教育改革，初步构建“1+3+X”的课程思政建设模式，党政领导干部讲思政课的常态机制，成立“陈新梅政治学科工作室”。

（王栋梁）

【医疗卫生】 2020年，白碱滩区（克拉玛依高新区）有二级甲等综合医院1家，社区卫生服务中心4家。全区医疗机构床位数250张。年就诊量362447人次。提高全民健康体检服务效率，全年全区应体检30579人，完成体检31506人，完成率103%。开展0—4岁儿童两轮脊髓灰质炎疫苗补充免疫活动，接种4169人，接种率99.8%。强化监督检查，全年监督管理医疗机构、公共场所等单位185家，无重大卫生安全事故发生。全年开展监督检查1689户次、开展各类专项检查10余次，下发卫生监督意见书154份，未发现重大违法违规现象。严格依法行政，办理行政许可案件33件，行政处罚案件5件，罚没0.78万元；全年办理并发放从业人员健康体检证明3200余份，实现从业人员持证率大于95%的目标。圆满完成“双随机、一公开”任务。委托第三方检测机构开展消毒效果采样，共计62个点位，271份样品，检测结果显示3家美容美发场所消毒效果不合格，已立案处理。全力抓好新冠肺炎疫情防控，切实保障人民群众生命健康安全。核酸日检测能力由原来的900管提高到1万管，增长10余倍，发热门诊、发热留观医院建成投用，医疗服务体系更加完善。重大疾病及传染病防治体系进一步健全，全区报告传染病发病率下降58.5%，各类传染病患者发现率和治疗率显著提高。实现全区疫苗管理

8月中旬，白碱滩区（克拉玛依高新区）跃进社区党员突击队员准备出发为居家隔离的社区居民服务 （叶尔森·吾鲁克 摄）

全程可追溯，各类免疫规划疫苗接种率均达100%。

（王栋梁）

【安全环保】 2020年，白碱滩区（克拉玛依高新区）执行“党政同责、一岗双责、齐抓共管、失职追责”的安全生产工作原则，运用“专家查隐患、领导抓落实”工作机制，严格落实安全生产责任制，全力保障人民群众生命财产安全。以安全生产专项整治三年行动为主线，结合“两个体系”建设成果，重点对危险化学品、消防、道路交通、市政基础设施等领域的重点行业领域开展检查，及时防范化解各类安全生产隐患；强化应急保障体系建设，构建完善应急物资储备体系，健全应急预案体系机制，常态化组织开展应急培训演练，增强突发事件应急准备能力；加强突发事件信息管理，紧抓应急值班值守制度落实，建立健全信息上报机制，提高应急处置效能；全年制定11个安全生产检查工作方案，结合企业风险等级，按照不同等级对应的检查频次开展执法检查，检查企业490家次，下发责令限期整改指令书108份，责令限期整改410项，查出一般隐患1288项，经整改完毕1259项，隐患整改率97%。2020年，白碱滩区（克拉玛依高新区）推进生态文明建设，打好污染防治攻坚战，确保环境质量持续改善，切实落实环境保护“党政同责、一岗双责”。根据《2020年环境保护目标责任书》和《污染防治攻坚战实施方案》，认真完成各项指标任务。严格执行新环保法和“三同时”制度，严禁“三高”项目进园区，全年审批环评报告表43个，环评登记表15个，未发生越级审批、超权限审批情况。持续开展执法“大练兵”活动，受理各类信访投诉18件，全部办结并答复；全年查处环境违法行为3起，罚款15.7万元。实施污染防治攻坚战行动：开展饮用水水源地专项整治，确保饮用水水源地无排污口，无违法建设项目；开展大气污染防治，制定白碱滩区（克拉玛依高新区）2020年挥发性有机物污染治理项目清单，纳入辖区3家企业共6个项目，联合住建、城管、农水、自然资源等多家部门开展扬尘综合整治；加强固体废物防治，对辖区7家危废经营单位和28家重点产废单位进行危险废物规范化管理考核工作，消除环境风险隐患。全年空气质量优良率87.2%，$PM_{2.5}$浓度为24微克/立方米；建成区继续保持无黑臭水体，河流、水库水质均符合Ⅲ类标准；土壤质量处于清洁（安全）级；区域环境噪声昼间平均值小于60DB（A），道路交通噪声昼间平均值小于70DB（A），均符合环保目标责任制指标要求。

（王栋梁）

【法治建设】 2020年，白碱滩区（克拉玛依高新区）推进全国法治政府建设示范市创建工作。全年对全区28件重大行政处罚案件进行备案审查，全年审核政府合同172份，提出修改意见727条，受理行政复议案件3件，办结2件；委托政府法律顾问代理行政诉讼案件7件；组织开展涉及《民法典》和野生动物保护方面的行政规范性文件专项清理工作2次，经合法性审核，并经区政府研究决定继续有效12件、失效1件、废止1件；对区政府各部门制定的5件规范性文件进行合法性备案审查，备案审查率100%；对21家行政执法单位开展行政执法“三项制度”和行政规范性文件合法性审核机制落实情况专项督查1次，覆盖率100%；评查全区随机抽选的26件行政执法案卷；完成2020年度全区法治督察工作；开展全区执法主体资格和行政执法人员资格清理1次；组织全区23名执法工作人员开展执法证培训考试，通过率100%；参与区“放管服”工作、“最多跑一次”改革，共审核拟下放的政务事项、高频便民服务事项70余件，提出法律意见50余条；审核各部门各类文件14件，提出法律审核意见30余条。公共法律服务延伸拓展，全区四级公共法律服务体系实体平台全面建成。2020年实体平台共接待法律咨询2151件2161人次。化解矛盾纠纷639件涉案金额2532万元。全区“七五”普法顺利通过验收；全区各单位开展法治宣传活动80余场次，发放宣传资料3万余份，惠及群众3万余人次；建成怡心园法治文化主题公园、三环法治文化广场、中兴路夜市法治文化街。2020年金龙镇街道调委会荣获全国模范调解委员会，田曙光获全国模范调解员。

（王栋梁）

【城市基层党建】 2020年，白碱滩区（克拉玛依高新区）以深化党建引领基层社会治理为主线，按照《关于紧紧围绕社会稳定和长治久安总目标加强城市基层党建工作的实施意见》“十个着力”的工作要求，研究制定《融合党建实施方案》，以“1+2+5+N”为整体思路打造全区“融合党建”品牌，通过标准化建设、项目化实施、信息化支撑、品牌化推动，探索开展以街道党工委为轴心，社区党组织为基础，驻区单位党组织、两新组织等共同参与融合发展的党建新模式。强化制度配套，围绕街道赋权增能、社区明责减负、助力园区发展等方面制定修订相关党建制度23个。以解决制约基层社会治理的瓶颈性、机制性问题为导向实施11个市级党建项目，党建的融合效应、引领作用得到充分发挥。坚持推进示范引领行动，围绕社区网格化治理、社区物业党建联建、区域化党建等方面建立8个示范点，以点带面推动工作整体进步。健全完善区、街道、社区三级联动的城市基层党建工作体系，有序推行街道“大工委”和社区“大党委”机制，吸纳386家机关、企事业单位参与共驻共建，形成资源清单164项、需求清单131项、项目清单103项。在“融合党建”引领下，中兴“零距离”、三平“同心圆”、金龙“一家人”党建品牌建设亮点纷呈、成效显著，全区上下形成抓党建促稳定、促治理、促服务的良好局面。

（王栋梁）

【平安建设】 2020年，白碱滩区（克拉玛依高新区）连续7年蝉联自治区优秀平安城区，全年成功创建186家平安单位，18363个平安家庭，1755家平安店铺。探索具有白碱滩特色的市域社会治理新模式，扎实推进市域社会治理现代化工作。成立区级矛盾纠纷调处化解中心，实现信访、人社、司法等多部门入驻，做到群众解忧“最多跑一地”。打造“全要素”网格，22个社区（管委会）全部划分完成市域治理网格76个。发展壮大志愿者队伍56支，人数1500余人，广泛调动群众参与社会治理的积极性和主动性。

（王栋梁）

乌尔禾区

【区划人口】 2020年，乌尔禾区下辖1个乌尔禾镇、1个柳树街街道办事处。截至年底，全区总人口（不含辖区内兵团人口）7400人，其中户籍人口2353人，暂住人口5047人。按社区分，柳园居委会4113人，百口泉流管委1426人，乌尔禾镇1861人。在户籍人口中，男性1245人，占比52.9%，女性1108人，占比47.1%；少数民族1094人，占比46.5%，汉族1259人，占比53.5%；人口自然增长率19.4‰。

（王云）

【经济总量】 2020年，乌尔禾区实现地区生产总值（GDP）148814万元，较上年同期增长9.0%（按可比价计算，下同）。分产业来看，第一产业增加值18302万元，增长6.5%；第二产业增加值62786万元，增长27.0%；第三产业增加值67726万元，下降8.4%。三次产业结构比例为12.3∶42.2∶45.5。从拉动点来看，第一产业拉动增长0.6%，第二产业拉动增长12.2%，第三产业拉动下降3.8%。

（王云）

【城乡居民收入】 2020年，乌尔禾区农牧民人均纯收入33456元，较上年同期增长18.3%。

（王云）

【疫情防控】 2020年，乌尔禾区累计投入疫情防控资金3352万元，核酸检测实验室实现“双备份”，累计核酸检测24.1万人次，市第三人民医院发热门诊、预检分诊等一批医疗应急设施项目快速推进，重点人群接种疫苗，取得“零病例、零感染”重大胜利。落实各项优惠政策，累计为辖区企业、个体工商户落实帮扶政策资金1.496亿元，协助办理各类贷款5171万元，乌尔禾区无企业因疫情防控而导致停产、倒闭。

（李淑艳）

【三大攻坚战】 2020年，乌尔禾区打好精准脱贫攻坚战，开展脱贫攻坚大排查工作，乌尔禾区农业户籍人口基本医疗、大病保险、大病救助、医疗救助实现全覆盖；做好有组织转移就业工作，全额接收转移劳动力450人，实现劳动力转移就业率100%；开展消费扶贫助力脱贫攻坚，累计采购南疆贫困地区产品160.2万元，完成市委、市政府下达的目标任务。打赢污染防治攻坚战，守住生态保护红线，国省道、县乡道、村级道及城区道路实行清理保洁全覆盖，建筑工地实行扬尘治理全覆盖，风城油田作业区密闭集输装置有效运行；艾里克湖水环境质量稳定达到V（五）类标准；顺通环保满负荷运行，历史油污泥存量清零，医疗垃圾、生活垃圾无害化处置率均100%，持续打好“蓝天、碧水、净土”保卫战。打好防范化解重大风险攻坚战，严守政府债务管理的红线底线，2020年零举债。清理中小企业欠款617.1万元。把资金向基础设施建设、教育、医疗、卫生等民生领域倾斜，不断弥补民生短板。打击非法集资等违法违规金融活动，确保人民群众财产安全。

（李淑艳）

【重大项目】 2020年，乌尔禾区全年新开工亿元以上项目12个，其中5亿元以上项目3个；高标准建设“西部乌镇”、白杨河大峡谷项目，建成国际房车露营地、金龙湾温泉度假酒店、海棠酒店、风城小院、大秦酒店等基础设施服务项目，旅游基础设施进一步完善；建成瑞翔西小区、凤翔小区，城镇居民人居环境有效改善，“城乡一体化”进程走在全疆前列；全疆首家A1类通用机场开工建设，百口泉达尔布特站货物专用线项目被列入铁路专用线建设方案，凤翔路、石缘路西延、玉缘路西延、龙翔路南延、通用机场系统配

10月10日，建设中的白杨河大峡谷游客集散中心　（崔文娟　摄）

套工程等一批市政道路相继建成通车，乌尔禾区完成固定资产投资总额34.51亿元，提前近4个月完成市委、市政府目标任务。

（李淑艳）

【乡村振兴】 2020年，乌尔禾区实施乡村振兴综合体“西部乌镇”项目。46.67公顷观光海棠林综合体日趋完善，构建现代化特色乡村旅游业态。全年农作物种植800公顷，连续10年稳产丰收。培育新时期职业农民40余人，科普培训30余场次，有效提升农牧民综合素质；开展农村人居环境整治，累计清运垃圾1.4万余立方米，清理渠道21.3千米，种植树木4000余棵。实施人畜分离，建设完成标准化圈舍12座，畜禽废弃物集中回收站2座。引导广大群众参与文明乡风建设，营造健康、文明、向上的社会风气；2020年，村集体经济经营性收入583.1万元，实现利润206万元，通过产业多元化发展，实现村集体经济组织成员每股分红1000元，较2019年翻一番。

（李淑艳）

【农业】 2020年，乌尔禾区累计实现农林牧渔业总产值5294.1万元（不含兵团），较上年同期增长2.6%（按可比价计算，下同）。分行业看，农业实现总产值2444.3万元，增长92.8%；林业实现总产值358.8万元，下降11.3%；畜牧业实现总产值1834.4万元，下降23.8%；渔业实现总产值656.6万元，下降44.7%。

（王云）

【工业】 2020年，乌尔禾区规模以上工业增加值（按可比价计算，下同），较上年同期增长30.4%。分行业看，非金属废料和碎屑加工处理业实现工业增加值增长30.4%；采矿、冶金、建筑专用设备制造业实现工业增加值下降22.7%；石膏、水泥制品及类似品制造业实现工业增加值增长98.6%；电力生产业实现工业增加值增长30.7%；专用化学产品制造增加值增长2347.1%；石油和天然气开采专业及辅助活动增加值增长582.1%。2020年，驻区中央石油企业累计生产原油392.2万吨，较上年同期增长9.7%；累计生产天然气59242万立方米，较上年同期增长71.0%。

（王云）

【工业经济】 2020年，乌尔禾区依托玛湖油田开发上产契机，稳步推进油气资源开发能力，洽谈对接油服企业，提升为油服务水平。组织30家油服企业在乌尔禾区召开座谈会，力争更多企业在乌尔禾区落地。推进园区基础设施建设，新建现代化标准化厂房1.8万平方米、建设路网设施12千米。2020年12月，百口泉市级产业园区获批，环保、信息、装备、物流、光伏等产业得到前所未有的发展良机，乌尔禾区工业经济发展焕发新活力。

（李淑艳）

【文旅产业】 2020年，乌尔禾区成功入围自治区全域旅游示范区创建名录，世界魔鬼城成功创建国家AAAAA级旅游景区，文化旅游产业迈上新台阶。“西部乌镇”、国际房车露营地、白杨河大峡谷旅游基础设施建设有序推进，旅游服务和接待能力有效提升。谋划“连点串线”的精品旅游线路3条，全域旅游新格局基本形成。2座标准化影视摄影棚完成主体建设，《大秦赋》《我的佣兵生涯》《奇妙之城》《最后的刺客》相继在乌尔禾取景拍摄。谋划金丝玉挂件、书签、文化衫、特色农产品等一系列“乌尔禾礼物”，文旅产业融合发展成效显著，文化软实力和资源硬实力叠加发力。

（李淑艳）

【电力体制改革】 2020年，乌尔禾区推进电力体制改革工作，推动“风光水火储”“源网荷储”两个一体化建设，力争降低辖区工业到户电价，打造电价成本洼地。深挖工业企业潜能，提升招商引资潜力，扩大增量市场体量，实现改革发展成果共享。

（李淑艳）

【“放管服”改革】 2020年，乌尔禾区整合政务服务中心，全年服务“不打烊”。实现“一窗办理”，900余项高频事项实现“最多跑一次”，有效提升行政效能。实行投资项目承诺制、“证照分离”等一批改革举措，简化审批流程，压缩办理时限，营商环境持续优化，全年招商引资到位资金15.51亿元，同比增长191%。新增落户企业72家，同比增长47%。

（李淑艳）

【供给侧结构性改革】 2020年，乌尔禾区实施乡村振兴战略，推进农村集体土地产权制度改革，高标准谋划实施“西部乌镇”项目。实现农村变景区、庭院变民宿、农民变股民的转变。

（李淑艳）

【兵地改革】 2020年，乌尔禾区推进与第七师137团深度融合发展，建成区域燃气、供水环网。实现教育、医疗资源共享，优质的教育和医疗资源服务惠及兵团职工。建立常态化维稳和疫情防控“兵地联防联控”机制，做到物资共用、信息共通、预演练战共同参与，织牢织密辖区社会稳定和疫情防控网络，有效确保辖区群众生命财产安全和身体健康。

（李淑艳）

【投资和建筑业】 2020年，乌尔禾区全社会固定资产投资（不含农户）较上年同期增长225.7%。分产业看：第一产业完成投资增长89.5%；第二产业完成投资增长9.1%；第三产业完成投资增长339.6%。全年实现建筑业增加值2544.8万元（按可比价格计算），较上年同期下降53.2%。乌尔禾区有资质建筑业完成产值1.15亿元，较上年同期下降54.7%。

（王云）

10月2日，工人检查已完工的乌尔禾镇风城小院配套民宿

（崔文娟 摄）

【邮电】 2020年，乌尔禾区邮政业务收入完成296.7万元，较上年同期增长19.6%。截至2020年末，乌尔禾区固定电话用户数675户，移动电话用户数26028户，互联网宽带接入用户数9209户。

（王云）

【交通】 2020年，乌尔禾区城市公交汽车2辆，城市公交线路1条（由于疫情防控，未开通魔鬼城、影视城等旅游公交线路）。

（王云）

【旅游】 2020年，乌尔禾区接待游客177.19万人次，较上年同期下降35.0%；实现旅游综合收入8.46亿元，较上年同期下降61.5%。2020年末，乌尔禾区酒店宾馆5家，民宿1家。

（王云）

【商品贸易】 2020年，乌尔禾区社会消费品零售总额8525.2万元，较上年同期下降18.4%，降幅较3月、9月分别收窄12.4个百分点和3.0个百分点。按消费类型看，实现商品零售额6030.1万元，下降18.7%；实现餐饮收入2495.1万元，下降17.8%。按经营地统计，城镇消费品零售总额2084.2万元，下降6.7%，乡村消费品零售总额6441.0万元，下降21.6%。

（王云）

【财政收支】 2020年，乌尔禾区全口径财政收入197560万元，较上年同期增长81.4%，完成预算121.5%。全年地方财政收入17699万元，较上年同期下降26.9%。一般公共预算收入13990万元，较上年同期下降30.1%，其中，税收收入9866万元，增长2.8%；非税收入4124万元，下降60.4%。全年地方财政支出165161万元，较上年同期增长121.6%，完成预算102.7%。其中，一般公共预算支出52115万元，下降20.2%。

（王云）

【金融】 2020年末，乌尔禾区金融机构存款余额78437.7万元，较上年同期增长37.5%，其中，居民存款56491.6万元，较上年同期增长16.3%。

（王云）

【教育】 2020年末，乌尔禾区建成中考标准化考点，顺利承办恢复初中办学后首次中考，升学率80.4%。高标准完成内初班宿舍、食堂建设，347名首批内初班学生开班入学。截至年末，全区共有学前幼儿园1所，九年制学校1所，青少年校外活动中心1所，幼儿园在校生305人，九年制在校学生1041人，其中小学部522人、初中部519人。2020年末，乌尔禾区有学校教师152人。按照身份类别分，在职教师78人，雇员制和外聘人员74人；按照学校类别分，幼儿园教师26人，九年制学校教师126人。

（王云）

【科技】 2020年末，乌尔禾区完善创新发展激励政策，制定出台《乌尔禾区创新驱动发展若干措施》《乌尔禾区科技创新券管理办法》，补齐科技政策体系短板。推进科技合作和科技创新，辖区企业荣获“创翼中国”自治区赛一等奖、国家赛优秀奖；荣获“创客中国”新疆中小企业创新创业三等奖。截至年末，全区有高新技术企业2家，与上年持平。全年授权专利20件，其中：发明专利5件，实用新型专利15件；全年申请商标30件，注册15件。截至2020年末，乌尔禾区拥有有效注册商标145件。

（王云）

【文化】 2020年末，乌尔禾区拥有区级图书馆1座。区图书馆全年接待读者0.56万人，借阅书刊0.24万册次，办理借阅证34个，累计办理借阅证83个。

（王云）

【卫生】 2020年末，乌尔禾区境内的克拉玛依市第三人民医院逐步增设内、外、妇、儿、急诊、中医等诊疗项目，引进

33名医疗专业人才，基本医疗水平明显增强。截至年末，辖区共有卫生机构（不含兵团）4个，拥有编制床位数60张，其中：医院1个，编制床位数60张；社区卫生服务中心（站）1个；疾病预防控制中心1个；乡镇卫生院1个。乌尔禾区共有卫生机构技术人员76人，其中，执业（助理）医师14人。2020年，乌尔禾区参加全民健康体检的人数为3138人，较2019年同期增加1905人。

（王云）

【体育】 2020年，乌尔禾区开展“千亩海棠林·美丽尔禾行”“爱尔禾·游家乡”“欢度国庆·情暖中秋”和广场舞展演、推动“全民健身 助力全面小康”等主题文体旅融合活动20余场次，5000余人次参加。

（王云）

【社会保障】 2020年末，乌尔禾区社会保险提标扩面，基本医疗保险筹资标准提高至1570元，城乡基本养老保险覆盖率实现100%。截至年末，企业养老保险参保人数3926人；失业保险参保人数3924人；工伤保险参保人数4090人；城乡居民养老保险参保人数为429人；城镇职工基本医疗保险参保人数3389人，其中，城乡居民基本医疗保险参保人数1624人，机关事业基本医疗保险参保人数829人。

（王云）

【劳动就业】 2020年，乌尔禾区通过各种途径实现就业、再就业57人，其中：少数民族失业人员实现就业23人，占实现就业总数40%；女性失业人员实现就业20人，占实现就业总数35%。累计登记失业人员18人次，城镇登记失业率为1%。

（王云）

【环境保护】 2020年，乌尔禾区空气质量优良率87.9%，较2019年降低4.1%；环境空气质量指数（AQI）优良天数为313天，较2019年减少6天；污染天数合计43天（轻度污染35天，中度污染8天），无重度污染天气；$PM_{2.5}$平均浓度为25微克/立方米，同比升高4.2%；PM_{10}平均浓度53微克/立方米，同比下降15.9%。城市供水普及率100%，燃气普及率100%；城市生活垃圾无害化处理率100%，城市污水处理率96.55%；城市绿地率为32.76%，绿化覆盖率35.78%，人均公园绿地面积74.70平方米/人，人均绿地面积137.12平方米/人。

（王云）

【安全生产】 2020年，乌尔禾区发生各类事故66起（不含火灾事故统计），同比下降44.16%；死亡1人，下降50%；受伤0人，与上年持平。其中，发生生产经营性事故1起，死亡1人，同比事故起数下降44.16%，死亡人数下降50%。

（王云）

【城市品质】 2020年，乌尔禾区新增城市绿化面积32.6万平方米，城市环境更加优美。新时代文明实践中心、党群服务中心建成启用，为民服务水平达到新高度。完成集中供暖二期工程、龙翔小区供水主管网改造等市政项目，市政基础设施不断优化，群众反映强烈的热点难点痛点问题得到有效解决。推进垃圾分类工作，开展居民小区和公共机构生活垃圾分类试点工作，城镇生活垃圾、餐厨垃圾、医疗垃圾无害化处置率均100%。

（李淑艳）

驻市新疆生产建设兵团团场

第七师一二九团

【概况】 2020年，新疆生产建设兵团第七师一二九团土地总面积30455.88公顷，其中耕地14300.66公顷、林地9671.47公顷。辖16个农业连队、3个社区、5个事业单位、5家规模以上工业法人单位、1个规模以上建筑单位、国家联网直报单位26个。

（魏金荣）

【团场综合配套改革】 2020年，新疆生产建设兵团第七师一二九团推进团场国资国企改革，累计接收师直属企业分流人员32名，其中兵团乳业5人、北方集团2人、五五酒厂25人，计划分身份地106.67公顷。推进国有企业退休人员社会化管理工作；成立团场企业法人资产处置、债权清收及债务偿还专项领导小组，对“三角债”、应收账款进行清理，完成团场经营性债权债务移交锦晟资产管理公司工作。全年接收师市国有企业退休人员29人，按照家庭住址有序分配至3个社区。

（魏金荣）

【经济建设】 2020年，新疆生产建设兵团一二九团实现生产总值15.31亿元，比上年增长5.3%，其中第一产业增加值6.61亿元，增长2.4%；第二产业增加值3.31亿元；增长26.8%；第三产业增加值5.39亿元，下降3.5%。三次产业结构比为43.14∶21.65∶35.21。人均生产总值86250元，增长10.28%。招商引资落地建设项目8个，总投资5.90亿元。全社会固定资产投资增加46.40%。社会消费品零售总额76384万元，下降6.39%。全口径税收入库1531.7万元，增长65.78%。在岗职工年平均工资67000元，增长6.34%。

（魏金荣）

【人民生活】 2020年，有城镇居民19988人，在岗职工3262人，职均工资67000元。

（魏金荣）

【农业】 2020年，新疆生产建设兵团一二九团农作物播种面积15672公顷，其中高新节水灌溉面积14773公顷。种植棉花14773.33公顷，总产3735.1万千克；种植蔬菜652.33公顷，总产7279.1万千克；种植果园210公顷，其中葡萄200公顷、苹果10公顷，水果总产911.3万千克；植树造林730公顷，其中常规造林146公顷，成林抚育面积560公顷，新增育苗面积24公顷。年末各类牲畜存栏数4.795万头（只），其中猪2.49万头、牛0.15万头、羊2.155万只。肉类总产512.6万千克，羊毛30.0万千克，牛奶286.9万千克，禽蛋151.4万千克。农林牧业总产值13.34亿元，其中种植业总产值10.28亿元，同比增长11.1%；林业总产值0.58亿元，同比增长33.1%；牧业总产值2.48亿元，同比增长2.8%。完成农业增加值6.61亿元。

（魏金荣）

【工业】 2020年，新疆生产建设兵团一二九团完成工业总产值33160万元，同比上升84.2%，其中国有企业2600万元，私营企业29810万元，个体工业750万元。完成工业增加值9875万元，建筑施工总产值80630万元，同比增长8.8%；实现建筑业增加值23302万元，同比增长8.8%；建筑业企业主营业务收入80630万元，同比增长8.8%；主营业成本71323万元，同比增长5.6%；利润总额178万元，同比下降8.5%。全社会固定资产投资59015万元，其中生产性建设投资59015万元，占投资总额100%；企业自筹资金59015万元，占投资总额100%；交通运输仓储业实现产值96283万元，同比增长-7.8%；实现增加值9390万元，同比增长-7.8%；完成批发零售业销售额175909万元，同比增长-18.2%；完成消费品零售总额76384万元，同比增长-6.39%。

（魏金荣）

【招商引资】 2020年，新疆生产建设兵团一二九团招商引资项目8个，实物量投资5.9亿元，其中亿元以上项目3个，完成年度目标任务197%，增长97%。全年先后赴山东、江苏、河北等地开展招商9次，洽谈企业26家，接待来访企业25家，落地项目8个。

（魏金荣）

【社会事业】 2020年，新疆生产建设兵团一二九团有学校1所，在校学生1088人，教职工157人，其中专任教师139人；有医疗卫生机构4个，卫生技术人员81人，床位数60张，床位利用率24%；有综合文化活动中心1个、连队综合文化活动室15个、农家书屋15个、书店3个、社区业余文艺宣传队6个、广播电视台（站）1个，广播节目综合人口覆盖率100%，电视节目综合人口覆盖率100%，有线电视入户率91%。年末，参加基本养老保险9130人，覆盖率95%。全年养老金发放1.79亿元。缴纳社会保险统筹金632.73万元，其中养老统筹2648万元；医疗统筹1697万元；失业统筹83万元；工伤统筹36万元；大额统筹38.73万元。参加基本医疗保险12307人，覆盖率99.49%；参加失业保险3480人、工伤保险3512人。享受居民最低生活保障2245户次、3375人次，发放救助资金184.2871万元，发放各类社会救助金88.7078万元。

（魏金荣）

【对口援建】 2020年，新疆生产建设兵团一二九团援疆项目1个，为第七师保障性住房配套基础设施项目，建筑面积599.88平方米，总投资200万元。该项目于2020年7月开工，年内项目主体完工。

（魏金荣）

第七师一三〇团

【概况】 2020年，第七师一三〇团耕地16293.68公顷，林地16905.11公顷。辖连队15个，社区4个，事业单位5个，其他企业19个，驻团单位15个。第七师胡杨河国家农业科技园区管理委员会与一三〇团合署办公。

（佘燕红）

【团场综合配套改革】 2020年，第七师一三〇团完善农业用水户协会注册工作，至3月中下旬，15个农业连队全部完成农业用水户协会注册工作和公章刻印，并担负起农业用水分配、管理，做到斗口以下水利设施和水的民管民用。加快土地确权颁证，完成555名师直国企分流人员和新招录职工身份地划分、土地证颁发工作（其中54人在拟建市），颁证完成率97.8%。12家团办企业处置率100%，接收安置师国资企业改革分流人员1100余人。

（佘燕红）

【经济建设】 2020年，第七师一三〇团实现生产总值14.06亿元，同比增长8.4%。其中：第一产业增加值8.3亿元，同比增长16.1%；第二产业增加值0.15亿元，同比增长15.4%；第三产业增加值5.61亿元，同比负增长1.4%。三次产业结构比为59∶1∶40。人均生产总值54390元，增长2.6%。全社会固定资产投资增长71.1%。招商引资实物量完成投资5.34亿元，完成第七师下达任务179%。社会消费品零售总额44759万元，同比负增长2%。财政总收入32014.73万元，财政总支出32014.73万元。一般公共预算收入1158万元，完成第七师下达任务154%，新增常住人口1171人，完成第七师下达任务175%，其中新增户籍人口277人，完成第七师下达任务108%。全团农作物播种面积23615.16公顷。棉花总产量143782吨，增长2%。油料总产量66吨。蔬菜总产量72123吨，增长58.7%。水果产量11600吨。完成造林面积502公顷。其中道路造林6公顷，林地总面积16905.11公顷。年末牲畜总数5.89万头（只），增长9.7%。其中大牲畜1.91万头。牛0.94万头；骆驼0.058万峰；羊3.98万只；猪0.93万头；家禽17.8万只。主要畜产品产量4640吨。其中牛肉903吨、骆驼肉54吨、羊肉691吨、家禽肉1153吨、兔肉8吨。绵羊毛310吨，牛奶6885吨、禽蛋1598吨、蜂蜜90吨。年末农业机械总动力57867千瓦，农业机械化率97%。有采棉机48台、大中型拖拉机656台、小型拖拉机38台、大中型拖拉机引配套农具1150部、小型机引配套农具114部，农用运输车辆159辆。截至年末，有规模以上工业企业2家（新增1家）。其中新疆科农机械制造有限责任公司完成工业总产值3900万元，完成工业增加值813万元；恒旺商贸有限公司完成工业总产值3300万元。

（佘燕红）

【招商引资】 2020年，第七师一三〇团新签约招商引资项目合作协议24个，项目总投资16.62亿元，落地开工18个。其中新开工亿元以上6万千瓦光伏发电项目1个、5000万元以上胡杨之星大酒店建设项目和开元尚都商住综合体建设项目2个、3000万元以上润泰纺织轧花厂建设项目和万德瑞棉业轧花厂建设项目2个，新开工项目13个。年度新签约意向项目2个，项目总投资4.07亿元。

（佘燕红）

【胡杨河国家农业科技园区】 2020年胡杨河国家农业科技园区有注册企业37家，其中规模以上企业13家、规模以下企业14家、个体经营户10家。园区有建设项目3个，其中续建项目2个。全年园区完成工业总产值115000万元，比上年增加0.6%，实现生产总值98950万元，比上年增加0.8%。工业增加值67950万元，比上年增加1.8%。上缴税金2300万元。完成固定资产投资6900万元，比上年减少46%。年末就业人员2256人。

（佘燕红）

【教育】 2020年，第七师一三〇团有一三〇团共青城完全中学和第七师高级中学胡杨河市校区（原130团完全中学高中部）。9月，原130团完全中学高中部移交第七师高级中学管理，暂更名为第七师高级中学胡杨河市校区；10月经上级有关部门批准，130团共青城完全中学由十二年一贯制学校改为九年一贯制学校。截至9月，130团中学有在校学生1386人，其中初中471人、小学915人。第七师高级中学胡杨河市校区有高中在校学生1254人，高中文科本科总上线率31.89%，文科专科上线率100%；理科本科总上线率57.35%，理科专科上线率100%；艺术类本科上线率97.3%，艺术专科上线率100%。小学适龄儿童入学率100%，初中适龄人口入学率100%，高中阶段毛入学率100%。有中心幼儿园1所，在园幼儿267人。

（佘燕红）

【医疗卫生】2020年，第七师一三〇团卫生系统包括1家医院、3个社区卫生服务站和4个连队卫生室，在岗人员128人。其中医院编制107人，卫技人员115人，编制床位60张。年内收治门诊患者就诊30613人次，出院人数1333人，床位使用率36.2%，急诊862人次，治愈好转率92.5%。平均住院日5.9天，基础护理、危重患者护理合格率100%。门诊、住院病人满意度97.2%，社会满意度95.8%。实施国家基本药物制度取得成效。认真执行药品、器械、一次性物品招标采购制度，实行基本药物统一采购、零差率销售，医院药品种类共318种，基本药物品种292种，占92%。11月，130团医院迁入胡杨河市人民医院，院址位于第七师胡杨河市嵩山西路1201号，11月6日投入使用。

（佘燕红）

【文化事业】2020年，第七师一三〇团有团史陈列馆1个、团场综合文化活动中心1个、连队综合文化活动室15个、农家书屋12个、胡杨图书馆1个、书画展厅1个，广播电视台（站）1个，年末广播节目综合人口覆盖率95%，电视节目综合人口覆盖率97%，有线电视入户率95%。

（佘燕红）

【生态文明建设】2020年，一三〇团植树造林108公顷，2634.4公顷退耕还林地保存率78%以上，11500公顷国家级重点公益林巡护范围达到100%；完成农药、农田残膜综合治理、畜禽粪便无害化处置和示范连队建设，规模养殖场粪污干湿分离和化粪池建设完成率100%，农田地表残膜拾净率90%以上。

（佘燕红）

【社会保障】2020年，第七师一三〇团参加基本养老保险12800人，覆盖率55.6%；参加基本医疗保险人数16800人（包括生育保险），覆盖率67.7%；参加失业保险4611人，参加工伤保险4644人。享受居民最低生活保障146户189人。兑现职工往年欠款4000余万元。社保政策兜底，发放各类救助资金269.07万元，新增就业815人，开展就业培训1951人次。开展政策找人工作，走访入户2342户，新增政策兜底人员40人。

（佘燕红）

【人民生活】2020年，第七师一三〇团有居民24817人，人均可支配收入3.86万元，比上年增长5.3%。在岗职工4644人，平均工资6.5万元，比上年增长10%。

（佘燕红）

【淮安援建】2020年，第七师一三〇团发挥好对口援疆县区和干部作用，加大招商引资力度，联系对接金石机械集团、江苏洋河酒业集团、江苏建源建材集团等江苏企业，跟踪对接贵州省遵义市湄潭经济开发区；联系对接金湖“全家福”超市、华润苏果、苏宁易购等商超综合体，建立六连百果园葡萄等水果直销平台。改建“胡杨荷韵”文化活动中心，将淮安文化带入团场；与金湖县建立远程视频交流培训机制，建成团场“胡杨荷韵”远程会议中心，通过与金湖县在党建、精神文明、招商引资等多方面远程培训交流，促进团县融合，提升团场软实力；配套建设七连“淮安人家”标牌标识项目。申请200万元援疆资金建成丰收苑小区文体活动室并投入使用，与广东海大集团金湖分公司签订0.8亿元标准化饲料生产线建设项目，组织特色农产品参加第三届国际（淮安）食品博览会，推销展示团场特色农产品。

（佘燕红）

第七师一三七团

【概况】2020年，第七师一三七团土地总面积886243.8公顷，其中湿地10711.95公顷，耕地32021.55公顷，园地459.15公顷，林地78753.6公顷，草地650568.75公顷，商业服务业用地418.5公顷，工矿用地2812.95公顷，住宅用地3032.1公顷，公共管理与公共服务用地375公顷，特殊用地1052.4公顷，交通运输用地8393.85公顷，水域及水利设施用地13145.25公顷，其他土地84498.75公顷。下辖连队11个，社区2个，事业单位6个。

（薛富有）

【经济建设】2020年，第七师一三七团实现生产总值51711万元，同比下降3%。其中：第一产业增加值19741万元，同比下降2.4%；第二产业增加值2210万元，同比增长16.3%；第三产业增加值29760万元，同比下降5%；三次产业结构比为38：4：58。人均生产总值55927元，同比下降9.3%。全社会固定资产投资11444万元，同比下降3.98%。社会消费品零售总额28826万元，同比下降6.47%。全口径税收入库7983.82万元，同比增加3771.01万元，同比增长89.51%。

（薛富有）

【农业】2020年，第七师一三七团农作物种植总面积1222.57公顷，其中高新节水灌溉面积367.2公顷；种植棉花528公顷，总产籽棉2772吨；种植玉米292.47公顷，总产3646.5吨；种植蔬菜234.44公顷，总产56694吨；种植西甜瓜65.93公顷，总产4120吨。年末牲畜存栏81958头（只），肉类总产3926吨。年末农业机械总动力2076.84千瓦，农业机械化率96%。

（薛富有）

【工业】2020年，第七师一三七团实现工业增加值2210万元，比上年增长16.3%。主要工业产品煤炭产量63万吨。

（薛富有）

【税收】2020年，第七师一三七团有企业及个体工商户828户，其中企业105户、其他行政事业单位10户、社会组织17户、个体工商户696户。年内全口径税收收入7983.82万元，较上年同期增加3771.01万元，增长89.51%，其中地方税收收入4580.6万元，较上年同期增加1901.51万元，增长70.92%，随税征收的非税收入173.56万元，较上年同期增加58.37万元，增长50.67%。

（薛富有）

【社会事业】2020年，第七师一三七团有九年制中学1所，幼儿园1所，教职工120人，专任教师88人。在校中小学生571人，学前幼儿126人。学龄前儿童入学率100%。小学适龄儿童入学率100%。初中适龄人口入学率100%。高中阶段毛入学率88%。医疗卫生机构有二级乙等医院1所，疾病预防控制中心1所，连队卫生室1个，社区卫生服务站1个，卫生技术人员59人，编制床位30张。年末参加基本养老保险人数2741人。参加基本医疗保险人数6285人。参加失业保险人数1057人，参加工伤保险人数1213人，参加生育保险人数1213人。享受居民最低生活保障人数133人。年内完成全民体检8000余人，妇女“两癌”检查535人；投资2650万元，对迎宾街、金边南路、屯富街、中心巷进行沥青改面、绿化亮化提升。投资190万元，建设三连—六连公路3千米；投资120万元，建设新市场商铺16间；投资850万元，对众康苑小区供排水设施进行改造；投资1025万元，对七连连队内部道路、排水等基础设施进行改建。

（薛富有）

【文化建设】2020年，第七师一三七团有军垦文化展示馆1个，团场综合文化活动中心1个，社区综合文化活动中心1

个、活动室1个，连队综合文化活动室8个，农家书屋11个，广播电视站1个。年末广播节目综合人口覆盖率100%。电视节目综合人口覆盖率100%。数字电视入户率15%，网络电视入户率85%。全年举办文体活动12场次，举办文化联谊活动141场次。

（薛富有）

【人民生活】 2020年，第七师一三七团城镇居民人均可支配收入40998元，增速0.5%；人均消费支出11118元，下降1.2%。连队人均可支配收入27441元，增速12.8%；人均消费支出9700元，下降0.5%。受疫情防控影响，人均食品烟酒、疫情防控用品、居住消费支出增长，增幅为5%；医疗、衣着、旅游、服务、通信、交通、教育、文化、娱乐、生活用品消费支出下降。旅游、交通和餐饮消费降幅较大，降幅达19%。

（薛富有）

【生态文明建设】 2020年，第七师一三七团加强连队污水、垃圾等突出环境问题综合治理，对农作物秸秆、畜禽粪污等资源化利用，加大农用薄膜回收率。全年植树造林4.67公顷，333.33公顷退耕还林地保存率85%以上，7630.53公顷公益林地管护率100%；完成农药、农田残膜综合治理、畜禽粪便无害化处置和七连环境整治工程，建成农作物秸秆处理厂1个，关停不符合政策要求垃圾废品收购点2个，处理涉环境污染事件1起，规模养殖场粪污干湿分离和化粪池建设完成率100%，农田地表残膜拾净率90%以上；为4个行业18家企业核发排污许可证。

（薛富有）

【团场综合配套改革】 2020年，第七师一三七团党委继续深化团场综合配套改革，有序承接七师胡杨河市授予县级行政权力45项、乡镇级行政权力75项。深化水利体制改革，落实用水户会员资格审查和会员制度。给阿吾斯奇牧区4个连队778名牧业职工颁发农用地（草场）承包经营权证。招聘连队、社区“两委”后备人才20人，对11个连队进行“两委”补选，补选“两委”成员16人。对2个社区“两委”进行补选，补选“两委”成员3人。考核转正公务员11人，批准提前退休公务员4人。落实“加长板凳”政策公务员2人、事业单位人员3人。

（薛富有）

【巩固脱贫成果】 2020年，第七师一三七团按照兵团“扶上马、送一程”要求，对脱贫户实现对标管理，制订《一三七团关于建立健全巩固脱贫攻坚成果长效机制实施方案》，组织63名扶贫干部对11个连队、2个社区户籍人口进行排查，摸排3320户7900人，建立防止返贫监测和帮扶机制。开展专项技能培训418人次，新增灵活就业人口59人，公益性岗位就业18人；开展职业技能提升行动，培训保安120人；通过护林员、护边员、物业环卫工等岗位，解决就业19人，无新增贫困发生。

（薛富有）

【乡村（连队）振兴】 2020年，第七师一三七团实施产业振兴规划，11个连队注册专业合作社15家；投资590万元，建成有机肥加工厂1家，年处理田园秸秆约7000吨，年产有机肥3800吨，助农增收10万元。落实《第七师面向社会公开招聘基层连队后备人才实施办法（试行）》政策，招聘全日制本科生31人，充实连队“两委”人才。利用文化振兴项目资金18万元，出版《一三七团年鉴（2019）》《一三七团年鉴（2020）》。投入生态振兴项目资金1025万元，加强美丽连队建设。

（薛富有）

【兵地交流】 2020年，第七师一三七团坚持“优势互补、资源共享、边疆同守、共同发展”原则，加强兵地之间交流互访。落实学前三年免费教育政策，惠及兵、地适龄儿童200余名。新冠肺炎疫情防控期间，召开兵地联防联控会议11次，为克拉玛依市、乌尔禾区、风城油田作业区、和布克赛尔蒙古自治县、第七师北屯市及周边团场提供蔬菜等生活物资11250吨。举办“民族团结一家亲”等兵地文化交流活动10场次。

（薛富有）

【淮安援建】 2020年，江苏省淮安市工业园区重新派出新联络员进驻一三七团，开展援建工作。双方人员开展交流交往活动7批20余人次，淮安市援疆医生到一三七团进行义诊1批14人次。年内完成一三七团扶贫培训楼、阿吾斯奇冬窝子、一三七团医院综合楼及配套设施项目决算资料及竣工资料报批工作。援建联络员围绕能源、农产品加工、旅游、化工等产业开展招商，邀请客商到一三七团考察5批次，达成框架协议1个，计划投资30亿元。

（薛富有）

【疫情防控】 2020年，第七师一三七团制订《一三七团常态化疫情防控8+1预警机制》《一三七团常态化新冠肺炎疫情防控工作应急预案》，落实疫情防控期间各项防控措施，做好常态化疫情防控工作。全年解决企业500人返工复工、生产原料、施工材料等问题，落实兵团、七师胡杨河市疫情防控复工复产28项政策，为个体工商户办理小额贷款6户、35万元。先后2次发放房屋租赁减免补贴资金127.1万元，促进第三产业复工复产。帮助150余名农户销售蔬菜3370吨，为受疫情防控影响195户低收入家庭，申报临时救助金27.75万元。年内完成核酸检测3.58万人次。

（薛富有）

第八师一三六团

【概况】 2020年，新疆生产建设兵团第八师一三六团总面积194平方千米，其中耕地面积13589公顷，园地面积76.7公顷，林地面积2114公顷。有基层单位15个，其中农业连队13个，社区2个，另有事业单位10个。

（王新华）

【经济建设】 2020年，一三六团实现生产总值60450万元。比上年增长1.48%。其中：第一产业增加值39004万元，比上年增长0.76%；第二产业增加值146万元，比上年下降5.8%；第三产业增加值21300万元，比上年增长2.88%。三次产业结构比为64.5∶0.2∶35.3。人均生产总值5.28万元，比上年增长0.57%。

（王新华）

【民生保障】 2020年，一三六团从业者人均收入6.49万元。其中在岗职工平均工资6.26万元。连队居民人均可支配收入2.63万元，比上年增加2994元。是年，一三六团参加各类保险8493人，其中：职工参保3117人，灵活就业人员参保1097人，居民参保4279人。

（王新华）

人物·荣誉

先进人物

郭旭光 宁夏隆德人，1982年2月出生，2008年7月参加工作，中共党员，硕士研究生学历。2020年11月，被中共中央、国务院授予全国劳动模范称号，时任新疆油田公司勘探开发研究院副院长。曾获克拉玛依市劳动模范，自治区劳动模范、开发建设新疆奖章、优秀共产党员，中国石油集团十大杰出青年、特等劳动模范，中央企业青年岗位能手，全国五四青年奖章等多项荣誉称号。

自2008年硕士研究生毕业到新疆油田参加工作以来，郭旭光始终奋战在勘探一线。他先后主持部署上钻探井30余口，参与发现玛湖地区砾岩油藏和吉木萨尔凹陷致密油藏2个10亿吨级特大型油田。是荣获国家科技进步一等奖的《凹陷区砾岩油藏勘探理论技术与玛湖特大型油田发现》的重要贡献者。在团队建设方面，郭旭光以“强团队、促和谐，求创新、谋发展，建制度、树榜样”管理理念持续推动人才队伍建设，不断提升创新能力，不断强化制度建设。制定以工作量及完成质量为核心的月、季度考核，提高工作效率，增强工作积极性。制定对子制管理办法，增强具有极其丰富经验的老师傅的工作积极性，提高年轻员工的业务能力。按照专业特长和兴趣，在班组内结师徒对子，并制定师徒的责任和义务，纳入个人考核中。通过制度化管理，实现人人尽其责、各个有平台，集体和个人融洽发展。由于各项工作突出，郭旭光带领的研究团队获得新疆油田公司勘探开发研究院2017年科技创新团队特等奖。在技术创新方面，郭旭光始终坚持以科技进步引领生产。郭旭光曾先后负责完成新疆油田公司级科研项目5项，参与《新疆和吐哈油田油气持续上产勘探开发关键技术研究》和《新疆和吐哈油田勘探开发关键技术研究与应用》2项中国石油集团公司重大科技专项，参与国家973项目《咸化湖盆白云石化作用及致密储层分布规律》和国家油气专项《重点盆地致密油资源潜力、甜点区预测与关键技术应用》，负责完成中国石油物探技术攻关项目2项，为“新疆地区5000万吨级大油区”建设提供了技术保障。

曾飞鹏 湖南衡阳人，1980年12月出生，2004年8月参加工作，中共党员，大学本科学历。2020年11月，被中共中央、国务院授予全国劳动模范称号，时任独山子石化分公司乙烯厂乙烯一联合车间主任，高级工程师。曾获独山子石化十大杰出青年、岗位能手，中国石油集团特等劳动模范，全国五一劳动奖章等荣誉称号。

曾飞鹏积极参与乙烯核心装置生产技术科技攻关，在生产技术应用和攻关上取得了重大突破，其中“减少汽油加氢装置三苯损失攻关”使加氢汽油中三苯损失由5%降至2%，获石化公司科技进步成果一等奖；“提高乙烯装置丙烯和混合碳四收率”攻关，每年增加经济效益2600万元；“100万吨乙烯装置节能减排技术研究与应用”获得公司科技成果二等奖；“降低乙烯一联合装置能耗”攻关，能耗大幅降低，达到全国同行业装置能耗第一水平，连续6年被评为全国乙烯行业能效领跑者第一名；“不合格碳二回收系统应用于乙烯分离装置”的技术措施，创造经济效益1400余万元，并获得中国实用新型专利（专利号：CN204310982U）；“乙烯装置开停车过程优化技术研究”在节能减排方面取得突破性进展，在2015年装置停工期间火炬实际排放量较2011年减少约80%，开工期间减少96%，具有极大推广价值。2018年，全力推裂解炉攻关特护，裂解炉热效率得到大幅提高（1号和2号炉热效率提高0.33%至0.58%）；5号炉运行周期大幅度提高，最高运行周期达到103天，创历史最好水平；装置8台炉运行时间达到129天。针对循环水换热器陆续出现泄漏、10-D-3741S干燥能力下降、裂解气压缩机因结焦导致高压缸位移和轴瓦温度持续上涨、乙烯精馏塔精馏效果持续恶化等装置难点问题，曾飞鹏和车间专家组成员深入研究分析，通过查询原始设计资料和论文资料、收集数据和专家会诊，制定出合理的隐患整改措施，成功解决制约生产瓶颈的疑难问题，使各项经济技术指标持续保持在中国石油名列前茅，装置运行水平达国际先进行列，实现了石化公司盈利目标。

谭文波 重庆万州人，1970年12月出生，1992年8月参加工作，中共党员，大学专科学历，2020年11月，被中共中央、国务院授予全国劳动模范称号，时任西部钻探工程有限公司试油公司工程技术研究所新技术推广分公司高级技师。曾获最美克拉玛依人，自治区最美员工，中国石油集团特等劳动模范、优秀共产党员，全国最美职工、全国技术能手、全国五一劳动奖章、大国工匠等称号。

谭文波先后主持完成多项科研课题，获新疆维吾尔自治区科学技术进步（技术发明类）三等奖、克拉玛依市专利三等奖，获2016年度中国石油天然气集团公司技术发明二等奖及自主创新重要产品目录。谭文波“创新工作室”2017年被命名为全国示范性劳模和工匠人才创新工作室，先后培养各类人才近40名。2018年，获全国五一劳动奖章、全国技术能手、全国最美职工、2018年大国工匠年度人物称号。谭文波先后获发明专利4件、实用新型专利12件，其中电动液压桥塞坐封装置创新发明自2013年应用以来，每年仅节约民爆火工品成本就达300余万元，累计创产值过亿元，对油田勘探开发做出突出贡献。他把所有的精力全部投入技术研发和工具创新上，诠释了新时代的“石油精神”，其研发团队获得国家发明专利4项，国家实用新型专利9项，小改小革和创新成果80余项，为企业创收过亿元，以他名字命名的“谭文波工作室”成为全国首批100个示范性劳模创新工作室，他发明的具有自主知识产权的新型桥塞坐封工具被誉为世界首创，当之无愧成为“大国工匠”，成为时代的佼佼者。

荣誉名表

省部级先进个人荣誉名表

表 14

姓　名	获奖名称	获奖人单位	授奖单位
陈志兰家庭	全国文明家庭	克拉玛依市白碱滩区金龙镇街道万向社区	中央文明委
罗灵力	全国青年岗位能手标兵	中国石油独山子石化公司乙烯厂乙烯一联合车间副主任	共青团中央、人力资源社会保障部
邱　玲	最美逆行者	克拉玛依市人民医院（中医医院）	中共湖北省委员会、湖北省人民政府
陈　静	最美逆行者	克拉玛依市人民医院（中医医院）	中共湖北省委员会、湖北省人民政府
宋晓然	最美逆行者	克拉玛依市人民医院（中医医院）	中共湖北省委员会、湖北省人民政府
李梦鸽	最美逆行者	克拉玛依市人民医院（中医医院）	中共湖北省委员会、湖北省人民政府
戴　文	最美逆行者	克拉玛依市中心医院	中共湖北省委员会、湖北省人民政府
吴迎华	最美逆行者	克拉玛依市中心医院	中共湖北省委员会、湖北省人民政府
孔玉艳	最美逆行者	克拉玛依市中心医院	中共湖北省委员会、湖北省人民政府
巴依尔·杜古尔加甫	最美逆行者	克拉玛依市中心医院	中共湖北省委员会、湖北省人民政府
梁文静	最美逆行者	克拉玛依市中心医院	中共湖北省委员会、湖北省人民政府
刘　飞	最美逆行者	克拉玛依市中心医院	中共湖北省委员会、湖北省人民政府
张弛浩	最美逆行者	克拉玛依市中心医院	中共湖北省委员会、湖北省人民政府
马陆阳	最美逆行者	克拉玛依市中心医院	中共湖北省委员会、湖北省人民政府
卢　娟	最美逆行者	克拉玛依市第二人民医院（市康复医院）	中共湖北省委员会、湖北省人民政府
王亚琼	最美逆行者	克拉玛依市第二人民医院（市康复医院）	中共湖北省委员会、湖北省人民政府
邱　玲	自治区抗击新冠肺炎疫情先进个人	克拉玛依市人民医院（中医医院）	中共新疆维吾尔自治区委员会、新疆维吾尔自治区人民政府
宋晓然	自治区抗击新冠肺炎疫情先进个人	克拉玛依市人民医院（中医医院）	中共新疆维吾尔自治区委员会、新疆维吾尔自治区人民政府
帖　阳	自治区抗击新冠肺炎疫情先进个人	克拉玛依市人民医院（中医医院）	中共新疆维吾尔自治区委员会、新疆维吾尔自治区人民政府
孔玉艳	自治区抗击新冠肺炎疫情先进个人	克拉玛依市中心医院	中共新疆维吾尔自治区委员会、新疆维吾尔自治区人民政府
李晓华	自治区抗击新冠肺炎疫情先进个人	克拉玛依市中心医院	中共新疆维吾尔自治区委员会、新疆维吾尔自治区人民政府
吴迎华	自治区抗击新冠肺炎疫情先进个人	克拉玛依市中心医院	中共新疆维吾尔自治区委员会、新疆维吾尔自治区人民政府
巴依尔·杜古尔加甫	自治区抗击新冠肺炎疫情先进个人	克拉玛依市中心医院	中共新疆维吾尔自治区委员会、新疆维吾尔自治区人民政府
鲍　静	自治区抗击新冠肺炎疫情先进个人	独山子区独山子人民医院	中共新疆维吾尔自治区委员会、新疆维吾尔自治区人民政府

续表 14

姓　名	获奖名称	获奖人单位	授奖单位
崔晨迪	自治区抗击新冠肺炎疫情先进个人	独山子区独山子人民医院	中共新疆维吾尔自治区委员会、新疆维吾尔自治区人民政府
刘珍珍	自治区抗击新冠肺炎疫情先进个人	独山子区独山子人民医院	中共新疆维吾尔自治区委员会、新疆维吾尔自治区人民政府
孙煜东	自治区抗击新冠肺炎疫情先进个人	独山子区第九社区居委会	中共新疆维吾尔自治区委员会、新疆维吾尔自治区人民政府
张　茜	自治区抗击新冠肺炎疫情先进个人	独山子区第十六社区居委会	中共新疆维吾尔自治区委员会、新疆维吾尔自治区人民政府
阿力吞古力·努肉	自治区抗击新冠肺炎疫情先进个人	独山子区第五社区志愿者	中共新疆维吾尔自治区委员会、新疆维吾尔自治区人民政府
宋玉萍	自治区劳动模范	中国石油独山子石化公司研究院合成橡胶研究所副所长	中共新疆维吾尔自治区委员会、新疆维吾尔自治区人民政府
张全军	自治区劳动模范	中国石油独山子石化公司乙烯厂聚烯烃一联合车间高级技师	中共新疆维吾尔自治区委员会、新疆维吾尔自治区人民政府
蒽永龙	自治区劳动模范	中国石油独山子石化公司炼油厂催化裂化联合车间副主任	中共新疆维吾尔自治区委员会、新疆维吾尔自治区人民政府
柯友胜	自治区劳动模范	中石油克拉玛依石化有限责任公司炼油化工研究院副院长	中共新疆维吾尔自治区委员会、新疆维吾尔自治区人民政府
马晓伟	自治区劳动模范	中石油克拉玛依石化有限责任公司炼油第二联合车间工人	中共新疆维吾尔自治区委员会、新疆维吾尔自治区人民政府
韩忠林	自治区劳动模范	新疆华隆油田科技股份有限公司动态监测事业部经理	中共新疆维吾尔自治区委员会、新疆维吾尔自治区人民政府
孙长江	自治区劳动模范	新疆金牛能源物联网科技股份有限公司董事、副总经理兼研究院院长	中共新疆维吾尔自治区委员会、新疆维吾尔自治区人民政府
左艳平	自治区劳动模范	克拉玛依市燃气有限责任公司营销物管中心营销班班长	中共新疆维吾尔自治区委员会、新疆维吾尔自治区人民政府
陈其亮	自治区劳动模范	中国石油新疆油田分公司采油二厂第五采油作业区陈其亮班班长	中共新疆维吾尔自治区委员会、新疆维吾尔自治区人民政府
肖　刚	自治区劳动模范	中国石油新疆油田油气储运分公司彩南站维修巡检班班长	中共新疆维吾尔自治区委员会、新疆维吾尔自治区人民政府
张玉华	自治区劳动模范	中国石油新疆油田分公司风城油田作业区采油二站张玉华班班长	中共新疆维吾尔自治区委员会、新疆维吾尔自治区人民政府
甘仁忠	自治区劳动模范	中国石油新疆油田分公司勘探事业部西北缘项目经理部经理	中共新疆维吾尔自治区委员会、新疆维吾尔自治区人民政府
黄克平	自治区劳动模范	中国石油新疆油田分公司陆梁油田作业区陆梁采油站巡井一班班长	中共新疆维吾尔自治区委员会、新疆维吾尔自治区人民政府
林　伟	自治区劳动模范	中国石油新疆油田分公司准东采油厂沙南作业区林伟班班长	中共新疆维吾尔自治区委员会、新疆维吾尔自治区人民政府
李文英	自治区劳动模范	新疆融汇城市生态环境服务有限责任公司保洁队长兼保洁员	中共新疆维吾尔自治区委员会、新疆维吾尔自治区人民政府
王玉霞	自治区劳动模范	新疆克拉玛依区聚心出租汽车行业协会秘书长、出租汽车司机	中共新疆维吾尔自治区委员会、新疆维吾尔自治区人民政府
毛新军	自治区劳动模范	中国石油新疆油田分公司勘探事业部党总支书记、经理	中共新疆维吾尔自治区委员会、新疆维吾尔自治区人民政府
吐尔逊麦麦提·艾麦提江	自治区先进工作者	克拉玛依职业技术学院思想政治辅导员	中共新疆维吾尔自治区委员会、新疆维吾尔自治区人民政府
于　强	自治区先进工作者	克拉玛依市公安局克拉玛依区分局巡逻防控大队大队长	中共新疆维吾尔自治区委员会、新疆维吾尔自治区人民政府
张红霞	自治区先进工作者	克拉玛依市人民医院护理部副主任	中共新疆维吾尔自治区委员会、新疆维吾尔自治区人民政府
黄秉燕	自治区先进工作者	克拉玛依市克拉玛依区迎宾街道办事处金色嘉苑社区居委会党支部书记	中共新疆维吾尔自治区委员会、新疆维吾尔自治区人民政府
卢　娟	自治区优秀共产党员	克拉玛依市第二人民医院心血管呼吸科护士	中共新疆维吾尔自治区委员会

续表 14

姓　名	获奖名称	获奖人单位	授奖单位
袁　京	自治区优秀共产党员	克拉玛依区迎宾街道雅典娜社区党委书记、居委会主任	中共新疆维吾尔自治区委员会
宗　远	自治区优秀共产党员	白碱滩区（克拉玛依高新区）工业和信息化局党组书记、局长，驻中兴路街道沁苑社区“访惠聚”工作队队长、第一书记	中共新疆维吾尔自治区委员会
吐尔洪江·布孜力克	自治区优秀共产党员	克拉玛依市公安局克拉玛依区分局胜利路派出所教导员	中共新疆维吾尔自治区委员会
段伟臣	自治区优秀共产党员	克拉玛依和家乐商贸有限公司董事长	中共新疆维吾尔自治区委员会

省部级以上先进集体荣誉名表

表 15

获奖单位	荣誉称号	授奖单位	授奖时间
克拉玛依市	全国法治政府建设示范市	中央全面依法治国委员会	2020 年 8 月
克拉玛依市中心医院	全国文明单位	中央文明委	2020 年 11 月
中国石油新疆油田分公司重油开发公司	全国文明单位	中央文明委	2020 年 11 月
中国石油新疆油田分公司	全国文明单位	中央文明委	2020 年 11 月
中国石油独山子石化公司	全国文明单位	中央文明委	2020 年 11 月
中国石油新疆油田分公司勘探开发研究院	全国文明单位	中央文明委	2020 年 11 月
中国石油测井公司新疆分公司	全国文明单位	中央文明委	2020 年 11 月
中国石油新疆油田分公司采油二厂	全国文明单位	中央文明委	2020 年 11 月
永升建设集团有限公司	全国文明单位	中央文明委	2020 年 11 月
克拉玛依市克拉玛依区小拐乡小拐村	全国文明村镇	中央文明委	2020 年 11 月
克拉玛依市中心医院呼吸与危重症医学科党支部	新疆维吾尔自治区先进基层党组织	中共新疆维吾尔自治区委员会	2021 年 1 月
克拉玛依市独山子区新北区街道第十七社区党委	新疆维吾尔自治区先进基层党组织	中共新疆维吾尔自治区委员会	2021 年 1 月
克拉玛依市公安局特警支队第三党支部	新疆维吾尔自治区先进基层党组织	中共新疆维吾尔自治区委员会	2021 年 1 月
克拉玛依市城市建设投资发展有限责任公司党委	新疆维吾尔自治区先进基层党组织	中共新疆维吾尔自治区委员会	2021 年 1 月
克拉玛依市返克工作机场组临时党支部	新疆维吾尔自治区先进基层党组织	中共新疆维吾尔自治区委员会	2021 年 1 月
克拉玛依市疾病预防控制中心检验科	新疆维吾尔自治区抗击新冠肺炎疫情先进集体	中共新疆维吾尔自治区委员会、自治区人民政府	2021 年 1 月
克拉玛依市人民医院（中医医院）药剂科	新疆维吾尔自治区抗击新冠肺炎疫情先进集体	中共新疆维吾尔自治区委员会、自治区人民政府	2021 年 1 月
克拉玛依市新冠肺炎医疗救治定点医院重症病区护理组	新疆维吾尔自治区抗击新冠肺炎疫情先进集体	中共新疆维吾尔自治区委员会、自治区人民政府	2021 年 1 月
克拉玛依区胜利路街道长征社区居民委员会	新疆维吾尔自治区抗击新冠肺炎疫情先进集体	中共新疆维吾尔自治区委员会、自治区人民政府	2021 年 1 月

续表 15

获奖单位	荣誉称号	授奖单位	授奖时间
白碱滩区（克拉玛依高新区）三平路街道五新社区居民委员会	新疆维吾尔自治区抗击新冠肺炎疫情先进集体	中共新疆维吾尔自治区委员会、自治区人民政府	2021 年 1 月
乌尔禾区柳树街街道柳园社区居民委员会	新疆维吾尔自治区抗击新冠肺炎疫情先进集体	中共新疆维吾尔自治区委员会、自治区人民政府	2021 年 1 月
克拉玛依市公安局科技信息化支队	新疆维吾尔自治区抗击新冠肺炎疫情先进集体	中共新疆维吾尔自治区委员会、自治区人民政府	2021 年 1 月
克拉玛依市公安局白碱滩区分局巡逻防控大队	新疆维吾尔自治区抗击新冠肺炎疫情先进集体	中共新疆维吾尔自治区委员会、自治区人民政府	2021 年 1 月
独山子石化公司乙烯厂聚烯烃一联合车间	新疆维吾尔自治区抗击新冠肺炎疫情先进集体	中共新疆维吾尔自治区委员会、自治区人民政府	2021 年 1 月
独山子区志愿者协会	新疆维吾尔自治区抗击新冠肺炎疫情先进集体	中共新疆维吾尔自治区委员会、自治区人民政府	2021 年 1 月

附　录

统计资料

克拉玛依市2020年国民经济和社会发展统计公报

（2021年3月25日由克拉玛依市统计局发布）

2020年，面对前所未有的两轮新冠肺炎疫情和油价断崖式下跌双重冲击，在自治区党委的坚强领导下，市委、市人民政府团结带领全市各族人民，以习近平新时代中国特色社会主义思想为指导，深入贯彻落实习近平总书记关于统筹推进疫情防控和经济社会发展的重要讲话精神，贯彻落实党的十九大和十九届二中、三中、四中、五中全会和第三次中央新疆工作座谈会精神，完整准确贯彻新时代党的治疆方略，牢牢扭住社会稳定和长治久安总目标，紧紧围绕自治区党委“1+3”重要工作部署，准确把握新发展阶段，深入贯彻新发展理念，加快构建新发展格局，坚持稳中求进工作总基调，凝心聚力，迎难而上，攻坚克难，积极应对风险挑战，扎实推进“六稳”工作，全面落实“六保”任务。2020年，全市经济运行呈现生产持续回升、发展质效提升、活力不断增强、民生保障有力的良好态势，全市各项社会事业全面发展、经济高质量发展的韧劲与潜力充分展现，为开启全面建设社会主义现代化新征程奠定坚实基础。

一、综合

根据地区生产总值统一核算结果，全年实现地区生产总值（GDP）886.9亿元（现价，下同），较上年增长2.3%（按不变价计算，下同）。分三次产业看，第一产业增加值17.3亿元，增长4.6%；第二产业增加值598.0亿元，增长3.8%；第三产业增加值271.6亿元，下降0.5%。三次产业结构比例为2.0∶67.4∶30.6。

说明：2016—2019年地区生产总值数据，根据2018年第四次经济普查数据修订平滑。

二、农业

全年实现农林牧渔业总产值12.2亿元（现价，下同），按可比价格计算，较上年增长3.2%。其中，农业产值5.2亿元，增长38.6%；林业产值2.1亿元，增长3.5%；畜牧业产值3.6亿元，下降25.8%；渔业产值0.09亿元，下降44.0%；农林牧渔服务业产值1.3亿元，增长11.3%。

2020 年主要农畜产品产量及牲畜存出栏情况

表 16

产品名称	单位	产量	比上年增长（%）	产品名称	单位	产量	比上年增长（%）
粮食	吨	21400	36.3	水产品	吨	682	-28.5
其中：小麦	吨	0	0	牲畜存栏头数	万头	11.96	-25.3
玉米	吨	21100	36.3	其中：牛	万头	1.13	11.4
棉花	吨	24736.4	40.5	猪	万头	5.27	-27.6
蔬菜	吨	18864.9	-29.1	羊	万只	5.56	-27.9
瓜果	吨	4953.8	66.2	牲畜出栏头数	万头	9.22	-48.0
肉类	吨	6600	-35.8	其中：牛	万头	0.35	-46.2
禽蛋	吨	1600	29.6	猪	万头	5.09	-49.7
牛奶	吨	17400	14.5	羊	万只	3.79	-45.8

三、工业

全年规模以上工业增加值，按可比价格计算，较上年增长 3.0%。工业产品销售率为 99.4%。其中，中央石油石化企业工业增加值增长 3.6%；地方工业增加值下降 4.0%，工业产品销售率为 97.8%。

全市规模以上工业企业实现营业收入 1403.4 亿元，下降 18.4%；实现利税总额 178.8 亿元，下降 34.6%，其中，税金 192.1 亿元，下降 7.5%；利润总额亏损 13.3 亿元。

2020 年规模以上工业主要产品产量及增速

表 17

产品名称	单位	产量	比上年增长（%）	产品名称	单位	产量	比上年增长（%）
天然原油	万吨	1320.0	5.9	四大类产品产量	万吨	677.3	-4.5
天然气	亿立方米	36.3	8.3	其中：汽油	万吨	199.0	-13.7
原油加工量	万吨	1257.5	5.6	煤油	万吨	37.7	-45.6
乙烯	万吨	141.0	27.2	柴油	万吨	405.8	9.2
石油沥青	万吨	91.7	22.0	润滑油	万吨	34.8	-7.6
液化石油气	万吨	27.4	-12.2	聚丙烯树脂	万吨	72.3	26.2

四、投资和建筑业

全年固定资产完成投资，较上年增长 1.2%。其中，中央石油石化项目投资下降 31.2%；地方项目投资增长 139.1%。按三次产业划分，第一产业投资增长 773.1%；第二产业投资下降 21.1%，第三产业投资增长 115.1%。

全年房地产开发完成投资 25.3 亿元，较上年增长 55.3%。房屋施工面积 367.4 万平方米，下降 6.4%，其中，住宅施工面积 262.5 万平方米，下降 15.9%。房屋竣工面积 20.4 万平方米，下降 27.5%，其中，住宅竣工面积 18.9 万平方米，下降 13.7%。商品房销售面积 26.0 万平方米，下降 41.1%，其中，住宅销售面积 23.0 万平方米，下降 42.1%。

全年实现建筑业增加值 35.3 亿元，按可比价格计算，较上年增长 30.2%。全市有资质建筑业企业完成产值107.2亿元，增长30.3%。竣工产值86.9亿元，增长123.5%。

五、邮电、交通、旅游

全年邮政行业业务总量完成10383.55万元，较上年下降6.73%；邮政行业业务收入（不包括邮政储蓄银行直接营业收入）完成13717.64万元，下降2.63%。电信业务收入61760.3万元。固定电话用户8.5万户，移动电话用户66.3万户，互联网用户24.5万户。

全市备案登记快递企业60家，与上年持平。全年快递服务企业业务量完成168.37万件，增长0.33%。快递业务投递量1476.69万件，增长10.11%。全年快递业务收入6236.13万元，下降3.33%。

年末全市民用汽车保有量达到15.7万辆（包括三轮车和低速货车），较上年增长2.4%，其中，私人汽车保有量12.8万辆，增长5.0%。年末全市城市公交汽车522辆，城市公交线路41条。受疫情防控影响，全年铁路客运量95.7万人次，较上年下降56.1%；民航客运量35.8万人次，下降58.9%；公路客运量11.2万人次，下降77.8%。

全年旅游业总收入36.61亿元，较上年下降61.13%。接待游客695.46万人次，下降35.49%。入境旅游人数251人次，其中，外国人192人次；香港、澳门和台湾同胞59人次。

年末全市旅游企业309家，其中，旅行社30家、星级饭店6家（五星级1家、三星级5家）、景区景点43家、“农家乐”15家、滑雪场4家。旅游业直接从业人员9001人。拥有国家A级旅游景区17个，其中，国家AAAAA级旅游景区1个、国家AAAA级旅游景区1个、国家AAA级旅游景区14个、国家AA级旅游景区1个。

六、国内贸易和市场物价

全年实现社会消费品零售总额95.6亿元，较上年下降20.6%，扣除价格因素，实际下降22.2%。

按行业统计，批发和零售业零售额86.7亿元，下降19.2%；住宿和餐饮业零售额8.9亿元，下降32.3%。按经营地统计，城镇消费品零售额94.9亿元，下降20.6%；乡村消费品零售额0.7亿元，下降21.6%。按消费类型统计，商品零售额86.7亿元，下降19.2%；餐饮收入额8.9亿元，下降32.3%。

从销售商品分类看，在限额以上批发和零售业商品零售额中，中西药品类增长16.5%，日用品类增长5.7%，石油及制品类增长0.4%；文化办公用品类下降5.3%，粮油、食品、饮料、烟酒类零售额下降9.4%，服装、鞋帽、针纺织品类比上年下降13.0%，汽车类下降17.7%，家用电器和音像器材类下降20.9%，书报杂志类下降26.8%，金银珠宝类下降32.8%，通信器材类下降86.7%。

全年外贸进出口额1.96亿美元，比上年增长178.8%，其中，出口1.66亿美元，增长240.5%；进口0.31亿美元，增长40.8%。

全年居民消费价格比上年上涨1.5%，商品零售价格比上年上涨2.1%。

2020年居民消费价格比上年涨跌幅度

表18

指标	涨跌幅度（%）
居民消费价格	1.5
食品烟酒	4.3
其中：粮食	0.4
鲜菜	0.4
畜肉	22.5
水产品	-3.8
蛋	-15.7
鲜果	-14.3
衣着	-1.1
居住	1.8
生活用品及服务	-0.9
交通和通信	-1.8
教育文化和娱乐	0.7
医疗保健	-0.4
其他用品和服务	5.7

七、财政和金融

全年全口径财政收入250.3亿元，较上年下降16.9%。全年地方财政收入

89.2亿元，下降18.9%。一般公共财政预算收入79.3亿元，下降25.0%。其中，税收收入55.0亿元，下降19.0%。在税收收入中，个人所得税下降3.3%，增值税下降32.4%，企业所得税下降15.5%，资源税下降29.3%。

全年地方财政支出167.8亿元，较上年增长19.6%。其中，一般公共财政预算支出111.2亿元，下降7.4%。其中，教育、交通运输、社会保障和就业、文化体育与传媒和城乡社区事务支出分别下降3.8%、3.5%、0.9%、20.2%和19.2%，卫生健康支出增长21.3%。

年末辖区内银行业机构8家，金融机构各项人民币存款余额1606.08亿元，较年初减少81.80亿元，下降4.85%。其中，境内存款余额1512.47亿元，增长7.02%，含住户存款余额467.46亿元，增长18.27%；境外存款余额93.61亿元，下降65.91%；非金融企业存款余额522.94亿元，下降2.78%。

年末金融机构各项人民币贷款余额837.91亿元，较年初增加83.41亿元，增长11.05%。其中，住户贷款170.29亿元，增长51.0%；非金融企业及机关团体贷款657.61亿元，增长4.1%。

年末辖区内保险业务机构16家。按业务性质分，财产险业务机构10家，寿险业务机构6家。全年保险公司各项保费收入31.3亿元，较上年增长8.7%。其中，财产险收入13.0亿元，增长4.8%，赔款支出5.2亿元，增长4.5%；寿险收入18.3亿元，增长11.6%，赔款支出3.1亿元，增长17.6%。

年末辖区内证券公司营业部7家，证券交易额1182.19亿元。取得经营许可证的融资性担保机构4家，注册资本共计6.28亿元，全年担保业务发生额3.82亿元，较上年增长46.36%，年末担保责任余额3.52亿元，增长23.94%。小额贷款公司6家，注册资本共计7.58亿元，全年发放贷款5.17亿元，下降21.78%，年末贷款余额8.43亿元，增长3.06%。

2020年一般公共财政预算收入分项情况

表19

主要指标	绝对数（亿元）	比上年增长（%）
一般公共财政预算收入	79.3	-25.0
增值税	24.2	-32.4
企业所得税	3.9	-15.5
个人所得税	2.9	-3.3
资源税	2.5	-29.3
城市维护建设税	6.4	-15.0
城镇土地使用税	7.8	51.8

八、教育和科学技术

年末全市共有大中专院校4所，普通中学20所，普通小学28所，幼儿园48所，特殊教育学校1所。

2020年师生分布情况

表20 单位：人

指标名称	毕业生	招生	教职工	专任教师
大中专	3004	5421	1121	722
普通中学（含高级中学）	8206	8254	3216	2676
普通小学	4332	5273	2206	1968
幼儿园	5287	5718	1560	1150

小学生入学率、巩固率100%；初中入学率100%，巩固率99.9%，毕业合格率97%以上；普通高中学业水平考试合格率97.03%。普通高考民汉综合上线率97.54%。教师学历合格率、义务教育巩固率、高中教育普及率等教育教学指标，均名列全疆各地、州（市）前茅。

在全市中小学中，有自治区级示范高中3所，市级示范学校20所，规范化学校19所，自治区级德育示范学校13所，市级德育示范学校24所。在全市48所幼儿园中，有自治区级示范性幼儿园4所，市级示范性幼儿园13所，规范化幼儿园9所。在全市中小学幼儿园中，有市级特色学校（幼儿园）45所。

中国石油大学（北京）克拉玛依校区2020年录取学生1176人。目前，校区在校学生3797人。

2020年，全市有30家企业申报高新技术企业，28家获得备案。年末，全市高新技术企业共71家，较上年增长20.34%，占全疆比重9.0%。全年授权专利771件，其中，发明专利55件。申请商标1185件，注册609件，目前拥有有效注册商标3788件。

2020年7月公布的“第二十一届中国专利奖”获奖名单中，克拉玛依市2019年推荐的新疆油田公司的“一种岩石脆性的测井方法和装置”专利在评选中获得金奖。这是新疆有史以来第二次获此殊荣。

克拉玛依市19项科技成果荣获2019年度自治区科学技术奖。其中：自治区科技进步奖18项，占自治区获奖总数的15%；9项专利获得“自治区第四届专利奖”奖励，占自治区获奖总数的25%。

九、文化、卫生和体育

年末全市拥有市级文化馆、展览馆、图书馆各1座，市歌舞团1家。广播电视台1座，所辖中波广播发射台、调频广播发射台各1座。市图书馆全年接待读者13.65万人次，借阅书刊8.86万册次，办理借阅证1854个，累计办理借阅证71023个。邮政公司全年订阅报纸1968.15万份，杂志56.09万册。

年末全市共有卫生机构（不含兵团）119个，拥有编制床位2036张，卫生技术人员4600人。其中，医院（含民营）21个；社区卫生服务中心（站）23个；疾病预防控制中心5个。乡镇卫生院2个，卫生技术人员13人。

年末全市共有50类体育场地1615个，其中，室内场地930个，室外场地685个。基础大项场地83个，球类运动场地654个，冰雪运动场地4个，体育健身场地729个。4个大型体育场馆，场地面积173.54万平方米，人均场地面积5.64平方米，场馆从业人员1223人，观众席位51334个。

全年共参加自治区2个项目的年度比赛，参赛运动员30人，共获得金牌3枚、银牌4枚、铜牌2枚、第四名2个、第五名4个、第六名3个、第七名5个、第八名4个，体育道德风尚运动员3人。

结合2020年疫情防控要求与2020年全国文明城市创

建等主题，成功组织开展首届“中国风跨年夜”活动、第三届书法、剪纸百“福”展活动、全民阅读系列活动、第二十一届“云端水节”系列活动、第十二个“全民健身日”系列活动、克拉玛依之春系列活动、“荒野之旅　独库有路”2020年独库公路通车仪式系列活动、“民族团结结亲”金秋主题打卡游、“油城5个100自驾游”寻味记、“北疆千里房车露营游”等系列主题活动、“喜迎双节　运动油城”“我们的中国梦”—文化进万家活动系列活动、“克拉玛依市2020首届钢琴艺术节”等各类群众性文体赛事活动。

十、人民生活

全年全市城镇居民人均可支配收入46963元，增长2.9%；农牧民人均纯收入31344元，增长11.96%。

2020年城镇居民人均消费性支出额

表21

主要指标	支出额（元）	主要指标	支出额（元）
人均消费性支出	33582	交通通信	6753
食品烟酒	10330	教育文化娱乐	2221
衣着	2267	医疗保健	2384
居住	6259	其他用品和服务	1001
生活用品及服务	2367	—	—

十一、劳动就业和社会保障

年末全市基本养老保险参保人数31.18万人，失业保险参保人数17.53万人，城镇职工基本医疗保险参保人数23.58万人，工伤保险参保人数19.62万人，生育保险参保人数17.48万人。城乡居民基本医疗保险参保人数10.55万人，城乡居民社会养老保险参保人数0.29万人。离退休人员养老金社会化发放率保持100%。

全年残疾人就业保障金征收8282万元，共为612名无业残疾人发放基本生活费143.23万元，为274名重度残疾人发放慰问金13.96万元，为考入大中专院校的5名残疾学生发放自强奖学金1.6万元，将174名生活困难的残疾人纳入城乡居民最低保障范围，其中重度残疾人87人。

年末全市各类收养性社会福利单位床位1566张，在院693人。全年销售社会福利彩票17518.58万元，为国家筹集社会福利资金5724.1万元，为克拉玛依市筹集社会福利资金1347.16万元。

2020年，城乡低保标准是每人每月500元。

全年通过各种途径实现就业、再就业（城镇新增就业）5637人，其中：少数民族失业人员实现就业3722人，占实现就业总数的66.03%；女性失业人员实现就业2266人，占实现就业总数的40.20%。零就业家庭动态为零，城镇登记失业率为1%以内。

全年全市参加职业技能培训124051人，其中：在岗职工培训120260人，就业及创业培训3791人（就业再就业培训3001人，企业新招录岗前培训525人，创业培训265人）。职业资格证书取证937人。

十二、环境保护和安全生产

全年城市空气环境质量状况良好。2020年，克拉玛依市环境空气质量稳定达到国家二级标准，全年优良天数324天，优良率88.5%，空气质量在全疆排名第三。$PM_{2.5}$平均浓度26微克/立方米，与上年持平；PM_{10}平均浓度54微克/立方米，同比下降8.5%；污染天数合计42天（轻度污染39天，中度污染3天），无重度污染天气。

水环境质量全面达标。2020年，克拉玛依市重点河流、水库各断面水质均达到相应考核目标，河流、水库水质均达到或优于Ⅲ类，水质达标率100%，城市建成区持续保持无黑臭水体。全市6个集中式饮用水水源水质均达到或优于Ⅲ类，饮用水水源地水质达标率100%，水环境质量总体改善，饮用水安全保障水平持续提升。

声环境质量保持稳定。全市建成区区域环境噪声平均等效声级为49.6分贝，道路交通噪声平均等效声级为65.5分贝，均符合国家《声环境质量标准》。

土壤质量保持清洁（安全）级，农村环境质量有效提高。2020年，克拉玛依市无受污染耕地，未发生因疑似污染地块或污染地块再开发利用不当且造成不良社会影响的事件，农用、建设用地土壤环境安全得到有效保障。

全市农村水、电、气、光纤、硬化及亮化道路全覆盖，环境卫生设施基本健全，垃圾处理率、污水处理率、饮用水卫生合格率均达100%。

辐射环境质量保持安全。2020年，全市核技术利用活动安全可靠，未发生辐射事件或事故，辐射环境质量始终保持天然本底水平。

城市道路完好率96%，亮灯率98%。城市供水普及率100%，燃气普及率100%。城市生活垃圾无害化处理率100%，城市污水处理率95.3%。绿化覆盖率43.0%，人均公园绿地面积12平方米。

全年发生各类事故103起（不含火灾事故统计），同比下降24.8%；死亡31人，下降39.2%；受伤86人，下降27.7%。其中发生生产经营性事故18起，死亡11人，同比事故起数下降5.3%，死亡人数下降21.4%。

2020年，全市亿元GDP死亡率为0.0124人，同比下降12.9%；道路交通万车死亡率为1.7543人，同比下降41.62%。

注：[1] 本公报数据均为初步统计数，初步数据因四舍五入的原因，存在着分项与合计不等的情况，正式数据以《克拉玛依统计年鉴2021》为准。

[2]2020年开展第七次全国人口普查，相关数据拟于2021年6月发布，公报中不再单独发布人口相关数据。

[3] 地区生产总值（GDP）、三次产业增加值及各行业增加值指标绝对数按现价计算，增长速度按不变价格计算。

[4] 三次产业划分按照《国家统计局关于印发（三次产业划分规定）的通知》国统字〔2012〕08号规定的标准。

[5] 公报中部分数据资料来源于相关部门，具体如下：交通数据来源于市交通运输局，邮电数据来源于市邮政管理局、市邮政分公司，进出口数据来源于市商务局，财政数据来源于市财政局，金融数据来源于财政、银行、保险、证券等部门，教育数据来源于市教育局，科学技术数据来源于市科学技术局、市市场监督管理局，旅游、文化、体育数据来源于市文化体育广播电视和旅游局、市广播电视台，卫生数据来源于市卫生健康委员会、市医疗保障局，人民生活数据来源于国家统计局克拉玛依调查队、市农业农村局，劳动就业数据来源于市人力资源和社会保障局，生活保障数据来源于市民政局、市残联、国家税务总局克拉玛依市税务局，环保数据来源于市生态环境局，城建数据来源于市住房和城乡建设局，安全生产数据来源于市应急管理局。

克拉玛依市2020年地方经济基本情况表

表22

指标	计量单位	合计	克拉玛依区	独山子区	白碱滩区	乌尔禾区
一、工业						
规模以上工业法人企业（2000万元以上）	个	92	46	8	33	5
（一）工业企业数	个	92	46	8	33	5
内资企业	个	90	45	8	32	5
其中：有限责任公司	个	28	13	3	11	1
国有独资公司	个	11	5	3	3	—
其他有限责任公司	个	17	8	—	8	1
股份有限公司	个	13	6	5	2	—
私营企业	个	48	25	—	19	4
私营有限责任公司	个	38	21	—	13	4
私营股份有限公司	个	10	4	—	6	—
外商投资企业	个	2	1	—	1	—
（二）工业总产值（当年价）	万元	1913614	784079	486226	549228	94082
内资企业	万元	1865496	771954	486226	513234	94082
其中：有限责任公司	万元	589281	336144	15685	232913	4539
国有独资公司	万元	440368	296902	15685	127782	—
其他有限责任公司	万元	148912	39242	—	105131	4539
股份有限公司	万元	671164	196088	470541	4536	—
私营企业	万元	570488	205160	—	275785	89543
私营有限责任公司	万元	378512	163972	—	124997	89543
私营股份有限公司	万元	191976	41187	—	150789	—
外商投资企业	万元	48119	12125	—	35993	—
（三）企业财务						
从业人员年平均人数	万人	2.13	0.99	0.38	0.71	0.05
流动资产合计	万元	1598648	729231	227745	543945	97726
固定资产合计	万元	1366489	381251	321958	542664	120616
营业收入	万元	2277859	851458	699733	643078	83590
营业成本	万元	1979560	748510	627776	542215	61059
税金及附加	万元	17384	3887	6352	6758	387
应交增值税	万元	26482	—	15275	14535	596
利润总额	万元	71382	30273	12862	14913	13334

续表 22

指标	计量单位	合计	克拉玛依区	独山子区	白碱滩区	乌尔禾区
二、贸易						
（一）贸易						
社会消费品零售总额	万元	955773	613006	149368.5	184873.3	8525.2
限额以上批发零售贸易业商品销售总额	万元	1225155.3	399753.7	325402.5	496057.6	3941.5
限额以上批发零售企业数（法人数）	个	99	53	33	11	2
其中：零售业	个	40	32	7	1	—
（二）限额以上批发零售贸易业企业财务						
流动资产合计	万元	600181.6	204226	370474.5	18336.4	7144.4
固定资产净额	万元	103414.5	21594.9	67329.5	14430.9	59.2
营业收入	万元	1181116.4	310979	838240.8	26327.2	5569.5
营业成本	万元	1059537.3	286198	744269.9	23863.3	5205.8
税金及附加	万元	10248.7	529.3	9221.2	486.7	11.5
本年应交增值税	万元	13345.5	2651.5	10297	407.5	—10.5
利润总额	万元	37994.2	2566	35319.9	52.8	55.5
三、固定资产投资						
（一）固定资产投资						
全社会固定资产投资	万元	1705165	825428	252590	282034	345113
其中：房地产开发投资	万元	253340	233110	6528	—	13702
其中：住宅	万元	190486	177067	3682	—	9737
全年新增固定资产（5000 万元以上项目）	万元	228054	48697	42500	59288	77569
（二）房地产						
商品房销售面积	万平方米	259963	255355	4608	—	—
其中：住宅	万平方米	230248	225640	4608	—	—
商业营业用房	万平方米	25236	25236		—	—
商品房销售额	万元	122471	120747	1724	—	—
其中：住宅	万元	104909	103185	1724	—	—
商业营业用房	万元	16347	16347	—	—	—
待售面积	万平方米	96334	96334	—	—	—

注：地方经济指剔除中央石油石化企业

克拉玛依市 2020 年城市基本情况表

表 23

指标	单位	合计	独山子区	克拉玛依区	白碱滩区	乌尔禾区
一、人口和建设用地						
（一）市区面积	平方千米	7735.20	400.31	3833.40	1272.36	2229.13
（二）建成区面积	平方千米	77.59	22.43	47.16	6.20	1.80
（三）城市现状建设用地	平方千米	73.45	19.01	47.15	6.20	1.09
1. 居住用地	平方千米	24.44	5.25	17.93	1.15	0.11
2. 公共管理与公共服务用地	平方千米	10.45	1.98	6.96	1.50	0.01
3. 商业服务业设施用地	平方千米	6.52	1.05	4.80	0.60	0.07
4. 工业用地	平方千米	4.25	1.47	2.36	0.41	0.01
5. 物流仓储用地	平方千米	0.62	0.16	0.41	0.05	—
6. 道路与交通设施用地	平方千米	13.37	4.55	6.79	1.57	0.46
7. 公用设施用地	平方千米	2.86	0.55	2.05	0.23	0.03
8. 绿地与广场	平方千米	10.94	4.00	5.85	0.69	0.40
（四）本年征用土地面积	平方千米	1.20	—	—	—	1.20
二、供水和节约用水						
（一）综合生产能力	万立方米 / 日	97.00	44.00	53.00	—	—
地下水	万立方米 / 日	24.96	24.96	—	—	—
（二）供水管道长度	公里	1978.60	177.00	1750.0	—	51.60
（三）供水总量	万立方米	8647.63	1790.00	6857.63	—	—
生产运营用水	万立方米	3790.41	170.00	3620.41	—	—
公共服务用水	万立方米	1778.70	504.00	1274.70	—	—
居民家庭用水	万立方米	1772.40	350.00	1422.40	—	—
其他用水	万立方米	640.00	640.00	—	—	—
（四）用水人口	万人	44.63	8.64	35.56	—	0.43
三、公共交通（交通局提供）						
运营车辆	辆	2046	386	1248	349	63
（一）公共汽车	辆	522	101	417	—	4
天然气燃料车（双燃料）	辆	375	93	282	—	—
标准运营车辆（公交车）	标台	603.9	118.4	482.1	—	3.4
运营线路网长度（公交车）	千米	796.9	250.9	522	—	24
客运总量（公交车）	万人次	2507.1	640.8	1863.4	—	2.9
（二）出租汽车数	辆	1524	285	831	349	59
四、燃气						
（一）天然气						

续表 23

指标	单位	合计	独山子区	克拉玛依区	白碱滩区	乌尔禾区
1. 供气总量	万立方米	37037.19	8394.00	28216.57	—	426.62
2. 用气户数	户	189930.00	37363.00	152566.00	—	1.00
家庭用户	户	184855.00	34381.00	150474.00	—	—
3. 用气人口	万人	44.63	8.64	35.99	—	—
（二）液化石油气						
1. 供气总量	吨	2197.50	—	2197.50	—	—
2. 用气户数	户	—	—	—	—	—
家庭用户	户	—	—	—	—	—
3. 用气人口	万人	—	—	—	—	—
五、集中供热						
（一）供热能力		—	—	—	—	—
1. 蒸汽	吨 / 小时	—	—	—	—	—
2. 热水	兆瓦	2387.65	453.00	1874.65	60	—
（二）供热总量						
1. 蒸汽	万吉焦	—	—	—	—	—
2. 热水	万吉焦	1758.11	263.88	1204.23	290.00	—
（三）管道长度						
1. 蒸汽	公里	—	—	—	—	—
2. 热水	公里	1247.03	417.76	698.27	131.00	—
（四）集中供热面积	万平方米	2880.45	549.26	2043.19	288.00	—
1. 住宅	万平方米	1697.40	368.13	1168.27	161.00	—
六、市政设施						
1. 道路长度	千米	973.953	222.46	597.79	139.01	14.69
2. 道路面积	万平方米	2478.91	495.36	1786.22	172.06	25.27
人行道	万平方米	244.76	44.50	166.56	25.55	8.15
3. 桥梁数	座	28	1	26	—	1
4. 道路照明灯盏数	盏	42322.00	11711.00	25923.00	3884.00	804.00
5. 排水管道长度	公里	544.27	126.00	404.02	—	14.25
6. 污水排放量	万立方米	6967.44	569.60	6292.08	—	105.76
7. 污水处理厂		—	—	—	—	—
座数	座	5	1	3	—	1
二、三级处理	座	5	1	3	—	1
处理能力	万立方米 / 日	32.1	1.5	30	—	0.6
二、三级处理	万立方米 / 日	32.1	1.5	30	—	0.6

续表 23

指标	单位	合计	独山子区	克拉玛依区	白碱滩区	乌尔禾区
8. 污水处理量	万立方米	6696	547	6047	—	102
七、园林绿化						
1. 绿化覆盖面积	公顷	6313.80	1706.99	3216.57	1325.83	64.41
建成区	公顷	3392.12	1012.90	2038.20	276.61	64.41
2. 园林绿地面积	公顷	5701.83	1638.59	3034.50	969.78	58.96
建成区	公顷	3096.19	949.04	3034.50	969.78	58.96
3. 公园绿地面积	公顷	569.97	123.20	361.65	53.00	32.12
4. 公园		22	3	9	7	3
个数	个	22	3	9	7	3
面积	公顷	410.92	43.08	287	43	37.84
八、环境卫生						
1. 道路清扫保洁面积	万平方米	2634.99	342.79	1770.54	480.66	41.00
机械化	万平方米	1973.82	239.95	1274.79	418.17	40.91
2. 生活垃圾						
清运量	万吨	16.75	3.54	12.94	—	0.28
处理量	万吨	16.75	3.54	12.94	—	0.28
无害化处理能力	吨 / 日	817	110	620	—	87
无害化处理量	万吨	16.75	3.54	12.94	—	0.28
3. 环卫专用车辆总数	辆	379	140	198	33	8
4. 公共厕所	座	179	58	90	24	7
九、设施水平						
1. 人均日生活用水量	升	217.99	270.803	207.80	—	—
2. 用水普及率	%	100	100	118.26	—	100
3. 燃气普及率	%	100	100	119.69	—	—
4. 人均城市道路面积	平方米	55.54	57.33	59.40	31.34	58.77
5. 建成区排水管道密度	千米 / 平方千米	5.43	5.62	5.96	—	7.92
6. 污水处理率	%	96.11	96.10	96.10	—	96.55
7. 生活垃圾处理率	%	100	100	100	100	100
8. 园林绿化						
人均公园绿地面积	平方米	12.77	14.26	12.03	9.65	74.70
建成区绿地率	%	39.90	42.31	38.88	41.09	32.76
建成区绿化覆盖率	%	43.72	45.16	43.22	44.61	35.78

主要统计指标解释

年底自来水生产能力 年底城建部门管理的自来水厂和自备水源的社会单位取水、净化、送水、出厂输水干管等环节的实际生产能力。

年底供水管道长度 指从送水泵到用户水表之间所有管道的长度。

全年供水总量 指公用自来水厂和自备水源的社会单位全年的供水总量。包括有效供水量及损失水量。

生活用水量 指居民日常生活与公共福利设施的用水量。包括居民、饮食店、旅馆、医院、理发店、浴池、洗衣店、游泳池、商店、学校、机关、部队等单位的用水量。

城市人口用水普及率指城市用水的非农业人口数（不包括临时人口和流动人口）与城市非农业人口总数之比。计算公式：

用水普及率 =（城市用水的非农业人口数 / 城市非农业人口数）× 100%

人工煤气生产能力 指城市煤气厂制气、净化、输送等环节的综合实际生产能力。

输气管道长度 指由压缩机、鼓风机、储气罐的出口到用户立管之间的全部管道长度。

全年供气总量 指全年售给各类用户的全部煤气量。包括工业用量、家庭用量和其他用量。

城市用气普及率 指使用煤气（包括人工煤气、液化石油气、天然气）的城市非农业人口数（不包括临时人口和流动人口）与城市非农业人口总数之比。计算公式：

城市煤气普及率 =（城市用气的非农业人口数 / 城市非农业人口总数）× 100%

城市供热能力 指热电厂、热力和达到标准的集中采暖锅炉房向城市输送的供热源的设计能力。每小时向城市输送的蒸汽、热水能力。

城市供热总量 指热电厂、热力公司和达到标准的集中采暖锅炉房全年向城市输送的全部蒸汽、热水量。

城市供热管道长度 指热电厂、热力公司和达到标准的集中采暖锅炉房管理的集中供热热源到用户之间的全部供气、供热水的管道长度。

年底实有铺装道路长度 指除土路外，路面经过铺装宽度在 3.5 米以上的道路，包括高级、次高级道路和普通道路。

城市桥梁 指城市范围内，修建在河道上的桥梁和道路与道路立交、道路跨越铁路的立交桥，以及人行天桥，包括永久性桥和半永久性桥，不包括临时性桥、铁路桥、涵洞。

城市下水道总长度 指所有排水总管、干管、支管及暗渠、检查井、连接井进出水口等长度之和。

城市污水日处理能力 指污水处理厂每昼夜处理污水量的设计能力。

年末实有公共汽（电）车 指年底可参加营运的全部车辆数，包括年底营运车辆数和库存查封未参加营运的车辆，不包括非营运车辆，如架线车、油罐车、工程车、货车及其他专用车辆和借人的客运车辆。

营运线路长度 指设置的固定营运线路长度，包括郊区营运线路长度，不包括临时行驶的线路长度。

城市园林绿地面积 指城市公共绿地、专用绿地、生产绿地、防护绿地、郊区风景名胜区的全部面积。

公共绿地 指供游览休息的各种公园、动物园、植物园、陵园以及花园、游园和供游览休息用的林荫道绿地、广场绿地。不包括一般栽植的行道树及林荫道的面积。

地方性法规

克拉玛依市城乡规划条例

（2017 年 9 月 27 日由新疆维吾尔自治区第十二届人民代表大会常务委员会第三十二次会议批准发布，2020 年 5 月 14 日由新疆维吾尔自治区第十三届人民代表大会常务委员会第十六次会议批准修订）

第一章　总　则

第一条　为了加强城乡规划管理，统筹城乡空间布局，改善人居环境，促进克拉玛依市经济社会全面协调可持续发展，根据《中华人民共和国城乡规划法》《新疆维吾尔自治区实施〈中华人民共和国城乡规划法〉办法》及有关法律、法规，结合本市实际，制定本条例。

第二条　本市城乡规划的制定、实施、修改、监督检查以及在规划区内进行建设活动，适用本条例。

本条例所称规划区，是指经依法批准的克拉玛依市城市总体规划、乡规划和村庄规划所确定的规划控制区域。

第三条　制定和实施市城乡规划应当遵循城乡统筹、合理布局、节约土地的原则，坚持规划先行与建管并重相结合，注重居住区、道路交通等环境改善和景观优化，健全城市功能和公共服务，保护工业文化遗产，塑造克拉玛依市特色城乡风貌。

第四条　市人民政府领导全市城乡规划工作。各区、乡（镇）人民政府按照规定权限，负责本行政区域的城乡规划工作。

市自然资源主管部门负责全市城乡规划管理工作。

发展和改革、住房和城乡建设、交通运输、生态环境、城市管理行政执法等部门应当按照各自职责协助做好城乡规划的管理工作。

第五条　设立市城乡规划管理委员会，负责审议、协调城乡规划制定、修改和实施中的重大事项，为规划决策提供参考依据。

第二章　城乡规划的制定与修改

第六条　城市总体规划由市人民政府组织编制，经市人民代表大会常务委员会审议，报自治区人民政府审批。

编制城市总体规划应当明确独山子区、乌尔禾区分区规划的编制范围和编制要求。

第七条　城市规划建成区内的乡（镇）规划、村庄规划不单独编制，纳入城市规划统一管理；城市规划建成区外的乡规划、村庄规划，由乡人民政府组织编制，经乡人民代表大会审议，报所在区人民政府审批。村庄规划在报送审批前，应当经村民会议或者村民代表会议讨论同意。

第八条　根据城市总体规划要求，独山子区、乌尔禾区人民政府应当会同市自然资源主管部门组织编制分区规划，用以指导相关控制性详细规划的编制，由本级人民代表大会常务委员会审议，报市人民政府审批。

第九条　各类开发区（园区）规划应当符合城市总体规划要求，由开发区（园区）管委会会同市自然资源主管部门组织编制，征求所在区人民政府意见后，按照国家、自治区的有关规定，逐级上报审批、备案。

第十条　专项规划应当符合城市总体规划要求，由相关主管部门会同市自然资源主管部门组织编制，报市人民政府审批。独山子区、乌尔禾区的专项规划由相关主管部门组织编制，经区人民政府审批，报市自然资源主管部门备案。

专项规划主要包括道路交通、供水、排水、供热、供电、邮政、通信、广播电视、燃气、环卫、消防、防洪、防风、人防、抗震、园林绿化、广告、灯光照明、地下空间、地下管线管廊、雕塑、地名、工业遗产保护等规划。

第十一条　城市建成区内的旧城改造、工业用地转型、旧商业区改造等城市旧区更新活动应当划定相对成片的区域，编制城市旧区更新的近期建设规划。

编制城市旧区更新的近期建设规划应当优先完善市政基础设施、公共绿地和公共空间，适度控制建筑容量，严格限制零星分散建设，改善交通、居住条件和市容景观。

第十二条　克拉玛依工业遗产、历史文化街区应当整体保护。历史文化街区应当保持传统格局、历史风貌。

第十三条　控制性详细

规划应当符合城市总体规划要求，并落实专项规划的有关内容，注重配套设施建设，合理划分控制单元，强化单元控制指标。市控制性详细规划由市自然资源主管部门组织编制，经市人民政府批准，报市人民代表大会常务委员会和自治区人民政府备案。

独山子区、乌尔禾区的分区控制性详细规划由区人民政府会同市自然资源主管部门组织编制，报市人民政府批准。

开发区（园区）的控制性详细规划由开发区（园区）管委会会同市自然资源主管部门组织编制，征求所在区人民政府意见后，报市人民政府批准。

第十四条 城市设计由市自然资源主管部门会同相关单位组织编制，总体城市设计应当符合城市总体规划要求，重点城市设计应当符合控制性详细规划要求，并依法报批。下列区域和地段应当进行城市设计：

（一）自然风景区、历史文化保护区；

（二）行政、商业、科技、体育、教育文化中心；

（三）重要交通枢纽、城镇主要出入口、主要干道两侧建筑；

（四）公园、广场、步行街、河道沿岸等重要景观地段。

第十五条 市人民政府应当依据城市总体规划以及国民经济和社会发展规划制定近期建设规划，并与土地利用总体规划相衔接，报总体规划审批机关备案。

第十六条 城市总体规划的组织编制机关，应当每四年至少组织有关部门和专家对经批准的规划实施情况进行一次评估，并采取召开论证会、听证会或者其他方式征求公众意见。组织编制机关应当向市人民代表大会常务委员会和原审批机关提交评估报告，并附具征求意见的情况。评估结果可以作为规划修改的参考依据。

独山子区、乌尔禾区人民政府参照前款规定对分区规划组织评估。

第十七条 经依法批准的城乡规划，不得擅自修改；确需修改的，应当按照法律、法规的规定执行，并按原审批和备案程序报批、备案。

不符合法定修改条件或者超越审批权限、违反审批程序，以及不符合本条例第十八条、第十九条规定的，修改无效。

第十八条 修改城市总体规划的，组织编制机关应当按下列程序进行：

（一）组织对修改规划的必要性和可行性进行论证，按照本条例第十六条规定的程序提出评估报告；

（二）在本地的主要媒体上公示或者采用其他方式征求公众意见，必要时应当组织听证；

（三）向市人民代表大会常务委员会提出修改规划的议案，并经常务委员会审议通过；

（四）依法提出修改建议并附论证、公示等相关材料，报原审批机关审查同意。

第十九条 修改控制性详细规划的，组织编制机关应当按下列程序进行：

（一）组织对修改规划的必要性和可行性进行论证；

（二）在本地的主要媒体上公示或者采取其他形式征求规划地段内利害关系人的意见，必要时应当组织听证；

（三）提出修改建议，并向原审批机关提出专题报告，经原审批机关同意后，方可编制修改方案；

（四）在向原审批机关报批材料中应当附规划地段内利害关系人意见及处理结果。

第二十条 组织编制机关编制和修改城乡规划，应当在上报审批前将规划草案进行公示，并在接到批准文件之日起三十日内予以公布。公示内容包括规划编制或修改依据、规划草案文本的主要内容及图纸等；公布内容包括规划批准文件、规划文本的主要内容及图纸等。公示的时间不得少于三十日。

第三章 城乡规划的实施

第二十一条 建设单位或

者个人进行城乡建设活动，应当依照相关法律、法规的规定向市自然资源主管部门申请核发建设项目选址意见书、建设用地规划许可证、建设工程规划许可证及乡村建设规划许可证等。未经规划许可不得动工建设。

市自然资源主管部门应当自受理项目选址、规划许可申请之日起二十个工作日内对申请内容进行审查并作出决定，法律、法规另有规定的，从其规定。

建设单位或者个人取得选址意见书后二年内未取得建设项目批准、核准文件的，取得建设用地规划许可证后二年内未取得用地批准文件的，取得建设工程规划许可证后二年内未取得施工许可证或者取得乡村建设规划许可证二年内未施工的，可以在期限届满前三十日内向原核发机关申请办理延续手续；申请延续的期限不得超过一年；逾期未申请延续或者申请未获批准的，相应的选址意见书、建设用地规划许可证、建设工程规划许可证、乡村建设规划许可证失效。

第二十二条 以出让方式提供国有土地使用权的建设项目，在国有土地使用权出让前，市自然资源主管部门应当依据控制性详细规划提出规划条件，作为国有土地使用权出让合同的组成部分。规划条件未纳入出让合同的，该合同无效。市自然资源主管部门和土地使用权的受让方均不得擅自变更规划条件。

规划条件应当明确出让地块的位置、范围、面积、使用性质、容积率、建筑密度、建筑高度、公共服务设施和市政基础设施等规划要求及附图。

第二十三条 建设单位或者个人取得建设用地规划许可证后，因转让等原因致使土地使用权人发生变更的，应当向市自然资源主管部门申请变更建设用地规划许可证。用地性质未发生变化的，原建设用地规划条件不得变更；用地性质发生变化，确需调整规划条件的，按照本条例第二十四条的规定办理。

第二十四条 以出让方式取得建设用地使用权的建设单位或者个人，确需变更规划条件的，应当依法向市自然资源主管部门提出变更申请。

市自然资源主管部门作出变更决定前，应当举行听证会，通知建设工程所涉区域内利害关系人、同一地块使用权竞买人等参加，听取利害关系人意见。

第二十五条 在城市规划区内新建、改建、扩建工程建设前，建设单位或者个人应当依法向市自然资源主管部门申请核发建设工程规划许可证。

需要分期建设的项目，建设单位或者个人在申请时应当提供分期建设计划，与建设工程规划设计方案总平面图一并报审。大型项目或者重要地块的建设项目应当提交两个以上的规划设计方案。

第二十六条 在城市规划区内因地质勘察、工程施工等原因临时占用土地，搭建简易建筑物、构筑物和其他设施的，建设单位或者个人应当申请临时建设规划许可证。临时用地批准文件有效期与临时建设规划许可证有效期一致。

临时建设应当依照规划许可建设和使用，不得擅自改变使用性质。因城市建设需要拆除临时建设或者临时建设使用期限届满的，建设单位或者个人应当自行拆除，清场退地。

第二十七条 建设单位或者个人在建设工程开工前，应当在施工现场醒目位置设置公示牌，公示批准后的建设工程规划许可证载明的主要内容和工程设计方案的总平面图、立面图、整体效果图，并在工程建设期间保持完好，接受社会监督。法律、法规规定不得公开的除外。

第二十八条 建设工程竣工后，建设单位或者个人应当及时向市自然资源主管部门提出规划条件核实申请；市自然资源主管部门受理核实申请后，应当在二十个工作日内，按照国家和自治区有关规定对建设工程是否符合规划的条件进行核实。符合条件的，向申请人出具建设工程规划竣工认可文件；对不符合条件的，责令其限期改正，重新予以核实。

第四章 监督检查

第二十九条 市、区人民政府应当向本级人民代表大会常务委员会报告城乡规划的实施情况，并接受监督。乡（镇）人民政府应当向本级人民代表大会报告城乡规划的实施情况，并接受监督。

第三十条 市、区人民政府应当建立工程建设领域信息共享、监督管理联动和查处违法建设信息抄告反馈等制度，记录和查处违反城乡规划的建设活动。

第三十一条 市人民政府应当建立城乡规划督察制度，加强对城乡规划编制、实施、修改和违法建设查处等情况的监督检查，定期对督查的情况进行通报。重点督察下列事项：

（一）城乡规划法律、法规和有关政策的贯彻执行情况；

（二）建设工程放线及建（构）筑物外观、色彩、材质等实施情况；

（三）重要基础设施、公共服务设施规划选址及用地情况；

（四）文化街区、水源保护区、公共绿地、风景区和历史建筑的保护情况；

（五）重大城乡规划违法行为的查处情况；

（六）社会公众反映强烈的其他城乡规划管理问题。

第三十二条 市自然资源主管部门应当完善城乡规划的社会参与机制，公开相关信息，接受公众监督。

任何单位和个人都有权向市自然资源主管部门或者其他有关部门举报、控告违反城乡规划的行为。相关部门应当按照规定予以受理，并进行核查、处理，核查、处理结果应当告知举报人或者控告人。

第五章 法律责任

第三十三条 建设单位或者个人违反本条例规定的行为由城市管理行政执法部门处罚。

城市管理行政执法部门在查处违反本条例行为时，确需市自然资源主管部门对违法事实或性质进行认定的，市自然资源主管部门应当予以配合；市自然资源主管部门发现违反本条例行为需要处罚的，应当将有关违法行为的线索和证据移交城市管理行政执法部门。

第三十四条 建设单位或者个人未取得建设工程规划许可证或未按照建设工程规划许可证的规定进行建设的，由城市管理行政执法部门责令停止建设。

尚可采取改正措施消除对规划实施的影响的，由城市管理行政执法部门责令限期改正，并处建设工程造价百分之五以上百分之十以下罚款。整改后符合规划要求需要补办相关手续的，建设单位或者个人应当自收到市自然资源主管部门通知之日起三个月内补办。

无法采取改正措施消除对规划实施的影响的，由城市管理行政执法部门责令限期拆除；逾期不拆除的，依法强制拆除。

不能拆除的，经市自然资源主管部门认定，由城市管理行政执法部门没收实物或者违法收入，可以并处建设工程造价百分之五以上百分之十以下罚款。

第三十五条 下列情形为无法采取改正措施消除对规划实施的影响的情形：

（一）占用城市道路、广场、绿地、河湖水域、地下工程或者压占永久性测量标志的；

（二）违反控制性详细规划强制性内容的；

（三）占用文物保护、电力设施保护范围内进行建设的；

（四）其他无法采取改正措施消除对规划实施的影响的。

下列情形为不能拆除的情形：

（一）拆除违法建设工程将给公共利益造成损失的；

（二）拆除违法建设工程可能影响相邻建筑安全的；

（三）拆除违法建设工程损害无过错利害关系人合法

权益的；

（四）其他不能拆除的情形。

第三十六条 建设单位或者个人擅自改变经审定的建设工程设计方案中建筑物、构筑物外观、色彩、材质等的，由城市管理行政执法部门责令限期改正，处该部分工程造价百分之五以上百分之十以下罚款；无法改正的，没收违法收入，可以并处该部分工程造价百分之十罚款。

第三十七条 违反本条例规定的其他行为，相关法律、法规已有处罚规定的，从其规定。构成犯罪的，依法追究刑事责任。

各级人民政府、自然资源主管部门或其他有关部门及其工作人员违反本条例规定的，由任免机关或者监察机关依法给予行政处分。

第六章 附则

第三十八条 本条例自2017年12月1日起施行。

克拉玛依市大气污染防治条例

（2020年11月25日由新疆维吾尔自治区第十三届人民代表大会常务委员会第二十次会议批准发布）

第一章 总则

第一条 为保护和改善环境，防治大气污染，保障公众健康，推进生态文明建设，根据《中华人民共和国大气污染防治法》《新疆维吾尔自治区大气污染防治条例》等法律、法规，结合克拉玛依市实际，制定本条例。

第二条 本市行政区域内的大气污染防治及其监督管理活动，适用本条例。

第三条 大气污染防治应当以改善大气环境质量为目标，坚持源头治理、规划先行、防治结合、损害担责的原则，建立政府主导、公众参与、综合治理、联防联控的工作机制。

第四条 市、区人民政府应当加强对大气污染防治工作的领导，将大气污染防治工作纳入国民经济和社会发展规划，合理调整城乡发展和产业布局，保障资金投入，保护和改善大气环境。

区人民政府根据实际需要划定乡（镇）、街道和社区（村）大气污染防治网格，实行监督管理；乡（镇）人民政府、街道办事处、居民（村民）委员会按照网格化管理要求做好有关工作。

第五条 生态环境部门对本辖区内的大气污染防治实施统一监督管理。

有关部门按照下列规定，履行大气污染防治监督管理职责：

（一）发展和改革部门对煤炭过剩产能增量控制、区域煤炭消费总量控制等实施监督管理；

（二）工业和信息化部门对工业企业清洁能源推广与应用、淘汰落后产能、企业错峰生产等实施监督管理；

（三）交通运输管理部门对机动车维修单位、公路扬尘等污染防治实施监督管理；

（四）公安部门对机动车报废、注销，以及施工渣土运输、烟花爆竹禁放区域等污染防治实施监督管理；

（五）自然资源部门对露天矿山开采、储备土地等扬尘污染防治实施监督管理；

（六）住房和城乡建设部门对建筑施工扬尘，道路、公园、广场等公共场所保洁抑尘，以及城市集中供热排放、城市建成区内园林绿化使用农药等污染防治实施监督管理；

（七）商务部门对加油站的油气污染防治实施监督管理；

（八）市场监督管理部门对销售煤炭、车用油品及添加剂的质量等实施监督管理；

（九）农业农村部门对秸秆、落叶等农业废弃物综合利用，以及农业生产、畜禽养殖等污染防治实施监督管理；

（十）城市管理行政执法部门对焚烧沥青、油毡、橡胶、塑料、皮革、垃圾和其他产生有毒有害烟尘和恶臭气体的物质，渣土运输扬尘、露天焚烧秸秆落叶，以及餐饮服务业排放油烟和露天烧烤食品等污染防治实施监督管理；

（十一）其他部门根据各自职责，做好大气污染防治工作。

第六条 市人民政府应当根据国家、自治区有关规定，对区人民政府、市人民政府有关部门大气污染防治工作进行考核，考核结果应当向社会公开。

区人民政府可以结合实际对乡（镇）人民政府、街道办事处和区人民政府有关部门大气污染防治工作进行考核。

第七条 任何单位和个人都有保护大气环境的义务，依法享有获取大气环境信息、参与和监督大气环境保护的权利。

第二章 监督管理

第八条 市、区人民政府作出可能对大气环境产生重大影响的决策，应当依法履行公众参与、专家论证、风险评估、合法性审查和集体讨论等程序。

第九条 市生态环境部门应当建设全市大气环境质量和大气污染源监测网，开展大气环境质量和大气污染源监测，统一发布本市的大气环境质量、大气环境监测、突发大气环境事件等信息。

第十条 工业项目大气污染物排放应当符合国家和自治区规定的标准。新建排放大气污染物的工业项目，应当进入工业园区；不在园区的现有排放大气污染物的工业项目，由发展和改革部门逐步引导入驻工业园区；尚未建立工业园的行政区，应当引导工业项目入驻工业聚集区。

工业园区和工业聚集区应当安装环境空气质量自动监测系统，对大气环境质量进行实时监控。

第十一条 市生态环境部门应当依法商有关部门确定本市的重点排污单位名录，每年向社会公布。

重点排污单位应当依法定期向社会公布排放重点大气污染物的种类、排放方式、排放总量、排放浓度、排放达标等信息，接受社会公众监督。

第十二条 重点排污单位应当按照规定对排放的大气污染物自行监测；不具备自行监测能力的，可以委托有资质的生态环境监测机构进行监测。

重点排污单位自动监测设施因故障或者检修暂停运行的，应当自停运开始时起十二小时内向生态环境部门报告，同时启动手工监测，并在故障排除或者检修完成后立即恢复运行。

重点排污单位应当将自动监测设施与生态环境部门的监控平台联网，并保证自动监测设施正常运行。生态环境部门发现排污单位废气排放浓度小时均值超过有关规定的，应当及时进行调查处理。

重点排污单位对自动监测数据的真实性和准确性负责。监测记录保存期限不得少于三年。

第十三条 乡（镇）人民政府、街道办事处应当对露天焚烧、餐饮油烟超标排放、祭祀烧纸等行为组织巡查，发现违法行为的应当及时制止，并按照网格化管理要求向城市管理行政执法部门报告。

第三章 防治措施

第十四条 市、区人民政府应当转变经济发展方式，调整产业结构、能源结构、运输结构和用地结构，推进循环经济和清洁生产，提高绿化率和森林覆盖率，从源头上防治大气污染。

第十五条 市人民政府应当积极推进气代煤、电代煤工作，推广清洁能源的使用，逐步减少大气污染物排放量。

新建、改建、扩建耗煤项目应当符合本市煤炭消费总量控制要求，实行煤炭消费减量替代。

第十六条 城市建成区、工业园区内实行集中供热的，禁止新建、改建、扩建燃煤供热锅炉；在用集中供热燃煤锅炉应当在市人民政府规定的期限内逐步改用清洁能源或者停止使用。

第十七条 禁止在人口集中区域和医院、学校、幼儿园、养老机构等其他需要特殊保护的区域内，从事产生有毒有害大气污染物的活动。

涉及有毒有害气体生产、储存、使用等的企事业单位，应当按规定建立环境风险预警体系，定期对排放口和周边环境进行监测，防范环境风险。

垃圾处理厂、垃圾中转站、污水处理厂、污水泵站等，应当按照规定设置合理的防护距离，安装净化装置或者采取其他措施防止恶臭气体排放。

第十八条 石油勘探、开发、储运等企业应当加强新技术的开发和应用，采取下列措施减少大气污染：

（一）对石油开发作业产生的套管气和其他可燃性气体进行回收、处理；

（二）对联合站、接转站、计量站、注水站、钻井废液处理站、作业废液处理站采取必要措施防止物料渗漏、溢流；

（三）油气集输采用密闭集输工艺的，按照规定安装套管气回收装置；

（四）对原油储罐设置浮顶罐或者采取其他措施减少油气无组织排放。

第十九条 石油化工企业应当按照相关规定建立泄漏检测与修复制度体系，对生产装置密封点泄漏检测频率应当符合国家和自治区相关技术规范。

石油化工企业应当研发大气污染防治新技术，推广应用新工艺、新材料、新设备，加强可燃性气体的回收，防止排放有毒有害气体及挥发性有机物造成大气污染。

第二十条 储油（气）库、加油（气）站、油气运输车，应当按照国家规定安装油气回收装置并保证正常使用；定期进行挥发性有机物泄漏检测，发现有机物泄漏的应当及时采取补救措施。

第二十一条 市人民政府应当推广使用节能与新能源汽车，规划建设充电站（桩）、加气站等基础设施，鼓励和支持公共交通、出租车等行业用车和公务用车，优先选用节能与新能源汽车。

第二十二条 运输施工渣土、砂石料、灰浆、建筑垃圾等散装、流体物料的车辆应当采取密闭或者其他措施防止物料遗撒造成扬尘污染，并按照规定的时间和路线行驶。

第二十三条 建筑施工工地应当按照国家、自治区有关规定，采取防尘措施。

建成区内占地面积三千平方米以上的建筑施工工地，应当安装在线监测和视频监控设施，并与所在区住房和城乡建设部门联网。

第二十四条 排放油烟的餐饮服务业经营者，应当安装油烟净化设施并保证正常使用，确保油烟达标排放，防止对附近居民生活环境造成污染。

第二十五条 区人民政府可以根据实际需要划定禁止露天烧烤食品的区域，并向社会公布。

任何单位和个人不得在禁止的区域内露天烧烤食品或者为露天烧烤食品提供场地。

餐饮服务业经营者烧烤食品不得使用散煤作为燃料。

第二十六条 鼓励和引导市民以文明低碳的方式，举办有关节庆、祭祀活动。

区人民政府可以根据实际需要划定并公布禁止燃放烟花爆竹的区域和时段，设置烟花爆竹燃放和祭祀烧纸的集中场地，促进市民文明燃放烟花爆竹和祭祀烧纸，减少大气污染。

第四章 法律责任

第二十七条 违反本条例第十八条、第二十条规定的，由生态环境部门责令改正，处二万元以上十万元以下罚款；情节严重的，处十万元以上二十万元以下罚款；拒不改正的，责令停产整治。

第二十八条 违反本条例第二十三条第二款规定的，由住房和城乡建设部门责令改正。

第二十九条 违反本条例第二十四条规定的，由城市管理行政执法部门责令改正，处五千元以上二万元以下罚款；情节严重的，处二万元以上五万元以下罚款；拒不改正的，责令停业整治。

第三十条 违反本条例第二十五条第二款规定的，由城市管理行政执法部门责令改正，没收烧烤工具和违法所得，并处五百元以上一万元以下罚款；情节严重的，处一万元以上二万元以下罚款。

第三十一条 生态环境部门和相关部门及其工作人员违反本条例规定，在大气污染防治工作中玩忽职守、滥用职权、徇私舞弊、弄虚作假的，依法给予处分；构成犯罪的，依法追究刑事责任。

第三十二条 违反本条例规定的其他行为，依照有关法律、法规执行。

第五章 附则

第三十三条 本条例自2021年4月1日起施行。

措施办法

《克拉玛依市强招商、促投资、稳增长措施四十条》

［2020年5月28日由克拉玛依市新型冠状病毒感染的肺炎防控工作领导小组（指挥部）办公室发布］

为深入贯彻习近平总书记关于统筹推进疫情防控和经济社会发展工作的重要讲话和指示批示精神，按照自治区党委促投资、稳增长的工作要求，结合克拉玛依市当前投资形势和经济增长情况，特制定如下强招商、促投资、稳增长措施。

一、全领域投资支持政策

1. 对于投资克拉玛依市重点主导产业项目，特别是支持克拉玛依市六大中心建设（千亿产业集群中心、“一带一路”核心区信息中心、北疆区域现代化物流中心、现代农业示范园中心、国家重大综合交通枢纽中心、最佳商务旅游区中心）的项目，市属国有企业经评估后，可以通过投资参股方式，给予支持。

2. 重大招商引资项目，年实际完成固定资产投资额达1亿元以上的，按当年实际完成固定资产投资额的1%予以补助，单个项目补助最高不超过2000万元。

3. 对于投资额1亿元以上的重大招商引资项目，优先纳入供地计划，优先安排建设用地指标，优先办理用地手续。对一次性缴纳土地出让金有困难的企业，可一年内分期缴纳，首期支付比例不低于土地出让金总额的50%。

4.2020年6月30日前，在克拉玛依市规划区内开工的工业、民用、公共建筑等项目建设的中小微企业，免征城市市政公用基础设施配套费。

执行时限：从2020年3月1日起至6月30日止（之后与自治区相关政策时限一致）

5. 支持青年公寓等保障性住房项目建设运营。筹建青年公寓等重点解决新就业无房人群过渡性周转住房需求的公共租赁住房项目，符合城乡规划，且配套设施及服务功能齐全，并达到一定规模。建设用地实行划拨供应，免征城市基础设施配套费等各种行政事业性收费，免征建设筹集、经营管理所涉及的土地使用税、印花税、契税、土地增值税、房产税、增值税等相关税费。企业可以申请中央、自治区财政城镇保障性安居工程补助资金，可以规划建设配套商业服务设施管理经营。克拉玛依市重点发展产业的企业、重大招商引资项目企业、成长性强的中小微企业，可以按照不超过同类地段、同类型住房市场租金的40%，且每套不超过5000元/年的标准，享受青年公寓租赁费用补贴。对于盘活克拉玛依市存量资产并改建成青年公寓的项目，可以按照不超过同类地段、同类型住房市场租金的20%，且每套不超过3000元/年的标准，享受青年公寓租赁费用补贴。对于新建及改建青年公寓，按银行同期基准利率的50%，给予三年贴息，贴息总额不超过200万元。

6. 投资项目获得“国家鲁班奖”的工程，给予投资方一次性奖励200万元。

二、加大现代农牧业投资促进政策

（一）支持现代科技农业发展

7. 在农业产业园区规划的生产基地内投资建设现代科技农业设施项目，固定资产投资额2000万元以上，由市、区两级政府负责项目区的“七通一平”。园区外的生产项目，由所属辖区负责外配套建设。

8. 在规划范围内投资建设规模化养殖场、工厂化农业、农产品深加工项目，需要占用林地（非国家公益林），每亩林地补贴1.6万元，补贴资金专项用于科技研发和技术、设备升级改造，实行先投后补。

9. 对规划范围内投资建设农产品深加工项目，投资强度达到45万元/亩以上的，每亩地给予10万元的补贴用于科技研发和技术、设备升级改造。

10. 规划建设田园综合体，引进特色果树、花卉、芳香植物，建设休闲、体验、观光、互动为一体的休闲观光农业的，固定资产投资1000万元以上的，按照固定资产投资的5%给予补助，最高不超过1000万元。

（二）支持畜牧养殖业发展

11. 投资建设规模存栏2000头以上奶牛场，一次性补助500万元；每年购进优质荷斯坦奶牛（1.5—3岁）500头以上给予3500元/头补贴。

12. 对投资建设规模化生猪养殖场的，年出栏生猪20000头以上，经市区两级农业农村部门认定的标准化自动化生产设备给予30%购置补贴，最高不超过300万元。

（三）支持“菜篮子”工程

13. 对在规划区域内按照标准（农业部门出台）新建高标准日光温室、钢架大棚、工厂化的农业设施，且生产面积达到50亩以上的（2年内建完），每亩一次性补助1万元，补助总额不超过1000万元。

14. 支持配套蔬菜生产基地项目。投资建设蔬菜仓储、保鲜、分拣、包装设施的，投资额不低于500万元，按照固定资产投资的10%给予补助，补助总额不超过500万元。

三、加大工业、信息化及新基建领域投资促进政策

（一）支持工业重点项目建设

15. 在园区建设标准工业厂房，固定资产投资达到2000万元以上的项目，按银行同期基准利率的50%给予三年贴息，单项贴息总额不超过200万元，全年贴息总额不超过1000万元。

16. 对于投资石油化工及其下游产品生产加工、装备制造、技术服务、新能源、新材料、生物化工等符合克拉玛依市产业发展导向的固定资产投资额（含技术改造）超过5000万元的地方重点工业项目，按项目固定资产实际投入的1%给予补助，单个项目补助资金不超过1000万元。

17. 对石油化工及其下游产品生产加工、装备制造、技术服务、新能源、新材料、云计算、大数据等符合克拉玛依市产业发展导向的固定资产投资2000万元以上的地方工业和信息化重大招商引资项目前期费用（指投资项目前期工作中具有资质的机构编制可行性研究报告、环境影响评价报告、安全评价报告的费用），按30%比例给予补贴，最高限50万元，项目建成投用后予以兑现。

18. 实行工业用地弹性出让，工业用地可采取弹性年期出让和长期租赁、先租后让、租让结合等方式取得国有建设用地使用权。

19. 工业用地使用者可在符合规划、不改变用途的前提下，通过厂房加层、厂区改造、内部用地整理等途径提高土地利用率。现有工业用地提高土地利用率和增加容积率的，不再增收土地价款。

20. 利用存量房产、土地资源发展国家支持产业、行业并符合克拉玛依市产业发展方向的项目，可享受5年过渡期内不改变用地主体和规划条件的政策支持。5年过渡期后须变更用地主体和规划条件的项目，若符合《划拨用地目录》的可按划拨办理，其余可以按

协议出让方式办理（法律、法规、行政规定等明确规定及国有建设用地划拨决定书、租赁合同等规定或约定应当收回土地使用权重新出让的除外）。

（二）支持信息化、新基建类项目建设

21. 对于在克拉玛依市实施的云计算、大数据、人工智能、工业互联网等新基建类重点项目，成功申报国家级或自治区级专项试点示范项目，经评审认定后，分别给予一次性奖励500万元（国家级）、300万元（自治区级）；对于先获得自治区级奖励后又申报获得国家级的项目，按国家级补助金额补齐不足部分。

22. 在云计算产业园内注册登记的独立核算企业投资建设符合园区产业发展规划的项目，达产运营后，按0.03元/千瓦时给予电费补贴。

四、加大能源领域投资政策

（一）加大能源领域土地审批支持

23. 优化储油储气设施建设用地审批和规划许可、环评、安评等相关审批流程，提高审批效率。储油储气设施建设的项目用地符合《划拨用地目录》的，可以通过划拨方式办理用地手续，不符合《划拨用地目录》的实行有偿使用，有偿使用价格可根据国家、自治区及克拉玛依市有关政策给予适当优惠。

（二）加大能源领域财税金融政策支持

24. 储气设施经营企业按现行政策规定适用增值税期末留抵税额退税政策。支持政府专项债券资金优先用于符合条件的储气设施建设。鼓励金融机构提供多种金融服务，支持储气设施建设。

（三）加大企业重组、开拓外部市场支持

25. 充分发挥克拉玛依市石油工程技术服务、装备制造和石油化工等石油石化产业龙头企业领军作用，对于企业通过收购、兼并、强强联合、大小联合、资产重组、产业链延伸、品牌联盟等形式实施整合重组的，对于重组项目发生的评估、审计、法律顾问等前期费用予以补助，单个项目不超过50万元。

26. 对克拉玛依市石油工程技术服务、装备制造企业开拓新疆油田以外市场，取得年收入超过500万元(人民币)的，按照1%予以奖励，每家不超过50万元。

五、促进商贸流通领域投资政策

（一）打造特色街区，鼓励夜间经济发展，激发消费潜力

27. 由民营企业投资建设的商业街区经过业态调整、硬件优化升级后，被认定为国家级、自治区级、市级特色业态示范街区，分别给予奖励300万、200万、100万元一次性奖励。

28. 支持大型商超、商圈开展打折让利促销活动，全年夜间经营不少于200天的商户，并且延长经营时间到24点以后，按照营业面积10万平方米以上、5万平方米以上、1万平方米以上给予补助，分别给予100万元、50万元、30万元补助。

29. 对实行“统一品牌、统一管理、统一标准、统一服务、统一核算”标准的便民连锁经营企业，同时为周边社区居民提供蔬菜、水果、快递代收等便民服务，在本市行政区域内至少开设5家100平方米以上直营门店的，按照2万元/年·间予以奖励，经营后每年新增连锁门店按照1万元/年·间予以奖励。

（二）支持企业开展进出口业务

30. 鼓励在克拉玛依市注册并依法纳税的法人企业开展涉外业务。

31. 新建物流园区、仓库、物流展示交易场所、应急物流、冷链物流等物流基础设施的，固定投资在1000万元以上的，按银行同期基准利率的50%给予贴息，最高不超过500万元；对现有物流基础设施进行改建的，固定投资在1000万元以上的，按银行同期基准利率的50%给予贴息，最高不超过300万元。对为全市

100、300、500家以上餐饮店提供外卖配送的企业，分别给予2万元、5万元、10万元的一次性奖励。

（三）支持克拉玛依市打造全国油气交易中心

32. 在克拉玛依市建立油气交易平台并通过平台吸引油气交易企业在克拉玛依市注册落地。对于交易平台以及油气交易企业给予一定的支持补助。

（四）培育商会协会发展

33. 对行业协会组织开展职业培训、技能竞赛、行业评比、招商推介、诚信建设、品牌打造等活动且会员参与率不低于60%，产生一定影响，经认定按照活动实际产生费用给予不超过80%且最高不超过10万元一次性补助。鼓励协会开展行业课题研究，研究成果经相关部门组织专家评审通过后，按实际发生费用给予最高10万元一次性补助。

（五）鼓励盘活闲置资产

34. 通过司法拍卖、协议转让等多种方式盘活闲置工业资产和闲置老厂房，并继续用于工业生产和旅游投资的，盘活过程中因不动产交易，形成地方贡献的50%，奖励给受让方。

六、促进文化旅游领域投资政策

（一）支持新建A级景区

35. 对上年度新评定为国家AAA、AAAA、AAAAA级旅游景区景点的，分别给予10万元、30万元、100万元的一次性补助。已获得补助的A级称号的旅游景区，如升级，给予补助两个A级的差额部分，补助资金用于景区创品牌支出。

（二）支持建设星级旅游酒店

36. 投资建设四星级以上酒店，获得星级认定后按照四星级300万元，五星级500万元给予奖励。

37. 对已评定为四星、五星级酒店并通过年度复核的，每年分别给予5万元、8万元的补助。已获得补助的四星级酒店升级为五星级，给予补助两个星级的差额部分，补助资金用于酒店创品牌支出。

（三）支持旅游、民宿等产业发展

38. 投资旅游综合体项目（含文创、民宿、乡村餐饮等）。对固定资产投资额3000万元以上，按照先建后补的原则予以支持，一次性补助300万元。

（四）支持文体旅游设施投资

39. 依据国家、行业和地方标准，对文化体育旅游项目及设施，进行新建或改造提升的，固定资产投资达到1000万元以上的项目，按银行同期基准利率的50%，给予两年贴息，贴息总额不超过200万元。

（五）支持多方式供应建设用地

40. 旅游相关建设项目用地用途按照《土地利用现状分类》（GB/T21010-2017）确定。用途单一且符合法定划拨范围的，可以划拨方式供应。用途混合且包括宾馆、酒店、餐饮、娱乐等经营性用途的，应当采取招标拍卖挂牌方式供应。支持长期租赁、先租后让、租让结合方式供应旅游项目建设用地。

七、支持原则

（1）上述重大招商引资项目是指推进六大中心（四大千亿产业集群中心、“一带一路”核心区信息中心、北疆区域现代化物流中心、现代农业示范园中心、国家重大综合交通枢纽中心、最佳商务旅游区中心等重点领域）建设，紧紧围绕产业招商、资源招商，通过补短板、强弱项，积极招大选强引优，能够引领克拉玛依市发展的新项目。

（2）以上各项优惠政策，按照“就高不重复”的原则进行兑现，全市同类型优惠政策只能享受一次。

（3）根据“属地管理”原则，按照“谁受益谁兑现”由市、区财政按照受益比例进行兑现。

（4）以上政策没有单独标注执行时间的自本政策发布之日起三年有效，到期后根据政策执行情况评估是否延续，单独标注的政策按标注时间执行。

（5）本政策由市商务局、发改委会同有关部门负责解释。

索 引

编制说明

一、本索引采用主题分析法。按主题词首字的汉语拼音字母顺序排列，首字母相同者按第二字排列，以此类推。

二、索引名称后的阿拉伯数字表示内容所在的页码。

三、“大事记”内容及表格、随文图片、彩色插页未作索引。

#

A

B

C

D

E

F

G

H

J

K

N

P

Q

R

S

T

W

X

Y

Z